JN412071

TooBigToFail
대마불사

이 도서의 국립중앙도서관 출판시도서목록(CIP)은 e-CIP홈페이지(http://www.nl.go.kr/ecip)
에서 이용하실 수 있습니다. (CIP제어번호 : CIP2010003975)

TOO BIG TO FAIL

대마불사

앤드루 로스 소킨 지음 | 노 다니엘 옮김

금융위기의 순간 그들은 무엇을 선택했나

The inside story of how Wall Street and Washington fought to save the financial system and themselves

Too Big to Fail

Copyright ⓒ 2009 by Andrew Ross Sorkin
Korean Translation Copyright ⓒ 2010 by Hanul Publishing Group

Korean edition is published by arrangement
With Andrew Ross Sorkin c/o McCormick & Williams, New York
Through Duran Kim Agency, Seoul

이 책의 한국어판 저작권은 듀란킴 에이전시를 통한 저작권자와의 독점계약으로 도서출판 한울에 있습니다.
저작권법에 의해 한국 내에서 보호를 받는 저작물이므로 무단전재와 복제를 금합니다.

옮긴이의 말

"저 사람들은 왜 가난을 선택했을까?"

백악관 앞의 노숙자들을 보고 레이건 대통령이 한 독백

'미국에 의한 평화Pax Americana'라는 말은 제2차 세계대전 이후의 국제 질서를 요약하는 데 오랫동안 쓰여왔다. 미국이 세계의 패권국가가 되고, 그 사회가 만들어서 쓰는 가치, 규범, 제도 들이 세계에 '사실상의 표준'으로 활용되었으며, 지금도 큰 차이는 없다. 하지만 하늘로 나는 모든 것이 언젠가는 떨어지게 되어 있듯이, 미국의 패권적 리더십도 서서히 추락하고 있다. 그것을 가시적으로 보여준 사건으로 한국인의 뇌리에 가장 뚜렷하게 남아 있는 것은 아마도 베트남전의 패배, 그리고 2001년 9·11 테러사건일 것이다. 이 사건들은 외부적 요인에 의한 것이고 미국인의 의사와는 관계가 없는 것이었다. 그러한 점에서 미국인에 의하여, 미국인의 생활 속에서 터져 나온 2008년의 금융위기는 미국의 쇠퇴를 내부로부터 증언하는 중대한 사건이라고 할 수 있다.

한 예로, 2008년 9월 15일 리먼 파산으로부터 2년째를 맞은 날 영국 ≪파이낸셜타임스≫의 칼럼니스트 기데온 래치먼Gideon Rachman은 9·11 사태보다 '9·15 사태'가 장기적으로 더 심대한 사건이라고 하면서, 후자가 '미국 일극주의의 진정한 종말'을 나타낸 것이며, 미국이 세계 최강이라는 생각의 전제가 되었던 경제적 우위성이 깨졌음을 미국인들로 하여금 깨닫게 했다고 논평했다.

『대마불사』는 2008년 가을에 일어난 월스트리트의 붕괴를 수많은 관계자와의 인터뷰 그리고 방대한 관련 자료 조사를 바탕으로 생생하고 역동적으로 그려냈다. 그러나 이 책은 미국 금융계와 직간접으로 관계하는 미국인들을 위해서 쓴 책이다. 따라서 나는 옮긴이로서 그리고 대학에서 금융체제비교론을 강의한 경험이 있는 학자로서 한국의 보통 지식인들이 이 책을 더욱 흥미롭게 읽고 적실성 있는 이해에 도달하기 쉽도록 해설이 필요하다고 생각했다. 그러므로 금융계와 관련된 분들이 아닌 일반 교양인의 눈높이를 고려해 몇 가지를 설명했다는 점에 대해서 미리 양해를 구한다.

레이건에서 부시까지

도대체 왜 이런 일이 발생했는가? 미국 금융위기의 원인에 관해서는 다양한 논의가 있다. 그러나 이에 관심이 있는 전문가라면 공통적으로 꼽는 배경으로 '자유화'를 말하지 않을 수 없다. 1980년대 미국에서 시작해 한국을 포함한 거의 모든 자본주의사회를 휩쓴 이 자유화의 키워드는 '정부규제 완화deregulation', '민영화privatization', '국제화globalism'였으며, 여기에 금융 분야에서는 '증권화securitization'라는 말이 보태졌다.

이 거대한 물결을 일으킨 사람은 1981년 1월 제40대 미국 대통령에 취임한 로널드 레이건이고, 대서양 건너에서 그를 거든 또 하나의 인물이 같은 시기에 영국 총리가 된 마거릿 대처다. 같은 이념과 정책정강을 지향하는 미국의 공화당과 영국의 보수당은 인기 있는 두 지도자를 내세워 '신자유주의'의 기치를 새롭게 내걸었다. 세계 자본주의의 중심은 두말할 나위 없이 영미英美 자본주의이고, 그 핵심 사상은 개인의 자유와 재산의 극대화다. 이를 떠받드는 사람들은 시장의 기능을 신봉하는 반면 정치권력과 정부는 본연적으로 부패할 수 있고 효율성이 없다고 생각한다. 또한 정부기업은 민영화해야 하고, 기업의 활동에 대한 규제를 줄여야 하며, 돈과 사람이 자유롭게 넘나들도록 국경은 낮추어야 하고, 가능하면 감옥도 민간인이 운영하는 게 낫다고 생각한다. 인간은 기본적으로 합리적 선택을 할 줄 알며, 따라서 인간이 마음대로 욕망을 추구할 때 이 세상은 조화 속에서 번영한다는 것이 그들의 믿음이다.

경제와 관련해 이런 생각을 가장 잘 요약한 말은 마거릿 대처의 입에서 나왔다. 바로 '티나TINA'다. 이는 "시장보다 우수한 대안은 없다There is no alternative to market"는 것이다. 이 티나가 가장 멋지게 연출된 것이 바로 '금융빅뱅'이었다. 천지창조가 시작된 우주의 거대한 충돌이 빅뱅big bang인데, 이것이 금융업에서 발생했다는 것이다. 1986년 10월, 대처 정부는 폐쇄적이고 구식의 런던 금융계, 특히 증권거래소를 개혁해 증권거래수수료를 낮추고, 거래를 전자화하며, 외국 금융기관의 진입 장벽을 낮췄다. 이로써 과거에 영국의 엘리트들이 끼리끼리 해먹던 이류 금융업이 일약 세계시장을 선도하게 되었다. 그리하여 그전까지 낯설던 이름인 런던의 시티 지구가 월스트리트에 버금가는 금융 중심지로 도약해 유럽의 센터가 되었다. 그러자 유럽, 아시아, 중동 등에서 금융업을 하고자 하던 회사들이 런던으로 몰려들었다. 그 와중에 낙후된 영국의 금융회사들이 뒤로 밀려났는데, 이를 영국에서 열리는 윔블던 테니스 경기에서 외국인 선수들이 상을 가로채는 것에 비유해 '윔블던 효과'라는 말이 생기기도 했다.

한편 레이건 행정부는 1973년과 1979년 두 차례의 오일쇼크와 그에 이어지는 스태그플레이션이라는 어려운 경제 여건 속에서 출범했다. 이때 그가 추진한 것이 화폐 공급을 조절하는 것을 중심으로 하는 이른바 '공급사이드경제supply-side economics'였고, 동시에 시장에서 신용 공급을 활성화하는 것이었다. 이때 우후죽순으로 일어났다가 실패한 것이 이 책에도 소개되는 소규모 저축은행기관Savings and Loans: S&Ls이다. 8년간의 레이건 정부를 거치면서 총 747개의 S&Ls가 파산해 결국 이를 청산하는 과정에 무려 1,600억 달러가 투입되었다. 이 책에 등장하는 금융위기의 예고편이었던 것이다.

2008년 9월 15일에 리먼브러더스가 법원에 파산 신청 서류를 제출하던 날은 레이건 행정부가 출범한 날로부터 약 28년이 경과한 시점이었다. 그 사이에 레이건이 추진한 신자유주의라는 거대한 조류는 도도히 흘렀다. 28년의 기간에 공화당의 레이건이 8년, 아버지 부시가 4년을 집권하며 신자유주의는 미국에서 삶의 방식으로 자리를 잡았다.

이후에는 민주당의 빌 클린턴이 등장해 8년 동안 집권했다. 경제를 중시해 "문제는 경제야, 이 바보야It's the economy, stupid"라는 말로 유명했던 클린턴은 사회적 약자를 위해서 세금을 많이 거두고 큰 정부를 추구하는 전통적인 민주당의 정강에서 벗어나 일종의 '제3의 길'을 걸었다. 오히려 1999년에는 미국 금융계를 60년 이상 규제했던 「글래스-스티걸법」을 공화당과 합의하여 개정함으로써 은행, 증권, 보험 사이에 있던 장벽을 허물었다. 이 책에서 JP모건체이스가 등장해 상업은행이자 투자은행으로 활약하는 것은 이를 배경으로 한 것이다.

결국 30년에 가까운 자유화·민영화·증권화의 파도가 한꺼번에 몰려 거대한 쓰나미가 된 것이 2008년 금융위기였다. 그리고 이를 온몸으로 맞은 이가 아들 부시 대통령이고, 그를 도와 밤낮없이 활약한 삼총사가 이 책에 주요 인물로 등장하는 재무장관 헨리(행크) 폴슨, 연방준비위원회 의장 벤저민(벤) 버냉키, 뉴욕연방준비은행 총재 티머시(팀) 가이트너다.

IT혁명과 금융위기로 돌진한 터보엔진

흘러간 옛 노래에 "당신과 나 사이에 저 바다가 없었다면"이라는 구절이 있다. 금융기관과 시민 사이에도 IT혁명만 없었다면, 미국 자본주의의 최첨단이던 5대 투자은행 중에서 세 곳(베어스턴즈, 리먼브러더스, 메릴린치)이 자취를 감추고 두 곳(골드만삭스, 모건스탠리)이 업태를 바꾸게 된 쓰라린 사건은 일어나지 않았을지 모른다. 2008년 위기에서 금융자유화가 필요조건이었다면, IT혁명에 따른 새로운 기술의 보급과 활용은 충분조건이었다고 해도 무리가 아니다.

IT혁명에 따른 삶의 변화에 관해 여기에서 상론할 필요는 없다. 다만 강조하고자 하는 것은 IT기술이 무언가를 원천적으로 바꿔놓은 분야가 있다면 먼저 금융을 꼽을 수 있다는 사실이다. 금융은 숫자를 놓고 계산해 인간의 욕망을 채우는 행위이고, 따라서 계산능력만 따라준다면 마음껏 욕망의 나래를 펼 수 있는 분야다. '금융공학'이라는 말은 그렇게 해서 탄생했다. 컴퓨터, 통신, 소프트웨어 등 IT의 각 분야가 비약적으로 발전하면서 다양하고 심층적인 연산방식algorithm을 구사해 새로운 금융상품과 유통방법이 태어나고, 이는 인터넷을 통해 세계에서 24시간 작동하게 되었다. 그야말로 금융업을 제한하는 유일한 한계가 있다면 인간의 상상력의 한계뿐인 시대가 온 것이다.

IT혁명이 가져온 이 '과감하고 새로운 세계brave new world'의 총아가 이 책에 등장하는 CDO와 CDS다. 자유화와 IT혁명이 금융을 점보제트기로 만들었다면, 거기에 장착된 신형 터보엔진이 CDO와 CDS라고 해도 과언이 아니다.

도대체 CDO가 무엇이냐고 금융을 잘 모르는 할머니가 묻는다면, 간단히 '새로 나온 증권'이라고 답하면 된다. 조금 어려운 말로 '신종新種 증권'이다. 이 말을 더 자세히 설명하려면 '증권화'라는 말을 논해야 하고, '신종'을 설명하는 데 IT기술의 활약을 이야기해야 한다.

증권화는 무언가 증권이 아닌 것을 증권으로 만들어(발행) 다른 사람들에게 팔아(시장 유통) 자신의 재산을 불리는 것이다. 불특정 다수의 사람이나 회사가 사도록 금융상품으로 증권화되는 것으로는 크게 부동산, 기업채권, 사업,* 지적재산 등을 들 수 있다. 이 중에 이 책에서 부각되는 것이 부동산과 기업채권의 증권화다.

집을 소유하는 것은 동서고금의 보편적인 꿈이다. 미국에서는 레이건 행정부가 제정한 「경제회복조세법Economic Recovery Tax Act of 1981」에 따라 부동산시장의 개발이 활발하게 이뤄졌다. 이 과정에서 유수의 투자은행인 퍼스트보스턴First Boston이 1983년 프레디맥Freddie Mac, 연방주택모기지공사에 CMOCollateralized Mortgage Obligation, 주택모기지채권라는 상품을 개발해주었다. 이것이 부동산증권의 시원이라고 할 수 있다. 수법은 이러했다.

주택을 사기 위해 은행에서 융자(모기지)를 받은 사람들이 낸 원금과 이자에서 들어오게 되는 자금은 상환의 안전성에 따라 상, 중, 하의 세 덩

---

* 한국에서 유행했던 드라마펀드, 레스토랑펀드, 일본에서 팔렸던 러브호텔펀드 등이 증권으로 발행되어 유통된다면 이것을 사업의 증권화라고 볼 수 있을 것이다.

어리로 다시 나눠지는데, 각각의 덩어리를 트랑셰tranche라고 한다.* 이 세 개의 덩어리를 근거로 세 개의 다른 종류의 증권이 만들어져 투자가들에게 판매된다. 상환 순위가 우선적이고 따라서 투자자가 볼 때 리스크가 가장 적은 맨 위가 시니어senior 트랑셰, 그다음이 메자닌mezzanine 트랑셰, 맨 아래가 에퀴티equity 트랑셰라고 불린다(에퀴티라는 말은 보통 주식을 가리키는데 여기서는 다른 맥락에서 불명예스러운 이름을 뒤집어썼다). 이 맨 아래의 리스크가 높은 트랑셰의 경우, 그것을 구성하는 융자가 경제력이 낮은subprime 채무자들에게 주어졌다는 의미에서 '서브프라임 문제'라는 말이 생긴 것이다.

이 CMO 비즈니스는 한참 번성하다가 1994년에 몰락했지만 그 수법은 더 정교해져 금융시장에서 하나의 범주로서 CDO Collateralized Debt Obligation로 발전했다. 구조화한 자산담보증권Structured Asset-Backed Securities이라고 정의되는 CDO는 갚아야 하는 빚debt을 컴퓨터의 힘을 빌려 증권화한 것이다. 이때 담보로 잡는collateralized 것이 채권이나 그에 유사한 금융자산인 경우에는 CBOCollateralized Bond Obligation, 채권이 아닌 경우에는 CLO Collateralized Loan Obligation라고 한다. 일반적으로 CDO는 CBO와 CLO를 합한 개념이다.

독자들은 이 책을 읽으면서 월스트리트의 금융회사들이 이 새로운 상품을 얼마나 남용했는지 그리고 어떻게 그것에 발목을 잡혔는지 그 과정을 생생하게 보게 될 것이다. 본문에는 연방준비위원회 전 의장 앨런 그린스펀이 스스로 수학에 자신이 있고 더욱이 200여 명의 박사들을 활용

---

* 'tranche'를 트랜치라고 표기하기도 하지만 이 단어는 '조각'을 의미하는 프랑스어로 '트랑셰'라고 하는 것이 옳다.

할 수 있었는데도 CDO를 완전히 이해하지 못했다고 말하는 대목이 나온다. 미국증권산업 및 금융서비스협회가 발표한 자료를 보면 2008년의 금융위기가 있기 전 3년 동안 무려 1조 2,500억 달러어치의 CDO가 발행되었다. 실제로 이 책에는 리먼이 2008년 1사분기에만 악성 CDO, 즉 앞서 설명한 최하급의 에퀴티 트랑셰를 65억 달러어치나 보유하고 있었던 것으로 나타난다.

그러면 얼핏 보기에 CDO와 유사한 CDS는 무엇인가? CDS는 증권이 아니고 보험이다. 타인이 발행한 증권을 사면서(즉, 그 발행자에게 돈을 빌려줄 때) 그 돈을 못 받을 사태를 대비해 보험회사에서 손실보전보험을 돈을 주고 들어놓는 것이다. 이를 일반적으로 신용파생상품credit derivative 또는 신용옵션credit option이라고 하는데, 이 중에서 가장 정교하고 인기 있는 것이 CDS, 즉 신용디폴트스와프Credit Default Swap다.

2008년에 월스트리트에서 벌어진 비극의 주역이 리먼브러더스였다면, 중요한 조역 중의 하나는 세계 최대 보험회사 AIG였다. 9월 15일에 리먼브러더스가 파산하고 뒤를 이어 AIG도 파산의 위기에 처했다가 폴슨 재무장관과 부시 대통령의 결단으로 정부의 융자를 받아들여 부분적으로 국유화에 들어갔다(이 글을 쓰는 2010년 9월, AIG는 이 융자 상환계획을 정부와 논의하고 있다).

미국 금융계에서 존경과 신뢰를 받는 투자가인 워런 버핏은 CDS를 시한폭탄이라고 표현했다. 이는 CDS 그 자체를 두고 한 말이 아니라 CDS를 발행하는 기업이 이를 남발해 돈을 버는 행위에 대해 그 위험성을 경고한 것이었다. 특히 보험을 파는 대상이 되는 투자가 앞서 말한 에퀴티 트랑셰 투자, 이른바 서브프라임 투자일 경우에 대한 경고였다. 실제로 AIG그룹의 경우 2008년 1월 시점에서 서브프라임 모기지 투자에 대해 발행한 CDS 보험액이 5,000억 달러를 넘은 것으로 드러났다. 비유하자면, 사람들이 운전을 조심스럽게 해서 교통사고가 적은 나라에서 손해보험회사는 가입자가 많을수록 돈을 벌겠지만, 운전을 험하게 하고 교통시설이 정비되지 않아 사고가 빈발하는 나라에서 손해보험회사는 가입자가 많을수록 오히려 큰 손해를 볼 수 있다(게다가 악성 금융자산처럼 조작된 교통사고가 많다면!).

그런데 진짜 두통거리는 수학을 잘하고 200명이 넘는 박사의 자문을 받을 수 있었던 그린스펀마저 제대로 이해하기 어려웠던 CDO와 CDS의 합작품이었다. 그리고 이것이 2008년의 금융위기의 주범이라고 믿는 사람들이 많다. 그 괴물의 이름은 '파생상품결합채권'이라고 번역할 수 있는 synthetic CDO다. 이름에 CDO라는 말이 들어 있지만 이 상품은 채권을 담보로 하는 CBO나 융자를 담보로 하는 CLO와 같이 구체적인 담보로 뒷받침되는 것이 아니라, 등급이 다른 여러 개의 CDS를 결합해 만든 것이다. 쉽게 말하자면 이 상품을 개발해서 파는 회사(대개 투자은행이나 헤지펀드가 만든 특수목적회사)가 "이 상품에 투자하세요. 담보로 우리는 20개의 CDS 보험에 들었습니다"라고 말하는 격이다. 그런데 이 20개의 보험은 발행 주체의 신용등급에 따라 높고 낮은 것이 섞여 있다. 또다시 비유하자면, 다리를 지탱하는 기둥이 튼튼한 것도 있고 썩은 것도 있는 것이다.

이 파생상품결합채권이 유통되는 과정에서 높이 떴다가 추락한 회사가 바로 AIG다. AIG에서 판매한 CDS는 신용등급회사로부터 최상위인 AAA등급을 받았기 때문에, 파생상품결합채권을 만들어 파는 회사로서는 최고의 선전 가치를 지닌 것이었다. 이 때문에 전 세계의 수많은 금융기관들은 AIG의 AAA등급을 선전 재료로 활용해 파생상품결합채권을 발행했고, 이것이 IT와 인터넷을 통해 다단계 형태로 세계에서 팔려 나갔다. 미국에 가보지도 못한 핀란드의 한 교사의 연금 불입금이 미국 텍사스 주의 주택 개발에 투자되었고 그 사실을 핀란드의 연기금조차도 몰랐다는 식의 이야기는 이렇게 탄생했다.

투자은행이라는 동물

『대마불사』의 주인공은 여러 투자은행investment bank과 그 경영자들이다. 그런데 투자은행은 한국의 평범한 시민들에게는 낯선 용어일 것이다. 그것이 한국에 없기 때문이다. 게다가 투자은행의 본거지인 월스트리트에서도 대형 투자은행들이 기본적으로 사라지고 있다. 이른바 5대 투자은행에서 세 곳은 문을 닫거나 흡수되고 두 곳은 살아남기 위해 '투자은행 비즈니스 모델'을 버리고 은행지주회사가 되었다. 그래도 한국산업은행이나 중국투자공사 등이 그렇게 갖고 싶어 했던 투자은행이 무엇인지를 아는 것은 이 책을 알고 즐기는 데 중요하다.

엉뚱하게 들릴지 모르지만 투자은행을 논하기 위해 중일전쟁과 일본 관동군 이야기를 하고자 한다. 1960년대에 초등학교를 다닌 사람들은 기억하겠지만 그 시절에는 학교에 돈을 가져가 저금을 했다. 코 묻은 돈을 가져다가 저금한 이유는 국가가 하는 일에 조금이라도 힘을 보태라는 교육방침 때문이었다. 이 관행은 일제강점기에 수입되었다. 1930년대에 정치의 주도권을 쥔 일본 군부는 전국 방방곡곡에 창구를 가진 우체국을 전쟁자금 동원의 통로로 활용했고, 이 과정에서 우체국이 학교에서 '우편저금'을 하게 한 것이었다.

이 강제적인 동원 저축은 사라졌지만 그 정신은 최근까지 일본과 한국에 고스란히 남아 있었다. 즉, 금융의 가장 큰 덕목이 산업을 발흥시키는 데 '혈액'이 되는 돈을 시민에게서 흡수해 기업체에 공급하는 것이라는 생각이 강하게 뿌리박혀 있던 것이다. 은행이나 저축기관이 모은 돈을 쓰는 방법에 대해서는 정부의 경제개발계획이나 산업정책이 조정했다. 즉, 개인의 남는 돈이 저축으로 모여 산업자금이 필요한 기업에 전달되는 금융이 은행과 정부라는 파이프를 통과한 것이다. 그래서 일본이 만들고 과거 식민지였던 한국, 대만, 중국에 보급한 이 금융체제를 '간접금융체제'라고 한다. 돈의 공급자가 수요자를 직접 상대하는 것이 아니라 간접적으로 접하는 것이라는 의미다. 이 간접금융체제를 가진 나라에서는 은행이 규모나 중요성에서 증권회사를 압도했다(최근에는 양자가 결합해 금융그룹화하고 있다).

그러나 서구, 즉 영미 전통에서는 돈의 공급자가 수요자를 직접 만난다(독일과 프랑스에서는 간접금융체제와 직접금융체제를 혼합한 모델을 취했다). 만나는 장소는 은행이 아니라 증권시장이다. 이 '직접금융체제'는 간접금융체제와 형태나 기능이 다를 뿐 아니라, 더 중요하게는 배경의 정신과 가치체계가 다르다. 영미 사회에서 금융의 존재 이유 중 가장 우선시되는 것은 개인 재산의 극대화다. 서구 자유주의의 아버지라고 불리는 존 로크John Locke가 갈파한 재산의 노동가치설, 즉 재산권은 노동에서 나오며, 이 재산권은 정부보다 우월하고 신성한 것으로서 정부가 자의적으로 빼앗을 수 없다고 한 정신이 그대로 구현된 것이었다.

이 직접금융체제의 총아가 투자은행이다. 한국에서 금방 눈에 띄는 '시중은행(전국적으로 영업하는 상업은행)'은 개인들이 주된 고객으로, 소매금융retail banking을 주로 하는 금융기관이다. 이와는 달리 미국의 투자은행에는 개인이 들어갈 수가 없다. 개인이 아닌 기업을 주된 고객으로 하는 도매금융wholesale banking을 하는 금융기관인 것이다.

투자은행이 주로 하는 업무로는 기업체가 발행하는 주식이나 채권을 '인수underwriting'해 증권시장에서 유통해주는 일, 매수나 합병 등을 포함해 기업체의 재무전략의 입안과 실행에 자문을 해주는 일advisory service, 주식 거래를 중개하는 일brokerage, 자신의 돈으로 증권에 투자하는 일dealing 등을 들 수 있다.

투자은행은 이상의 업무 이외에도 헤지펀드 등에 '프라임 브로커prime broker'로서 금융거래서비스를 세계적 차원에서 제공하는 일, 투자관리서비스, 리스크관리 등 다양한 업무를 담당한다. 우리 관점에서 볼 때는 금융그룹이 탄생하기 전에 증권회사와 은행이 기업체를 상대로 한 업무들을 모아놓은 것이라고 해도 무방하다. 물론 모든 투자은행들이 앞서 말한 기능을 다 하는 것은 아니며, 일부 기능에 특화한 소규모 부티크투자은행boutique IB도 존재한다.

영국에는 투자은행이라는 것이 없고 미국의 투자은행 업무에서 자본시장에서의 주식 및 채권 유통을 다루는 인수 업무에 국한하는 머천트뱅크merchant bank라는 것이 있다. 머천트뱅크의 역사는 오래되어, 1995년에 내부적인 사고로 없어진 베어링스뱅크Barings Bank의 전신인 베어링브러더스Baring Brothers로까지 거슬러 올라간다. 베어링브러더스는 1763년에 창설되어 나폴레옹전쟁 시 프랑스 정부에 융자 및 해상보험서비스를 제공한 것으로 유명하다. 당시 프랑스의 권력자였던 리슐리외Richelieu는 "(유럽에) 6개의 제국이 있는데 그것은 영국, 프랑스, 프러시아, 오스트리아, 러시아, 그리고 베어링브러더스다"라는 말을 했던 것으로 전해진다. 이 외에도 로스차일드Rothschilds, 슈로더Schroders, 와버그Warburgs 등이 우리 귀에 익은 머천트뱅크다.

영국의 머천트뱅크와 미국의 투자은행의 커다란 차이점은 전자가 오직 고객의 자산을 경영의 대상으로 하는 데 비해 후자는 자기자본도 중요한 경영자원으로 활용한다는 점이다. 투자은행에서는 오늘날 한국에서도 점차 주목받고 있는 자기계정투자principal investment가 다양한 투자기법을 통해 점점 발달해왔다.

이는 투자은행의 의사결정체계 및 문화와 직결되는 것으로서 금융위기 및 사후대책에서 중요한 논란거리 중 하나가 되었다. 미국 투자은행의 행동을 결정하고 그 행동의 산물을 나눠 가지는 것은 파트너들의 폐쇄적인 집단closed partnership이다. 이들은 매우 배타적인 집단으로서 자신들의 의사결정과 수익분배를 외부에 공개하지 않기 때문에 '투명성' 논란의 대상이 된다. 일반적으로 파트너는 투자은행에 들어가 상당한 기간을 거쳐야 될 수 있는데, 그 수는 전체 직원 수의 1%를 조금 넘는 경우가 많다. 엄청난 책임과 보수가 뒤따르는 이 파트너라는 지위는 구태여 비유하자면 공무원 사회에서 국장급이나 군대에서 장성과 유사하다고 할 수 있다.

월스트리트에서 한·중·일의 각축

『대마불사』를 감상하는 데 또 하나 흥미로운 관전 포인트는 흔들거리는 일류 투자은행을 가져보려고 한국·중국·일본 세 나라의 금융기관들이 애를 썼다는 것이다. 그도 그럴 것이 앞서 설명했듯 이 세 나라가 기본적으로 간접금융체제를 바탕으로 하고 있어 취약한 직접금융을 보강하는 데 월스트리트의 투자은행이 너무도 탐이 났기 때문이다.

이러한 이야기에 먼저 등장하는 것이 한국산업은행의 리먼브러더스 인수 시도다. 결과적으로 이는 실패했다. 이 실패의 직접적인 원인은 인수 협상에 임했던 한국산업은행 팀의 무능이나 실수가 아니라 리먼브러더스의 CEO 리처드 펄드가 마지막까지 악성 부동산 자산의 처리를 한국산업은행에 떠넘기려는 전략을 한국산업은행 측이 받아들일 수 없었던 데 있다. 그러나 인수가 이뤄지지 않은 더 큰 배경에는 미국식 자본주의를 집약적으로 구현하는 투자은행을 인수하는 것에 대해 한국에서 광범위한 합의가 없었다는 사실이 자리한다. 한국이 물러난 자리를 대신해 리먼브러더스에서 가장 노른자위에 해당하는 사업 부문, 맨해튼의 38층짜리 건물, 그리고 직원 9,000명을 인수한 것은 영국의 바클레이스였다. 이 노른자위를 사들이는 데 바클레이스가 지불한 돈은 불과(?) 13억 5,000만 달러였다. 한편 리먼브러더스의 아시아·유럽·중동 비즈니스 부문은 일본의 노무라증권그룹이 2억 2,500만 달러에 인수했다.

과거의 일을 가정으로 평가할 수는 없다. 하지만 한국산업은행보다 역사적·국제적 위상 등에서 앞선 영국의 바클레이스나 일본의 노무라증권그룹에 리먼브러더스를 빼앗긴 것은 순수하게 금융의 시각에서만 본다면 아쉬운 일일 수 있다. 옮긴이가 도쿄의 금융계 인사들과 만나며 가끔 듣는 말이 "투자은행 일을 하고 싶어도 인재가 없어서 못한다"는 것이다. 기업이 존재하는 한 영원히 뻗어나갈 투자은행 업무에서 핵심적인 가치는 노하우와 인맥인데, 이는 경영학 교과서나 업무 교범에 쓰여 있는 것이 아니라 현업에서 능력을 발휘한 투자은행가들의 머리와 인간관계에 체현되어 있기 때문이다. 세계 최고의 경제대국이 되려는 야심을 가진 중국정부가 만든 국부펀드인 중국투자공사China Investment Corporation가 미국 투자은행 인수에 밤낮을 가리지 않고 덤볐다가 실패하는 대목은 시사하는 바가 많다.

옮긴이와의 인터뷰에서 한국산업은행의 민유성 회장은 자신이 리먼브러더스 인수전에서 궁극적으로 목표했던 것은 '인재 개발'이었다고 밝혔다. 즉, 리먼브러더스를 인수할 경우 한국산업은행 직원들을 리먼브러더스를 통해 미국과 전 세계의 거점에 대량으로 파견하여 리먼브러더스 직원과 동등한 실력을 갖춘 전문가로 육성하고자 했으며, 이를 장기적으로 실행할 계획까지 준비했었다는 것이다. 이는 결국 이루어지지 않았으나 한 금융인으로서는 원대한 야심이었다. 세계 10대 경제권 진입을 앞둔 한국이 서구 금융의 최첨단이라 할 수 있는 투자은행을 통째로 인수하는 것은 이제 그 대상 자체가 변함으로써 불가능한 일이 되었다. 이는 2008년 금융위기가 불러온 또 하나의 역사적 변화이다. 결국 이러한 변화는 선진화를 꿈꾸는 한국 금융의 학습과 진화 방식에도 장기적으로 큰 영향을 미칠 것이다.

한편 리먼브러더스에 이어 파산할 것이라는 위기감이 감돌았던 미국 제2의 투자은행 모건스탠리는 쓰러지기 일보 직전에 일본의 미쓰비시 UFJ금융그룹에 지분 21%를 90억 달러에 매각함으로써 위기를 벗어났다. 이때 주말이어서 전신 송금이 불가능하자 미쓰비시 측이 90억 달러짜리 수표를 만들어 미국 지사장이 직접 들고 방문하는 장면이 이 책에 묘사되어 있다. 이는 미쓰비시가 미국 투자은행의 경영에 얼마나 참가하고 싶어 했는지를 웅변해준다고 할 수 있다.

광풍이 지나간 뒤

이 책에 종종 등장하는 수사법의 하나가 '월스트리트'와 '메인스트리트'의 대비다. 여기서 말하는 메인스트리트는 서부의 들판에 길이 하나 생겨 그곳에 평범한 사람들이 모여들고 작은 은행과 주점 등이 들어서면서 형성된 중심가를 떠올리게 한다. 그리고 이 책에 영웅으로 등장하는 네 명의 인물은 보안관 역에 행크 폴슨 재무장관, 보안관을 보좌하는 역에 벤 버냉키 연방준비위원회 의장과 팀 가이트너 뉴욕연방준비은행 총재, 그들을 돕는 주막의 선량한 주인 역에 JP모건체이스은행의 회장 제이미 다이먼이다.

2008년 9월에 세계를 뒤흔든 금융위기의 광풍이 휩쓸고 간 지 2년이 지난 지금, 메인스트리트를 지키려고 월스트리트에 정부 돈을 쏟아부은 네 사람은 어떻게 되었을까? 그리고 미국의 금융계는 어떻게 되었을까? 특히 2009년 1월 20일에 버락 오바마가 이끄는 민주당 정권이 들어선 뒤 금융개혁은 어떻게 되었을까?

우선 1946년생인 행크 폴슨은 관직에서 물러나 지금은 존스홉킨스 대학 국제문제연구소SAIS에 펠로우로 있으면서 조용히 책을 읽으며 지내는 것으로 전해진다. 1953년생 벤 버냉키는 연방준비위원회 의장을 계속 맡고 있으며, 1961년생 팀 가이트너는 2009년 1월 26일 행크 폴슨의 뒤를 이어 재무장관에 취임했다. 그리고 제이미 다이먼도 JP모건체이스은행 회장직을 그대로 맡고 있다. 한 가지 덧붙일 것은 그 거대한 소용돌이 속에서도 월스트리트의 CEO들은 대개 자리를 지켰다는 것이다.

리먼브러더스의 파산으로 하나의 용어가 된 2008년 '9·15 사태'로부터 22개월이 지난 2010년 7월 21일, 오바마 대통령은 이른바 '오바마금융개혁법'이라고도 불리는 「다드-프랭크 월스트리트개혁 및 금융소비자보호법Dodd-Frank Wall Street Reform and Consumer Protection Act」에 서명했다. 상원 은행위원회 위원장 크리스토퍼 다드와 하원 금융서비스위원장 바니 프랭크가 주축이 되어 만든 2,300쪽에 이른다는 이 법안의 요약문을 보면 금융소비자 보호, 공적자금을 이용한 '대마불사' 식의 금융구제 금지, 금융위기 사전 탐지 및 경보, 신종 금융상품의 투명성 및 회계 건전성 확보, 금융회사 임원 보수 결정에 주주 참여, 투자자 보호 장치 등이 주된 내용을 이룬다.

오바마 대통령은 이 법안이 미국 금융계에 '전면적 개혁sweeping reform'을 불러일으킬 것이라고 했다. 그러나 그런 말을 자신 있게 하기에는 아직 너무 이르다는 신중한 의견과 '실패할 것이 뻔하다'는 부정적인 의견이 '이걸로 됐다'는 긍정적인 평가를 압도하는 것이 미국 내 분위기다. 물론 금융소비자 보호를 전면에 내세운 것에 대한 칭찬도 많다. 최근에 만들어진 한국의 「자본시장법」, 일본의 「금융상품거래법」 등이 모두 소비자 보호에 중점을 두는 것으로서, 이는 하나의 세계적 조류를 이루는 셈이다.

이 시점에서, 더구나 책을 번역한 입장에서 옮긴이가 미국의 법안을 평가하는 것은 어울리지 않는 일이지만, 이 책에 소개된 내용의 함의를 이해하는 데 도움이 될 것이라는 생각에 간단히 법안에 대한 평가를 정리해보고자 한다. 여러 부정적 견해를 종합해보면 그것이 대체로 세 가지 입장에 기초하고 있음을 알 수 있다.

첫째는 법기술적인 측면이다. '다드-프랭크법안'은 금융개혁의 커다란 주제들과 방향을 설정한 것에 지나지 않으며, 앞으로 수많은 시행세칙을 제정해야 하는 상황이다. 가옥의 골간은 만들어놓았으나 사람이 살 수 있는 집이 되기까지는 아직 많은 일이 남아 있다는 것이다. 그런데 이 세부 시행세칙을 만드는 긴 과정에서 여러 가지 타협이 이뤄지고 따라서 본래의 취지가 퇴색될 가능성이 높다.

둘째는 금융을 법과 행정이 규제한다는 것 자체가 어렵다는 시각이다. 인간의 욕망을 법으로 다스리는 것이 얼마나 어려운지는 세계사가 잘 보여준다. 특히 금융업에서 리스크는 본연의 문제라고 할 수 있다. 조금 과장해서 말하면 투자은행업이 술이라면 리스크는 알코올인 것이다. 이 책의 주역으로 등장하는 골드만삭스 출신의 행크 폴슨은 금융위기가 원천적으로 4년 내지 8년에 한 번씩 올 수 있다고 했으며, JP모건의 제이미 다이먼은 이를 3년 내지 7년에 한 번이라고 말했을 정도다. 그러니 대마불사大馬不死, too big to fail가 아닌 대마구제불능大馬救濟不能, too big to save인 것이 현실이며, 잘못된 거대 금융기관을 구하는 일에 행정 노력과 국민의 세금을 낭비하지 말고 망하게 내버려두는 것이 상책이라는 것이다.

그러나 가장 큰 문제는 세계 금융의 상호의존이다. 그야말로 "문제는 대마불사가 아니라 상호의존이야, 이 바보야"라는 것이 월스트리트의 지배적인 논조다. 오늘날 금융회사들은 국경을 넘어 세계에 퍼져 있고 IT기술을 통해 떼려야 뗄 수 없는 관계로 얽혀 있다. 이 때문에 한 금융회사가 취한 행동의 결과에 세계 전체가 민감하게 영향을 받을 뿐 아니라 취약한 상황이다. 한국에 와서 외환 거래를 하는 이른바 '와타나베 부인'이 한일간 금융에도 영향을 줄 수 있는 오늘날, 하물며 수십 개 나라에 거점을 둔 미국의 거대 금융기관들은 더 말할 나위가 없다. 문제는 미국에 있는 본사와 지사들은 몰라도 해외 법인들을 미국이 어떻게 법으로 다스리겠느냐는 것이다. 이 주제는 실제로 이 책에서 리먼브러더스와 시티그룹의 예를 통해 잘 드러난다. 2010년 11월 서울에서 열리는 G20 정상회의에서 금융 규제의 세계적 차원에서의 보편적 규제와 거버넌스 메커니즘이 어떻게 논의될 수 있을지에 관심이 주목되는 까닭도 이러한 맥락이라고 할 수 있다.

지은이가 에필로그에 적은 한 대목을 인용하며 이 글을 맺는다. "이 무대 뒤의 이야기가 말해주듯이, 어떤 기관 또는 전체 시스템이 너무 커서 쓰러질 수 없을 것인지는 too big to fail 그 기업을 경영하는 사람들, 그리고 그들을 규제하는 사람들과 관련된다. 이 시기에 일어난 일들은 앞으로 두고두고 연구될 것이다. 어쩌면 유사한 도전에 직면하는 다음 세대의 금융인들과 규제자들도 이를 연구하게 될지 모른다."

리먼브러더스 파산 2년째 되는 날

MIT 국제문제연구소에서

노 다니엘

일러두기 본문에 실린 모든 각주는 독자의 이해를 돕기 위해 옮긴이가 넣은 것입니다.
본문에 영문 약자로 표기된 용어의 풀이는 '주요 용어'를 참고하시기 바랍니다.

지은이의 말

이 책은 2008년 미국에서 발생한 금융위기를 둘러싼 일련의 사건에 직접적으로 관여한 200명 이상의 인사들을 대상으로 행한 약 500시간의 인터뷰를 바탕으로 한 것이다. 이 인사들에는 월스트리트의 최고경영자, 이사회 멤버, 고급간부, 미 행정부의 전·현직 관리들, 외국 정부 고관, 은행가, 변호사, 회계사, 컨설턴트, 어드바이저 등 다양한 사람이 포함된다. 이 가운데 많은 이들은 필자와 인터뷰하면서 증거가 되는 귀중한 문서들을 보여주기도 했다. 그중에는 현안에 관한 메모, 이메일, 녹음테이프 기록, 내부 설명자료, 기안문서, 비망록, 수첩, 통화 기록, 수수료 청구용 업무일지, 비용보고서 등이 포함된다. 이 책이 그려내는 소상한 상황과 장면은 이런 자료에 근거한 것이다. 필자가 만난 인사들은 다른 사람들과 나눈 다양한 대화나 회의 내용을 애써서 기억해 말해주었다. 보통이라면 공개할 수 없는 비밀사항이다.

세계를 뒤흔든 금융위기로 이어지는 사건들에 관해서는 지금도 논란이 이어지고 있으며, 이 책의 원고를 쓰는 시점에도 형사사건의 조사가 진행되고 수많은 민사소송이 제기되어 있는 실정이다. 따라서 필자의 인터뷰 요청에 응한 사람들은 신분이 노출되지 않는다는 것을 전제조건으로 했다. 그리고 이 책에 나오는 민감한 상황들은 복수의 소스를 바탕으로 재구성되었다. 그러므로 독자들은 이 책에 소개되는 대화나 특정한 사람의 생각을 읽으면서, 사건 당사자와 정보 제공자가 반드시 일치한다고 여겨서는 안 된다. 물론 일치하는 경우가 많다. 하지만 때로는 어떤 대화나 인식의 묘사가 당사자가 아닌 사람, 즉 같은 방에 있었거나 통화를 했거나 대화 당사자에게서 직후에 전해 들었거나 당사자가 작성한 문건이나 메모를 봤거나 하는 소스에 근거한 경우도 있다.

뉴욕에서 비롯된 금융위기에 관해서는 이미 상당히 많은 문헌이 나와 있다. 금융저널리즘의 세계에서 존경하는 동료들이 써낸 탁월한 저술들을 필자는 소중히 참고하고 문헌목록에 적시해두었다. 다만 필자는 이 책이 현대사에서 가장 뼈아픈 일의 하나인 금융위기에 이르는 한 순간 한 순간을 소상하게 기록한 최초의 저술이라고 감히 자부한다. 이 책에 등장하는 인사들은 그들이 캄캄한 경제의 나락으로 떨어지고 있다고 진실로 믿고 있었으며, 실제로 그렇게 된 이들도 있다.

갈릴레오 갈릴레이의 유명한 말처럼 "모든 진실은 발견된 다음에는 이해하기 쉽다. 문제는 그것을 발견해내는 것이다". 나는 이 책을 통해 독자들이 금융위기에 관한 진실의 일부를 발견해내고, 그래서 세계를 뒤흔든 금융위기를 이해하는 데 조금이나마 도움이 되기를 바란다.

차례

주요 등장인물*

1. 금융기관

__ **AIG** American International Group

로버트(밥) 윌럼스태드 Robert B. Willumstad CEO, 전 회장

마틴 설리번 Martin J. Sullivan 전 CEO

스티븐(스티브) 벤싱거 Steven J. Bensinger CFO, 집행부사장

조지프(조) 카사노 Joseph P. Cassano 런던지부장, 전 CFO

데이비드 허조그 David Herzog 회계 책임자

브라이언 슈라이버 Brian T. Schreiber 전략기획 담당 상급부사장

---

* 빈번하게 등장하는 chairman, president, CEO라는 용어는 영미 전통에서 시작한 근대 주식회사 제도의 골간인 경영과 소유의 분리를 바탕으로 한 것이다. 우리말에서 주로 '회장'이라고 번역되는 chairman은 회사의 주주들을 대표하는 이사회(board of directors)를 주관하는 사람으로서 경영진을 감독하는 최고직이다. 이 소유자 측의 이사회가 고용한 전문경영인들 중에서 일부를 선임해 회사의 최고의사결정을 하는 것이 집행위원회(executive committee)이며, 이 중에서 대외적으로 회사를 대표하는 사람이 president(사장)이고, 내부적으로 경영을 통괄하는 집행임원이 CEO(chief executive officer)다. 따라서 president와 CEO가 동일인일 수도 있다(때로는 이들이 chairman을 겸할 수도 있다). CEO를 보좌하며 주요 부문을 책임지는 전문경영인으로 금융회사에는 대개 chief operating officer(COO), chief investment officer(CIO), chief administrative officer(CAO), chief risk officer(CRO), chief legal officer(CLO) 등이 있다.

__ **뱅크오브아메리카** Bank of America

케네스(켄) 루이스 Kenneth D. Lewis　CEO, 회장

조 프라이스 Joe L. Price　CFO

그레고리(그레그) 컬 Gregory L. Curl　기업기획 담당 이사

브라이언 모이니헌 Brian T. Moynihan　글로벌투자은행 담당 사장

__ **바클레이스** Barclays

아치볼드 콕스 Archibald Cox, Jr.　바클레이스 아메리카 회장

로버트(밥) 다이아몬드 Robert E. Diamond Jr.　바클레이스 PLC 사장, 바클레이스캐피털 CEO

제리 델 미시어 Jerry del Missier　바클레이스캐피털 사장

존 발리 John S. Varley　CEO

마이클 클라인 Michael Klein　독립 어드바이저

__ **버크셔해서웨이** Berkshire Hathaway

워런 버핏 Warren E. Buffett　회장, CEO

에이짓 제인 Ajit Jain　재보험 부문 사장

__ **블랙록** BlackRock

래리 핑크 Larry Fink　CEO

__ **블랙스톤그룹** Blackstone Group

스티븐(스티브) 슈워츠먼 Stephen A. Schwarzman　공동 창업자, 회장, CEO

피터 피터슨 Peter G. Peterson　공동 창업자

존 스터진스키 John Studzinski　상급상무

__ **중국투자공사** China Investment Corporation

가오 시칭 Gao Xiqing　사장

__ **시티그룹** Citi Group

비크람 판디트 Vikram S. Pandit　CEO

스티븐 볼크 Stephen R. Volk 부회장

에드워드(네드) 켈리 Edward 'Ned' Kelly 글로벌기관투자가뱅킹 부문장

__ 에버코어파트너스 Evercore Partners

로저 올트먼 Roger C. Altman 창업자, 회장

__ 패니메이 Fannie Mae

대니얼(댄) 머드 Daniel H. Mudd 사장, CEO

__ 프레디맥 Freddie Mac

리처드 사이런 Richard F. Syron CEO

__ 골드만삭스 Goldman Sachs

로이드 블랭크파인 Lloyd C. Blankfein 회장, CEO

게리 콘 Gary D. Cohn 공동 사장, 공동 COO

존 윙클레이드 Jon Winkelreid 공동 사장, 공동 COO

크리스토퍼(크리스) 콜 Christopher A. Cole 투자은행 부문 회장

바이런 트로트 Byron Trott 투자은행 부문 부회장

하비 슈워츠 Harvey M. Schwartz 글로벌 증권판매 부문장

데이비드 솔로몬 David Solomon 상무, 투자은행 공동 부문장

데이비드 비니어 David A. Viniar CFO

존 로저스 John W. Rogers 이사회 서기

__ 그린라이트캐피털 Greenlight Capital

데이비드 아인혼 David M. Einhorn 회장, 공동 창업자

__ 제이시플라워스 J. C. Flowers & Company

크리스토퍼(크리스) 플라워스 J. Christopher Flowers 회장, 창업자

__ JP모건체이스 JP Morgan Chase

제이미 다이먼 Jamie Dimon 회장, CEO

제임스 리 James B. Lee Jr. 부회장

스티븐(스티브) 블랙 Steven D. Black 투자은행 공동 부문장

더글러스(더그) 브론스타인 Douglas J. Braunstein 투자은행 공동 부문장

마이클 캐버너 Michael J. Cavanagh CFO

스티븐(스티브) 커틀러 Stephen M. Cutler 수석법률고문

마크 펠드먼 Mark Feldman 상무

티머시(팀) 메인 Timothy Main 금융기관 및 투자은행 부문장

윌리엄(빌) 윈터스 William T. Winters 투자은행 공동 부문장

존 호건 John Hogan CRO

배리 주브로 Barry L. Zubrow CRO

__ 한국산업은행 Korea Development Bank

민유성 Min Euoo Sung CEO

__ 라자르프레르 Lazard Freres

게리 파 Gary Parr 부회장

__ 리먼브러더스 Lehman Brothers

리처드(딕) 펄드 Richard S. Fuld, Jr. CEO

조지프(조) 그레고리 Joseph M. Gregory 사장, COO

허버트(바트) 맥데이드 Herbert H. 'Bart' McDade 사장, COO

에린 캘런 Erin M. Callan CFO

이언 로윗 Ian T. Lowitt CFO, 총무 담당 공동 책임자

토머스(톰) 루소 Thomas A. Russo 부회장, 법률 담당 책임자

제시 바탈 Jasjit S. 'Jesse' Bhattal 아시아태평양 담당 CEO

휴(스킵) 맥기 Hugh E. 'Skip' McGee 글로벌투자은행 부문장

제럴드 도니니 Gerald A. Donini 글로벌 주식 부문장

스콧 프리다임 Scott J. Freidheim 총무 담당 책임자

마이클 겔밴드 Michael Gelband 글로벌 자본시장 부문장
앤드루 고워스 Andrew Gowers 기업홍보 부문장
알렉스 커크 Alex Kirk 글로벌 자기자본투자 부문장
마크 셰이퍼 Mark Shafir 글로벌 M&A 공동 부문장
제프리(제프) 와이스 Jeffrey Weiss 글로벌 금융기관 부문장
브래들리(브래드) 휘트먼 Bradley Whitman 글로벌 금융기관, M&A 공동 부문장
래리 와이즈넥 Larry Wieseneck 글로벌 금융 공동 부문장
스티븐(스티브) 버켄펠드 Steven L. Berkenfeld 상무
파올로 토누치 Paolo Tonucci 회계 책임자
조건호 Kunho Cho 부회장

__ **메릴린치** Merrill Lynch
존 테인 John A. Thain 회장, CEO
스탠리(스탠) 오닐 E. Stanley O'Neal 전 회장, 전 CEO
그레고리(그레그) 플레밍 Gregory J. Fleming 사장, COO
존 피네건 John Finnegan 이사회 멤버
피터 크라우스 Peter S. Kraus 집행부사장, 경영위원회 멤버
토머스(톰) 먼태그 Thomas K. Montag 집행부사장, 글로벌 거래 부문장
피터 켈리 Peter Kelly 변호사

__ **미쓰비시UFJ금융그룹** Mitsubishi UFJ Financial Group
구로야나기 노부오 Nobuo Kuroyanagi CEO

__ **모건스탠리** Morgan Stanley
존 맥 John J. Mack 회장, CEO
폴 토브먼 Paul J. Taubman 투자은행 부문장
로버트(랍) 킨들러 Robert A. Kindler 투자은행 부문 부회장
월리드 샤마 Walid A. Chammah 공동 사장
제임스 고먼 James P. Gorman 공동 사장
콤 켈러허 Colm Kelleher 집행부사장, CFO, 전략기획 부문장

대니얼(댄) 심코위츠 Daniel A. Simkowitz 글로벌 자본시장 부회장

조너선 킨드레드 Jonathan Kindred 모건스탠리재팬 사장

웨이 선 크리스천슨 Wei Sun Christianson 모건스탠리차이나 사장

토머스(톰) 나이즈 Thomas R. Nides 총무 담당 책임자, 이사회 서기

루스 포랫 Ruth Porat 금융기관 부문장

케네스(켄) 데렉 Kenneth M. deRegt CRO

게리 린치 Gary G. Lynch 법률 담당 책임자

로버트(밥) 스컬리 Robert W. Scully 회장실 간부

__ 페렐라 와인버그 파트너스 Perella Weinberg Partners

조지프(조) 페렐라 Joseph R. Perella 회장, CEO

게리 배런시크 Gary Barancik 파트너

피터 와인버그 Peter A. Weinberg 파트너

__ 와코비아 Wachovia

로버트(밥) 스틸 Robert K. Steel 사장, CEO

제인 셔번 Jane Sherburne 상담역

데이비드 캐럴 David M. Carroll 자본운용 사장

__ 웰스파고 Wells Fargo

리처드(딕) 코바체비치 Richard Kovacevich 회장, 사장, CEO

2. 변호사(로펌)

__ 클리어리 고틀립 스틴 앤드 해밀턴 Cleary Gottlieb Steen & Hamilton

앨런 벨러 Allan Beller 파트너 변호사

빅터 루코 Victor L. Lewkow 파트너 변호사

_ 크래배스, 스웨인 앤드 무어 Cravath, Swaine & Moore

로버트 조피 Robert D. Joffe 파트너 변호사

파이자 사이드 Faiza J. Saeed 파트너 변호사

_ 데이비스, 포크 앤드 워드웰 Davis, Polk & Wardwell

마셜 휴브너 Marshall S. Huebner 파트너 변호사

_ 심슨 대처 앤드 바틀렛 Simpson Thacher & Barlett

리처드(딕) 비티 Richard I. Beattie 회장

제임스(제이미) 갬블 James G. Gamble 파트너 변호사

_ 설리번 앤드 크롬웰 Sullivan & Cromwell

로진 코헨 H. Rodgin Cohen 회장

제이 클레이턴 Jay Clayton 파트너 변호사

마이클 와이즈먼 Michael M. Wiseman 파트너 변호사

_ 왁텔, 립턴, 로즌 앤드 카츠 Wachtell, Lipton, Rosen & Katz

에드워드(에드) 헐리히 Edward D. Herlihy 파트너 변호사

_ 웨일, 갓샬 앤드 맨지스 Weil, Gotshal & Manges

로리 파이프 Lori R. Fife 파트너 변호사(기업금융 및 구조조정 부문)

하비 밀러 Harvey R. Miller 파트너 변호사(기업금융 및 구조조정 부문)

토머스 로버츠 Thomas A. Roberts 파트너 변호사

_ 뉴욕 시 New York City

마이클 블룸버그 Michael Bloomberg 시장

_ 뉴욕 주정부 보험국 New York State Insurance Department

에릭 디날로 Eric R. Dinallo 국장

3. 영국

__ 금융감독청 Financial Services Authority: FSA

캘럼 매카시 Callum McCarthy 회장

헥터 샌츠 Hector Sants CEO

__ 정부

제임스 고든 브라운 James Gordon Brown 총리

앨리스테어 달링 Alistair D. Darling 재무장관

4. 미국

__ 의회

힐러리 클린턴 Hillary Clinton 상원의원(민주당, 뉴욕 주)

크리스토퍼 다드 Christopher J. Dodd 상원의원(민주당, 코네티컷 주), 상원 은행위원회 위원장

바넷(바니) 프랭크 Barnett 'Barney' Frank 하원의원(민주당, 매사추세츠 주), 하원 금융서비스위원회 위원장

미치 매코널 Mitch McConnell 상원의원(공화당, 켄터키 주), 상원 공화당 리더

낸시 펠로시 Nancy Pelosi 하원의원(민주당, 캘리포니아 주), 하원의장

__ 재무성*

헨리(행크) 폴슨 Henry M. 'Hank' Paulson Jr. 장관

---

* 미연방정부의 고위직 중 secretary는 부처별로 대통령을 보좌하는 '장관', deputy secretary는 장관을 대리할 수 있는 사람으로서 '부장관', under secretary는 장관 아래에 있는 자리로 '차관', assistant secretary는 각 부문을 책임지며 장관을 보좌하는 사람으로서 우리의 '국장'에 해당한다. deputy assistant secretary는 각 부문에서 assistant secretary를 대행하는 사람으로서 이 책에서는 '부국장'으로 번역했다. 이상의 정의는 이 책에서 주로 나오는 부처인 재무성의 편제를 기준으로 했다.

제임스(짐) 윌킨슨 James R. 'Jim' Wilkinson 장관 수석보좌관

로버트(밥) 호이트 Robert F. Hoyt 상담역

댄 제스터 Dan Jester 장관 고문역

스티븐(스티브) 샤프란 Steven Shafran 장관 고문역

켄드릭(켄) 윌슨 Kendrick R. Wilson III 장관 고문역

미셸 데이비스 Michele A. Davis 공공문제 담당 국장, 정책기획국장

케빈 프로머 Kevin I. Fromer 법률문제 담당 국장

닐 카시카리 Neel Kashkari 국제문제 담당 국장

데이비드 매코믹 David H. McCormick 국제문제 담당 차관

데이비드 네이슨 David G. Nason 금융기관 담당 국장

제레미아 노턴 Jeremiah O. Norton 금융기관정책 담당 부국장

앤서니 라이언 Anthony W. Ryan 금융시장 담당 국장

로버트(밥) 스틸 Robert K. Steel 국내금융 담당 차관

매슈 스코긴 Matthew Scogin 국내금융 담당 차관 고문역

필립 스웨이글 Philip Swagel 경제정책 담당 국장

__ 연방예금보험공사 Federal Deposit Insurance Corporation

실라 베어 Shiela C. Bair 회장

__ 연방준비위원회 Federal Reserve *

벤 버냉키 Ben S. Bernanke 의장

케빈 워시 Kevin M. Warsh 이사

도널드(돈) 콘 Donald Kohn 부의장

스콧 앨버레즈 Scott G. Alvarez 상담역

---

* 흔히 '연방준비제도' 정도로 번역되는 Federal Reserve System(FRS, 약칭 Federal Reserve; Fed)은 1913년에 만들어진 미연방의 중앙은행에 해당하는 기구다. 그 산하에는 12개 지구의 대도시에 Federal Reserve Bank(연방준비은행)가 있는데 이들이 민간회사라는 점에 주목할 필요가 있다. 이 책에서 자주 나오는 미국 금융의 중심지 월스트리트가 소재한 뉴욕 시를 관장하는 Federal Reserve Bank of New York(이 책에서는 '뉴욕연방준비은행'으로 표기)은 직원 수가 약 3,000명인 막강한 금융기관이다.

— 뉴욕연방준비은행 Federal Reserve Bank of New York

티머시(팀) 가이트너 Timothy F. Geithner 총재

크리스틴 커밍 Christine M. Cumming 부총재

토머스(톰) 백스터 Thomas C. Baxter Jr. 상담역

테렌스(테리) 체키 Terrence J. Checki 집행부사장

윌리엄(빌) 더들리 William C. Dudley 집행부사장(시장 그룹)

캘빈 미첼 Calvin A. Mitchell III 집행부사장(홍보)

윌리엄 러틀리지 William L. Rutledge 상급부사장

— 증권거래위원회 Securities and Exchange Commission: SEC

찰스 크리스토퍼(크리스) 콕스 Charles Christopher Cox 의장

린다 채트먼 톰슨 Linda Chatman Thomsen 국장(법률집행)

에릭 시리 Erik R. Sirri 국장(시장규제)

마이클 마키아롤리 Michael A. Macchiaroli 부국장(거래소 및 시장 담당)

— 백악관

조지 부시 George W. Bush 대통령

조슈아(조시) 볼턴 Joshua B. Bolten 대통령실 수석보좌관

주요 용어

ABS Asset-Backed Securities　자산담보증권

CAO Chief Administrative Officer　최고총무담당임원

CBO Collateralized Bond Obligation　채권담보증권

CDO Collateralized Debt Obligation　채무담보증권(주로 CBO와 CLO로 구성됨)

CDS Credit Default Swap　신용파산스와프

CEO Chief Executive Officer　최고집행임원

CFO Chief Financial Officer　최고재무담당임원

CIO Chief Investment Officer　최고투자담당임원

CLO Collateralized Loan Obligation　융자담보증권

CNBC Consumer News and Business Channel　미국 3대 텔레비전 방송의 하나인 NBC가 운영하는 비즈니즈 방송

COO Chief Operating Officer　최고운영담당임원

CP Commercial Paper　기업어음

CRO Chief Risk Officer　최고리스크담당임원

due diligence　실사, 듀딜리전스(기업 간에 거래계약 등을 맺기 전 제반 현황을 조사하는 것)

FDIC Federal Deposit Insurance Corporation　미국 연방예금보험공사

FHA Federal Housing Authority　연방주택공사

FOMC Federal Open Market Committee　연방공개시장위원회

GAO Government Accounting Office　연방회계감사원

IPO Initial Public Offering 기업공개, 주식시장 상장

LBO leveraged buyout 차입매수

LTCM Long Term Capital Management 롱텀캐피털매니지먼트

MBA Master of Business Administration 경영학석사

MBS Mortgage-Backed Securities 모기지담보증권

PE Private Equity 프라이빗에쿼티(주식시장에 공개하지 않은 기업의 주식. 이를 대상으로 하는 투자 형태에는 헤지펀드, 벤처펀드 등이 있음)

PEF Private Equity Fund 프라이빗에쿼티펀드(주로 프라이빗에쿼티에 투자해 수익을 낼 목적으로 운용하는 펀드 또는 그 운용회사. 사모투자펀드라고도 함)

PI Principal Investment 자기계정투자(금융회사가 고객이 맡긴 돈이 아니라 스스로의 자금으로 하는 투자)

short selling 공매도(주가가 떨어질 것을 예상하여 제삼자, 즉 주로 증권회사에서 주식을 빌려 매각하고 나중에 싼 가격으로 그 주식을 사서 반환하는 행위 또는 비즈니스)

SIPC Securities Investor Protection Corporation 증권투자자보호공사

딜 deal 기업체가 이익을 추구하여 행하는 거래, 계약, 협상 또는 그 대상이 되는 안건

리츠 REITs: Real Estate Investment Trusts 부동산투자펀드(증권화하여 주식시장에서 투자 대상이 된 부동산 관련 주식에 투자하는 펀드 또는 그 운용회사)

슈퍼시니어 super senior (상환, 지급의) 최우선순위 (상품)

트랑셰 tranche 채권, 융자 등의 금융자산이 복수의 부분으로 구성될 때의 각 부분

패니메이 Fannie Mae: Federal National Mortgage Association 전미모기지협회

프레디맥 Freddie Mac: Federal Home Loan Mortgage Corporation 연방주택모기지공사

프롤로그

맨해튼 파크 애비뉴 아파트의 키친, 제이미 다이먼은 손수 커피를 한 잔 따르며 두통이 좀 가라앉기를 바랐다. 지난밤 마신 술의 숙취가 조금 있기는 하지만 두통의 원인은 따로 있었다. 그가 너무 많은 것을 알고 있다는 것이다.

2008년 9월 13일 토요일 아침 7시, 미국에서 세 번째로 큰 은행 JP모건체이스의 CEO 다이먼은 전날 저녁 거의 내내 뉴욕연방준비은행에서 월스트리트의 경쟁사 CEO들이 총출동한 비상회의에 들어가 있었다. 안건은 미국에서 네 번째로 큰 투자은행인 리먼브러더스를 어떻게 구해낼 것인가, 그것이 안 될 경우 리먼 사태가 불러올 시장의 연쇄붕괴라는 위험상황에 어떻게 대처할 것인가였다.

뉴욕연방준비은행에서의 회의를 마치고 집으로 돌아오는 다이먼의 머릿속은 핑핑 돌고 있었다. 아내 주디가 준비한 만찬에 약속 시간보다 두 시간이나 늦어 있었다. 게다가 하필이면 그것은 딸의 남자친구 부모, 즉 앞으로 사돈이 될지 모를 사람들을 위해 처음으로 마련된 자리였다.

"제가 사실은 약속에 이렇게 늦지는 않아요." 집에 들어서면서 다이먼은 동정을 자아내려는 듯이 한마디 했다. 그리고 필요 이상으로 변명을 늘어놓지 않을 심산으로 저녁에 뉴욕연방준비은행에서 있었던 회의에 관해 슬쩍 흘렸다. "내일 아침이면 오늘 저녁의 사태가 얼마나 심각한 건지 알게 될 거예요. 조간신문에서 어마어마한 기사를 읽게 될 겁니다." 다이먼이 마티니를 섞으면서 하는 말에 손님들은 조금 긴장하는 눈치였다.

다음 날 아침, 미국의 조간신문들은 다이먼이 말한 사태를 극적인 뉴스로 보도하며 지면을 채웠다. 키친의 테이블에 기대서서 다이먼이 펼쳐 든 ≪월스트리트저널Wall Street Journal≫의 머리기사에는 이런 헤드라인이 달려 있었다. "리먼 파산 초읽기. 위기 확산 중."

다이먼은 리먼브러더스가 주말을 넘기지 못할 것임을 알고 있었다. 지난주 리먼으로부터 JP모건에 융자 요청이 있자 다이먼은 주 중에 리먼의 회계장부를 살펴봤는데 결과는 비관적이었다. 오히려 리먼이 파산할 경우에 대비해서 추가담보설정을 요구하기로 결정했다. 그 시점에서 다이먼은 앞으로 24시간 이내에 리먼이 구제되든지 망하든지 둘 중 하나라는 것을 직감했다. 그런데 문제는 리먼에 그치지 않았다. 다이먼의 더 큰 걱정은 월스트리트의 대표적인 브랜드 중 하나인 메릴린치 또한 위기에 처해 있다는 것이었다. 따라서 그는 메릴린치에도 추가담보설정을 요구하라고 지시했다. 그런데 두통거리는 그뿐이 아니었다. 세계적인 보험그룹 AIG에 새로운 위험 요인들이 발생하고 있다는 것을 깨닫게 된 것이다. 외부인이라면 설마 그런 일이 있으리라고 상상도 못할 것이었다. AIG 또한 JP모건의 고객이어서 도산을 막으려고 JP모건으로서도 필사적으로 추가 자본을 끌어모으고 있었다. 다이먼이 보기에 AIG가 생존책을 마련할 시간 여유는 일주일 정도에 지나지 않았다.

전날 저녁 뉴욕연방준비은행에서 있었던 긴급회의에 참석한 정부 고관들을 포함한 주요 인사들 중에서 다이먼은 특수한 위치에 있었다. 사태의 본질에 관해 완벽한 실시간 정보에 가장 가까이 있는 사람이 바로 자신이었던 것이다. 거대 금융기관들의 '딜 플로deal flow'들을 파악하고 있던 다이먼은 미국의 금융체제라는 피륙에서, 나아가 보통 사람들이 금융의 안전망이라고 믿고 마지막 구제를 기대하는 이 시스템에서조차 어느 실밥이 먼저 터져 나갈 것인지를 알고 있었다.

키친에서 커피를 마시며 다이먼은 최악의 시나리오를 떠올렸다. 이윽고 7시 반에 자기 서재로 들어간 그는 JP모건의 경영진 20명 이상을 호출해 전화회의를 시작했다.

"지금부터 미국의 금융 역사상 가장 믿기 어려운 한 주를 경험할 거야. 최악의 경우에 대비해야 한다는 말이지." 전화회의에서 다이먼이 내뱉은 첫마디다. "우리 은행을 우선 보호해야 해. 죽느냐 사느냐의 위기야."

부하들이 긴장하고 듣는 듯했지만, 어느 누구도 다이먼이 말하는 사태의 깊이를 깨닫지 못했다. 다이먼의 말을 이해하지 못한 것은 그의 부하들뿐 아니라 월스트리트 대부분이 그랬을 것이다. 문제의 발단이 된 리먼 브러더스에서 가장 오랫동안 CEO를 해온 리처드 펄드 자신도 다이먼의 말을 이해하지 못하기는 마찬가지였을지 모른다. 다이먼이 전화상으로 내뱉은 발언을 보통의 금융인이 들었다면 정부가 들어서서 시장의 실패를 막아줄 것이라고 생각했을 것이다. 다이먼은 부하들이 이런 생각을 해서는 안 된다고 판단했다.

"그런 생각은 공허한 기대야. 내가 볼 때 미국 정부가 도산하는 투자은행을 구해낼 길은 없어. 그래서도 안 되고." 다이먼은 틀림없다는 투로 말했다. "우리 은행이 죽느냐 사느냐의 문제라는 것을 인식해야 해. 지금 심각하게 말하는 거야."

이 말에 이어 다이먼은 폭탄 발언을 던졌다. 아침 내내 생각해오던 것이었다. 운명을 가르는 최후의 그리고 최악의 시나리오였다.

"잘 들어. 즉시 리먼브러더스 파산 신청에 대비한 작업에 들어가야 해." 엄청난 발언에 이어 잠시 침묵한 뒤 다이먼은 폭탄을 하나 더 던졌다. "메릴린치도 마찬가지야." 그는 다시 잠시 침묵했다. "그리고 AIG 도산." 여기서 그는 한참 동안 숨을 죽이고 있다가 한마디 덧붙였다. "마지막으로 골드만삭스의 도산도 고려해야 해."

다이먼은 전화선 건너편에서 부하들이 공포 속에서 숨을 들이마시는 것을 느낄 수 있었다.

전화회의에서 다이먼이 경고한 것은 그대로 현실로 나타났다. 그로부터 며칠 동안 미국의 금융 시스템은 붕괴 직전에 이르렀고, 미국 정부는 역사상 유례없는 구제책을 강구하지 않을 수 없었다. 이때부터 약 18개월이라는 기간에 세계 자본주의의 중심인 월스트리트는 높은 이윤을 구가하던 시대를 접고 파국에 이르는 낭떠러지에 서게 되었다. 그 짧은 기간에 수조 달러의 부가 증발하고 세계 금융시장의 풍경화는 일변했다. 그리고 이 대재앙은 자본주의 세계에서 소중하게 지켜지던 원리들을 가차 없이 부숴버렸다. 월스트리트의 천재들이 리스크가 없는 고수익을 실현시키는 새로운 시대를 불러왔다는 생각, 미국식 금융공학이 세계 표준으로 자리 잡았다는 생각 등은 폐기 처분되기에 이르렀던 것이다.

이 파국이 진행되면서 월스트리트의 사람들은 일찍이 듣도 보도 못한 시장에 직면했다. 그것은 애덤 스미스가 말한 '보이지 않는 손'이 부드럽게 조화시켜주는 시장이 아니라 공포와 무질서가 횡행하는 시장이었다. 이 새로운 시장에서 월스트리트의 전문가들은 그들의 오랜 경험 속에서 처음으로, 아니 어쩌면 난생처음으로 혼란스러운 소문과 수시로 변하는 정부 정책에 근거해 사활이 걸린 결정을 내려야 하는 상황과 마주했다. 기껏해야 추측에 불과한 것을 바탕으로 시장을 운영하게 된 것이다. 이 혼란 속에서 어떤 이들은 현명한 선택을 하기도 하고, 어떤 이들은 운이 좋아 답을 발견하기도 하고, 어떤 이들은 평생을 후회할 결정을 내리기도 했다. 그러나 그들의 공통점은 맞는지 틀리는지를 알지 못하는 상태에서 결정을 내릴 수밖에 없었다는 것이다.

경제버블이 정점에 달했던 2007년의 경우, 금융 부문은 부를 창조하는 기계가 되어 미국에서 창출되는 기업 이윤 전체의 40퍼센트 이상을 점하고 있었다. 이 와중에 금융회사의 CEO나 이사회 멤버들도 이해하기 어려운 방식으로 증권을 활용한 금융상품들이 탄생해 미국 경제를 이끄는 원동력 역할을 했다. 이런 시스템에서 중요한 구성요소로 등장한 것이 주택담보시장이었다. 월스트리트의 전문가들은 주택을 담보로 제공되는 융자를 재료로 새로운 금융상품을 고안해 세계시장에 내돌린 것이다.

이렇게 창출된 이윤은 미국이 빚으로 흥청망청했던 1980년대 이후에 새로운 갑부의 세대를 탄생시켰다. 미국의 금융산업에 종사하는 이들이 집에 가져간 돈은 2007년 한 해에만 무려 530억 달러에 이르렀다. 금융위기가 터질 즈음에 최고의 투자은행*으로 꼽히던 골드만삭스는 그해에

---

* 이 책에 나오는 투자은행(investment bank)이란 상업은행(commercial bank)이나 소매은행(retail bank)과 대비되는 금융회사로서, 일반인의 예금을 취급하지 않는 도매은행(wholesale banking)이며 우리의 증권회사에 가깝다. 공개된 기업이나 공공기관이 주식이나 채권을 발행하는 업무, 그리고 발행된 유가증권이 유통되는 과정에서 발생하는 인수합병, 파생상품 거래, 곡물이나 금속 같은 상품 거래 등을 중개하거나 자기 자본으로 직접 거래한다. 우리에게 잘 알려진 골드만삭스, JP모건, 모건스탠리 등과 같이 전 세계에서 광범위한 서비스를 제공하는 투자은행, ABN암로(ABM Amro), 미즈호파이낸셜그룹(Mizuho Financial Group, 일본), KB그룹(KB Group, 한국) 등과 같이 금융그룹에 속한 투자은행, 블랙스톤그룹(Blackstone Group), 페렐라 와인버그 파트너스(Perella Wein-

200억 달러를 직원들이 나눠 가졌는데, 이는 한 사람당 66만 1,000달러에 해당하는 것이었다. CEO를 맡고 있던 로이드 블랭크파인Lloyd C. Blankfein의 소득은 6,800만 달러였다.

이토록 돈을 많이 버는 금융계의 거물들은 자신들이 단순한 이윤 이상의 것을 창조한다고 믿었다. 그들은 세계에서 성공적으로 통용될 수 있는 새로운 금융 모델을 만들어내고 있다는 확신을 가지고 있었다. 시티그룹의 설계자로 불리는 샌디 웨일Sandy Weill은 2007년 여름에 이런 말을 하기도 했다. "세계 전체가 기업과 자본시장의 자유에 바탕을 둔 미국식 모델을 향해 수렴하고 있다. 세계의 모든 나라가 자유기업 체제로 전환하는 이 커다란 움직임의 지렛대 역할을 해주는 미국 금융회사들이 없었다면 어떻게 됐을까?"

하지만 월스트리트의 거물들이 스스로 추구하는 가치의 복음을 설파하고 아찔하게 큰 숫자를 계산하고 있을 때, 그곳에 있는 대형 투자은행들은 거대한 부채를 발행해 그들의 게임을 지탱하고 있었다. 단적으로, 월스트리트 투자은행들의 부채 대 자본 비율은 32대 1을 기록했다. 이 기형의 시스템이 작동할 때는 기가 막히게 말을 잘 들어 복잡한 금융공식을 뒷받침해주며 기록적인 수입을 벌어다 주었다. 그런데 말을 안 들을 때 그 결과는 파멸적이었다.

1990년대의 닷컴버블 붕괴와 9·11 사태 후의 경기침체에 뒤따라 월스트리트에 나타난 금융파국이라는 이 거대한 괴물은 한마디로 '싼 돈cheap money'의 산물이라 할 수 있다. 아시아 사람들이 '티끌 모아 태산'처럼 모

---

berg Partners), 로스차일드 앤드 선스(Rothchild & Sons) 등과 같이 인수합병 등 특정한 분야에 특화하는 투자은행 등으로 대별된다.

은 저축은 세계 도처로 흘러 나갔는데, 가장 큰 원인은 2001년의 경기침체를 타개하기 위해 당시 연준 의장 앨런 그린스펀이 책정한 미국의 저금리 정책이었다.

저금리 구조에서 갈 데를 모르고 미쳐 날뛰는 여유 자금이 몰린 대표적인 곳이 서브프라임모기지 시장이었다. 미국에서 주택버블이 극에 달하면서 은행들은 '융자서류에 자기 이름을 써넣을 능력이 있는 사람이라면 누구에게나'라고 할 정도로 쉽게 융자를 제공했다. 집을 사고 싶은 사람이라면 아무런 증빙자료 없이 여섯 자리 연봉을 받는다고 거짓말하고 은행에서 50만 달러를 손쉽게 빌려 나갈뿐더러, 한 달 후에는 이렇게 산 집을 담보로 추가융자를 얻어낼 수도 있었다. 집값이 폭등한 것은 자연스러운 결과였다. 실질가치 없이 부동산시장이 뜨거워지는 세태 속에서 평범한 사람들이 투기꾼으로 변해 집으로 재테크하고 집을 담보로 빌린 돈으로 SUV 차량이나 모터보트를 사는 풍경이 벌어진 것이다.

이때 월스트리트의 전문가들은 그들이 고안한 새로운 금융상품들이 리스크를 제거하지는 못하더라도 희석할 수 있다고 굳게 믿었다. 새로운 금융상품이란 바로 담보가 붙은 융자자산을 쪼개고 섞고 붙여서, 즉 거창한 말로 '증권화'해 만들어낸 것이었다. 대출자의 담보를 그대로 온전히 운용하는 것이 아니라, 전체를 합해 조각을 내고 이를 혼합해 다시 낸 조각들을 투자자에게 판매하는 과정에서 거액의 수수료를 챙기는 수법이었다. 주택 붐이 미국을 휩쓸던 시기에 있었던 은행들의 행동에 관해 여러 가지 설이 있을 수 있지만, 한 가지 확실한 것은 그들이 '스스로 잔치를 해 먹었다ate their own cooking'는 사실이다. 말하자면 고객의 모기지 자산을 서로 사고팔면서 배를 불렸던 것이다.

그런데 다가오는 리스크의 가장 절묘한 점은 미국의 금융회사들이 IT

기술에 의해 완전하게 서로 얽혀 있다는 것이었다. 기발한 금융상품 조각들을 다양하게 조합한 자산을 가진 금융회사들이 서로 밀접하게 의존하는 구조가 형성되었는데, 그중 일부는 그런 사실조차 모르고 있었다. 따라서 한 회사가 쓰러지면 차례로 쓰러지는 도미노 현상이 일어난다는 것은 자명했다.

멸망을 예언했지만 무시당한 그리스신화의 카산드라와 같은 존재가 금융계나 학계에 없었던 것은 아니다. 학계의 누리엘 루비니Nouriel Roubini나 로버트 실러Robert J. B. Shiller 같은 이들이 이 시대 파멸의 예언자로 명성을 날렸고, 그 외에도 알려지지는 않았지만 이미 1994년부터 경고를 발한 전문가들이 많이 있었다.

한 예로 미국연방회계감사원Goverment Accounting Office 국장 찰스 바우셔Charles Bowsher는 파생금융상품시장에 관한 조사를 하원으로부터 지시받고 이렇게 말했다. "미국의 대형 투자은행들이 금융 거래에서 갑자기 실패하거나 손을 떼게 된다면 다른 투자은행들뿐 아니라 연방정부가 보증해야 하는 상업은행들을 포함해 금융계 전체에 심대한 리스크를 초래할 것이다. 이 경우 정부가 개입한다면 결국 납세자의 돈으로 그들을 구제하거나 보증을 서야 하는 지경에 이를 것이다."

이런 시각이 있었지만 미국 금융계에 금이 가기 시작하던 2007년에도 많은 이들은 서브프라임론, 즉 저급의 주택담보대출이 리스크를 초래하지 않을 것이며, 한다고 해도 극소수에 그칠 것이라고 주장했다. 한 예로 지금의 연준 의장인 벤저민 버냉키도 2007년 3월에 있었던 국회 양원 합동경제위원회에 증인으로 출석해 "서브프라임 시장에서의 문제가 미국 경제 전반과 금융시장에 미치는 영향은 제한적일 것"이라고 말했다.

그러나 2007년 8월에 이르러 2조 달러에 이르던 서브프라임 시장은 붕괴하고 그 파급이 전 세계로 퍼져갔다. 우선 베어스턴스Bear Stearns가 서브프라임 시장에 투자했던 두 개의 펀드가 실패하며 160억 달러의 투자자 돈을 날렸다. 한편 프랑스의 일류 은행인 BNP파리바BNP Paribas는 예금자들의 출금을 한때 동결하기도 했는데, 이는 은행이 투자한 서브프라임 관련 채권의 가치를 평가할 수 없었기 때문이다. 이 말은 그들이 가지고 있던 채권을 팔 대상이 없었다는 것을 뜻한다.

결국 월스트리트는 자신의 꾀에 넘어간 것이다. 자신의 꾀로 담보를 이용해 증권상품을 개발하기는 했는데, 그 시장이 기울자 스스로 상품의 가치를 산정할 수 없게 된 것이다(이 책을 쓰는 요즈음에도 전문가들은 이 특정한 자산가치 산정 방법을 놓고 골머리를 앓고 있다). 가격을 모르는데 가격에 따라 형성되는 시장이 마비되는 것은 당연한 귀결이었다. 게다가 자본을 조달할 길이 막히자 월스트리트는 기능을 잃었다.

이런 상태에서 '빅 파이브'라 불리는 5대 투자은행 중에서 가장 자본력이 약하고 따라서 부채에 대한 의존도가 높았던 베어스턴스가 먼저 쓰러진 것이다. 하지만 투자자들이 패닉에 휩싸이면 가장 튼튼한 은행도 견딜 수 없다는 것은 자명한 사실이다. 사태가 거기에 이르면 아무도 안전하지 못하고 베어스턴스에 이어 쓰러질 금융회사가 어디가 될지 아무도 모르게 될 터였다.

바로 이렇게 앞이 캄캄한 불확실성이 월스트리트에서 금융회사를 운영하는 사람들, 그리고 그들을 규제하는 관리들이 평생에 한 번 겪을까 말까 하는 위기를 불러온 것이었다. 그것은 다이먼이 JP모건의 직원들과 전화회의를 하면서 쓰러질 위험이 있는 금융회사들의 이름을 열거하는 순간에 통감한 바로 그 불확실성이었다.

2008년 가을 이전에 월스트리트의 금융회사들이 위기를 겪지 않은 것은 아니었다. 하지만 그전의 위기는 제한적이고 관리할 수 있는 것이었다. 금융회사들과 투자자들은 심한 비난을 받았지만 그런대로 넘어갔다. 오히려 이때 재무구조의 균형을 유지하면서 시장의 개선을 엿본 회사들은 이익을 실현하기도 했다. 그런데 이번 위기는 종류가 달랐다. 미국의 금융계와 연방정부가 급히 대책을 강구해내지 않으면 안 되는 것이었다.

지금 돌이켜보면 2008년의 위기를 초래한 버블도 다른 모든 버블과 다를 바 없이, 일찍이 1841년에 스코틀랜드의 작가 찰스 맥케이Charles Mackay가 갈파한 '보기 드문 대중적 망상과 군중의 광기'의 한 예였다. 이 와중에 금융회사들은 리스크가 없는 투자라는 과감하고 새로운 세상을 창출한 것이 아니라 금융체제 전반에 리스크를 불러일으킨 것이다.

이 책은 금융위기에 관한 이론을 다루는 것이 아니다. 이 책은 2008년 3월 17일 월요일부터 수개월간의 치명적으로 중요했던 시기에 금융위기에 관련되었던 실제 인물들과 그 이면에 숨겨진 현실을 그렸다. 뉴욕과 워싱턴 그리고 미국 밖에서 세계경제의 운명을 좌우했던 인물들이 집무실이나 가정에서 보여준 모습과 심리상태를 기술했다. 3월 17일이라는 특정한 날은 바로 JP모건이 베어스턴스를 떠맡기로 한 날이며 미국 정부가 경제사에서 가장 큰 규모의 시장 개입이 불가피하다는 결정에 이른 날이다.

필자는 지난 10년간 《뉴욕타임스》의 기자로서 월스트리트와 그곳에서 일어나는 금융 문제들을 담당했다. 이런 가운데 미국 경제에 영향을 미치는 중요한 일들을 관찰할 수 있었다. 그러나 이 책에서 소개한 것만큼 금융 비즈니스의 패러다임이 근본적이고 극적으로 바뀌며 유명한 금융회사들이 스스로 무너지는 어마어마한 풍경을 목도한 적은 없었다.

금융위기가 휩쓴 이 비상한 시기를 통해 부각된 미스터리라고 해도 좋을 만한 커다란 숙제는 지금까지도 풀리지 않고 있으며, 우리는 과거의 실수에서 교훈을 찾아내야 한다. 이 책은 그 숙제를 푸는 데 하나의 실마리를 제공하고자 하는 것이다. 결국 이 책은 우리 시대 실패의 기록이다. 이 실패는 인류가 무릎을 꿇고 자본주의의 본성을 성찰해보게 했다.

이 실패의 기록 속에는 세상이 그리고 그 자신들이 더 처참한 결과에 직면하지 않도록 애쓰고 좌절한 사람들이 소상하게 소개된다. 이 사람들 중에는 대의를 위해 또는 자신의 이익을 위해 희생된 사람들도 있다. 이 사람들이 세계경제에 최악의 사태가 야기되는 것을 막기 위해 크건 작건 개인적인 목적들을 옆으로 제쳐놓고 노력했다고 말할 수 있다면 얼마나 멋질까? 물론 그렇게 헌신한 사람들도 있다. 그러나 냉정하게 말한다면 이들의 의사결정에는 개인적인 경쟁심과 권력투쟁이 깊이 스며들어 있었다. 이는 세계 금융의 중심지라는 월스트리트와 정치권력의 중심지인 워싱턴의 오래된 문화를 반영하는 것이다.

결국 이 책이 그려내는 것은 인간 드라마다. 이 드라마에 등장하는 인물들이 그들이 너무 커서 쓰러질 수 없다는, 즉 '대마大馬는 불사不死'라는 그릇된 신념을 굳세게 붙들고 있었음을 독자들은 감상하게 될 것이다.

TOO
BIG
TO
FAIL

Too Big to Fail

리먼브러더스는 무엇인가

부자들이 모여 사는 고장 미국 동부 코네티컷 주 그리니치의 아침 공기는 차가웠다. 2008년 3월 17일 새벽 5시, 약 5만 제곱미터에 달하는 저택의 현관 진입로에는 예열하고 있는 벤츠의 헤드라이트 외에 아무런 빛도 없었다. 헤드라이트 불빛에 반쯤 녹은 눈이 여기저기 보였다. 대기 중인 운전사의 귀에 리먼브러더스 CEO 리처드(딕) 펄드가 현관문을 나와 자갈길을 몇 발자국 걷는 소리가 들렸다.

펄드를 태운 벤츠는 노스 가로 좌회전해 구불구불하고 좁은 메릿파크웨이를 지나 맨해튼으로 향했다. 차창 밖 안개 속으로 월스트리트의 고급 임원들과 헤지펀드매니저들이 살고 있는 맨션이 차례로 지나갔다. 남북전쟁 후의 호황기에 지어지고 그 뒤에 또 돈을 쏟아부어 개조해 수억 달러의 가격표가 붙은 저 저택들에 곧 추운 계절이 다가오리라는 것을 아는 이는 거의 없었다.

펄드는 차창에 비친 자신의 지친 얼굴을 훔쳐봤다. 피곤한 눈가에는 깊은 주름이 생겨 검은 반달 모양을 하고 있었다. 어제 자정 가까운 시간에 자가용 비행기로 웨스트체스터 공항에 내린 뒤 네 시간도 제대로 못 잔 탓이었을 것이다. 지난 일흔두 시간은 지옥 같았다. 월스트리트에서 네 번째로 큰 금융회사인 리먼브러더스의 CEO인 펄드와 아내 캐시는 원래대로라면 지금쯤 인도에서 수십억 달러를 만지는 클라이언트와 요리를 즐기고 있어야 했다. 이 인도 여행은 수개월 전에 계획되었다. 그런데 갑자기 미국으로 돌아오게 된 펄드의 몸은 아직 오후 2시의 인도 시각에 맞춰져 있어 시차증jet lag에 시달리고 있었다.

이틀 전만 해도 펄드는 뉴델리 부근의 군용공항에서 대기하던 그의 자가용 비행기 걸프스트림 안에서 낮잠을 즐기고 있었다. 아내 캐시가 흔들어 깨워 눈을 떠보니 미국의 재무장관 헨리(행크) 폴슨의 전화가 와 있었다. 거의 1만 3,000킬로미터나 떨어진 워싱턴의 집무실에서 전화를 한 폴슨은 거대한 투자은행 베어스턴스가 월요일이면 어딘가로 넘어가거나 파산할 것이라고 했다. 그런 사태가 벌어지면 리먼도 충격에서 벗어날 수 없을 것이었다. "빨리 돌아오는 게 좋을 거야." 폴슨이 경고했다. 갑자기 마음이 급해진 펄드는 폴슨에게 미국에 빨리 돌아가기 위해 자가용 비행기가 러시아 상공을 통과할 수 있도록 허가를 얻어줄 수 있겠느냐고 물었다. “그건 재무장관인 나를 위해서도 할 수 없어.” 폴슨이 껄껄거리며 대답했다.

결국 펄드는 터키 이스탄불을 경유해 노르웨이 오슬로에서 재급유를 하고 출발한 지 스물여섯 시간이 지나서야 그리니치로 돌아왔다.

베어스턴스 사라지다

펄드는 지난 주말에 있었던 일들을 반복해서 떠올려봤다. 월스트리트의 5대 투자은행 중에서 가장 작지만 호전적인 베어스턴스가 주당 2달러라는 말도 안 되는 가격에 팔리기로 동의했다니! 게다가 JP모건체이스의 제이미 다이먼에게? 더구나 다이먼이 먹기 좋게 베어스턴스의 악성 부채에서 발생하는 손실 중에 300억 달러를 연준이 보전하기로 했다는 것이 아닌가! 뉴욕의 직원에게서 2달러라는 보고를 받을 때 인도에서 돌아오는 비행기에 있던 펄드는 비행기의 전화 수신 상태가 나빠 숫자의 일부가 들리지 않은 것으로 착각하기까지 했다.

사람들은 갑자기 1929년 대공황이 다시 오기나 하는 듯이 떠들기 시작했다. 펄드는 지난 목요일 인도로 날아갈 즈음에 겁을 먹은 투자가들이 베어스턴스와 거래를 끊는다는 말을 듣기는 했지만 이렇게 쉽게 파산이 올 것이라고는 생각하지 못했다. 투자은행업계란 투자가들의 신뢰가 있어야 존재한다. 사실 투자가들은 투자은행들이 내일 아침에 존재한다는 가정하에 오늘 돈을 맡기는 것이다.

베어스턴스의 파산은 투자은행업계의 비즈니스모델에 심각한 회의를 불러일으켰다. 베어스턴스의 주가가 내려간다는 데 가공架空의 돈을 걸어놓은 공매도자short seller들은 일단 주가가 저평가되면 이익을 챙기게 되므로, 지난 5세기에 고대 로마의 벽을 헐어내던 서고트족Visigoth 전사처럼 베어스턴스의 모든 약점을 들추어 공격했다. 인도에서 돌아오는 비행기 안에서 펄드 자신도 베어스턴스의 주를 좀 사볼까 생각하기도 했다. 하지만 상황이 믿기지 않을 만큼 초현실적이어서 접었던 것이다.

펄드가 생각해봐도 JP모건체이스가 베어스턴스를 사들인 것은 은행업계 전체를 구한 행동이었다. 워싱턴이 나서서 중개한 것도 적절한 행동이었다. 그렇게 하지 않았다면 시장이 베어스턴스 파산의 충격을 극복할 수 없었을 것이다. 수백억 달러의 돈을 서로 돌려쓰는 투자은행들의 유일한 버팀목이 신뢰인데 그 신뢰가 박살 날 수 있었던 것이다. 연준 의장 벤 버냉키 또한 현명한 결정을 한 것으로 보였다. 버냉키는 거대 상업은행에만 허용해오던 연준의 할인창구*를 역사상 처음으로 투자은행에도 허용했다. 이로써 월스트리트의 투자은행들은 싸울 시간을 벌 수 있었다.

베어스턴스가 쓰러지고 5대에서 4대로 바뀐 투자은행 중에서 가장 작은 리먼브러더스가 바야흐로 총알이 날아오는 전선으로 들어가고 있다는 것을 펄드 자신도 부정할 수 없었다. 지난 금요일, 베어스턴스의 주가 아직 30달러에 거래되고 있던 시점에서 엉뚱하게도 리먼의 주가가 14.6퍼센트 하락했다. 진정 월스트리트의 추락이 다가오고 있는가? 아직 인도에 체류하고 있던 24시간 전만 해도 월스트리트의 영광은 세계에 빛나고 있었으며 그 영향력으로 세계 금융계를 식민통치하지 않았던가? 그런데 정말 월스트리트가 추락한다는 말인가?

벤츠가 뉴욕 시에 접어들자 펄드는 마치 묵주를 굴리듯 엄지손가락으

---

* 중앙은행이 화폐 공급량을 조절하는 것을 주목적으로 예금을 취급하는 은행에 제공하는 단기융자 기회를 '할인창구(discount window)'라고 하며, 그 금리가 '재할인율(discount rate)'이다.

로 블랙베리 트랙볼을 굴렸다. 증시가 개장하려면 아직 한 시간 반이 남아 있었지만 그날 하루가 힘든 날이 되리라는 것을 그는 예감했다. 태평양 건너 일본의 니케이지수는 이미 3.7퍼센트 떨어졌다. 유럽에서는 네덜란드의 거대 은행 ING가 월스트리트의 리먼과 같은 '브로커-딜러'*들과 거래하지 않을 것이라는 소문이 들렸다. 남을 위해 증권을 거래하는 브로커와 자신을 위해 주를 거래하는 딜러를 합해 만든 이 '브로커-딜러'라는 표현이 귀에 거슬렸다. 브로커-딜러가 투자은행의 본령이고 이것이 있기에 월스트리트가 세계 금융의 중심이 된 것이 아닌가 말이다.

아무튼 지금부터 벌어지는 일이 지겨운 쇼가 될 것이라는 데 펄드는 이의가 없었다.

불길한 뉴스

벤츠가 맨해튼의 웨스트사이드 하이웨이에 올라가 미드타운으로 내려갈 때 펄드는 오랜 친구인 리먼의 사장 조 그레고리에게 전화를 걸었다. 시각은 아직 새벽 5시 반. 롱아일랜드의 로이드 하버에 사는 그레고리는 맨해튼까지 자동차 대신 헬리콥터를 타고 출퇴근했다. 그는 헬리콥터로 출퇴근하는 것을 무척 즐겼다. 헬리콥터를 타고 웨스트사이드 헬리포트에 내리면 대기하던 자동차가 그를 태우고 타임스퀘어에 있는 거대한 리먼 빌딩으로 향했다. 집에서 집무실까지 20분이 걸릴 뿐이었다.

---

* 브로커-딜러(broker-dealer)란 미국 금융 규제 당국이 쓰는 용어로 고객의 위탁을 받아 증권을 거래하는 개인 또는 기업(브로커)과 자신의 자금으로 증권을 거래하는 개인 또는 기업(딜러)을 가리킨다. 한국의 증권회사가 여기에 속한다. 이는 이 책에서 중심적인 주체인 '투자은행'(원저에서는 단순히 bank라고 함)의 한 업무 분야다.

“자네 이 똥 같은 뉴스 봤어?” 아시아 주식시장이 처참하게 추락한 것을 언급하며 펄드가 그레고리에게 물었다.

펄드가 인도에서 급히 돌아올 즈음, 그레고리는 버지니아 주 로노키에서 벌어지던 아들의 라크로스 게임 참관을 포기하고 집무실에서 전투계획을 세웠다. 연방정부의 증권거래위원회Securities and Exchange Commission: SEC와 연준에서는 여러 명의 관리를 보내 리먼의 직원들이 현황을 점검하는 것을 감시하기까지 했다.

그레고리는 펄드의 전화를 받으며 그가 몹시 우려하고 있음을 눈치챘다. ‘무리도 아니지.’ 하지만 그들은 과거에도 여러 번 위기를 극복한 경험이 있었다. ‘우리는 살아남을 수 있어.’ 그레고리는 스스로에게 말했다. ‘전에도 늘 그랬으니까.’

작년 여름에도 이런 일이 있었다. 당시 주택가격이 폭락하면서 융자를 과도하게 내준 은행들은 신규 융자를 제한했다. 이때 펄드는 이렇게 말했다. “우리 장부에 처치 곤란한 융자 안건들이 있나? 있지. 그래서 우리가 쓰러질까? 물론 아니지.” 그때만 해도 리먼은 난공불락의 성처럼 보였다. 작년 여름까지 3년간 리먼은 돈을 하도 많이 벌어서 월스트리트의 최강 골드만삭스와 거의 동급으로 여겨지기까지 했다.

펄드의 벤츠는 인적이 없는 50번가를 가로질러 질주했다. 길에서는 오후에 있을 성패트릭데이 퍼레이드에 대비해 인부들이 교통통제용 바리케이드를 운반하고 있었다. 이윽고 펄드의 벤츠는 리먼 본사 건물의 후문에 정차했다. 유리와 강철로 된 으리으리한 건물이다. 펄드 자신에게는 개인적인 기념비에 가까웠다. 그레고리는 가끔 이 건물을 펄드가 ‘접수한 것’이라고 말했다. 펄드는 과거 수년간 어려움 속에서 리먼을 이끌어왔다. 2001년에 9·11 사태가 터지자 리먼은 세계무역센터에 있던 집무실을 떠나 호텔방을 얻어 업무를 계속하다가 모건스탠리로부터 이 건물을 사들였다. 거대한 LED 화면이 건물에 번쩍이는 것이 펄드에게는 조금 촌스럽게 여겨졌지만, 뉴욕 부동산시장의 앙등이 지속되는 상황에서 이 건물을 구입한 것은 투자로서는 성공이었다. 펄드는 그 점에 만족했다.

회사 안에서 '클럽 31'이라고도 부르는 31층의 임원실 층은 보통 사람은 주눅이 들 정도로 어마어마했다. 펄드는 엘리베이터에서 내려 빈 복도를 지나 자신의 집무실로 들어갔다.

그는 개인용 욕실 옆에 있는 옷장에 외투와 상의를 걸고 하루를 시작하는 의식에 들어갔다. 블룸버그 터미널에 로그인을 하고 먼저 CNBC를 켰다. 한 시간 안에 그의 어시스턴트인 안젤라 주드와 셸비 모건이 도착할 것이었다.

우선 선물시장을 확인했다. 선물시장에서는 밤새 투자가들이 돈을 걸어놓고 아침에 주식시장이 열리기를 기다리고 있었다. 불길한 숫자들이 펄드의 눈에 들어왔다. 리먼 주가가 21퍼센트나 내려가 있었다. 얼추 계산해보니 일단 개인적으로만 8,950만 달러를 손해 본 것이 아닌가? 아직 장이 열리지도 않았는데 말이다.

CNBC에서는 진행자 조 커넨이 버넘자산운용사Burnham Asset Management의 앤턴 슈츠Anton Shutz를 인터뷰하며 베어스턴스의 파산과 이것이 리먼에 미치는 영향을 이야기하고 있었다.

"우리 CNBC는 오늘 벌어지는 사태의 전선, 바꿔 말하면 총알받이가 리먼브러더스라고 생각하고 있어요. 오늘 장중에 어떻게 될 것 같습니까?" 커넨이 물었다.

"이 투자은행들이 사실은 약체예요." 슈츠가 대답했다. "이 투자은행들의 장부상에 있는 자산들이 대단히 잘못 평가되어 있을 우려가 큽니다.

그렇지 않다면 어떻게 JP모건이 그런 헐값으로 베어스턴스 주를 샀겠습니까? 그리고 연준은 이런 악성 자산을 사들이려고 300억 달러나 투입하겠습니까? 의문투성이예요. 납득할 만한 설명이 필요합니다."

돌처럼 굳은 얼굴로 화면을 보던 펄드는 대화가 잠시 리먼에서 벗어나자 일순 마음이 가라앉았다. 그렇지만 이야기는 다시 리먼으로 돌아왔다.

"오늘 장중의 사소한 움직임도 놓치지 않고 볼 수천 명의 리먼 직원들은 어떤 심경일까요? 아마 바늘방석에 앉아 있는 느낌일 거예요."

바늘방석이라고? 펄드는 그 말이 사실 문제의 본질 근처에도 못 간 것이라고 생각했다.

7시 40분에 행크 폴슨 재무장관의 전화가 왔다. 화면에서 ≪다우존스 뉴스와이어Dow Jones Newswire≫는 동남아시아에서 가장 큰 은행인 DBS그룹홀딩스가 지난주 내부 공지를 통해 베어스턴스 및 리먼과 관련된 일체의 신규 거래를 금지했다는 소식을 전했다. 폴슨은 리먼이 거래 상대를 잃지 않을까 걱정했다. 그것은 종말의 시작이기 때문이다.

"우리는 괜찮아요." 회사의 손익 상태가 양호하다고 지난 주말에 말한 것을 반복해서 설명했다. 펄드는 이 이야기를 화요일 아침에 공표할 생각이었다. "이 난리법석도 곧 가라앉을 거예요."

"상황을 계속 알려줘." 폴슨이 말했다.

레버리지, 헤지, 공매의 교향악

한 시간 뒤 월스트리트의 모든 거래장은 소동에 휩싸였다. 펄드는 두 개의 블룸버그 터미널에 시선을 고정한 채 리먼 주의 거래에 주목했다. 시작은 35퍼센트 하락이었다. 무디스Moody's는 리먼의 선순위 장기채 등급을 A1으로 확인해주었지만, 앞으로의 전망을 안정stable에서 긍정positive으로 낮출 것임을 시사했다. 인도에서 돌아오는 비행기 안에서 펄드는 사장 겸 COO를 맡고 있는 그레고리, CLO 톰 루소Tom Russo와 리먼의 사분기 수익을 언제 공개할지 논의했다. 원래 계획대로 내일 할 것인지, 아니면 오늘 주식시장이 열리기 전인 아침에 할 것인지가 문제였다. 기업 소득 전망이 좋아서 발표를 늦출 이유가 없다고 생각했다. 특히 확신을 가지고 있던 펄드는 인도로 가기 전에 직원들에게 고무적인 메시지를 보내기까지 했다. 그러나 루소는 전화로 사분기 수익을 앞당겨 밝히지 말라고 설득했다. 그는 그런 행동이 오히려 리먼이 초조해한다는 인상을 주어 시장의 불안감을 고착할 우려가 있다고 여겼다.

하지만 리먼 주가가 폭락하는 것을 컴퓨터 화면에서 목격하면서 펄드는 비행기 안에서 내린 결정 그리고 수많은 다른 결정들이 제대로 된 것인지 스스로 의문을 제기했다. 사실 펄드 자신은 리먼이 시장의 보복을 받을 날이 언젠가는 올 것이며, 사태가 악화될 경우 자신이 설 곳이 없어질 것임을 이미 몇 년 전부터 느끼고 있었다. 기술적으로 말한다면, 그는 싸게 빌릴 수 있는 돈, 그리고 빚으로 투기에 돈을 더 얹어놓는, 즉 월스트리트에서는 '레버리지'*라고 부르는 행동이 얼마나 리스크가 큰 것인지를 잘 이해했다. 그렇지만 월스트리트에서는 누구나 그렇듯이 펄드도 눈앞에 있는 기회를 그냥 흘려보낼 수는 없었다. 낙관적인 판단으로 과감하게 미래에 돈을 거는 일은 보상이 무척 짭짤했기 때문이다.

"싸구려 타르로 아스팔트를 깔고 나가는 거야. 날씨가 나빠지면 거기에 뚫린 구멍들이 더 깊고 험해지겠지만 말이야." 펄드는 동료들에게 이

---

* 레버리지(leverage)란 불입자본금에 대비한 부채의 비율을 가리킨다.

렇게 말하곤 했다. 그런데 이제 자신의 앞에 구멍들이 끝없이 뚫리게 된 것이다. 펄드가 내심 예상한 것보다 훨씬 나쁜 상태로 말이다. 그래도 펄드는 리먼이 이를 극복해낼 수 있다고 생각했다. 사실 그것 말고는 다른 방도가 없었다.

그레고리가 들어와 펄드의 책상 앞에 놓인 의자에 앉았다. 두 사람은 말없이 인사를 나눴다. CNBC의 화면 아래쪽에 '다음은 누구인가?'라는 자막이 지나가자 두 사람 모두 바싹 다가앉았다.

CNBC 프로그램에 나온 인사들이 차례로 리먼에 대한 고별사와도 같은 발언을 늘어놓는 것을 들으며 펄드는 중얼거렸다. "제기랄."

한 시간 만에 리먼의 주가는 48퍼센트나 떨어졌다. "공매야, 공매. 저 놈의 공매 때문에 이 지경이 된 거야." 펄드의 분노 섞인 목소리가 방을 채웠다.

이때 루소가 들어와 그레고리 옆에 앉았다. 그는 브라질로 갈 예정이던 가족여행을 취소했다. 리먼에서 펄드가 신뢰하는 제일 가까운 두 사람이 그레고리와 64세가 된 이 전문가풍의 루소였다. 루소는 그날따라 펄드에게 듣기 싫은 말을 하며 불난 집에 부채질을 했다. 몇몇 '헤지hedgy'들이 베어스턴스를 체계적으로 파괴했다는 것이다. 헤지란 월스트리트에서 헤지펀드매니저를 경멸적으로 일컫는 말이다. 그들의 수법은 고객이 위탁한 돈이 들어간 중개brokerage계정을 헐어 그 돈으로 금융기관에 대한 보증금에 해당하는 'CDS신용파산스와프' 거래를 사들여 그 안에 든 주식을 공매하는 것이었다. 루소의 정보원에 따르면, 지난 일요일 아침에는 이렇게 공매로 베어스턴스를 쓰러뜨리고 돈을 번 헤지들이 맨해튼의 포시즌 호텔에 모여 하나에 350달러나 하는 크리스털 잔으로 미모사 주스를 마시며 아침을 먹었다는 것이다. "진짜야? 누가 알아?" 펄드는 의문을 지울 수가 없었다.

세 중역은 머리를 맞대고 반격작전을 논의한 뒤, 우선 패닉 상태에 있는 간부진과 아침회의를 하기로 했다. 요점은 월스트리트에 떠다니는 리먼에 대한 악성 루머를 어떻게 바꿀 것인가 하는 문제였다. 베어스턴스에 관한 온갖 나쁜 이야기들이 이제는 타깃을 리먼으로 바꾼 듯했다. 메리디언에퀴티파트너스Meridian Equity Partners의 옵션전략가인 마이클 매카티Michael McCarty는 블룸버그 프로그램에 출연해 이렇게 떠들었다. "돌아오는 금요일 이전에 리먼은 베어스턴스에 이어 고해성사에 들어가게 될 거예요."

사태는 거기서 그치지 않았다. 메릴린치의 투자전략가로서 업계의 존경을 받는 리처드 번스타인Richard Bernstein이 그날 아침에 클라이언트들에게 메모를 보냈는데, 리먼이라는 이름을 거론하지 않으면서도 경종을 울리는 것이었다. "베어스턴스의 파산은 앞으로 올 줄도산의 시작이 될 것입니다. 투자가들은 이제 신용시장의 버블이 얼마나 넓고 깊은 것인지를 깨닫기 시작하고 있는 것입니다."

오전 중반쯤부터 펄드는 고객과 거래 상대방, 경쟁사의 CEO 등에게서 무차별적으로 오는 전화에 시달렸다. 도대체 어떻게 된 것이냐는 것이었다. 그중 어떤 이는 확신을 줄 것을 요구하기도 하고, 신뢰를 주겠다는 이도 있었다.

모건스탠리의 CEO이자 오랜 친구인 존 맥John Mack의 전화가 왔다. "괜찮아? 지금 어떻게 돌아가는 거야?"

"괜찮아. 그런데 소문이 무서워. 아마 상업은행 두 군데에서는 내 이름을 받지 않을걸." 이름을 받지 않는다는 것은 거래를 피한다는 엄중한 사실을 돌려 표현한 것이다. 새로운 소문에 따르면 도이체방크Deutsche Bank와 홍콩상하이은행HSBC은 리먼과의 거래를 중지하기로 했다. "하지만 우리는 끄떡없어. 유동성이 풍부하니까 큰 문제는 아니야."

"좋아. 오늘 모건스탠리는 거래를 계속하기로 하지. 우리 매니저들에게 그렇게 말할게. 필요한 게 있으면 말해." 맥이 신뢰를 보이며 말했다.

맥과 통화를 마치고 펄드는 믿을 만한 부하들을 불러 도움을 청했다. 우선 리먼의 영국 비즈니스를 총괄하는 제레미 아이잭스Jeremy Isaacs와 통화했다. 펄드의 전화를 끊고 아이잭스는 그의 팀에게 솔직히 털어놓았다. "우리 회사가 오늘 오후에 망하지는 않을 거야. 그렇지만 그 뒤는 장담할 수 없어. 이상한 일들이 너무 많이 벌어지고 있어서 말이야."

최근에 레버리지, 즉 빌린 돈을 쓰는 데 열중했지만 사실 펄드는 현금 유동성을 신뢰했다. 언제나 그랬다. "폭풍을 헤치고 나가자면 손에 현금을 쥐고 있어야 해." 그가 입버릇처럼 했던 말이다. 펄드가 즐겨 한 이야기가 하나 있었다. 라스베이거스에서 어느 엄청난 노름꾼이 블랙잭으로 450만 달러를 앉은 자리에서 잃는 것을 봤는데, 그는 운이 바뀔 것이라는 희망으로 잃을 것이 뻔한 자리에 돈을 두 배로 갖다 놓더라는 것이었다. 이때 펄드는 교훈을 얻어 칵테일 냅킨에 이런 문구를 써서 간직했다. "네가 누구이든 상관없다. 문제는 네가 충분한 밑천을 갖고 있지 못하다는 것이다." 그런데 밑천이란 아무리 많아도 충분하지 못한 법이다.

펄드는 이 교훈을 1998년에 다시 한 번 새겼다. 유명한 헤지펀드인 LTCMLong Term Capital Mangement이 넘어갔을 때였다. LTCM 사태가 터졌을 때 리먼은 이 거대한 펀드에 투자하는 바람에 위기를 맞았다. 그 위기를 넘길 수 있었던 데는 두 가지 요인이 있었다. 하나는 리먼이 여유 자금을 가지고 있었다는 것이며, 또 하나는 펄드가 매우 공격적으로 시장의 루머와 싸웠다는 점이다. 이것이 LTCM 사태에서 얻은 또 하나의 교훈이었다. 즉, 소문은 그대로 두면 어떤 예언처럼 커지게 마련이므로 그대로 두지 말고 죽여버려야 한다는 것이다. 당시 펄드는 ≪워싱턴포스트≫에 분노를 섞어 이렇게 말했다. "이 소문들은 하나같이 근거가 없는 거예요. 만약 증권거래위원회가 소문의 진원지를 안다면 내가 15분 안에 그들이 틀렸다는 것을 입증할 수 있습니다."

언론플레이

그때 펄드가 전화한 사람 중에 ≪월스트리트저널≫의 견실한 리포터이자 리먼을 오랫동안 취재했던 수전 크레이그Susanne Craig가 있었다. 펄드는 크레이그를 좋아해서 때로 솔직한 대화를 나누기도 했다.

그런데 그날 아침에는 크레이그가 인터뷰를 하자며 전화를 걸었다. 인터뷰를 통해 리먼이 사전에 세워둔 계획들을 설명하면 부당한 비판을 잠재울 수 있지 않겠느냐는 것이었다. 펄드는 자신의 이야기가 언론에 나가는 것을 싫어했지만, 크레이그의 제안이 나쁘지 않다고 느꼈다. LTCM 사태 당시 자신이 언론에 취한 태도는 어쩌면 좋지 않은 것이었는지도 모른다고 생각했다. 그때부터 좀 더 긍정적인 태도로 언론을 대했더라면 하는 생각이 들었다. 이런 생각 끝에 결론을 내린 펄드는 크레이그의 인터뷰 요청을 받아들였다. "이번에는 잘해볼게."

정오가 되어 펄드와 측근들은 계획을 세웠다. ≪월스트리트저널≫과 ≪파이낸셜타임스Financial Times≫, 금융잡지 ≪배런스Barron's≫ 등 세 매체와 인터뷰하기로 한 것이었다. 이때 ≪월스트리트저널≫의 크레이그 기자에게는 리먼 내부에서 어떤 일이 진행되고 있는지에 대해 양념을 조금 줄 참이었다. 그 신문의 데스크가 1면에 긍정적인 기사를 게재해주기를 기대하는 작전이었다. 인터뷰는 3시부터 차례로 이뤄지도록 조정되었다. 리먼 측에서 밝힐 요지는 분명했다. 즉, 소문은 모두 가짜라는 것이다. 리먼은 골드만삭스나 모건스탠리에 필적할 정도로 현금유동성을 풍부하게 가지고 있다는 것, 그리고 최근에 돈이 지출되었다면 이는 오직 좋은 투자에 국한된 것이라는 점이다.

크레이그 기자와의 인터뷰는 전화회의로 이뤄졌는데, 이 자리에는 그레고리와 루소, 그리고 새로운 CFO로 부임한 에린 캘런Erin Callan이 함께했다. 우선 펄드가 크레이그에게 말했다. "우리는 풍부한 유동성을 확보하고 있어야 한다는 것, 그리고 나쁜 소문이 있다면 시간이 가기 전에 즉시 대응해야 한다는 것을 경험에서 배워 알고 있습니다."

펄드는 이어 연준이 융자를 허용한다는 사실을 강조하며 덧붙였다. "연준이 시장의 안정을 꾀하지 못할 것이라는 시각을 가진 사람들이 있습니다만, 이는 잘못된 판단이라고 봅니다."

COO 그레고리가 펄드의 말을 거들었다. "우리는 유동성이 있어요. 지금 당장 유동성을 쓸 필요가 없다 하더라도 가지고 있다는 것만으로 시장에 강력한 메시지를 보낼 수 있습니다." 하지만 이 말은 리먼이 처해 있는 연준의 융자와 관련해 이럴 수도 없고 저럴 수도 없는 절망적인 상태를 살짝 비껴가는 말이었다. 연준은 리먼처럼 유동성 위기를 겪는 금융기관에 융자를 해주겠다고 했는데, 이를 받아들이면 부실한 실체를 드러내는 것이나 다름없었다. 결국 이는 커다란 리스크가 될 수밖에 없었다. 사실 연준이 그런 정책을 발표한 동기는 금융기관에 돈을 빌려주겠다는 것보다는 투자가들의 동요를 막겠다는 데 있었다.

아이러니하게도 연준이 이런 정책을 채택하는 데 부분적으로 공헌한 이가 리먼의 루소였다. 두 달 전 그는 스위스 다보스에서 열린 자본가들의 파티라고 해야 할 세계경제포럼에서 논문을 하나 발표하며 그런 안을 제시했다. 이때 연준 전체에서 가장 큰 뉴욕연방준비은행의 티머시 가이트너Timothy Geithner 총재가 청중 속에 있다가 이를 받아들였던 것이다.

전화 인터뷰를 마친 그레고리와 캘런은 즉시 각자의 집무실로 돌아가 리먼과의 거래를 철회하려 한다고 소문이 난 헤지펀드들에게 전화를 걸었다. 인터뷰 내용을 반복해서 알려 무슨 수를 써서라도 거래를 계속하게 해야 했다.

언론플레이는 적중했다. 장중 마지막 시간에 리먼 주가는 반등했다. 오전에 거의 50퍼센트까지 떨어졌던 주가는 19퍼센트 하락한 31.75달러로 마감했다. 이는 4년 반 만에 최저를 기록한 것이고, 잘나가던 해의 이득이 하루 만에 날아갔다는 것을 뜻했다. 그렇지만 펄드와 임원들은 그들의 노력에 보람을 느꼈다. 내일 그들은 사분기 실적에 관한 정보를 미디어에 공개할 것이고, 그러면 아마 주가에 좋은 방향 선회가 이뤄질 것이라고 여겼다. CFO 캘런이 전화회의로 투자가들에게 상세히 설명하기로 하고, 그레고리의 집무실에서 예행연습에 들어갔다.

피로에 지친 펄드는 집에 가서 푹 잘 수 있기를 바라며 퇴근했다. 교외에 있는 집까지 먼 길을 달려야 한다는 것을 생각하면, 파크 애비뉴 640번지에 사둔, 건물 한 층 전체에 16개의 방이 있는 2,100만 달러짜리 아파트의 리모델링 공사가 끝났더라면 하는 아쉬움이 들었다. 그 공사를 중단시킨 것은 아내 캐시였다. 하는 수 없이 그는 벤츠 뒷좌석에 편히 앉아 블랙베리를 내려놓고 세상사에서 잠깐 벗어나는 시간에 만족하기로 했다.

펄드라는 사나이

딕 펄드가 월스트리트에서 이렇게 출세하리라고 생각한 사람은 거의 없었다. 1964년 볼더에 있는 콜로라도 대학교 1학년생이던 그는 공부가 힘들었고 무엇을 전공해야 할지도 몰랐다. 그 답을 찾을 수 있을까 하고 들어간 곳이 ROTC였다. ROTC 훈련을 받던 어느 날, 지휘관에 해당하는 4학년 생도가 모든 생도들을 학교 운동장에 집합시켜놓고 정기 검열을 실시했다.

"펄드, 너는 구두에 광이 안 나잖아!" 지휘관 생도가 고함을 질렀다.

"아닙니다. 광이 납니다." 펄드가 대답했다.

그러나 펄드의 말이 채 끝나기도 전에 지휘관 생도는 펄드의 왼발을 밟고 짓이겼다. 그러고는 다시 닦아 오라고 명령했다. 펄드는 명령대로 했다. 대열로 돌아오자 지휘관 생도는 이번에는 오른발을 밟고 같은 명령을 내렸다.

펄드가 구두를 닦고 돌아오자 지휘관 생도는 줄에 있는 다음 생도를 괴롭히고 있었다. 체구가 작은 생도였다. 지휘관 생도가 커다란 군화로 어린 생도의 발목을 밟자 그 생도는 바닥에 쓰러져 비명을 질렀다. 그러자 지휘관 생도가 무릎으로 누운 생도의 얼굴을 때렸고 생도의 안경이 박살났다.

펄드는 그 생도를 알지 못했지만 더는 참을 수가 없었다.

"야, 이 새끼야!" 펄드가 지휘관 생도를 보고 소리 질렀다. "괴롭히려면 네 덩치는 되는 놈을 괴롭혀라, 이 새끼야!"

"너 나한테 말하는 거야?" 지휘관 생도가 펄드의 코앞에 다가와 물었다.

"그래!" 펄드도 지지 않고 대답했다.

둘은 바로 주먹다짐을 벌였고, 다른 생도들이 뜯어말릴 때는 이미 둘 다 피투성이가 되어 쓰러져 있었다. 열여덟 살의 펄드는 즉각 ROTC 책임자에게 불려 가 추방 통고를 받았다.

"너는 지휘관에게 싸움을 걸었어. 이는 생도로서 용납할 수 없는 행위다." 책임자가 펄드에게 말했다.

"알겠습니다. 하지만 제 말도 들어보십시오. 무슨 일이 있었는지는 아셔야 하지 않습니까?" 펄드가 말했다.

"아니. 여기에는 오직 하나의 이야기가 있을 뿐이야. 네가 지휘관과 싸웠다는 것, 오직 이것만이 중요해. 더 이상 너를 여기 둘 수 없어."

ROTC에서의 실패는 당시 펄드가 만들어가던 실망스러운 일들에 하나가 추가된다는 것을 의미했다. 그러나 그 사건은 펄드가 서서히 자신을 발견해가는 계기가 되었다.

리먼의 CEO 펄드, 즉 리처드 세베린 펄드 2세 Richard Severin Fuld Jr.가 자란 곳은 뉴욕 주 웨스트체스터카운티의 해리슨이라는 부유한 교외마을이었다. 그곳에서 그의 가문은 유나이티드머천트 앤드 매뉴팩처스 United Merchants & Manufacturers라는 방직회사를 운영했는데, 연 매출이 10억 달러 규모로 성장했다. 이 회사는 원래 펄드의 외조부가 1912년에 콘홀막스컴퍼니 Cohn-Hall-Marx Company라는 이름으로 공동 창업한 회사였다.

펄드의 부친은 아들이 가업을 승계하기를 원치 않았다. 그래서 그의 조부가 오래전부터 거래해오던 월스트리트의 한 은행에 아들을 소개했는데 그 회사가 바로 리먼브러더스였다. 펄드는 1966년 여름에 리먼브러더스가 덴버에 두고 있던 자그마한 증권거래지점에 아르바이트로 취직했다. 사무실에는 직원이 세 사람 있었고, 펄드는 서류 필사(당시에는 아직 복사기가 보급되지 않았다), 심부름 등 잡일을 했다. 그런데 이 작은 심부름이 펄드의 눈을 뜨게 했다. 그는 눈앞에 펼쳐지는 일에 매료되었던 것이다. 거래장에서 고래고래 소리를 지르는 사람들에게서는 펄드가 일찍이 보지 못했던 열정이 넘쳐흘렀다. '아, 여기가 바로 내가 있을 곳이다!' 그는 결심했다. 리처드 펄드는 드디어 자신을 발견한 것이었다.

그가 매료되었던 것은 남의 돈을 굴려주면서 자신의 경력을 쌓는 것이 아니었다. 그는 훨씬 더 본능적인 것이 그의 몸속에서 꿈틀거리는 것을 느꼈다. "나는 투자은행 일에 우연히 부딪혀 빠져들어 간 거야. 한 번 보고 나는 그 진수를 다 이해하고 머릿속에서 퍼즐이 맞춰지는 것을 느꼈어." 펄드는 나중에 이렇게 회고했다.

그런데 그 작은 지점에 펄드가 무척 싫어하는 사람이 있었다. 본사에서 가끔 찾아오던 루이스 글럭스먼Lewis Glucksman이라는 사람이었는데, 행동이 거칠고 옷을 형편없이 입는 촌놈이었다. 그는 덴버에 오면 직원들에게 겁을 주며 난폭하게 말하곤 했다. 펄드는 리먼에서 금융을 배우고 싶어 했지만 이 난폭한 군주 같은 자를 위해 일하고 싶은 생각은 없었다.

1969년 2월, 펄드는 한 학기 늦게 대학교를 졸업하고 리먼에 여름 인턴으로 취직했다. 이번에는 월스트리트의 중심부인 윌리엄 가 1번지에 위치한 1907년에 지은 웅장한 르네상스식 건물에 있던 본사 집무실에서였다. 이때 그는 부모와 함께 살며 통근했다. 그해 여름 그는 CPCommercial Paper, 기업어음를 거래하는 부문에서 일했는데, 기본적으로 기업들이 단기 운용자금을 얻기 위해 발행한 차용증서IOU를 사고파는 일이었다. 펄드는 이 일을 좋아했지만, 한 가지 문제가 있었다. 다시 글럭스먼의 지휘를 받아야 했던 것이다. 글럭스먼은 덴버에서와 마찬가지로 펄드를 못살게 굴었다.

그래도 펄드는 개의치 않았다. 어차피 리먼에서 오래 일하지 않을 생각이었기 때문이다. 덴버 대학교에서 국제경영학을 전공한 그는 MBA를 노리고 있었다. 여름 인턴이 반쯤 지난 어느 날 펄드는 상관인 글럭스먼에게 가서 경영대학원에 진학하려고 하는데 추천서를 한 장 써줄 수 있느냐고 물었다.

"그 쓸데없는 건 왜 하려고?" 입이 험한 글럭스먼이 내뱉었다. "다른 놈들은 좋은 직장 구할 기반 마련한다고 대학원에 가지만, 너는 벌써 내가 좋은 직장을 줬잖아?"

글럭스먼이 뭐라 하든 펄드는 자신의 생각을 굽히지 않으며 말했다.

"당신과 일하고 싶지 않아요. 당신은 늘 내게 소리만 지르니까."

"그냥 리먼에 있어. 나를 위해 일하지 않아도 좋으니까."

결국 펄드는 리먼에서 계속 일하면서 야간을 이용해 근처에 있는 뉴욕대학교에서 석사과정을 밟기로 했다. 리먼에서는 비전문적인 일을 계속했는데, 그중 하나가 당시로서는 최신 기술인 비디오카메라를 조작하는 것이었다.

하루는 글럭스먼의 인터뷰를 녹화하고 있는데, 녹화 도중 글럭스먼이 물었다.

"카메라 다루는 놈이 누구야?"

이 질문에 펄드가 머리를 내밀었다.

"너 여기서 뭐하는 거야? 내일 아침 내 사무실로 와!" 글럭스먼이 명령했다.

다음 날 아침 펄드가 글럭스먼에게 가자 그는 펄드가 한심한 일을 한다며 개탄했다. "이 시답잖은 일 그만두고 내 밑에 와서 일하는 게 어때?"

"그러면 봉급 올려줄래요?" 펄드가 물었다.

이렇게 해서 둘은 친밀한 사이가 되었고 펄드는 회사에서 승승장구하기 시작했다. 당시 펄드의 연봉은 6,000달러 정도였는데, 이는 30년 뒤 그가 CEO로서 받은 돈의 약 1만분의 1에 해당하는 것이었다. 그해 말에 펄드는 부모의 집에서 나와 이스트 66번가 401번지에 월세 250달러의 침실 하나짜리 아파트를 빌릴 수 있었다. 그때 그는 오렌지색 폰티액 GTO 자동차도 한 대 장만해 출퇴근길에 동료들을 태우고 다녔다. 그중 한 명이 나중에 미국의 재무차관이 된 로저 올트먼Roger Altman이었다.

글럭스먼은 펄드에게서 젊은 시절 자신의 모습을 보았다. 2006년에 죽은 그는 펄드에 대해 이렇게 말했다. "그는 판단을 내리는 데 자신의 감정에 전혀 좌우되지 않았다. 살 때와 팔 때를 본능적으로 알고 있었다. 그는 천성적으로 트레이더의 자질을 갖추고 있었다."

매일 아침 사람들로 가득한 거래장에 들어서면서 펄드는 흥분에 가슴이 뛰는 것을 느꼈다. 소음, 욕설을 섞어 외쳐대는 것, 오직 자신만의 판단으로 살아남는 것, 자신의 배짱만을 믿는 것. 펄드는 이 모든 것이 마음에 들었다. 나중에 알았지만 펄드가 리먼에서 일을 시작한 때에 리먼은 커다란 변혁기에 있었다. 이런 타이밍은 펄드에게 귀중한 기회가 되었다.

리먼브러더스라는 기업

1850년 문을 연 이후, 리먼브러더스는 20세기의 미국을 대표하는 기업으로 성장하는 회사들의 뒤를 봐주는 은행이었다. 창업자 이매뉴얼 리먼Emanuel Lehman은 그의 형제 헨리 그리고 메이어와 함께 독일 남부의 바바리아 지방에서 미국으로 이민을 왔는데, 처음에는 앨라배마 주의 몽고메리에서 사업을 시작했다. 그들이 처음 손을 댄 일은 남북전쟁 전에 가장 현금이 많이 돌았던 면화 거래였다. 그로부터 20년 뒤, 세 형제는 맨해튼에 집무실을 차리고 뉴욕면화거래소가 설립되는 데 큰 공을 세웠다.

뉴욕으로 거점을 옮긴 중개상에서 투자은행으로 변신해, 당시 잘나가기 시작하던 성장기업들, 즉 시어스Sears, 울워스Woolworth, 메이시Macy's, 알시에이RCA 등에 자금을 조달해주는 일이었다. 지금으로 친다면 애플, 구글, 마이크로소프트, 인텔 등이 초기에 성장할 때 벤처자금을 대주는 격이었다.

펄드가 리먼에 몸을 담은 첫해에는 그 회사의 전설적인 파트너*였던 로버트 리먼Robert Lehman, 즉 창업자 이매뉴얼 리먼의 손자가 세상을 떠났다. 로버트 리먼은 1929년의 대공황을 헤치고 나와 어려운 시기에 리먼을 미국을 대표하는 투자은행으로 키워낸 이였다. 예일 대학교를 졸업한 이 귀족풍의 사나이는 리먼의 가장 영예로운 시기에 군림했으며, 미국이 세계를 주름잡던 20세기에 미국의 가장 크고 중요한 기업들을 상대로 한 투자은행가로서 활약했다.

1960년대에 이르러 리먼은 어드바이저리뱅킹** 부문에서 골드만삭스에 이어 2위를 차지했다. 그런데도 로버트 리먼과 그의 파트너들은 많은

---

* 이 책에 등장하는 파트너(partner)는 거래 등의 상대방을 의미하기도 하며, 금융회사·법률회사·컨설팅회사의 직원을 가리키는 경우에는 법률용어로서의 파트너를 의미하기도 한다. 이는 시장에 공개되지 않은 법인체(미국에서는 주로 Limited Liability Company: LLC, 한국의 유한회사에 해당)에서 주주이자 의사결정체의 일원으로서 회사의 이익 분배(특히 보너스)에 참여할 권리를 지닌 사람이다. 비유하자면 군대의 장성에 해당한다고 할 수 있으며, 실제로 그와 같은 자부심과 책임감을 지닌 존재다. 예컨대 골드만삭스는 세계 전체에 직원 약 3만 4,000명 이상이 있는데, 그중 파트너는 현재 1%가 조금 넘는 440명 정도다.

** 어드바이저리뱅킹(advisory banking)은 기업의 상장, 인수합병, 부채 발행 등 자산운용에 관련된 다양한 자문 비즈니스를 가리킨다.

기업 고객들이 돈이 필요할 때 자신들이 아니라 골드만삭스를 찾는다는 사실에 분개하며, 이를 바꿔놓을 조치로 CP 거래 부문을 개설하기로 했다. 그리고 이 부문을 이끌도록 당시 유력한 투자은행이었던 에이지베커A. G. Becker에서 루이스 글럭스먼을 영입했던 것이다.

펄드가 입사한 당시, 글럭스먼이 이끌던 부문이 리먼의 수익에서 가장 큰 점유율을 보이기 시작했다. 거래장은 그야말로 난장판이었다. 온갖 소음이 난무하는 공간에 담배꽁초가 넘치는 재떨이, 마시다 남은 커피 잔 등이 널려 있고, 종이가 컴퓨터 위며 전화기 아래며 여기저기 쌓여 있는 풍경이었다. 글럭스먼은 모든 창문을 완전히 가리게 해 마치 라스베이거스 카지노를 연상케 하는 분위기를 연출했는데, 이유는 트레이더들이 당시 금융계에서 표준적으로 쓰던 쿼트론Quatron이나 텔러레이트Telerate 같은 컴퓨터에 집중하게 하기 위해서였다. 트레이더들은 전화기를 내던지고 쓰레기통을 걷어차며 정신없이 일을 해댔다. 거래장은 라스베이거스 카지노처럼 담배 연기가 자욱하게 막을 형성했다. 상업은행의 조용하고 우아한 풍경과는 전혀 다른 세상이었지만, 그 안에서 리먼은 힘을 키우고 있었다.

펄드는 키가 178센티미터 정도였지만 다른 사람에게 위압감을 주었는데, 이는 글럭스먼 밑에서 죽느냐 죽이느냐 식의 훈련을 거치며 얻은 귀한 자산이었다. 짙은 머리칼에 넓고 각진 이마, 그 아래의 눈은 기분 나쁠 정도로 깊고 짙다. 펄드는 웨이트 트레이닝을 포함해 스포츠광으로, 감히 싸움을 걸고 싶지 않은 타입에 금방이라도 달려들 것 같은 기세의 사람이다. 젊은 시절 펄드가 일하는 모습은 구식의 녹색 컴퓨터 화면에 시선을 고정하고 스타카토로 따발총을 쏘듯이 거래주문을 뱉어내는 것이었다.

펄드는 리먼에서 곧 명성을 얻었다. 그는 다른 사람에게 어설픈 충고 같은 것은 듣지 않는 외골수 트레이더라는 것이었다. 하루는 펄드가 거래장 감독관인 앨런 캐플런Allan Kaplan(나중에 리먼의 부회장을 지냈다)에게 다가갔다. 펄드는 하고자 하는 거래에 캐플런의 서명이 필요했다. 이는 당시 거래장 감독관의 일 가운데 하나였다. 얼굴이 동그랗고 언제나 손가락에 시가를 끼고 있던 캐플런은 당시 전화를 하고 있었는데 펄드가 다가오자 의식적으로 못 본 척했다. 펄드는 이마를 잔뜩 찡그리고 그의 거래명세서를 흔들면서 캐플런에게 빨리 서명하라는 몸짓을 했다.

그러자 캐플런은 송화구를 손으로 가리고 젊은 트레이더에게 폭발하듯이 내뱉었다. "너는 항상 네가 제일 중요한 것처럼 생각하지! 네 거래 외에 다른 것들은 아무것도 아닌 것처럼 말이야. 내 앞에 있는 모든 서류에 다 서명한 뒤에 네 거 해줄 테니까 기다려."

"약속하는 겁니까?" 펄드가 비웃듯이 물었다.

"약속하지. 언젠가는 해줄게."

캐플런의 말이 끝나자 펄드는 캐플런의 책상 위로 팔을 휘둘러 놓여 있던 문서들을 날려버렸다. 그 서류들이 바닥에 떨어지기도 전에 펄드는 단호한 어조로 물었다. "이제 서명해주시겠습니까?"

이때쯤부터 펄드는 회사 안에서, 그리고 점점 회사 밖에서도 '고릴라'라고 불리게 되었는데, 펄드 자신은 그것에 별로 개의치 않았다. 수년 뒤 리먼의 CEO가 된 펄드는 고릴라 인형을 자기 집무실에 놓고 있기까지 했는데, 2001년 9·11 사태로 세계무역센터 건너편에 있던 리먼 사옥에서 급히 대피하면서 인형을 그 자리에 놓고 나왔다.

리먼에 입사한 지 몇 년 뒤, 펄드는 모기지 부문에 새로운 얼굴이 하나 있는 것을 발견했다. 펄드가 어둡고 음험한 인상을 가지고 있는 데 반해, 그는 밝고 사교적이었다. 펄드가 접근하지 않았는데도 그는 스스로를 소개하며 다가와 손을 내밀며 인사했는데, 마치 자신의 피부 감촉에 자신이라도 있는 듯한 태도였다. "반갑습니다. 조 그레고리라고 합니다." 이것으로 이후 40년 가까이 지속될 펄드와 그레고리의 관계가 시작되었다.

그레고리의 성격은 펄드와는 정반대였다. 그레고리는 펄드보다 더 매력적이고 덜 대립적이었다. 그런데 그레고리는 펄드를 존경했고 멘토로 따르게 되었다.

펄드는 CEO가 된 이후에도 그의 중역들의 복장을 지적하곤 했다. 하루는 펄드가 그레고리를 옆으로 세우더니 그의 양복이 못마땅하다는 것이었다. 펄드가 용인하는 복장이란 단 한 가지였다. 잘 다림질한 짙은 양복과 하얀 와이셔츠, 보수적인 타이였다. 펄드는 자신의 보스였던 글럭스먼에 대해 말하며, 글럭스먼이라면 와이셔츠에 수프 국물이 튀었거나 바지 밖으로 셔츠가 삐져나오는 한심한 용모라도 용인할 수 있겠지만, 자신이나 그레고리는 글럭스먼 같은 특출한 사람이 아니라는 것이었다. 그 말을 듣고 그레고리는 주말에 블루밍데일 백화점에 가서 새로 양복을 마련했다. 나중에 그레고리는 친구에게 이렇게 말했다. "펄드에게 실망을 주지 않으려고 노력하는 사람들이 있는데, 나도 그중에 한 명이야."

그레고리는 호프스트라Hofstra 대학 출신으로 펄드와 같이 아이비 대학을 나오지 못한 부류였다. 그레고리가 1960년대에 리먼에 입사한 것은 우연이었다. 원래 고등학교 역사교사가 되기를 꿈꾸었던 그는 여름방학 때 리먼에서 아르바이트를 하다가 금융계에 투신하기로 마음먹은 것이다. 세월이 흘러 1980년대에 중역이 된 그레고리는 롱아일랜드 노스쇼에 있는 부촌 헌팅턴에 사는 다른 중역 세 사람과 함께 출근을 했다. 회사로 오는 차 안에서 그들은 그날 해볼 거래전략을 논의하곤 했다. 그래서 리먼에서 '헌팅턴 마피아'라고 불렸다. 그들은 대개 차 안에서 전략에 합의하곤 했다. 일이 끝난 뒤 저녁시간을 함께하기도 하고 낮에 회사 안에서 농구를 하기도 했다.

글럭스먼 밑에서 지도를 받으며 펄드와 트레이더로서 뛰어난 자질을 갖춘 그레고리 두 사람은 빠르게 두각을 나타냈다. 둘 중 글럭스먼이 더 아끼는 제자는 펄드였다.

매일 아침, 펄드와 또 하나의 떠오르는 별이었던 제임스 보사트James Boshart는 글럭스먼과 함께 ≪월스트리트저널≫을 읽으며 글럭스먼의 평론을 듣곤 했다. 이때 글럭스먼이 즐겨 쓰는 표현은 리먼에서 '글럭스먼 언어'라고 부르기도 했다. 예컨대 "거래를 두드리지 마Don't ever cuff a trade"라고 한다면, 최신의 증권가격을 모르는 상태에서는 거래하려고 전화기를 들려고도 하지 말라는 의미였다.

펄드를 비롯한 이들이 나중에야 깨닫지만, 글럭스먼이 복장을 엉망으로 하고 다니는 것은 일종의 정치적 몸짓이었다. 그는 아이비리그 출신 투자은행가들이 특권과 자만을 가지고 있다고 여기고 이에 분노하는 표현으로 복장을 엉망으로 하고 다녔던 것이다. 당시 월스트리트의 투자은행 안에서 기업금융을 하는 '뱅커'와 주식 거래를 하는 '트레이더' 사이의 갈등은 일종의 계급투쟁 같았다. 투자은행업이 예술 같은 것이라면 주식 거래는 스포츠 비슷한 것으로서, 기술을 필요로 하지만 두뇌나 창조성은 필요 없다는 것이었다. 아무튼 그런 유의 인식이 있었다. 그래서 그런지 트레이더는 뱅커보다 랭크가 한 단계 낮은 것으로 취급되었고, 그런 관행은 트레이더가 회사 수익의 원동력이 되던 시기에도 지속되었다. 투쟁적인 글럭스먼은 '우리 대 그들' 식의 대항적 사고방식을 부하들에게 고취하고자 했다. "빌어먹을 뱅커 놈들"이라는 욕이 그의 입에 배어 있었다.

1970년대 어느 날, 리먼의 로스앤젤레스 지사를 이끄는 성공적인 뱅커인 피터 러스크Peter Lusk가 자기 사무실을 크리스털 샹들리에와 원목재 벽, 스탠드바로 장식하는 데 36만 8,000달러를 썼다는 것이 글럭스먼의 귀에 들어왔다. 글럭스먼은 즉시 로스앤젤레스로 날아가 러스크의 사무실로 뛰어 들어갔다. 집무실에 아무도 없자, 그는 비서의 책상에서 종이를 찾아내 큰 대문자로 써서 벽에 붙였다. "YOU'RE FIRED!너 해고야!"

그래도 분이 덜 풀린 글럭스먼은 비서의 책상에 가서 종이를 한 장 더 뜯어내 또 한 문장을 써서 해고장 옆에 붙였다. "그리고 네놈 집무실 장식하는 데 든 돈은 1센트도 빼먹지 말고 리먼브러더스에 반납해."

1983년에 글럭스먼은 월스트리트에서 오래 기억되는 한 가지 사건을 일으키는데, 이 사건을 통해 헝가리 이민 2세인 글럭스먼은 당시 미국 금융계에서 가장 인맥이 넓은 사람 가운데 한 명이었던 피터 피터슨Peter G. Peterson*을 자리에서 물러나게 만들었다. 닉슨 행정부에서 상공부 장관을 지내고 당시 리먼의 회장 겸 CEO를 맡고 있던 피터슨과의 대결에서, 글럭스먼은 피터슨의 눈을 똑바로 응시하면서 "조용하게 물러날 것인지 싸우다가 고통을 받고 물러날 것인지" 선택하라고 했다. 결국 피터슨은 전자의 길을 택하고 나가서 블랙스톤그룹이라는 막강한 회사를 공동 창업했다. 나중에 나이가 들어 유연해진 글럭스먼은 이 충돌에 관해서는 말을 아끼며, "첫 번째 아내와 헤어지는 정도의 갈등"이었다고 표현했다.

---

* 최근에 한국의 정세 등에 관해 주목할 만한 보고서를 내놓는 미국의 새로운 싱크탱크인 피터슨국제경제연구소(Peterson Institute for International Economics)는 이 피터슨이 만든 피터슨재단(Peterson Foundation)이 주관한다.

그러나 글럭스먼이 리먼의 총수로 재임한 기간은 짧았다. 총수가 되고 8개월 뒤인 1984년 4월 1일, 17명으로 구성된 이사회는 투표로 리먼을 아메리칸 익스프레스에 3억 6,000만 달러에 팔기로 결정했다. 글럭스먼은 이날을 일생에서 가장 어두운 날이었다고 회고했다. 이 쿠데타를 모의해 아메리칸 익스프레스와 접촉하고 실행에 옮긴 사람들은 글럭스먼에게 충성을 바치던 이들이었다. 이 쿠데타의 성공은 10년 정도 지속되었으나 결국 원래의 리먼 사람들이 다시 투쟁해 사들였다.

쿠데타를 통해 리먼과 아멕스Amex의 증권소매업 부문이던 시어슨Shearson을 합쳐 새로운 투자은행으로 부상한 것이 시어슨리먼이었다. 아이디어는 두뇌와 근육을 융합하자는 것이었는데, 그 관계는 처음부터 삐걱거렸다. 아마 리먼을 사들인 측이 범한 가장 큰 실수는 이 쿠데타가 커다란 실수라고 공언하던 리먼의 매니저들을 애초에 해고해버리지 못한 데 있었을 것이다. 시어슨과의 합병 당시 펄드는 이사회 멤버였는데, 리먼의 매각에 정면으로 반대한 세 사람 중의 하나였다. 이사회에서 반대표를 던지며 그는 "나는 리먼을 사랑한다"고 공언했다.

그로부터 10년간 글럭스먼, 펄드, 그레고리 세 사람과 글럭스먼을 따르는 이들은 리먼의 자율성과 일체성을 지키려고 투쟁했다. 그레고리는 그 경험을 "감옥에서 10년 형을 사는 것"에 비유했다. 하루는 글럭스먼이 펄드를 위시한 신뢰하는 트레이더들을 아침 회의에 소집했다. 그때 무슨 이유에서인지 글럭스먼은 연필을 몇 자루 손에 들고 있었다. 그는 회의에 참석한 트레이더들에게 연필을 한 자루씩 나눠주더니 반으로 자르라고 했다. 트레이더들은 쉽게 연필을 꺾었다. 그러자 글럭스먼은 몇 자루를 펄드에게 주더니 반으로 꺾으라고 했다. 그러나 '고릴라'인 펄드도 그것을 반으로 꺾을 수는 없었다.

"뭉치는 거야. 그러면 우리는 대단한 일을 해낼 수 있어." 동양의 마법 같은 의식을 치르고 나서 글럭스먼이 모인 사람들에게 말했다.

리먼브러더스의 부활

시어슨과 통합한 이후 리먼의 트레이더들과 중역들은 점차 '금융슈퍼마켓'의 한 부분으로 변질했다. 평범해졌다는 말이다. 게다가 새로운 경영조직은 비잔틴 건물처럼 복잡해졌다. 한 예로 펄드는 1993년에 토밀슨 힐Thomilson Hill이라는 사람과 시어슨리먼의 공동 사장이자 공동 COO로 임명되었는데, 그 둘은 시어슨리먼의 CEO에게 보고하고, 그는 다시 아메리칸 익스프레스의 CEO 하비 골럽Harvey Golub에게 보고하는 식이었다. 한편 펄드 밑에 있던 크리스토퍼 페팃Christopher Pettit이 투자은행과 증권거래 두 부문을 경영했다. 결국 누가 무엇에 대해 책임을 지는지 모르는 상태, 아니면 누구라도 책임을 지는 조직 형태가 된 것이다.

결국 분기탱천한 아멕스가 1994년에 리먼을 방출했을 때, 리먼은 자본이 부족한 상태로 채권 매매에만 매달리고 있는 실정이었다. 스티븐 슈워츠먼Stephen Schwarzman 같은 스타 트레이더들은 리먼을 떠나버렸는데, 슈워츠먼은 나중에 블랙스톤의 CEO가 되었다. 누구도 리먼이 독립적인 기업으로서 오래 존속할 것이라고 생각하지 않았다. 더 큰 은행에 팔려고 내놓은 먹잇감이었기 때문이다.

아메리칸 익스프레스 CEO 하비 골럽은 펄드를 신뢰해서, 펄드는 시어슨리먼의 톱 트레이더를 거쳐 새로운 조직의 공동 사장, 나아가 CEO로 승진했다. 드디어 펄드가 전권을 행사할 수 있는 기회가 왔던 것이다. 당시 리먼의 실적은 지지부진했고, 시어슨 부문들이 팔려나갔을 때는 순수입이 3분의 1로 줄어 있었다. 원래의 투자은행 부문도 비슷한 상태였다. 결국 리먼은 침수하는 물을 퍼내며 겨우 떠 있는 배와 같았다.

내부적으로는 갈등과 암투가 지속되었다. 1996년에 이르러 펄드는 자신의 위상을 놓고 갈등을 빚고 있는 페팃을 축출했다(그로부터 3개월 뒤에 페팃은 스노모빌 사고로 사망했다). 그때부터 펄드는 리먼을 독자적으로 운영하다가 2006년에 이르러 그레고리와 브래들리 잭Bradley Jack을 COO로 임명해 경영에 합류시켰다. 그러나 잭은 곧 그레고리에 의해 밀려났다. 그 몇 가지 이유 중의 하나는 그레고리가 펄드의 신뢰를 받고 있었다는 것, 그레고리 본연의 자질, 그리고 가장 중요한 것은 그레고리가 펄드에게 위협이 되지 않는다는 점이었다.

"당신은 내가 본 최고의 해결사야." 펄드가 그레고리에게 한 말이다. 그레고리가 돕기만 한다면 1980년대에 회사를 분열시킨 중상모략을 불식하겠다는 펄드의 의지를 표현한 것이었다. 펄드는 우선 인원 감축에 착수했다. 1996년 말에 이르러 리먼의 직원 수는 20퍼센트가 줄어든 7,500명이 되었다. 인원을 줄이는 한편 펄드는 경영 방식을 좀 더 원활하게 만들려고 노력했다. 그러면서 펄드 자신도 놀란 것은 자존심이 강한 사람들을 부드럽게 다루고 새로운 능력을 끌어내며 더욱이 고객들과 잡담을 섞어가며 소통하는 데 스스로 소질이 있다는 것이었다.

펄드가 점점 리먼의 대외적인 얼굴이 되어가면서 그레고리가 회사를 경영하는 COO로서 자리를 잡아갔다. 즉, 펄드가 미스터 아웃사이드Mr. Outside, 그레고리가 미스터 인사이드Mr. Inside의 팀이 된 것이다. 결국 펄드는 그 자신이 경멸하던 '빌어먹을 뱅커 놈'이 된 것인데, 거기에는 오직 한 가지 목표가 있었다. 리먼의 주가를 올리는 것이었다. 이때 사원들에게 배분된 주식 비중이 늘어나 결국 사원이 전체 주식의 3분의 1을 소유하게 되었다. 펄드는 "사원들이 주주처럼 행동하기 원한다"고 매니저들에게 말하곤 했다.

사원들의 팀워크를 극대화하기 위해 펄드는 아들 리치의 하키 경기에 쓰이던 것과 유사한 점수 제도를 도입했다. 그는 아들의 하키 경기를 녹화해 보여주며 '골을 넣으면 1점, 어시스트를 기록하면 2점'을 준다고 약속했다. 그 외에도 아들과의 관계에서 얻은 교훈 몇 가지를 경영에 도입했다. "너희 팀 선수가 공격을 받으면 무슨 수를 써서라도 반격을 가해야 한다"라고 가르친 것이 한 예다. 이렇게 해서 리먼에서는 중역들도 각자의 팀 실적에 따라 보수가 결정되었다.

펄드에게 충성을 바친 자에게는 펄드도 충성을 바쳤다. 한 예로, 펄드가 로우스그룹Lowes Group의 CEO였던 제임스 티시James Tisch 가족과 함께 휴가를 갔던 때의 일화를 모르는 리먼의 직원은 거의 없었다. 두 가족은 유타 주에 있는 브라이스캐니언 국립공원에서 하이킹을 했다. 협곡 정상에서 2킬로미터 정도 내려왔을 때, 티시의 열 살짜리 아들 벤이 앓고 있던 천식이 악화되었다. 그런데 호흡보조기를 정상에 놓고 온 것을 알고 일행은 패닉에 빠졌다. 펄드와 티시는 벤과 함께 정상으로 다시 올라가기로 했다. 이때 펄드는 아이가 자신감을 가지도록 북돋웠다. "벤, 네가 앞장서라." 반쯤 올라갔을 때 어떤 하이커가 지나가면서 벤을 보더니 말했다. "저런! 많이 쌕쌕거리네." 이때 펄드의 그 유명한 독설이 튀어나왔다. "똥이나 먹고 뒈져라, 이놈아." 펄드가 자신을 위해 응원하는 것을 보고 벤은 남은 길을 뛰듯이 올라갔다.

지도자로서 펄드의 면목이 가장 잘 부각된 것은 9·11 사태가 일어난 뒤의 수습 과정이었을 것이다. 문자 그대로 세상이 무너져 내릴 때 펄드는 직원들의 동료의식을 고취해 회사를 지켜냈다. 무역센터가 붕괴한 다음 날 펄드는 뉴욕증권거래소를 언제 다시 열 것인지를 다루는 회의에 참석했다. 리먼이 거래할 수 있느냐는 질문을 받자 펄드는 눈물을 글썽이며 방에 있는 사람들에게 대답했다. "우리 직원 중에 누가 살아 있는지도 아직 모르는데……."

나중에 확인해보니 리먼이 잃은 직원은 단 한 사람이었다. 하지만 월드파이낸셜센터 3번지에 있던 리먼의 본부는 다시는 쓸 수 없을 정도로 망가졌다. 펄드는 6,500명 직원이 쓸 수 있는 임시 사무실을 맨해튼 미드타운 7번가에 있는 셰러턴호텔에 차렸다. 그 일주일 뒤에는 리먼의 적수 중의 하나인 모건스탠리가 새로운 본부로 쓰려다가 입주하지 않은 건물을 직접 가서 협상해 사들이는 추진력을 보였다. 이렇게 해서 리먼은 한 달 후에는 마치 세상에 아무 일도 없었던 것처럼 새 건물에서 일을 하게 되었다. 이때 잃은 재산이 하나 있었는데 펄드의 집무실에 있던 고릴라 인형이었다. 나중에 그레고리가 회고하기를, 펄드나 리먼은 펄드의 고릴라라는 별명에 더는 관심을 두지 않게 되었다는 것이다.

펄드는 변화를 많이 외쳤지만, 실제로는 리먼의 조직을 뒤엎는 것이 아니라 미세한 조정을 가했다. 그가 회사에 도입한 것은 스승 글럭스먼의 편집광적이고 전투적인 세계관을 부드럽게 바꾼 것이었다. "매일이 적과의 전투다"라는 은유는 그대로 남아, 펄드는 중역들에게 "적을 죽여야 사는 거야"라고 외쳐댔다. 하지만 내부적으로 증권거래와 투자은행의 두 부문이 서로 죽이려고 으르렁대지는 않았고, 그래서 상당 기간 리먼은 내부 갈등에서 자유로울 수 있었다. 이를 두고 글럭스먼은 나중에 펄드가 CEO가 되고 나서 이렇게 말했다. "나는 투자은행 부문 직원들이 스스로 무엇을 파는지 이해하기를 원했다. 리먼은 그런 점에서 투자은행 부문 직원들을 거래장에 갖다 앉힌 선구적인 회사 가운데 하나였다. 그런데 펄드는 내가 한 것보다 훨씬 더 혁신적일 일을 했다."

한편 펄드도 투자은행 부문을 이해하게 되었다. 그는 리먼이 너무 보수적이고 채권이나 기타 채무상품의 거래에 지나치게 의존한다는 것을 인식했다. 골드만삭스가 자기계정투자propriety trading를 통해 엄청난 돈을 버는 것을 보고 그는 업무 범위를 넓히기로 결심했다. 그리고 펄드의 이 새 비전을 구현하는 일을 맡은 사람이 그레고리였다. 그레고리는 천성적으로 숫자를 꼼꼼하게 따지거나 리스크를 관리하는 유형은 아니었지만, 리먼이 점점 더 적극적으로 투자하게 되는 데 결정적으로 기여했다. 이로써 리먼은 상업용 부동산, 모기지 금융, 레버리지 융자 등에 진출하게 되었던 것이다. 그리고 주식시장이 강세장으로 전환하면서 리먼의 수익과 주가는 전에 없던 수준으로 높아졌다. 2007년의 경우, 그레고리의 수입은 현금 500만 달러에 주식 2,900만 달러에 이르렀다(그해 펄드의 총수입은 4,000만 달러였다).

그레고리는 펄드가 하기 싫은 대화를 맡기도 했다. 인사행정상 문제가 생겨 조치가 필요할 때면 그레고리가 악역을 맡았다. 문제를 일으킨 직원은 으레 그레고리가 '몹쓸 놈'으로 낙인을 찍었다. 그래서 리먼에서는 그레고리를 다스베이더Darth Vader*라고 부르기도 했다. 펄드는 자세히 몰랐지만, 그레고리의 가혹한 처분은 종종 직원들이 휴게실에서 나누는 뒷담화의 소재가 되었다.

2005년에 그레고리가 내린 한 조치는 그가 내린 인사상의 결정 중에서도 가장 가혹한 것으로서 리먼에서는 하나의 전설이 되었다. 그즈음 그레

---

* 영화 〈스타워즈〉에 나오는 무서운 집행관의 이름이다.

고리는 자신이 오랫동안 보호해오던 로버트 셰이퍼Robert Shafir를 소외시키기 시작했다. 셰이퍼는 당시 리먼의 글로벌 주식시장을 담당하고 있었으며 그레고리가 사세를 확장하는 데 많은 기여를 했다. 따라서 그레고리가 셰이퍼를 따돌릴 이유가 없었다.

아무튼 그레고리는 셰이퍼에게 다른 역할을 맡긴다고 하면서 그를 집행위원회에서 빼버렸다. 여기에 그치지 않고 그레고리는 셰이퍼의 사무실을 집행위원회가 열리는 회의실 반대편으로 옮겨 셰이퍼가 집행위원회에서 제외되었다는 사실을 스스로 관찰하게 하는 잔인한 조치를 취했다. 이런 와중에 셰이퍼는 딸이 방광선유증이라는 질병에 걸리는 불행을 맞았다. 다시 복귀하면 그레고리가 좋은 자리를 줄 것을 희망하며 셰이퍼는 딸의 치료를 위해 회사를 잠시 쉬기로 했다.

두어 달 뒤 셰이퍼가 사표를 내지 않자 그레고리는 그를 집무실에 불러놓고 말했다. “아시아로 옮기는 게 어때?”

“아시아? 조, 농담하지 말아요. 우리 딸이 어떤 상태인지 알잖아요. 아시아로 옮기라니.” 셰이퍼는 너무 기가 막혀 제대로 항변하지도 못했다.

결국 셰이퍼는 리먼을 그만두고 크레디스위스Credit Suisse로 회사를 옮겼다. 이는 리먼에서 말하는 이른바 ‘조이사이드joeiside’*의 가장 악명 높은 사례였다.

그레고리의 채용에 관한 의사결정 또한 매우 이례적인 것으로 사람들을 놀라게 했다. 2005년에 그는 리먼의 채권 거래 비즈니스를 책임지고 있던 바트 맥데이드Bart McDade를 증권 부문 장으로 임명했다. 맥데이드는 채권금융 분야에서 알아주는 전문가였지만 증권은 잘 몰랐다. 부동산

---

* 조가 행하는 학살이라는 의미다.

버블이 거의 꺼지려고 하던 2007년에 리먼은 상업용 부동산 부문에 많은 중역을 두고 있었다. 그 분야에 경험이 없는 사람들을 왜 그렇게 많이 배치하고 있느냐는 질문에 그레고리는 이렇게 해명했다. "금융인은 광범위한 전문성을 필요로 해. 그게 바로 조직의 힘이 되는 거야. 개인의 전문성은 중요치 않아."

그레고리가 중용한 많은 사람들 중에서 가장 논란이 된 이는 에린 캘런이었다. 그녀의 외모는 마치 영화 <섹스 앤드 더 시티>에 나오는 금발 미녀 같았다. 2007년 9월에 그레고리가 41세의 에린 캘런을 리먼의 CFO로 임명하자 사람들은 놀라서 숨을 삼켰다. 물론 캘런은 머리는 좋았지만 리먼의 재무 상태에 대해서는 아는 바가 없었고 회계 분야 경력도 없었다. 리먼의 또 한 명의 여성 중역이던 로스 스티븐슨Ros Stephenson(세계적인 자산관리회사인 콜버그크레비스로버츠Kolberg Kravis Roberts의 대표 격인 헨리 크레비스Henry Kravis를 전화로 불러낼 수 있는 리먼의 중역은 펄드 이외에 그녀 정도였다)은 이 결정에 너무나 화가 나 즉시 펄드에게 달려갔지만, 역시 펄드는 그레고리를 지지했다.

캘런은 자신이 펄드 못지않은 노련한 싸움꾼이라는 것을 리먼에 보여주고 싶어 했다. 사실 싸움 기질 하나로 금융계에서 위로 올라간 것으로 따지면 그녀는 펄드보다 한 수 위였을 것이다. 뉴욕 시 경찰관의 세 딸 중 하나로 태어난 캘런은 1990년에 뉴욕 대학 로스쿨을 마치고 월스트리트의 대형 로펌인 심슨 대처 앤드 바틀렛Simpson Thacher & Bartlett의 조세 부문에 취직했다. 이때 리먼은 그 회사의 주요 고객 가운데 하나였다.

로펌에서 5년을 보낸 캘런은 하루는 리먼에 전화해 이렇게 물었다. "나 같은 사람이 금융회사에서 일한다면 이상할까요?"

이상하지 않았다. 리먼이 고용했기 때문이다. 리먼에 들어온 캘런은 곧 한 건을 했다. 주식을 채무로 간주해 징세하던 세법이 바뀌어 주식시장에 붐이 불었던 것이다. 세법을 잘 아는 캘런은 이를 이용해서 복잡한 투자상품을 조직해 제너럴 밀스General Mills 같은 큰 고객에게 돈을 벌어다 주었다. 실질적인 지식에 강하고 자신감이 있으며 자신을 세일즈할 줄 아는 캘런은 리먼에서 고속 승진해 2, 3년 이내에 글로벌 금융솔루션과 글로벌 금융분석 부문을 관장하는 위치에 올랐다. 그러자 헤지펀드들이 월스트리트에서 최고의 고객이 되었고, 2006년에 캘런은 리먼의 투자은행 부문과 헤지펀드의 관계를 책임지는 중요한 직책에 올랐다.

캘런은 그 자리에 있는 동안 포트레스인베스트먼트그룹Fortress Investment Group이 미국의 헤지펀드이자 프라이빗에퀴티펀드Private Equity Fund: PEF로서는 최초로 상장하는 것을 도와 명성을 굳혔다. 그녀는 나중에 또 다른 헤지펀드인 오크지프캐피털매니지먼트그룹Och-Ziff Capital Management Group의 상장을 주도했다. 또한 리먼의 가장 중요한 헤지펀드 클라이언트였던 켄 그리핀Ken Griffin의 시터들인베스트먼트그룹Citadel Investment Group이 5년 만기 기업채 5억 달러어치를 시장에 푸는 작업을 주도했는데, 이는 헤지펀드로서는 신기원을 이루는 것이었다.

이런 그녀가 인재의 다양성을 중시하는 조 그레고리의 눈에 든 것은 자연스러웠다. 그는 세상이 바뀌고 있으며, 따라서 리먼뿐 아니라 금융계 전부가 더 이상 백인 남성의 성역이 될 수 없다고 믿었다. 젊고 똑똑한 ― 게다가 여성인 ― 새 얼굴을 중용하는 것이 리먼에 좋을뿐더러 자신의 이미지에도 좋을 것이라고 여겼다. 게다가 캘런은 TV 화면발이 좋았는데 이 또한 장점이 되었다.

실적 발표의 도박

3월 17일 밤, 타임워너센터에 있는 아파트 침실에서 에린 캘런은 끊임없이 뒤척이고 있었다. 동이 터오는 날은 그녀의 경력에서 최대 결전의 날이 될 터였다. 이 결전에서 리먼을 위협하는 불꽃을 잠재우고 회사 안에서 그녀를 비판하는 세력의 입을 막아야 했다.

서너 시간 뒤에 그녀는 금융시장을 향해, 아니 전 세계를 향해 리먼브러더스를 대변하게 될 것이었다. 전자회의를 통해 리먼의 사분기 실적을 자세히 발표할 예정이었다. 미국 전체의 수십 명의 금융분석가들은 그녀의 발표를 듣고 조금이라도 약점이 보이면 리먼을 작살내려고 할 터였다. 발표가 끝나면 질문이 시작될 것이고, 지금 시장에 퍼진 소문들을 감안하면 그중에는 무척 곤란한 질문도 들어 있을 것이었다. 그녀의 대답은 말 그대로 리먼을 죽이거나 살릴 수 있었다.

결국 캘런은 잠들기를 포기하고 침대에서 나와 아파트 밖에 와 있는 《월스트리트저널》을 펼쳐 들었다. 1면의 기사는 그녀의 신경을 곤두세웠다. "리먼, 폭풍 한가운데 서다." 기사는 캘런이 이제 리먼이 앓고 있는 병에 관한 시장의 소문들을 불식해야 하는 임무를 띠고 있다고 소개했다. 그녀는 기분이 나쁘지 않았다.

피곤했지만 캘런은 전열을 가다듬었다. 날씬한 그녀의 몸속에서 아드레날린이 샘솟았다. 버그도프굿맨Bergdoff Goodman 백화점의 디자이너가 직접 골라준 검은색 정장을 입고 커피를 손에 든 캘런은 계단을 뛰어 내려갔다. 오후에 있을 CNBC의 〈클로징벨Closing Bell with Maria Bartiromo〉 프로그램에 출연할 것에 대비해 머리를 손봐 두었다.

타임워너센터 현관에 그녀의 차가 기다리고 있었다. 그녀는 지금 사는 아파트가 임시 거주지가 되기를 바랐다. 직책과 연봉이 올라가면서 그녀는 꿈꿔오던 집을 살 수 있기를 고대했던 것이다. 그것은 바로 뉴욕 시에서 가장 선망되는 주소인 센트럴파크 웨스트 15번지에 위치한 200제곱미터가 넘는 아파트였다. 로버트 스턴Robert Stern이 설계한 이 석회암 빌딩에는 골드만삭스의 로이드 블랭크파인과 시티그룹의 전설 샌포드 웨일Sanford Weill, 헤지펀드의 거장 대니얼 로브Daniel Loeb, 록 스타 스팅Sting 등이 살고 있었다. 그녀는 그곳에 아파트를 사는 데 필요한 예산 648만 달러를 마련하기 위해 500만 달러를 빌릴 심산이었다. 다가온 차의 뒷좌석에 앉으며 그녀는 그날 아침의 전화회의에 회사는 물론이고 그녀의 아파트까지 얼마나 많은 것이 걸려 있는지 생각했다.

한편 리먼의 집무실에서 딕 펄드는 정신을 가다듬고 CNBC에서 방송될 재무장관 폴슨의 라이브 프로그램을 볼 준비를 했다. 리모콘을 들어 볼륨을 높였다. 〈투데이〉 쇼 프로그램의 진행자 매트 라우어Matt Lauer가 인터뷰를 진행하고, 이는 NBC와 CNBC 양쪽 네트워크에서 동시에 방송되었다.

"제가 말을 많이 하고 싶지는 않습니다." 라우어가 말을 시작했다. "그러나 지난 월요일 대통령이 당신과 회의를 마치고 나서 한 발언에 관해 이야기하고자 합니다. 그때 대통령은 '폴슨 장관이 보고해왔는데, 이에 따르면 상당한 고난이 우리를 기다리고 있다'고 말했습니다."

폴슨은 백악관 기자실에 서서 오른쪽 귀에 꽂힌 이어폰으로 질문을 듣고 있었는데 잠이 부족한 기색이 역력했다.

라우어가 말을 이었다. "한편 연준의 앨런 그린스펀Alan Greenspan이 최근 기사에 쓴 말을 대조해보려고 합니다." 화면에는 그린스펀의 사진과 함께 자막이 지나갔다. "작금의 미국 금융위기는 제2차 세계대전 이후에 있었던 위기 중 가장 곤란한 것이라고 봐야 한다."

"대통령이 인용해 말한 '상당한 고난'은 문제를 조금 과소평가한 발언이 아닌가요?" 라우어는 공손하면서도 끈질긴 어조로 물었다.

폴슨은 조금 버벅거리다가 어조를 회복해 시장을 안정시킬 것이라고 생각되는 발언에 들어갔다. "매트, 우리 자본시장에 문제가 있는 건 사실이고, 지난 8월부터 계속되어왔죠. 하지만 거의 끝나가고 있어요. 정부로서도 이 사태를 신속히 타개할 방법들을 모색해왔어요. 미국은 시장을 매우 신뢰합니다. 미국 금융시장은 복원력이 강하고 유연해요. 다만 이번에는 시간이 좀 걸렸지만, 끝을 내는 데 집중하고 있습니다."

펄드는 라우어가 베어스턴스 구제책에 대해 물어주기를 애가 타게 기다렸다. 라우어가 드디어 이에 대해 언급했다. "지난 주말 연준은 베어스턴스 문제를 다루려고 매우 이례적인 조치들을 취했습니다. 어떤 이들은 '미국 전체에서 고통을 받고 있는 사람들에게 해주는 것보다 훨씬 강한 조치를 월스트리트에만 해준 게 아니냐'고 의문을 가지고 있는데요?"

펄드는 성질이 났다. 라우어의 이 질문에는 복잡한 금융 문제를 언제나 계급 갈등 쪽으로 몰아가는 언론의 포퓰리즘이 또다시 드러났기 때문이다. 포퓰리즘에 젖은 언론은 언제나 금융계(전 골드만삭스 CEO 출신의 폴슨을 포함해)와 이 〈투데이〉 프로그램을 보는 시청자들을 양자 대립의 구도로 이야기를 몰아갔다.

폴슨은 잠시 침묵하며 말을 골랐다. "베어스턴스 사태에 관해 말하자면, 우선 그 회사의 주주들이 매우 고통을 당했으므로 우리가 베어스턴스를 구해줬다고 말하기는 어려울 거예요." 이 말을 통해 폴슨은 '부시 행정부는 금융회사를 구하는 일을 하지 않는다'는 메시지를 전달하려고 노력했다.

그러자 라우어가 ≪월스트리트저널≫ 1면 기사를 인용하며 물었다. "미국 행정부는 전통적인 정책 도구도 말을 듣지 않는 시기에 망해가는 금융기관을 부축해준 전례를 세운 게 아닌가요? 말을 바꾸자면, 장관, 이게 앞으로도 있을 하나의 흐름인가요? 앞으로 문제가 있는 금융회사들은 연방정부에 도와달라고 하면 되는 건가요?"

아픈 질문이었다. 불과 며칠 전에 폴슨 장관은 월스트리트 CEO들과의 전화회의에서 '도덕적 해이'를 비난하는 발언을 했기 때문이다. 펄드가 볼 때 이 '도덕적 해이'라는 말은 금융업에 종사하며 불가피하게 리스크를 취하는 사람들이 그 결과로부터 보호받는 현상을 매우 모호하게 기술하는 말이다. 이것이 없다면 그들은 더 큰 리스크를 택할 수밖에 없다.

"글쎄요. 아까 말씀드렸듯이 베어스턴스의 주주들이 지금 정부로부터 구제받았다고 생각하지는 않을 거예요." 폴슨은 한 말을 되풀이하며 말을 이어갔다. "우리의 관심은 미국 국민 전체의 이익을 생각하고, 자본시장이 흔들리는 데서 오는 충격을 최소화하는 것입니다."

사무실에 들어와 책상에 앉은 캘런은 블룸버그 터미널을 켜고 골드만삭스의 사분기 실적이 뜨기를 기다렸다. 이 실적을 시장에서는 앞으로 벌어질 일들을 예측하는 하나의 지표로 삼고 있었다. 골드만삭스의 실적이 좋다면 리먼에도 하나의 호재였다.

골드만삭스 실적이 화면에 뜨자 캘런은 기쁨을 느꼈다. 수익 15억 달러의 괜찮은 실적이었다. 물론 전년도 동기의 32억 달러보다 내려간 것이지만, 지난 한 해 내려가지 않은 회사가 어디 있는가? 골드만은 멋지게 예상을 뒤엎은 것이었다. 아직까지는 괜찮다.

그날 아침 리먼브러더스는 1사분기 실적의 요약과 함께 보도자료를 내보냈다. 물론 그 수치들은 시장의 신뢰를 고무하는 것이었다. 총수익이 4억 8,900만 달러로서 주당 81센트였다. 작년 동기의 수치보다 57퍼센트 내려간 것이지만, 대부분의 애널리스트들이 예상한 것보다 높다는 것이 중요했다.

리먼의 보도자료에 대한 첫 번째 뉴스와이어 서비스 기사는 긍정적이었다. "리먼의 이 발표는 운명의 날이 다가오고 있다고 말하는 사람들의 입을 다물게 하는 것이다." 개인투자회사 홀랜드 앤드 컴퍼니Holland & Company의 마이클 홀랜드Michael Holland가 로이터에 한 말이었다. 뱅크오브아메리카증권Banc of America Securities의 마이클 헥트Michael Hect는 1사분기 실적이 "모든 면에서 탄탄하다"고 평했다.

오전 10시, 장이 열리고 30분이 지난 시각에 캘런은 31층에 있는 이사회실에 들어섰다. 보도자료가 이미 시장의 두려움을 많이 불식했지만, 아직도 캘런의 역할에 따라 좌우되는 부분이 크다. 캘런의 발표를 듣는 사람들이 떠올릴 질문은 서로 다르지 않을 것이었다. 리먼이 어떻게 베어스턴스와 다른가? 리먼은 부동산 자산을 어떻게 평가하는가? 투자자들은 진실로 리먼의 '마크mark: 자산의 자기평가'를 믿어도 좋은가? 아니면 리먼이 사람들이 믿을 수 있는 마크를 만들어내는 것이 아닌가?

캘런은 이런 질문들에 대한 답을 준비해놓았다. 미리 연구하고 준비하고 수없이 연습했다. 심지어는 주말에 세상에서 가장 까다로운 청중이라고 할 수 있는 증권거래소 직원들을 모아놓고 리허설까지 했는데, 그들은 모두 만족했다. 캘런은 숫자를 명료하게 외웠고, 제시해야 할 메시지를 모두 머릿속에 넣고 있었다. 그리고 이를 멋있게 말하는 방법도 알았다.

수익에 관한 보도자료에 대해서는 시장이 매우 긍정적으로 반응했다.

리먼의 주가는 오르고 대출이자 기준금리와 차이가 줄어들었다. 리먼이 쓰러질 것이라는 투자자들의 인식도 엷어졌다. 이 모든 긍정적인 현상들에 캘런이 확실한 매듭을 지어야 했다. 그녀는 물을 한 모금 마셨다. 지난 나흘 동안 잠을 제대로 못 잔 탓에 목소리는 거칠었다.

"준비됐어요?" 리먼의 주주관계Investor Relations 담당 이사 에드 그립 Ed Grieb이 물었다.

캘런은 고개를 끄덕이고 시작했다.

"지난 며칠간 리먼이 종사하는 분야뿐 아니라 금융시장 전체가 전례 없이 요동친 것이 사실입니다."

수십 명의 애널리스트들이 듣는 가운데 캘런은 앞에 놓인 스피커폰에 대고 입을 열었다. 그녀의 목소리는 또렷하고 차분했다. 그로부터 30분간 캘런은 리먼의 각 사업부별로 수치를 제시하며 실적을 설명했다. 간간이 월스트리트에서 '컬러color'라고 부르는 구체적인 사례들을 들기도 했다. 그녀는 특히 리먼이 레버리지를 줄이고 현금유동성을 늘리는 노력을 기울이고 있다는 점을 중점적으로 설명했다. 이 부분에서 그녀는 인내심을 가지고 상대방이 지겨울 정도로 자세한 수치를 제시했다.

최고의 발표였다. 발표를 듣는 애널리스트들은 캘런의 솔직함과 사실을 파악하는 능력, 확신, 그리고 남아 있는 문제들을 인정하는 태도에 깊은 인상을 받았다. 하지만 그것으로 끝난 것이 아니었다. 질문이 남아 있었다.

첫 번째 질문을 한 것은 오펜하이머Oppenheimer의 애널리스트 메러디스 휘트니Meredith Whitney였다. 그녀는 작년에 시티그룹이 배당을 줄일 수밖에 없을 것이라는 점을 족집게처럼 집어내 냉혹한 비평가로 명성을 날렸다. 휘트니의 질문이 시작되기를 캘런뿐 아니라 리먼의 다른 중역들도 숨을 죽이고 기다렸다. 그런데 놀랍게도 휘트니는 칭찬으로 시작했다. "에린, 정말 잘했어요. 이렇게 솔직히 발표해줘서 고마워요. 다른 사람들도 저와 같은 생각일 거예요."

캘런은 안도의 기색을 보이지 않으려고 노력하면서도 발표가 성공했다는 것을 확신했다. 휘트니가 인정한다면 다른 애널리스트들도 인정할 것이었다. 두 사람이 말을 주고받는 사이에 리먼의 주가는 급상승하고 있었다. 시장도 휘트니의 말에 동의한다는 의미였다. 그날 리먼의 주가는 전일 대비 14.74달러, 즉 46.4퍼센트 상승한 46.49달러로 마감했다. 이는 리먼 주가 공개된 1994년 이후 하루 동안 기록한 최대의 상승폭이었다. 골드만삭스의 애널리스트 윌리엄 타노나William Tanona는 리먼 주에 대한 평가를 '중립neutral'에서 '매수buy'로 올리기도 했다.

캘런의 프레젠테이션이 끝난 후 리먼은 흥분에 휩싸였다. 그레고리가 달려와 그녀를 껴안았다. 나중에 캘런이 채권거래장으로 내려와 CDO Collateralized Debt Obligation, 채무담보증권 거래 책임자인 피터 호닉Peter Hornick의 데스크를 지나가자 호닉은 일어나 손을 들었고, 여기에 캘런은 자신의 손을 맞춰 하이파이브로 축하를 받았다.

이 짧고 빛나던 순간에 리먼브러더스는 모든 것이 잘되는 것 같았다.

그러나 외부에서는 회의론자들이 걱정을 털어놓기 시작했다. 한 예로 유로퍼시픽캐피털Euro Pacific Capital의 사장이자 수석글로벌전략가 피터 쉬프Peter Schiff는 ≪워싱턴포스트≫에서 이렇게 말했다. "나는 아직도 리먼이 제시한 숫자들을 믿지 못하겠어요. 리먼이 장부에 있는 부채를 정확하게 집계해서 발표했다고 생각하지 않아요. 리먼이 말한 이 수익이 가짜라는 것이 곧 드러날 겁니다."

젊으면서도 선견지명이 있는 헤지펀드매니저 데이비드 아인혼David Einhorn도 로스앤젤레스에서 심야 비행기를 타고 뉴욕으로 날아와 캘런의 발표를 들었다. 그도 쉬프와 비슷한 결론에 도달했다. 리먼이 패를 가지고 논다는 것이었다. 그는 펄드가 경멸하는 '헤지'의 한 사람이었다. 그러나 그의 영향력은 대단해서 그의 한마디가 시장을 움직일 수 있었다. 아인혼은 캘런이 발표한 것보다 리먼이 훨씬 취약하다는 자신의 견해를 세상에 공표하기를 주저하지 않았다.

Too Big to Fail

행크 폴슨의 새로운 도전

워싱턴 서북쪽에 있는 숲 속의 한 저택에서 재무장관 행크 폴슨은 거실을 서성이고 있었다. 그의 휴대전화는 늘 같은 장소에 있었다. 그날은 부활주일Easter Sunday이었고, 베어스턴스가 파산한 지 일주일이 되는 날이었다. 그날 폴슨은 아내 웬디와 저택 아래에서 시작해 워싱턴을 가로지르는 록크릭 공원에서 자전거를 타기로 약속했었다. 그런데 무슨 일인지 주말 내내 휴대전화에 붙어 있는 남편을 보니 웬디는 짜증이 났다.

제이미 다이먼의 전화

"한 시간 만이라도 가자고요." 웬디는 남편을 집 밖으로 데리고 나가고 싶어 했다. 폴슨도 마침내 마음을 바꾸려고 했다. 일주일 만에 드디어 일에서 잠시라도 벗어나 보려고 하던 순간이었다. 그런데 그때 전화벨이 울렸다. 전화를 받아 든 재무장관은 기가 막힌 듯 말을 내뱉었다. "돌아버리겠네."

전화를 한 사람은 JP모건의 제이미 다이먼이었다. 미드맨해튼에 있는 JP모건 본사 8층의 집무실에서 내다보이는 파크 애비뉴에는 아무도 보이지 않았다. 그는 방금 폴슨 재무장관이 듣기 싫어할 말을 했다. JP모건이 인수하는 베어스턴스 주가를 재조정해 주당 2달러가 아니라 10달러로 하기로 결정했다는 것이다.

이 소식이 완전히 예상 밖의 것은 아니었다. 폴슨은 끈질기게도 지난주에 거의 매일 다이먼과 전화로 이야기를 나누면서(다이먼의 아침 운동을 수시로 방해하면서) 베어스턴스 주가가 인상될 것이라고 예상했다. 베어스턴스 파산이 불거지고 나서 두 사람은 한 가지 공통된 우려를 하고 있었다. 베어스턴스 주주들이 낮은 주가에 대한 불만을 이유로 정부가 내놓은 구제안을 거부해 문제를 더 악화시킬지 모른다는 것이었다.

그런데도 폴슨은 다이먼의 결정에 심히 동요했다. 다이먼이 주가를 올린다고 해도 몇 달러 올려 8달러 정도에 낙착할 것이라고 생각했지만 두 자릿수가 될 것으로는 생각하지 않았던 것이다.

"이건 우리가 나눈 이야기를 넘어서는 것인데." 폴슨이 대답했다. 속삭이는 그의 목소리는 하도 쉬어서 그 자신도 믿을 수 없을 정도였다. 일주일 전 다이먼이 베어스턴스 주식에 주당 4달러를 낼 의향이 있다고 했을 때, 폴슨은 주가를 더 내려달라고 했다. "거의 명목적인 것으로 해줘. 주당 1, 2달러로 말이야." 폴슨의 부탁이었다. 실상 베어스턴스는 290억 달러에 이르는 정부의 지불보증 제안 덕택에 가까스로 해체를 모면할 형편이었다. 폴슨은 이런 사실 때문에 자신이 월스트리트의 친구들을 구하기 위해 형편없이 행동하는 장관으로 보이기는 싫었던 것이다.

"정부가 지불보증을 하는 마당에 왜 베어스턴스 주주들만이 돈을 건져야 하는지 이해할 수가 없어." 폴슨이 다이먼에게 말했다. 하지만 베어스턴스의 이 처참한 주가의 이면에 미국의 재무장관 폴슨이 결부되어 있다는 것을 아는 이는 다이먼뿐이었고, 폴슨은 다른 사람이 알기를 원치 않았다. 대부분의 보수주의자들처럼 폴슨도 '보이지 않는 손'이라는 원리를 신봉했다. 시장에 대한 정부의 개입은 마지막 수단이 되어야 한다는 만연한 신고전주의 경제학의 신념이었다.

폴슨 자신도 금융회사의 CEO 출신이어서 다이먼의 입장을 잘 이해했다. 베어스턴스 문제가 불거진 후 일주일 동안 긴박한 시간을 보내면서 폴슨도 다이먼과 마찬가지로 시장의 안정을 회복시키고 싶었다. 그런데 주당 2달러라는 소식이 전해지자, 베어스턴스의 주주들과 직원들은 거의 폭동에 가까운 반응을 보이면서 정부의 구제안뿐 아니라 시장을 뒤엎어 버리겠다는 자세로 나온 것이다. 이어 발표된 JP모건과의 합병안을 보며 다이먼은 치명적인 실수를 하나 발견했는데, 이는 JP모건의 법률고문을 맡고 있던 로펌 왁텔, 립턴, 로즌 앤드 카츠Watchell, Lipton, Rosen & Katz의 실책이었다. 그 안을 보면 베어스턴스의 주주들이 합병안에 반대할 자격이 있으며, 따라서 JP모건이 향후 1년간 그들의 주식 매매를 보증해야 하는 의무를 지게 되었다.

다이먼은 폴슨에게 베어스턴스에 오래 있었던 주식 거래 전문가 에드

몰데이버Ed Moldaver가 자신을 어떻게 모욕했는지 설명하기도 했다. 다이먼은 몰데이버를 '쌍놈'이라고 평하면서, 자신이 베어스턴스 직원 수백 명을 모아놓고 주식에 대해 설명하는 모임에서 몰데이버가 일어나 "이 안은 단기간의 결혼이 아니야. 이는 강간에 가까운 거야"라며 JP모건의 베어스턴스 인수안을 모욕했던 일을 설명했다.

한편 폴슨도 워싱턴에서 비슷한 모욕을 당하고 있다고 다이먼에게 털어놓았다. 정부에서 일하는 사람들 대부분은 월스트리트에서 일하는 금융인들이 탐욕스럽고 봉급이 지나치게 높다고 생각하는데, 그들을 세금으로 구하는 일은 세금을 올리는 것만큼이나 인기가 없다는 것이다. "나는 여기저기서 당하고 있어." 폴슨이 다이먼에게 말했다.

설상가상으로 그해에는 대통령 선거가 있었다. 베어스턴스 구제안이 발표된 다음 날인 월요일, 민주당 대통령 후보로 나선 힐러리 클린턴 상원의원은 당시 전국 여론조사에서 조금 앞서 있었던 탓인지, 부시 행정부의 구제안을 이라크 문제에까지 연관시키며 공격하는 자세를 보였다.

특히 신랄했던 사람은 하원 금융서비스위원회 의장이었던 민주당 바니 프랭크Barney Frank 의원이었다. 프랭크 또한 문제의 근원을 폴슨의 임명권자인 부시 대통령에게 돌리면서 불만을 토로했다. "지난 수년 동안 공화당 정권이 시장의 규제를 완화해오는 사이에 새로운 금융상품을 규제할 수 있는 방법들이 없어지고, 그 와중에 국가경제의 큰 부분이 인질이 됐다. 이제는 싫든 좋든 미국 국민이 그 몸값을 지불해야 할 판이다."

공화당이든 민주당이든 워싱턴의 정치가들은 대개 구제안을 공격했는데, 공화당 인사들이 그것을 싫어하는 데는 몇 가지 이유가 있었다. 우선 보수주의자들인 이들은 시장이 모든 것을 해결한다고 믿어서 정부의 개입은 사태를 악화시킬 뿐이라는 생각을 가지고 있었다. 그들은 마치 히포

크라테스의 전염병학을 설파하듯이 말하곤 했다. "우선 (멀쩡한 시장에) 손을 대지 마." 사람 몸과 마찬가지로 경제에도 피가 조금 나올 수 있지만 이는 창조적인 파괴로서 자본주의가 지불해야 하는 비용의 하나라는 것이었다. 게다가 당시 공화당원들은 지역구에서 각종 불만에 시달리고 있었는데, 지역구 사람들이 자신들의 퇴직연금에 해를 끼치는 자들을 왜 시민의 세금으로 구해줘야 하느냐고 불만을 제기하고 있던 터였다.

사람들이 모두 '기업구제bailout'라는 말을 쓰고 있었는데, 폴슨 장관은 이 말이 싫었다. 그가 볼 때 자신의 정책은 미국 경제를 구하는 것이었다. 문자 그대로 가라앉는 배에서 물을 퍼내는 것bailout이었지, 돈을 나눠주는 것handout이 아니었던 것이다. 부시 대통령은 사적인 자리에서 매우 화를 냈다. 그도 구제안의 필요성은 이해했지만 그것이 정치적으로 어떻게 악용될지도 잘 알고 있었다. "우리가 이것 때문에 망할 거야. 그렇지 않아?" 폴슨의 대답이 '그렇습니다'일 것은 그 자신도 잘 알고 있었다.

이 사안에 대해 대통령의 입장이 어떤 것인지는 폴슨도 잘 알았다. 베어스턴스 구제안이 발표되기 전인 수요일, 폴슨은 대통령 집무실에서 오후 내내 대통령과 함께 있었다. 금요일에 뉴욕 힐튼호텔에서 있을 이코노믹클럽 연설에서 대통령이 무슨 말을 해야 될지 의견을 나눴다. 그때 대통령은 직접 연설문에 문구를 넣어 구제안은 없을 것이라는 점을 강조하고자 했다.

그 문구를 보고 폴슨이 주장했다. "절대 그 말은 하지 마세요."

"왜 안 돼? 구제안은 없는 거잖아" 대통령이 말했다.

이때 폴슨은 심중을 털어놓았다. "송구스러운 말씀이지만, 우리는 구제안을 내지 않을 수 없을 겁니다."

결국 상황은 폴슨이 두려워하던 가장 나쁜 상태로 귀결되고 말았다.

경제는 정치인들의 놀잇거리가 되었고, 폴슨의 명성은 위기에 처했으며, 결국 워싱턴 정치가들의 룰에 따라 움직이는 처지가 된 것이다.

재무장관직을 맡을 것인가

2006년에 헨리 폴슨은 재무장관직 제안을 한 번도 아니고 두 번이나 사양했다. 워싱턴이 어떻게 돌아가는지 잘 알고 있었기 때문이다. 그는 대학을 졸업하고 첫 직장으로 국방성에서 일했으며, 닉슨 대통령 시절에 백악관에서 수년간 일한 적도 있어서 워싱턴의 본성을 잘 알고 있었다. 따라서 그는 재무장관직에 수반되는 위험을 충분히 이해하고 있었다. "내가 그 자리를 수락한다면 지겨운 정치꾼들과 일해야 할 거고, 결국은 내 평판만 떨어뜨리고 떠나게 될 거야. 전직 장관 스노나 오닐에 대해 사람들이 말하는 것 좀 봐." 그에 앞서 재무장관을 맡은 존 스노John Snow나 폴 오닐Paul O'Neil 모두 업계에서 기라성 같은 인재였지만, 결국 그들의 명성에 흠집이 난 채로 자리에서 물러났던 것이다.

재무장관직을 수락하기 전에 폴슨은 몇 개월간 고민했다. 더구나 그는 세계에서 가장 좋은 직업, 즉 월스트리트에서 가장 존경받는 회사인 골드만삭스의 CEO를 맡고 있었다. 골드만삭스의 CEO로서 세계를 돌아다니고 있었으며, 특히 중국에 관심을 가지고 그곳에서 마치 자본주의를 대표하는 대사처럼 행세했다. 그가 중국에서 가지고 있던 인맥은 아마 당시 국무장관 콘돌리자 라이스Condoleezza Rice를 포함해 워싱턴의 누구보다 넓었을 것이다.

이때 폴슨의 영입을 가장 강력하게 민 사람은 대통령 수석보좌관 조슈아 볼턴Joshua Bolten이었다. 그는 중국 경제의 지정학적 중요성에 비춰볼 때 폴슨의 중국 인맥이 큰 자산이 될 것이라고 대통령에게 강조했다. 볼턴은 직업적으로도 폴슨과 잘 아는 사이였다. 과거 골드만삭스에 몸담은 적이 있는 볼턴은 1990년대에는 골드만삭스의 영국 로비스트로 활동했고, 존 코진Jon Corzine이 골드만삭스를 이끌 때 그의 수석보좌관을 지내기도 했다.

그러나 볼턴은 폴슨뿐 아니라 그의 가족을 설득하는 데 별로 진전을 보지 못했다. 폴슨의 아내 웬디는 부시 대통령을 몹시 싫어했다. 이는 남편 폴슨이 2004년에 부시를 위한 '파이어니어', 즉 부시의 재선 캠페인에서 10만 달러 이상을 모금한 사람에게 주는 타이틀을 가지고 있어도 별 상관이 없었다. 게다가 폴슨의 모친 마리아나도 아들이 부시 행정부에서 일한다는 것이 너무 싫어 울기까지 했다. 전 미국농구협회의 중역을 맡고 있던 아들과 ≪크리스천사이언스모니터Christian Science Monitor≫의 기자인 딸마저 폴슨이 재무장관이 되는 것을 반대했다.

또 한 사람의 중요한 반대자는 폴슨의 멘토였던 존 화이트헤드John Whitehead였다. 골드만삭스의 회장을 지낸 그는 사내에서 폴슨에게는 아버지 같은 사람이었는데, 그 자신도 레이건 행정부의 국무성에서 일한 적이 있었다. 화이트헤드는 그 안을 수락하는 것은 큰 실수라고 생각했다. "이 행정부는 실패한 행정부야. 거기에 들어가면 뭐든 하나 성취하는 데 무척 고생할 거야."

4월에 있었던 ≪월스트리트저널≫과의 인터뷰에서 폴슨은 자신이 재무장관 후보라는 말을 피했다. "전 골드만삭스에서 일하는 것이 좋습니다. 솔직히 비즈니스 세계에서 최고의 직업을 가지고 있다고 생각하고, 오랫동안 이 자리에 있고 싶어요."

하지만 볼턴도 포기하지 않았다. 4월 말경 폴슨은 대통령과의 만찬 초대를 받아들였다. 이때 골드만삭스의 수석보좌관이었던 존 로저스John F. W. Rogers는 레이건, 윌리엄 부시 두 행정부에서 재무장관을 지낸 제임스 베이커 밑에서 일한 경험을 되새기며, 장관직을 수락하지 않을 것이라면 만찬 초대에 응하지 말라고 했다. "장관직이 어떤 건지 알아보려고 대통령과 밥을 먹는 법은 없어." 로저스의 말이 옳다고 여긴 폴슨은 아주 어색한 형태로 대통령의 초대를 다시 물리치고 말았다.

그런데 그 달에 중국의 후진타오 주석 부부를 위해 백악관에서 베푼 오찬에 폴슨 부부는 참석하지 않을 수 없었다. 오찬을 마치고 워싱턴 시내를 걷게 되었는데, 재무성 앞을 지나며 갑자기 아내 웬디가 말했다.

"나 때문에 당신이 재무장관 제안을 물리칠 필요는 없어요. 당신이 진짜로 원한다면 나는 괜찮아요."

"아니야, 당신 때문이 아니야." 폴슨이 말했다.

폴슨이 주저하기는 했지만 다른 사람들은 폴슨의 입장이 최종적인 것이 아님을 눈치채고 있었다. 로저스는 폴슨이 내심 그 자리를 원하고 있다고 생각했다. 5월 들어 첫 번째 일요일, 조지타운의 집에서 쉬던 로저스는 자신이 폴슨에게 그릇된 조언을 했는지 고민하고 있었다. 마침내 그는 백악관의 볼턴에게 전화를 걸어 이렇게 말했다. "폴슨이 거절한 것은 압니다. 하지만 대통령이 그를 진정으로 원한다면 폴슨에게 한 번 더 물어보세요."

볼턴은 폴슨에게 전화를 걸어 다시 한 번 설득했다. 이에 폴슨은 자신이 실패에 대한 두려움 때문에 거절하는 것은 아닌지 자문했다. 골드만삭스에서 그는 '문제에 돌진하는 사람'으로 정평이 나 있었다. '내가 문제로부터 도망치려고 대통령의 제안을 거부하는가?'

폴슨은 크리스천사이언스*의 열렬한 신자였는데, 이 종파의 신자들

대개가 그렇듯이 창시자인 메리 베이커 에디Mary Baker Eddy의 저술들을 깊이 신봉했다. 기독교의 치유 능력을 추구하며 1879년 보스턴에서 과학자그리스도제일교회First Church of Christ, Scientist를 설립한 에디는 공포에 대해 이렇게 설파했다. "공포는 병의 근원이다. 공포는 신을 섬기는 인간이 균형을 정립하기 위해 추방되어야 한다."

볼턴의 전화에 이어 전 재무장관 제임스 베이커가 전화를 걸었을 때 폴슨은 이미 재무장관직을 거절하는 것에 대해 재고하고 있었다. 공화당의 숨은 실력자인 베이커는 재무장관 자리에 가장 적합한 인재로 대통령에게 당신을 추천했노라고 폴슨에게 말했다. 이 말에 감동한 폴슨은 자신이 이미 재고에 들어갔음을 고백했다.

그 주에 사라리그룹Sara Lee Group의 CEO이며 폴슨의 오랜 친구이자 골드만삭스의 임원이고 시카고 시절에 폴슨의 고객이었던 존 브라이언John Bryan이 이렇게 조언했다. "행크, 인생이 옷 골라 입어보기는 아니잖아? 나중에 자네 손자들에게 '할아버지가 재무장관 자리를 놓고 좀 고민했다'라고 말하지 마. '내가 그걸 했단다'라고 말해야지."

폴슨은 마침내 5월 21일에 그 자리를 수락했다. 그런데 백악관이 신원조회가 끝나는 그다음 주까지 발표를 미루기로 결정하는 바람에, 그 주말에 폴슨은 시카고에서 있었던 골드만삭스의 연례 파트너 회의에 참석해 회사를 떠난다는 말도 못하는 곤란한 경험을 했다(역설적이게도 그때 초청 연사는 일리노이 주의 젊은 상원의원이었던 버락 오바마였다). 신문이고 친구들이고 모두 폴슨이 행정부에 들어갈 것인가를 놓고 말이 많은 터여서 폴

---

* 1866년에 창시된 크리스천사이언스는 1898년 크리스천사이언스출판협회(The Christian Science Publishing Society)를 설립하며, 여기서 1908년에 ≪크리스천사이언스모니터≫라는 유명한 신문을 발간했다.

슨은 행사장에 참석하지 못하고 호텔방에 틀어박혀 있었다.

월스트리트에는 두 부류의 금융인이 있다. 한 부류는 비단처럼 부드러운 세일즈맨들인데, 이들은 재치와 매력을 성공의 무기로 삼는다. 다른 부류는 불도그 같은 끈기로 일을 성취하는 사람들이다. 폴슨은 후자에 속하는데, 백악관은 이를 곧 알게 되었다. 장관직을 공식적으로 수락하기 전에 폴슨은 몇 가지를 확인받았다. 32년간 골드만삭스에 재직하며 그가 배운 것이 하나 있다면 자신을 위해 최선의 타협안을 이끌어내는 것이었다. 그는 내각에서 재무성이 국방성이나 국무성과 동등한 위치를 가진다는 것을 문서로 보증해줄 것을 요구했다. 워싱턴에서는 대통령과의 거리가 제일 중요하다는 것을 알고 있던 그는, 대통령이 아무 때나 그를 부를 수 있는 반면 대통령은 자신의 전화에 응대하지도 않는 주변의 인물로 전락하기는 싫었다. 결국 타협해낸 안에 따르면 그의 하버드 경영대학원 동기생인 앨런 허바드Allan Hubbard가 이끄는 국가경제위원회NEC의 일부 회의들을 재무성에서 주재한다는 것, 그리고 여기에 부통령 딕 체니가 직접 참가한다는 것이었다.

폴슨은 또한 장관으로 재임 시 골드만삭스에 편의나 이익을 봐준다는 말이 나오지 않도록 여섯 페이지에 달하는 '윤리각서'를 직접 만들어 서명했다. 이 각서에 따르면 그는 재임 중 골드만삭스와 관련된 모든 일에 일절 관여하지 않아야 했다. 이는 보통 연방정부의 관료에게 요구되는 1년간의 불관여 방침보다 훨씬 강력한 것이었다. 이 각서에 그가 쓴 문장을 보면 "본인은 재무장관으로 재직하는 동안 자유재량권을 행사하는 데에서 골드만삭스그룹 또는 그 회사가 대표하는 다른 당사자가 관계되는 일체의 안건에 관여하지 않을 것"이라고 되어 있었다. 골드만삭스가 월스트리트에서 관여하지 않는 일이 거의 없다는 사실에 비춰볼 때, 이는 재무장관의 직무 수행을 방해할 수 있는 선언이었고, 결국 그는 나중에 이를 피해 나갈 방도를 강구하느라 고생하게 되었다.

그의 장관 임명에는 또 하나의 조건이 있었다. 그가 가지고 있던 약 4억 8,500만 달러의 가치에 해당하는 골드만삭스의 주식 323만 주를 처분하고, 중국공상은행에 투자해서 잘 굴리고 있던 골드만삭스의 펀드에 들어간 돈을 회수해야 한다는 것이었다. 다만 공직에 들어가는 사람들이 재산을 처분할 때 손해를 입지 않게 새로 만든 국세청Internal Revenue Service: IRS 규정에 따라 폴슨은 약 1억 달러의 세금을 면제받을 수 있었다. 이는 그에게 큰 행운이었다. 그러나 금융위기가 발생하기 수개월 전인 2007년 10월경, 그가 매각한 골드만삭스의 주가 매각 당시의 주당 142달러에서 235.92달러로 치솟는 것을 보며 참담함을 느끼지 않을 수 없었다.

행크 폴슨이라는 사나이

헨리 메릿 폴슨 2세Henry Merritt Paulson Jr., 행크 폴슨이라는 애칭으로 불린 그는 2006년 5월 30일에 공식적으로 재무장관에 임명되었다. 그로부터 7일 뒤 《워싱턴포스트》는 그의 프로필을 소개하기에 앞서 이렇게 말했다. "앞으로 2년 반 남은 부시 행정부에서 신임 재무장관에 임명된 헨리 폴슨이 많은 경제 현안에 대해 업적을 남길 가능성은 매우 적다."

이 말은 과거 골드만삭스에서 주식 매수 결정 직후에 느끼던 것과 유사하게 아픔을 주는 말이었다. 그러나 이런 아픔을 통해 그는 도전을 극복하곤 했다.

월스트리트의 기준으로 볼 때 폴슨은 다소 불가사이한 면이 있는 괴짜여서 카네기힐에 사는 억만장자 같은 삶에는 별로 관심이 없는 거물이었다. 미국 중서부 출신의 솔직담백한 성품을 지닌 그는 시카고 외곽의 농장에서 성장했으며, 보이스카우트의 최고 영예인 이글스카우트에 뽑히기도 했다. 월스트리트에서 성공한 폴슨과 웬디 부부는 맨해튼의 사교계를 되도록이면 피하고 저녁 9시면 잠자리에 들려고 노력했다. 센트럴파크에서 버드워칭bird watching을 즐겼던 웬디는 아침이면 자연보호단체의 버드워칭 투어를 주도했다. 그들의 집은 센트럴파크에서 가까운 곳에 자리 잡은 112제곱미터의 침실 두 개짜리 아파트였는데, 이는 월스트리트에서 수입이 최고인 그들로서는 너무나도 소박한 것이었다.

폴슨은 플라스틱으로 된 싸구려 스톱워치를 차고 다녔다. 폴슨이 돈을 조금 쓰려고 하면 근검절약이 몸에 밴 해병대 장교의 딸인 웬디는 그것을 그대로 두지 않았다. 폴슨이 10년 동안 입던 오버코트를 바꿔보려고 명품 백화점인 버그도프굿맨에서 캐시미어 코트를 사서 귀가한 적이 있었다. 이를 본 웬디가 물었다. "새 코트가 왜 필요해요?" 폴슨은 아무 말도 못하고 다음 날 그것을 반품했다.

폴슨은 부시 대통령의 탁월한 정치자금 모금가였지만 공화당 강경파 이미지를 가지고 있지는 않았다. 철저한 환경주의자인 그의 유일한 자동차는 친환경차인 도요타 프리우스였다. 2006년에는 이런 일화도 있었다. 그해 그는 골드만삭스가 남미의 티에라델푸에고Tierra del Fuego 군도에 소유했던 2,751제곱킬로미터의 토지를 야생동물보호협회Wildlife Conservation Society: WCS에 기증해버렸다. 이 일은 골드만삭스의 많은 주주들의 분노를 샀고 한동안 폴슨을 중상하는 재료로 쓰였다. 폴슨이 야생동물보호협회 회장이고 그의 아들이 고문 중 한 명이었기 때문이다. 당시 이 일의 뒤에 숨겨진 모순을 이해하는 사람은 드물었지만, 사실 그 환경적으로 문제가 많은 땅은 골드만삭스가 불량담보자산의 일환으로 취득한 것이었다.

폴슨은 늘 사람들의 기대를 뛰어넘는 행동을 보였다. 그는 키가 180센티미터 정도에 체중은 약 89킬로그램으로 체격이 그리 크지 않았지만, 다트머스 대학을 다닐 때 아이비리그의 미식축구경기에서 뛰어난 공격수로 활약했다. 그의 공격이 워낙 맹렬해서 그에게는 '해머'라는 별명이 따라다녔다. 그렇게 맹렬한 선수라면 으레 파티도 맹렬하게 하고 술도 많이 마시게 마련인데, 그는 기숙사 시그마 알파 엡실론Sigma Alpha Epsilon에서 파티가 열릴 때면 오렌지주스와 진저에일을 마셨다. 그 당시에 그는 웰즐리 대학Wellesley College에 다니던 웬디를 만났다. 같은 학교에 다니던 힐러리 로댐(클린턴)과 웬디는 경쟁하는 사이였다. 웬디는 1969년 입학기수 전체 대표였는데, 힐러리는 학생회 회장이었다. 폴슨은 1968년 전미 우등생에게 주는 파이 베타 카파Phi Beta Kappa의 영예를 안고 영문과를 졸업했다.

1970년에 하버드 대학 경영대학원을 마치고 워싱턴에서 직장을 구할 때 폴슨에게는 양복이 한 벌도 없었다. 그는 다트머스 대학의 교수가 써준 추천서 한 장을 달랑 들고 국방성의 한 국장 보좌관실에 취직했다. 여기서 그는 나중에 골드만삭스의 세일즈맨으로서 발휘하게 되는 재능을 한 가지 보였다. 국방성에 들어간 지 겨우 2년 만에 그는 백악관으로 차출되어, 당시 존 얼리크먼John Ehrlichman이 지휘하는 국내정책위원회의 위원장 보좌역을 맡았다(얼리크먼은 나중에 닉슨의 워터게이트 사건에서 공모, 공무집행방해 및 위증죄로 기소당했다). 폴슨은 백악관에서 재무와 상무 두 부처의 연락을 책임지게 되었다. 이 영전에 대해 폴슨의 친구이자 골드만삭스의 중역을 지낸 케네스 브로디Kenneth Brody는 이렇게 회고했다. "그 짧은 기간에 국방성의 낮은 직급에서 백악관으로 옮겨간 것을 보면 그 친구는 주위에서 벌어지는 일을 관찰하는 특별한 안테나를 달고 있는 게 분명해. 게다가 그는 워터게이트 사건이 벌어졌을 때도 끄떡없었거든."

1973년에 웬디가 첫아이를 임신하자 폴슨은 돈을 벌어야겠다는 생각에 닉슨 행정부를 떠나 금융계에서 직장을 얻기로 했다. 다만 뉴욕에는 살기가 싫었다. 그는 시카고에 있는 금융회사들과 면접했는데, 그가 가장 마음에 들었던 제안은 시카고에 지사를 둔 두 개의 뉴욕 회사로부터 왔다. 하나는 샐로먼브러더스였고 다른 하나가 골드만삭스였다. 이 중 폴슨이 골드만삭스를 선택한 데는 골드만의 세 사람과 한 인터뷰가 결정적이었다. 바로 당시 골드만의 파트너였으며 나중에 재무장관이 되는 로버트 루빈Robert Rubin과 골드만의 전설적인 파트너 거스 레비Gus Levy, 존 화이트헤드였다. 이들은 모두 폴슨이 골드만의 시카고 지사에서 성공할 것이며, 뉴욕이라는 '유령 도시'*에서 살 필요가 없다고 확신을 주었다. 채용 당시 폴슨의 연봉은 3만 달러였다.

이듬해인 1974년 1월, 폴슨은 가족과 함께 그가 성장한 곳, 즉 시카고 북서쪽에 위치한 인구 4,000명도 안 되는 작은 마을 배링턴힐스Barrington Hills로 이사했다. 이때 그는 보석 도매상을 하는 부친이 소유한 농장에서 약 2만 제곱미터의 땅을 사들였다. 부모의 집에서 조금 위로 올라간 이 땅 입구에서 키 큰 낙엽수 길을 따라 800미터쯤 들어간 곳에 나무와 유리로 소박한 집을 지었다.

골드만에 입사한 폴슨은 신입 투자은행 직원으로서는 이례적으로 큰 책임을 맡았다. 이때 그의 상관이었던 짐 겔더Jim Gelder가 그에게 이런 말

---

* 원문에서는 고섬(Gotham)이라고 표현했는데, 이는 영화 〈배트맨〉에 나오는 공상의 도시이자 뉴욕 시를 가리키기도 한다.

을 했다. "있잖아, 행크. 우리는 보통 너 같은 젊은 친구에게 이렇게 큰일을 잘 안 맡겨. 그런데 너는 나이가 좀 들어 보이잖아." 젊은 폴슨이 이마가 벗겨지고 있다는 것을 농담조로 한 말이었다. 미국 중서부에서 큰 고객인 시어스 백화점이나 캐터필러 등의 업무에서 인정을 받은 폴슨은 곧 맨해튼 본사의 주목을 받았다. 1982년에 그는 파트너가 됨으로써 골드만의 수익을 나눠 받는 사람들의 대열에 합류했다. 이어 시카고 지사의 투자은행 부문 공동 책임자이자 회사 전체의 집행위원회에 선임되면서 그는 전화 통화로 많은 시간을 보냈다. 이때 그는 긴 메시지를 끊임없이 남기면서 전화를 처리하는 것으로 유명해지기도 했다.

그런데 1994년 골드만삭스는 혼란에 빠졌다. 그해 세계적으로 갑자기 이자율이 상승하면서 골드만의 상반기 이익이 60퍼센트나 감소했다. 이와중에 당시 CEO였던 스티븐 프리드먼Stephen Friedman이 갑자기 사임하고 이어서 파트너 36명이 한꺼번에 회사를 떠났다. 이는 골드만의 자본 조달과 사업 인맥에 커다란 구멍을 남겼다.

상처를 봉합하기 위해 이사회가 CEO로 선임한 사람은 채권 부문의 정상에 있던 부드러운 성격의 존 코진이었다. 이때 골드만의 이사들은 폴슨이 자연스럽게 2인자로 부상해 코진의 약점을 보강할 뿐 아니라, 폴슨이 강점을 지닌 투자은행 부문이 골드만에서 중요하다는 신호를 시장에 보낼 것이라고 믿었다. 이들은 코진-폴슨 콤비가 그 유명한 프리드먼-루빈Friedman-Rubin 콤비와 그전의 화이트헤드-와인버그Whitehead-Weinberg 콤비 못지않게 강력할 것이라고 생각했다.

그런데 이런 생각에는 한 가지 문제가 있었다. 코진과 폴슨이 서로 사이가 좋지 않다는 것이었다.

맨해튼의 비크먼플레이스에 위치한 프리드먼의 아파트에서 있었던 회합에서 폴슨은 코진의 밑에서 일한다는 것, 더욱이 그가 그토록 회피해왔던 뉴욕으로 옮겨야 한다는 것에 반대했다. 일대일 대화에 능한 것으로 알려진 코진은 폴슨에게 산책이라도 하자고 제안했다. 산책을 하며 코진이 말했다. "행크, 자네와 같이 일하는 것처럼 즐거운 일은 없어. 우리는 협력할 수 있어. 동반자가 될 수 있다고." 그로부터 한 시간 안에 두 사람은 합의에 이르렀다.

그해 뉴욕으로 옮긴 폴슨의 행보는 빨랐다. 불과 이틀 사이에 폴슨 부부는 아파트를 몇 군데 봤다. 후보지가 둘로 좁혀지자 내내 휴대전화를 귀에 붙인 채 복도를 둘러보던 폴슨은 자신이 선택한 곳을 손짓으로 가리키고 나서 비행장으로 달려갔다.

사장president 폴슨과 COO 코진 콤비는 1994년 가을 골드만의 문제들을 해결하기 위해 쉬지 않고 일했다. 고객과 직원을 만나기 위해 둘은 세계를 휘젓고 다녔다. 당시 폴슨에게 주어진 과제는 지출을 25퍼센트 삭감하는 것이었다. 폴슨과 코진의 노력은 보람이 있어, 골드만은 1995년에 흑자로 돌아서서 1996년과 1997년 두 해에 상당한 이익을 창출했다. 이 위기를 통해 코진과 골드만의 경영진이 얻은 교훈은 미래의 자본위기에 대처하기 위해서는 공공자본시장을 활용할 수 있어야 한다는 것이었다. 따라서 그들은 기업공개Initial Public Offering: IPO가 해법이라고 믿었다.

1996년 파트너 회의에 IPO 안건을 상정할 당시 코진은 사내에 충분한 기반을 확보하고 있지 못해서 파트너들을 설득할 수 있는 강력한 메시지를 보내지 못했다. 그때 파트너들의 저항이 상당했던 이유는 IPO를 통해 주식이 외부에 주어짐으로써 자신들의 이익과 문화가 침해당한다는 것이었다.

하지만 1998년 6월에 폴슨이 CEO로 임명되어 코진의 아이디어를 강하게 지지함으로써 결국 골드만삭스의 IPO는 그해 9월을 목표로 공표되었다. 그런데 공교롭게도 그해 여름 러시아 루블위기가 터지고 LTCM이 거의 파산에 이르는 사태가 발생했다. 이 위기로 골드만삭스는 증권거래에서 수억 달러의 손해를 봤으며, 게다가 뉴욕연방준비은행이 지휘한 LTCM 구제 패키지에 3억 달러를 내지 않을 수 없었다. 이런 와중에 골드만삭스는 막판에 IPO안을 철회했다.

폴슨과 가장 가까운 친구들의 말에 따르면, 당시 그는 코진에, 뉴욕에, 사내의 정치에 지쳐 회사를 그만두려고 했다. 그런데 그해 12월 골드만의 사내 역학을 바꾸는 일이 벌어졌다. 코진의 강력한 지지자 중 한 사람인 로이 주커버그Roy Zuckerberg가 골드만의 강력한 의사결정기구인 집행위원회에서 물러났던 것이다. 이로써 위원회에 남은 사람은 코진과 폴슨, 존 테인John Thain, 존 손턴John Thonton, 로버트 허스트Robert Hurst의 다섯 사람이 되었다. 한편 이사회는 코진에게 불만을 품었는데, 그가 이사회 모르게 멜론은행Mellon Bank과의 합병안에 관여하고 있었기 때문이다.

이 때문에 중역들의 아파트 여기저기서 비밀회합이 열렸고, 결국 로마나 크렘린에서나 있을 법한 쿠데타가 벌어졌다. 회사에 남아서 이끌어달라는 부탁을 받은 폴슨은 집행위원회의 나머지 세 멤버들과 함께 코진의 퇴진을 강행했다. 이 결정을 코진은 눈물을 글썽이며 들었다고 전해진다.

결국 폴슨은 유일한 CEO로 등장해 테인과 손턴을 공동 사장 겸 공동 COO, 그리고 암묵적인 장래의 후계자로 삼았다. 그리고 1999년 5월, 새로운 경영진은 골드만의 IPO를 3,660억 달러에 달성했다.

2006년 봄에 이르러 폴슨은 과거 누구보다 강력한 골드만의 CEO로 군림하며 투자은행업계의 정점에 섰다. 그가 받은 현금 보너스는 그해 상반기에만 1,870만 달러에 달했다. 그 전해에 그는 월스트리트에서 연봉이 가장 많은 CEO로서 총보수가 3,830만 달러에 이르렀다. 회사 안에서 그에게 도전하는 사람은 없었고, 폴슨이 직접 뽑은 후계자인 로이드 블랭크파인은 조용히 대기하고 있었다. 외부적으로 골드만은 대형 인수합병 안건들에 대한 가장 인기 있는 어드바이저이자 상품과 채권 분야에서 최대의 딜러가 되어 있었다. 헤지펀드들은 거액의 비용을 지불하고 골드만의 서비스를 이용하고자 했으며, 프라이빗에퀴티* 분야에서는 골드만 스스로가 하나의 파워센터가 되었다.

요컨대 골드만삭스는 월스트리트의 모든 금융회사가 따라 하고 싶은 돈 만드는 기계가 되었다.

골드만에서 32년을 보낸 폴슨은 관료 생활에 적응하는 데 애를 먹었다. 한 예로 전화를 받는 횟수가 급증했다. 골드만에 있을 때는 메시지를 말로 뱉어내기만 하면 비서들이 전화에 음성메일로 올려놓았는데, 재무성의 음성메일 시스템은 아직 그것이 가능한 수준이 아니었다. 재무성에서는 이메일을 사용하기를 권장했지만, 그는 이를 처리하는 데 익숙하지 않았다. 그래서 한 직원이 그에게 오는 이메일을 출력해 정리하게 하기까지 했다. 또 그에게 한 가지 귀찮은 것은 어디나 따라다니는 연방정부의 경호원들이었다. 금융계에서도 보디가드를 데리고 다니는 CEO들을 봤지만, 폴슨은 그것을 교만의 극치라고 생각해왔다.

재무성 직원들은 이런 폴슨의 이례적인 면에 어떻게 대처해야 할지 곤혹스러워했다. 그래서 그들은 전에 골드만에서 같이 근무한 적이 있던 로

---

* 프라이빗에퀴티(Private Equity: PE)란 상장하지 않은 기업의 주식을 취득하거나 이를 재활용함으로써 이익을 발생시키는 금융업무로서 차입매수(Leveraged Buyout: LBO), 벤처캐피털, 기업재생투자, 기업구조조정투자 등이 대표적이다.

버트 스틸Robert Steel 차관에게 자문을 구했다. 그럴 때마다 스틸은 언제나 같은 말을 들려주었다. "첫째, 행크는 무지하게 영리해. 진짜로 영리해. 그리고 그는 사진기 같은 기억력을 가지고 있어. 둘째, 그는 믿기 어려울 정도로 일에 미친 사람이야. 아마 그보다 더 열심히 일하는 사람은 본 적이 없을 거야. 그리고 그는 당신도 그렇게 일하기를 기대하지. 셋째, 행크의 감성지수EQ는 제로야. 이를 개인적인 나쁜 감정으로 오해하지 마. 그는 자신이 그런지를 모르니까. 그는 화장실에 가서 문을 반쯤 닫고 바지를 내릴 수 있는 사람이야."

재무성에 간 지 얼마 되지 않아 폴슨은 그의 직원들을 집에 초대했다. 워싱턴의 서북쪽에 있는 430만 달러짜리 아파트였다(공교롭게도 이 집은 전에 존 코진이 소유했었다). 직원들이 모여 앉은 커다란 거실의 거대한 창문 너머로는 나무밖에 보이지 않았다. 거실에는 온통 새의 사진이 걸려 있었다. 모두 웬디가 찍은 것이었다.

폴슨은 거실에 모여 앉은 직원들에게 어떤 아이디어에 관해 열심히 설명했다. 무더운 여름날에 손님들을 불러놓고 냉수 한 잔 권하지 않고 이야기에 미쳐 있는 남편을 보고, 웬디는 자신이라도 무언가를 권해야겠다고 생각해 끼어들었다.

그러자 폴슨은 무슨 소리냐는 투로 말했다. "아니야. 이 사람들 지금 마실 건 원하지도 않아." 그러고는 이야기를 계속했다.

한참 후에 웬디가 물병을 갖다 놓았으나 보스 앞에서 감히 물에 손을 대는 직원은 아무도 없었다.

투자은행업을 손보는 전직 투자은행장

폴슨이 취임했을 때 재무성은 혼란에 빠져 있었다. 철도회사 CSX의 CEO 출신이었던 전임자 존 스노는 내각에서 변두리에 처져 있었으며, 그 결과 재무성 직원들은 사기를 잃고 가치를 인정받지 못하고 있었다. 폴슨은 우선 이를 바꿔놓아야 한다고 생각했다. 그런데 놀랍게도 재무성의 인력은 취약했다. 정부가 비효율적이어서 재무성에 사람이 넘쳐나고 이를 시정하는 것이 그의 첫 과제가 될 것이라고 여겼는데 현실은 반대였다. 공식적으로는 재무성에 속하는 인력이 11만 2,000명이었지만, 금융 쪽 사람은 적었다. 폴슨은 진짜 열심히 일하는 것이 무언지 아는 월스트리트의 베테랑을 데려와야겠다고 생각했다.

물론 그가 골드만 출신이라는 점에 유의해야 한다는 것을 알고 있으면서도, 이것이 얼마나 비현실적인 것인지를 느꼈다. 골드만의 중역이 워싱턴에 자리를 얻을 때마다 골드만이 워싱턴을 지배한다는 일종의 음모설이 사람들의 입에 오르내리는 것도 알고 있었다. 로버트 루빈이 클린턴 행정부에서 재무장관에 취임할 때 그랬고, 심지어 골드만에서 쫓겨난 CEO 존 코진이 뉴저지 주 상원의원으로 당선될 때도 그랬다(그래서 당시 시티그룹에 있던 로버트 루빈은 폴슨에게 재무성에 가서는 골드만과 엮이지 않게 조심하라고 충고하기도 했다).

취임한 뒤 몇 주간 미국 경제에는 구름이 더 끼고 있었으나 아무도 폭풍을 예상하지 않았다. 이때 그는 재무성의 사기를 진작하기 위해 일련의 행동을 취했다. 그는 재무성의 각 부서를 직접 돌아다녔는데 장관이 찾아온 것은 수년 만이었다. 또한 재무성의 지하에 있는 스포츠 시설을 대대적으로 보수하라고 지시했다. 폴슨은 적절한 건강을 유지하는 것을 매우 중요하게 여겨, 웬디가 부르면 이를 구실로 집무실에서 나가 워싱턴을 자전거로 돌기도 했다.

한편 폴슨은 미국 경제에 대해 우려를 키우고 있었다. 2006년 8월 17일, 부시 대통령을 비롯해 백악관 경제 팀과 캠프 데이비드에서 처음으로 회합을 가졌을 때 폴슨은 미국 경제에 언제라도 위기가 닥칠 수 있다고 경고하며 이렇게 말했다. "불이 붙기 쉬운 목재가 저렇게 많이 널려 있는 상태에서는 뭐라도 화재를 일으킬 수 있어요. 경제에는 6년, 8년, 10년 등 일정 기간에 한 번씩 대형화재가 발생할 수 있는데, 지금 화재 발생 요인이 너무 많습니다."

이때 그는 연방정부가 반드시 대처해야 하는 심각한 문제가 하나 있음을 지적했다. 그것은 다름 아닌 저급담보대출 금융상품, 즉 서브프라임모기지 문제였다. 이는 이미 시장에 악영향을 끼치기 시작하고 있었다. 베어스턴스 등의 투자은행들이 여기에 깊숙이 관여해 있는데, 연방정부로서는 이 문제투성이의 금융상품을 다루는 브로커-딜러들을 '서서히 제압할 수 있는 권위'를 확보하는 것이 관건이었다. 전통적인 상업은행이라면 FDIC Federal Deposit Insurance Corporation, 연방예금보험공사와 연준의 보호를 받으므로 파산을 면할 수 있었다. 이 기관들은 일종의 위기대처계획을 세워두고 있어서 문제에 직면한 은행을 인수해 재매각할 수 있었다. 하지만 연방예금보험공사의 권위가 골드만삭스, 모건스탠리, 메릴린치, 베어스턴스, 리먼브러더스 등과 같은 투자은행에까지 미치는 것은 아니었다. 이런 투자은행에 행사할 수 있는 FDIC에 버금가는 권위를 확보하지 못한다면 금융시장의 혼돈을 막을 수 없다고 폴슨은 진언했다.

2008년 3월 27일 오전 8시 30분, 베어스턴스 구제안의 재협상이 이뤄지고 사흘이 지난 뒤, 폴슨은 심복들을 불러 모았다. 재무성에서 두어 블록 떨어진 리츠칼튼호텔의 LA라는 스포츠클럽에서 막 운동을 끝내고 들어온 길이었다. 밥 스틸Bob Steel, 짐 윌킨슨Jim Wilkinson, 데이비드 네이슨David Nason, 미셸 데이비스Michele Davis, 필립 스웨이글Philip Swagel, 닐 카시카리Neel Kashkari 등을 비롯해 그가 신뢰하는 부하들이 재무성 3층에 있는 폴슨의 집무실에 빼곡히 들어찼다. 그의 방에서는 백악관의 로즈 가든이 내려다보이고 멀리 남쪽으로 워싱턴 기념탑이 근사하게 눈에 들어왔다.

폴슨은 천정이 높은 한구석에 의자를 놓고 앉았다. 뒷벽에는 그의 아내가 찍은 새와 파충류 사진들이 장식되어 있었다. 부하들 중에는 파란색 벨벳 소파에 앉은 이도 있고, 서 있는 이도 있고, 네 개의 블룸버그 터미널이 번쩍이는 마호가니 책상에 엉덩이를 걸치고 있는 이도 있었다. 폴슨은 매일 아침 8시 반에 가까운 부하들과 모여 논의했다. 다만 금요일은 예외였는데, 그날은 연준의 벤 버냉키와 아침식사를 함께하게 되어 있었다. 폴슨은 마음 같아서는 아침 회의를 더 일찍 하고 싶었지만, 부하들이 관료여서 그들에게 더 이상 요구할 수 없었다. 직속 부하들의 연봉은 대개 14만 9,000달러였는데, 그들이 민간 기업에서 일했다면 훨씬 더 많은 돈을 받았을 것이었다.

베어스턴스 사태에 대해 사후논의를 하며 폴슨이 데이비드 네이슨에게 관심을 집중했다. 금융기관 담당 국장을 맡고 있는 이 38세의 사내는 2005년에 재무성에 들어왔는데, 알고 보니 재무성의 정책통이었다. 공화주의자이며 자유시장의 신봉자인 그는 베어스턴스 이외에 넘어갈 투자은행이 또 있다는 경고를 발하고 있었다. 네이슨과 몇몇 재무성 관리들은 월스트리트 투자은행들이 하고 있던 이 브로커-딜러 모델, 즉 남의 돈을 굴려주는 브로커인 동시에 투자가들이 맡긴 돈을 돌려가며 자기투자를 하는 딜러로서 기능하는 관행을 언제 터져도 이상할 것 없는 화약고라고 여겼다.

그들은 베어스턴스 사태에서 큰 교훈을 얻었다. 그것은 돈을 맡기는 투자가의 신뢰가 투자은행업에서 유일한 생명줄이라는 사실이었다. 따라서 신뢰가 흔들리면 곧 투자은행은 흔들리게 마련이었다. 이런 것을 다 알면서도 네이슨은 세금을 투입해 투자은행을 구제한다는 생각을 도저히 받아들일 수 없었다.

그 대신에 네이슨은 재무성이 두 가지 일에 몰두해야 한다고 주장했다. 하나는 투자은행을 파산 관리할 수 있는 권한을 확보해서 그 투자은행의 실패가 시장에 악영향을 끼치는 것을 막는 것이고, 또 하나는 투자은행의 자본 증강을 독려하는 것이었다. 실제로 시티그룹, 메릴린치, 모건스탠리 같은 미국과 유럽의 대형 투자은행들이 지난 반년에 걸쳐 800억 달러에 달하는 자본 증강을 꾀했는데, 일부는 중국, 싱가포르, 페르시아 만 국가 등의 정부가 운영하는 이른바 '국부펀드'에 주식을 팔기까지 했던 것이다. 하지만 이것으로는 충분하지 않았다. 바야흐로 미국의 투자은행들은 지갑이 두둑한 투자자들을 찾아야 했다.

베어스턴스 사태가 수습 국면에 접어들면서, 이날 아침에 폴슨이 논의할 것은 그다음 두통거리가 될 것으로 보이는 리먼브러더스였다. 리먼의 CFO 에린 캘런의 설명에 투자가들이 반했을지 모르지만, 폴슨은 그 이상의 것을 알고 있었다. "리먼도 파산할 수 있어." 폴슨은 조용히 말했다. 리먼이 자산가치를 평가하는 방법이 너무도 낙관적이라고 그는 상당히 우려했다. 게다가 리먼이 단 1센트라도 자본을 증강하지 않은 것이 몹시 못마땅했다. 아마 리먼의 CEO 펄드가 자본 증강이 자신의 200만 주를 포함해 기존 주주의 지분을 저평가시키기 때문에 그것을 피했을 것이라고 생각했다.

리먼브러더스에 대한 폴슨의 평가에는 골드만삭스에 몸담고 있을 때부터 만연해 있던 인식, 즉 리먼은 골드만과 등급이나 능력에서 차원이 다르다는 생각이 자리 잡고 있었다. 그 자신이 골드만삭스에 있으면서 리먼을 '깡패들'이라고 혹평한 적도 있었지만, 리먼의 투자은행가들이 필사적이며 호전적이라는 것은 알고 있었다. 그들은 또한 똘똘 뭉쳐 있어서, 마치 회사 전체가 골드만의 파트너 결합처럼 보일 정도였다.

또한 폴슨에게는 리먼의 CEO 펄드가 고민거리였다. 펄드는 무모하다 싶을 정도로 리스크를 두려워하지 않았다. "펄드는 고양이 같아서 여덟 번 죽고 아홉 번째 태어날 것처럼 리스크를 좋아해." 언젠가 폴슨이 회의에서 부하들에게 한 말이었다. 1995년에는 이런 일이 있었다. 그때 골드만 출신의 재무장관이던 로버트 루빈은 페소위기 때 멕시코를 도운 적이 있었는데, 이를 통해 루빈은 자신도 모르게 펄드를 구하게 되었다. 당시 리먼은 멕시코에 아무런 헤징hedging을 하지 않고 막대한 투자를 해놓고 있었다. 재무성의 도움이 없었다면 리먼은 치명적인 타격을 받을 수 있었다. 이것이 세상에 잘못 알려져 루빈이 골드만삭스를 구하기 위해 국제적인 구제 패키지를 만들었다는 소문이 퍼지기도 했다.

공정한지 아닌지는 모르지만, 아무튼 폴슨은 펄드를 월스트리트의 후광을 업고 위세를 부리는 부류에 넣어 생각하고 있었다. 그는 늘 맨해튼 최고의 레스토랑 산피에트로San Pietro에서 점심을 먹고 폼을 잡으며, 폴슨에게는 사치의 극치로 보이는 리처드 그래소Richard Grasso의 친구들인 켄 랭곤Ken Langone이나 데이비드 코먼스키David Komansky와 비슷한 인간이라고 여겼다.

폴슨은 뉴욕증권거래소New York Stock Exchange: NYSE의 인사보상위원회에 속한 적이 있는데, 그 위원회에서 뉴욕증권거래소 회장이던 그래소에게 한 달에 1억 9,000만 달러의 월급을 승인한 것이 기억났다. 이때 펄드도 그 위원회에 속해 있었으며, 위원장은 랭곤이었다. 그래소의 어머어마한 봉급에 대해 여기저기서 반발이 일어났을 때 폴슨은 그를 자리에서 쫓아내고 싶었다. 그가 볼 때, 그래소는 단지 탐욕스러울 뿐 아니라 기만적이었다. 결국 이 사건을 조사한 뉴욕검찰총장 엘리엇 스피처Eliot Spitzer는 그래소와 랭곤을 기소했다. 이 사건을 통해 폴슨은 그래소와 같은 사기꾼들을 경멸하게 되었다. 그들은 자신에게 이익이 되면 달리는 버스 밑으로 폴슨을 던져 넣을 수도 있겠다고 느껴질 정도였다.

그러나 이제 재무장관이 된 이상 외교적으로 행동해야 하고, 월스트리트의 모든 CEO들과 우호적인 관계를 유지하지 않을 수 없었다. 그들은 시장의 움직임을 파악하는 데 폴슨의 눈이 되고 귀가 되는 귀중한 자산이었다. 시장을 움직여야 할 때 도움을 받을 수 있는 것은 바로 월스트리트의 CEO들이지 시장을 규제하려고 하는 재무성의 관료가 아니었다.

행크 폴슨과 워런 버핏의 우정

재무성에 자리 잡고 한 달쯤 지난 2006년 여름, 폴슨은 펄드에게 전화를 걸었다. 펄드는 자택이 있는 선밸리에서 친구와 골프를 치고 있었다. 왼쪽으로 휘어진 파 5의 7번 홀에서 티샷을 막 마쳤을 때 펄드의 휴대전화가 울렸다. 코스에서 전화를 받는 것은 금지였지만 펄드는 전화를 받았고 이를 제지하는 사람은 아무도 없었다.

"이 전화에 좀 놀랐을지 모르겠네." 폴슨이 말문을 열었다. "당신하고 나는 수년간 서로 죽이려고 노력해왔으니까."

펄드는 웃음을 터뜨렸다. 폴슨이 자신을 그래도 적으로 인정해주는 것에 기분이 좋았다.

폴슨이 말을 이었다. "가끔 통화했으면 좋겠습니다. 시장, 회사들 거래, 경쟁 이야기 등등 우리는 공유할 만한 관심사가 많으니까."

펄드는 폴슨의 이 말에 기뻐서, 자신도 할 만큼 이야기를 했다.

그 후로 둘은 정기적으로 의견을 나눴다. 아니, 사실 폴슨은 펄드가 말해주는 시장정보에 상당히 의존했으며, 그 대가로 시장에 대한 자신의 견해를 말해주었다. 펄드에게 폴슨의 말은 재무성이 어떻게 시장을 보고 있는지를 보여주는 것이었다. 이때 폴슨이 스스로 놀라게 되는 것은, 자신이 골드만의 CEO로 있으면서 그렇게 악한 취급을 했던 펄드가 그런대로 사귈 만했고 시장을 적확하게 파악하고 있다는 것이었다. 그래서 폴슨은 펄드를 완전히 신뢰하지는 않더라도 같이 일을 해볼 수는 있겠다고 판단했다.

그런데 근래 시장이 돌아가는 것을 볼 때 최근 펄드와 나눈 통화는 상당히 미묘했고, 앞으로 하게 될 통화는 특히 더 그럴 수밖에 없었다.

아침 회의가 끝나가면서 폴슨은 부하들에게 작업 지시를 내렸다. 그중 하나가 닐 카시카리와 필립 스웨이글에게 작업 중인 백서를 빨리 마치라고 한 것이었다. 그 백서는 미국의 금융체제가 붕괴하기 전에 정부가 그것을 어떻게 구제할 것인지 방책을 강구해내는 대대적인 것이었다.

직원들이 자리를 뜨는데 폴슨은 밥 스틸을 불러서 그가 내린 특별 지시에 관해 이야기를 나눴다. "나는 딕 펄드를 믿어보기로 했어." 폴슨이 말했다. 그로부터 한 시간쯤 지났을 때 그의 보좌관 크리스털 웨스트Christal West가 딕 펄드에게 전화를 연결했다.

"딕, 어떻게 지내?" 폴슨이 인사를 건넸다.

폴슨의 전화를 집무실에서 기다리고 있던 펄드는 간단히 대답했다.

"버티고 있어요."

지난주에 베어스턴스가 파산하고 나서 두 사람은 몇 번 의견을 교환한 적이 있었지만, 실질적으로 중요한 대화는 없었다. 하지만 이날 아침의 전화는 달랐다. 우선 둘은 시장의 변동과 리먼의 주가를 논했다. 모든 투자은행의 주가가 내려가고 있었지만, 리먼의 타격은 특히 큰 것이어서 작년 동기 주가 대비 40퍼센트가 하락했다. 더 걱정되는 것은 대규모 공매도의 움직임이었다. 즉, 현재의 보유 포지션을 팔겠다는 공매 점유율이 전체 주식의 9퍼센트에 육박하는 것으로 나타났는데, 이것이 현실이 된다면 리먼의 주가는 더 떨어질 수밖에 없었다. 이에 펄드는 폴슨이 증권거래위원장 찰스 크리스토퍼 콕스Charles Christopher Cox에게 전화해 리먼 주의 공매를 규제할 것을 부탁해달라는 말까지 했다.

폴슨으로서는 펄드의 입장이 이해되지 않는 것도 아니었다. 그렇지만 우선 듣고 싶은 이야기는 리먼이 어떻게 자본을 증강할 것인가였다. 펄드도 리먼의 최근 발표가 언론에서 호평을 받고 있는 이 단계에서 자본 증강을 꾀하는 것이 현명한 방책이라고 몇몇 투자가의 언질을 듣기도 했다.

"지금이야말로 실력을 보여야 할 때야." 폴슨은 펄드를 설득할 수 있기를 바라며 말했다.

그런데 놀랍게도 펄드 자신도 그 안을 고려하고 있다고 말했다. 리먼의 채권을 가진 투자가들이 리먼의 최근 수익 발표가 긍정적인 평가를 받고 있을 때 증자하라고 압력을 가하고 있다는 것이었다.

"워런 버핏에게 말해볼까 해요." 펄드가 말했다.

이는 펄드의 계산된 발언이었다. 그는 폴슨이 네브래스카 주 오마하에 있는 큰손 버핏과 친밀하다는 것을 파악하고 있었다. 워런 버핏이 투자은행가들을 싫어하는 것은 잘 알려져 있었지만, 폴슨이 골드만의 시카고 지사에 있을 때 그를 위해 일했고, 그때부터 두 사람은 친밀한 관계를 유지해온 것이다.

버핏이 투자한다면 마치 금융계에서 품질보증서를 부여하는 것과 같은 의미를 지닌다. 시장은 이를 높이 평가할 것이다. "그래 한번 해봐." 펄드가 드디어 제대로 된 방향으로 움직이는구나 하는 안도감을 느끼며 폴슨이 말했다.

그렇게 하겠다고 펄드가 다짐하면서 폴슨에게 부탁했다. "그런데 워런에게 전화를 좀 해줄 수 있을까요?" 이 말에 폴슨은 망설였다. 미국의 재무장관이 월스트리트의 특정한 거래를 중개하는 것은 현명한 일이 아니었다. 게다가 버핏이 골드만의 고객이므로 사안은 더 민감했다.

"딕, 생각해볼게. 나중에 이야기하자고." 폴슨은 거기까지 말했다.

3월 28일, 전설적인 투자가 워런 버핏은 오마하에 있는 버크셔해서웨이Berkshire Hathaway 본부의 집무실에서 한때 그의 부친이 사용하던 평범한 나무책상에 앉아 딕 펄드의 전화를 기다렸다. 기다리는 전화는 하루 전에 주선되어 있었다. 폴슨의 부탁으로 골드만의 투자은행가 휴(스킵) 맥기Hugh 'Skip' McGee가 버크셔해서웨이가 소유한 미드아메리칸 에너지 홀딩스MidAmerican Energy Holdings의 회장 데이비드 소콜David Sokol에게 전화를 걸어 성사되었던 것이다(버핏에게는 도와달라는 전화가 거의 매일 오기 때문에, 그는 이 전화도 그런 것 중의 하나라고 치부했다).

버핏이 펄드를 만난 것은 두어 번 정도로 그를 잘 모른다. 가장 최근에 만난 것이 2007년에 있었던 재무성 주최의 만찬에서였다. 그때 버핏의 양 옆에 앉은 이가 바로 펄드와 연준의 전 의장 폴 볼커Paul Volcker였던 것이다. 늘 그렇듯이 버핏은 평범한 양복에 뿔테 안경을 쓰고 앉아 있었는데, 디저트가 나오기 전에 레드와인 잔을 넘어뜨려 와인을 펄드에게 쏟았다. 제너럴일렉트릭GE의 제프리 임멜트Jeffrey Immelt, JP모건의 제이미 다이먼, 전 재무장관 로버트 루빈 등이 둘러앉아 점잖은 표정으로 쳐다보는데, 세계의 두 번째 부호 버핏은 얼굴을 붉히며 사과했다. 펄드는 아무 일도 아니라는 듯 웃고 말았지만, 와인은 그의 무릎에 흘러내리고 있었다. 그것이 두 사람이 본 마지막이었다.

버핏의 오랜 보좌관인 데비 웨스니액Debbie Wasniak이 딕 펄드의 전화가 왔다는 것을 알리자 버핏은 다이어트 체리 콜라 잔을 내려놓고 수화기를 들었다.

"워런, 딕이에요. 어떻게 지내십니까? 지금 우리 CFO 에린 캘런과 함께 전화를 드리고 있습니다." 펄드가 스피커폰에서 말했다.

"안녕하시오." 버핏은 비교적 우호적인 태도로 인사를 건넸다.

"아시겠지만 우리는 증자를 좀 하려고 합니다. 지금 우리 주가가 형편없이 떨어져 있어서 투자에는 좋은 기회입니다. 시장이 리먼의 이야기를 아직 잘 이해하고 있지 못한 것 같아요." 펄드는 버핏에게 세일즈를 하기 전 먼저 서론을 말했다. 펄드의 이야기는 리먼이 30억 내지 50억을 증자하려고 한다는 것이었다.

말이 어느 정도 오고 간 뒤에 버핏은 간단히 제안을 했다. 연간 배당 9퍼센트에 우량주, 그리고 주당 40달러에 살 수 있는 전환사채에 관심이 있다는 것이었다. 지난 금요일 리먼 주의 종가는 37.87달러였다.

'오마하의 현인Oracle of Omaha'이라고 불리는 버핏의 공격적인 제안이었다. 배당 9퍼센트는 비싼 가격으로서, 버핏이 40억 달러의 주를 산다면 연간 배당액이 3억 6,000만 달러에 이를 것임을 의미했다. 비싼 이자이지만 이는 버핏의 이름을 '빌리는 값'이었다. 여기에 버핏은 덧붙였다. 스스로 한 제안을 정식으로 하기 전에 실사due diligence를 해야겠다는 것이었다. "내가 숫자들을 좀 살펴보고 다시 연락할게요." 이렇게 말하고 버핏은 전화를 끊었다.

이 전화가 있기 전에 버핏은 이미 스스로 오래 자문자답을 하고 있었다. 투자은행에 또 투자를 해야 하는가 하는 고민이었다. 1991년에 당시 말 많던 투자은행 샐로먼브러더스를 구제하는 데 버핏이 투자한 적이 있었다. 그때 그가 느낀 것은 월스트리트의 문화가 그와 맞지 않는다는 것이었다. 그런데 그가 다시 리먼브러더스의 구제에 나선다면 세상이 모두 주시할 것이고, 결국 그의 돈뿐 아니라 명성도 침해받을 우려가 있었다.

물론 버핏도 헤지상품이나 파생상품 거래를 가끔 투자 대상으로 이용하기도 했지만, 그는 이런 상품을 만들어내는 투자은행가들의 윤리관, 그리고 그들이 특히 총명하거나 가치를 생산하지 않는데도 엄청난 돈을 번다는 사실을 경멸했다. 그는 샐로먼에 9억 달러를 상여금으로 지급하고 나서 마음이 불편했던 기억이 생생한데, 특히 샐로먼을 위기에 빠뜨렸던 회장 존 굿프론드John Gutfreund가 일시적인 자금 부족을 메운 대가로 3,500만 달러를 요구하는 것에 기가 막혔다.

그 후 버핏은 이렇게 말했다. "샐로먼의 인간들은 그저 돈을 먹고 튀는 데 바빴어. 샐로먼 사태는 직원들이 돈을 갈라 먹으려다 생긴 일이야. 투자은행 사람들은 돈을 창출하지 못하면서도 자기들이 금융계의 귀족이라고 생각해. 그래서 그 인간들은 금융상품을 실제로 거래하는 인간들을 싫어하지. 왜냐하면 실제로 돈을 벌어내는 것은 거래하는 사람들이고 따라서 내부적으로 실권이 있으니까."

펄드와 통화한 날 저녁, 버핏은 마음을 굳히고 리먼브러더스의 연간회계보고서Aannual Report를 꺼내 읽기 시작했다. 다이어트 콜라를 한 캔 더 마시면서 보고서를 읽어가는데 전화가 울렸다. 행크 폴슨이었다. 무언가 미리 짜고 전화를 한다는 것을 직감했다.

시장의 규제 책임자와 거래 중개자라는 두 가지 다른 임무 사이를 미묘하게 걷는 것을 잘 알면서도, 폴슨은 마치 사교를 목적으로 전화했다는 듯이 말했다. 그래도 곧 리먼브러더스로 화제를 옮겼다. "당신이 들어오신다면 그 사실만으로도 시장에 커다란 확신을 줄 거예요." 폴슨은 오랜 친구가 압력으로 느끼지 않도록 표현을 신중하게 선택했다. 그러면서도 폴슨은 자신이 리먼의 회계보고를 완전히 보증하지는 못한다는 뉘앙스를 분명히 했다. 버핏이 알기에도 폴슨은 골드만의 정상으로 있을 때 투자나 회계작성에서 지나치게 적극적이라고 판단되는 다른 투자은행들을 싫어했다.

오랜 우정을 통해 버핏은 폴슨의 표현 방식에 익숙해졌다. 폴슨은 맹공을 펴는 사람으로서, 자신이 어떤 것을 원하면 그대로 솔직히 표현했다. 따라서 지금 폴슨의 어투로 보아 밀어붙이는 사안이 아님을 느낄 수 있었다. 두 사람은 다시 연락하기로 하고 작별 인사로 전화를 끝냈다.

버핏은 다시 리먼 회계보고서로 돌아왔다. 그는 습관적으로 특정한 수치나 이슈에 관해 의문이 있을 때는 보고서의 표지에 그 쪽수를 적어놓았다. 보고서를 한 시간 정도 읽고 나니 표지에는 쪽수가 수십 개 적혀 있었다. 이는 명백히 문제가 있다는 증후였다.

버핏은 투자 결정에 한 가지 원칙을 세워두고 있었다. 의문이 많은 투자 안건에는 설혹 그 의문들에 대답이 제시되더라도 투자하지 않는다는 것이었다. 그는 리먼에 투자하지 않겠다고 생각하며 하루를 마쳤다.

이어서 토요일 아침에 펄드가 전화했을 때, 버핏이 가지고 있던 염려들과는 또 다른 문제가 있었다. 펄드와 캘런은 버핏이 요구한 것이 배당 9퍼센트에 전환사채의 가격이 주가에서 40퍼센트 '얹기'로 이해하고 있었다. 즉, 현재 주가보다 40퍼센트 높은 가격에 이를 때 사채에서 주식으로의 전환을 행사하는 집행가격으로 본 것이었다. 그러나 버핏은 집행가격 그 자체를 40달러, 즉 현재 주가보다 2, 3달러 높은 수준을 말한 것이었다. 두 사람은 마치 1940년대 '앨버트와 코스텔로'의 바보 개그를 하듯이 '누가 먼저 잘못했나' 식의 이야기를 주고받았다. 의사소통에 문제가 있었던 것이다. 버핏은 내심 잘되었다고 생각했다. 이야기는 거기서 끝이 났다.

한편 버핏과 통화를 끝낸 펄드는 마음이 상한 채로 캘런에게 버핏이 요구하는 대가가 너무 높으니 다른 투자자를 찾아봐야겠다고 말했다.

월요일 아침까지 펄드는 가까스로 40억 달러의 투자를 끌어모을 수 있었다. 리먼에 이미 지분을 가지고 있는 투자펀드의 조합으로부터였는데, 조건은 배당률 7.25퍼센트의 전환우량주, 그리고 프리미엄 32퍼센트에 책정한 집행가격이었다. 이는 버핏의 제안보다 리먼에는 훨씬 유리했지만, 버핏의 투자가 가져올 시장에 대한 메시지는 없었다.

그날 오후에 펄드는 버핏에게 전화를 걸어 증자에 성공했다는 것을 알렸다. 이에 버핏은 축하의 말을 건넸지만, 속으로는 펄드가 투자를 유치하는 데 자신의 이름을 써먹은 것이 아닌가 하고 의문을 품었다. 그리고 입 밖에 내지 않았지만 주말에 들은 중요한 이야기, 즉 "리먼이 3억 5,550만 달러를 사취당했다"는 것에 대해 펄드가 왜 언급하지 않는지 의문이 들었다. 듣자 하니 일본의 마루베니상사Marubeni 미국 법인의 두 직원이 위조문서와 사기꾼을 이용해 리먼에서 이 액수의 돈을 사취했다는 것이었다.

이런 생각을 하면서 버핏은 또 한 번 샐로먼 사태 때의 기억을 더듬어 냈다. 당시 샐로먼의 CEO 굿프론드와 그의 법무팀은 정부 채권을 대규모로 경매하는 과정에서 샐로먼이 가격 조작에 관여했다는 것을 투자자인 버핏에게 보고하지 않았다. 이 스캔들로 결국 샐로먼은 파국 일보 직전까지 가지 않았던가?

'이런 인간들을 신뢰할 수 없어.' 그는 다시 한 번 절감했다.

Too Big to Fail

두 명의 소방수

2008년 4월 2일 수요일 저녁, 티머시 가이트너는 짜증을 내며 워싱턴 레이건 국제공항 중앙광장의 에스컬레이터를 내려왔다. 그는 방금 뉴욕에서 US에어웨이 항공편으로 도착했다. 평소에 늘 보안구역 밖에서 기다리던 운전사가 보이지 않았다.

"도대체 이놈 어디에 있는 거야?" 가이트너가 비행기를 같이 타고 온 보좌관 캘빈 미첼Calvin Mitchell에게 쏘아붙였다.

뉴욕연방준비은행 총재의 워싱턴행

뉴욕연방준비은행의 이 젊은 총재는 압박감을 잘 드러내지 않는데, 지금은 확실히 그것을 느끼고 있었다. 그는 지난 3주간 베어스턴스를 파산에서 구해내는 구제안을 겨우 다시 뜯어고쳤는데, 내일 아침이면 그 내용을 상원 은행위원회Senate Banking Committee에, 그리고 세계 전체에 처음으로 설명해야 하는 상황이었다. 모든 것이 잘되지 않으면 안 되었다.

"운전사가 나타나지 않네요." 미첼은 휴대전화에 운전사의 번호를 쳐 넣으며 중얼거렸다.

연준은 가이트너에게 특수 보안차량을 상시 제공했다. 그래서 그는 이제 세계에서 가장 큰 은행의 보호막 속에 안주하는 것이 습관처럼 되었다. 그의 일과는 분 단위로 계획되었는데, 이는 시간을 잘 지키고 엄격하며 고도로 계획적인 그의 성격과 잘 맞았다. 상원에서의 보고는 다음 날인데 일부러 하루 전날 밤에 날아온 것도, 운전사가 시간을 못 지키는 등 이런 사소한 사고를 미연에 방지하자는 의도에서였다.

비행기 안에서 가이트너는 지난주 내내 손을 본 보고문을 다시 읽어봤다. 보고에서 반드시 분명히 해야 할 부분이 하나 있었는데, 그에 관한 문장을 보고 또 본 것이다. 그가 볼 때 베어스턴스는 하나의 별개 문제가 아니었고, 많은 사람들이 이를 인식하는 듯했다. 이를 부각한다면 인기가 없을지 모르지만, 베어스턴스의 문제가 미국이 직면한 금융 시스템의 더 큰 체계적인 질병의 한 증후군에 지나지 않는다는 점을 분명히 할 생각이었다. 이 증후군은 투자은행들이 거대한 빚을 져서 하루하루 메워나가고 수백 개의 금융기관들이 서로 돈을 빌려주고 빌려가며 시스템의 생명을 연장해가고 있는 것이었다.

그의 발표문 원고에는 이렇게 쓰여 있었다. "지금 우리가 당면한 가장 큰 위험은 시스템에 관한 것입니다. 이 시스템 리스크가 해소되지 않고 지속한다면, 은행 도산이 확산되고 미국의 금융 시스템은 심각하게 손상될 것이며, 결국 미국 경제가 악화될 가능성이 매우 높습니다. 이는 이론상의 위험이 아니며, 게다가 시장이 스스로 해결할 수 있는 것도 아닙니다." 항공기의 좁은 테이블에 원고를 놓고 적당한 표현을 궁리하며 여백에 수정을 하다가 워싱턴 공항에 착륙한 것이었다.

지난 3월 15일 주말, 베어스턴스가 문을 닫는 것을 막고 290억 달러짜리 정부 융자라는 안을 만들어 주저하는 JP모건의 제이미 다이먼을 설득해 인수하게 한 것은 벤 버냉키의 수완인 것으로 언론에 보도되었으나 사실 가이트너가 주도한 것이었다. 이 정부 융자가 보증이 되어, 수천 명에 이르는 베어스턴스의 채권자들이나 투자자들이 일거에 채권을 행사함으로써 미국 금융 시스템이 일대 타격을 입는 사태를 피할 수 있었다. 아니, 적어도 가이트너는 그런 식으로 상원에서 설명할 심산이었다.

상원 은행위원회 위원들이 가이트너의 생각에 반드시 동의한다고 보장할 수 없고, 일부는 노골적인 멸시는 아니더라도 회의적인 태도를 취할 가능성이 높았다. 그들은 베어스턴스 구제안을 받아들이기 어려운 정책 전환의 대표적 사례로 인식했다. 사실 가이트너의 시장 개입적인 태도는 이미 따가운 비판을 받고 있었고, 베어스턴스 구제안은 규모로 볼 때 상당한 비판을 감수해야 했다. 필시 상원의 정치가들은 '도덕적 해이'라는 말을 늘 써왔다는 듯이 남발해가며 공격할 것이었다.

그런데 공격의 화살은 금융계의 실정에 관해 무지하고 정보를 충분히 파악하지 못한 정치가들에게서만 날아오는 것이 아니었다. 심지어는 연준의 전 총재 폴 볼커와 같은 금융계 지인들이나 동료들마저 공격해대며,

베어스턴스 구제안을 1971년의 뉴욕 시 사태 당시 포드 대통령이 연방정부의 지원을 거부했던 것 같은 형편없는 사례와 비교하기도 했다(이는 당시 ≪뉴욕데일리뉴스New York Daily News≫에 실린 'Ford to City: Drop Dead'라는 선정적인 제목의 기사로 유명해졌다).

이보다 조금 더 안다는 평론가들은 대개 다음과 같은 투로 썼다. "연준이 이렇게 거대한 융자를 민간 부문에 제공한 예가 없다. 도대체 왜 연준은 베어스턴스 건에 개입해야 하는가? 지금 문제가 되고 있는 것은 죄 없는 육체노동자들이 아니다. 바로 무모하게 리스크를 취하는 거액 연봉을 받는 투자은행가들인 것이다. 결국 가이트너는, 아니 미국 시민은, 이 형편없는 인간들에게 당하고 마는 것인가?"

물론 가이트너를 지지하는 사람들이 없는 것은 아니었다. 그렇지만 그들은 미국 금융산업의 위험성을 직업상 알고 있는 사람들이어서 공공연하게 나설 입장이 못 되었다. 한 예로, 댈러스연방준비은행의 리처드 피셔Richard Fischer는 라틴어로 쓴 이메일에 다음과 같은 말을 써 보냈다. "후레자식들에게 당하지 마Illegitimi non carborundum."

사실 가이트너 자신도 지금의 금융위기에 놀랐지만, 그 사실을 상원의원들에게 알릴 생각은 없었다. 거대한 석탑과 같은 뉴욕연방준비은행의 꼭대기 층에 있는 집무실에서 근무해오며 가이트너는 최근 수년간 계속 경고를 해왔다. 신용파생상품, 즉 투자가들이 거래 상대방에게 발생하는 문제에서 자신을 보호하기 위한 보험과도 같은 의미를 지닌 새로운 투자수단이 폭발적으로 성장하는데, 이는 거꾸로 취약성을 더해가며 언젠가는 파산의 도미노가 올 수 있다는 점을 경고했던 것이다. 월스트리트의 붐이 영원히 지속될 수 없다는 것, 따라서 필요한 조치를 취해야 한다고 거듭 말해왔다. 연설이나 강연 등에서 기회가 있을 때마다 이 점을 강조했는데 누구 하나 경청한 사람이 있었던가? 결국 금융업계 밖에 있는 사람들에게 뉴욕연방준비은행 총재가 하는 말은 마이동풍이었다. 그들이 오직 관심을 집중한 것은 첫째도 그린스펀, 둘째도 그린스펀이었고, 이제는 첫째도 버냉키, 둘째도 버냉키였다.

이런저런 생각을 하며 워싱턴 공항에 서 있던 가이트너는 힘이 쭉 빠졌다. 운전사가 나타나지 않기 때문만은 아니었다. "택시를 잡을까요?" 보좌관 미첼이 말했다. 미국의 연준 전체에서 버냉키 다음으로 힘이 있다는 가이트너도 별수 없이 스무 명 이상이 줄을 서 있는 택시 라인에 섰다. 주머니를 두드려보며 가이트너는 힘없이 미첼에게 물었다. "현금은 가지고 있는 거야?"

티머시 가이트너

만약 몇 달 전에 인생행로를 다르게 결정했더라면 팀 가이트너는 지금 은행을 규제하는 관리가 아니라 시티그룹의 CEO가 되어 있을 터였다.

2007년 11월 6일, 금융위기가 시작될 무렵, 가이트너는 3시 반에 샌디 웨일과 전화 인터뷰를 하게 되어 있었다. 웨일은 바로 시티그룹이라는 제국을 창건한 사람이자 최대 주주였다. 바로 이틀 전, 시티 역사상 최대의 손실이 발표되면서 CEO 찰스 프린스Charles Prince III가 자리에서 물러나는 일이 있었다. 고풍스럽고 온화한 남자로서 젊은 제이미 다이먼을 발굴해 키운 바 있는 웨일은 가이트너를 시티의 경영자로 영입할 의사를 밝혔다. "시티를 한번 경영해보는 게 어때요?" 웨일이 물었다.

뉴욕연방준비은행 총재로 4년차를 맞았던 가이트너는 이 말을 듣고 직감적으로 이익이 상충된다고 느꼈다. "저는 적임자가 아닌 것 같습니다."

가이트너는 거의 본능적으로 대답했다.

그 전화를 받고 나서 며칠간 가이트너의 머릿속에는 시티의 일이 맴돌았다. 엄청난 권한과 보수 그리고 책임……. 뉴욕 시에서 한 시간 정도 떨어진 부촌 라치몬트Larchmont에서 개를 산책시키며 가이트너는 아내 캐럴과 상의했다. 뉴욕연방준비은행에서 받는 연봉이 40만 달러에 가까워 생활이 궁핍한 것은 아니었다. 하지만 그들의 자택이 있는 메이플힐 드라이브의 이웃들과 비교한다면 중간도 못되는 것이었다. 가이트너는 검소한 사람으로서 돈을 크게 쓰는 항목이라고 해봐야 스파살롱에서 80달러짜리 이발을 하는 정도였다. 하지만 곧 대학에 진학할 딸 제니와 중학교 2학년인 아들 벤저민을 생각한다면 돈이 필요하기도 했다.

고민 끝에 가이트너는 오랜 지인이며 재무장관을 지내고 시티그룹의 경영진에 참가한 로버트 루빈에게 전화를 걸었다. 자신의 의사결정에 실수가 있었는지 상의하고 싶었던 것이다. 가이트너를 오랫동안 이끌어온 루빈은 자신이 이미 시티의 CEO 자리에 비크람 판디트Vikram Pandit를 생각하고 있으며, 가이트너는 뉴욕연방준비은행에 그대로 있는 것이 현명하다고 충고했다. 결국 시티로 옮기지는 않았지만 이렇게 큰 제안이 올 수 있다는 것은 가이트너가 금융계에서 부상하고 있으며 신뢰를 받고 있다는 중요한 의미를 지닌 일이었다.

가이트너는 연준에 근무하면서 그가 원래대로라면 월스트리트에서 받아야 할 존경을 받지 못한다고 느끼고 있었다. 그 이유 중 하나는 그가 금융계 인사들이 편하게 느낄 만한 연준 관리로서의 프로필을 가지고 있지 못하다는 것이었다. 연준의 95년 역사상, 뉴욕연방준비은행의 총재로는 여덟 명이 취임했는데, 대개 은행가나 변호사나 경제학자 출신이었다. 그에 비해 가이트너는 전직 두 재무장관, 즉 로런스 서머스Lawrence Summers

와 로버트 루빈 밑에서 수업을 받은 재무성의 직업 관료였다. 그의 권위를 깎아내리는 또 다른 요소로서, 그가 46세의 나이에 비해 아직도 청년처럼 보인다는 것과 가끔 스노보드를 탄다는 것, 말할 때마다 'fuck'이라는 욕을 섞어 쓴다는 것이었다.

물론 가이트너를 좋아하는 관료나 언론인, 은행가도 있었다. 그들이 볼 때 가이트너는 강렬하고 무미건조한 성격에 자조적인 위트를 지닌 사람으로서, 일종의 정책 입안의 명수와 같은 이미지를 지녔다. 회의를 해보면 그는 가끔 다른 생각을 하는 듯하다가도 참석자들이 모두 말을 마치면 유창한 표현으로 전체의 요점을 찌르며 일관성 있게 분석해내곤 했다.

그를 비판하는 사람들은 가이트너의 특이한 태도가 남을 통제하려는 수단의 일종이라고 생각했다. 한 예로, 뉴욕연방준비은행은 매달 월스트리트 거물들을 초청해 오찬을 열었다. 초청되는 사람들은 대개 뉴욕연방준비은행이 규제하는 대상이었다. 그 오찬 자리에서 총재 가이트너는 보통 의자에 축 늘어져 앉아 발을 움직이거나 다이어트 콜라를 마시면서 아무 말도 하지 않는 것이 상례였다. 이런 태도로 그는 그린스펀 못지않게 이해하기 어려운 인물로 비춰졌지만, 그에게는 그린스펀처럼 사람을 끌어당기는 우직한 태도도 없었다. 이는 월스트리트의 지도자들이 받아들이기에 매우 곤혹스러운 일이었다.

"걔는 겨우 열두 살밖에 안 되잖아!"

2003년 1월에 가이트너를 처음 만난 피터 피터슨이 열을 받고 내뱉은 말이었다. 피터슨은 리먼브러더스의 CEO를 지내고 블랙스톤그룹이라는 프라이빗에쿼티 회사를 만든 사람이었다. 당시 피터슨은 뉴욕연방준비은행을 10년간 지휘하고 물러나는 윌리엄 맥도너William McDonough의 후임을 선발하는 위원회를 책임지고 있었다. 퍼스트내셔널뱅크오브시카고First National Bank of Chicago의 총재 출신으로 호감을 주는 인상을 지닌 맥도너는 1998년 9월 헤지펀드 LTCM이 파국을 맞았을 때 투자은행 및 상업은행 14곳의 최고경영자들을 불러 모아 36억 5,000만 달러의 구제 패키지를 만들어냈다.

이런 맥도너의 후임을 찾는 데 피터슨은 애를 먹었다. 그가 데려오려던 사람들은 아무도 뉴욕연방준비은행 총재직에 관심을 보이지 않았다. 결국 잠재적인 후보 명단을 아래로 훑어 내려가면서 귀에도 설은 티머시 가이트너라는 사람을 만나보기로 했다. 그런데 인터뷰하면서 피터슨은 가이트너의 혼자 중얼거리는 듯한 말투와 왜소하고 어려 보이는 외모에 질려버렸다.

가이트너를 추천한 래리 서머스*는 피터슨의 염려를 무마하려고 애썼다. 서머스는 가이트너가 보기보다 훨씬 터프하며, 자신이 재무장관으로 재직할 때 집무실로 들어와 장관에게 "래리, 이 사안에 관해서 당신은 똥투성이네요"라고 말할 정도의 배짱을 지닌 유일한 사람이라고 말했다.

가이트너의 직설적인 태도는 늘 새로운 사람들과 새로운 환경에 적응해야 하는 어린 시절의 경험에서 온 것이었다. 그는 부친 피터 가이트너Peter Geithner가 국제개발 전문가로서 미국국제개발처USAID에 이어 포드재단Ford Foundation에 근무하며 여러 나라를 전전하는 바람에 어린 시절을 매우 힘겹게 보냈다. 그는 로데시아(현 짐바브웨), 인도, 태국 세 나라에서 고등학교를 다녔다. 그의 가문은 온통 공직에 근무하는 사람들투성이였

* 래리 서머스(Larry Summers)는 전직 재무장관인 로런스 서머스의 애칭이다. 오바마 행정부에서 경제보좌관으로서 가이트너와 함께 금융을 총괄하고 있다.

다. 외할아버지 찰스 무어Charles Moore는 아이젠하워 대통령의 연설문 작성자이자 고문이었으며, 그의 외삼촌 조너선 무어Jonathan Moore는 국무성에서 일했다.

가문의 전통에 따라 가이트너는 다트머스 대학에 진학해 정치학과 아시아론을 전공했다. 그가 재학하던 1980년대 초반에 다트머스 대학에서는 커다란 문화투쟁이 전개되었는데, 여기에 불을 지핀 것은 ≪다트머스 리뷰Dartmouth Review≫라는 우익 학생신문이었다. 당시 이름 있는 우익 문필가였던 디네쉬 디 수자Dinesh D'Souza나 로라 잉그러햄Laura Ingraham 같은 이들이 만든 이 신문은 선정적인 기사들을 실었다. 캠퍼스의 동성연애자 명단을 싣거나 악의적인 언어로 기회평등론을 부정하는 글 등이었다. 이에 분노한 진보계 학생들은 이를 규탄하는 집회를 기도했는데, 이때 가이트너는 조정자로서 다른 안을 제시했다. 즉, 행동보다는 경쟁하는 신문을 만들어 분노를 표출해야 한다는 것이었다.

가이트너는 다트머스 대학을 마치고 국제관계학의 명문인 존스홉킨스 대학의 국제학연구대학School of Advanced International Studies: SAIS에서 1985년에 석사학위를 받았다. 그해 그는 매사추세츠 주 케이프코드에 있는 부모의 여름별장에서 대학 시절 애인 캐럴 소넨펠드Carole Sonnenfeld와 결혼식을 올렸다.

SAIS 학장의 추천으로 가이트너는 전 국무장관 헨리 키신저가 운영하는 컨설팅회사에 들어가 키신저의 저술을 도우며 신뢰를 받았다. 이때 가이트너는 거물들 틈바구니에서 단순한 심부름꾼 노릇을 넘어 효과적으로 일하는 방법을 터득했다. 특히 그들의 자존심을 살리는 요령을 체득했다. 키신저의 도움으로 가이트너는 주일 미국 대사관의 재무주재관 보좌관으로 일했는데, 이때 대사관의 테니스코트를 꽉 잡게 되었다. 미국 대사관

테니스코트는 세계적인 신문사의 특파원, 외교관, 일본의 정부 관료들과 친목을 다질 수 있는 좋은 장소였다.

일본에 근무하면서 가이트너는 일본이라는 세계 제2의 경제대국이 버블경제로 부풀었다가 꺼지는 것을 직접 체험했다. 그가 당시 재무차관이던 래리 서머스를 만나 점점 더 큰 책무를 맡게 되는 것도 일본에 근무하면서였다. 1997년의 아시아 금융위기와 1998년의 러시아 루블위기를 거치면서 가이트너는 후진국 구제 프로그램을 위한 1,000억 달러에 이르는 거대한 프로젝트, 즉 당시 ≪타임Time≫지가 '세계구제위원회Committee to Save the World'라고 명명했던 작업을 막후에서 조정하는 역할을 했다. 이 구제 패키지가 제안되자 서머스는 즉시 가이트너를 집무실로 불렀다. 이 때 가이트너의 경력이 행운의 요소가 되었다. 갑자기 문제가 발생한 지역들에 관해 그는 전문성을 가지고 있었던 것이다. 또한 가이트너는 다트머스 대학에서 익힌 조정 기술을 발휘해 시장에 강력한 개입을 원하는 서머스와 이에 소극적인 루빈 사이의 논쟁을 완화하는 역할을 했다.

1997년 가을, 한국 경제가 거의 붕괴했을 때 가이트너는 미국의 행동을 결정하는 데 중요한 역할을 했다. 추수감사절 저녁, 가이트너는 서머스의 자택을 방문해 왜 미국이 한국 경제를 구제하는 데 나서야 하는지를 차분하게 설명했다. 결국 클린턴 정부에서 상당한 논쟁을 거쳐 한국 구제안은 IMF를 위시한 국제금융기구들이 350억 달러 패키지를 제공하는 것으로 결정되었는데, 이는 가이트너의 초안에 매우 가까운 것이었다. 그다음 해에 가이트너는 재무성에서 국제문제 담당 차관으로 승진했다.

가이트너는 서머스와 매우 가깝게 지냈는데, 이때 가이트너는 서머스를 상대로 심한 장난을 많이 쳤다. 한 예로 서머스 장관이 강연을 나가면 가이트너는 서머스의 강연 내용을 살짝 바꿔 언론에 흘리곤 했다. 강연을 마치고 서머스가 재무성에 돌아오면 가이트너가 뉴스 보도를 보여주고, 서머스는 분통을 터뜨리며 그 기자를 찾아가 고쳐달라 하겠다고 했다. 하지만 결국은 가이트너의 장난인 줄 알게 되는 식이었다. 두 사람은 무척 가까운 사이여서 재무성 동료들과 함께 플로리다에 있는 테니스 학교에 가곤 했다. 이 학교는 앤드리 애거시와 보리스 베커를 배출한 학교였다. 배에 복근이 또렷하게 나올 정도로 근육이 발달한 가이트너는 정책을 만들 때의 열정 못지않게 테니스 게임에도 몰두했다. 당시 재무성의 동료였던 리 삭스Lee Sachs는 "그의 테니스 플레이는 안정되어 있으며, 그라운드 스트로크가 강했다"고 회고했다.

클린턴 정부가 물러난 뒤 가이트너는 IMF로 옮겼다가 그곳에서 뉴욕 연방준비은행으로 스카우트되었다. 민주당 정부에서 관직에 있었는데도 공화당에 넓은 인맥을 가지고 있는 피터슨에 의해 영입된 것이다.

뉴욕연방준비은행 총재직은 미국의 중앙은행 시스템에서 두 번째 고위직으로 막중한 책무가 부여된 자리다. 뉴욕연방준비은행은 미국의 금융 수도인 뉴욕에서 연방정부의 눈과 귀 역할을 하며, 재무성이 발행하는 채권 대부분을 운용한다. 연준의 12개 은행 중에서 뉴욕연방준비은행 총재만이 금리를 결정하는 위원회인 FOMCFederal Open Market Committee, 연방공개시장위원회에 상임 위원으로 참가한다. 한 가지 특이한 사실은 뉴욕연방준비은행 총재도 연준 의장 휘하에 있지만 뉴욕 물가를 감안해 의장 봉급의 두 배를 받는다는 점이다.

성격이 조금 괴짜인데도 가이트너는 뉴욕연방준비은행 총재직에 익숙해지고 어느새 사려 있게 합의를 도출해내는 사람이라는 명성을 얻었다. 그는 또한 부족한 지식을 메우려고 열심히 공부하는 사람으로, 파생상품 시장 연구에 파고들어 결국 리스크 분산이라는 개념에 대해 회의적인 시각을 갖게 되었다. 그가 볼 때 리스크를 분산한다는 것은 결국 다른 곳에서 결과를 악화시키고 만다는 것이었는데, 이는 연준 의장으로서 자신의 보스인 앨런 그린스펀의 견해와 다른 것이었다.

2006년에 있었던 한 강연에서 그는 이렇게 말했다. "최근의 변화들은 금융 시스템이 더 광범위한 충격을 흡수할 수 있게 했습니다. 그러나 충격이 없어지는 것은 아닙니다. 게다가 시장이 열광했다가 공포에 쌓였다가 하는 경향이 불식된 것도 아닙니다. 또한 금융시장의 중개 역할을 하는 금융산업이 실패할 가능성을 제거하는 것도 아닙니다. 결국 최근의 변화들이 이 거대한 금융 시스템을 실패에서 완전히 보호해주는 것이 아니라는 것입니다."

가이트너는 월스트리트의 붐이 결국은 주춤할 것이라 보았고, 나아가 일본에서의 경험에 비춰볼 때 좋은 모양새로 끝나지도 않을 것이라 직감했다. 물론 그 결말이 언제 어떻게 다가올지는 알 수 없었고, 아무리 분석하고 준비한다 해도 2008년 3월 초에 터질 사태를 미리 알고 대비할 길은 없었을 것이다.

상원 은행위원회 청문회

재무성 한구석에 있는 로버트 스틸의 집무실 문에 매슈 스코긴Matthew Scogin이 얼굴을 디밀고 말을 걸었다. "굿판 한 번 더 벌일 준비됐어요?" 말을 거는 차관고문역을 쳐다보며 스틸은 한숨을 쉬었다. 하지만 최선을 위한 것이니 마다할 리 없었다. "좋아. 한번 해보지 뭐."

4월 3일, 재무장관 폴슨은 상원 은행위원회에서 증언을 하게 되어 있었다. 이 자리에는 가이트너, 버냉키, 증권거래위원회의 콕스가 동석하며,

베어스턴스의 앨런 슈워츠, JP모건의 제이미 다이먼도 참석할 예정이었다. 그런데 폴슨은 도저히 변경할 수 없는 중국 출장이 계획되어 있어 그를 대신해 스틸이 나가게 된 것이었다.

가이트너와 마찬가지로 스틸도 금융계 밖에서는 별로 알려진 것이 없었다. 따라서 그는 은행위원회에서의 증언이 자신에게 어떤 기회를 가져다줄지 모른다고 생각했다. 그래서 그의 부하들은 전통적인 워싱턴 방식으로 그를 준비시켰다. 즉, '굿판Murder Board'이라고 부르는 예행연습을 몇 번이고 시킨 것이다. 위원회에 나오는 특정한 의원들이 제기할 가능성이 있는 질문을 직원들이 대역을 맡아 스틸에게 반복해서 물어보았다. 이런 연습을 통해 증언을 하는 스틸도 자신의 발언을 되도록 명료하고 요점에 가깝게 할 수 있었다.

스틸은 과거에도 의회의 위원회에 출석해 발언한 적이 있어 노련하고 자신이 있었다. 그런데 이 상원 은행위원회는 급이 달랐다. 게다가 금융계에서 '베어 주말Bear Weekend'이라고까지 부르는 지금 상황으로 볼 때 상원의 청문회에서는 본론에서 벗어나 어려운 질문이 나올 것으로 예상되었다. 즉, 정부가 돈을 대서 주택모기지를 사들이는 두 기관인 패니메이Fannie Mae와 프레디맥Freddie Mac에 관한 질문이다. 이 두 정부투자기관은 주택버블을 일으킨 장본인으로 오래 지탄받으며 수십 년 동안 정치적으로나 이념적으로 뜨거운 논쟁거리가 되어왔는데, 그 심각성이 지금보다 더 큰 적은 없었다.

베어스턴스의 실패를 계기로 상원의원들도 금융업계의 전체적인 그림을 파악하기 시작했을지도 몰랐다. 신용경색의 첫 번째 희생물은 서브프라임모기지를 바탕으로 한 증권상품에 집중적으로 돈을 투자한 베어스턴스의 두 개 헤지펀드였다. 주택시장에 대한 투자가들의 신뢰를 침식한 것이 바로 모기지였는데, 이 시장의 양대 선수가 패니메이와 프레디맥이었다. 이 두 정부투자회사는 전체 모기지의 약 40퍼센트를 보증하고 있었는데, 그 가치들이 급격하게 떨어지고 있었다. 이런 사태 속에서 은행들은 대출을 자제할 수밖에 없었다. 패니메이와 프레디맥에 관해 재무장관 폴슨은 이렇게 말했다. "그들이 발행한 증권들이 모든 금융기관들 사이를 물처럼 자유롭게 흐르고 있어."

재치 있고 핸섬한 스틸은 의사 전달에서는 장관보다 한 수 위여서 폴슨보다 호소력이 더 있을 수 있었다. 사실 폴슨은 재무성에서 하는 틀에 짜인 회의에서도 말을 더듬기 일쑤였다. 두 사람의 인연은 1976년에 시작되는데, 그해에 스틸은 듀크 대학을 졸업하고 골드만의 시카고 지사에 입사했다. 폴슨과 마찬가지로 스틸도 평범한 가정 출신이어서, 듀크 대학 주변에서 성장기를 보냈다. 그의 부친은 술집 같은 곳에 설치되는 뮤직박스 수리공을 하다가 나중에 보험 외판원이 되었고, 모친은 듀크 대학 정신과 연구병동에서 파트타임으로 일했다. 스틸은 골드만에 입사해 야심찬 투자은행가로 성장했다. 1986년에는 런던 지사로 옮겨 그곳에서 에퀴티캐피털마켓그룹Equity Capital Market Group을 조직해 키웠으며 유럽에서 골드만의 기반을 굳혔다.

그러나 스틸은 4년 전 골드만에서 물러났다. 당시 그는 파트너가 되어 골드만의 IPO 덕분에 1억 달러 이상의 자산가가 되어 있었으나, 골드만의 최고경영자가 될 가망은 없다고 판단했던 것이다. 그는 금융계에 다시 화려하게 복귀할 야망을 품은 동시에 골드만의 많은 동료들처럼 공직에 봉직할 기회가 있었으면 했다. 그래서 스틸은 하버드 대학 케네디스쿨Kennedy School of Government에서 시니어 펠로senior fellow로 일하는 등 보수를 추구하지 않는 일을 하다가 폴슨의 권유로 재무성에 국내금융 담당 차관으로 입성했다. 2006년 10월 10일의 일이었다.

이제 굿판을 한 번 더 벌이기 위해 스코긴과 함께 회의실에 들어가면서, 스틸은 이 게임을 잘 끝내야 한다고 생각했다. 데이비드 네이슨, 장관보좌관 짐 윌킨슨, 공공문제 및 정책기획 담당 국장 미셸 데이비스를 비롯해 재무성의 여러 동료들이 탁자에 자리 잡고 있었다.

예상 질문 중에서 가장 까다로운 것은 '당초에 주당 2달러라는 베어스턴스 주가 설정 협상에서 정부는 어떠한 역할을 했는가'였다. 이 질문에서 특히 골치 아픈 것은 JP모건의 제이미 다이먼이나 베어스턴스의 앨런 슈워츠가 청문회장에서 나중에 뭐라고 할지 재무성에서는 알 턱이 없다는 점이었다.

스틸은 폴슨이 베어스턴스 주가를 더 낮게 책정해 주주들이 정부의 구제 프로그램에서 이익을 취하려고 해서는 안 된다는 강력한 메시지를 보내려고 노력했다는 것을 알고 있었다. 하지만 재무성에서는 이 사실을 아무도 확인하려 하지 않았고, 실제로 다음과 같은 대화가 있었다는 것을 인정하지 않는 것이 재무성이나 폴슨 장관에게 유리하다고 생각했다. 즉, 3월 16일 오후에 폴슨은 다이먼에게 전화를 걸어 "이 거래는 아주 낮은 가격에서 이뤄져야 한다"고 말했던 것이다.

상원 청문회에서 이 문제만은 피해야 했다. 재무성에서의 굿판 회의나 다른 모임에서 데이비스를 비롯한 모든 동료들은 스틸이 상원청문회에서 베어스턴스 주가가 2달러냐 10달러냐 하는 논쟁에 말려들면 절대 안 된다는 것을 기회만 있으면 강조했다. 그가 답변해야 할 요점은 폴슨의 메시지, 즉 국민의 세금이 도입되는 일에서 주주들이 착복하는 일은 없어야 한다는 것이었다. 또 한 가지, 베어스턴스의 주가를 결정하는 데 재무성이 전혀 관여한 적이 없다는 단호한 태도를 견지해야 한다는 것이었다.

만약에 그런 질문이 계속된다면 말의 화살을 연준으로 돌려야 했다. 연준은 민간 기업의 주식가격 등에 법적으로 관여할 수 있는 유일한 정부기관이기 때문이었다.

굿판에 들어가기 전 네이슨은 새로운 사항들에 관해 스틸에게 보고했다. 네이슨은 자신이 공화당의 은행위원회 시니어 멤버인 리처드 셸비Richard Shelby 의원의 참모와 나눈 대화를 언급하며, "셸비가 까다롭게 굴 것 같아요"라고 언질을 줬다.

하지만 이 말은 실상을 너무 약하게 표현한 말이었다. 셸비 의원은 폴슨의 행동을 몹시 못마땅해하고 있었다. 그 이유는 베어스턴스의 구제안에 국한된 것이 아니라, 그 구제안의 며칠 전에 발표된 부시 대통령의 경기 자극 정책의 한 부분에 관한 것으로서, 패니메이와 프레디맥이 사들일 수 있는 모기지 총액의 상한을 높인 것이었다. 이에 화가 난 셸비 의원이 폴슨 장관의 전화를 받고 며칠이 지나도록 회답을 하지 않자, 결국 폴슨 장관이 전화를 걸어 "이 사람은 도대체 내가 재무장관인 줄 알기는 해" 하며 의원보좌관에게 소리를 지르는 사태로까지 번졌다.

재무성 직원들이 경계하는 또 다른 인물은 짐 버닝Jim Bunning 상원의원이었는데, 그는 "시장이 제일 잘 안다"고 주장하는 철저한 시장주의자였다. 재무성의 굿판 예행연습에서 버닝 상원의원의 사진이 떠오르자 스틸은 농담으로 답변했다. "켄터키 출신 공화당 짐 버닝 상원의원님, 우리가 하는 일들이요? 모두 엉망이에요. 우리는 사회주의자들이니까. 이상입니다, 의원님."

굿판 예행연습은 스틸이 청문회로 떠나기 몇 분 전까지 계속되었다. 목표는 스틸을 보호하고 재무성을 보호하고 막판에 악재가 튀어나오지 않게 하는 것이었다. 그날 아침 재무성의 직원들은 조간신문을 유심히 읽으면서 베어스턴스에 관한 폭로기사나 청문회에 참가하는 상원의원이 인용할 만한 악성 평론 등이 있는지 샅샅이 살펴봤는데, 다행히 그런 악재는 없었다.

스틸은 재무성에서 의사당까지의 짧은 거리를 보좌관과 함께 자동차로 이동했다. 상원의원회관에 자리 잡은 청문회실에는 이미 많은 것이 움직이고 있었다. 언론사 사진기자들은 장비를 설치하고 연방 테스트샷을 터뜨렸다. 자리에 앉은 스틸이 주위를 둘러보니 베어스턴스의 앨런 슈워츠가 벌써 와서 앉아 있다가 목례를 건네는 것이 보였다. 그의 청문회는 오후였는데도 말이다. 스틸의 바로 왼쪽에는 가이트너가 앉고, 오른쪽에 버냉키와 콕스가 자리를 잡았다. 미국의 거대한 금융위기를 실무선에서 해결할 사람들이 한 줄에 나란히 앉은 것이다.

코네티컷 주 출신 민주당 의원이자 상원 은행위원회 위원장인 크리스토퍼 다드Christopher Dodd의 질문이 실내를 가로질렀다. "이 조치가 금융시장의 체계적 몰락을 방지하는 데 정당한 것이었습니까, 아니면 일부에서 말하듯이, 메인스트리트에 사는 보통 사람들이 고생해서 낸 세금으로 월스트리트의 금융회사를 살리기 위해 만든 300억 달러짜리 구제 프로그램이었습니까?"

이 질문으로 불꽃놀이는 시작되었다. 위원회의 의원들은 대체로 연방정부 규제 당국의 금융회사에 대한 감독 부실을 맹렬하게 비난했다. 더 중요하게는, 베어스턴스 구제안이 위험한 전례를 남김으로써, 위험에 빠지면 정부가 세금으로 구해줄 것이라는 믿음으로 다른 회사들도 더 위험한 투기를 해댈 것이 아니냐는 질문이었다.

연준 의장 버냉키가 서둘러 정부의 입장을 밝혔다. "우리가 염두에 두고 있는 유일한 목표는 미국의 금융 시스템과 국가경제를 보호하는 것입니다. 우리가 보호한 것이 미국의 경제이지 월스트리트의 특정한 기업이 아니라는 것을 시민들이 이해하신다면 우리가 취한 조치에 수긍하실 겁니다."

이때 스틸이 예습했던 질문이 튀어나왔다. "베어스턴스 주가를 2달러로 결정한 것은 재무장관이었습니까?"

"의원님, 재무장관과 재무성의 관료들이 그 중요한 아흔여섯 시간의 사태에 관여한 건 사실입니다. 그때 많은 토론이 있었습니다. 또한 이런 일에 늘 그렇듯이 다양한 조건이 제시되어 있었습니다. 이 문제에 대해 재무성의 인식은 두 가지 관점에 바탕을 둔 것이었습니다. 하나는 버냉키 의장이 이미 지적한 부분입니다. 즉, 문제가 있는 회사를 안전한 회사에 우선 맡겨두는 것이 시장 전체를 고려했을 때 건설적이라는 것입니다. 또 하나는 연방정부의 자산이 존재한다면 그것이 동원될 수 있다는 것입니다. 이것이 폴슨 장관의 시각이었습니다."

"그리고 국민의 세금이 도입되는 한 구제받는 회사의 주가는 최대한 낮게 책정되어야 한다는 견해가 있습니다. 이는 재무성의 시각과 일치합니다. 그러나 구체적인 조건들에 관해서는 뉴욕연방준비은행과 두 금융회사 간 협상으로 결정된 것입니다."

대체로 연준이건 재무성이건 증권거래위원회건 상원 은행위원회의 심문에는 각자의 입장에서 저항감을 가지고 있었다. 그래도 전체적으로는 베어스턴스의 구제라는 것이 규제 당국의 미숙한 정책에서 기인한 것이 아니고, 그야말로 평생에 한 번 있을까 말까 할 정도로 희귀한 일이라고 방어했다. 이런 상황이라면 거대한 투자은행을 죽여서 금융 시스템 전체를 파국에 이르게 하는 것보다 존속시키는 것이 합리적이라는 것이었다.

이어서 가이트너가 설명했다. 지금 상황은 1907년 당시나 1920년대의 공황 때와는 다르며, 따라서 월스트리트에서 일어난 공포가 국가경제의 건전한 발전에 악영향을 끼치지 않도록 차단해야 한다는 것이었다. "여기서 강력한 정책적 개입이 없다면, 결과적으로 일반 가정의 소득 감소, 주택과 교육 융자 비용 상승, 생활비 앙등, 퇴직연금 가치 하락, 실업 확산으로 이어질 것입니다."

마지막으로 스틸은 규제 당국이 한 일이 세계 전체는 아니더라도 미국 전체를 위해 필요한 것이었다고 말했다. 그리고 자신들의 노력이 보람을 거둬 둑에 뚫린 구멍은 봉합되었다고 자신 있게 의원들에게 말했다.

한편 제이미 다이슨은 마음속으로 적당한 비유를 찾고 있었다. 찰스 슈머Charles Schumer 상원의원의 집무실에 딸린 회의실에 앉아 C-SPAN* 으로 방영되는 위원회 실황을 보면서 그는 미디어 담당 보좌관이자 가장 신뢰하는 부하인 조지프 에반젤리스티Joseph Evangelisti와 대책을 숙의하고 있었다. 베어스턴스에 지불한 주당 2달러라는 낮은 가격에 대해 그가 국민의 세금 덕분에 헐값에 인수할 수 있었다는 인상을 주지 않으면서 그의 행동을 가장 잘 설명할 수 있는 방안은 무엇인가?

설명에 쓸 수 있는 다양한 접근방법을 비교하면서 에반젤리스티가 의견을 제시했다. "우리가 엄청난 리스크를 택했다는 것을 일반 사람들이 이해할 수 있게 해야 합니다. 그러려면 쉬운 말로 설명해야 해요."

재무성의 스틸과 달리, 다이먼은 파크 애비뉴에 있는 JP모건의 집무실

---

* C-SPAN은 Cable-Satellite Public Affairs Network의 약자로, 미국 정부나 의회의 활동과 공공의 사안을 전문적으로 다루는 비영리 케이블 채널이다.

에서 굿판 연습 같은 것은 하지 않았다. 그는 청문회 직전에 대책을 세워 보겠다고 생각했고, 이를 위해 슈머 의원에게 부탁해 회의실을 잠깐 빌렸다. 복도에 서서 기다리며 대책을 생각해볼 수는 없었기 때문이다.

다이먼은 마침내 베어스턴스 인수 건을 간단명료하게 설명할 수 있는 비유를 생각해냈다. "집을 한 채 사는 것과 불에 타고 있는 집을 사는 것은 다르다." 이 비유라면 모든 사람들이 알아들을 것이었다.

그가 전달하려는 메시지는 분명했다. 이 사안과 관련해서 연준이나 재무성이라면 그들의 행동에 관해 자세히 설명해야 할지 모르지만, 민간금융회사인 JP모건이 취한 행동은 지극히 정상적이라는 것이었다. 그의 책무는 미국 시민의 이익을 보호하는 것이 아니라 주주들의 이익을 보호하는 것이었기 때문이다. 다만 이 사안에서 특이한 것이 있었다면 인수 대상인 베어스턴스가 생각보다 문제가 많아 조금 우려스럽다는 것이었다.

청문회와 같은 데에서 다소 모욕적인 일이 있다 하더라도 베어스턴스 건에서 얻은 이익이 엄청나다는 것을 다이먼은 알고 있었다. 순전히 금융의 시각에서 본다면 베어스턴스 인수는 한마디로 홈런이었던 것이다. 금융계에서는 다이먼을 비전을 지닌 금융인이 아니라 성공한 구두쇠로 그리는 경향이 있었다. 경비를 줄이려고 집무실의 신문 구독을 줄이는 식이라는 것이었다. 그러나 이번 베어스턴스 인수 건으로 JP모건은 금융업계의 정상에 섰고, 다이먼은 1907년의 금융위기를 타개하는 데 활약한 존 피어폰트 모건John Pierpont Morgan*의 화신으로까지 인식되기 시작했다.

---

* 존 피어폰트 모건은 19세기 말에 활약하던 미국의 금융인으로, 에디슨제너럴일렉트릭(Edison General Electric)과 톰슨휴스턴일렉트릭(Thomson-Houston Electric Company)을 합쳐 제너럴일렉트릭(General Electric)을 만들고, 페더럴스틸(Federal Steel Company)과 카네기스틸(Carnegie Steel Company) 등을 합쳐 US스틸(United States Steel Corporation)을 만드는 등 대규모 합병을 성사시킨 것으로 유명하다.

≪뉴욕타임스New York Times≫는 "다이먼이 갑자기 세계에서 가장 많이 언급되고 가장 힘이 있는 금융인이 되었다"고 썼고, ≪월스트리트저널≫은 그를 "월스트리트가 마지막으로 기댈 수 있는 은행가"라고 했으며, ≪배런Barron's≫은 "모두 제이미 다이먼을 환영하라"라는 극적인 표현을 쓰기도 했다.

하지만 이런 언론의 극찬보다도 다이먼의 마음을 더 동요하게 한 것은 이날 상원 청문회에서 발언해야 한다는 사실이었다. 월스트리트의 CEO들은 의회에 나와 발언하는 것을 모두 두려워해, 베어스턴스의 앨런 슈워츠는 워싱턴의 강력한 변호사 로버트 베넷Robert Bennett을 데리고 며칠이고 예행연습을 하기도 했다. 그러나 다이먼은 처음으로 겪는 청문회를 영광으로 생각했다. 전날 밤 그는 부모에게 전화를 걸어 TV로 청문회를 보라고 확인까지 해두었다.

JP모건체이스의 총수 제이미 다이먼

월스트리트에서 제이미 다이먼의 성공은 그가 3세대 금융인이라는 것을 고려한다면 그리 엄청난 일이 아니었다. 그의 조부는 그리스 스미르나Smyrna라는 곳에서 미국으로 이주해 이름을 파파드미트리우Papademetriou에서 다이먼으로 바꾸고 주식브로커로 일했다. 당시 주식브로커란 그다지 자랑스러운 직업이 아니었다. 그의 부친 시어도어 다이먼Thedore Dimon은 열두 살 때 병을 돌려 남녀 짝을 맞추는 놀이에서 만난 테미스Themis와 결혼해 역시 주식브로커로서 성공했다. 시어도어는 대성해서 자택을 퀸스에서 파크 애비뉴로 옮겨, 그곳에서 세 아들 제이미와 피터, 테드를 양육했다. 제이미가 아홉 살이던 어느 날, 시어도어는 아들들에게 커서 무엇이 되고 싶은지 물었다. 장남인 피터는 의사가 되고 싶다고 하고, 제이미의 쌍둥이 형제 테드는 모르겠다고 했다. 그런데 제이미는 똑 부러지게 대답했다. "부자가 되고 싶어요."

맨해튼의 북동부에 있는 브라우닝스쿨을 마친 제이미는 매사추세츠주에 있는 터프츠Tufts 대학에서 심리학과 경제학을 전공하고 하버드 대학 경영대학원에 진학했다. 거기서 그는 똑똑함과 오만함으로 명성을 얻었다. 대학원의 첫해 가을에 이런 일이 있었다. 오퍼레이션 관리 과목에서 교수는 크랜베리 농장조합의 예를 들어 공급망 관리에 대해 설명하고 있었다. 교수가 한창 강의하고 있는데 갑자기 다이먼이 일어나 "교수님, 틀렸습니다"라고 하는 것이 아닌가? 교수가 어이없이 쳐다보는데 다이먼은 칠판으로 다가오더니 문제의 해법을 쓰기 시작했다. 다이먼이 맞았고 교수는 이를 인정할 수밖에 없었다.

골드만삭스에서 여름방학 인턴을 마치고 다이먼은 샌디 웨일에게 진로에 관해 상담했다. 통통하고 늘 시가를 씹고 있는 웨일은 곡물상품을 거래했는데, 1970년대부터 다이먼의 가족과 가까워졌다. 다이먼의 부친이 톱 브로커로 일하고 있던 증권회사 시어슨해밀Shearson Hammil을 웨일이 인수했기 때문이다. 다이먼이 아직 학부에 다니고 있을 때 헤이든스톤Haydon Stone의 시어슨 인수에 관해 논문을 쓴 일이 있었는데, 이를 그의 모친이 웨일에게 보여주었다. 그때 웨일은 다이먼의 분석에 깊은 인상을 받았다.

"이 논문 우리 직원들에게 보여줘도 될까?" 웨일이 다이먼에게 물었다.

"물론이죠. 그리고 제게 여름 아르바이트를 좀 주실래요?"

이로써 웨일과 다이먼이 일로 연결된 것이었다.

하버드 대학 경영대학원을 마치고 다이먼은 골드만삭스, 모건스탠리, 리먼브러더스에서 취직 제안을 받았다. 이때 웨일은 다이먼을 그의 맨해튼 자택에 초대해 제안을 했다. 그가 시어슨을 10억 달러에 팔고 나서 경영하게 된 아메리칸 익스프레스에서의 보좌관직이었다. 웨일은 25세의 젊은 다이먼에게 말했다. "월급은 그리 많지 않아. 하지만 여기서 많은 것을 배우고, 우리 둘은 재미있는 일을 많이 하게 될 거야."

하지만 웨일과 다이먼이 같이 일한 시기는 길지 않았다. 한번은 유대인인 웨일이 "우리 유대인들이 아메리칸 익스프레스를 접수할 거야"라고 호언했지만, 실제로 경영하면서 와스프*들이 주류를 이루는 의사결정 체계 속에서 좌절하고 자신의 입지를 확보하는 데 실패했다. 아메리칸 익스프레스 직원들과 임원들이 경원시하던 웨일은 1985년에 사장직에서 물러나는데, 당시 CEO를 맡고 있던 제임스 로빈슨James Robinson은 다이먼의 재능을 알고 그가 그대로 머물기를 원했다.

그때 다이먼은 고민했다. 당시는 아내가 막 첫아이를 낳고 가정의 안정을 필요로 하는 때였다. 그러나 그는 웨일과 운명을 같이하기로 결심했다. 이때 웨일은 아직 다음 프로젝트를 결정하지도 못하고 작은 사무실을 얻어 일을 구상하고 있었다. 수개월이 그냥 지나가고 웨일이 점심때 마티니를 마시고 오후 내내 낮잠을 자는 것을 보며 다이먼은 잘못된 선택을 했는지 고민했다. 웨일은 아직도 새로운 일을 시작하지 못해, 다이먼은 그의 멘토가 이제 다되었는가 하고 생각했다.

웨일이 뱅크오브아메리카의 인수작전에 실패하고 얼마 안 있어 볼티

---

* 와스프(WASP)란 'White Anglo-Saxon Puritan'의 약어로 미국을 처음부터 지배한 영국계 배경을 지닌 백인을 말한다.

모어에 있는 서브프라임 융자은행인 커머셜크레디트Commercial Credit의 두 임원이 다가와 자신들의 회사를 모기업으로부터 사지 않겠느냐고 제안했다. 웨일은 망설이지 않고 600만 달러를 투자해(다이먼도 42만 5,000달러를 투자했다) 그 회사를 인수해 경영에 들어갔다. 이때 다이먼은 관리를 맡아 비용 절감에 몰두했다. 이로써 군살을 뺀 커머셜크레디트는 100개 이상의 인수작전을 성공시키며 또 하나의 금융제국으로 성장했다. 1988년에는 뉴욕으로 날아가 증권회사 스미스바니Smith Barney의 모회사인 프리메리카Primerica를 16억 5,000만 달러에 샀으며, 1993년에는 아메리칸 익스프레스에 12억 달러를 주고 시어슨을 다시 사 왔다.

다이먼의 명성은 웨일의 명성과 함께 올라갔다. 두 사람은 멋있는 팀을 구성한 것이다. 웨일이 전략가이자 협상가라면, 그보다 스무 살 아래인 다이먼은 숫자를 통제하고 조직을 장악하는 관리자였다. 두 사람은 점차 멘토와 피보호자의 관계에서 늘 싸우는 부부 비슷한 관계가 되었다. 맨해튼의 한가운데에 있는 프리메리카 사옥에서 회장 웨일과 CFO 다이먼은 수시로 욕을 섞어가며 말다툼을 했는데 그들의 고함이 복도에 들리기가 일쑤였다. 다이먼은 웨일이 조금이라도 틀린 말을 하면 눈알을 굴려가면서 그를 비난했는데, 말하자면 이런 풍경이었다.

"야, 이 머저리 새끼야!" 웨일이 소리친다.

"당신이야말로 머저리 새끼인걸!" 다이먼이 받아친다.

1996년 40억 달러에 트래블러스Travellers를 인수한 뒤, 웨일은 자산관리 부문 전반을 경영할 사람이 필요했다. 이때 웨일은 다이먼 모르게 자신의 딸 제시카 비블로위츠Jessica Biblowicz를 그 자리에 앉힐 생각을 하고 있었다. 당시 37세의 제시카는 스미스바니의 뮤추얼펀드를 책임지고 있었다. 다이먼과 제시카는 십 대 때부터 아는 사이였는데, 다이먼은 제시카의 능력을 높이 평가하지 않았으며, 따라서 웨일이 생각하는 중요한 자리에 적합한 사람이 아니라고 판단했다. 이를 아는 한 중역이 다이먼을 슬쩍 불러 경고했다. "그녀를 그 자리에 앉히자고. 그렇지 않으면 당신은 스스로를 파괴하는 거야." 하지만 다이먼은 이런 말을 무시하고 웨일과 중역들에게 제시카가 아직 그 자리에 적합하지 않으며, 능력과 경험이 있는 경영자가 필요하다고 공언했다.

다음 해에 제시카는 부친이 경영하는 회사를 떠나겠다고 발표했다. 이때 그녀는 다이먼을 비난하지는 않았지만 부녀간의 관계를 강조하며, "이제 우리는 다시 아빠와 딸의 관계로 돌아왔다"라고 말했다. 이런 과정에서 웨일은 격분하고, 다이먼과의 관계가 회복될 수 없이 악화되어, 두 사람의 갈등과 대립은 회사가 확장되는 내내 지속되었다. 트래블러스그룹은 1997년에 샐로먼을 인수했는데, 이때 과거 샐로먼의 재무성 채권과 관련된 스캔들에서 벗어나는 데 능력을 보인 영국인 데릭 모건Deryck Maughan을 다이먼과 함께 샐로먼스미스바니Saloman Smith Barney의 공동 CEO로 임명했다. 이 새로운 권력분산 시스템은 논리적이었을지 모르지만 다이먼에게 매우 유쾌하지 않은 것이었다.

다이먼이 더 뼈아픈 모욕을 느낀 일은 트래블러스그룹이 830억 달러에 시티코프Citicorp를 사들이고 나서 발생했다. 이 딜은 상업은행업과 증권금융업을 분리한 공황기 법률인 「글래스-스티걸법Glass-Steagall Act」(1933년 제정)이 텍사스 출신 공화당 상원의원 필 그램Phil Gramm과 오하이오 출신 공화당 하원의원 짐 리치Jim Leach에 의해 무효화된 뒤 성사되었는데, 미국 금융 시스템의 법칙을 새로 쓰는 거대한 사건이었다. 다이먼은 이 거래를 성사하기 위해 많은 애를 썼다. 그런데 거래가 성사되고 합병한 트래블러와 시티코프의 18개 이사회 자리를 분배하는 과정에서 다이먼은 소외당했다. 그는 사장으로 임명되었지만 그에게 직접 보고하는 임원은 CFO인 하이디 밀러Heidi Miller 단 한 사람뿐이었다.

지탱하기 어려운 상황은 결국 파국으로 이어졌다. 러시아의 채무불이행과 헤지펀드 LTCM이 거의 파산하는 사태가 있었던 여름이 지나, 그 여파로 새로 출범한 시티그룹의 3사분기 실적이 실망스럽게 발표되고 며칠이 지난 때였다. 그 주말에 그룹에서는 웨스트버지니아 주에 있는 그린브라이어 휴양지에 모든 중역들이 모여 나흘 동안 회의를 하게 되어 있었다. 마지막 날에는 검정 나비넥타이와 연미복을 입고 댄스파티를 곁들인 자리가 마련되었다. 자정이 가까운 시각에 커플들이 플로어에서 춤을 추는데, 스미스바니에 있는 다이먼의 가까운 친구인 스티브 블랙Steve Black이 데릭 모건 부부에게 다가가 부인에게 댄스를 청했다. 그로서는 회사 내 갈등을 해소해보려는 일종의 화해의 제스처였다. 그런데 모건이 이에 따르지 않고 댄스 파트너가 되어야 할 블랙의 아내를 플로어에 혼자 서 있게 만들었다.

화가 난 블랙이 모건에게 다가가 외쳤다. "당신은 충분히 나를 괴롭혔어. 하지만 내 아내에게마저 이런 모욕을 줄 수는 없어!" 블랙은 내려칠 기세로 모건을 위협했다. "여기서 네놈을 꺾어버리겠어."

플로어를 떠나려는 모건을 다이먼이 보고 불러 세웠다. "한 가지만 묻자. 너는 블랙의 아내를 모욕하려고 한 거야, 아니야? 어느 쪽이야?" 그러자 모건이 아무 말 없이 돌아섰다. 이에 분노한 다이먼이 모건을 잡아채어 돌리는데 그 와중에 연미복의 단추가 떨어져 나갔다. "이놈, 감히 내가 말하는데 등을 보여?" 다이먼이 외쳤다.

웨일은 나중에 이 사건에 관해 듣고 다이먼의 행동이 타당하지 않다고 생각했다. 일주일 뒤에 그와 공동 CEO 존 리드John Reed는 다이먼을 뉴욕

아멍크Armonk에 있는 본사로 불러 사임을 요구했다.

이 일은 다이먼에게 일어난 최악의, 어쩌면 최선의 일이었다. 웨일이 아메리칸 익스프레스를 떠나고 나서 그랬듯이, 다이먼도 천천히 생각하며 새로운 직장을 찾아보았다. 풍문에 의하면 인터넷 마케터인 아마존에서도 제안이 왔는데, 다이먼은 금융 이외에 아는 것이 없어 사양했다고 한다.

이윽고 그는 시카고에 본사를 둔 이류 은행인 뱅크원Bank One의 최고경영자 자리에 앉게 되었다. 그곳을 새로운 발판으로 삼겠다고 결심한 다이먼은 영업의 효율화를 꾀하고 재무 건전화를 위해 노력했다. 이런 노력이 결실을 맺어, 다이먼은 2004년에 JP모건의 윌리엄 해리슨William Harrison에 이어 차기 CEO로 발탁되었다.

한때 월스트리트에서 가장 자부심이 강하던 투자은행 JP모건은 경쟁에서 밀리며 중간 그룹으로 처져 있었다. 다이먼은 취임과 함께 비용을 절감하고 조직을 통합하는 데 능력을 발휘한 부하들을 데리고 들어가 회사를 뜯어고치기로 했다. 간부층의 보수를 삭감하고, 회사 내 스포츠클럽은 폐쇄했으며, 화장실에 붙어 있는 쓸데없는 전화들을 뜯어내고, 장식용 생화의 배달을 대폭 줄이는 등 대규모 경비 절감이 실행되었다. 다이먼이 웃옷 주머니에서 메모지를 꺼내 들고 그날 할 일을 지시할 때마다 중역들은 긴장했다.

다이먼이 노력한 결과, 2008년에 이르러 상업은행과 투자은행을 모두 가진 JP모건체이스는 (다이먼이 중흥에 기여했던) 시티그룹이 가지지 못한 것을 거의 다 소유한 금융회사로 각광받게 되었다. 시티와는 다르게 JP모건은 규모의 강점을 활용해 기능의 중복을 없애고 예금자들의 예금계좌와 담보대출을 연계하는 '예대상계預貸相計'를 근절했다. 조심성이 많은 다이먼은 (대부분의 은행 CEO들과는 대조적으로) 은행 업무의 모든 부문에 잠재해 있는 위험 요소를 줄임으로써 모든 부문에서 이득이 발생하게 했다. 특히 중요한 것은 신용위기가 확대되면서 다이먼이 다른 CEO들과 비교할 수 없을 정도로 회계 운용에서 신중했다는 것이다.

JP모건은 수익을 창출하기 위한 수단으로 레버리지를 쓰지 않았으며, 대차대조표에 반영되지 않는 금융업무에는 일절 손을 대지 않았다. 그 결과 서브프라임 위기 속에서 많은 금융회사들이 무너지는 가운데서도 JP모건의 강세는 지속되었다. 베어스턴스 사태가 터지고 한 달 뒤, 다이먼은 투자가 모임에서 JP모건의 '요새 대차대조표fortress balance sheet'에 관해 언급했다. 즉, "요새와 같이 튼튼한 대차대조표를 가진 JP모건에 풍부한 유동성이 있다는 것을 강조하며, 이로써 우리의 앞날은 매우 탄탄하다"는 것이었다.

이때 다이먼이 덧붙인 말이 있다. "우리의 앞날에 기회가 올지는 알 수 없지요. 하지만 제 경험에 비춰볼 때 이런 어려운 시장 상황이 기회를 창출해내는 것이지, 기회가 스스로 만들어지는 것은 아닙니다."

그런데 다이먼의 예상보다 더 빨리 기회가 찾아왔다.

월스트리트의 소방수 제이미 다이먼

3월 13일 목요일, 다이먼은 아내와 세 딸을 데리고 맨해튼 이스트 48번가에 있는 그리스 레스토랑 아브라Avra에서 그의 52회 생일을 축하하는 만찬을 들고 있었다. 이때 가족이나 회사와 긴급상황에만 쓰는 휴대전화가 울렸다. 시간은 6시로 이제 만찬이 막 시작한 때였다. 다이먼은 조금 짜증을 느끼며 전화를 받았다.

"제이미, 좀 심각한 문제가 있어요." 베어스턴스를 대행하고 있던 라자르Lazard은행의 게리 파Gary Parr였다. "앨런과 이야기 좀 나눠주세요."

놀란 다이먼은 식탁을 벗어나 전화를 받았다. 베어스턴스에 관한 소문은 몇 주째 나돌았지만 그 전화가 그렇게 심각한 것이 될 줄 그는 알 턱이 없었다. 곧 베어스턴스의 CEO 앨런 슈워츠가 전화해 현금이 부족하니 도와달라고 말했다.

"얼마나?" 다이먼은 침착하려고 애쓰며 물었다.

"한 300억쯤."

너무 큰 액수였다. 놀란 다이먼은 밤하늘을 보고 가볍게 한숨을 내쉬었다. 그러나 최대한 슈워츠를 돕고 싶었다. 그는 즉시 뉴욕연방준비은행 총재 가이트너에게 전화를 걸었다. 그리고 JP모건이 베어스턴스를 돕고 싶기는 한데 전액을 감당할 수는 없고 일부는 내겠다고 밝혔다.

다음 날인 3월 14일 금요일, 연준은 JP모건을 통해 베어스턴스에 유동성 위기를 종식시키는 융자를 공여하되, 그 대신 베어스턴스가 장기간의 자구책을 마련해 28일 이내에 제출해야 한다는 방침을 굳혔다. 그러나 연준이나 재무성은 28일까지 기다릴 것도 없이 다이먼에게 이번 주말에 인수 작업을 끝낼 것을 재촉했다. 이로써 다이먼은 JP모건에서 300여 명의 직원을 베어스턴스에 파견해 정밀하게 조사해 보고할 것을 지시했다.

일요일 아침이 되자 다이먼은 충분히 파악했다고 결론지었다. 다이먼은 가이트너에게 전화해 자신은 물러나겠다고 말했다. 베어스턴스의 회계장부에 숨어 있는 문제들이 너무 많아 바닥이 어디인지 모르겠다는 것이었다. 하지만 가이트너도 물러나지 않고 다이먼이 받아들일 수 있도록 새로운 제안을 했다. 결국 두 사람이 합의에 이른 안은 베어스턴스의 유동성 위기를 타개할 수 있도록 부실해 보이는 담보들에 대해서 JP모건을 통해 300억 달러의 융자를 제공하는 것이었다. 이로서 JP모건은 당장은 10억 달러의 손실을 계상하게 되었다.

이런 사정들이 상원 은행위원회에서 큰 흥밋거리가 된 것은 이상할 것이 없었다. 특히 관심이 집중된 부분은 JP모건이 자신의 포지션을 충분히 파악한 상태에서 정부를 상대로 지나치게 공격적으로 협상함으로써 국민에게 손해를 끼친 것이 아닌가 하는 것이었다.

은발에 양복 소매 끝으로 잘 다려진 셔츠 소매를 내보이며 근엄한 표정을 짓는 다이먼이 베어스턴스 사태를 설명했는데, 그 말투가 사과한다거나 방어한다는 느낌을 주지 않았다. "그 사안은 협상의 대상이 아니었습니다. 오직 진실을 직면한 결과였습니다." 결국 다이먼의 주장에 따르면 그와 가이트너는 어려운 조건들 속에서 파멸을 막기 위해 노력했다는 것이다. "제가 한 가지 확신을 가지고 말씀드릴 수 있습니다." 의원들을 향한 다이먼의 말은 계속되었다. "오늘 이 자리에 나온 공공 부문이나 민간 부문의 인사들이 베어스턴스의 붕괴를 막기 위해 한 협력이 없었다면 지금 우리는 훨씬 더 심각한 사태에 직면해 있을 거라는 점입니다."

결국 그날의 청문회는 누구를 파멸시킬 숨은 증거도, 인구에 회자될 유명한 입씨름도, 영웅적인 장면도 없이 그렇게 끝났다. 그러나 그날 미국 시민들 앞에는 몇몇 흥미 있는 인물들이 등장해, 그로부터 반년 동안 극적인 모습들을 연출하게 되었다. 그 연출이란 세계 금융계의 최정상에 서 있는 사람들을 들여다볼 수 있는 드문 기회를 일컫는다. 한편 그날 청문회에 참석했던 상원의원들은 베어스턴스 사태에 관해 그들의 마음을 정할 수 없었다. 그 구제안은 과연 필요했던가? 그래서 문제가 해결되었는가? 아니면 더 큰 문제가 생길 것인가?

은행위원회 멤버들 중에서 가장 비판적이었던 이는 자유시장론자이자 아마도 예견 능력이 가장 뛰어났던 짐 버닝 의원이었다. "베어스턴스의 실패를 나는 매우 곤혹스럽게 생각합니다. 그리고 연방정부가 그 회사의 구제에 관여했다는 사실에 찬동할 수 없어요. 그건 사회주의입니다. 적어도 나는 그렇게 배웠어요." 여기에다 버닝 의원은 한마디 덧붙였다. "그리고 앞으로 무슨 일이 터지는 겁니까? 메릴린치? 리먼브러더스? 아니면 누구예요?"

Too Big to Fail

사원에서 논한 비상대책

2008년 4월 11일 금요일 저녁, 후텁지근한 날씨 속에서 딕 펄드는 재무성의 남문을 통과해 현관을 걸어 올라갔다. 높이가 3미터 가까운 알렉산더 해밀턴Alexander Hamilton의 동상이 남문을 굽어보고 있었다. 펄드는 G7 회의 종료와 IMF·세계은행의 연례 춘계회의 시작을 축하하기 위해 폴슨 재무장관이 주최한 만찬장으로 향했다. 여기에는 미국에서 가장 영향력 있는 경제정책 입안자들, 학자들, 월스트리트의 CEO들, 각국 재무장관들과 중앙은행장들, 그리고 유럽중앙은행 총재 장클로드 트리셰Jean-Claude Trichet가 초대되었다.

재무성 만찬

펄드는 꽤 낙관적인 기분이 들었다. 아니, 적어도 며칠 전보다는 덜 절망적이었다. 유동성 40억 달러를 동원할 수 있다는 리먼의 2주 전 발표로 주가는 일시적으로 안정되었다. 주식시장 전체는 반등하고 있었는데, 직접적인 원인은 골드만삭스 CEO 로이드 블랭크파인의 발언이었다. "우리는 이제 시작보다 끝에 다가서고 있습니다." 그는 골드만삭스 연례회의에서 신용위기가 최악의 국면에서 벗어났다고 선언했다. 하지만 이 말이 미국 금융계를 뒤덮었던 어두운 그림자가 걷혔음을 의미하는 것은 아니었다.

그날 아침에도 펄드는 맨해튼에서 뉴욕연방준비은행 총재 가이트너가 참석한 회의에 나갔는데 논쟁이 많았다. 펄드가 주식의 공매를 규제해달라고 간청했는데, 가이트너는 숨을 죽이고 듣고 있었다. 한편 이 말을 듣고 증권거래위원회의 영업 및 시장 부문 담당 에릭 시리Erick Sirri는 부정행위의 증거를 요구하며 애원하듯 말했다. "아무거나 제시해봐. 이름도 좋고 사안도 좋아." 펄드가 볼 때 하버드 대학 경영대학원 교수 출신인 시리는 자유시장 신봉자였지만 금융 세계 경험이 없었다. 그래서 펄드는 구체적인 증거는 없다고 말했다. 다만 그는 무엇이 잘못인지 잘 알고 있을 뿐이었다.

흑백의 대리석이 바둑판처럼 깔려 있는 재무성의 복도를 걸으며 펄드는 이날 만찬만큼은 즐기기로 작정했다.

만찬장은 재무성의 캐시룸Cash Room이었는데, 이 이름은 1970년대까지 미국 정부 채권의 현금 교환이 이뤄졌다는 뜻에서 붙인 것이었다. 1869년에 개설된 이곳에서 남북전쟁 중에 태어난 새로운 연방정부의 화폐, 즉 오늘날 '그린백greenback'이라는 별명이 붙은 달러의 신뢰성을 높이기 위해 공공 교환이 이뤄졌다. 그런데 한 세기 반이 지난 지금 그 달러에 대한 신뢰는 형편없이 떨어져 있었다.

펄드가 이 만찬을 일주일이나 기다렸던 것은 폴슨 재무장관과 얼굴을 맞대고 이야기할 수 있는 기회가 있을 것이기 때문이었다. 지난 몇 주 동안 폴슨과 많은 통화를 했지만, 펄드는 사태의 중요성에 비춰볼 때 폴슨과 직접 만나 대화를 나눠야겠다고 생각했다. 그 기회에 펄드가 취하고 있는 조치들의 진지함을 부각하는 동시에 정치가들의 머릿속에서 리먼브러더스가 어느 정도의 위상을 가지고 있는지 파악해보려는 심산이었다.

금융계 지도자들이 캐시룸으로 들어오는데 오랜 친구가 한 사람 눈에 들어왔다. 모건스탠리의 CEO 존 맥이었다. 그는 리먼이 지금 겪고 있는 사태의 진상을 누구보다 잘 알았다. 월스트리트의 CEO들 중에서 펄드와 가장 친한 이는 존 맥이라 할 수 있었다. 두 사람은 이 업계에서 가장 오래 일해온 경영자일 뿐 아니라 부부끼리 모여 가끔 식사를 할 정도로 가까운 사이였다.

그날 펄드는 잘 모르는 사람들과도 악수를 많이 나눴는데, 그중에서 몇 사람이 앞으로 그의 인생에 매우 중요한 존재가 될 것이라는 사실은 물론 알 수 없었다. 그중 한 사람이 영국의 거대 금융그룹의 투자은행 부문인 바클레이스캐피털Barclays Capital의 밥 다이아몬드Bob Diamond였다. 펄드는 과거에 다이아몬드와 두어 번 대화를 나눈 적이 있었는데 대개 다이아몬드가 열중하고 있는 자선에 관한 것이었다. 펄드가 인사하자 다이아몬드는 공손하지만 눈에 띄게 차가운 태도를 보였다. 펄드는 예전에 다이아몬드가 뉴욕이 아니라 런던에 상주하고 있다는 것을 모른 채 실수로 커피 모임에 초대했었는데, 아마도 그것 때문이었을 것이다.

펄드는 이어 영국의 재무장관 앨리스테어 달링Alistair Darling, 영국은행 총재 머빈 킹Mervyn King과 인사를 나눴다. 국제사회에서 금융계의 상층부는 매우 작은 공동체인데, 최근 그런 경향이 특히 강해졌다는 것을 사람들이 인식하지 못하고 있을 뿐이다.

사람들을 헤치고 다니면서도 펄드는 폴슨에게서 눈을 떼지 않았다. 만찬이 시작되기 전에 그를 붙들고 이야기를 나눠야 했다. 그런데 펄드를 먼저 붙든 것은 폴슨이었다. 그는 치수가 하나 큰 것으로 보이는 푸른색 양복을 입고 있었다. 펄드의 손을 꽉 잡고 그가 말했다. "요즘 굉장히 열심히 일하는 것 같아. 증자는 정말 잘한 일이야."

"고맙습니다. 노력하고 있어요." 펄드가 응대했다.

폴슨은 또한 리먼의 상담역 톰 루소와 글로벌프린시펄 전략그룹을 이끄는 릭 리더Rick Rieder가 나서서 폴슨의 부하 밥 스틸과 상원의원 주드 그레그Judd Greg와 함께 나눈 '사려 깊은' 대화를 평가하고 감사를 표했다. 루소는 '우량은행 제안'이라는 이름으로 정부가 새로운 기금을 창설해 월스트리트의 금융회사들이 악성 자산 때문에 쓰러지지 않도록 추가 유동성을 제공하는 안을 추진해왔다. 그러나 이는 반대에 부딪혔다. 정부가 나서서 또 다른 구제를 실행한다는 것을 워싱턴의 정치권은 받아들일 수 없었던 것이다.

"지금 걱정되는 게 많아." 폴슨이 펄드에게 털어놓았다. 폴슨이 신경을 쓰는 것은 새로운 IMF 보고서에 실린 한 평가였는데, 그에 따르면 모기지와 부동산과 관련해 은행들이 발행한 부채의 총액이 앞으로 2년간 9,450

억 달러에 이르렀다. 특히 투자은행들이 높은 레버리지를 활용해 수익을 높이고 있는 작금의 추세는 금융 시스템에 거대한 위험 요인이라고 걱정했다.

투자은행들의 레버리지는 진정으로 걱정할 만했다. 리먼브러더스의 레버리지율*은 30.7대 1, 메릴린치는 이보다 조금 나은 26.9대 1이었다. 메릴린치가 리먼 못지않게 빚더미에 빠져 있다는 것을 알고 있던 폴슨은 펄드에게 메릴린치의 새 CEO인 존 테인(그는 골드만에서 폴슨 바로 밑에 있었다)이 대차대조표 개선에 몰두하고 있다고 말했다.

하지만 그 순간 레버리지나 메릴의 부채 같은 것이 펄드의 관심사가 될 수는 없었다. 그가 가장 걱정한 것은 투자자들의 공매였다. 펄드는 폴슨에게 이 문제에 대해 어떤 조치를 취해줄 것을 부탁했다. 공매가 규제된다면 리먼을 비롯한 투자은행들이 정신을 차리고 대차대조표의 정상화에 매진할 수 있다는 것이었다. 그 반대로 공매가 계속 이어진다면 금융계의 풍경은 더 험악해질 것이라고 펄드는 털어놓았다.

투자은행의 CEO를 지낸 폴슨 자신도 펄드의 타는 속을 모르는 바 아니었다. 공매자들은 자신의 이익을 생각할 뿐이지 금융 시스템에 대한 영향 같은 것은 신경 쓰지 않았다. "잘 알아. 나쁜 행위자가 적발된다면 시장에서 축출할 작정이야." 폴슨이 동정하는 투로 말했다.

하지만 폴슨은 펄드가 리먼의 진정한 문제들을 해결한다는 명분으로 공매자들을 이용하고 있다는 사실도 알고 걱정했다. 폴슨이 단도직입적으로 말했다. "리먼이 증자를 한 것은 참 잘한 일이지만, 그건 하나의 재

---

* 레버리지율(leverage ratio)의 계산 방식은 여러 가지이지만, 여기서는 주식의 시가총액 대비 장·단기 부채 비율(즉, debt-to-equity ratio)을 가리키는 것으로 보인다.

료에 불과해. 문제는 거기서 멈추지 않아." 리먼을 인수할 주체가 별로 없다는 것을 말하려는 것이었다. 폴슨은 계속 말을 이어갔다.

"딕, 들어봐. 지금 시중에 '내가 투자은행을 하나 인수하고 싶은데'라고 말하고 다니는 사람은 별로 없어. 그러니 리먼으로서는 여러 가지 옵션을 심사숙고해야 한다고 봐." 리먼을 파는 선택지를 생각해봐야 한다는 뜻의 다소 거친 힌트였다. 이 말에 펄드는 조금 충격을 받았지만 처음 듣는 말도 아니어서 평정심을 잃지 않고 들었다.

모두들 자리에 앉고 발표자가 한 사람씩 연단에서 발언을 하면서 경제 난국이 점차 분명해졌다. 신용위기는 이제 미국만의 문제가 아니어서 세계로 퍼져 있었다. 골드만삭스의 파트너를 지내고 이탈리아 중앙은행 총재를 맡고 있는 마리오 드라지Mario Draghi는 단기금융시장money market이 세계적으로 경색하고 있는 것을 걱정했다. 유럽중앙은행 총재 트리셰는 지금 필요한 것은 금융회사들이 대출 가능액 대비 실제로 보유한 현금, 즉 자본준비율, 그리고 더 중요하게는 레버리지와 유동성 비율을 전 세계적으로 보편적으로 유지하는 요건을 마련해야 한다고 주장했다. 그는 레버리지와 유동성 비율이 각 회사가 예금자와 투자자들의 대량 회수에 따른 파산 위기run on the bank를 견뎌낼 수 있을 것인지를 보여주는 가장 확실한 지표라고 말했다.

만찬이 다 끝나고 재무성 건물을 나와 승용차에 올라탄 펄드는 블랙베리를 켜고 루소에게 '폴슨 장관 만찬 마침'이라는 제목으로 이메일을 보냈다. 오후 9시 52분이었다.

몇 가지 참고사항

1. 재무성에서 우리에 관해 이야기가 많다.

2. 우리의 증자를 그들이 평가했다

3. 자네와 리더가 한 제안에 고마워했다.

4. 재무성은 악성 헤지펀드는 죽이고 나머지는 강하게 규제할 요량이다.

5. 재무성은 G7이 시장 대 시장 비율, 자본 비율, 레버리지 및 유동성 비율 등을 모두 규제하길 원한다.

6. 행크 폴슨은 메릴린치의 견해에 우려를 표했다.

상당히 성과 있는 만찬이었음.

행크 폴슨을 따르는 이들

4월 15일 화요일 아침, 닐 카시카리와 필립 스웨이글은 재무성 경비실을 지나 장관의 검은색 밴이 기다리고 있는 곳으로 걸음을 재촉했다. 두 사람은 조지타운의 포기보텀Foggy Bottom에 있는 연준에서 10분 뒤인 3시에 시작될 모임에 늦어지고 있었다. 두 사람은 외모로 볼 때 잘 어울리지 않았다. 검은색 머리카락에 머리가 벗겨진 카시카리는 얼마 전까지 근무하던 투자은행의 행색을 그대로 하고 있었다. 한편 흰 피부, 검은색 머리카락에 안경을 쓰고 있는 스웨이글은 조금 불안한 공무원처럼 보였다. 학자 출신의 스웨이글은 카시카리보다 여덟 살이나 위였지만 서른넷의 카시카리보다 젊어 보였다.

폴슨은 두 보좌관을 연준의 벤 버냉키와의 회의에 불러, 두 사람이 작성한 비밀문서를 보고하게 했다. 그 메모는 미국의 불안정한 금융 시스템에 광범위한 영향을 줄 수 있는 내용을 담고 있었다.

폴슨의 지시에 따라 그들이 작성한 것은 미국의 금융시장의 총체적 붕괴에 대비하는 계획서로서, 또다시 대공황이 찾아올 경우에 재앙을 막기 위해 재무성이 취해야 할 조치와 확보해야 할 권한을 명시한 것이었다. 그들은 일부러 보고서 제목을 자극적으로 붙였다. 「비상단추: 은행 자본 증강 계획Break the Glass: Bank Recapitalization Plan」. 화재경보 단추가 유리판 속에 들어 있는 것에 비유해, 금융에 비상사태가 발생했을 때 눌러야 할 경보 단추라는 것이었다. 그런데 이 비상사태라는 것이 점점 더 현실감을 더해가고 있는 터라, 이 과격한 계획이 이제는 비상계획이 아닌 듯 느껴졌다.

연준을 향해 달리는 차 안에서 카시카리는 침착한 성격대로 조용히 앉아 있었다. 그는 인공위성 엔지니어로 잠깐 일하고 나서 골드만삭스 샌프란시스코 지사의 투자은행 부문에 취직했다. 그곳에서 그는 따로 설명이 필요 없을 정도로 뛰어난 능력을 보였다. 그는 고객과 만나 자신의 세일즈 기술을 시험해보기를 즐겼다. 폴슨과 마찬가지로 그는 도전적이었고 주어진 일은 무엇이든 해내는 실무형 인간이었다. 폴슨과 또 한 가지 비슷한 점은 때로 과감히 일을 저지르고 질문은 나중에 한다는 점이었는데, 누구도 그의 지적 능력을 시비 걸지 않아 문제가 되지 않았다.

카시카리는 언제나 정부에서 일하기를 원했다. 폴슨이 재무장관에 취임한다는 말을 듣고, 그는 단 한 번밖에 만난 적이 없는 폴슨에게 연락해서 축하한다는 인사를 남겼다. 그런데 놀랍게도 폴슨이 다음 날 그에게 전화해 의외의 말을 건넸다. “고마워. 자네와 재무성에서 같이 일했으면 좋겠는데.”

카시카리는 즉시 워싱턴으로 가는 비행기를 예약하고 폴슨과 만나 무슨 말을 할까 준비했다. 폴슨을 만난 것은 재무장관 취임 전에 상원 인준을 기다리며 준비실로 쓰고 있던 오래된 집무실 건물에서였다. 카시카리가 한참 준비한 이야기를 하고 있는데, 폴슨이 딴청을 하는 것이 느껴졌다. 카시카리가 말을 멈추자, 폴슨이 단도직입적으로 말했다.

"이봐. 이게 내가 하려고 하는 거야. 모든 문제를 점검하고 재무성이 해야 할 일들을 종합하는 팀을 하나 만들려고 하는데. 어떻게 생각해?"

폴슨의 말에 카시카리는 놀라면서 깨달았다. '그는 이미 나한테 직장을 준 거야!'

두 사람이 합의하며 악수를 나누는데 폴슨이 갑자기 중요한 사항이 하나 생각난 듯 물었다. "아, 맞다! 질문이 하나 있지. 자네 공화당 지지자야?" 운이 좋게도 카시카리는 공화당 지지자였다. 이로써 폴슨은 카시카리를 곧장 백악관 인사사무실로 보내 계약하게 했다.

그리고 폴슨의 팀에 들어간 지 얼마 되지 않아 카시카리는 자신의 경력에서 가장 중요한 세일즈, 즉 세계경제에서 가장 중요한 인물인 연준 의장 앞에서 보고를 하게 된 것이었다.

연준 의장 벤 버냉키

벤 버냉키가 2006년 2월 10일 연준 의장으로 부임한 순간부터 그를 따라다니며 괴롭힌 네 단어로 된 말이 있었다. '따라 하기 어려운 행동hard act to follow'이 그것이었다. 이 말은 버냉키의 전임자 앨런 그린스펀의 별명과도 같은 말인데, 앨런 그린스펀에게 이 별명을 붙인 것은 ≪워싱턴포스트≫의 저명한 언론인 밥 우드워드Bob Woodward였다. 그는 그린스펀을 '마에스트로'라고 부르기도 했다. 투자업계의 마에스트로가 워런 버핏이라면 재정정책의 마에스트로는 그린스펀이라는 말이었다.

그린스펀이 연준을 지휘한 시기는 미국 경제가 전례 없이 번영하던 때였다. 이 시기에 미국의 금융시장은 레이건 행정부 중에 활황기에 들어가

20년간 호황을 누렸다. 이때 그린스펀의 행동이나 말을 이해하는 경제학자가 드물 정도로 그는 '따라 하기 어려운 행동'을 하는 사람이었다. 공적인 곳에서 무슨 뜻인지 알 수 없게 하는 그의 언변은 거의 전설적이었는데, 이는 그의 뛰어난 지성 덕분에 신비감을 더했다.

80살이 된 그린스펀의 뒤를 이어 연준을 지휘하게 된 버냉키는 쭉 대학교수를 해온 사람이었다. 그의 전공은 거시경제학이며, 전문 분야는 '대공황과 1920~1930년대에 범한 연준의 오류'라는 다소 생소한 것이었다. 대공황의 원인을 분석하는 것이 거시경제학에서 일종의 '성배 추적Holy Grail'과 비슷한 것일지는 몰라도, 일반인이 이해하기에는 정부의 요직을 맡는 데 실질적인 효용을 지니는 것인지 의아하기도 했다. 그것이 아무리 큰 경제위기였더라도 과거에 있었던 일을 이제 와서 따져본들 무슨 의미가 있을까 싶었던 것이다.

2007년 여름에 이르러 미국의 두 번째 '도금시대'*는 갑자기 종언을 맞고 그린스펀의 명성은 퇴색했다. 시장은 스스로 교정하는 힘이 있다는 그의 신념은 치명적으로 근시안적인 것으로 들리게 되었고, 그가 과거에 하던 중언부언이 이제 와서 보니 그릇된 신념을 혼란스럽게 지껄인 것이 아닌가 하는 의문을 갖는 사람이 많았다.

공황에 대해 연구한 학자인 버냉키는 그린스펀과 경력이 아주 달랐지만 자유시장을 신봉한다는 점에서는 공통적이었다. 금융위기 분석에서 버냉키는 시카고학파의 밀턴 프리드먼Milton Friedman과 안나 슈워츠Anna Schwartz의 견해를 발전시켰다. 이 두 사람은 1963년에 출판된 저서 『미국

---

* 도금시대(Gilded Age)란 남북전쟁 후 미국 경제가 급격히 성장하고 인구가 팽창한 1865~1901년의 기간을 가리킨다. 이 표현은 1873년에 발표된 마크 트웨인과 찰스 워너가 공동으로 쓴 소설 『도금시대(The Gilded Age: The Tale of Today)』에서 따온 것이다.

화폐사, 1867~1960A Monetary History of the United States, 1867~1960』에서 1920년대의 금융위기가 연준이 신속히 싼 자금을 시장에 투입해 경제를 활성화하는 데 실패한 데서 기인한 것이라고 주장했다. 그리고 그 이후의 조치도 너무 늦고 너무 작았다는 것이었다. 또한 당시 허버트 후버 정권이 정반대의 행동을 취해 화폐 공급을 줄여 경제의 숨통을 끊어놓았다고 분석했다.

버냉키는 나름대로 확고한 입장을 가지고 있는 듯이 보여, 시장에서는 그가 연준 의장으로서 독립적인 입장을 고수하고 정치에 휘말려 제대로 된 정책을 집행하는 데 실패하지 않을 것이라고 낙관했다. 그리고 이번의 신용경색은 그에게 큰 실험대가 될 것이었다. 버냉키가 80년 전의 경제위기를 연구한 것은 맞지만, 그 역사적 지식이 현재 진행되는 위기에 대처하는 데 얼마나 도움이 될까? 이때 벌어지고 있던 것은 역사가 아니라 현실이었다.

벤 샬롬 버냉키Ben Shalom Bernanke는 1953년에 태어나 사우스캐롤라이나 딜런Dillon에서 자랐다. 담배창고 냄새가 진동하는 작은 마을이었다. 열한 살 되던 해에, 그는 워싱턴으로 여행할 기회가 있었는데 1965년 전국 스펠링대회에 참가하기 위한 것이었다. 이 대회에서 버냉키 소년은 '에델바이스edelweiss'라는 단어의 철자를 틀려 2등에 머물고 말았다. 그 뒤로도 그는 가끔 「에델바이스」라는 노래가 주제곡인 영화 〈사운드오브뮤직〉이 딜런이라는 작은 마을에서 상영되어 그가 그 단어를 맞췄다면 자신의 인생이 어떻게 되었을까 하고 가끔 생각해보곤 했다.

버냉키 가족은 유대교의 율법을 지키는 사람들로 흑백차별이 금지되던 시기에 복음주의가 지배하는 보수적인 작은 마을에 살았다. 그의 조부

조나스 버냉키Jonas Bernanke는 1940년대 초에 오스트리아에서 미국으로 이민해 딜런에 정착해서 약국을 경영했다. 버냉키의 부친은 조부의 약국을 도왔고, 어머니는 학교 교사였다. 버냉키는 소년 시절 95번 고속도로에 인접한 작은 관광명소인 보더Border에서 일주일에 6일을 식당 웨이터로 일하는 생활을 했다.

고등학교에 다닐 때 버냉키는 스스로 수학을 공부했는데, 그 이유는 단 한 가지, 학교에서 수학 과목을 가르치지 않았기 때문이었다. 2학년 때 그는 SAT에서 만점에 가까운 1,590점을 기록하고 3학년에 진학해 전국장학금을 받아 하버드 대학에 진학했다. 하버드 경제학과를 최우등으로 졸업한 그는 경제학 분야에서 가장 권위 있는 MIT 경제학과 대학원에 진학했다. 대학원에서 경기순환에 관해 긴 박사학위 논문을 작성했는데, 헌사에서 그는 부모와 젊은 아내 안나 프리드먼Anna Friedman에게 논문을 바친다고 썼다. 당시 안나는 이웃에 있는 웰즐리 대학Wellesley College의 학생이었는데, 그녀가 1978년에 졸업하자 둘은 결혼했다.

신혼인 버냉키 부부는 캘리포니아로 이주했다. 버냉키는 스탠퍼드 경영대학원에 조교수로 취직하고, 안나는 대학원 스페인어학과에 진학했다. 6년 뒤 버냉키는 프린스턴 대학 경제학과에 종신교수직을 의뢰받았다. 이때 그는 31세로, 경제현상을 설명하는 데 고급통계학적 수법과 컴퓨터 모델링을 활용하는 이코노메트릭스Econometrics 부문에서 '떠오르는 별'이라는 찬사를 받았다.

버냉키는 지적인 명성과 함께 정치적인 노련함도 키워갔다. 프린스턴 대학 경제학과 학장으로 재직하면서 그는 엄청난 자부심을 가진 교수들 사이의 갈등을 조정하는 데 수완을 보였던 것이다. 그는 또한 새로운 연구 프로그램을 만들고 젊은 학자들을 등용하는데, 이때 발탁한 이가 폴

크루그먼Paul Krugman이었다(그와 버냉키는 경제이념에서 반대였다). 그리고 6년 뒤에 그린스펀의 뒤를 이어 연준 의장에 취임했다.

2007년 8월 초까지 연준에서의 생활은 쾌적했다. 당시 두 부부는 휴가를 내 노스캐롤라이나 주 샬럿까지 차로 여행하고, 사우스캐롤라이나 주 머틀 해안에 가서 친구와 가족을 불러 오붓한 시간을 보낼 계획을 세웠다. 휴가를 떠나기 전, 버냉키는 한 가지 처리할 일이 있었다. 금리 책정을 비롯해 여러 중요한 책무를 지니는 FOMC 회의가 8월 7일로 예정되어 있었던 것이다. 그날 버냉키와 몇몇 위원들은 근래 들어 처음으로 미국 경제에 '성장이 둔화할 위험 요소'가 있다고 인정했다. 하지만 기준금리는 FOMC 회의가 아홉 차례 이어지는 동안 5.25퍼센트로 유지되었다. 금리를 낮춰 경제를 자극하기보다는 현상을 유지하기로 결정한 것이었다. 연준은 "FOMC의 가장 큰 정책 현안은 기대만큼 인플레이션이 수그러들지 않을 것이라는 위험성에 있다"고 발표했다.

이는 월스트리트가 기대하던 것과는 거리가 있었다. 경제가 주춤거리는 것을 보며 투자가들은 금리를 낮추라고 주문하고 있었다. 한 예로, FOMC 회의가 열리기 나흘 전에 CNBC의 오후 프로그램에 나온 금융평론가 짐 크레이머Jim Cramer는 연준이 적극적인 조치를 취해야 하는데 낮잠을 자고 있다고 하면서 이렇게 외쳤다. "그들은 머저리예요. 시장에 관해서 아무것도 알지 못해요."

그 반대로 연준의 정책 입안자들이 잘 알고 있으면서도 공개적으로 인정하지 않고 있던 현안은 주택시장 거품이 점점 꺼지면서 신용시장이 위축되고 있다는 것이었다. 싸게 빌릴 수 있는 돈이 미국 경제의 연료가 되어 시민들로 하여금 빚으로 집을 사고 자동차를 바꾸고 집을 수리하고 휴가를 가는 등 홍청망청 돈을 쓰게 했다. 이러는 가운데 금융회사들은 전에 보지 못하던 새로운 수법들을 만들어냈는데, 프라이빗에퀴티 회사들이 대규모 융자를 제공해 인수합병을 조장함으로써, 빚을 내어 회사를 사들이는 차입매수Leveraged buyouts: LBO가 급격히 퍼져나갔다. 그 결과 금융거래는 유례없이 위험성이 커졌다.

이런 조류가 정착되자 전통적으로 보수적인 기관투자가들, 즉 신탁기금이나 연기금 같은 곳들도 더 높은 수익률을 추구해야 한다는 압력을 받고 결국 헤지펀드나 프라이빗에퀴티펀드에 돈을 넣었다. 시장의 압력을 알면서도 연준이 금리를 낮추지 않은 것은, 그것이 불난 데 기름을 붓는 격이 될 것이기 때문이었다.

그런데 이틀 뒤 세상을 뒤흔드는 일이 터졌다. 8월 9일 아침, 프랑스 최대의 상업은행 BNP파리바가 세계 금융시장이 커다란 위험에 처해 있다는 것을 시사하는 조치를 취한 것이다. BNP파리바가 운용하는 총자산 약 20억 달러에 이르는 세 개의 단기금융시장 펀드에서 투자자들의 자금 인출을 동결한다는 소식이었다. 무엇이 문제였던가? 대답은 금융시장의 일부 자산, 특히 미국의 담보융자에서 발생하는 자산가치가 기본적으로 소진해 그 실제 가치를 산정할 방도가 없다는 것이었다. BNP파리바에 의하면, "미국 증권화 금융시장의 일부 부문에서는 유동성이 완전히 소멸해버려, 특정한 금융자산에서는 기존에 평가된 질이나 신용등급과 관계없이 자산평가를 제대로 할 수가 없다"는 것이었다.

이 소름 끼치는 소식이 알려지면서 증권회사의 트레이더들은 모기지와 관련된 금융자산이라면 가격이 얼마이건 마치 방사능물질처럼 피하게 되었다. 이런 사태에 직면해 유럽중앙은행은 즉시 950억 유로(약 1,300억 달러)에 가까운 자금을 유로머니시장에 풀었다. 이는 9·11 사태 이후 행해진 최대의 자금 수혈이었다. 한편 미국에서는 전국 최대의 모기지 융자

회사인 컨트리파이낸셜Country Financial에서 "전례 없는 시장의 파국"이 자신의 재정 상태를 위협하고 있다고 발표했다. 이런 사태에 대해 전 세계 금융시장은 즉각적으로 반응했다. 금융회사들끼리 돈을 융통하는 은행 간 금리interbank rate가 급등해 중앙은행이 공표하는 기준금리를 초과하게 된 것이다.

버냉키가 볼 때 사태는 분명했다. 시장의 패닉이었다. 악성 자산에 감염되는 것을 두려워하는 은행과 투자자가 현금을 움켜쥐고 어떠한 융자도 꺼리게 된 것이다. 어느 은행이 서브프라임, 즉 악성 모기지 융자자산에 더 관여하고 있는지는 아직 분명하지 않았다. 따라서 미국이 신봉하는 무죄추정원칙에 따라, 결과가 밝혀질 때까지는 누구에게 죄가 있다고 할 수 없었다. 버냉키가 볼 때 1930년대 대공황기의 증상이 모두 재현되고 있었다. 세계 금융시장에 대한 신뢰가 급격히 떨어지면서 유동성이 증발하고 있는 것이었다. 이미 19세기에 월터 배지핫Walter Badgehot*이 말한 명언이 떠올랐다. "모든 은행가들은 자신의 신용가치를 증명해야 하는 사태가 온다면 아무리 그 증거가 타당해도 이미 신용이 사라졌다는 것을 안다."

아내에게 여름휴가를 내기는 어렵겠다고 말한 버냉키는 믿을 만한 부하들을 집무실로 불러 모았다. 이어서 연준 직원들은 즉시 전화를 돌리며 시장에서 무슨 사태가 벌어지고 있는지, 그리고 누가 도움을 필요로 하는지 파악에 들어갔다. 그날부터 버냉키는 매일 아침 7시에 출근했다.

두 번째 쇼크가 찾아온 것은 이틀 뒤였다. 이미 당시에 연준은 사태에

---

* 월터 배지핫(1826~1877)은 사업가이자 정치, 경제 등 다양한 분야에서 집필을 한 에세이스트 겸 언론인이다.

긴급 출동하듯이 극적으로 변해가는 시장에 대처하는 것이 일과가 되어 있었다. 다음 날 버냉키는 연준 정책 입안가들과 전화회의를 통해 연준이 상업은행에 대출하는 금리로서 상징성을 지닌 재할인율discount rate을 낮추는 것을 논의했다. 연준이 은행들에 유동성을 공급함으로써 은행들이 제공하는 담보에 대해 현금 대출을 실시해 (유럽중앙은행이 한 규모는 아니더라도) 시장의 정상적인 가동을 꾀하겠다는 의지를 천명하는 것이었다. 연준은 또한 금융회사들이 보유하는 담보자산을 활용해 연준에서 돈을 빌릴 수 있는 할인창구discount window를 추가로 운용하겠다고 발표했다. 이런 조치에도 신용 불안이 진정되지 않자 버냉키는 일주일도 채 지나지 않아 기존 방침을 바꿔 재할인율을 다시 0.5퍼센트 내려 5.75퍼센트로 수정하고, 이어 연준이 경기를 자극하는 데 가장 강력한 무기라고 할 수 있는 기준금리benchmark rate*마저 인하할 수 있다는 뜻을 내비쳤다. 그러나 이런 노력에도 금융시장에는 긴장과 동요가 가시지 않았다.

이쯤 되자 버냉키도 상황의 엄중성을 정확히 인식하지 못했다는 것이 분명해졌다. 지난 6월 5일까지만 해도 어느 연설에서 버냉키는 "이 시점에서 서브프라임 부문의 문제가 미국 경제 전반이나 금융 시스템에 번질 가능성은 낮다"고 공언했던 터다. 주택시장의 문제가 신용이 낮은 시민들에게 융자가 주어지는 서브프라임론의 증가에 국한되는 것이라고 그는 생각했다. 서브프라임 시장이 2조 달러까지 팽창하기는 했지만, 이는 총 14조 달러에 이르는 미국 모기지 시장의 일부에 지나지 않았던 것이다.

그런데 버냉키의 이런 생각은 몇 가지 중요한 요소들을 간과한 것이었

---

* 기준금리란 재무성 채권 이외의 금융투자에서 적용되는 것으로 연준이 발표하는 해당 시점의 최저금리(base rate)를 가리킨다.

다. 그중 하나는 주택시장과 금융체제의 연계가 신종 파생상품이라는 존재에 따라 생각보다 복잡해졌다는 사실이었다. 주택모기지를 바탕으로 한 신종 증권의 소득과 가치는 합쳐지고 쪼개지고 재변형되어 새로운 투자상품으로 다시 태어나 CDO채무담보증권라는 이름으로 팔려 나갔다.

이로써 JP모건이나 리먼브러더스와 같은 일류 은행들이 돈을 버는 모습은 과거에 은행들이 작동하던 모습과는 딴판이 되었다. 전에는 은행이 단순히 돈을 빌려주고 장부에 적어놓고 있었지만, 이제는 융자라는 것이 하나의 가치 창출 작업이 된 것이다. 즉, 증권화의 사슬에 고리를 걸고, 이로써 융자의 리스크를 수천, 수만까지는 아니라도 수백의 관련 당사자에게 분산시키는 것이다. 이와 같이 증권화가 리스크를 분산시키고 유동성 규모를 키우기는 했지만, 동시에 벌어지는 현실은 수많은 금융회사들과 투자자들이 좋은 의미든 나쁜 의미든 상호의존적인 관계가 되었다는 것이었다. 예컨대 노르웨이의 어느 도시가 운영하는 연기금은 전혀 알지 못하는 과정을 거쳐 투자 포트폴리오에 캘리포니아의 서브프라임모기지를 보유하게 되었다. 사태를 더 악화시키는 요소는 많은 금융회사들이 이 신종 증권을 이용해 돈을 빌리는 것, 다시 말해 레버리지를 높여 수익을 꾀하게 되었다는 것이다. 이는 결국 보유 자산의 가치가 떨어질 때의 고통을 늘릴 뿐이었다.

전 세계의 규제 당국자들은 이런 새로운 금융의 현실을 파악하는 데 애를 먹었다. 훗날 그린스펀은 시장에서 무슨 일이 벌어지고 있는지 그 자신도 알지 못했다고 고백했다. 연준에서 물러나고 2년 뒤 그는 한 강연에서 이렇게 말했다. "나는 수학에 상당한 백그라운드를 가지고 있었습니다. 그런데 CDO에 편입되는 일부 금융상품의 복잡성에 애를 먹었습니다. 그 상품들로 무엇을 하는지, 그리고 그 상품이 유통되는 단계별, 포션

별로 어떤 수익이 발생하는지 이해할 수가 없었습니다. 내가 200명 이상의 박사를 거느리고도 이를 이해하지 못했는데, 세상 사람들이 이를 어떻게 이해할 수 있을지, 생각해보면 참으로 난처한 일이었습니다."

이를 이해하지 못한 것은 그리스펀만이 아니었다. 그 상품을 판 금융회사의 CEO도 잘 모르기는 마찬가지였다.

사원에서 논한 비상대책

연준 의장실이 활짝 열리자 버냉키가 재무성의 방문자들을 반갑게 맞아들였다. 스웨이글과 마찬가지로 버냉키도 학자의 부자연스러운 태도가 남아 있었지만 경제학자치고는 놀라울 정도로 외교적인 잡담을 잘 이끌어갔다. 그는 폴슨 장관과 그의 보좌관들을 작은 커피 테이블로 안내했다. 데스크에는 블룸버그 터미널과 워싱턴 내셔널스의 야구 모자가 눈에 띄게 놓여 있었다.

2, 3분 담소를 나눈 뒤 스웨이글은 서류철을 꺼내 「비상단추」라는 보고서의 10쪽짜리 요약문을 버냉키에게 조심스럽게 내밀었다. 동시에 카시카리가 주위를 한 번 보고 이야기를 시작했다.

"우리 모두가 이 사안의 정치적 함의와 우리가 법적으로 할 수 있는 일의 한계를 이해하고 있다고 생각합니다. 요는 우리가 어떻게 시장의 붕괴를 막을 수 있는 권한을 확보하느냐입니다." 버냉키가 수긍하며 고개를 끄덕였다. "그래서 우리 재무성에서는 연준의 자문을 구해가면서 정부가 취할 수 있는 방안들을 지난 몇 주 동안 모색해왔습니다. 그리고 이제 기본적인 방향이 잡힌 것 같습니다. 이 안은 만약에 시장에 대혼란이 발생한다면 긴박한 시점에 선반에서 꺼내 의회에 제출할 비상대책입니다."

카시카리가 버냉키를 바라보니 그는 보고서를 면밀히 살피다가 계획안의 다음과 같은 부분에 이르러 있었다.

"재무성은 금융기관으로부터 5,000억 달러까지 경매 방식으로 채권을 매입한다. 이때 가장 중요한 과제는 이질적인 증권자산들에 대해 어떻게 가격을 산정할 것인가이다. 재무성으로서는 경매에 참가하는 금융회사들에게 현금이 아니라 재무성 증권을 지급할 것이다. 이런 자산교환 방식을 취함으로써 연준이 개입해 지급보증을 할 필요가 없을 것이다. 재무성은 자산관리 전문가들을 고용해 매집한 자산을 운용함으로써 납세자의 이익을 최대화하며, 그런 작업을 일정 기간(최대 10년) 지속한다."

이 부분에서 버냉키는 표현을 조심스럽게 골라가며 재무성이 어떻게 5,000억이라는 숫자를 도출했는지 물었다.

"물론 그 숫자는 어림잡은 것으로 악성 자산이 약 1조가 될 것이라는 평가에 기초한 것입니다. 하지만 악성 자산을 잡는 데 충분한 바탕을 만드는 것이라면 전액을 매집할 필요가 없겠지요. 그래서 반쯤 생각하는 것입니다. 6,000억이 될 수도 있겠지만." 카시카리가 설명했다.

버냉키가 그들의 보고서를 살피는 동안 카시카리와 스웨이글은 그 순간을 즐겼다. 그들이 지금 속칭 '사원의 주인the keeper of the Temple'*에게 금융 시스템의 거대한 구제안에 대해 상의하고 있는 것이 아닌가? 이런 대규모 정부 개입은 지난 50년 동안 고려되어본 적도 없다. 1980년대 말의 저축은행 구제안은 이에 비하면 자그마한 사건이었다.

이 '비상단추' 대책이 의회를 통과할 경우(이 문제는 나중에 고민해야겠지만), 그들은 재무성이 뉴욕연방준비은행을 지명해 월스트리트의 악성

---

* 미국 금융계에서는 연준을 사원이라는 애칭으로 부르기도 한다.

자산 경매업무를 처리하게 할 생각이었다. 그리고 매집된 악성 자산의 운용은 민간 부문에서 뽑은 자산운용가들에게 맡길 것이었다. 구체적으로는 뉴욕연방준비은행이 매주 500억 달러어치의 모기지 관련 자산을 경매로 매집하는 작업을 10주 동안 실시하는 것이다. 경매하는 것은 이것이 악성 자산에 가장 높은 가격을 매길 수 있는 방책이기 때문이었다. 각 500억 달러의 악성 자산은 선정된 10개 민간 업자가 향후 최대 10년간 운용하게 될 것이었다.

카시카리는 이 안이 다소 복잡하지만 실행해볼 가치가 있다고 주장했다. 지금 사태로 볼 때 신용위기가 연착륙하는 것은 기대할 수 없기 때문이었다. 근본적인 조치가 필요했다. 카시카리의 주장은 계속되었다. "이 안을 수행하기 위해서는 재무성에 악성 자산을 사들일 권한과 자금이 필요합니다. 따라서 현재 4,000억으로 설정되어 있는 재무성의 채무 허용 수준을 높여야 합니다."

"인력에 관해서 말한다면 민간 업자를 고용할 것이므로 정부의 인건비가 상승할 우려는 없습니다. 재무성의 경우에 특별히 새로운 인력을 고용할 필요가 없다는 것입니다. 물론 보는 눈들이 있으니 조심해야 합니다. 그래서 자산운용사는 상장한 금융회사로 제한할 것이며 헤지펀드나 외국회사는 제외됩니다."

이어서 카시카리는 이 안에 대한 재무성 내부에서의 찬반론을 요약한다. 정부가 움직인다면 은행들이 융자를 늘리되 금융위기를 악화하는 형태로 무책임한 행동을 보이지 않을 것이라는 점에는 대부분 찬성했다. 그에 비해 주된 반론은 이 안이 집행되면 '도덕적 해이'가 일어날 것이라는 점이다. 다시 말해 무모한 투자로 이 금융위기를 초래한 장본인들이 그에 상응한 고통을 겪지 않고 사태가 끝날 수 있다는 것이었다.

이어 카시카리와 스웨이글은 재무성에서 도출한 네 개의 대안을 설명했다.

"첫째, 악성 자산의 가치가 더 하락할 경우 그것을 보유한 금융회사를 보호해줄 수 있는 보험을 정부가 판매하는 안, 둘째, JP모건이 베어스턴스를 인수할 당시 제공한 것과 같은 상환청구 불가 융자non-recourse loan를 제공하는 안, 셋째, 연방주택공사Federal Housing Authority가 금융회사를 상대로 개별적으로 융자를 제공하는 안, 넷째, 재무성이 금융회사에 직접 투자하는 안."

설명을 들으면서 버냉키는 수염을 만지며 가끔씩 알아듣겠다는 듯 미소를 지었다. 결국 그 모임에서 결정된 것은 없었지만, 일단은 재무성 안을 받아들여 비상용으로 보관하기로 했다. 이때 카시카리는 연준의 총재가 이 안을 생각보다 호의적으로 받아들였다는 것에 고마움을 느꼈다. 아니, 버냉키는 카시카리가 자신의 보스인 폴슨 장관에게 시장에 정부가 개입한다는 안을 처음 꺼냈을 때보다 훨씬 호의적으로 받아들인 것이었다.

재무성의 수뇌부는 모두 지난 3월 어느 오후 카시카리가 장관실에 밀고 들어가 이 안을 꺼냈을 때의 일화를 알고 있었다. 그때 장관은 유쾌한 기분으로 그의 수석보좌관 짐 윌킨슨과 대화를 나누고 있었다.

"행크, 은행 구제안에 대해 이야기 좀 하고 싶습니다." 카시카리가 끼어들었다.

"무슨 소리를 하는 거야. 나가!" 폴슨이 짜증스럽게 말했다.

"장관, 우리가 이 금융위기를 해결할 수 있는 권한을 어떻게 확보할 건지 이야기해오지 않았습니까? 적어도 우리는 노력했다는 흔적을 남길 필요가 있어요. 다음 대통령이 들어서서 '이런 조치들이 필요합니다. 그런데 지난번 정권에서는 이런 조치들을 취할 의지도 능력도 없었어요' 하며 어쩌고저쩌고할 거예요. 무슨 소린 줄 아시겠지요? 다음 대통령이 마치 잡힌 인질들을 해방하듯 할 거란 말입니다. 오바마요, 오바마! 오바마가 인질들을 구한단 말입니다."

폴슨은 1970년대 말 이란에 갇힌 미국인 인질들을 레이건 대통령이 구출해온 것과 비슷한 것을 오바마가 하는 상상을 하면서 웃음을 터뜨렸다. 그리고 그는 카시카리를 째려보며 말했다. "웃기는 이야기군. 오바마가 인질을 구출해 온다니. 그래? 나가 이놈아."

런던으로 온 전화

바클레이스캐피털의 밥 다이아몬드의 전화가 울리던 4월의 어느 저녁, 런던의 하늘에는 분홍빛이 감도는 회색 구름이 점차 짙어지고 있었다. 이때 다이아몬드는 스퀘어 마일Square Mile이라고 부르는 런던 동부의 신흥 금융 지구 카나리워프Canary Wharf의 집무실에서 퍼팅 연습을 하고 있었다. 카펫에 설치한 퍼팅 연습 도구 주위에는 골프공들이 흩어져 있었다. 집무실 벽에는 보스턴 레드삭스의 기념품이 걸려 있었다. 그것을 걸어놓은 데에는 뉴욕에서 찾아오는 이들을 약 올리려는 의도도 있었지만, 그는 뉴잉글렌드 출신으로 레드삭스의 열광적인 팬이기도 했다.

몇 분 안 되는 휴식시간을 방해받고 싶지 않았지만, 그는 퍼터를 내려놓고 전화를 받아야 할 상황이었다. 전화는 그의 친구 밥 스틸이 한 것인데, 스틸과는 재무성에서 있었던 만찬에서 만난 지 얼마 지나지 않은 터였다.

두 사람은 2005년에 바클레이스의 임원진에 합류한 이후 가까워졌다. 두 사람은 출신지나 배경이 달랐다. 스틸은 노스캐롤라이나 더럼Durham

출신이고 골드만삭스에서 주식을 다뤘다. 한편 다이아몬드는 매사추세츠의 스프링필드 출신이고 모건스탠리와 크레디스위스에서 채권 거래를 책임졌다. 그런데 두 사람은 서로 공통점을 발견했다. 둘 다 중류층 가정 출신에다가 고학으로 대학을 마쳤던 것이다.

그런데 두 사람의 최근 경력은 일치에 가까울 정도로 비슷했다. 이 두 명의 양키가 엘리자베스 여왕 치하의 영국에서 성취한 것은 런던에서 화젯거리였다. 스틸의 성공은 골드만삭스의 유럽증권거래 부문을 정착시킨 것인데, 이는 골드만의 보스였던 행크 폴슨이 두고두고 기억했다. 다이아몬드는 직원 수 3,000명 정도의 작은 바클레이스캐피털이라는 투자은행을 1만 5,000명을 고용하는 런던 유수의 파워하우스로 키워놓았다. 이 회사는 지금 바클레이스그룹 전체 수익의 4분의 1 이상을 차지한다.

두 사람의 우정은 스틸이 바클레이스 임원직을 그만두고 폴슨을 따라 재무성으로 옮기고 나서도 지속되어, 어느 쪽에서 전화하면 이유가 무엇이건 간에 받을 정도였다.

스틸은 다이아몬드에게 간단한 인사를 건네자마자 서둘러 말을 이었다. “들어봐. 재무성에서 이번 금융위기에 대응해 몇 가지 행동 시나리오를 고안하고 있는데, 그와 관련해 자네에게 좀 물어보려고.”

평소답지 않게 다소 거리감이 느껴지는 스틸의 어투에 다이아몬드가 약간 놀라 물었다. “밥, 이거 공식 업무야?”

“아니야. 누구 대신에 전화하는 거 아니야.” 스틸은 다이아몬드가 안심하도록 말했다. “시장은 조금 진정됐는데, 다시 악화되는 것에 대비해 뭘 어떻게 해야 할지 생각해봐야 할 입장이야.”

“알았어. 말해봐.”

스틸은 숨을 깊이 들이쉬더니 말을 이었다. “자네가 만약 리먼을 산다면 생각하는 가격이 있어? 그리고 그 경우 재무성에서 뭘 원할까?"

스틸의 엄청난 질문에 다이아몬드는 잠시 말을 잇지 못했다. 리먼브러더스가 베어스턴스와 같은 운명에 처하는 상황을 재무성이 상정하고 있는 것이었다. 오랜 경험을 통해 그는 스틸이 헛소리하지 않는 실질주의자이며 어설프게 떠보는 성격이 아님을 잘 알고 있었다.

"지금 당장 대답이 생각나지 않아. 연구 좀 해봐야겠는데."

"그래, 생각 좀 해봐 줘." 스틸이 말했다.

"절대 아니라는 말은 절대 안 하니까Never say never." 다이아몬드의 말에 두 사람은 같이 웃었다. 기업 인수 건이 떠오르면 기자들의 질문에 다이아몬드는 언제나 이렇게 말하곤 했다. 그런데 이번에는 질문이 스틸에게서 나온 것이었다.

바클레이스캐피털이 미국에서 위상을 세우기를 원한다는 것을 스틸은 알고 있었다. 사실 다이아몬드는 그 야심을 런던의 명물 새빌로Saville Row에서 맞춘 고급양복에 장식처럼 달고 다녔다 해도 과언이 아니다. 바클레이스캐피털을 크게 키운 것은 런던에서 유명한 일화이지만, 그는 언젠가 뉴욕의 메이저 플레이어가 되기를 원했다. 1992년에 그가 갑자기 모건스탠리를 떠나 크레디스위스퍼스트보스턴Credit Suisse First Boston: CSFB으로 옮기며 환매조건부채권repo trading 부문을 싹 가지고 가는 바람에 모건스탠리 존 맥의 분노를 산 것도 메이저 플레이어가 되겠다는 그의 열망에서 비롯된 것이었다. 그로부터 4년 뒤 다이아몬드는 다시 BZW*로 자리를 옮기는데, BZW의 일부가 바클레이스캐피털이 되었다.

---

* BZW(Barclays de Zoete Wedd)는 바클레이스머천트뱅크(Barclays Merchant Bank)와 런던의 증권회사 드조트비번(de Zoete & Bevan)이 합쳐서 바클레이스뱅크PLC(Barclays Bank PLC)의 투자은행 부문이 되었다가 다시 바클레이스캐피털이 되었다.

다이아몬드의 이런 열망에 비춰볼 때 바클레이스가 월스트리트의 주요 투자은행의 하나로 발돋움하려고 한다면 그에게(그리고 바클레이스그룹 내 그의 상사와 이사회에게) 리먼브러더스는 좋은 인수 목표임이 틀림없었다. 하지만 다이아몬드는 펄드가 있는 한 리먼 인수액이 매우 클 것이라는 것을 알고 있었다. 하지만 이는 흔하지 않은 기회였다.

그때 바클레이스는 세상이 모르는 또 하나의 인수 건을 고려하고 있었다. 바로 UBS의 투자은행 부문을 인수하는 것으로, 이 안에 대해서는 이미 이야기가 진행되어 다음 주에 취리히에서 회의가 잡혀 있었다. 다이아몬드는 스틸을 믿고 이를 이야기해줬다. 다만 협상 초기 단계이므로 절대 말이 새어 나가서는 안 된다고 당부했다. 늘 그렇듯이 이런 협상은 결과를 예상할 수 없기 때문이었다.

하지만 리먼은 UBS 투자은행 부문과는 급이 달랐다. 불과 수개월 전에 네덜란드의 ABN암로ABN AMRO를 대상으로 매우 고가의 인수가격을 제시했다가 실패해 다소 의기소침해 있던 터라 다이아몬드로서는 이제 그보다 더 큰 가격의 인수안을 이사회에 제기하는 것이 조금 겁이 나기도 했다. '그러나 리먼은 미국의 4대 투자은행의 하나가 아닌가? 리먼을 싼 가격에 살 수만 있다면 이야말로 심각하게 생각해봐야 하지 않겠는가?'

"좋아. 심각하게 생각해볼 만한 사안이야." 다이아몬드가 스틸에게 대답했다.

Too Big to Fail

리먼의 약점을 엿본 사람들

방송에서 지나치게 위세를 떠는 CNBC의 시황분석가 짐 크레이머Jim Cramer는 방송에 나가지 않을 때는 아주 부드럽게 말하는 사람이었다. 맨해튼의 7번가Seventh Avenue와 15번가Fifteenth Street의 교차점에 있는 리먼 브러더스 빌딩에 들어가며, 그는 경비원에게 딕 펄드와 아침회의가 약속되어 있다고 공손하게 말했다. 그는 안내를 받아 회전문을 통과하고 폭탄 탐지견을 지나 리셉션 데스크에 도착해 정해진 보안 절차를 밟았다. 크레이머의 복장은 늘 그렇듯이 구질구질했지만, 그는 32층으로 안내되어 마치 수십억 달러짜리 거래 건을 가지고 온 손님 같은 대접을 받았다. 그를 맞는 자리에는 CFO인 에린 캘런과 리먼에서 글로벌 주식 부문을 담당하고 마침 뉴저지 주 서미트에서 크레이머와 이웃으로 살고 있는 제럴드 도니니Gerald Donini가 동석했다.

공매도에 대한 성전?

주식 공매도에 대항해 열성적으로 성전jihad을 지휘하고 있는 딕 펄드는 크레이머를 친히 회의에 초대했다. 공매를 하는 자들에게 맞서 싸우려면 우군이 필요한데 아직 아무도 이 성스러운 전쟁에 참가하겠다고 하는 이가 없었다. 증권거래위원회 의장인 콕스도, 뉴욕연방준비은행 총재인 가이트너도, 심지어 최근에 재무성에서 의견을 나눈 폴슨 장관도 이 성전에 나서려고 하지 않았다. 그래서 가만히 생각해보니 TV 프로그램에서 인기가 높고 헤지펀드 세계에 인맥이 넓은 크레이머를 동원한다면 이 논쟁을 흔들어 리먼의 주가를 높일 수 있는 방안이 있지 않을까 생각했던 것이다.

펄드가 크레이머를 알고 지낸 지는 10년 정도 되었다. LTCM 사태가 터졌던 1998년에 리먼이 LTCM 펀드에 과도하게 투자해 그다음으로 쓰러질 것이라는 풍문이 나돌았다. 이때 펄드는 크레이머의 의도와 관계없이 그에게서 큰 힘을 얻었다. 당시 CNBC에서 새 얼굴이었던 크레이머는 리먼이 하락 일로에 놓인 자사주를 사들이고 공매를 제한하기만 하면 염려할 것이 없다고 말했던 것이다. 이때까지 펄드는 크레이머를 만난 적도 없었다. 펄드는 그 방송이 있은 다음 날 크레이머에게 전화해 이렇게 말했다.

"나는 우리 회사의 주식 100만 주를 주당 31달러에 사들이려고 합니다." 이 말과 함께 리먼의 주가는 진정되었다.

월스트리트가 셰익스피어의 비극을 닮은 데가 있다면 크레이머는 희극에 해당할 것이었다. 눈이 크고 달변가인 그는 TV 프로그램에 나오면 말을 너무 빨리해서 자신의 생각을 전하다가 머리가 거의 터질 것 같은 인상을 줬다. 비록 사육제에서 소리치는 것과 같은 행동을 한다 해도, 월스트리트 사람들은 그가 바보가 아님을 잘 알았다. 그는 스스로 헤지펀드를 운영했으며, 그 후 더스트리트닷컴TheStreet.com이라는 정보포털을 만들었는데, 이는 이 분야에서는 초창기에 만들어진 영향력 있는 투자 관련 웹사이트였다. 크레이머는 금융시장이 어떻게 움직이는지 잘 파악하고 있었다.

펄드와 크레이머는 서로 성격은 많이 다르지만 허튼소리 않는 스트리트파이터로서 서로를 알아주는 사이가 되었다. 크레이머는 방송계 스타이고, 하버드 대학을 졸업했으며, 골드만에서 일한 경험이 있고, 월스트리트에서는 두통의 씨앗이라고 여기는 엘리엇 스피처*를 가장 친한 친구의 한 사람으로 꼽는 형이었다. 한편 펄드는 하버드를 비롯한 아이비리그 대학 출신을 경멸했고, 골드만의 반대 세력의 한 사람으로 자신을 꼽았으며, 커뮤니케이션과는 거리가 먼 사람이었다. 이런 차이에도 불구하고 펄드는 크레이머가 신뢰할 수 있는 중개자였으며, 아무리 인기가 없더라도 자신의 의사를 가감 없이 말하는 점을 높이 평가했던 것이다.

리먼 임원 식당의 웨이터가 주문을 받고 나서 펄드는 크레이머에게 자

---

* 엘리엇 스피처(Eliot Spitzer)는 뉴욕 주 검찰총장을 거쳐 제54대 뉴욕 주지사를 지냈다. 주지사로 근무하던 도중 2008년에 고급 콜걸 조직의 이용자임이 밝혀져 사임했다.

신이 상의하고 싶은 것들을 설명했다. 우선 리먼은 레버리지를 줄이고 투자가들의 신뢰를 회복하기 위해 무척 노력하고 있다고 말했다. 지난 1사분기에 40억 달러라는 새로운 자본을 확보했지만, 이 '공매의 음모자들 cabal of shorts'의 악행으로 리먼의 주가가 정당하게 평가받지 못하고 있다고 했다. 결국 리먼브러더스는 평가절하되고 있다는 것이었다.

크레이머는 열심히 고개를 끄덕이다가 말했다. "맞아요. 공매에 문제가 있다는 것은 틀림없어. 공매로 돈 버는 사람들은 지금 리먼에 매달리고 있으니까."

그의 말을 들어주는 사람이 있다는 데 펄드는 고마움을 느꼈다. 시장에서의 공매에 따른 리먼의 어려운 상황은 방송인 크레이머가 아주 좋아하는 재료라는 것을 펄드는 잘 알고 있다. 특히 이슈가 되는 것은 이른바 '경기활성화규칙 uptick rule'이었다. 이는 증권거래위원회가 1938년에 도입한 규제로 투자가들이 가격이 하락하는 주식을 계속적으로 공매하는 것을 금지하는 규칙이다(말하자면, 어떤 주식이 공매되기 위해서는 시장에 그 주식을 사려는 사람이 있다는 것을 보이는 증거로서 가격이 상승해야 한다는 것이다. 이론적으로 이 규칙은 공매자들이 한꺼번에 몰려 주가가 곤두박질하는 것을 막을 것이다).

그런데 증권거래위원회는 2007년에 이 규칙을 폐지했다. 이를 놓고 크레이머 같은 비판자들은 그 결정이 금융계의 도로 위에 설치된 가장 좋은 속도 규제 장치마저 없애려고 하는 자유시장 신봉자들에 의해 조종된 것이라고 주장했다. 그때부터 크레이머는 사람을 만날 때마다 이 규제가 없어짐으로써 헤지펀드가 제멋대로 미국의 좋은 기업들을 공격하고 그들의 주가를 떨어뜨릴 수 있게 되었다고 주장해왔다.

그런데 최근의 금융위기가 터지기 전까지는 크레이머의 주장을 심각하게 듣는 이는 별로 없었다. 헤지펀드를 이용하는 고객들이 그 규칙의 철폐를 원했고 월스트리트의 금융회사들은 거기에 기꺼이 따랐기 때문이다. 그 자신들이 공매자들의 공격 대상이 되어 목숨을 부지하기 위해 어디든 매달리게 되기 직전까지 말이다.

"이 경기활성화규칙을 살리는 거룩한 싸움에 당신이야말로 훌륭한 동지가 될 수 있어요." 크레이머가 말했다.

펄드는 크레이머의 말을 음미하면서, 이 케이블 뉴스 해설자의 싸움에 리먼의 이름을 빌려주는 것의 장단점을 곰곰이 생각해봤다. 크레이머의 말대로 새로운 규칙이 없어진다면 리먼이 입는 피해가 줄어들 것이었다. 그러나 한편으로 리먼의 재정거래부서arbitrage desk도 공매도를 일삼는 헤지펀드들을 고객으로 두고 있고 여기서 상당한 수익이 발생했다. 펄드로서는 이렇게 돈이 벌리는 공매도 비즈니스를 닫을 수도 없고, 동시에 이에 대한 시시비비가 필요하기도 한 상황이었다. 또 다른 문제는 시장을 보호하기 위해 규제를 아무리 잘 만든다 하더라도 투자가들은 옵션과 파생상품을 활용해 그 규칙들을 다 피해갈 수 있다는 것이었다. 이는 펄드도 잘 알고 있었다.

경기활성화규칙이 리먼의 가장 큰 문제라는 논점에 회의적인 도니니가 펄드 대신 의문을 제기했다. "짐, 그래서 뭘 이뤄내겠다는 거야?"

"공매도가 훌륭한 회사들을 파괴하고 있다는 거지. 그들이 베어스턴스를 파괴했고, 이제 리먼브러더스를 파괴하려고 하잖아? 그런 조류를 막겠다는 거지." 크레이머는 펄드의 자존심을 이용하려는 듯한 방향으로 대답했다.

"이 문제를 해결하려고 한다면, 그리고 공매도가 문제의 근원이라고 생각한다면, 나는 경기활성화규칙의 부활이 해결책이라고 생각하지 않아.” 도니니는 이렇게 대답하며 진짜 문제는 ‘허구 공매naked shorting’라고 말했다. 그의 설명은 이러했다. 보통 투자가들이 공매를 할 때는 우선 증권중개회사에서 형식적으로나마 주식을 빌려서 이를 팔고, 팔린 주식의 가격이 떨어지면 낮은 가격에 그 주식을 다시 사들여 원래 빌린 곳에 되파는 과정을 통해 차익을 챙긴다. 이것이 법의 테두리 안에서 이뤄지는 공매라면, 허구 공매는 처음부터 남의 주식을 빌리는 일도 없이 불법적으로 매매 과정을 진행함으로써 시장을 조작하는 것이다.

크레이머는 도니니의 설명에 깊은 관심을 보이면서도 낭패감을 감추지 못했다. 도움을 달라고 초대를 받고 와서 도움을 제안했는데, 그 도움이 거절되는 것이 아닌가? 크레이머는 화제를 리먼의 어려움으로 돌렸다. “저에게 좋은 재료를 주시면 방송에서 재미있는 이야기를 할 수 있을 텐데요.”

좌석의 긴장감이 고조되는 것을 느끼며 캘런이 입을 열었다. “우리가 최근에 펠로턴Peloton에서 굉장히 좋은 주식 포션을 확보했는데 돈이 금방 불어나고 있어요.” 캘런은 좋은 소식을 전하는 양 밝은 표정으로 말했다.

그러나 크레이머는 찌뿌듯한 인상을 감추려고 하지 않았다. 펠로턴이라면 그도 잘 알았다. 영국에 있는 이 헤지펀드는 골드만삭스의 전 CEO였던 론 벨러Ron Beller가 만들었는데, 그의 아내가 고든 브라운 전 총리의 정책고문이었다. 한때 전 세계의 헤지펀드 중에서도 최고급에 속하던 펠로턴은 최근 시들해져서 자산을 거의 헐값에 팔고 있었다.

“세상에!” 크레이머는 분위기를 나쁘게 하지 않으려고 노력하며 솔직히 털어놓았다. “펠로턴에서 산 자산이 돈을 벌고 있다니 조금 놀랍네요. 그 회사는 레버리지율이 30대 1에 가깝고, 보유 자산 중에는 불량한 것이 많다고 들었는데.”

"그렇지도 않아요. 우린 그 자산을 거저 사다시피 했으니까." 펄드가 애써 신나는 표정으로 말했다.

하지만 크레이머의 표정은 여전히 좋지 않았다. "뭔가 납득이 잘 안 가네요. 골드만삭스에 가서 이야기해보면 그들은 레버리지를 줄이려고 대단히 많이 노력하고 있던데, 오늘 리먼에서 이야기를 들어보니까 '우리도 레버리지를 줄이려고 해요'라고 말은 하는데 실제로는 레버리지를 키우고 있다는 느낌이네요."

크레이머의 이런 의견에 심기가 불편해진 펄드가 반론을 폈다. "우리가 하는 일은 가치가 낮게 평가된 중요한 포트폴리오를 사들이고 그 반대로 과대평가된 것들을 방출하는 거예요."

여기에 CFO 캘런이 나서서 리먼도 대차대조표상에서 레버리지를 급속히 줄여가고 있다고 말했다. "우리 장부를 보면 가치가 낮게 평가된 양질의 자산이 많아요." 그녀는 이어서 서브프라임 사태의 영향을 가장 많이 받은 캘리포니아와 플로리다 두 주에서 주택 관련 포트폴리오를 많이 취득했는데 가격이 오를 것으로 예상된다는 설명을 10분 정도 계속했다.

펄드는 크레이머와 손을 잡는 것이 문제만 일으킬 것이라고 결론을 내리고, 크레이머에게서 정보를 빼내기 위해 화제를 돌렸다. "그래서 새로운 뉴스가 뭐예요? 리먼 다음으로 문제가 일어날 곳은 어디라고 봅니까?"

펄드는 최근 자사에 대한 공매도 습격을 주도해온 것이 미국에서 가장 영향력 있는 양대 투자 그룹이라 할 수 있는 코네티컷 주 그리니치에 있는 SAC캐피털어드바이저스SAC Capital Advisors의 스티븐 코헨Steven A. Cohen과 시카고에 자리 잡은 시터들인베스트먼트그룹Citadel Investment Group의 케네스 그리핀Kenneth C. Griffin이라고 생각했지만, 그 이름을 입 밖으로 내지는 않았다.

"공매도를 하는 인간들은 사기꾼이에요!" 펄드가 열띤 어조로 크레이머에게 말했다. "방송에 나가서 그 인간들이 사기꾼이라고 말해도 무방할 거예요."

크레이머는 자신이 리먼의 입장에 동감하지만 구체적인 정보가 없이 방송에서 위험을 무릅쓰고 리먼 주를 사라고 지지할 수는 없다고 말했다. "사람들이 소문에 회의를 품게 할 수는 있다고 생각해요. 정부를 한번 이용해보지 그래요? 정말로 사태가 그렇게 안 좋고 헤지 투자가들이 공매를 하며 거짓말을 한다면, 증권거래위원회에 고발하는 것을 고려해볼 수도 있어요." 크레이머가 제안했다.

하지만 펄드는 점점 성질을 내며 자신의 말을 반복했다. "그러지 말고 우리에 관해 나쁘게 말하는 인간들이 누군지 좀 말해주지 그래요?"

이 말에 크레이머는 얼굴을 붉히며 반론했다. "이것 봐요. 전 특정한 사람을 지칭하는 게 아니에요. 전 단지 시장을 분석할 뿐이고, 그러다 보니 리먼이 형편없는 자산을 많이 사들이기는 하는데 팔지는 않고, 그래서 현금이 필요하게 됐다고 생각하는 거예요."

도전받는 것을 싫어하는 펄드는 즉시 반박했다. "말도 안 돼요. 우리는 완전히 투명하게 활동해왔어요. 그리고 우리는 현금이 필요 없어. 상당한 현금을 확보하고 있으니까. 우리 대차대조표가 지금처럼 좋은 적은 없었어요."

하지만 크레이머는 여전히 회의적으로 보면서 입을 열었다. "그게 사실이라면 그 풍부한 현금을 가지고 리먼의 주가를 올리는 작업을 할 수 있지 않을까요? 자사의 채권을 좀 사들인다든지."

펄드는 아침회의를 끝내며 크레이머에게 조소하듯이 내뱉었다. "내가 뉴욕연방준비은행의 이사회 멤버예요. 내가 거짓말을 할 필요가 뭐 있어.

그들이 다 들여다보고 있는데.”

월스트리트의 이빨

5월 중순 어느 날, 그린라이트캐피털Greenlight Capital의 창업자 데이비드 아인혼은 연설문을 쓰고 있었다. 60억 달러 이상의 자산을 굴리는 헤지펀드매니저인 그는 이라손투자회의Ira W. Sohn Investment Research Conference에서 발표를 하게 되어 있었다. 이 연례회의에는 1,000명 이상의 사람들이 3,250달러에 달하는 참가비를 내고 몰려들어 유명한 투자가들이 어느 주식을 사고 어느 주식을 버리라고 하는 연설을 들었다. 참가자들은 대개 몇 가지 유용한 투자 아이디어를 얻기도 하지만, 참가비용이 암환자를 위한 자선단체인 투모로칠드런펀드Tomorrow's Children Fund에 들어가는 것에 만족했다.

39세의 나이보다 10년은 젊어 보이는 아인혼은 맨해튼의 그랜드 센트럴 터미널에서 한 블록 떨어진 그의 집무실에 앉아 강연회에서 무슨 말을 할까 곰곰이 생각했다. 일곱 명의 애널리스트와 몇 안 되는 스태프를 둔 그의 회사는 마치 온천호텔처럼 평화롭고 조용했다. 전화에 대고 거래주문을 외쳐대거나 투자에 성공했다고 일어나 손뼉을 맞추며 환호하는 일도 없었다.

그린라이트는 인내심을 가지고 과학적인 접근방법을 이용해 투자하는 것으로 정평이 나 있었다. 언젠가 아인혼은 이렇게 말했다. “우리는 어떤 주식이 왜 시장에서 저평가될 가능성이 있는지를 보는 데서 시작합니다. 일단 가설이 세워지면 그 주식이 실제로 가격이 너무 싼지 저평가되어 있는지를 분석합니다. 투자하기 전에 어떤 기회가 있고 거래의 저편에 있는 사람들에 비해 우리가 어떤 유리한 분석을 하고 있는지를 확인하는 것입니다." 이렇게 투자하는 그린라이트는 투자에 레버리지나 차입금을 사용하지 않는다는 점에서 다른 헤지펀드들과 차별되었다.

그린라이트의 애널리스트들은 '부재발실Nonrecurring Room'이라는 이상한 이름이 붙은 회의실에서 10-K*를 모아놓고 며칠씩 연구하곤 했다. 이를 통해 재무제표에 예상외의 이익이나 손해가 다시 발생하지 않을 것이라고 의도적으로 선언하는 기업을 가려냈다. 아인혼이 볼 때 이런 식의 진술은 그 회사에 문제가 있다는 경고등이었고, 공매 비즈니스의 찬스를 잡을 수 있는 것이었다. 이런 분석을 통해 아인혼이 최근 관심을 갖게 된 것이 리먼브러더스였다. 그래서 그는 강연회에서 이 회사를 화두로 삼기로 했다. 리먼브러더스의 견실함에 의문을 제기하는 것은 최근 월스트리트에서 가장 인기 있는 잡담의 하나가 되었지만, 아인혼은 작년 여름부터 이 회사에 대해 조심스레 우려를 품어왔다.

2007년 8월 9일 목요일, 베어스턴스가 쓰러지기 7개월 전, 아인혼은 뉴욕 주 라이에 있는 자택에서 평소보다 두어 시간 일찍 일어나 보고서를 읽고 이메일을 쓰고 있었다. 그날 신문의 머리기사는 아인혼에게 아주 이상한 느낌을 주었다. 그해 여름 내내 서브프라임모기지의 붕괴는 신용시장에서 문제가 되었고, 급기야 모기지담보증권Mortgage-Backed Securities: MBS에 집중적으로 투자한 베어스턴스의 펀드 두 개가 붕괴했다.

그리고 이제 프랑스 유수의 은행 BNP파리바가 자사가 보유한 세 개의 단기금융시장펀드Money Market Fund: MMF에서 투자가들이 돈을 인출하는 것을 금지하는 결정을 발표한 것이다. 이 소식을 듣고 버냉키가 여름휴가

---

* 10-K란 미국의 공개기업이 매년 증권거래위원회에 제출하는 보고서를 가리킨다.

를 취소했듯이, 아인혼도 내막을 좀 더 살펴보겠다는 생각으로 주말휴가를 취소했다. 그 소식을 놓고 아인혼은 직원들에게 이렇게 말했다. "이 사람들은 프랑스에 있는 근로자들이야. 그들이 돈을 넣은 단기금융시장에서는 돈이 안 붙어. 그 대신에 원할 때는 언제나 돈을 찾을 수가 있지. 단기금융시장의 기능이 그런 것이니까. 단기금융시장의 인출을 정지시킨다니 이건 말이 안 되는 일이야."

이 말에 이어 그는 즉시 일곱 명의 애널리스트들을 불러 모아 특별 프로젝트를 지시했다. "우리가 평소에 하는 조사와 조금 다른 것을 해보자고." 특정한 회사나 가설을 파고드는 고생스러운 조사는 당분간 놔두고 토요일과 일요일에 어느 금융회사가 서브프라임에 발을 담그고 있는지, 말하자면 도산 가능성 조사를 해보자는 것이었다. 문제가 이 금융회사들에서 시작된 것은 이미 알고 있었으며, 아인혼이 이제 알고 싶은 것은 어디에서 문제가 터질 것인가 하는 점이었다. 하락하는 부동산 자산에 투자한 투자은행이라면 (일부 금융회사들이 이해하기도 어렵게 증권화 상품으로 변신했을 가능성이 높지만) 위험이 다가오고 있을 터였다. 그는 이 긴급조사 프로젝트를 '신용바스켓Credit Basket'이라고 부르기로 했다.

일요일 밤, 아인혼의 조사팀은 스물다섯 개의 금융회사를 공매작전 대상으로 뽑아 왔다. 그중에 리먼브러더스가 들어 있었는데, 아인혼은 일주일 전에 이미 이 회사의 주가가 64.8달러로 너무 높다고 판단해 공매도 포지션을 걸어두고 있었다. 그로부터 몇 주에 걸쳐 그린라이트의 신용바스켓 목록은 공매도 포지션 딜이 성사됨으로써 점차 짧아져가고, 결국 몇 개의 회사밖에 남지 않았는데, 거기에는 리먼도 있었다.

9월에 투자은행들이 분기 실적을 발표하게 되어 있어 아인혼은 주의를 기울이고 있었다. 그런데 9월 18일에 있었던 리먼브러더스 전화회의 보고에서 나온 3사분기 실적을 듣고 아인혼의 심중에는 몇 가지 사항에 대해 경고등이 켜졌다. 당시 리먼의 CFO를 맡고 있던 크리스 오메라Chris O'Meara의 발언은 지나치게 낙관적이었다. 그는 애널리스트들에게 이렇게 공표했다. "다가올 시기에 대해서 예견하기는 아직 이릅니다. 하지만 이미 말했듯이, 우리 회사의 신용 상태를 교정하는 데 최악의 고비는 지났습니다."

더 중요한 문제로서, 아인혼은 리먼이 과거 기록적인 수익을 올릴 수 있었던 데는 불투명한 회계처리가 중요한 바탕이 되었는데 그들이 보유한 부채자산의 가치가 떨어지는 시기에는 이에 관해 정당하게 언급하지 않았다고 보았다. 리먼은 이에 관해 그저 부채자산을 더 싼 가격에 사들여 차액을 노릴 수 있다고만 한 것이었다. 물론 이런 관행을 일삼는 금융회사들이 있었으나, 리먼의 경우에는 어느 곳보다도 용의주도하게 정확한 숫자를 대지 않고 넘어갔던 것이다.

이를 놓고 아인혼은 부하들에게 자신의 생각을 가감 없이 털어놓았다. "아주 이상한 회계방식이야. 리먼의 논리를 따르면, 최대의 이익을 낼 수 있는 시기는 회사가 망하기 바로 직전 아니야? 모든 부채가 의미가 없다는 거니까. 이걸 수익이라고 부르다니. 게다가 이걸 근거로 보너스를 지급해? 이거 아주 돌아버리겠는데."

그로부터 6개월이 지난 2008년 3월 18일에 리먼의 새 CFO 에린 캘런이 주재한 분기 발표를 아인혼은 예의 주시하며 들었다. 그리고 이번에도 확신에 찬 발표가 나오자 아인혼은 저항감을 느꼈다. 역설적이게도 리먼의 최대 방어자로 캘런이 등장해 거창한 발표를 함으로써 아인혼의 그런 생각을 더 자극했다. 세법 전문 변호사로 있다가 리먼의 CFO가 된 지 반년도 안 된 캘런이 이렇게 복잡한 회계를 다 파악할 수 있단 말인가? 그녀는 무슨 근거로 리먼이 보유 자산을 적정하게 평가하고 있다고 말하는 것인가?

지난 2007년 11월에 아인혼은 캘런 및 그녀의 동료들과 대화를 나눌 기회가 있었다. 그 이후로 아인혼은 캘런이 스스로 이해하지 못하는 것을 늘어놓거나 리먼이 수치를 과장하고 있다고 생각해왔다. 리먼이 제시하는 수치에 대해 좀 더 자세히 알아보려고 아인혼은 전화를 걸었다. 이런 경우 대부분의 금융회사들은 투자가에 대한 서비스로 되도록 고급임원이 대응을 하게 되어 있었다.

그런데 이 전화가 아인혼에게는 상당히 김빠지는 것이었다. 그는 리먼이 부동산 같은 비유동성자산을 얼마나 자주 재평가해 회계에 반영하는지 물었다. 개념으로서의 시가기준 평가mark-to-market란 이해하기에 간단한 것이었다. 그런데 대부분의 금융회사들은 그들이 보유하고자 하는 부동산이나 담보와 같이 비유동성 투자자산에 관해서는 구체적인 달러 가치를 평가해 장부에 반영하는 것을 귀찮게 여겼다. 즉, 취득하기 위해 지불한 금액을 기입해놓을 뿐 특정한 날짜에 얼마가 될 것이라고 예상해 이를 기록하지는 않았다. 나중에 산 가격보다 높은 가격에 판다면 수익을 올리는 것이고, 낮게 판다면 손해를 보는 것이었다.

그런데 이 간단한 회계방식은 2007년에 'FAS 157'이라는 새로운 회계 규칙이 도입됨으로써 일변했다. 한 예로, 어느 금융회사가 본사 사옥으로 쓰는 비유동성자산을 취득했다면 그 가치를 마치 주가를 평가하듯이 회계에 반영하게 된 것이다. 그 자산의 가치가 올라간다면 주식의 시가총액이 오른 것과 동일하게 취급해 올라간 만큼의 가치를 회계에 반영해 '올려 쓰기write it up'를 해야 하고, 가치가 떨어지면 그만큼 '내려 쓰기write it down'를 해야 했다.

그런데 자산의 '내려 쓰기'를 수시로 하려고 하는 사람이 누가 있을까? 결국 이 규칙은 해당 자산이 매각되기 전까지는 이익이나 손실이 '실현'되는 일이 없는 하나의 의미 있는 이론적 관행에 그쳤는지 모른다. 그러나 여기에서 채용된 시가기준 회계는 실질적인 파급효과를 가져왔다. 즉, 비유동성자산에서 가치를 많이 잃은 회사는 그만큼 시장가치가 떨어지게 된 것이다.

그래서 아인혼이 알고 싶었던 것은 리먼이 비유동성자산을 얼마나 자주, 즉 매일 또는 매주 아니면 분기별로 재평가하는가 하는 것이었다.

그에게 이 질문은 매우 중요했다. 모든 종류의 자산가치가 하락하고 있는 것이 대세인 가운데 리먼이 비유동성자산을 포함한 각 자산의 가치 하락을 얼마나 정확히 회계장부에 반영하고 있는지를 알 수 있는 시금석이 될 것이었기 때문이다. 리먼의 전 CFO 오메라는 자산가치를 매일 반영하고 있다고 했는데, 이번에 회계 책임자와 통화를 해보니 비유동성자산은 사분기에 단 한 번 평가한다는 것이었다. 이 전화회의에 새 CFO 캘런도 참여하고 있어서 대화를 모두 들으며 과거와 대답이 다르다는 것을 알 것이 분명하거늘, 그녀는 이 모순된 대답을 교정하려고 하지 않았다. 아인혼도 구태여 그 문제를 지적하지 않았지만, 리먼의 문제 목록에 한 가지 중요한 사항을 추가했다.

4월 말에 이르러 아인혼은 리먼에 대해 품고 있던 의문들을 공공연하게 발언하기 시작했다. 한 투자가 회의에서 그는 "회계장부나 사업구성 등으로 볼 때 리먼이 베어스턴스와 별로 다를 바가 없다"고 말했다.

아인혼의 발언은 시장에서 주목받지는 못했지만, 이에 대해 리먼에서는 분노를 나타냈다. 결국 아인혼과 캘런이 한 시간이나 긴 전화를 하게 되었고, 캘런은 아인혼의 질문에 최대한 답변해 만족을 주고 그의 생각을 바꾸려고 노력했다. 그러나 캘런의 우호적인 태도에도 아인혼은 그녀가 말끝을 흐린다고 느꼈다.

그리고 이제 2008년 5월 말에 있을 회의 강연을 준비하면서 아인혼은 캘런과 나눈 대화를 되새기며 리먼을 강연의 초점으로 삼기로 결심한 것이었다. 그는 캘런과 마지막으로 대화를 나눌 필요가 있다고 생각하고, 그녀에게 전에 나눈 대화의 내용을 이라손투자회의 강연에 인용하려고 한다는 취지의 이메일을 보냈다.

즉시 캘런에게서 회신이 왔는데 외교적 언사는 뺀 것이었다. "난 당신이 놓은 덫에 걸린 것 같습니다. 당신은 우리가 나눈 대화를 당신 목적에 맞게 멋대로 바꿔 이용하려고 하는군요."

아인혼은 금융회사들이 적대적인 태도로 돌변하는 것에 익숙해져 있었다. 공매도 비즈니스를 하는 그가 금융업계에서 인기를 얻는다는 것은 애초부터 어려운 일임을 그는 잘 알고 있었다. 아인혼은 캘런에게 즉시 이메일로 응수했다. "내가 당신에게 솔직하지 못했다는 생각은 받아들일 수 없습니다. 그리고 당신이 우리의 대화가 비밀이었던 것으로 여길 만한 이유가 전혀 없어요." 이 이메일을 보내고 그는 연설 원고를 마감했다.

5월 21일, 아인혼은 타임워너센터의 프레더릭로즈홀에서 강연 차례가 오기를 기다리고 있었다.

그의 강연은 증권시장이 마감한 직후인 오후 4시 5분에 시작할 예정이었는데, 이는 강연회 주최 측이 의도한 시점이었다. 금융업계에서 아인혼의 위상과 그가 하고자 하는 말의 내용은 청중으로 앉아 있는 투자가들의 영향력까지 고려했을 때 엄청난 파급력을 시장에, 특히 리먼브러더스의 주가에 가져올 것으로 예상했던 것이다.

투자 강연회는 워낙 많기 때문에 이런 파급력이 있는 강연만이 가치를 지니게 되었다. 헤지펀드를 운영하는 사람들은 대개 공개적인 자리를 피하는데, 이번에는 청중 속에 헤지펀드업계의 큰손인 칼 아이칸Carl Icahn, 빌 밀러Bill Miller, 빌 애크먼Bill Ackman 등이 와 있었다.* 어떤 이는 이번 강연회의 청중으로 와 있는 인사들이 굴리는 돈이 5,000억 달러가 넘을 것이라고 추정하기도 했다.

무대 구석에서 아인혼은 자신보다 앞서 강연장의 열기를 달구기 위해 나온 리처드 제나Richard Pzena가 강연의 종결점에 이르는 것을 보고 있었다. 전통적인 가치투자로 유명한 그는 주어진 시간을 넘겨가면서 자신의 생각을 청중에게 주장했다. "시티그룹 주를 사세요." 그의 말에 따르면 그날 오후 21.06달러에 장을 마친 시티그룹 주는 반드시 사야 한다는 것이었다. "이 주는 전통적인 가치주입니다. 지금은 문제가 많아요. 하지만 이 문제들이 해결되면 주가는 쭉 오를 겁니다."

만약 어떤 투자가가 그의 말을 듣고 투자했더라면 큰 손해를 봤을 것이다. 그래도 청중은 다음 차례의 메인이벤트를 기다리며 관대하게 박수를 쳤다.

아인혼은 이날 강연에서 리먼브러더스에 대해 의견을 개진할 뿐 아니라 그가 새롭게 낸 책 『사람들을 내내 속이기Fooling Some of the People All of the Time』 홍보도 조금 할 계획이었다. 이 책은 바로 지난 2002년 이라손투자회의에서 한 연설로, 연방정부와 시비가 되었던 내용을 다룬 책이었다.

---

* 칼 아이칸은 기업사냥꾼으로 이름을 떨쳤던 프라이빗에퀴티펀드매니저이며, 빌 밀러는 뮤추얼펀드로 유명한 레그메이슨캐피털매니지먼트(Legg Mason Capital Management)의 회장이다. 빌 애크먼은 헤지펀드 퍼싱스퀘어캐피털매니지먼트(Pershing Square Capital Management)의 창업자다.

그 강연에서 아인혼은 워싱턴에 있는 프라이빗에퀴티 회사로서 비교적 중소기업의 주를 사고파는 얼라이드캐피털Allied Capital이라는 회사가 채용한 회계방식에 문제를 제기했다. 그런데 이 강연이 끝나자마자 얼라이드캐피털의 주가가 11퍼센트 가까이 떨어지는 사태가 발생했다. 그리고 33세의 아인혼은 즉시 투자업계의 영웅이자 일부 사람들에게는 악한으로 등장했다.

아인혼은 첫 번째 공개강연을 마치고 나서 그의 발언으로 연방정부 규제 당국이 얼라이드캐피털의 사기 수법을 조사할 것이라고 예상했다. 그런데 예상과는 달리 증권거래위원회가 오히려 아인혼을 조사하기 시작하며, 그가 이익을 노리고 시장을 왜곡하는 발언을 했는지 살폈다. 얼라이드캐피털도 가만히 있지 않았다. 얼라이드캐피털이 고용한 한 사설탐정은 본인을 사칭해 타인의 개인정보를 캐내는 (이른바 프리텍스팅pretexting이라 불리는) 기분 나쁘고 불법성이 다분한 방법을 이용해 아인혼의 통화 기록을 확보하기도 했다. 얼라이드캐피털과 아인혼의 싸움은 6년 가까이 계속되었다. 그런데 이날 그는 자신의 주장을 널리 알릴 수 있는 힘을 이용해 얼라이드캐피털보다 훨씬 더 큰 적을 상대하려 하는 것이었다.

아인혼은 연단에 자신의 노트북컴퓨터를 꺼내놓고 장내를 한번 둘러봤다. 앞줄에 앉은 사람들이 블랙베리를 꺼내들고 있는 것이 보였다. 일부 투자가들이 강연 내용을 메모해서 즉시 사무실로 전송하려는 것이었다. 설혹 주식시장이 폐장된 시간이라도 귀중한 정보는 시간과 관계없이 가치를 발휘한다. 돈을 벌 길은 언제라도 열려 있다.

아인혼은 미국 중서부 지방 특유의 단순한 톤에 약간 비음이 들어간 음성으로 얼라이드캐피털과의 싸움에 관해 다시 요약하는 것으로 강연을 시작했다. 그리고 본론인 리먼브러더스 이야기로 들어갈 참이었다.

청중을 보며 그는 말했다. "6년 전에 제가 얼라이드캐피털을 상대로 제기했던 문제는 그 기업이 불황 속에서 잃어버린 기업가치를 회계에 반영하지 않음으로써 공정한 가치평가를 악용했다는 것이었습니다. 그리고 그 문제는 지금도 해결되지 않아 오늘날의 신용위기 속에서 더 큰 규모로 나타나고 있습니다."

그의 요점은 리먼이 지난 사분기에 상실된 기업가치를 회계에 반영하지 않았고, 이번 사분기에는 그 손실이 더 클 수밖에 없다는 것이었다. 이런 도발적인 논점을 제기하고 이를 뒷받침하기 위해 예를 하나 들었다.

"최근에 어떤 금융회사의 CEO 한 분이 제 사무실을 찾아왔습니다. 그 회사는 모기지담보채권을 가지고 있어 실가로 회계에 기재되어 있다는 겁니다. 그리고 그는 제게 상투적인 말을 했습니다. 즉, 그 채권은 아직 트리플 A라는 좋은 신용등급을 가지고 있다, 그 채권에서 영구적인 손실이 난다고 생각하지 않는다, 그리고 그 손실을 평가할 비유동성자산 시장도 없다, 등등입니다."

"그래서 제가 외쳤습니다. '다 아는 거짓말 하지 마세요!' 그리고 제가 설명했습니다. 그런 채권에도 유동성 시장이 있다는 것, 그 채권은 아마 해당 시점의 명목가치의 60에서 70퍼센트 정도 가치밖에 없다는 것, 그 채권이 영구적인 손실로 판명되는 것은 시간문제라는 것을 말입니다."

"그런데 놀랍게도 그는 제 말이 맞았다고 했습니다. 다만 진실을 그대로 말하면, 결국 회계사들이 그 회사의 가치를 떨어뜨려 장부에 반영할 것이라는 겁니다."

그 시점에서 그는 이야기를 리먼으로 몰고 가면서, 다음과 같은 논점을 분명히 했다. 즉, 자신이 가지고 있는 증거로 볼 때 리먼이 부동산 자산의 가치를 과대평가하고 있으며, 주가가 떨어질 것이 두려워 손실의 정확한 규모를 인정하지 않고 있다는 것이었다.

그의 논점을 부연하며 아인혼은 리먼의 CFO 캘런이 베어스턴스가 파산한 다음 날 했던 사분기 소득에 관한 유명한 전화회의를 어떻게 해석했는지를 설명했다.

"그날 있었던 전화회의에서 리먼의 CFO 에린 캘런은 사분기 보고서를 놓고 'great'라는 단어를 열네 번, 'challenging'이라는 단어를 여섯 번, 'strong'이라는 단어를 스물네 번, 'tough'라는 단어를 한 번 썼어요. 그리고 'incredibly'라는 말을 여덟 번 했습니다."

"저라면 'incredible'이라는 말을 그 보고서와 관련해 다른 의미로 썼을 겁니다."

이런 수사법을 동원하고 나서 아인혼은 나중에 왜 그가 캘런에게 전화를 걸었는지를 이야기했다. 화면에 관련된 수치가 떠오르게 해놓고 설명했다. 1사분기에 CDO라고 알려진 악성 채권에 리먼이 65억 달러를 물려놓고도 자산평가에서 2억 달러만 손실 처리한 것에 관해 캘런에게 전화를 걸어 어떻게 따졌는지 소상하게 밝힌 것이다. 게다가 그는 리먼이 보유한 CDO 중에 약 16억 달러어치가 투자등급 이하라는 점을 덧붙였다.

"캘런 여사는 제 말을 이해한다고 하면서 다시 연락하겠다고 했습니다." 아인혼의 이야기는 계속되었다. "그런데 캘런 여사는 이메일에서 손실 처리를 삭감해버린 것에 관해서는 설명하지 않고, 그 대신에 현재의 가격 변동 추세로 볼 때 '2사분기에는 리먼의 손실이 더 커질 것'으로 예상한다고 하더군요. 그렇다면 1사분기에는 왜 제대로 된 손실 처리가 없었을까요?"

여기서 아인혼은 그가 리먼의 전화회의와 그로부터 몇 주 뒤 증권거래위원회에 제출한 보고서 사이에 존재하는 11억 달러라는 손실액 차이를 알아내는 데 애를 먹었다고 설명했다. 이를 이해하려면 이른바 '레벨 3 자산'이라는 것을 알아야 하는데, 이는 시장이 존재하지 않고 그 평가가 오직 금융회사 내부 모델에 의해서만 결정되는 자산이라는 것이었다.

"그래서 제가 리먼에 단도직입적으로 물었습니다. '당신들 전화회의와 증권거래위원회에 제출하는 10-Q* 양식 사이에서 10억 달러 이상의 레벨 3 자산평가를 슬쩍해버린 거 아니에요?' 그러자 리먼의 당사자는 '절대 그런 일이 없다'고 펄쩍 뛰었는데, 하지만 아무런 납득할 만한 설명이 없었습니다."

이 대목에서 아인혼은 목청을 가다듬고 한 가지 경고로 연설을 마무리하려고 했다. "저의 바람은 증권거래위원회의 콕스 의장과 연준의 버냉키 의장, 재무성의 폴슨 장관이 리먼이 초래한 금융 시스템의 위험에 주목했으면 하는 것입니다. 그래서 리먼이 자본을 늘리고 손실을 인정할 수 있게 하며, 이것이 납세자의 돈이 들어가기 전에 이뤄지기를 바랍니다."

"지난 몇 주간 리먼은 공매도에 대해 불만을 토로해왔습니다. 그런데 학계의 연구나 우리의 경험에 비춰보면 어떤 금융회사의 경영진이 공매도에 대해 불만을 토로할 때, 그들이 진정한 문제로부터 투자가들의 주목을 분산시키기 위해 하는 경우가 많다는 것입니다."

아인혼이 연단에서 내려가고 몇 분 지나지 않아 그의 연설 내용은 금융권에 퍼졌다. 그다음 날 아침 장이 열렸을 때 리먼은 주가가 5퍼센트 이상 빠진 채 시작하는 고통을 겪었다.

한편 아인혼은 강연장을 떠나 브로드웨이에 있는 중국식 레스토랑인

---

* 10-Q는 미국의 공개기업이 증권거래위원회에 매분기 제출하는 보고서를 가리킨다.

순리웨스트에서 열릴 출판기념회로 향하면서 회의 프로그램을 훑어보다가 재미있는 사실을 하나 발견하고 미소를 지었다. 그것은 리먼브러더스가 그 회의를 위해 2만 5,000달러를 후원했다는 것인데, 역설적으로 그 덕에 세계가 공개적으로 리먼브러더스의 신뢰도를 떨어뜨린 그의 연설을 들을 수 있었던 것이다.

Too Big to Fail

한국산업은행은 리먼을 도울 것인가

"도대체 누가 지껄인 거야?" 딕 펄드는 분노를 참지 못하고 탁자를 뛰어넘어 누군가의 목이라도 조르겠다는 기세로 물었다.

6월 4일 수요일, 리먼의 최고위 간부들인 집행위원회 멤버들은 회의실 탁자에 둘러앉아 어색한 침묵에 잠겨 있었다.

펄드는 《월스트리트저널》을 손에 들고 흔들었다. C1면에는 그가 "내 생에 가장 큰 배신"이라고 표현한 기사가 실려 있었다. 그날 아침 펄드는

≪월스트리트저널≫ 조간을 펼쳐보고 숨이 막힐 지경이었다. 표제는 "리먼 해외자금 조달 고려 중"이라고 되어 있고, 부제는 좀 더 구체적으로 "주가가 폭락하는 가운데 현금 확보 노력 중. 한국에 손을 내밀 수도"라고 쓰여 있었다.

그 신문에는 리먼을 비판하는 사람들의 입을 막고 아직 힘이 있다는 것을 만천하에 보여주고자 펄드가 지난달 내내 비밀리에 작업해오던 계획이 고스란히 적혀 있었다. 그는 리먼이 쓰러지는 것을 막으려고 필사적으로 애써왔는데, 이제 이 기사 때문에 그런 노력이 수포로 돌아갈 수도 있었다.

수전 크레이그의 배신

지난 2, 3개월 사이에 펄드는 ≪월스트리트저널≫의 수전 크레이그 기자와 온레코드와 오프레코드로 모두 몇 번 이야기를 나눈 적이 있었다. 그렇지만 이 건에 관해서는 입도 벙긋하지 않았다. 그런데 그녀가 쓴 기사는 간결하면서도 정확했다. 그녀는 리먼이 한국의 국책은행인 산업은행과 지난 몇 개월간 이야기를 진행해오고 있다는 것을 파악하고 있었다. 게다가 그녀는 이 거래가 커다란 국제적 사안으로서, 리먼의 서울 지사에 있는 조건호가 추진해왔다는 것도 알고 있었다. ≪월스트리트저널≫의 크레이그 기자가 이렇게 자세히 알 수 있는 유일한 길은 이 사안의 내막을 아는 누군가가, 즉 오늘 아침 회의실에 있던 중역 중의 하나가 흘린 것 이외에 있을 수 없었다.

지난 5월 리먼에 대한 데이비드 아인혼의 부정적 발언이 있자마자 리먼의 주가는 무려 22.6퍼센트가 내려갔다. 이에 이은 또 한 번의 홍보작

전 실패였다. 펄드는 투자은행업계에 있는 인간들이 때로 그들의 고객에 관한 비밀을 지껄이는 경향이 있음을 잘 알았다. 그러나 이번의 누설은 자신이 일생을 바친 기업 리먼브러더스의 생존을 위협할 수도 있는 것이었다. 이 배신에 펄드는 깊은 상처를 받았다.

며칠 전에는 리먼의 유동성 사정이 너무 나빠서 연준에 할인창구를 통한 대출을 요청하기도 했다는 소문이 나돌았다. 사실이 아닌 이 소문으로 리먼의 주가는 15퍼센트가 더 빠졌다. 아인혼의 발언이 점차 신빙성을 얻어가며 리먼에 대한 의심의 씨앗이 뿌리를 내리는 것을 보면서, 펄드는 지난 두 주간 거의 매일 그 소문을 불식하는 데 무진 애를 써왔다. 펄드가 볼 때 아인혼의 의도는 적중했다.

리먼의 총무 담당 임원 스콧 프리다임Scott Freidheim은 뉴욕에서 금융계와 관련된 언론인이나 홍보회사 간부 대부분을 접촉하며 아인혼의 발언과 리먼 주 공매도를 막으려고 노력해왔다. "리먼을 죽이려고 마음먹은 이 아인혼이라는 자가 왜 신빙성이 있는 거야?" 프리다임이 리스크관리 전문가라고 하는 조엘 프랭크Joele Frank와 스티브 프랭클Steve Frankel에게 말했다. 홍보회사 간부인 스티브 리핀Steve Lippin이라는 이에게는 "우리를 해치려고 하는 모든 사람들에게 일대일로 설전을 벌일 수는 없어"라고 말하기도 했다.

한편 리먼 내부에서는 언론과 접촉할 때 지켜야 할 지침을 확고하게 마련했다. 즉, 악성 루머가 더 이상 퍼지게 해서는 안 되며, 더 이상 실수해서는 안 된다는 것이었다.

펄드는 크레이그 기자의 특종이 타당한 것이라 해도 그 기사가 도를 넘은 것이라고 여겼다. 그는 분노를 느끼며 크레이그가 아인혼과 마찬가지로 리먼을 해치려는 의도를 가지고 그 기사를 썼다고 생각했다. 그 기사를 읽으면 리먼이 마치 비열한 고등학교 동창생 모임이나 가십거리를 만들어내는 공장 같은 느낌마저 일으켰다. 크레이그를 신뢰했기 때문에 배신감이 더 컸다. 그 기사가 나오기 일주일 전에는 크레이그가 연락을 해서 리먼의 경영회의를 참관하고 싶다는, 말도 안 되는 요청을 하기도 했다. 펄드는 "최대한 돕고 싶지만 그 요청은 받아들일 수 없다"고 정중하게 거절했다.

기사가 나온 그날 오후 크레이그는 펄드에게 전화해 기사에 관해 뒷이야기를 하려고 했다. 이때 펄드는 무자비하게 그녀를 내치며 내뱉었다. "당신은 책임 있는 저널리스트인 척하지만 지금 보니 다른 인간들과 다를 바 없어. 당신 자리는 이제 없어!" 그는 말을 마치고 수화기를 부서질 듯 내려놓았다. 그때는 이미 펄드가 회사에 새로운 지시를 내린 상태였다. 즉, 홍보부서를 포함해 누구도 《월스트리트저널》을 상대해서는 안 된다는 것이었다.

펄드의 무리한 지시를 듣고 커뮤니케이션을 담당하는 앤드루 고워스Andrew Gowers는 기가 막혀서, "이렇게 어려운 때에 미국에서 가장 힘 있는 경제지인 《월스트리트저널》과 관계를 끊는다면 도대체 어떻게 하겠다는 것이냐"고 총무 담당 프리다임에게 불평을 털어놓았다. 그러자 프리다임은 자신이 어떻게 알겠느냐는 제스처를 취하며 말했다. "나도 몰라. 딕과 《월스트리트저널》의 싸움이니까."

펄드를 에워싼 인물들

스콧 프리다임은 누가 정보를 흘렸는지 알았다. 아니 그렇게 믿었다. 42세의 프리다임은 펄드의 심복 중에서 나이가 가장 어렸다. 청과유통업체 치키타Chiquita의 전 사장의 아들인 그를 펄드는 이상적인 부하로 꼽았다. 주어진 일이라면 그것이 무슨 일이든 해내는 능력이 있고 킬러 본능을 가지고 있었다. 리먼의 총무 담당 임원인 그는 투자은행가라기보다는 월급을 많이 받는 전략가라고 해야 맞았다. 한편 펄드를 싫어하는 사람들이 보기에 프리다임은 펄드의 애완동물인 양 아무것도 모르면서 펄드를 수단과 방법을 가리지 않고 보호하려 드는 충성파였다.

프리다임은 리먼의 COO 조 그레고리의 생활방식을 흉내 내며 사는 고급임원이었다. 코네티컷 그리니치에 자택을 가지고 있으며 차를 끊임없이 바꾸는 식이었다. 최근에 그는 가까운 친구이자 헤지펀드의 거물인 에디 램퍼트Eddie Lampert가 소유하던 '모바일 오피스'를 사들였다. 그것은 검은색 지엠시 디날리GMC Denali라는 차였다. 그는 인터넷 설비를 갖춘 이 자동차에 기사를 붙여 출퇴근했는데, 한번은 동료를 모아놓고 자동차를 보여주며, 차에서 영화 〈미션 임파서블Mission Impossible〉의 주제곡이 나오자 "이거 너무 멋있지 않아" 하며 흥분해 외치기도 했다.

《월스트리트저널》에 나온 문제의 기사를 놓고 긴장된 회의가 끝나자 프리다임은 정보를 누출한 자를 색출해 펄드를 보호해야겠다고 결심했다. 그렇지 않아도 그는 그 전날 저녁에 《월스트리트저널》의 기자, 그리고 리먼의 대변인 케리 코헨Kerrie Cohen과 정신없이 통화하고 나서 무언가 석연치 않다고 느꼈었다. 다음 날 아침 보도될 《월스트리트저널》 기사에 대해 분명한 이미지를 떠올릴 수 없었기 때문이다.

그런데 다음 날 아침 CFO 에린 캘런이 프리다임의 사무실에 들렀다. 평소에 없던 이례적인 일이었는데, 캘런은 그에게 "그 기사로 리먼의 주가가 오를까" 하고 물었다.

이 일을 회상하며 프리다임은 정보를 흘린 것이 캘런의 아이디어였다고 믿게 되었다. 리먼의 많은 임원들과 마찬가지로 프리다임도 캘런이 CFO로 앉아 있을 사람이 아니라고 생각했다. 게다가 그녀의 건방진 자만심에 조금씩 염증을 느끼고 있었다. 그녀는 언론을 상대로 마치 TV에 나오는 리얼리티 쇼의 주인공처럼 행동했다. 지난 3월에 있었던 분기 소득 발표회에서 캘런이 제대로 한 건 하기는 했지만, 프리다임은 COO 그레고리가 "다양하게 쓸 인재"라고 하면서 캘런을 CFO로 추천한 결정에 의문을 품었다.

프리다임은 아인혼이 지른 불을 끄느라 한 주일 내내 고생했지만, 캘런이 몰래 아인혼을 만나 이야기 재료를 주었다고 생각하지는 않았다. 하지만 크레이그 기자가 문제의 기사보다 앞서 4월에 다른 기사에서 캘런을 칭찬하며 그녀가 "리먼에서 솔직히 말하는 사람"이라고 쓴 것을 보고 분노했다. 마치 리먼의 다른 임원들은 모두 거짓말쟁이라고 하는 듯한 뉘앙스를 풍겼던 것이다.

프리다임이 볼 때 캘런은 설 자리와 앉을 자리를 구분하지 못하는 사람이었다. 그녀의 책상 위에는 개인용 제트기 모형이 놓여 있었는데, 그녀는 자신을 대신해 물건을 사주는 사람에 대해 언론에 자세하게 이야기했다. 그녀는 그런 이야기가 사람들의 분노를 자아낸다는 것을 몰랐던 것이다. 최악의 사례는 그녀를 '월스트리트에서 가장 힘 있는 여성'이라고 띄워준 《포트폴리오Condé Nast Portfolio》의 기사에 실린, 그녀가 리무진에서 거창한 표정으로 나오는 사진을 집무실 벽에 걸어놓은 것이었다. 결국 COO 그레고리는 그 사진을 떼라고 말하지 않을 수 없었다.

싸우려고 팔을 걷어붙인 프리다임은 보안관계자를 불러 회사의 통화 기록을 살피도록 지시했다. 역시 그가 원하는 것이 있었다. 문제의 기사가 나가기 전날 캘런이 크레이그와 통화한 기록이 있었던 것이다. 그녀가 크레이그와의 통화에서 한국으로부터의 출자가 아직 미정이라는 것을 말했는지 안 했는지 여부는 관계없었다. 최소한 그 통화 기록만으로도 펄드에게 보고할 수 있었다.

프리다임이 펄드의 집무실에 갔을 때 이미 그레고리가 와 있었다. 프리다임은 아예 펄드와 그레고리 두 사람 모두에게 통화 기록에 관해 보고했다. 그리고 그는 캘런을 찾아가 조사할 것이며 "그녀를 해고할 가능성을 배제할 수 없다"라는 말까지 했다.

캘런의 멘토인 그레고리는 놀라서 반론했다. 지금 리먼에서 해고할 임원은 없으며, 자기는 이 사안을 캘런에게 지금 말하는 것을 반대한다는 것이었다. "캘런에게는 지금 너무 많은 일이 주어져 있어." 그레고리가 이렇게 말하자 펄드도 그 말에 동의했다. 펄드로서는 설혹 캘런이 해서는 안 될 일을 하고 정보를 누출했다 해도 당장 리먼이 처한 상황을 볼 때 CFO를 잃을 수는 없었다.

딕 펄드와 민유성

펄드의 마음속에서 한국에 손을 뻗친 것은 미식축구장에서 성모 마리아에게 기도하는 것 같은* 절박한 책략이었다. 서울에서 리먼의 투자은행 사업은 마치 신기루처럼 느껴졌고, 지금까지 펄드의 관심을 불러일으킬 만한 중요한 사안이 제기된 적이 없었다. 게다가 회사 내부에서는 거의 모두가 펄드에게 서울에서 관여하는 인사들에 대해 심각한 회의를 나

---

* 원문에서는 이를 'Hail Mary pass'라고 표현했다. 'Hail Mary'는 아베마리아의 영어식 표현이며, 'Hail Mary pass'란 미식축구에서 성공률이 낮은 롱패스를 던지고 'Hail Mary'라고 외치며 기도하는 듯한 상황을 말한다.

타냈다. 이번 한국 투자 유치 건의 성공 여부는 두 사람에게 달려 있었다. 한 명은 조건호였다. 그는 나무랄 데 없는 매너를 갖추고 인맥이 좋은 뱅커였는데, 단지 큰 거래를 성사시킬 능력이 없다는 것은 거의 모든 이가 알고 있었다. 또 한 사람은 민유성인데, 그는 리먼에서 퇴사하고 한국산업은행KDB 행장이라는 높은 자리에 오른 사람이었다.

펄드는 민유성을 좋아했다. 수년 전 우리은행에서 일하던 민유성은 약 84억 달러에 달하는 불량융자자산을 구입하는 데 리먼의 참여를 유치한 적이 있었다. 하지만 민유성과 함께 일하던 리먼의 동료들은 그가 한국산업은행 행장이 될 만한 자질을 갖췄는지에 대해 회의적이었다. 한국산업은행의 직원들도 비슷한 생각을 하면서 그의 임명을 반대했다. 그런데도 그가 행장으로 임명되자 리먼 본사의 몇몇 동료들은 놀라움을 표했다.

서울에서 민유성의 전도를 막는 것은 없었다. 한국산업은행 행장으로 취임하고 새로운 동료들과 회식을 하는 자리에서 그는, 금융계에서 강력한 실력자가 되겠다는 야망의 표현으로서 「킬리만자로의 표범」을 부른 것으로 전해진다. 리먼 본사에서의 상황은 민유성이 야망을 달성하는 데 첫 번째 큰 기회가 되었다. 그는 한국산업은행 행장에 취임하기 전에 이미 그의 지인인 조건호와 리먼 딜에 관해 상의했다. 이 말을 듣고 조건호는 도쿄에서 리먼브러더스 아시아대평양을 책임지고 있는 쾌활한 성격의 제시 바탈Jesse Bhattal과 상의했고, 이후 사안이 탄력을 받기 시작했다.

지극히 어려운 상황에 처한 펄드가 택할 수 있는 선택지가 무엇이 있었겠는가? 앞으로 일주일도 남지 않은 6월 9일이 되면 리먼은 아메리칸 익스프레스와의 합병을 해제하고 나서 내는 첫 번째 사분기 보고에서 28억 달러라는 엄청난 적자를 발표할 운명에 처해 있었다. 당시 리먼 주가는 3일에 18퍼센트가 내려가 있었다. 펄드는 자본이 필요했고, 그 시점에서는 어떤 자본이라도 좋았다. AIG의 전 회장이자 오랜 친구인 행크 그린버그 Hank Greenberg와 제너럴일렉트릭 두 군데에 투자를 부탁해놓았지만 어느 쪽에서 부탁을 들어줄지 확신이 전혀 서지 않는 상태였다.

펄드는 한국인들과 협상한다면 무언가 건설적인 합의에 이를 수 있을 것이라고 믿었다. 리먼의 협상팀이 아시아로 떠나기 전 월요일, 펄드의 수석전략보좌관 데이비드 골드팝 David Goldfab이 펄드의 기대치를 높이고 있었다. 그는 COO 그레고리에게 보낸 이메일에 이렇게 썼다. "서울의 상황이 기대해볼 만합니다. 한국은 지금 금융업계를 재편성하고 그 기반을 다질 이벤트를 원하는데, 그게 우리가 될 수 있습니다. 저는 아직도 행크 그린버그나 제너럴일렉트릭의 투자를 더 선호하지만, 그게 안 되면 서울 안을 전략적으로 활용할 수 있다고 생각합니다."

"조건호와 민유성의 가까운 관계에 비춰볼 때 이 안이 성사될 수 있다는 느낌이 듭니다. 만약 우리가 서울에서 50억 달러를 가져올 수 있다면, 그 돈으로 시장에 적극적으로 참여해서 그중 20억 달러는 우리 주를 사들이는 데 쓰고 싶어요(그래서 아인혼의 코를 좀 납작하게 만들고!). 그 사이 할 일이 상당히 많아서 제시 바탈, 조건호와 이야기도 많이 했습니다. 한국인들이 이번에는 상당히 진지해서 무언가 적극적으로 치고 나올 것 같아요. 한국산업은행으로서도 너무 빠르게 성장하는 아시아 경제에서 관심을 다른 데로 돌릴 좋은 기회일지 모릅니다. 아주 흥미 있는 사안인데, 이런 사안이 말만 풍성하고 진전은 없는 경우가 많습니다."

리먼 팀의 서울 협상

6월 1일, 뉴저지 티터보로 공항에서 소수의 리먼 팀을 태운 회사 전용기 걸프스트림이 한국을 향해 출발했다. 그 팀의 선임자는 리먼의 법무팀을 지휘하는 톰 루소였다. 그는 투자유치협상 경험이 거의 없었지만, 펄드가 신뢰하는 측근으로서 협상 과정을 감시하는 역할을 맡았다. 협상을 실제로 주도할 사람은 마크 셰이퍼Mark Shafir와 브래드 휘트먼Brad Whitman이었다. 셰이퍼는 리먼의 글로벌 인수합병을 책임지는 사람으로서 협상의 대표자가 될 것이었다. 휘트먼은 기업 인수 전문가인데(그는 COO 그레고리가 무자비하게 내쫓은 로버트 셰이퍼와 형제다) 미국의 군소 통신업체들을 소수의 대형 업체로 합병한 경험이 있었다. 그 외의 인사는 리먼의 글로벌 금융을 책임지는 래리 와이즈넥Larry Wieseneck과 로펌 설리번 앤드 크롬웰Sullivan & Cromwell의 변호사 제이 클레이턴Jay Clayton이었다. 서울에서는 조건호와 제시 바탈이 기다리고 있었다.

앵커리지에서 재급유를 한 전용기는 열아홉 시간의 비행 끝에 서울에 도착했다. 피곤에 지친 팀은 차를 나눠 타고 서울의 중심부에서 약간 벗어난 곳에 위치한 신라호텔에 도착했다. 신라호텔은 로비가 마치 우주선처럼 느껴지는 독특한 곳이었는데, 그마나 바가 있어서 다행이었다.

서울에서의 첫 번째 회의는 한국산업은행과 역시 투자에 관심을 보인 하나그룹의 중간간부들과 하게 되었다. 셰이퍼와 휘트먼은 이 협상이 안 될 것임을 직감했다. 한국의 두 회사는 어느 쪽도 변호사나 미국 관련 어드바이저를 대동하지 않았다. 그리고 민유성은 아직 공식적으로 한국산업은행의 행장으로 취임하지도 않았기 때문에 협상에 참여할 수 없었다.

"이건 말도 안 돼." 서로 인사하는 정도의 첫 번째 회의를 끝내고 와이즈넥이 말했다. 협상이 진행되면서 리먼 팀에서는 누가 협상의 주된 상대방인지 알 수가 없었다. 한번은 루소가 어떤 사람과 상당히 건설적인 의견을 교환했는데, 나중에 알고 보니 그는 외부의 회계사였다. 첫날 협상을 마치고 바에 둘러앉아 셰이퍼가 말했다. "조건호에게 의지하는 것은 월드시리즈 9회 말 투아웃 상황에서 시즌 내내 한 번도 타격에 성공하지 못한 타자를 내보내는 것과 마찬가지야."

리먼은 리먼 주가를 40달러로 책정한 상태에서 시작하려고 했는데, 협상 첫날 뉴욕에서 리먼 주 종가는 30달러였다. 이 거래의 성사를 몹시 원하는 한국 측도 33퍼센트의 프리미엄을 줄 의향은 없었다. 결국 협상 자체가 매우 비현실적이었다.

협상 중에는 음식이 전혀 제공되지 않아 리먼 팀이 호텔에 돌아올 때는 굶주림에 지쳐 있었다. 게다가 호텔의 음식은 전반적으로 입에 맞지 않았다. 그나마 먹을 만한 것이라고는 참치밖에 없어서, 리먼 팀은 서울에 있는 내내 참치를 먹었다.

하지만 이렇게 숙박 환경이 열악하고 한국 측이 준비가 안 되어 있었는데도 루소의 열의는 대단했다. 그는 이 협상을 이루고 싶었던 것이다. 그는 조건호와 제시 바탈의 지원을 받아 리먼 팀을 북돋웠다. "한국 측도 협상을 이루길 원해. 100억 달러는 투자할 거야. 이번에 융자를 집행하기 위해서 대차대조표를 잘 조정할 거야."

그러나 셰이퍼는 내심 이렇게 생각했다. '아니야. 한국 측은 그런 일을 할 수가 없어.'

호텔방의 스피커폰을 둘러싸고 앉아 리먼 팀은 펄드에게 전화를 걸었다. 대화를 시작한 것은 루소였다.

"딕, 저는 이번 거래에 상당히 낙관적이에요. 제 생각으로는 우리가 원하는 조건에 도달할 가능성이 70퍼센트 정도는 있습니다." 루소가 낙관적으로 말했다.

하지만 펄드의 기쁨은 오래가지 않았다. 6월 5일, 리먼 팀은 빈손으로 뉴욕으로 돌아왔다. 가장 기본적인 조건에 대한 합의를 도출하는 데도 실패한 것이다. 한국 측에서는 리먼 주가 계속 하락하는 것을 보며 주저했고, 그렇게 큰 거래를 성사시킬 자금 여유가 없었다. 마침내 루소마저 자신감을 잃고 "그 우유부단한 한국인들과 거래를 성사시킬 가망이 없다"고 펄드에게 보고했던 것이다.

이 소식을 들은 펄드는 너무 화가 나서 집행위원회의 일원인 스티븐 버켄펠드Steven Berkenfeld 상무를 소리쳐 불렀다.

"한국인을 믿을 수 없다고 말한 것이 자네였던가?" 펄드가 물었다.

"그런 식으로 표현하지는 않았는데요." 버켄펠드가 대답했다.

"맞아. 그렇게 표현했어. 그리고 자네 말이 맞았어."

그렇지만 한국과의 거래가 그대로 조용히 끝나지는 않았다. 리먼 팀이 돌아오고 2, 3일 뒤 민유성이 펄드에게 전화해서 아직도 거래를 성사시킬 의향이 있다고 말했다. 이 말을 들은 펄드는 이 거래가 성사의 근처에라도 가려면 한국 측이 미국의 어드바이저를 고용하는 수밖에 없다고 판단했다. 그런 판단으로 그가 전화를 한 것은 인수합병의 귀재라고 불리며 최근에 페렐라 와인버그 파트너스Perella Weinberg Partners라는 회사를 차린 조지프 페렐라Joseph Perella였다.

"조, 들어봐. 민유성이라는 사람이 전화할 거야. 알지 그 친구? 리먼에서 내 밑에 있었어." 펄드가 페렐라에게 말했다.

펄드는 페렐라에게 자신이 원하는 조건을 분명하게 밝혔다. "현재 리먼 주의 시장가는 25달러 정도야. 그리고 장부상의 평가는 32달러. 여기에 프리미엄을 얹어야 해. 그러니까 35에서 40달러라면 거래에 응할 수 있어."

펄드의 전화를 받고 나서 페렐라는 그 안의 처리를 게리 배런시크Gary

Barancik에게 지시했다. 하지만 성사 가능성은 낮아 보였다. 한국산업은행은 한국 정관의 지배를 받는 국영금융기관이다. 이런 금융기관이 리스크가 높은 국제 거래에 참가한다는 것은 어려운 일이었다. 페렐라는 배런시크에게 이렇게 말했다. "이 일은 뉴욕의 롱아일랜드 전기회사가 러시아에서 기업을 사들이는 것과 비슷한 일이야."

하지만 둘은 일단 최선을 다해보기로 했다.

부하들의 반목

48세의 텍사스 출신 남자 스킵 맥기는 매주 휴스턴에서 뉴욕으로 출근해 리먼의 투자은행 부문을 이끌고 있었다. 그는 매주 토요일 저녁 7시 반에 회사의 넷제츠계좌*를 이용해 개인 항공기를 타고 자정 무렵 뉴욕에 도착해서, 자동차로 갈아타고 어퍼웨스트사이드 Upper West Side 에 있는 임대 맨션에 들어갔다. 그리고 목요일 밤이면 콘티넨털항공의 일등석을 이용해 휴스턴으로 돌아갔다.

전형적이고 구식의 정이 많은 은행가인 맥기는 야심가이기도 했다. 그는 프린스턴 대학을 최우등으로 졸업하고 로스쿨을 마친 뒤 리먼에 들어와 거의 20년을 근무했다. 초기에는 출신지인 텍사스에서 유전업자들을 상대로 하는 기업금융을 하다가 조금씩 승진해 리먼의 투자은행 업무 전체를 관장하게 되었으며, 급기야 펄드의 명예로운 집행위원회 일원이 되었다.

맥기와 그의 투자은행팀 멤버들은 한동안 리먼의 경영 상태에 회의를

---

* 넷제츠계좌(NetJets account)란 항공기 공동 소유계좌를 가리킨다.

느꼈다. 기업들의 인수합병이나 주식공모 등을 다루는 그의 부문은 2007년에 역대 최고의 실적인 39억 달러의 수입을 기록했다. 그런데 파트너들과 직원의 보너스에서 중요한 부분을 차지하는 자사의 주가는 격감했는데, 그 원인은 맥기의 부문과 관계없는 다른 쪽, 즉 회사의 부동산 자산에 대한 불안감에서 비롯된 것이었다. 게다가 리먼의 어려운 상황에 대한 소문과 언론보도들은 맥기의 부문이 새로운 고객을 확보하는 데 큰 지장을 주었다. 상황은 아주 나빠져서, 일부 고객은 계약서에 '키맨key man' 조항, 즉 리먼이 매각되거나 도산해도 고객이 같이 일하기를 원하는 리먼의 '키맨'이 계속 일을 봐준다는 내용을 계약서에 넣기를 요구했다.

한 달 전에 맥기는 회사가 추진하는 자본 증강을 맡아달라는 부탁을 펄드에게서 받고 불편한 심기를 드러냈다. 그때까지 그 일은 31층에 있는 최고경영층에 의해 추진되었는데, 맥기는 그들이 전문적인 딜메이커라고 생각하지 않았다. "사장님, 우리 회사에는 그런 일을 생업으로 하는 투자은행 부문이 있습니다. 그런데 지금까지의 상황을 보면 조금 웃겨요. 투자은행 부문이 이 일을 할 능력이 없다고 판단하신다면 제가 그만두는 게 낫겠지요." 그가 펄드에게 말했다. 이 말에 펄드도 동의했고, 그 결과 맥기의 '부대'에서 투입된 셰이퍼와 휘트먼이 한국 '관광 시찰'에 참여했던 것이다.

그런데 이 대화가 있고 나서부터 리먼의 사태는 더 악화되었다. 다음 사분기 수익 발표가 이미 나쁜 사태를 더 어렵게 할 것이라는 사실을 모르는 리먼 직원은 없었다. 직급을 막론하고 분노가 사내에서 끓어올랐고, 그 분노의 대상이 이제는 CFO 에린 캘런에게만 국한되지 않았다. 리먼의 투자은행가들이 볼 때 캘런은 오직 커다란 문제덩어리의 한 증상에 지나지 않았다.

리먼이 안고 있던 많은 문제들, 즉 리스크가 많은 부동산 투자, 부적절한 자리로의 잦은 인사이동 등에 책임을 져야 할 사람은 사장이자 딕 펄드의 가장 가까운 심복인 조 그레고리였다. 맥기와 그레고리는 처음부터 어울리는 사이가 아니었다. 두 사람은 자기주장이 강했다. 최근 수개월간 그레고리는 맥기를 본사에서 내몰아 휴스턴에서 상품 거래 부문을 담당하게 하는 안을 추진해왔는데, 맥기 본인은 그에 응할 의사가 없었다.

6월 8일, 사분기 수익 예비발표 직전의 일요일, 모두가 38층에서 수치를 분석하고 있는데, 맥기가 골프 티셔츠에 카키색 바지 차림으로 펄드의 집무실에 슬쩍 들어오더니 투자은행 부문의 소득과 전망을 살펴봤다. 내용을 다 훑어본 맥기가 자리를 뜨면서 말했다. "이 발표가 끝나면 좀 심각한 토론을 할 필요가 있겠어요."

"무슨 일로?" 펄드가 물었다.

"최고경영층에 변화가 있어야겠어요." 맥기가 불쑥 말했다.

"뭐라고?" 이 말에 펄드도 앞에 놓인 수치에서 눈을 떼고 그를 봤다.

맥기는 일어서서 펄드의 집무실 문을 닫았다. 가까운 곳에 그레고리의 집무실이 있기 때문이었다. 자리에 돌아와 앉아서 맥기는 작심을 하고 입을 열었다. "이런 이야기가 수면하에서만 있었지만…… 조(그레고리)를 자리에서 물러나게 해야 합니다."

펄드는 놀라 순간 할 말을 잃었다. 정신을 차린 그는 목소리를 높여 내뱉었다. "조 그레고리 이야기는 하지 마. 지금까지 25년 동안 그는 나와 함께 일했어. 공정하지 않아. 그는 내 분신 같은 사람이야."

하지만 맥기도 지지 않았다. "공정하든 안 하든 조에 대해서는 어떤 조치가 필요해요. COO로서 그는 회사에 할 일을 다하지 못했어요. 그는 멋대로 행동하면서 회사 일에는 크게 신경 쓰지 않아요. 그는 인사정책에서 치명적인 실수를 했고, 게다가 당신을 대신해서 회사의 리스크를 제대로 관리하지 못했어요."

펄드는 그레고리가 집행위원회 일원으로서 중요한 의사결정을 내리는 데 다른 모든 이들과 공동으로 책임을 진다고 하면서, "집행위원회 자체가 리스크위원회야"라고 맥기에게 말했다.

맥기는 자신의 의사가 펄드에게 전달되지 못할 것임을 직감하며 조심스럽게 말을 이었다. "당신은 훌륭한 지도자예요. 그런데 나중에 누가 책을 쓴다면 거기에 당신의 최대 약점으로 주변에서 아첨하는 인간들에게 곁을 준 것이 적힐 겁니다."

펄드 자신도 그레고리에 대해서는 생각한 것이 많은 터라, 맥기의 말이 채 끝나기도 전에 이야기를 끝내려는 투로 말을 내뱉었다. "나는 그레고리를 해임하지는 않을 거야."

맥기는 펄드의 집무실을 떠나며 리먼에서 그레고리의 자리가 자신의 자리보다 더 견고하다고 확신했다.

맥기가 떠나고 펄드는 자리에 멍하니 앉아 있을 수밖에 없었다. 그는 심복 그레고리가 없는 회사를 생각할 수도 없었다. 그런데 지금 회사에서 벌어지고 있는 일들은 하나같이 모두 문제투성이였다. 자신의 두 손으로 세운 회사가 여기저기서 무너져 내리고 있었다.

한 예로, 리먼의 자산운용 담당 자회사인 뉴버거버먼Neuberger Berman이 공개적으로 반란을 일으키며 문제투성이인 본사에서 떨어져 나가려고 하는 사태가 벌어졌다. 2003년에 사들인 이 회사는 시절이 좋을 때는 리먼 그룹 전체의 수익에 일조했다. 그러나 리먼의 주가가 급락하자 뉴버거의 직원들은 심히 동요했다. 그들은 부호들의 자산을 굴려주면서 높은 보수를 받는 데 익숙해져 있었다. 그런데 그 보수의 일부가 스톡옵션이어서, 리먼 주가의 하락으로 자신들의 보수도 줄어들게 된 것이었다.

지난 6월 3일에는 이런 일마저 있었다. 뉴버거에서 약 150억 달러의 펀드를 운용하는 주디스 베일Judith Vale이라는 직원이 리먼의 집행위원회 전원에게(펄드는 빼고) 이메일을 보냈다. 리먼의 최고경영진은 상여금을 포기하고, 그 돈으로 뉴버거의 방출을 준비하라는 것이었다. 그녀는 이렇게 썼다.

"뉴버거 직원들의 사기는 지금 위험할 정도로 떨어져 있습니다. 우리 보수의 상당 부분이 리먼 주로 구성되어 있고, 따라서 아무 잘못도 없는 우리의 보수가 삭감되는 상황이 발생하고 있기 때문입니다. 많은 사람들은 지금 리먼에서 벌어지는 문제가 구조적인 것이지 일시적인 현상이 아니라고 믿고 있습니다. 우리 뉴버거는 이런 문제와 관계없이 건재합니다. 하지만 자산운용은 사람이 하는 일이고, 우수한 인재들을 유지할 수 있을 때 우리는 계속 건재할 수 있는 것입니다. 따라서 우리는 밖에서 발생한 문제로 우리 인재들의 보수가 날아가는 것을 허용할 수 없습니다."

리먼의 투자은행 부문을 책임지는, 부시 대통령의 육촌인 조지 워커George Walker IV는 즉시 이에 대처하기 위해 베일의 이메일을 받은 집행위원회 멤버들에게 이메일을 보냈다.

"여러분, 죄송합니다. 하지만 베일이 제기한 보수 문제는 뉴버거의 일부 직원들에 국한하는 작은 문제이고 리먼의 집행위원회가 신경 쓸 만한 사항이 아닙니다. 심려를 끼쳐드려 죄송합니다."

이 메일은 펄드에게도 전송되었고, 거기에다 펄드는 이렇게 덧붙였다. "걱정하지 말아요. 자기 주머니 사정만 생각하는 사람들은 언제나 있는 법이니까." 하지만 펄드는 내심 의문이 들었다. '리먼에 아직 충성심을

가진 직원이 남아 있는가?'

조 그레고리는 아직 리먼의 COO였지만, 리먼의 임원들 사이에는 그가 이미 몇 년 전부터 맛이 갔다는 의견이 많았다. 그레고리만큼 자신의 부를 대놓고 과시하는 사람은 없었다. 그가 헬리콥터로 출퇴근하는 것이 대표적인 예다. 또한 그레고리와 아내 니키가 브리지햄프턴Bridgehampton에서 구입한 1,900만 달러짜리 집은 완전히 개조되어 있었는데도 디자이너를 고용해 새로 고치기도 했다. 그는 영국산 수제 자동차 벤틀리를 타고 다녔고, 아내가 로스앤젤레스로 쇼핑을 갈 때면 자가용 비행기를 타라고 권했다. 그의 1년 생활비는 1,500만 달러가 넘었는데, 그의 재산은 대부분 리먼 주로 되어 있어서 돈이 필요하면 주를 담보로 빌려 써야 했다. 2008년 1월에 그는 자신의 증거금계정margin account에 리먼 주를 75만 1,000주 가지고 있었는데, 당시 주가로 볼 때 그가 주를 담보로 빌릴 수 있는 돈은 4,000만 달러 정도였다.

하지만 리먼 내부 사람들이 못마땅하게 여긴 것은 그레고리의 홍청망청하는 생활이 아니었다. 그는 부자였고, 돈을 여기저기 낭비하는 부자가 그만은 아니었다. 문제가 되는 것은 그의 책무였다. 그레고리는 전성기일 때에도 큰 거래를 물어 오거나 주식 거래에서 큰 이익을 남기거나 한 실적이 없었다. 그의 임무는 CEO 펄드에게 이의를 달지 않는 심복으로 존재하는 것이었고, 그 임무만 잘 수행한다면 나머지는 마음대로 해도 좋았다. 남들은 돈을 벌어내는데, 그레고리는 회사에서 일종의 철인 군주philosopher king이자, 직장의 다양성을 설파하는 복음설교자이며, 맬컴 글래드웰Malcolm Gladwell*의 저서 『블링크Blink』에 나오는 이론의 신봉자였다. 그는 글래드웰의 책을 사서 주위 사람들에게 나눠주고, 심지어 글래드웰을 데려와 리먼 직원들이 어려운 의사결정을 할 때 어떻게 본능을 믿어야 하는지에 관해 강연하게 하기도 했다. 정밀한 수치 분석을 바탕으로 하는 투자은행업계에서 그레고리는 배짱을 강조하는 이단아였다.

그레고리는 또한 칼 융Karl Jung의 심리학을 응용해 사람들의 심리패턴을 16개로 분류한 MBTI Myers-Briggs Type Indicator, 마이어스-브릭스 성격유형를 신뢰했다(이 유형검사에 나오는 대표적인 질문을 보면, '귀하는 외부세계와 내면세계 중 어디에 더 치중합니까' 등이다). 그레고리는 인사상의 결정을 내릴 때 MBTI를 활용하기도 했다. 그는 개인의 전문성이 지나치게 강조된다고 생각했다. 영리하고 재능 있는 직원이 있다면 그들은 어느 역할이나 시켜도 되는데, 원초적인 재능과 머리가 경험으로 얻은 전문성을 이길 수 있기 때문이라는 것이다. 그레고리는 마치 리먼 직원들의 경력으로 체스를 두는 것처럼 그들을 뺑뺑 돌리는 것을 즐기는 듯했다.

그레고리가 행한 가장 큰 인사상의 실험은 에린 캘런을 CFO 자리에 앉힌 것이었다. 그레고리와 캘런은 회사 내에서 너무나 가까운 관계가 되어 둘이 육체관계를 맺은 것이 아닌가 생각하는 사람들도 있었는데, 이를 입증할 방법은 없었다. 캘런이 CFO가 될 즈음 그녀는 남편 마이클 톰슨과 이혼했는데, 톰슨은 리먼의 부사장으로 있던 사람이었다.

그레고리는 캘런과 같은 젊은 임원들의 멘토 역할을 하기를 즐겼다. 그는 또한 펄드를 정점에 둔 위계구조 속에서 자신의 역할을 잘 알고 있었다. 즉, 펄드가 하기 어려운 말이 있으면 자신이 대신 해야 한다는 것이었다. 이 점에서 펄드와 그레고리는 정반대 형이었다. 펄드는 겉으로 보

---

* 맬컴 글래드웰은 잡지 ≪뉴요커(the New Yorker)≫에 기고하던 작가로 인간의 무의식을 심리학, 행동경제학의 측면에서 설명하는 책들을 펴내 유명해졌다. 『블링크(Blink: The Power of Thinking without Thinking)』는 그의 대표작 중 하나다.

기에 무뚝뚝하고 터프하지만 인정에 약한 면이 있었다. 따라서 어려운 인사문제를 다룰 때는 감성적이고 고민하는 모습을 보이기도 했다. 이와는 대조적으로 그레고리는 매우 사교적이고, 조직 안에서 아랫사람들을 장악하고 회사의 높은 이상을 고취하는 스타일이었다. 그는 자선활동에도 열심이었으며, 특히 아내 니키가 고생한 유방암과 관련한 자선활동에 관심이 많았다. 그레고리는 또한 리먼과 애틀랜타에 있는 흑인 대학인 스펠먼Spelman 대학과의 멘토 프로그램의 설립에 1년여를 매달리기도 했는데, 이는 월스트리트에서 보기 드문 활동이었다.

하지만 직원들의 충성심을 판단할 때면, 그레고리는 냉혹하고 때로는 분노하며 충동적인 결정을 내리기도 했다. 2006년 여름이었다. 그해 펄드는 리먼의 고급임원들을 아이다호 선밸리에 있는 자신의 별장으로 불러 모았다. 이때 글로벌 신용거래상품 부문을 맡은 알렉스 커크Alex Kirk가 발표할 예정이었으나 몸에 병이 생겨 오지 못하게 되었다. 커크는 이미 그레고리에게 충성심 없는 문제아로 낙인찍힌 상태였다. 커크의 몸이 좀 나아지자 원격 화상으로 발표하기로 했다. 그런데 화면에 나온 커크가 멀쩡해 보이자 그레고리가 분노한 것이다. 그레고리는 커크가 아프지도 않은데 행사에 불참한 것은 펄드에 대한 명백한 모욕이라고 믿었다. "그놈 해고야!" 그레고리는 가차 없이 외쳤다. 커크의 친구들은 리먼에서 주식부문을 총괄하는 바트 맥데이드에게 호소해 그레고리를 진정시켜달라고 부탁했다. 덕분에 커크는 겨우 자리를 보존할 수 있었다.

방만한 리스크관리

펄드와 그레고리 치하에서 가장 성공한 리먼의 딜메이커는 마크 월시

Mark Walsh라고 할 수 있었다. 사교성이 없고 일중독자인 그는 리먼의 부동산 부문을 담당했다. 아일랜드계로서 뉴욕 주 용커스 출신인 그가 주목을 받은 것은 1990대 초반 RTCResolution Trust Corporation에서 상업용 건물 모기지를 사들인 일에서였다. RTC는 연방정부가 만든 공사로서 저축융자조합savings & loan의 대실패를 청산하고 모기지 자산을 증권화하는 사업을 하고 있었다. 변호사 출신의 월시는 리스크라는 것을 전혀 두려워하지 않는 것으로 보였는데, 이것이 펄드와 그레고리의 마음에 든 것이다. 두 사람은 월시에게 마음 놓고 일할 수 있는 자유를 주었고, 월시는 경쟁자들보다 항상 빠르게 물건을 사고팔았다. 한번은 부동산개발업자인 애비 로즌Aby Rosen이 불과 4주 만에 시그램 빌딩을 3억 7,500만 달러에 인수했을 때, 이에 참가한 월시는 그가 얼마나 빨리 거래를 성사시켰는지를 친구들에게 자랑하기도 했다.

성공이 더 큰 성공에 대한 갈망을 낳으며 리먼과 선캘SunCal Companies의 제휴와 같은 거대한 거래로 이어졌다. 로스앤젤레스 외곽에서 토지를 사들이는 일을 주로 하던 선캘은 택지개발 허가를 얻어 토지를 정리해 주택건설업자들에게 팔아 큰 이익을 챙겼다. 이때 리먼은 '실패할 리가 없는 거래'라고 판단하고 20억 달러를 투자했다. 월시는 리먼의 자금을 마음대로 사용해 미국의 새로운 부동산 금융시장인 리츠REITs에 리먼이 올인하게 만들어버렸다. 이런 일을 하면서 그는 헤지를 고려하지 않았고 정식 투자은행 기법을 도입하지도 않았다. 이런 전략은 실패가 드러날 때까지는 대성공으로 보였다.

부동산시장이 정점에 달한 시점에 월시는 그의 마지막 거래를 추진했다. 뱅크오브아메리카와 합작으로, 총융자 171억 달러에 브리지금융 46억 달러라는 거금을 아치스톤스미스Archestone Smith에 투입한 것이다. 아치스톤은 고급 아파트와 부대 건물을 다량 소유한 기업이었다. 아치스톤의 부동산 물건들은 양질이었으나 임대가가 계속 올라갈 것이라는 전제하에 매우 높은 가격이 붙어 있었다. 아니나 다를까 신용시장이 위축되기 시작하자마자 아치스톤 투자의 전망은 어두워지기 시작했다. 이때 펄드는 투자 철회를 결정할 수 있는 기회가 있었는데 이를 무시했다. 리먼은 이미 투자 결정을 내렸고 그렇다면 끝까지 밀고 나가겠다는 것이었다. 그레고리는 한술 더 떠 직원들을 독려하며 이렇게 말했다. "지금의 신용경색은 일시적인 겁니다. 우리는 이 싸움을 뚫고 나가 승리할 거예요."

그레고리와 펄드는 모두 주식이 아닌 채권 쪽의 고정소득fixed-income 거래에 익숙한 사람들이어서, 1980년대 이후 극적으로 변화한 세계의 금융시장을 제때에 이해하지 못했다. 특히 두 사람은 고정자산 쪽에서도 가장 변화가 없고 리스크가 적은 CP 업무로부터 금융을 배운 사람들이었다. 게다가 변화가 느린 고정소득거래도 그들이 금융을 배우던 시절과는 딴판으로 변해 있었다. 은행들도 이제는 기초가 되는 자산을 활용해 다양하고 복잡한 금융상품을 만들어내는 실정이었다. 이는 과거보다 금융의 리스크가 본연적으로 증대했다는 것을 의미하는데, 펄드와 그레고리는 그런 현실을 파악하려고 하지 않았고 새로운 것을 배우려고 하지도 않았다. 리먼도 매들린 앤톤식Madelyn Antoncic이라는 훌륭한 최고리스크담당임원CRO을 고용하기는 했다. 앤톤식은 경제학 박사학위를 받고 골드만삭스에서 일한 사람이었다. 그러나 그녀의 의견은 기본적으로 무시당했다. 집행위원회에서 리스크에 관한 이야기가 나오면 그녀를 내보내는 경우도 종종 있었다. 그러더니 2007년 말에 이르러서는 아예 그녀를 집행위원회에서 빼버렸다.

리먼에서 거래를 담당하는 임원들 앞에서 그레고리는 항상 자신이 시장을 얼마나 잘 아는지를 과시하려고 했는데, 이는 트레이더들의 농담거리가 되었다. 심지어 트레이더들은 그레고리가 말하는 것을 반대로 받아들여, 예컨대 원유가가 이제부터 오를 것이라고 그레고리가 말하면 즉시 가지고 있던 원유 포지션을 팔아치우기도 했다.

결국 최근 들어 리먼의 임원들 중에서 그레고리를 회사의 장애물로 여기는 사람들이 늘기 시작했다. 그들은 그레고리가 시장이 어떻게 돌아가는지 모른다고 생각했다. 그레고리 치하에서 리먼은 잠재적으로 판단되는 가치보다 훨씬 많은 투자를 해댔고, 임원들은 아예 따지려고 하지도 않았다. 회사의 방침을 비판하는 것은 배신자로 낙인찍혀 내쫓기는 길이었기 때문이다.

그중에서도 경종을 울리고자 한 사람은 마이클 겔밴드Michael Gelband였다. 그는 리먼에서 고정소득거래를 책임지고 있었고, 그레고리와 20년 동안 알고 지낸 사이였다. 2006년 말, 자신의 상여금에 대해 펄드와 상의하는 자리에서 겔밴드는 리먼의 좋은 시절이 이제 끝나가려고 하는데 회사가 대비를 하지 않는다고 말했다. "우리는 많은 변화를 일으켜야 해요." 겔밴드가 말하자 펄드는 불쾌한 표정으로 아무 말도 하지 않았다.

고정소득 부문의 직원들은 미국 경제에 기차 충돌 사고 같은 것이 올 것이라는 이야기를 많이 했다. 2007년 2월, 리먼에서 부실채권* 거래 부문을 이끌던 래리 매카시Larry McCarthy는 그의 그룹에서 발표를 하며 어두운 전망을 내놓았다. "앞으로 도미노 효과가 발생할 겁니다. 투자은행 다

---

* 부실채권(distressed debt)이란 부도를 했거나 부도가 예상되는 기업의 사채(corporate bond)로 구성된 금융자산을 말한다.

음으로 쓰러지는 것은 상업은행이 될 거예요. 상업은행들은 겁이 나서 융자를 거둬들일 것이고, 이는 소비자 융자를 축소시키고 대출금리 차이(신용 스프레드)를 더 넓힐 겁니다. 시장에 아무런 리스크도 없다고 생각하는 지금의 상황은 더 이상 지속되지 못할 겁니다."

이어 매카시는 이렇게 결론을 맺었다. "오늘날의 글로벌화가 과거에 존재하던 자연적인 경기순환 주기를 소멸시켰다고 생각하는 사람들이 많습니다. 하지만 이는 틀린 생각입니다. 글로벌화가 바꿔놓은 것은 아무것도 없고, 리먼의 대차대조표에 들어 있는 지금의 리스크들은 우리를 위험한 상황으로 몰아넣을 겁니다. 리스크가 너무 크고 우리는 너무 취약한 상태에 있습니다. 지금의 어려운 상황을 견뎌낼 화력이 우리에게 없는 실정입니다."

그즈음 그레고리는 "이야기나 좀 하자"며 겔밴드를 점심식사에 초대했다. 두 사람은 서로를 똑바로 바라보며 만난 적이 한 번도 없었고, 그래서 겔밴드는 그레고리가 뭔가 심상치 않은 이야깃거리를 가지고 있다고 짐작했다. 32층에 있는 임원 식당에서 만난 두 사람은 잠시 환담을 나눴으나 이야기는 곧 딱딱한 문제로 급전했다.

"일을 조금 다르게 처리해야 할 것 같아. 자네는 좀 더 호전적으로 일을 해야 해." 그레고리가 말했다.

"호전적으로요?" 겔밴드가 물었다.

"리스크에 대해서 말이야. 자네가 너무 뒤로 물러서기 때문에 우리가 딜을 많이 놓치는 것 같아."

오히려 겔밴드는 리먼이 말도 안 되는 딜을 너무 많이 하고 있다고 생각했다. 리먼이 레버리지를 너무 많이 쌓고, 리스크를 너무 많이 취하고 있으며, 전문성이 없는 사업에 뛰어들고 있었다. 때로는 리먼을 이끄는 전략이라는 것이 없다고 보일 정도였다. 도대체 리먼이 왜 오스트레일리아의 보잘것없는 증권중개회사 그레인지증권Grange Securities에 1억 달러를 지불한다는 말인가? 리먼은 또한 상품 거래에 참가하겠다는 의사를 밝힌 적도 있었다. 이런 발상으로 찰스 왓슨Charles Watson이라는 사람이 창업한 천연가스 및 전기 유통회사인 이글에너지Eagle Energy를 인수했는데, 왓슨이 리먼의 오랜 고객이자 글로벌투자은행 부문장 스킵 맥기의 친한 친구라는 것 외에 타당한 이유가 있었던가? 또한 리먼은 기업의 LBO에 무차별적으로 투자해, PEF에 대한 융자액이 급증하고 있었다. 그중 일부는 증권화하고 팔려나갈지 모르지만, 그 시장은 파이프라인이 막혀가고 있었다.

그러나 이런 일들은 어느 것 하나도 그레고리에게 문제가 되지 않는 것 같았다. 오히려 그에게 문제로 보이는 것은 리먼이 발을 담그지 못한 딜이었다. 맨해튼 동쪽에 1만 채 이상의 아파트를 짓는 스타이브샌트타운앤드 피터쿠퍼빌리지Stuyvesant Town and Peter Cooper Village라는 54억 달러짜리 부동산 프로젝트가 한 예였다. 리먼은 타임워너센터Time Warner Center를 개발한 릴레이티드사Related Companies와 함께 이 프로젝트의 입찰에 참가했는데, 티시먼스파이어Tishman Speyer와 래리 핑크Larry Fink의 블랙록리얼티어드바이저스Black Rock Realty Advisors에 지고 말았다. 이 실패의 뒷맛을 더 쓰게 한 것은 티시먼스파이어가 2005년에 메트라이프MetLife 빌딩을 17억 달러에 사들이는 데 리먼의 도움을 받은 매우 친밀한 고객이라는 사실이었다.

엄밀히 따지면 부동산 그룹은 고정소득 부문에 속했기 때문에, 그레고리는 스타이브샌트타운 프로젝트의 입찰 실패를 겔밴드의 탓으로 돌리려 했다. "아무래도 변화가 좀 있어야 할 것 같아." 이런 그레고리의 말 속에는 겔밴드 부하 한두 사람의 목을 치겠다는 의미가 담겨 있었다.

그다음 날 겔밴드는 그레고리를 찾아왔다. 이때 그레고리는 회의를 하고 있었는데, 겔밴드가 문을 밀고 들어와 선언했다. "조, 어제 당신이 변화가 필요하다고 했지요? 제가 변화입니다."

"무슨 소리를 하는 거야?" 그레고리가 물었다.

"제가 변화라니까요. 제가 회사를 떠나겠다는 겁니다."

읍참마속(泣斬馬謖)

6월 9일 아침 6시 반에 발표된 리먼의 2사분기 실적 발표의 자료를 보고 딕 펄드가 한 말은 간단했다. "매우 실망스럽습니다." 실적은 28억 달러의 손실, 즉 주당 5.12달러의 손실이었다. 오전 10시에 이 결과를 놓고 전화회의를 하게 되어 있었는데, 그 시각이면 이미 CNBC에서 리먼의 형편없는 실적이 흘러나가고 있을 터였다.

CNBC 방송에 출연한 샌더스모리스해리스그룹Sanders Morris Harris Group의 조지 볼George Ball은 이렇게 말했다. "딕 펄드가 리먼이고, 리먼이 딕 펄드예요. 말하자면 딕 펄드의 심장에 리먼의 로고가 새겨져 있는 거예요. 앞으로 딕 펄드는 마음이 많이 아플 겁니다."

펄드와 그레고리가 펄드의 집무실에서 방송을 보고 있자니 그린라이트캐피털의 데이비드 아인혼이 화면에 나타났다.

"마치 '내가 전에 말했잖아요'라는 투로 리먼 건에 대해 말씀하시는데요?" CNBC의 진행자가 물었다.

"글쎄요. 제가 과거에 이미 말한 많은 것들이 오늘 뉴스에 현실로 나타난 것 같아요." 워낙 엄중한 사안이라 아인혼은 되도록 겸손한 태도를 취했다.

아인혼은 선캘과 아치스톤에 대한 리먼의 투자에 우려를 나타내며, 그 결과가 왜 이렇게 늦게 나왔는지 의문을 표명했다. 그러면서 아인혼은 조심스럽게 단어를 골라 이렇게 충고했다. "리먼은 이제 다른 사람의 명예를 훼손하는 공격을 멈추고 일이 어떻게 되어가고 있는지 냉정하게 분석해야 합니다."

그날 오후 CNBC의 끈질긴 기자 찰리 개스패리노Charles Gasparino는 리먼의 대변인 케리 코헨을 붙들고 그레고리와 캘런이 곧 해임된다는 정보가 있는데 사실이냐고 물었다. 코헨은 오프더레코드라고 하면서 그런 정보는 쓸데없는 루머라고 말했다. 그래도 개스패리노가 끝까지 물고 늘어지자 코헨은 그녀의 상관 프리다임에게 물었다. 그러자 프리다임이 말했다. "그레고리와 캘런이 회사를 떠난다는 말을 들었어. 언론에 보도되지 않는다는 전제로, 나는 그 말이 사실이라고 봐."

개스패리노가 '시장을 움직이는 정보'로서 사안을 보도하겠다고 협박하면 (그가 정보를 뽑아낼 때 잘 써먹는 수법이지만) 금융회사 중역들 대부분은 분노를 느끼면서도 대응을 할 수밖에 없었다. 개스패리노의 협박을 받은 프리다임은 리먼에서 상층부 인사이동이 임박하지 않았다고 생각하면서도, 이를 공식적으로 부인하기 전에 펄드에게 확인할 필요가 있었다.

"저는 확인 없이 제 이름을 언론에 낼 수 없습니다. 그레고리의 사임을 생각이라도 하시는지 알아야겠습니다." 프리다임은 회사의 대변인으로서 자신의 신빙성이 기로에 놓여 있음을 분명히 밝혔다.

"아니야. 고려하고 있지 않아." 펄드가 대답했다.

"그렇다면 조가 사임을 고려하고 있지 않다는 걸 본인에게도 확인해봐야겠습니다. 확인하지 않는 한 제 이름을 가지고 언론에 대응할 수는 없습니다." 프리다임이 말했다.

그런데 그레고리도 프리다임이 자신에게 질문하자 이렇게 딱 잘라 말했다. "그런 일 없어. 개스패리노 기자한테 자네가 내게 물었는데 내가 부인하더라고 말해."

그런데 CNBC 개스패리노의 입을 막는 일보다 더 어려운 일이 회사 안에서 전개되고 있었다. 직원들 사이에 퍼지고 있는 압력을 누르는 것이었다. 리먼의 투자은행 부문과 트레이딩 부문의 직원들은 초조하고 불안해하며 분노했다.

그날 오후 스킵 맥기는 베노 단젤린Benot D'Angelin에게서 온 이메일을 펄드에게 전송했다. 리먼의 투자은행 부문의 공동 책임자로 있다가 런던 지사에서 근무하던 단젤린은 헤지펀드회사를 운영하기 위해 리먼을 떠났다. 맥기는 그로부터의 메일을 전송하면서 펄드에게 암시를 주려는 것이었다. 이메일의 내용은 다음과 같았다.

> 지난 며칠 동안 정말로 많은 사람들이 내게 전화를 했어. 정말 믿을 수 없이 나쁜 느낌이야. 과거 6, 7년간 내가 리먼에서 힘을 바쳐 일했던 것이 무너져 내릴지 모른다는 걱정을 처음으로 하고 있네. 내가 생각할 때 리먼에는 두 가지 일이 필요해.
>
> 1. 상층부의 일부 인사들이 교만한 태도를 버리고 실수들이 있었다는 것을 인정해야 해. 그들이 "우리 회사가 대단한 회사인데, 시장이 이를 잘 모르는 것 같아"라는 식으로 계속 지껄이면 안 될 거야.
>
> 2. 상층부의 일부 인사들은 곧 경질해야 해. 리먼의 지금 같은 어처구니없는 사태에 대해 아무도 책임을 지지 않고 "계속 잘나가고 있다"는 투의 행동을 하

는 것을 시장은 이해할 수도 없고 이해하려고 하지도 않을 거야.

펄드는 메일을 어두운 마음으로 읽고 맥기에게 회신을 하며 투자은행 부문의 임원들과 점심식사를 하면서 불만을 들어보겠다고 약속했다.

하지만 펄드 모르게 이미 궁정쿠데타가 일어나기 시작했다. 지난주에는 매디슨 스퀘어 근처 62번가에 있는 링크스 클럽이라는 식당에서 리먼의 트레이더 15명이 모여 회식을 했다. 회식의 목적은 어떻게 하면 펄드에게 압력을 넣어 그레고리를 사임시킬 수 있는가를 상의하는 것이었다. 펄드가 따르지 않는다면 그들이 한꺼번에 사임하겠다고 위협하기로 결정했다.

그때 금융서비스 부문 책임자인 제프 와이스Jeff Weiss와 제럴드 도니니는 그 자리에 없었지만, 중요한 대목에서는 스피커폰으로 토의에 참여했다. 이때 와이스는 대결에는 반대하며 이렇게 말했다. “딕이 긍정적으로 반응하지 않을 거야. 그는 코너에 몰린다고 원하지 않는 것을 하는 사람이 아니야. 그러니 서두르지 마. 이미 사태는 올바른 방향으로 움직이고 있으니까. 앞으로 한 이틀이면 결말이 날 거야.”

다음 날 아침 집행위원회에서 펄드는 한 라운드에 기운을 너무 써버린 복서처럼 탈진해 있었다. 투지를 잃은 것은 아니었지만 그는 이제 다른 방법을 택해야겠다고 생각했다. 회사가 분열되는 것을 막으려면 좀 더 유화적인 태도를 취하지 않을 수 없었다.

“회사 내에 불안감이 상당히 퍼져 있어. 우린 단결심을 잃었고 또 실수도 있었어.” 펄드는 문제를 인정했다. 그리고 돌아가면서 각자 리먼이 시장의 신뢰를 회복하기 위해서 해야 할 일을 말해보자고 제안했다.

조 그레고리, 톰 루소, 스킵 맥기, 바트 맥데이드, 스티븐 버켄펠드 등 중요한 사람은 모두 참석해 있었다. 그리고 한두 사람은 전화회의로 참여했다. 빠진 사람은 오직 에린 캘런이었는데, 그녀는 투자자들과 통화하는 데 매달려 있었다.

펄드는 스킵 맥기의 발언을 먼저 구했다. "리먼의 사기가 이렇게 나쁜 적은 없었습니다." 맥기가 입을 열었다. "우리에게 실수가 있었다는 것을 정식으로 인정해야 할 것 같습니다. 마치 우리에게 아무 문제도 없는 듯이 같은 말만 되풀이하는데…… 리먼은 이런 정도의 회사가 아닙니다." 맥기는 잠시 침묵하고 나서 조용히 말을 덧붙였다. "상층부에서 인사교체가 필요합니다."

"무슨 소리야?" 펄드가 말을 잘랐다.

"누군가 책임을 져야 합니다. 그게 시장이 원하는 것이고, 직원들이 원하는 것입니다."

비록 맥기가 그레고리라는 이름을 대놓고 말하지는 않았지만 회의에 참가한 모든 이들은 그가 누구를 두고 하는 말인지 알고 있었다. 바로 한 달 전에 있었던 집행위원회에서는 그레고리가 실제로 사의를 표명했었다. "누군가 총알을 막아야 한다면, 제가 막아야 합니다." 그는 비장하게 말했다. 그때에는 회의에 참가한 모든 이가 이를 그냥 해보는 말로 듣고 넘겼다. 그 말에 실현 가능성이 없었기 때문이다.

펄드는 테이블을 돌며 발언을 촉구했다. 각 임원이 다양한 제언을 했지만 누구도 맥기의 말에 힘을 실어주지는 않았다.

맥기를 내내 쳐다보던 톰 루소는 팀워크의 중요성을 강조했다. 이 말을 제일 좋아하는 그레고리는 즉시 말을 받아 이었다. "이렇게 남의 말 하듯 하는 게임은 그만둬야 합니다. 우리는 지금 한 팀으로 올인하고 있는 겁니다. 지난 수년간 우리는 모두 함께 결정을 내렸습니다. 그중에 다른 사람보다 나은 생각을 가진 사람이 있었는지 모르지만, 우리는 모두 함께 일할 수 있습니다."

다른 사람들이 발언하는 동안 맥기는 탁자 밑에서 블랙베리 단말기를 꺼내 그의 동료 제프 와이스에게 두 단어로 된 메시지를 보냈다. "나는 죽었다."

자신의 집무실로 돌아오며 맥기는 휴스턴에 있는 아내에게 전화를 걸어 어둡게 말했다. "주말 전에 이 회사에서 나갈지도 모르겠어."

그날 오후 리먼 직원들은 옹기종기 모여 31층에서 있었던 일을 쑥덕이며 앞으로 무슨 일이 일어날지 점을 치고 있었다. 에린 캘런은 집행위원회 모임에 참석하지 않았지만 무슨 일이 있었는지는 들어서 알고 있었다. 누군가의 목이 날아가야 한다면 그것은 그레고리가 아니라 자신일 것이라 생각한 그녀는, CFO를 그만두더라도 리먼에 남아 있을 수 있기를 바랐다. 그런 생각으로 펄드에게 제목 없이 짧은 이메일을 보냈다. "회사의 경영진이 책임을 진다면 저도 포함돼야 합니다. 제가 회사의 실적 발표에 깊이 연루되고 외부에 리먼을 대표하는 얼굴이 돼버린 이상 다른 사람이 제 자리에 앉는 것이 좋겠어요."

펄드는 답장을 보내지 않았다.

6월 11일 수요일, 펄드가 회사 32층 중역 식당에서 투자은행 부문 사람들과 점심식사를 할 때, 리먼의 주가는 21퍼센트가 더 빠져 있었다. 펄드는 이 자리를 글로벌투자은행 부문을 책임지는 맥기가 주도할 것이며, 자신이 시험대에 오를 것이라 생각했다.

펄드의 생각은 옳았다. 5대 1이었다. 상대는 맥기, 로스 스티븐슨, 마크 셰이퍼, 제프리 와이스, 폴 파커였다. 그들은 보스인 펄드에게 왜 경영진이 바뀌어야 하는지 직소할 수 있는 기회를 얻자 울분을 토해냈다. 부동산 부문이 회사를 죽이고 있다는 것, 좋은 사람들은 떠나고 에릴 캘런 같은 신참들이 말도 안 되는 승진을 해왔다는 것, 조 그레고리가 정도에서 벗어나고 있으며 리스크를 모른다는 것, 회사에 가장 큰 문제가 있다면 바로 그레고리라는 것 등이었다.

"해답은 누군가 대가를 치러야 한다는 겁니다." 마크 셰이퍼가 말했다.

이에 펄드가 쏘붙였다. "조는 나와 30년을 같이 일해왔어. 그는 자신의 일을 잘 처리했고, 훌륭한 경력이 있고, 리먼에 많은 공헌을 했어. 자네는 지금 나에게 사분기 실적이 나쁘니까 그를 내쳐야 한다고 말하는 거야?"

"사분기 실적뿐이 아니지요. 훨씬 문제가 깊습니다." 맥기가 나섰다.

이 말에 펄드는 잠시 숨을 고르며 손도 안 댄 음식을 쳐다보다가 입을 열었다. "자네들이 원하는 것이……."

"그런 게 아녜요." 투자은행 사내들이 입을 모아 외쳤다. 그들이 원하는 것은 펄드의 사임이 아니었다. 펄드의 사임은 리먼의 끝을 의미하기 때문이다. 하지만 지금의 상태가 지속되어서는 안 되었다. 펄드가 자신을 회사로부터 격리한 벽을 허물고 회사 운영에 좀 더 많이 관여하게 해야 했다.

펄드는 부하들의 비판을 받아들이며 말했다. "좋아. 자네들의 피드백은 잘 들었어. 내가 할게. 해야 할 일을 할게."

하지만 이때까지만 해도 펄드의 마음속에 그레고리를 해임한다는 생각은 없었다.

"회의를 마치면서 자네들이 느끼는 건 뭐야?" 펄드가 물었다.

"우리의 피드백을 당신이 받지 않으셨다는 거지요." 와이스가 솔직하게 말했다.

"받았다니까." 펄드가 대답했다.

투자은행 부문 간부들이 자리에서 일어나 엘리베이터로 움직이는 동안 펄드가 무엇을 할 것인지 확신이 서는 사람은 아무도 없었다. 그가 그레고리를 해임할 것 같지는 않았다. 펄드가 파격적인 조치를 취하겠다는 언질을 주지 않았기 때문이다. 그래도 자신들의 의견을 솔직히 펄드에게 전할 수 있었다는 사실에 맥기와 그의 팀은 마음이 조금 놓였다.

펄드가 32층에서 점심회의를 하던 시각에 맥데이드는 그레고리를 찾아갔다. 주식 부문을 총괄하는 맥데이드는 정직하고 규율이 있고 총명해 회사 내에서 인기가 높았다. 어떻게 보면 그는 본인에게 해로울 정도로 자질이 뛰어났다. 그는 리먼의 채권 부문을 성공적으로 운용하다가 주식 부문으로 옮겼는데, 이 인사이동도 리먼 내부에서는 그레고리가 잠재적인 라이벌을 제거하려는 작전으로 비춰졌다. 어떤 이들은 철학적 관리자를 자처하는 그레고리가 인재를 뺑뺑 돌리는 전략의 일환으로 맥데이드에게 가장 적합한 자리로 이동시킨 것이라고 보기도 했다.

전날의 집행위원회에서는 모두가 모인 자리여서 말을 삼갔지만, 이날 맥데이드는 그레고리와 단둘이서 할 말은 해야겠다고 작정했다. 그는 거두절미하고 그레고리가 그만두어야 한다고 말했다. "회사를 위해 그게 바른 길이에요." 이 말은 그레고리의 자존심을 상하게 하지 않으면서 그가 회사를 늘 내세우는 자세를 보여온 것에 기대어 내뱉은 말이었다. 회사의 거래장에 있는 '병사들'이 경영층에 대한 신뢰를 잃어버렸고, 그 신뢰를 회복시키지 못하는 한 리먼이 설 땅은 없다고 했다. 천성적으로 싸움을 좋아하는 그레고리였지만, 자신이 밀려 나간다는 것을 직감했다. 자신을 밀어내는 것은 자신의 자리를 탐내는 상층부의 특정 인물이 아니라, 자신이 그토록 키우려고 노력해온 회사의 직원들과 문화라는 아래로부터의 힘이었다. 불편한 대면을 빨리 끝내고 싶었던 그레고리는 맥데이드의 생각을 이해했고 고려해보겠다고 말했다.

몇 분 뒤에 펄드가 자신의 집무실에 들어서자 그레고리도 뒤따라 들어왔다.

"아무래도 제가 물러나야 할 것 같다는 생각이 드네요." 그레고리가 어정쩡하게 말했다.

"무슨 소리야. 자리로 돌아가. 내가 51퍼센트의 의결권을 갖고 있어. 자네의 해임이란 있을 수가 없어." 펄드가 내뱉었다.

5분 뒤에 이번에는 펄드가 그레고리를 찾아왔다. 그때 그레고리는 자신이 펄드에게 한 말에 대해 루소와 이야기하고 있었다.

그레고리는 리먼이 어떤 조치를 취하기를 시장이 기다리고 있다고 말했다. "그들은 누구의 모가지가 날아가기를 원하는 거예요. 누군가의 모가지가 날아가야 한다면 그것은 접니다. 당신이 될 수는 없어요."

"자네가 나설 때가 아니야. 이것은 일종의 질병이야. 어느 회사에나 있는 거야. 자네의 잘못이 아니라니까." 펄드가 항변했다.

그런데 이때까지 한마디도 하지 않던 루소가 조용히 입을 열었다. "딕, 조의 생각이 맞아요." 지금의 상황에서 그레고리가 그만두는 것이 회사를 위한 최선의 길이라는 것이었다.

결국 펄드는 모든 사람이 불가피한 길이라고 주장하는 사실을 받아들여야 한다는 것을 직감하면서 눈물을 참으며 중얼거렸다. "이건 아닌데.

싫다, 싫어."

그레고리가 스스로 사임한다는 소식을 가지고 온 것은 에린 캘런이 집무실에 있을 때였다. 회사에 대한 충성심으로 그만둔다는 것이었다. 그리고 그녀의 멘토로서 마지막 부탁이 있다고 했다. 그녀도 CFO 자리에서 물러났으면 한다는 것이었다. 자신의 사임은 회사 안에서 사기의 문제 정도지만, 캘런의 경우 대외적으로 월스트리트를 상대로 한 문제라는 것이었다. "우리가 함께 물러나야 해." 그레고리가 말했다.

펄드에게 그런 취지의 이메일을 보내기는 했지만, 그레고리의 말을 듣고 캘런은 드디어 올 것이 오는구나 하고 충격에 휩싸였다.

몇 분 뒤 캘런은 펄드를 찾아갔다. "제가 투자자들에게 신뢰를 잃은 이상 물러나야 할 것 같아요." 그녀의 목소리는 떨리고 있었다.

펄드는 또다시 슬픔에 잠겨 눈물이 나오려는 것을 억지로 참았다. 하지만 이런 일은 과거에도 겪은 적이 있었다. 앞으로 나아가야 했다. 펄드는 홀로 집무실에 앉아 새판을 구상했다. 그리고 제프 와이스를 불렀다.

"듣고 있으니 말해봐." 펄드의 입에서 나온 말이었다.

"아, 네……" 와이스는 펄드가 원하는 것이 무엇인지 확신이 서지 않아 머뭇거렸다.

"듣고 있다니까." 펄드가 반복했다. 마치 지난번 점심회의에서 와이스가 말한 것이 무엇보다 중요하다는 투였다.

"제가 바트 맥데이드를 어떻게 평가하는지 꼭 말씀드려야 합니까?" 그레고리의 후임으로 맥데이드를 밀며 와이스가 말했다.

"아니야. 그럴 필요는 없지." 펄드가 조용히 대답했다.

그날 저녁 맥기는 50번가에 있는 스테이크하우스에서 대학 시절 친구와 저녁을 먹고 있었다. 휴대전화가 울렸다. 펄드였다. 맥기는 레스토랑 밖으로 나와 현관의 천막 아래에서 전화를 받았다.

"자네가 말한 것을 알아들었다는 말을 하려고 그래. 자네가 보낸 공을 받았어." 펄드가 말했다.

"뭐라고요?" 맥기가 물었다.

펄드가 대답하지 않았다.

"제가 텍사스 촌놈일지 모르지만, 좀 더 구체적으로 말씀해주실래요?" 맥기가 질문했다.

"자네 말을 알아듣고 그대로 공을 받았다니까." 펄드가 말했다.

그리고 펄드는 다음 날 아침 8시 정각에 집행위원회가 소집되니 나오라고 말했다. 그제야 맥기는 펄드의 말을 알아들었다.

목요일 아침 6시, 대변인 케리 코헨은 CNBC의 개스패리노 기자에게서 음성메일을 받았다.

"케리, 지금 당장 전화해줘. 이거 중요한 문제야. 내가 말한 정보를 당신들이 모두 부인했는데, 지금 보니 사실이잖아. 그러니 지금 당장 전화하는 게 좋을 거야. 지금 당장이야! 내가 이거 특종 안 해도 좋아. 하지만 당신들 신뢰성에 큰 문제가 생길 거야. 리먼에 문제가 생긴다니까. 그러니 전화해."

20분 뒤에 그에게서 또다시 음성메일이 왔다. "지금 말하는 것이 방송에 나가기 전에 전화해. 장난이 아니니까!"

하지만 코헨은 이미 프리다임에게서 5시 반에 전화를 받고 회사로 달려가 그레고리가 사임하는 것과 캘런이 CFO 자리에서 떠난다는 사실을 알리는 보도자료를 작성하고 있었다. 캘런은 펄드와 모종의 협상을 해 리먼에 남아 다른 역할을 하기로 했다. 보도자료에는 명시되지 않았지만, 그레고리도 리먼에 그대로 남아 고문으로서 보수를 받으며 연금을 그대로 보존할 수 있게 되었다. 그레고리의 경력은 끝났지만 펄드와 그의 친구들은 그를 아주 죽이지는 않은 것이었다.

보도자료에서 펄드는 그레고리에 대해 이렇게 언급했다. "조는 나의 30년 지기이자 사업 동반자였습니다. 리먼이 지금에 이르기까지 성취한 것들의 뒤에는 조 그레고리가 있었습니다. 그의 사임은 우리가 함께 내린 결정들 중에서 가장 어려운 것이었습니다."

프리다임은 한편 펄드가 직원들에게 보내는 전문을 이렇게 작성했다. "우리의 신뢰성이 침식됐습니다. 지금의 시장 상황은 우리로 하여금 관련된 모든 사람들의 신뢰를 회복할 수 있는 조치를 취하라고 명령하고 있습니다."

여느 때와 달리 그날 아침 조간신문에서는 리먼에 관해 아무런 언급도 하지 않았다.

펄드가 집무실에 돌아오자 프리다임은 그에게 보도자료의 초안을 보여주고, 이어서 집행위원회를 열었다. 펄드는 초췌해 보였다.

그레고리를 친구이자 사업 동반자로 칭하면서 그는 말했다. "이건 내가 한 가장 어려운 결정이었어. 조는 우리를 위해 그만둔 거야."

그러자 그레고리가 받았다. "누군가 총알을 맞아야 한다면 내가 맞는다고 늘 말해왔어요. 그러니 이 일로 더 이상 시간이나 힘을 낭비하지 맙시다."

이 말에 펄드가 눈물을 글썽이자 그레고리는 펄드의 팔을 잡고 속삭였다. "괜찮아."

이윽고 펄드가 캘런을 보며 물었다. "하고 싶은 말 있어?"

"없어요." 캘런은 눈물을 훔치며 대답했다.

이어 펄드는 그레고리의 후임으로 바트 맥데이드를 임명한다고 알렸다. "그는 리먼 최고의 실행가니까." 펄드가 말했다.

하지만 맥데이드의 COO 취임을 축하할 만한 분위기는 아니었다. 집행위원회가 끝나자 펄드는 그레고리를 마지막으로 힘껏 껴안았다. 그리고 그가 천천히 회의실을 빠져나가는 것을 바라봤다.

Too Big to Fail

흔들리는 미국 금융의 아이콘

6월 11일 오후, 45세의 나이에 비해 놀랄 만큼 젊어 보이는 메릴린치의 사장 그레그 플레밍Greg Fleming이 본사에서 고객을 만나고 있는데 비서가 다가와 메모를 내밀었다. 거기에는 '긴급'이라고 쓰여 있었다. 세계적인 자산관리회사 블랙록BlackRock의 CEO 래리 핑크가 긴급히 통화하기를 원한다는 것이었다.

플레밍은 이렇게 긴급을 요하는 통화가 무엇인지 알 수 없었지만 지금

시장이 요동치는 만큼 전화를 받기로 했다. 그날 아침에는 블랙록이 리먼을 인수할 후보자의 하나라는 추측이 나돌았다. 오전에 CNBC에 출연한 핑크는 이렇게 말했다. "리먼의 상태는 베어스턴스와 다릅니다. 리먼은 유동성 위기에 대처하는 데 적당한 구조를 가지고 있다고 봅니다." 그의 이 말은 그런 추측을 더 부추긴 격이 되었다.

메릴린치그룹의 내홍

플레밍과 핑크는 가까운 사이였다. 9·11 사태로 메릴린치 직원들이 맨해튼 본사에서 일할 수 없게 되자 55세의 투자가 핑크는 플레밍과 메릴린치 투자은행 팀이 블랙록의 사무실을 쓸 수 있게 배려해주기도 했다. 이후 두 기업은 그룹을 이뤘다. 2006년에 메릴린치그룹에서 5,390억을 운용하는 자산운용 회사가 블랙록 주의 50퍼센트 가까이를 취득하며 합병하는 것을 플레밍이 주선했던 것이다. 이로써 채권 전문 기업으로 오랫동안 인식되던 블랙록은 일약 1조 달러를 주무르는 자산운용사로 도약하며, 1980년대에 모기지담보증권MBS 거래시장을 창조하는 데 일조하고 블랙록을 설립한 플레밍은 월스트리트의 거물이 되었다.

"도대체 뭐야?" 핑크는 플레밍이 인사를 마치자마자 분노에 찬 음성으로 전화에 대고 소리쳤다. "말해봐. 도대체 뭐야? 자네가 나에게 어떻게 이런 일을 할 수가 있어?"

"래리, 진정해. 무슨 말을 하는 거야?" 플레밍은 그를 진정시키려고 애썼다.

"테인 말이야." 메릴린치의 CEO 존 테인을 두고 한 말이었다. "CNBC 방송에서 그자가 블랙록을 팔겠다고 했다는 거야. 그자가 도대체 무슨 생각을 하는 거야?"

"래리, 나는 전혀 들은 바가 없어. 언제 그런 말을 했다는 거야?" 플레밍이 당황하며 물었다.

"강연에서 그랬다는 거야! 그자가 세상에 대고 블랙록을 팔겠다고 말했다는 거지. 어떤 미친놈이 그런 일을 할 수 있어?" 핑크는 아직도 분이 풀리지 않아 외쳤다.

"존이 강연을 했다는 것도 모르는데……."

"우리는 서로 주를 팔 수 없어. 당신도 알고 존도 아는 일이야. 주를 팔려면 내 동의가 필요해. 그런데 그자가 내게 전화도 안 했어. 일언반구 없었다고! 그자에게 블랙록 주를 팔 권리 같은 건 없단 말이지."

"래리, 우리에게 상호주식매도 금지계약이 있다는 거 잘 알아. 심호흡 한 번 하고 잘 들어봐."

"하지만 생각해봐. 어떤 사람이 주식을 매도한다고 세상에 미리 알리겠어? 이렇게 멍청한 이야기가 어디에 있냐고?" 핑크가 말했다.

"내가 알기로는 메릴린치에 블랙록과의 관계를 바꾸려고 하는 사람은 한 명도 없어. 블랙록은 우리에게 굉장히 중요한 전략적 자산이야. 존을 찾아가서 무슨 말인지 물어볼게. 그리고 셋이 만나서 이야기를 해보자고." 플레밍은 이렇게 약속하고 전화를 끊었다.

플레밍이 알고 있는 테인의 최근 강연이라면 어제 월스트리트저널의 주관으로 있었던 컨퍼런스에서 한 것뿐이었다. 그 강연에서 테인은 블랙록에 관해 아무런 구체적인 언급도 하지 않았다. 사실 플레밍은 그 강연을 듣고 상당히 깊은 인상을 받았는데, 테인은 금융산업의 현황을 요약하고자 했다. "지금 모두가 대차대조표를 너무 경솔하게 다루고 있습니다. 금융 시스템에 레버리지가 너무 많이 편입되고, 신용이 너무 많이 그리고 너무 오래 팽창하고 있습니다. 최근에 우리가 경제신문에서 읽는 경고성 기사들에 귀를 기울여야 합니다." 금융계의 원로로서 한 좋은 말이었다.

테인의 집무실에 전화했으나 그는 외출 중이었다. 플레밍이 알기에도 블랙록의 대차대조표는 나빠지고 있었다. 처리하기 어려운 서브프라임 융자가 너무 많았고, 따라서 곧 자금을 더 동원하지 않으면 안 될 터였다. 그렇다고 테인이 블랙록 주를 처분할 것이라고 생각하지는 않았다. 블랙록 지분은 메릴린치의 견실한 자산 중의 하나이기 때문이었다. 이 주를 판다고 공표하는 것은 메릴린치에 부담이 될 뿐이었다.

사실 메릴린치도 리먼브러더스와 마찬가지로 시장에서의 신뢰 상실에 시달리고 있었다. 지난 수개월간 테인은 투자자들에게 메릴린치의 장부상 자산이 보수적으로 평가되어 있어 추가 자본이 필요하지 않다고 반복적으로 말해왔다. 그런데도 투자자들은 의심을 품고 메릴린치 주가를 그해 들어 32퍼센트나 끌어내렸다.

메릴린치 CEO 존 테인

골드만삭스에서 행크 폴슨에 이어 2인자였던 테인은 7개월 전에 메릴린치로 자리를 옮겼다. 메릴린치가 사상 최대의 손실을 기록하고 CEO 스탠 오닐Stan O'Neal이 떠나자 그 후임으로 온 것이다. 테인의 임무는 흔들리는 메릴린치에 질서와 평온을 찾아주는 것이었다. 당시 래리 핑크는 자신이 메릴린치의 CEO가 될 것으로 기대했는데, 《뉴욕타임스》의 웹사이트를 보고 테인에게 그 자리를 빼앗긴 것을 알았다. 원래는 그 주 후반에 핑크가 그 자리를 놓고 인터뷰하게 되어 있었다. 이런 탓에 핑크가 테인을 곱게 보고 있을 리는 없었다.

지나치게 엄격해 아이로봇I-Robot이라는 별명을 얻은 테인이 메릴린치 이사회에 어필했던 것은 그가 최근에 얻은 '기업 회생의 예술가'라는 명성이었다. 골드만에서 쭉 경력을 쌓은 그는 뉴욕증권거래소의 CEO 리처드 그래소가 지나치게 많은 보수를 받아낸 것이 문제가 되어 물러나자 그의 후임으로 들어가게 되었다. 역설적이게도 그때 그 자리를 채우는 선임위원회를 이끈 것이 핑크였다.

뉴욕증권거래소의 CEO에 취임한 테인(놀랍게도 그는 그래소 사태가 있은 뒤인데도 연봉을 1,600만 달러로 협상해냈다)은 근본적인 변혁을 일으켜, 세계에서 가장 크지만 배타적이고 시대에 뒤떨어졌던 뉴욕증권거래소를 흔들어놓았다. 고급으로 단장된 오찬클럽을 닫고 거래소 전용 이발사를 내쫓는 등 군살을 빼고, 거래소를 이윤을 추구하는 공개기업으로 바꿔놓았다. 테인은 또한 거래소를 지배하던 강력하면서도 구식의 트레이더들과 전문가들의 저항을 극복하고 전자거래 시대에 맞게 작업환경을 일신해놓았다.

테인은 미시간 호의 서편에 위치한 일리노이 주 앤티옥이라는 작은 고장에서 태어나 자랐다. 그는 어려서부터 문제를 해결하는 데 재능을 발휘했다. MIT 3학년 때에는 P&GProctor & Gamble에서 인턴으로 일했다. 그때 그는 조립생산라인에서 간단하면서도 매우 중요한 발견을 했다. 아이보리 비누를 생산하는 데 문제가 생겨 생산라인이 멈추면 일꾼들은 손을 놓고 라인이 다시 움직일 때까지 노는 것이었다. 이를 보고 대학 3학년생이 하는 말이, 일을 멈출 필요가 없도록 비누를 계속 만들어 옆에 쌓아놓고 라인이 돌아오기를 기다리면 되지 않느냐는 것이었다. 그들은 생산량에 따라서 보너스를 받으니 이 방법이 해로울 리가 없었다. 결국 테인이 제안한 방법이 받아들여지고, 테인도 이 작업에 참여했다.

테인은 일반적으로 인정 없는 기술관료처럼 보인다는 이미지를 가지고 있었지만, 그에게도 약한 점이 있었다. 공학을 전공한 그는 단선적인 사고에다가 뉘앙스를 전혀 못 느끼는 면이 있었다. 그와 고등학교 동창생인 스티브 바스케스Steve Vasquez는 이렇게 말한 적이 있었다. "테인과 대화하다 보면 그가 구체적인 것들을 하도 자세히 말하는 바람에 도대체 무슨 이야기를 하는지 알 수 없을 정도다." 또 한 예를 든다면, 1999년에 골드만의 한 회의에서 테인은 실내를 가득 메운 은행가들과 변호사들에게 농담을 던졌다. "가끔 이 거래소 CEO에게 잘 보이려고 노력해도 해가 되진 않을 텐데." 그러나 아무도 웃지 않아 썰렁했다.

나중에 플레밍이 깨달은 것이지만 핑크를 격노하게 한 테인의 발언도 그의 둔한 언어 감각에서 비롯된 것이었다. 사정은 이랬다. 테인은 도이체방크의 투자자들과 전화회의를 했는데, 그 회의를 주관하는 마이클 메이오Michael Mayo가 테인에게 물었다. "전에 블랙록이나 블룸버그에 대한 투자를 편하게 생각한다고 말한 기억이 나는데요. 지금도 마찬가지입니까? 만약 그 투자들에 문제를 느낀다면 어떤 상황에서일까요?"

테인은 그답게 이 질문을 가정으로 받아들이고 그에 맞춰 곧이곧대로 대답했다. 당연히 메릴린치도 수시로 투자자산을 다시 평가하고 어떤 것이 문제가 될지 늘 분석해왔다. 이런 생각으로 그는 이렇게 대답했다.

"작년 말 우리가 자본 증강을 고려할 때 우리는 다양한 방안을 염두에 두었습니다. 그중에는 보통주도 있었고 전환사채도 있었어요. 그리고 이때 포함된 것 중에는 우리 대차대조표에 들어 있는 블룸버그나 블랙록과 같은 소중한 자산도 있었어요. 우리가 자본을 증강해야 한다면 우리는 가용한 모든 대안을 평가해 주어진 시점에서 자본 효율이 가장 높은 대안들을 취할 겁니다."

테인의 대답은 그 스스로 볼 때 아주 타당한 것이었다. 그런데 그가 "우리는 처분해서 현금을 동원할 자산이 많다"는 말을 반복하자 투자자들은 이 말이 단순한 수사법을 넘어선 것으로 판단한 것이다. 이로써 상처가 나기 시작했다. 그로부터 사흘도 안 되어 메릴린치가 '리먼 다음으로 취약한 투자은행'으로 표현되기 시작했다.

존 테인이 가장 원하던 자리는 골드만삭스의 CEO였는데, 그는 그 자리에 딱 하루 있었다. 그리고 그날은 불행하게도 2001년 9월 11일이었다. 이후 9·11 사태라고 불리는 공격이 시작될 때 CEO 행크 폴슨은 홍콩으로 가는 비행기 안에 있었다. 폴슨이 자리를 비운 상황에서 공동 사장을 맡고 있던 테인이 브로드 가 85번지에 위치한 골드만 본부에서 직위가 가장 높은 임원이었고, 따라서 그가 사태에 대처하지 않을 수 없었다(또 다른 공동 사장인 존 손턴은 브루킹스에서 열리는 회의에 참가하느라 워싱턴에 머물고 있었다).

테인은 언젠가는 그가 골드만을 이끌 운명이라고 생각했다. 1998년에 존 코진을 내몰고 행크 폴슨을 CEO로 불러들인 궁정쿠데타는 테인이 사주하고 가담했다. 5번가에 있는 로버트 허스트의 아파트에서 테인과 손턴은 폴슨을 지지하기로 약속했던 것이다. 그때 그들은 비밀 약속을 교환했다고 생각했다. 즉, 폴슨이 2년만 CEO를 하고 시카고로 돌아갈 것이며 그 자리는 두 사람에게 물려준다는 것이었다. 이런 약속을 할 때 존 코진은 콜로라도 주 텔러라이드에서 스키를 타고 있었다.

코진의 오랜 심복이자 친구인 테인으로서 이는 가슴 아픈 결정이었다. 그러나 테인은 진심으로 폴슨이 코진보다 훌륭한 지도자라고 생각했고, 폴슨을 지지하는 것이 그의 승진에 유리하다고 판단했다. 집행위원회에서 코진과 가장 가까운 사이였던 테인은 이 뼈아픈 뉴스를 코진에게 전하는 역할을 맡아, 코진이 눈물을 보이는 것을 목격할 수밖에 없었다. 당시 골드만의 많은 파트너들은 휴가를 떠나 있던 터라, 그들은 1999년 1월 11일 아침에 폴슨과 코진의 이름으로 발송된 "존이 CEO 자리를 물러나기로 결정했다"라는 짧은 내용의 이메일을 받는 것으로 끝났다.

그러나 2년이 지나도 폴슨은 자리에서 물러날 기미가 없었다. 그는 해야 할 일이 너무 많고 그의 후계자들이 아직 준비되지 않았다고 생각했다. 이때 테인은 골드만의 다른 파트너들과 마찬가지로 엄청난 부를 소유했다. 골드만의 상장으로 얻은 수입만 해도 수억 달러에 이르렀다. 하지만 폴슨은 자리에서 꿈쩍도 하지 않았고, 테인이 골드만의 CEO가 된다는 것은 꿈으로 남아 있을 뿐이었다.

테인과 폴슨은 외형적으로 좋은 관계를 유지했지만, 그 이면에는 긴장이 감돌았다. 테인은 폴슨이 약속을 지키지 않는 것에 분노했다. 반면 폴슨은 테인이 재능 있는 금융업자지만 CEO로서 충분한 판단력을 가지고 있는지 의문을 품었다. 그는 또한 테인이 골드만의 분위기에 맞지 않게 부를 과시하는 모습을 불만스러워했다. 테인은 사교계에서 눈에 두드러질 만큼 행동한 것은 아니었지만, 뉴욕 주 라이에 4만 제곱미터에 달하는 저택을 가지고 다섯 대의 BMW를 굴리고 있었다. 폴슨의 신경에 거슬리는 테인의 또 다른 면은 그의 휴가 일정이었다. 테인은 평소 열심히 일하기는 했지만 크리스마스가 되면 콜로라도 주 베일로 2주 동안 휴가를 떠나고, 부활절이 되면 1주일, 또 여름에 2주일이라는 휴가 일정을 반드시 지키려고 했다. 쉬지 않고 일만 하는 폴슨에게 이는 받아들이기 어려운 일이었다.

2003년에 이르러 테인과 손턴은 폴슨이 CEO에서 물러나지 않을 것을 확신했다. 좌절감에 쌓인 손턴은 결국 골드만을 떠났다. 골드만을 그만두고 얼마 지나 손턴은 테인을 저녁식사에 불러낸 자리에서 말했다. "행크의 말은 믿을 수가 없어. 자네도 골드만을 그만두는 게 어때?"

그로부터 수개월 뒤, 폴슨은 상품 거래를 담당하던 로이드 블랭크파인을 테인과 동등한 공동 사장으로 임명했다. 블랭크파인의 등장은 테인에게 골드만에서의 퇴출을 생각해보라는 분명한 신호였다. 당시 블랭크파인은 골드만 수익의 80퍼센트를 점하는 사업을 총괄했고, 따라서 회사 내에 강력한 기반을 쌓아두고 있었다.

하루는 테인이 폴슨의 방으로 불쑥 들어와 골드만을 그만두고 뉴욕증권거래소의 CEO로 간다고 밝혀 폴슨을 놀라게 했다. 그리고 테인은 이 새로운 자리에서 성공을 거둔 것이다.

4년 뒤, 신용위기가 깊어가던 2007년 가을에 몇몇 큰 투자은행들이 막대한 손실을 기록하면서 CEO들을 해임하기 시작했다. 이때 테인은 뉴욕증권거래소에서 투자은행 CEO로 전직할 후보 중 하나로 자연스럽게 꼽혔다(실제로 그는 메릴린치뿐 아니라 시티그룹에서 팀 가이트너와 함께 후보로 고려되었다). 테인은 아내와 함께 메릴린치에서 제안이 오면 그것을 수락할지 숙고했다. 심지어 개인적인 차원에서 메릴린치의 재정 상태를 조사해보기도 했는데, 약 900억 달러의 융자와 파생상품자산이 문제이기는 했지만 전반적으로 해볼 만하다고 판단했다. 그보다 더 중요한 것은 메릴린치에서의 자리가 세계적인 금융회사의 CEO가 된다는 것, 즉 골드만에서 성취하지 못한 꿈에 다가간다는 점이었다.

메릴린치에 가기만 한다면, 그의 인맥과 명성을 동원해 골드만을 앞서갈 수 있다고 생각했다. 그는 이를 5년 계획으로 생각했다. 메릴린치 이사회에서 그는 2년 안에 회사의 대차대조표를 개선하고 그다음 3년 안에 새로운 단계로 도약하겠다는 포부를 밝혔다. 결국 그는 메릴린치의 CEO로 선임되어 취임보너스 1,500만 달러와 연봉 75만 달러를 받게 되었다. 또한 메릴린치 이사회는 주가를 100달러 이상으로 끌어올리면 7,200만 달러의 보너스를 주겠다고 약속했다. 테인이 CEO로 취임한다는 소식에 메릴린치의 주가는 1.6퍼센트 올라 57.86달러가 되었지만, 이는 100달러에 크게 못 미치는 수치였다.

메릴린치의 CEO에 취임한 테인은 자본을 동원해 문제를 사전에 대비하는 데 힘썼다. 그는 마이클 밀켄Michaal Milken이 만들어 1990년에 파산한 드렉셀버넘램버트Drexel Burnham Lambert처럼 되어서는 안 된다고 입버릇처럼 말했다. "드렉셀의 붕괴는 유동성 부족에서 온 거예요." 수요일 아침에 열리는 리스크위원회의 어느 회의에서 그는 이렇게 말하며, 그 회사가 현금이 없어 망한 과정을 설명했다. "유동성이 가장 중요합니다."

테인의 이런 노력으로 그해 12월과 다음 해 1월 메릴린치는 128억 달러의 자금을 확보했는데, 이는 싱가포르의 국부펀드 테마섹Temasek Holdings과 쿠웨이트투자청Kuwait Investment Authority을 중심으로 한 투자가들에게서 얻어 온 것이었다.

내부적으로 테인은 전임 오닐이 구축한 제국을 허무는 데 주력했다. 취임한 지 일마 되시 않아 그는 9·11 사태가 일어난 자리인 그라운드제로 건너편에 있는 메릴린치 빌딩의 경비원들이 한쪽 엘리베이터들을 전부 그의 전용으로 확보하고 기다리는 것을 알았다. 그래서 그는 다른 쪽으로 가 엘리베이터를 탔다. 그런데 그가 타자 직원들이 엘리베이터에서 몰려 나가는 것이었다.

"무슨 일이야? 왜 나가는 거야?" 테인이 묻자 누군가 대답했다. "저희가 같이 타서는 안 됩니다." "무슨 소리야. 어서 다시 타." 그러고 나서 그는 모든 엘리베이터를 직원 공용으로 하라고 지시했다. 그는 또한 메릴린치가 보유하고 있던 G-4 항공기 한 대와 헬기를 팔라고 지시하는 등 비용을 절감하기 위해 노력했다. 비용을 줄이는 데는 규모를 따지지 않아 1년에 20만 달러가 들던 생화를 인조화로 바꾸기도 했다.

그 대신 재능 있는 인재를 확보하는 데는 돈을 아끼지 않았는데, 이는 직원들에게 역설적으로 받아들여졌다. 4월 말, 테인은 이사회의 승인을 얻어 골드만의 동료이던 토머스 먼태그Thomas Montag를 영입해 주식 거래 부문 책임자로 앉혔다. 그를 영입하기 위해 메릴린치는 3,940만 달러의 취임보너스를 약속했는데, 이는 그가 실제로 취임한 8월보다 한참 전의 일이었다. 테인은 또한 골드만의 또 다른 인재인 피터 크라우스Peter Kraus를 영입하는 데 2,500만 달러를 썼다.

그리고 그는 자신의 집무실도 고치기 시작했다. 거의 다 뜯어고쳐야 한다는 데 그와 아내의 의견이 일치했다. 오닐이 쓰던 흰색 포마이카 가구는 메릴린치의 전체적인 장식과 어울리지 않았고, 집무실에 딸린 회의실은 운동기구로 가득 찬 헬스장으로 변해 있었다. 테인은 유명 인사를 고객으로 둔 실내디자이너인 마이클 스미스Michael Smith를 고용해(그의 고객에는 스티븐 스필버그, 더스틴 호프만 등이 있었다) 집무실, 부속 회의실, 응접실을 새로 고치게 했다. 테인은 세부적인 것에는 신경을 쓰지 않았지만 뉴욕증권거래소의 집무실에 놓여 있던, 그가 좋아하는 책상을 옮겨오라는 지시는 분명하게 내렸다. 나중에 스미스의 청구서를 보니 총액이 80만 달러였는데, 양탄자 8만 7,000달러, 창가 장식대 6만 8,000달러, 변기 3만 5,115달러 등이 포함되어 있었다. 이때 재무과 직원들은 그 방탕함에 너무 놀라 지불한 수표들을 복사해놓았는데, 이는 나중에 테인을 공격하는 데 쓰였다.

테인은 직원들의 사기를 진작하려고 많은 노력을 쏟았지만, 분위기는 반대였다. 거래장에서 직원들은 이야기를 끝낼 때 농담처럼 '39.4'라고 말하곤 했는데, 이는 먼태그의 취임보너스가 39.4밀리언 달러라는 것을 비꼬는 말이었다. 임원들은 테인의 자본 증강 노력을 칭찬했지만, 동시에 다른 시각도 있었다. 테인이 CEO로서는 너무 사소한 데 집착하는 '마이크로 매니저'라거나 아니면 그 반대로 아무것도 신경 쓰지 않는다는 것이었다. 그는 비서실장으로 메이 리May Lee를 고용하고서도 이 사실을 일부 간부들에게 제대로 알리지 않았다. 그녀는 첫 출근한 날 집행위원회에 가서 앉아 있었다. 이때 뒤따라 들어온 브로커리지 담당 임원 로버트 맥캔Robert McCann이 낯선 사람이 앉아 있는 것을 보고 테인을 쳐다보자, 그제야 그는 "아, 미리 말해줬어야 하는 건데"라며 자신의 비서실장이라고 소개했다.

테인은 또한 언론에 자신을 거창하게 포장하는 경향이 있어서 집행위원회 일부 멤버의 마음을 상하게 했다. 자신이 마치 메릴린치의 구세주인 양 행동한 것이다. 그는 전 조지 워커 부시 정권에서 국무성 대변인을 했던 마거릿 투트윌러Margaret Tutwiler를 뽑아 홍보를 담당하게 했다. 이때 사내에서는 테인이 공화당 후보 존 맥케인이 대통령에 당선될 경우 재무장관직을 노린다는 시각이 있었다.

래리 핑크가 블랙록에 관해 분노에 찬 전화를 하던 6월 11일 무렵에는 지난 12월 싱가포르 테마섹과 쿠웨이트투자청이 투자를 약속한 돈이 다 모이지 않았다. 게다가 그 거래는 계약 당시에 비해 훨씬 더 많은 돈이 들 것임이 드러나고 있었다. 계약 조항에는 메릴린치가 향후 더 낮은 가격으로 주식을 추가 발행해 테마섹과 쿠웨이트투자청의 지분율이 떨어질 경우 추가로 보상을 하게 되어 있었다. 그런데 메릴린치의 주가는 급속히 떨어지고 있었다. 따라서 메릴린치가 신규로 10억 달러의 자본 증강을 꾀할 경우, 실제로 2007년에 투자한 투자가들에게 지불해야 할 배당과 수익을 맞추려면 그보다 세 배를 더 모아야 했다. 게다가 2사분기 실적이 1사분기보다 나쁜 것은 확실한데, 얼마나 나쁠지는 알 수가 없었다.

메릴린치의 문제들은 이윽고 월스트리트의 모든 이들이 알게 되었고, 테인이 회사를 장악하지 못하고 있다는 인식이 퍼졌다. 핑크를 분노하게 했던 문제의 전화회의에서 투자은행의 애널리스트인 메이오는 테인에게 말했다. "지금 시장에서 메릴린치에 대해 가지고 있는 인식은 '필요하면 그때그때 자본을 증강해라'라는 식이라는 겁니다. 즉, 손실이 발생하면 그만큼 돈을 빌려온다는 거예요. 당신은 동의하지 않을지 모르지만, 그게 지금 시장에서 메릴린치에 대해 가지고 있는 인상입니다. 도대체 언제쯤 문제를 충분히 미리 커버할 만큼 자본을 확보할 수 있다는 겁니까?"

테인이 대답했다. "당신 생각에 동의하지 않아요. 우리는 지난 연말까지 128억 달러의 신규 자본을 끌어들였고, 손실은 86억 달러에 불과했어요. 즉, 50퍼센트 이상의 추가 자금을 확보해 손실을 커버할 충분한 돈을 마련한 겁니다. 이는 올해 1사분기에도 마찬가지여서, 손실 20억 달러에 자본 증강은 27억 달러였습니다. 다시 말해 우리는 항상 추가 자금을 가지고 있다는 겁니다."

그러나 그것은 충분하지 않았다.

월스트리트의 흑인 CEO

메릴의 CEO로 선임되고 며칠 후 테인은 한 가지 민감한 일을 처리하려고 했다. 물러난 스탠 오닐(그는 1억 6,150만 달러의 퇴직보너스를 챙겼다)에게 전화해서 한 번 만날 수 있겠느냐고 물었다. 언론이 눈치채지 못하도록 두 사람은 오닐의 변호사 사무실에서 아침을 먹기로 했다.

가벼운 농담을 주고받고 나서 오닐은 테인을 바라보며 물었다. "무슨 이야기를 하려고 그러시는지요?"

메릴린치에 무슨 문제가 있었는지, 왜 서브프라임과 여타 리스크가 많은 투자액이 272억 달러에 이르는지, 나아가 월스트리트에 무엇이 문제인지 등에 관해 시원하게 대답해줄 사람이 이 세상에 있다면 바로 오닐일 것이라고 테인은 생각했다. 그런 생각으로 조심스럽게 입을 열었다.

"저는 신참이고 당신은 5년이나 CEO를 했습니다. 그래서 의견을 듣고 싶어요. 메릴린치에서 어떤 일이 있었는지에 대해 어떤 것이라도 좋습니다. 누가 어떤지 하는 것도 좋고요. 조언해주신다면 저와 메릴린치에 아주 큰 도움이 될 겁니다."

이 말에 오닐은 과일을 먹으며 잠시 말이 없더니 테인을 보고 말했다.
"미안하지만, 제가 그 대답을 할 적당한 사람은 아닌 것 같군요."

오닐은 메릴린치의 다른 최고임원들과 비교할 때 다른 세계의 경력을 가지고 있었다. 그는 흑인인 것이다. 이는 메릴린치를 아일랜드계 백인들이 경영해왔다는 것에 비춰볼 때 상당한 변화를 뜻했다. 그의 성공담은 그 자체로 흥미진진하다. 오닐의 조부는 노예로 미국에 왔다. 오닐은 앨라배마의 동부에 있는 한 마을에서 어린 시절을 보냈는데, 그가 살던 집은 안에 배관도 없는 통나무집이었다. 오닐이 12살 되던 해 그의 부친은 애틀랜타의 저소득층 공공주택단지로 옮겼고, 거기서 제너럴모터스GM 공장에 취직했다. 소년인 오닐에게 제너럴모터스는 가난에서 탈출하는 티켓이었다. 고등학교를 졸업하고 나서 그는 제너럴모터스인스티튜트

(지금은 케터링 대학이 되었다)에 등록해, 6주는 미시간 주 플린트Flint에 있는 공장에서 일하고 6주는 인스티튜트에서 공부할 수 있었다. 제너럴모터스의 후원으로 1978년에 하버드 대학 경영대학원을 마친 그는 뉴욕에 있는 제너럴모터스의 회계부서에서 일하게 되었다.

1986년 오닐은 제너럴모터스의 회계 책임자로 있다가 메릴린치로 전직한 상사의 권유로 메릴린치의 정크본드부서로 자리를 옮겼다. 성실한 노력과 강력한 멘토의 지지로 오닐은 고속 승진을 거듭했다. 그는 마침내 정크본드부서의 책임자가 되었는데, 이 부서는 당시 월스트리트에서 해당 분야의 최고로 꼽혔다. 1997년에 오닐은 기관투자가사업 부문의 공동책임자로 선임되었고, 그다음 해에는 CFO로 발탁된 뒤, 2002년 최정상의 CEO에 등극했다.

흑인 오닐이 CEO에 오른 메릴린치는 1914년 찰스 메릴Charles Merrill이 설립했다. 플로리다 출신의 떡 벌어진 체격의 메릴을 친구들은 '굿 타임 찰리Good Time Charlie'라고 불렀다. 그는 '월스트리트를 (보통 사람이 사는) 메인스트리트로' 대중화하는 것을 사명으로 삼았다. 이런 사명감으로 그는 미국의 약 100개 도시에 주식거래사무소를 만들어 모두 텔레타이프teletype로 본사와 연결했다. 그는 또한 주식이 신비성을 벗고 대중에게 다가가도록 많은 프로모션을 진행했는데, 예를 들어 주식 맞추기 콘테스트를 열어 시리얼을 상품으로 주기도 했다.

황소 마크의 메릴린치는 피델리티Fidelity 같은 뮤추얼펀드의 수준을 넘어 제2차 세계대전 이후 수십 년 동안 미국에서 새로 형성되는 투자가계급을 대표하는 이미지를 구축했다. 1983년에서 1999년까지 미국인들이 뮤추얼펀드나 연금계획을 포함해 직간접으로 소유하는 주식의 구성비가 두 배가 되었는데, 이는 미국 투자가의 반이 주식시장에 뛰어들었다는 것을 의미했다. 메릴린치는 스스로 1971년에 채택한 회사 슬로건 그대로 '미국에서 강세장으로 돌진Bullish on America'하게 되었는데, 동시에 미국인들은 메릴린치에서 강세장으로 돌진하게 된 것이었다.

그러나 '천둥 같은 소떼'로 비유되던 메릴린치는 2000년대 들어 '우둔한 소떼'가 되었다. 조직이 너무 크고 방만해진 것이었다. 1990년대에는 숱한 기업 합병을 통해 조직이 세계적으로 확장되었고, 인원은 7만 2,000명으로 불어나 있었다(당시 가장 근접한 경쟁자였던 모건스탠리의 직원 수가 6만 2,700명이었다). 한편 메릴린치의 전통적인 세력 기반이었던 일반인 상대 소매중개업은 이트레이드E*Trade나 아메리트레이드Ameritrade와 같은 수수료가 낮은 온라인 소매중개업자의 출현으로 기반이 약화되었다. 또 메릴린치의 투자은행 부문은 수익이 아니라 거래 규모 위주로 영업을 한 탓에 증권시장에서 닷컴기업들이 무너지자 비용은 늘어나고 수익이 줄어드는 취약한 구조로 바뀌었다.

이런 메릴린치의 규모를 다시 최적화하는 임무를 띠고 등장한 것이 오닐이었다. 동료들은 서두를 필요가 없으며 더구나 9·11 사태로 메릴린치의 직원 세 명이 사망한 상황이므로 시간을 두고 진행하라고 충고했다. 그런데도 오닐은 회사 내 사기와 문화에 끼치는 영향을 도외시한 채 인원 삭감을 강행했다. 1년 뒤 메릴린치는 직원의 25퍼센트, 즉 1만 5,000명이나 줄어들었다.

그때 오닐은 이렇게 말했다. "메릴린치는 위대한 회사입니다. 하지만 그 위대함은 저절로 주어지는 것이 아닙니다. 우리 회사에는 바뀌서는 안 되는 훌륭한 문화가 있습니다. 하지만 마더 메릴*이라는 말이 풍기는 모

---

* 마더 메릴(Mother Merrill)이란 메릴린치 직원들이 쓰던 회사의 애칭이었다.

계주의, 부계주의와 같은 기업문화는 불식해야 합니다."

오닐은 경영진에 대해서도 놀랄 만한 변혁을 일으켰다. CEO로 공식 취임한 12월 이전에 이미 19명의 집행위원회 위원 가운데 반 이상이 물러나 있었다. 오닐이 조금이라도 불신했던 인사는 자리를 빼앗긴 것이 분명했다. "비정한 게 늘 나쁜 것만은 아니야." 측근들에게 그는 이렇게 말했다.

오닐을 유명하게 만든 또 다른 면은 동료들이 반대하면 즉시 반격하는 것이었다. 한번은 메릴린치의 최고 변호사 가운데 한 사람인 피터 켈리Peter Kelly가 오닐이 추진하려는 투자를 반대하자 보안요원을 불러 그를 집무실에서 내쫓았다. 메릴린치의 일부 직원들은 오닐의 최고경영층을 '탈레반'이라고 하거나 오닐을 탈레반의 지도자 '물라 오마르Mullah Omar'라고 부르기도 했다.

CDO라는 판도라 상자

오닐은 비용을 적극적으로 절감하는 한편, 리스크가 있더라도 수익성이 높은 사업구조로 회사의 방향을 전환하려고 노력했다. 이 전략의 모델은 골드만이었다. 즉, 단순히 돈을 맡긴 고객의 거래를 중개하는 데 그치지 않고 회사의 자본을 이용해 공격적으로 투자하는 PI Principal Investment 투자가 핵심이었다. 그는 골드만의 분기별 실적을 보고 부하들에게 같은 성과를 내라고 몰아붙였다. 공교롭게도 오닐은 골드만의 로이드 블랭크파인과 같은 건물에 살고 있어서, 그가 누구를 목표로 삼는지 매일 저절로 상기할 수 있었다. 블랭크파인과 그의 아내는 오닐을 우스갯소리로 '도플러 스탠Doppler Stan'이라고 불렀다. 건물 로비에서 만나면 오닐은 대화를 피하기 위해 계속 움직이거나 빙 돌아가곤 했기 때문이다.

오닐의 노력으로 처음 몇 해 동안 메릴린치는 큰 변화를 거치며 상당한 수익을 거둬들였다. 2006년에 메릴린치가 자기계정투자 및 고객계정 중개투자로 벌어들인 돈이 75억 달러였는데, 이는 2002년 중개투자만으로 벌어들인 26억 달러를 크게 상회하는 것이었다. 오닐의 노력으로 메릴린치는 짧은 기간에 프라이빗에쿼티라는 신흥 비즈니스의 큰손이 되었다.

오닐은 또한 레버리지를 과감하게 사용했는데, 특히 두드러진 것은 모기지 증권화 분야에서였다. 그는 리먼 같은 회사가 어떻게 투자를 모기지와 연결시켜 돈을 벌어들이는지 간파하고, 메릴린치도 이에 질 수 없다고 생각했다. 그런 배경에서 그는 2003년에 크레디스위스에서 모기지 증권 부문의 스타로 불리던 34세의 크리스토퍼 리치아디아Christopher Ricciardia를 영입했다. 사실 메릴린치는 CDO 시장에 뛰어들었으나 뒤처진 상황이었는데, 이는 CDO 자산이 주로 모기지담보증권을 묶은 트랑셰tranche로 구성된 탓이었다. 아무튼 오닐의 노력으로 메릴린치는 2년 만에 월스트리트 최대의 CDO 발행자가 되었다.

CDO를 만들어 파는 것은 다른 투자은행에서 그랬듯이 메릴린치에도 상당한 수입을 안겨주었다. 하지만 메릴린치는 여기에 만족하지 않고 이 분야에 관련된 모든 것을 갖추려고 했다. 즉, 모기지를 발행하고 이를 다시 증권으로 재결합해 다시 쪼개서 복수의 CDO로 탈바꿈시키는 것이었다. 이를 위해 메릴린치는 모기지 관리회사mortgage servicer와 상업용 부동산 개발회사 등을 서른 곳 넘게 사들였고, 2006년 12월에는 미국에서 가장 큰 서브프라임모기지 융자회사의 하나인 퍼스트프랭클린First Franklin을 13억 달러에 인수했다.

그런데 메릴린치가 모기지 사업에 더 깊숙이 들어가려고 할 때 주택시장에 어두운 그림자가 드리우기 시작했다. 주택가격이 정점을 지난 2005년 말, CDO에 대해 CDS라는 보험증권을 팔아 돈을 버는 거대 보험회사인 AIG American International Group는 CBO나 CLO 중에서 등급이 낮은 서브프라임 트랑셰가 들어 있는 것에 대해서는 보험을 제공하지 않기로 한 것이다. 한편 메릴린치에서 CDO 비즈니스를 최강으로 키워놓은 리치아디아는 2006년 2월에 회사를 떠나 코헨브러더스 Cohen Brothers라는 작은 투자회사를 이끌었다.

그 공백을 메운 사람이 김도우 Dow Kim*였다. 메릴린치에서 공동 사장에까지 오른 김도우는 CDO 비즈니스를 더 활성화하려고 마음먹었다. 그는 "무슨 수를 써서라도" 메릴린치를 CDO 업계의 정상에 올려놓겠다는 결의를 밝혔다. 김도우가 추진한 대표적인 작품이 코스타벨라 Costa Bella라는 5,000억 달러짜리 CDO였는데, 이를 묶어내는 수수료로 메릴린치는 500만 달러를 챙겼다.

그런데 리치아디아를 메릴린치에 소개했던 임원인 제프리 크론탈 Jeffrey Kronthal은 김도우가 만든 방만한 코스타벨라를 포함해 CDO 시장 전체를 위협하는 먹구름이 몰려오고 있다는 것을 직감했다. 그는 사내에서 이를 경고하기 시작하면서, 메릴린치가 발행하는 CDO 중에서 서브프라임자산이 섞여 있는 트랑셰에 대해서는 30억 달러라는 상한을 설정해 질적 악화를 막아야 한다고 주장했다. 하지만 크론탈의 경고는 메릴린치를 월스트리트에서 모기지 사업을 이끄는 회사로 만들려는 오닐의 야망과 정면

---

* 미국명 다우 킴(Dow Kim)은 한국 교포 2세로서 한국 이름은 김도우라고 알려진다. 서울에서 태어난 그는 부친을 따라 싱가포르에서 성장하고 16세에 미국으로 이민한 것으로 전해진다. 이름이 미국 증권지수와 비슷해 다우존스(Dow Jones)라는 별명으로 통하기도 한다.

으로 충돌하는 것이었고, 이를 오닐이 용납할 리 없었다. 결국 2006년 7월 메릴린치에서 가장 우수한 리스크 매니저의 한 사람이었던 크론탈은 자리에서 쫓겨났다. 그리고 그의 자리를 런던 지사에 일하던 39세의 젊은 오스만 세메르시Osman Semerci가 메웠다. 세메르시는 증권 거래 경험이 없는 파생상품 세일즈맨이었고, 당연히 미국 모기지 시장에 관해서는 아무런 경험이 없었다.

경영진에 혼란이 지속되는 가운데에도 메릴린치는 모기지증권화와 CDO 사업의 규모를 꾸역꾸역 늘려갔다. 그러나 2006년 말에 이르러 서브프라임모기지 시장은 눈에 띄게 흔들리기 시작해, 가격은 떨어지고 채무불이행률은 증가했다. AIG 보험을 가지고도 투자를 헤지할 수 없을 정도로 위험 신호가 분명하게 보이는데도, 메릴은 그해에 약 440억 달러어치의 CDO를 발행했는데, 이는 전년 대비 세 배에 해당하는 것이었다.

메릴린치의 고위급 임원들은 시장의 위험성이 우려된다고 해도 그것을 드러내지 않으려고 했다. 이는 그럴 만한 강력한 유인이 있었기 때문이다. 즉, CDO를 조직해 파는 데서 발생하는 수익이 7억 달러에 이르고, 이를 바탕으로 엄청난 보너스가 지급되었던 것이다. 심지어 그 CDO가 전부 팔리지 않았더라도 말이다(회계규칙에 따르면 금융회사들은 증권화 작업을 특정한 조건에서의 판매로 취급할 수 있었다). 이렇게 해서 2006년에 김도우는 3,700만 달러, 세메르시는 2,000만 달러, 오닐은 4,600만 달러를 보너스로 챙겼다.

2007년 들어서도 메릴린치는 CDO라는 자동차의 가속페달을 힘껏 밟아 7개월 만에 300억 달러어치의 CDO를 발행했다. 이렇게 믿기 어려울 정도로 거침없이 돈을 버는 동안 최고경영자 오닐은 치명적 요소 한 가지를 간과했다. 리스크관리를 부실하게 해 언젠가 닥칠 수 있는 위험사태에 대비하지 않은 것이었다. 메릴린치에도 시장리스크나 기타 신용리스크를 관리하는 부서가 있었으나 그들은 오닐에게 직접 보고할 수 있는 위치에 있지 않았다. 그들은 CFO 제프리 에드워즈Jeffrey Edwards와 엑슨Exxon에서 옮겨온 오닐의 심복 아매스 패커해니Ahmass Fakahany라는 최고총무담당임원CAO이었다.

그러나 오래 지나지 않아 지각이 균열되기 시작했다. 5월에는 모기지 부문을 이끌던 김도우가 메릴린치를 떠나 헤지펀드를 설립한다고 발표했다. 그러자 몇몇 임원들이 회사의 사업전략에 의구심을 나타냈고, 김도우의 뒤에 남은 세메르시와 데일 래턴지오Dale Lattanzio는 수세에 몰렸다. 하지만 2007년 7월 21일에 열린 이사회에서 두 사람은 메릴린치의 CDO가 거의 전부 헤지가 되어 있어 안전하며, 최악의 경우 손실이 난다 해도 7,700만 달러에 그칠 것이라고 주장했다. 이 말이 끝나자 오닐은 일어나 두 임원을 칭찬했다.

하지만 모든 사람이 이런 낙관적 평가에 동의한 것은 아니었다. 바른 말을 잘하는 메릴린치의 변호사 피터 켈리는 데일 래턴지오를 붙들고 이렇게 물었다. "도대체 당신들 왜 속이는 거야? 지금 날 갖고 노는 거야? 주주를 대표하는 이사회 멤버들이 저렇게 바지에 똥을 묻히고 돌아가도 되는 거야?"

시장이 악화되면서 이사회에서 발표된 평가는 현실성이 없는 것으로 판명되기 시작했다. 결국 2주 후 그레그 플레밍과 패커해니는 악화되는 메릴린치의 재정 상태에 관해 요약한 문서를 전 임원들에게 보냈다.

그러는 동안 오닐은 체념 상태에 빠졌고, 골프에 몰두하게 되어 종종 평일에도 혼자 사우샘프턴의 시네칵힐Shinnecock Hills 같은 유명한 골프장을 찾아 13라운드를 돌곤 했다.

메릴린치의 CDO 자산평가는 8, 9월을 거치며 급락했다. 결국 10월 초에 메릴린치는 사분기 손실이 50억 달러에 이를 것으로 발표했는데, 이는 2주가 지나고 나서 79억 달러로 수정되었다. 절박해진 오닐은 와코비아*에 합병하지 않겠느냐는 언질을 보냈다. 10월 21일 일요일, 메릴린치 이사회 만찬에 참석한 오닐은 메릴린치가 재무 상태를 개선하기 위해 취할 수 있는 대안을 상의하면서 와코비아에 합병안을 제시한 사실을 밝혔다. 그리고 앞날을 내다보듯 이렇게 말했다. "지금 같은 상태가 오래 지속된다면 하룻밤짜리 단기자금 융통과 기간 한정 환매조건부 융자에 의존하는 우리 메릴린치를 포함한 모든 금융회사들이 큰 문제에 봉착할 것입니다."

그러나 메릴린치의 이사회는 오닐의 마지막 말에 관심을 두지 않았다. 그들은 오닐이 이사회의 승인도 없이 합병안을 꺼냈다는 데 분노했다. 이에 대해 오닐은 "여러 가지 옵션을 강구하는 것이 내 일"이라고 항변했다. 하지만 이틀 뒤에 이사회는 오닐을 빼고 소집되어 그를 몰아내기로 결의했다. 오닐에게 동정적인 사람은 아무도 없었다. 오닐의 동료였던 한 사람은 ≪뉴요커≫와의 인터뷰에서 이렇게 말했다. "나는 그를 유리창 닦이로도 고용하지 않을 것이다. 그가 메릴린치에서 한 것은 완전히 범죄에 해당하는 것이었다."

---

* 노스캐롤라이나 주 샬럿에 본사를 둔 복합금융서비스회사 와코비아(Wachovia)는 2008년 12월에 웰스파고(Wells Fargo)은행그룹에 흡수되었다.

메릴린치와 블룸버그

6월 말의 어느 아침, 뉴욕 시장 마이클 블룸버그Michael Bloomberg는 79번가에 있는 자택에서 나와 대기하던 검은색 차량에 올라탔다. 그리고 아침회의에 참석하기 위해 미드타운으로 향했다. 경호원이 기다리는 가운데 여느 때처럼 성조기 배지를 양복 깃에 단 그가 들어간 곳은 50번가 주차장 건너편에 있는 뉴욕런처네트New York Luncheonette라는 작은 식당이었다. 거기에는 존 테인이 기다리고 있었다. 블룸버그는 그 식당을 좋아했는데, 얼마 전에는 유력한 대통령 후보 버락 오마마를 데리고 온 적도 있었다.

블룸버그는 테인을 개인적으로 잘 몰랐지만 메릴린치를 통해 안 지는 오래되었다. 메릴린치는 블룸버그가 설립해 그의 이름을 딴 금융데이터 회사를 내내 후원해왔다. 채권 거래에 강한 샐로먼브러더스의 파트너로서 회사의 정보시스템을 책임지던 블룸버그가 독자적으로 데이터 단말기 서비스 사업을 시작한 것은 1981년이었다. 이때 자금을 지원한 것이 메릴린치였고, 트레이더들에게 실시간으로 데이터를 제공하는 블룸버그 터미널을 첫 번째로 구입한 고객도 메릴린치였다. 1985년에 메릴린치는 3,000만 달러에 블룸버그통신의 주식 30퍼센트를 취득했으나, 나중에 지분의 10퍼센트를 줄였다.

시장으로 당선되자 마이클 블룸버그는 자신의 블룸버그통신 지분 68퍼센트를 백지위임하고 회사 경영에서 완전히 손을 뗐다. 회사에 아무리 중요한 일이 있어도 한 치도 접근해서는 안 되었다. 그런데 그런 일을 지금 테인이 말하려고 하는 것이었다. 지난번 래리 핑크 사태 이후 메릴린치의 블랙록 지분을 유지하기 위해서 자금이 더 절실해졌는데, 메릴린치가 가지고 있는 블룸버그의 지분 20퍼센트를 시장이 사주었으면 했다. 시장이 이를 받아들이지 않을 경우 메릴린치가 그 지분을 시장에서 대리로 처분할 권리가 있는지는 불확실했다. 1986년에 맺은 계약에 규정이 있기는 하나, 두 사람은 그것이 모호하다는 것을 알고 있었다.

구석자리에서 두 사람은 커피를 마시면서 유쾌하게 잡담을 나눴다. 두 사람 모두 채권트레이더 출신이고 스키광이어서 놀라울 정도로 통하는 데가 있었다.

"여름까지 이 일을 끝냈으면 하는데요." 테인이 말했다. 속에서 끓고 있는 위기감을 애써 감추듯 태연한 말투였다. 30분 뒤 그들은 이 안을 추진하기로 동의했다.

이는 테인이 잡고 있던 생명줄이었다. 시장과 헤어지자마자 테인은 집무실로 달려가 플레밍에게 이 사안을 즉시 실행하라고 지시했다.

Too Big to Fail

AIG의 사라지는 영광

제이미 다이먼의 10시 회의는 길어지고 있었다.

"밥한테 금방 간다고 전해줘." 비서 캐시에게 말했다.

로버트(밥) 윌럼스태드Robert B. Willumstad와 다이먼은 한때 샌디 웨일이 시티그룹이라는 금융제국을 건설하는 데 참여했다. 서로 다른 시점에 두 사람은 몸 바쳐 일한 시티그룹에서 CEO 웨일의 후계자가 될 것이라고 예상되기도 했었지만, 결국 누구도 후계자가 되지 못했다. 다이먼이 회사를 떠나고 나서도 그들은 계속 친분을 유지해왔다.

윌럼스태드의 고민

키가 크고 백발인 월스트리트 뱅커의 전형과도 같은 모습의 윌럼스태드는 전에 유니온카바이드Union Carbide 빌딩이었던 JP모건 사옥 8층에 있는 응접실에 앉아 있었다. 유리 캐비닛 안에는 나무손잡이 권총 모형이 두 개가 전시되어 있었다. 유서 깊은 권총이었다. 바로 1804년에 벌어진 결투에서 애런 버Aaron Burr가 미국의 초대 재무장관인 알렉산더 해밀턴Alexander Hamilton을 죽이는 데 쓰였던 권총인 것이다.

다이먼처럼 웨일의 꾀에 넘어간 윌럼스태드는 2005년 7월에 시티그룹을 떠나 브리섬글로벌파트너스Brysam Global Partners라는 프라이빗에쿼티 펀드를 설립했다. 이 펀드는 주로 남미와 러시아의 소비자금융 사업에 투자했다. 그의 파트너 마지 매그너Marge Magner도 시티에서 함께 나온 사람이었다.

다이먼 치하에서 JP모건은 윌럼스태드가 운용하는 펀드의 가장 큰 투자자였다. JP모건에서 파크 애비뉴 건너편에 자리 잡은 윌럼스태드의 회사는 수익성이 높은 펀드로 성장했다. 윌럼스태드에게는 또 하나의 중요한 직책이 있었는데, 그는 거대 보험회사 AIG의 이사회 멤버였다. 그는 이날 AIG의 이사회 멤버 자격으로 JP모건에 와 있었다.

"여러 가지로 생각해봤는데 자네 조언이 필요해." 마침내 다이먼의 집무실에 안내된 윌럼스태드가 부드러운 목소리로 입을 열었다. AIG에서 CEO를 맡을 의향이 있는지 물었다는 것이었다. 현재의 CEO 마틴 설리번Martin Sullivan이 일주일 안에 해임될 것 같다는 말이었다. 윌럼스태드는 다음 날이면 이사회 의장 자격으로 AIG를 방문해 설리번에게 자리를 내놓아야 한다고 통보하게 되어 있었다.

"난 지금 하는 일이 좋아. 어깨너머로 감독하는 사람도 없고." 윌럼스태드가 진지하게 말했다.

"나만 빼고 말이지." 윌럼스태드 회사의 가장 큰 재정지원자인 다이먼이 웃으며 말했다.

신용위기가 일어나고 AIG가 문제에 휩싸인 지난 몇 달간 CEO 자리를 수락하는 것을 고려해왔고, 이제 AIG를 제대로 경영해볼 기회가 있을 것 같다는 것이 윌럼스태드의 설명이었다. 그런데 그는 심한 갈등에 빠져 있었다. 큰 금융회사의 CEO가 되기를 늘 희망해왔지만, 62세인 그로서는 이제 일을 그만두고 자동차레이싱 같은 취미생활을 즐기며 시간을 보내고도 싶은 것이었다.

노르웨이 이민 3세인 윌럼스태드는 노동자계급 가정에서 태어나 뉴욕 브루클린의 베이리지와 롱아일랜드에서 성장했다. 1980년대 중반에 그는 케미컬뱅크Chemical Bank에서 두각을 나타냈다. 케미컬뱅크에서 상사였던 로버트 립Robert Lipp이 아끼던 윌럼스태드는 시티그룹의 웨일과 그의 오른팔 다이먼이 케미컬뱅크의 자회사이자 서브프라임 융자기관인 커머셜크레디트를 인수하고자 하는 관심을 표명해 립의 지시로 볼티모어로 내려갔다. 거기서 윌럼스태드는 웨일과 다이먼이 구성한 팀의 추진력과 진취적인 경영에 깊은 감명을 받았다. 그것은 케미컬뱅크나 그가 본 다른 뉴욕 금융업계의 숨 막히는 관료주의적 풍토와는 너무도 달랐다.

윌럼스태드는 시티에 인수된 커머셜크레디트의 CEO를 맡아달라는 제의를 받고 수락했다. 초기에는 물건을 사고 나서 드는 후회 같은 것을 느끼기도 했다. 취임 첫날, 보카레이턴Boca Raton에서 커머셜크레디트의 지사장 75명과 만났는데, 그때 그는 싸구려 합섬 양복을 입은 중년 남성의 무리와 처음으로 만나는 경험을 하기도 했다. 윌럼스태드는 이런 충격을 잘 극복했고, 나아가 그렇게 좋아하던 골프와 술까지 줄이면서 회사를 성장시켰다. 그리고 1998년에는 금융계를 깜짝 놀라게 하는 일련의 기업 합병을 이뤄냈다. 프리메리카Primerica, 시어슨Shearson, 트래블러스Travelers를 차례로 인수한 데 이어, 가장 큰 합병 건으로서 시티코프Citicorp를 인수했다. 매우 짧은 기간에 웨일, 다이먼, 윌럼스태드 세 사람은 금융계에 거대한 탑을 세우는 데 성공했다. 그로부터 4년 뒤 다이먼이 웨일과 갈등을 겪으면서 시티를 떠나고 윌럼스태드가 사장직을 맡았는데, 이 회사에서 윌럼스태드가 성취한 것은 거기까지였다.

30여 분간 윌럼스태드와 다이먼은 AIG 자리의 수락 여부를 놓고 깊이 논했다. AIG 이사회 의장으로서 윌럼스태드는 그 회사의 문제가 얼마나 심각한지 잘 알고 있었다. 그것을 해결한다는 것은 상상을 초월하는 도전이 될 수 있었다. 이런 어려움을 고려해 그는 'CEO 자리를 한시적으로 수락'한다는 결론에 도달했다.

이 말에 다이먼은 고개를 가로저으며 말했다. "말도 안 돼. 제대로 하든지 아예 안 하든지 둘 중의 하나야."

"맞아." 윌럼스태드도 동의했다.

"자네가 몇 가지 혼동하고 있는 것 같아." 다이먼이 힘주어 말했다. "우선 한시적인 CEO란 아주 미묘하고 어려운 거야. 그리고 한시적인 CEO도 정상적인 CEO와 마찬가지로 할 건 다해야 해. 내가 이사회 의장이라면 그런 건 수락하지 않을 거야. 그리고 내가 자네라면 그런 건 안 할 거야. 이건 자네 스스로 고환을 잘라내는 것 같은 짓이야."

"자브도 하거나 아니면 아예 하지 말거나로 생각하는 것 같아." 윌럼스태드는 AIG의 전 회장 프랭크 자브Frank Zarb의 말을 전했다. "3년 동안에 CEO를 세 번이나 갈고 네 번째 CEO를 기다리는 사태가 있어서는 안 된다는 거지."

다이먼이 손을 흔들며 목소리를 높였다. "자네 말이야. 그 일을 잘해내려면 최소한 2년은 필요해. 문제는 결국 말을 타느냐 마느냐 둘 중 하나야. 말을 타기로 마음먹는다면 안장이 딱딱할 거라는 각오는 해야 해."

윌럼스태드는 다이먼의 말에 수긍했다. 그러면서도 한 가지 마음에 걸리는 것이 있었다. "나는 매스컴에 오르내리는 것도 싫고, 더구나 내가 마틴을 밀어내고 그 자리를 차지하는 것 같은 인상을 주는 게 싫어."

하지만 다이먼은 그것이 심각한 문제는 아니라고 잘라 말했다.

이사회는 윌럼스태드가 CEO 자리를 수락하기를 원했다. 아내 캐럴도 마찬가지였다. 그녀는 그가 시티그룹에서 CEO 자리를 도둑맞았다고 생각했다. 그런데 이제 다이먼도 찬성 쪽에 표를 던지고 있었다.

다음 날 아침 윌럼스태드를 태운 검은색 리무진은 파인 가 70번지에 있는 AIG로 향했다. CEO 마틴 설리번의 집무실에 들어선 그는 단호한 목소리로 통보했다. "마틴, 일요일에는 이사회에서 당신이 CEO 자리에 계속 있을지 여부를 논의하게 돼요."

설리번은 한숨을 쉬며 말했다. "이사회는 지금 시장이 얼마나 어려운지 충분히 인식하지 못하는 것 같아요. 나는 이 자리에 오르고 나서 규제 당국과 협조해 많은 문제들을 해결했고, 앞으로 다 해결할 수 있을 것 같은데……."

윌럼스태드는 일단 긍정했다. "그래요, 마틴. 하지만 지난 수개월간 있었던 일들을 생각해본다면……, 이사진의 생각은 누군가 책임을 져야 한다는 것인데……. 이사회에서 내릴 결론은 다음 셋 중 하나라고 생각해요. 내가 다시 와서 이사회가 당신을 계속 지지한다고 말해주거나, 아니면 떠나야 한다고 말하거나, 아니면 세 번째 가능성으로 '언제까지 이거 이거를 해라. 그렇지 못하면 당신은 아웃이다'라고 말하는 거지요."

설리번이 바닥을 응시하며 물었다. "당신 생각으로는 어느 쪽이 될 것 같아요?"

윌럼스태드는 누가 알겠느냐는 투로 어깨를 으쓱하고 말을 이었다. "변화를 원하는 의견이 강하기는 하지만, 누가 알아요? 이사회 멤버가 12명인데, 어떤 결과가 있을지 장담은 못해요."

6월 15일 일요일, 외부 로펌 심슨 대처 앤드 바틀렛의 회장 리처드 비티Richard Beattie의 집무실에서 AIG 이사회가 열렸다. 설리번의 거취가 의제이므로 당사자는 참석하지 않았다. 간단한 논의가 있고 나서 이사회는 설리번을 해임하고 윌럼스태드를 CEO로 임명하기로 결정했다.

AIG의 영광과 고뇌

윌럼스태드가 최고경영자 위치에 오른 AIG는 미국의 기업 역사에서 가장 이상한 성공을 거둔 회사들 중의 하나였다. AIG는 1919년에 상하이의 작은 사무실에서 아메리칸 아시아틱 언더라이터스American Asiatic Underwriters라는 이름으로 시작되었다. 그로부터 반세기도 지나지 않아 영업망이 아시아, 유럽, 중동, 아메리카로 확장되었지만, 시장가치가 3억 달러에 보험가입액이 총 10억 달러인 소박한 회사였다.

하지만 2008년에 이르러, AIG에 대해 '소박'하다는 표현은 더 이상 쓰이지 않았다. 이삼십 년 사이에 AIG는 세계에서 가장 큰 금융회사의 하나로 성장해, 기업가치가 (그해 초 주가가 하락한 뒤에도) 약 800억 달러에 장부상 자산이 약 1조 달러에 달했다. 이처럼 눈부신 성장을 이끈 것은 모리스 레이먼드 그린버그Maurice Raymond Greenberg라는 사나이의 꾀와 추진력이었다. 친구들은 그를 행크라고 불렀는데, 디트로이트 타이거스 야구팀의 행크 그린버그가 유명해지자 회사에서는 그를 간단히 MRG라고 바꿔 불렀다.

그린버그는 디킨스의 소설에 주인공으로 나와도 될 만큼 엄청난 어려움을 이겨내며 자랐다. 아버지 제이콥 그린버그Jacob Greenberg는 택시를 몰면서 맨해튼의 동남부에서 사탕가게를 운영하다가 행크가 일곱 살이 되던 대공황의 해에 사망했다. 어머니가 낙농업자와 재혼하면서 뉴욕 주 북쪽으로 이사한 행크는 매일 새벽에 일어나 소젖을 짰다. 그는 열일곱 살이 되자 생일을 속여 육군에 입대했다. 그리고 2년 뒤 그가 속한 부대는 유명한 프랑스 노르망디 상륙작전 때 오마하비치에 상륙했고, 독일로 진격해 다카우Dachau 집단수용소를 해방시키는 전과를 세웠다. 그린버그는 법과대학에 가겠다는 꿈을 품고 미국에 돌아왔으나, 다시 한국전쟁에 투입되어 거기서 브론즈메달을 받았다.

뉴욕으로 돌아온 그린버그는 콘티넨털캐주얼티Continental Casualty라는 보험회사에서 주당 75달러를 받는 보험 외판 연수직원으로 취직했다. 거기서 그는 고속 승진해 사고 및 건강보험을 책임지는 부사장대리에 올랐다. 그리고 1960년, 지금의 AIG의 기초를 닦은 코넬리우스 밴더 스타Cornelius Vander Starr의 권유로 AIG로 이직했다.

캘리포니아 주 포트브랙에서 음료회사를 하던 스타는 20세기 초 미국에서 흔히 볼 수 있었던 쉬지 않고 일하는 인간의 전형이었다. 그는 투기꾼이자 발명가이자 기업가라고 부를 수 있는 인물이었다. 그는 부동산에 손을 댔다가 스물일곱에 보험업에 투신해 상하이로 가서 보험 영업을 했다. 당시 상하이에서 보험업을 잡고 있던 영국 회사들이 영업 대상을 영국인이나 외국인으로 한정한다는 것을 본 그는 중국인을 대상으로 한 보험을 착안해냈다.

1948년 공산당이 중국을 장악하면서 중국을 빠져나온 스타는 아시아로 눈을 돌렸다. 이때 그를 도운 이가 유럽전선에서 함께 싸운 전우였던 더글러스 맥아더Douglas MacArthur 장군이었다. 맥아더는 제2차 세계대전이 끝나고 일본 점령군 최고사령관이 되어 있었다. 그의 도움으로 스타는 주일 미군들에게 수년간 보험을 팔 수 있었다. 일본의 보험시장이 다른 외국 보험회사들에 개방될 때까지 AIG 일본 지사는 그룹 내에서 가장 큰 해외 손해보험사업 부문이었다.

1968년 산소탱크와 구급약을 끼고 사는 76세 노인이 된 스타는 그린버그에게 미국 시장을 개척해보라고 권했다. 이에 따라 그린버그가 사장, 고든 트위디Gordon Tweedy가 회장으로 임명되었다. 얼마 지나지 않아 그린버그는 사람들에게 누가 진짜 지도자인지를 분명히 보여주었다. 트위디와 그린버그가 맞서 논쟁을 벌이는 일이 생겼을 때 트위디가 일어서서 자신의 뜻을 강하게 주장하자 그린버그는 이렇게 말했다. "고든, 그만 앉고 입 다쳐. 여긴 내가 주관하는 자리야."

예술작품으로 장식된 AIG 본사에 자신의 청동반신상을 만들어놓은 스타는 그해 12월에 사망했다. 그리고 다음 해에 AIG는 기업공개를 단행했고 CEO로 그린버그를 선임했다(트위디는 곧 AIG를 떠났다).

그린버그의 지휘하에 AIG는 사업 확장과 인수로 규모에서나 수익에서 급격히 팽창해, 130개국에 걸쳐 항공기 임대부터 생명보험까지 다양한 사업을 펼쳤다. 그린버그는 제왕적 CEO의 전형이 되었다. 주주들은 그를 매우 좋아했고, 직원들은 두려워했으며, 외부에서 볼 때 그는 미스터리였다. 그는 체구가 작은 편이나 위압감을 주는 풍모를 지녔다. 철저하게 몸을 관리해, 점심에는 늘 생선과 익힌 야채만을 먹고, 운동기구와 테니스로 몸을 단련했다. 그는 아내 코린과 작은 애완견 스노볼 이외에 다른 존재에는 별로 애정을 나타내지 않았다. 회사 안에서 그는 갑작스럽게 성질을 내는 것과 '자기' 회사에서 일어나는 모든 것을 알아야 직성이 풀리는 것으로 유명했다. 전직 CIA 요원들을 고용한다는 소문도 돌았는데, 보안요원은 본사 어디에나 있었다.

외부에서 볼 때 AIG 최대의 드라마는 그린버그가 왕국을 만들려는 노력이었다. 하지만 그런 노력 속에서 만들어진 것은 보험왕가 내부의 골육상쟁이었다.

브라운 대학과 조지타운 대학 로스쿨을 마친 그의 아들 제프리 그린버그는 아버지의 뒤를 이을 것으로 예상되었다. 그러나 1995년 부친과 몇 차례 부딪힌 제프리는 17년간 일했던 AIG를 떠났다. 이 일이 있기 2주일 전에는 그의 동생 에반Evan이 16개월도 안 되는 동안 이뤄진 세 번의 승진으로 집행부사장으로 임명되어 형과 경쟁하는 관계가 되었다. 그런데 원래 히피 출신인 에반은 아버지의 뒤를 이어 사업을 할 뜻이 없었는데도 그의 형이 떠나자 후계자가 되었다. 하지만 곧 그도 권력을 나눠줄 뜻이 없는 부친과 충돌했고, 제프리와 마찬가지로 회사를 떠났다. 나중에 제프리는 세계에서 가장 큰 보험중개회사인 마시 앤드 맥레넌Marsh & McLennan의 최고경영자가 되었고, 에반은 세계 유수의 재보험회사 에이스리미티드Ace Ltd.의 CEO가 되었다.

그러나 궁극적으로 그린버그의 몰락을 불러온 것은 자식들과의 싸움이 아니라 규제 당국과의 싸움이었다. 고집이 세고 호전적인 그린버그는 좋지 않은 시기에 연방정부와 대결을 벌였다. 21세기 들어 엔론의 붕괴* 에 이어 수많은 기업 스캔들이 신문 지면을 장식하는 상황에서 연방정부 규제 당국과 검찰은 비협조적인 기업에 철퇴를 가하기 시작했던 것이다.

2003년에 증권거래위원회는 인디애나 주에 있는 한 휴대전화회사가 1,190만 달러의 손실을 은폐하는 것을 AIG가 도왔다고 고발했다. 소송에서 합의를 보기 위해 AIG는 1,000만 달러를 지불했다. 당시 합의금은 증권거래위원회가 인정했을 정도로 비교적 액수가 높은 것이었는데, 이는 AIG가 중요한 문서들을 제공하지 않았고 조사관에게 그 문서에 적힌 내용과 반대되는 진술을 했기 때문이었다.

다음 해에 AIG는 연방정부 조사관들과 오랫동안 싸운 끝에 민형사상 소송을 해결하기 위해 1억 2,600만 달러를 내는 데 합의했다. 이번에는 피엔시PNC Financial Services라는 회사가 장부에서 7억 6,200만 달러의 불량 융자를 분식하는 것을 AIG가 도왔다는 것이었다. 이때 AIG의 한 자회사가 검찰의 기소유예처분을 받았다. AIG가 규정을 잘 준수하면 13개월 후에 기소가 저절로 소멸된다는 조건이었다(거대 회계법인 아서앤더슨Arthur Andersen이 기소되면서 결국 망하는 사태로 이어지자 미국 정부는 과거 마약 관련 범죄에 주로 쓰던 기소유예라는 솜방망이를 일종의 보호관찰의 기회로 활용하는 경향이 있었다).

AIG가 범하고 있던 금융 부조리들이 회사 전체를 무너뜨리는 계기를 만든 것은 바로 이 13개월짜리 기소유예에 걸려 있던 자회사 AIG파이낸셜프로덕츠AIG Financial Products Corp., 약칭해 FP였다.

---

* 엔론(Enron)의 붕괴란 텍사스 주에 본사를 둔 엔론사(Enron Corporation)가 거대한 회계 부정에 휩싸여 2001년에 파산한 일을 가리킨다.

닥터 스트레인지러브의 금융공학

FP는 1987년 그린버그와 하워드 소신Howard Sosin의 특이한 합작의 결과로 탄생했다. 벨연구소에서 재정학을 연구했던 소신은 '파생상품의 이상한 사랑 박사Dr. Strangelove of Derivatives'라는 기이한 별명을 가지고 있었다. 그의 생각에 따르면 파생상품으로부터 많은 돈을 벌 수 있는데, 이는 주택담보에서 기상조건에 이르기까지 다양한 기초자산underlying asset을 바탕으로 만들어낸 금융의 도구들을 가리키는 것이었다. 하지만 영화 〈닥터 스트레인지러브〉*의 결말을 불러왔던 폭탄과 마찬가지로, 파생상품도 폭발할 수 있으며 실제로 그렇게 되었다. 이 때문에 워런 버핏은 파생상품을 대량학살무기라고 부르기도 했다.

소신은 마이클 밀켄의 불운한 정크본드회사 드렉셀버넘램버트에서 일하다가, 회사가 1990년에 세기적 스캔들로 파산하기 전에 이직했다. 그는 밀켄보다 자본이 더 많고 신용도가 높은 사업 동반자를 찾았다. 바로 AIG였다. 1987년, 그는 드렉셀버넘램버트에서 13명의 동료들을 이끌고 AIG로 옮겼는데, 그중에는 32세의 조지프 카사노Joseph Cassano라는 이도 있었다.

맨해튼 3가의 창문도 없는 사무실에서 소신의 팀은 레버리지를 활용해 마치 헤지펀드처럼 투자했다. AIG에서의 초기 작업환경은 참으로 우스운 것이었다. 잘못된 임대 가구가 배달되기도 했고, 직원들은 한동안 어린이용 의자에 앉아 작은 책상에서 일을 해야 했다. 그런 상황에서도 그들은 곧 드렉셀에서와 같이 많은 수익을 냈다. 헤지펀드에서와 마찬가지

---

* 〈닥터 스트레인지러브(Dr. Strangelove)〉(1964년)는 스탠리 큐브릭 감독의 영화다.

로 그 팀은 수익의 38퍼센트를 차지했으며, 나머지는 AIG로 들어갔다.

열악한 환경에서도 이런 성과를 낼 수 있었던 것은 S&P Standard & Poor's가 AIG에 매긴 트리플 A의 신용등급 덕분이었다. 이 신용등급을 바탕으로 소신의 팀은 다른 금융회사들보다 싼 이자로 돈을 빌릴 수 있었고, 따라서 낮은 코스트에 높은 리스크를 취할 수 있었다.

그린버그는 이 트리플 A라는 신용등급이 얼마나 귀중한 것인지 절감하고 이를 지키기 위해 노력했다. 그는 "만약에 너희들 FP가 트리플 A 신용등급에 조금이라도 손상을 주면 쇠스랑으로 찔러 죽일 거야"라고 말하곤 했다.

하지만 자기 팀에게 자율권이 너무 제한된 것에 불만을 품고 있던 소신은 결국 그린버그와 부딪힌 뒤 1994년 팀을 데리고 떠났다(그러나 소신이 떠나기 오래전에 그린버그는 FP가 수익을 만들어내는 기계가 되었음을 알고, 소신이 떠날 경우에 대비해 그의 사업 모델을 베끼는 그림자 팀을 만들어놓았다. 또한 프라이스워터하우스쿠퍼스 Pricewaterhouse Coopers: PwC라는 회계법인을 통해 소신의 모든 거래를 추적하고 분석해 똑같이 거래할 수 있는 비밀 컴퓨터 시스템을 갖춰놓았다). 소신이 떠날 때 그린버그는 카사노를 설득해 FP에 남게 하면서 COO로 임명했다.

경찰관의 아들로 브루클린에서 태어난 카사노는 금융에 대한 재능이 아닌 조직력으로 유명했다. 그는 소신이 데리고 다니는 '퀀츠 Quants', 즉 박사학위가 있고 복잡한 거래 프로그램을 만드는 계량분석가들과는 다른 유형의 인물이었다.

1997년 말, 아시아 금융위기가 확산되고 태국의 화폐가치가 폭락한 뒤 금융시장에서 일련의 연쇄작용이 일어날 때 카사노는 안전한 투자수단을 모색했다. 이때 그가 알게 된 것이 JP모건의 투자은행가들이 고안한 새로운 신용파생상품이었다. 그것은 'Broad Index Secured Trust Offering'이라는 길고 이상한 이름으로 불렸는데, 약칭은 훨씬 듣기 좋은 BISTRO*였다. 미국의 투자은행들을 비롯해 세계경제가 아시아 금융위기로 타격을 받고 있을 때, JP모건은 불량채권에서 오는 리스크를 줄이기 위해 이를 고안했다.

BISTRO란 투자은행이 장부상에 존재하는 100개 이상의 기업융자를 하나의 바스켓으로 조합해 하나의 금융자산으로 만든 뒤, 그 자산의 융자 상환 실패에 따른 리스크를 계산하고 특수목적회사 Special-Purpose Vehicle: SPV를 통해 투자가들에게 파는 것이었다. 위험했지만 매끈한 전략이었다. 채권과 비슷해 보이는 이 투자상품은 '보험'이라고 불렸다. 즉, JP모건으로서는 융자가 불량 자산으로 변하는 리스크로부터 보호받고, 투자자는 리스크를 부담하는 대신 프리미엄을 지불받을 수 있다는 논리였다.

결국 카사노는 JP모건에서 BISTRO를 사는 것을 포기했다. 그 대신 그는 자사의 퀀츠들에게 이를 완전히 해부하라고 지시했다. 이들은 과거 수년간의 채권투자 자료를 분석하는 컴퓨터 모델을 수립하고 이 새로운 투자수단, 즉 CDS라는 것이 결점이 없다는 결론을 내렸다. 1920년대의 대공황 같은 것이 일어나지 않는 한, 융자상환 불능 상태가 연쇄적으로 발생할 확률은 없다고 판단했던 것이다. 따라서 그런 대파국이 없다면 스와프를 사들인 투자자들은 1년에 수백만 달러의 프리미엄을 받을 수 있을 것이었다. 거의 거저 돈을 벌어들이는 것이다.

2001년에 부문의 책임자가 된 카사노는 AIG가 CDS 사업에 진출하도록 노력을 기울였다. 그리고 4년 뒤인 2005년 초에 AIG는 그 시장에서 대

---

* 'bistro'는 프랑스어로 '작은 식당'이라는 의미다.

표 주자가 되었는데, 카사노 자신도 그 발전 속도에 놀랄 지경이었다. "우리가 어떻게 그렇게 많은 CDS 거래를 했지?" 코네티컷 주 윌튼에 있던 CDS 부문 마케팅 책임자 앨런 프로스트Alan Frost와 전화회의를 하던 중 카사노가 그에게 물었다.

이에 프로스트가 대답했다. "딜러들은 우리가 거래를 빠르게 종결짓는다는 걸 알아요. 그래서 CDS를 하려면 우리한테 와야 한다는 거죠."

금융 버블이 팽창하는 와중에도 카사노와 그의 AIG 동료들은 걱정하는 기색을 보이지 않았다. 2007년 8월에 이르러 신용시장이 경색하기 시작했는데도 카사노는 투자가들에게 이렇게 말했다. "CDS 거래를 하며 1달러라도 잃을 것 같은 시나리오는 생각하기 어렵습니다. 경솔하게 하는 말이 아닙니다." 이 말에 그의 보스인 마틴 설리번도 변죽을 울렸다. "제가 밤에 잠을 잘 자는 이유도 거기에 있습니다."

CDO의 피라미드와 같은 구조는 금융공학의 복잡함에 반한 사람에게는 하나의 미학일 수 있었다. 투자은행은 채무를 신용등급과 예상수익에 따라 분류해 CDO 상품을 창출해냈다. 여기서 AIG나 다른 CDO 사업자들이 범하기 쉬운 실책은, 채무 중에서 신용등급이 높은 것은 안전한 투자 대상이므로 그 채무를 지닌 기업들이, CDO가 손실을 낼 가능성은 희박하고 따라서 CDS를 사놓는 등 따로 자금을 예비해놓을 필요도 없다고 생각하는 것이었다.

CDO가 계속 수익을 창출해내자 AIG의 임원들은 자신들의 회사가 절대로 안전할 것이라는 환상을 품었다. 2005년 말, 서브프라임모기지에 근거한 증권이 포함된 일부 CDO에 대해 보험을 제공하기를 중단했을 때도, 그들은 날아오는 총알을 하나 피했다는 정도의 인식을 가지고 있었다. 그러나 그 덕분에 그들은 그때부터 2년간 가장 유해한 CDO의 발행을 피할 수 있었다. 하지만 이런 자신감의 더 큰 원천은 AIG의 특이한 성격에 있었다. AIG는 단기자금 융통으로 연명해가는 투자은행이 아니었다. AIG는 부채가 거의 없었으며 수중에 400억 달러의 현금을 쥐고 있었다. 대차대조표에 1조 달러 이상의 자산을 가진 AIG는 간단히 말해 '쓰러지기에는 너무나 큰too big to fail' 금융회사였던 것이다.

2007년 12월, 맨해튼의 메트로폴리턴 클럽에서 투자가들에게 연설을 하면서 설리번은 AIG가 세계 5대 기업의 하나라고 자랑스럽게 말했다. "우리 회사는 담보부CP(단기기업어음)나 증권화 시장에 의존하는 게 아닙니다. 우리에게는 저평가된 투자자산을 가지고 있다가 그들의 가치가 회복하기를 기다리는 능력이 있습니다. 이건 매우 중요한 점입니다."

그는 AIG가 미래가 약간 불투명한 일부 금융상품, 즉 '슈퍼시니어super senior'라고 부르는 신용파생상품의 일부 트랑셰가 발행되는 데 보험을 제공하는 사업에 관여한 것은 사실이라고 인정했다. "하지만 이 사업은 예상 손실의 몇 배가 되는 시점에 보험이 발생하도록 설정하는 등 매우 조심스럽게 보험 내용이 설계되고 구조화되어 있습니다. 따라서 이 비즈니스에서 경제적 손실이 발생할 가능성은 제로에 가깝다고 믿습니다." 그가 덧붙였다.

그러나 이때는 이미 AIG가 스스로 보는 모습과 외부에서 보는 모습 사이에 큰 괴리가 발생하고 있었다. AIG가 보험을 제공하는 최우선순위 CDO를 사들인 클라이언트들이 아직 지불능력이 있는 것처럼 보였지만, 장부상에서 그들의 가치는 하락하고 있었다. CDO에 대한 시장의 신뢰가 무너진 것이었다. 신용평가회사들은 수백억 달러 가치의 CDO에 대한 신용등급을 낮췄는데, 여기에는 트리플 A를 가진 것들도 포함되었다.

2007년 들어 AIG의 가장 큰 클라이언트 가운데 하나인 골드만삭스가 CDS 계약에 정해진 대로 수십억 달러를 추가담보로 설정해달라고 요구했다. 11월에 AIG는 이 담보설정과 관련해 갈등이 있다는 사실을 공개했다. 그리고 12월에 있었던 한 회의에서 크레디스위스의 베테랑 보험애널리스트 찰스 게이츠Charles Gates가 AIG에 "일부 최우선순위 CDS와 그에 관한 담보설정의 평가에서 귀사와 귀사의 클라이언트 사이에 상당한 이견이 있다는데" 무슨 의미인가 하고 물었다.

이에 카사노는 브루클린 식 어투를 써가며 이렇게 대답했다. "시장이 조금 막혔다는 의미야. 찰리, 오랜만이야! 정말이야. 말한 그대로야. 시장에서는 다 아는 사실이고. 자네가 말하는 건 우리가 CDO 거래에서 거래당사자들과 조금 의견 차이가 있다는 건데, 이건 제임스(AIG FP에서 모델을 만들었던 제임스 브리지워터James Bridgewater)와 내가 이야기한 것과 연관되는데, 이 시장이 너무 불투명하고 가치평가가 제대로 안 된다는 거야."

말은 이렇게 했지만 골드만과의 갈등은 카사노에게도 걱정거리였다. 또 다른 클라이언트인 메릴린치도 추가담보설정을 요구했지만 골드만만큼 집요하지는 않았다. 카사노는 요구를 해대는 클라이언트들을 물리치는 자신의 능력에 일종의 자부심을 느끼는 것처럼 보였다. 2007년 12월 5일에 그는 이렇게 말했다. "우리는 때로 담보 요청을 받아. 그러면 이렇게 말하지. '글쎄, 우리는 당신들이 제시하는 숫자에 동의하지 않는데.' 그러면 그들은 대개 물러나버려."

그러나 그해 가을에 이사회에서 골드만의 담보설정에 관한 질문이 나오자 카사노는 분노를 터뜨렸다. "누구나 골드만이 더럽게 똑똑하다고 생각하는데, 단지 골드만이 옳은 평가라고 말했다는 이유로 당신이 그걸 곧이곧대로 받아들여서는 안 돼요. 내 동생도 골드만에서 일하는데 걔는 멍청이야."

AIG의 CEO 자리가 주어지기 전에 윌럼스태드는 이미 FP 때문에 혼이 난 적이 있었다. FP의 문제들은 2005년 그린버그가 또 다른 회계 문제로 자리를 떠날 때 이미 끓어오르고 있었다. AIG와 워런 버핏이 소유한 보험회사 제너럴리General Re의 한 자회사 사이에 있었던 거래와 관련해 뉴욕 검찰총장 엘리엇 스피처가 그린버그에 대해 형사조사를 하겠다고 협박한 일이 있었다. 그가 AIG의 현금 보유 현황을 5억 달러나 부풀려서 보고했다는 것이었다.

2008년 1월 말경, 윌럼스태드는 브리섬글로벌파트너스Brysam Global Partners의 사무실에 앉아 AIG 이사회에 배포된 월례보고서를 읽으며 놀랄 만한 사실을 발견했다. FP가 5,000억 달러 이상의 서브프라임모기지에 보험을 제공했는데 그 대상이 대부분 유럽의 은행들이었다. 이는 FP가 고안해낸 매우 약삭빠른 거래였다. 규제 당국의 요건에 맞추자면 은행들은 자본 대비 부채가 일정한 수준을 넘어서는 안 되었다. 그런데 AIG가 제공하는 보험은 이를 피해 가는 길을 짧은 시간이나마 마련해줬다. 보험에 가입함으로써 새롭게 자본을 증강시키지 않으면서도 부채를 더 끌어다 쓸 수 있었기 때문이다.

수치를 따져보고 윌럼스태드는 더럭 겁이 났다. 모기지 지불의 체납이 급격히 증가하는 상황에서 AIG가 천문학적 금액의 보험금을 지급해야 하는 사태가 올지도 몰랐다.

그는 즉시 AIG의 외부 회계법인인 프라이스워터하우스쿠퍼스에 전화를 걸어 이튿날 그의 집무실에서 비밀회의를 하자고 제안했다. FP에서 도대체 무슨 일이 벌어지고 있는지 알아볼 필요가 있었던 것이다. 설리번은 당시까지 CEO였지만, 이 회의에 대해서 그에게 굳이 언급하는 사람은 아무도 없었다.

2월 초에는 감사가 정식으로 AIG에 현재 시장 상황에 맞춰 CDS의 모든 계정을 재평가하라고 지시했다. 며칠 뒤에 나온 결과는 매우 당황스러웠다. AIG는 회계 방법에 '중요한 약점material weakness'이 있다고 밝혔는데, 이는 실제로 수많은 문제들을 완곡하게 표현한 것이었다. 동시에 AIG는 11월과 12월의 손실액을 재평가했는데, 그 결과 수치가 10억 달러에서 50억 달러로 늘어났다.

윌럼스태드는 콜로라도 주 베일에 있는 스키별장에서 마틴 설리번에게 전화해 조 카사노를 해임하라고 지시했다.

"그에게 무슨 조치를 취해야 해." 윌럼스태드가 말했다.

이 말에 놀란 설리번은 물러서지 않았다. 회사가 수익을 재평가하기는 했으나 걱정할 것이 못되고, 오직 장부에만 존재하는 손실이라는 것이었다. "당신도 알다시피, 우리는 돈을 잃지는 않을 거예요." 그는 냉정하게 대답했다.

이 말에 놀라면서 윌럼스태드가 반박했다. "그게 문제가 아니야. 우리는 수십억 달러짜리 손실을 보고해야 될지도 몰라. '중요한 약점' 말이야. 회계감사 직원들은 카사노가 공개적이고 협조적이지 않았다는 것을 이미 지적했어."

설리번은 카사노를 둘러싼 논란을 잘 알고 있었지만, 과연 카사노를 내쫓을 필요까지 있겠는가 하는 것이었다.

"이것 봐. 이것보다 사소한 일로 두 명의 거물 CEO가 물러나는 거 못 봤어?" 2007년 가을에 부채 액수를 조작해 낮췄다는 이유로 시티그룹의 찰스 프린스, 메릴린치의 스탠 오닐이 사임한 것을 그에게 상기시켰다.

"회사 내부에 메시지를 보내는 거라면 모르지만, 시장을 상대로 한다면 해임으로써 분명한 입장을 보여야 해."

결국 설리번도 동의하기는 했으나 카사노를 위해 마지막 변호를 했다. "그렇다면 그를 적어도 컨설턴트로 두어야 해요."

"도대체 왜?" 윌럼스태드는 설리번의 제안에 의문과 함께 당혹감을 느꼈다.

설리번은 FP가 매우 복잡한 사업이기 때문에 적어도 처음에는 누군가의 도움이 있어야 경영해갈 수 있다고 주장했다.

화가 난 윌럼스태드가 내뱉었다. "한 걸음 뒤로 물러나서 전체를 봐. 안팎의 시각에서 회사를 한번 생각해보라니까. 그 친구는 그 회사를 이끌 능력이 없는데 당신은 왜 그를 계속 곁에 두겠다고 하는 거야?"

그러나 설리번은 각도를 바꿔 다른 회사와의 경쟁이라는 측면에서 주장했다. 그는 카사노를 AIG 쪽에 묶어놓아야 다른 회사로 옮기지 않을 것이고 그것이 회사에 낫다고 말했다. "그와 컨설팅 계약을 맺어놓는다면 그가 우리와 경쟁을 한다거나 회사에서 직원을 빼내 어디로 가는 일은 막을 수 있을 거예요."

결국 그 부분에서 윌럼스태드도 양보했다. 그는 실용주의자였다. 컨설턴트라면 언제라도 해고할 수 있었다. "알았어. 하지만 그를 계속 컨설턴트로 둔다면 그 관계를 어떻게 관리할 것인지 방안을 강구해야 해. 그리고 카사노를 회사 경영에 관여시켜선 안 돼. 그건 미친 짓이야."

카사노는 월 100만 달러의 보수를 받으며 컨설턴트로 남았다. 그러나 설리번은 직원들이 이탈할 것을 두려워했다. 카사노가 옆으로 밀려나고 FP그룹의 손실이 30억 달러에 이르자, FP의 중심 멤버들이 떠날 것이라는 추측이 나돌았다. 카사노의 자리를 이어받은 윌리엄 둘리William Dooley

가 설리번에게 건의했다. "직원들을 묶어둘 프로그램을 만들어야 합니다. 그렇지 않으면 팀 전체를 잃을 거예요."

설리번은 문제를 충분히 이해하고 있었다. AIG 직원들은 수익에 비례해 보수를 받았다. 그는 회사의 보수위원회에 이렇게 말했다. "회사가 이렇게 큰 손실을 기록하고 있다면 그들이 보수를 받을 가능성은 앞으로도 제로입니다. 회사 실적이야 분기에 따라 회복될 수 있지만, 날아간 보수는 돌아오지 않습니다." 그는 이사회에서도 FP의 직원들이 지금이라도 떠나 다른 회사에서 새로 시작하는 것이 나은 실정이라고 말했다(역설적이게도 FP 직원의 보수는 월스트리트의 어느 금융회사보다도 직원의 이익과 주주의 이익이 연계되는 형태로 설계되어 있었다. 다른 회사에서는 회사 전체의 이익보다도 장부상 성과대로 직원들의 보수가 결정되었다).

3월 초에 이르러 AIG 이사회는 설리번에게 FP 직원 고용 유지를 위한 안을 두 차례 수정하게 한 뒤 2009년에 1억 6,500만 달러, 2010년에 2억 3,500만 달러를 지불한다는 안을 승인했다. 당시에는 이 결정에 AIG 직원 이외에는 아무도 신경을 쓰지 않았다. 하지만 나중에 이 문제는 혹독한 비난과 살해 협박, 그리고 의회가 나서서 보너스를 없애는 조치마저 불러일으키는 엄청난 정치적 문제로 비화했다.

AIG의 주주들

5월, AIG는 1사분기에 대해 암담한 결과를 발표했다. 신용파생상품의 가치평가는 91억 달러가 내려갔고, 78억 달러의 손실이 있었는데 이는 사상 최대였다. 이에 대응해 S&P는 AIG의 신용등급을 한 단계 내려 AA 마이너스로 수정 발표했다. 그리고 나흘 뒤인 5월 12일, 《월스트리트저널》

은 AIG그룹에서 이익을 내는 자회사로 항공기임대회사인 인터내셔널리스파이낸스International Lease Finance Corp가 매각이나 분할을 통해 모회사에서 독립을 모색한다고 보도했다.

이때 83세가 된 행크 그린버그는 사분기 실적이 나쁘다는 것, 그리고 75억 달러의 증자가 추진되고 있다는 이유를 들어 연례주주총회를 연기할 것을 촉구했다. 그는 공적으로 보낸 서한에서 이렇게 썼다. "나는 수백만의 투자자들과 함께 이 위대한 회사가 나빠지는 것을 보며 걱정하고 있습니다. 우리 회사는 위기에 빠져 있습니다."

사적인 자리에서는 다른 AIG 주주들도 변화를 모색하는 움직임을 보이기 시작했다. 주주총회 이틀 전인 5월 14일, AIG의 임원이었던 엘리 브로드Eli Broad가 윌럼스태드에게 팩스로 보낸 편지가 한 통 도착했다. 브로드는 1998년에 그가 경영하던 거대한 연기금회사 선아메리카SunAmerica를 180억 달러로 평가해 AIG 주식과 바꿨고, 그린버그와 사업적으로 가까운 사이였다. 그의 편지에는 두 명의 영향력 있는 펀드매니저의 이름도 함께 있었다. 레그메이슨캐피털매니지먼트Legg Mason Capital Management의 빌 밀러Bill Miller와 데이비스실렉티드어드바이저스Davis Selected Advisers의 셸비 데이비스Shelby Davis였다. AIG 주식 전체의 4퍼센트를 쥐고 있는 이 세 사람은 "상부 경영층을 쇄신하고 시장의 신뢰를 회복하기 위한 조치"를 논의할 회의를 열 것을 요구했다.

다음 날 저녁 윌럼스태드는 또 다른 AIG 임원 모리스 오핏Morris Offit을 대동하고 5번가의 셰리네덜란드호텔에 있는 브로드의 방을 찾아가 세 사람을 만났다. 그 자리에는 데이비스의 아들이자 그의 회사에서 포트폴리오를 운용하는 크리스 데이비스Chris Davis가 함께 기다리고 있었다. 센트럴파크와 뉴욕의 스카이라인이 보이는 고급스러운 거실에 사람들이 앉자

마자 브로드는 설리번과 회사의 실적에 관해 불만을 터뜨렸다.

브로드의 말을 잠시 듣고 난 윌럼스태드가 말을 잘랐다. "더 말씀하시기 전에 분명히 할 게 있습니다. 우리는 지금 자본을 증강하는 과정이고, 따라서 다른 데에서도 말하지 않은 사항을 여기서 꺼낼 수는 없어요." 이 말이 끝나자 분위기가 매우 어색해졌다. 이사회가 그들의 걱정을 잘 알았다는 것 이외에 윌럼스태드와 브로드가 할 이야기는 별로 없었다. 브로드는 "우리가 알지 못하는 사항을 당신은 말할 수 없다"는 사실을 확인했을 뿐이었다.

주주들이 자신을 제거하라는 압력을 넣고 있는데도 설리번은 주주총회가 있던 날 아침까지도 기가 살아 있었다. AIG 타워 8층에 있는 주주총회실에서 설리번은 악수를 나누며 주주들을 맞았다. 한 주주와는 지난 일요일에 맨체스터 유나이티드가 위건 애슬레틱스를 2대 0으로 이겨 첼시가 리그 챔피언이 되는 것을 막은 것을 놓고 즐겁게 이야기를 나눴다. 그 승리는 설리번이나 AIG에 영광스러운 것이었다. 네 시즌 동안 맨체스터 유나이티드 유니폼에 AIG의 로고를 장식하는 대가로 1억 달러를 지불했기 때문이다. 하지만 이것 이외에 불만에 찬 주주들을 즐겁게 할 이야기는 없었다. 이는 그다음 날 《월스트리트저널》의 머리기사에 신랄하게 표현되어 있었다. "AIG가 주주들에게 줄 수 있는 것은 공감 이외에 아무것도 없었다."

주주총회에서 윌럼스태드와 브로드가 회사의 유동성 보강계획에 신뢰를 표명했는데도, 자본을 늘리겠다는 결정은 충돌을 더 키울 뿐이었다. JP모건과 시티그룹은 AIG가 추가로 감자를 하고 이를 공개해야 한다고 압박했다. 이때까지 AIG는 골드만을 비롯한 몇몇 투자은행에 판 CDS에 대해 신규로 100억 달러의 담보를 내놓으라는 요구를 받고 크게 흔들리고 있었다. 월스트리트에 돌아다니는 소문들을 완전히 파악하고 있던 골드만의 투자은행가들은 안과 밖에서 평가하는 AIG의 재무 상태가 얼마나 큰 차이를 보이는지 잘 알고 있었다. 결국 CEO 설리번이나 CFO 스티븐 벤싱거Steven Bensinger를 비롯해 AIG의 누구도 JP모건의 임원들을 설득하지 못했다.

그런데 AIG 또한 JP모건을 경멸했다. AIG 임원들은 JP모건 투자은행가들의 오만에 학을 떼고 있었다. AIG는 JP모건과 시티그룹에 사상 최대라고 해도 좋을 규모의 자본 동원 작업을 부탁했는데, 그 서비스 대가로 8,000만 달러씩을 지급했다. 이 두 투자은행 사람들은 AIG에 오만한 자세로 자산을 어떻게 평가할 것인지 경건한 체하며 설교했는데, 이는 AIG로 하여금 기존 입장을 더 고수하게 만들 뿐이었다.

JP모건은 AIG가 재무 상태를 공표하도록 집요하게 요구했다. 자본 증강에 관해 전화회의를 하던 어느 일요일, 설리번이 직접 나와서 평소보다 조금 침울하게 말했다. "들어봐요. 우리는 이제 연필을 놓으려고 해요. 우리에게 주어진 선택은 둘 중의 하나라고 봐요. 당신네들이 우리 하자는 대로 하든지, 아니면 우리가 당신네들을 무시하고 밀고 나가든지."

이 말에 JP모건 측에서는 전화를 끊고 상의하여, 결국 사우스캐롤라이나에 있던 스티브 블랙이 전화하기로 했다. 설리번에게 전화를 건 블랙이 말했다. "좋아요. 당신이 우리가 연필을 놓고 작업에서 빠지기를 바란다면 그렇게 할게요. 하지만 우린 더 이상 자본 증강 활동에 참여하지 않습니다. 그리고 외부 사람들이 우리가 왜 중단하느냐고 묻는다면 AIG와 의견이 맞지 않았다고 말하는 수밖에 없어요. AIG 자산의 일부에서 발생하는 손실 평가에서 의견이 달랐다고."

이런 협박 앞에서 AIG는 꼬리를 내릴 수밖에 없었다. 돈을 추가로 모으는 일은 사활이 걸린 문제였고, 그런 상황에서 주거래은행과의 갈등이 외부에 공표되게 할 수는 없었다. 그런데 나중에 AIG의 임원들을 더 비참하게 만든 것은 이 의견의 불일치가 언론에 공개되었을 때, JP모건이라는 이름은 나오지 않고 '어느 전국적인 금융서비스회사'라고 표기되었다는 사실이었다.

AIG 임원들이 자신을 새 CEO로 선출한 직후 로펌 심슨 대처의 회의실에서 열린 이사회에서, 윌럼스태드는 무엇보다 그린버그와 원만한 관계를 유지해야 한다는 요지의 발언을 했다. 그린버그는 12퍼센트를 소유한 AIG의 최대 주주이며, 따라서 그와 회사 간의 많은 갈등은 매우 희생이 크고 소모적인 일이라는 것이었다. "그는 우리 AIG와 어쨌든 영원히 연결된 존재입니다." 윌럼스태드가 말했다.

이사회가 끝난 뒤 윌럼스태드는 어퍼이스트사이드에 있는 자택으로 돌아와 조심스럽게 행크 그린버그에게 전화를 걸었다. 그린버그와 쉽게 되는 일은 아무것도 없었다. 한참이 지나서야 겨우 그가 전화를 받았다.

"행크? 밥 윌럼스태드입니다. 오늘 이사회가 있었는데 마틴을 CEO에서 해임하기로……."

"그거 잘됐군!" 그린버그가 말허리를 잘랐나.

"그리고 내일 제가 새 CEO로 발표될 겁니다."

이 말이 있고 잠시 무거운 침묵이 흐른 뒤에 들릴까 말까 한 소리로 말했다. "축하해, 밥. 전화해줘서 고마워."

"행크, 당신과 회사 사이에 많은 일들이 있었다는 것을 잘 압니다. 하지만 저는 새로운 관계를 만들고 서로 협력할 수 있는 길을 찾아보고 싶어요."

"앞으로 경청할게. 나도 회사가 문제를 해결했으면 해." 그린버그가 말했다.

두 사람은 그 주에 만나 식사를 하기로 했다. 전화를 끊고 윌럼스태드는 그린버그와 화해하는 것이 꼭 필요하다고 다시 한 번 확신했다. 그것이 회사의 주가를 올리는 데도 도움이 되리라고 여겼다. 다만 그린버그는 타협하기 어려운 인물이어서 많은 시간과 인내심이 필요할 것이었다.

문제는 자신에게 얼마나 시간이 주어질지 윌럼스태드 스스로 확신이 서지 않는다는 것이었다.

Too Big to Fail

최강자 골드만삭스의 암중모색

2008년 6월 27일 금요일, 아홉 시간에 걸친 비행에 지친 로이드 블랭크파인은 상트페테르부르크의 호텔 주변을 산책했다. 그는 아내 로라 그리고 골드만의 사장이자 COO인 게리 콘Gary Cohn과 함께 회사의 걸프스트림 전용기를 타고 러시아에 왔다. 역사광인 블랭크파인은 비행기에서 데이비드 프롬킨David Fromkin의 『평화의 종말A Peace to End All Peace: The Fall of the Ottoman Empire and the Creation of the Modern Middle East』을 독파했다.

'From Russia With Love'

골드만의 이사들이 추가로 도착하기까지는 아직 몇 시간이 남아 있었다. 화창하고 온화한 오후여서 관광을 하기로 했다. 광장 건너편에는 구름 낀 하늘을 배경으로 성 아이작 성당St. Isaac's Cathedral의 금색 돔이 찬란하게 빛나고 있었다. 저녁에는 골드만의 이사진과 배우자만을 위한 관광이 에르미타주 박물관State Hermitage Museum에서 있을 예정이었다. 네바 강을 따라 자리 잡은 과거의 황궁에 있는 여섯 개 건물로 이뤄진 거대한 박물관이다.

다음 날에 있을 이사회를 생각하며 블랭크파인은 다소 만족감에 젖었다. 금융계가 대혼란에 빠져 있는 가운데 골드만은 풍파를 잘 견디고 있었다. 가장 어려운 시기에 골드만은 다시 한 번 월스트리트에서 최고의 금융회사임을 입증하고 있는 것이었다.

그리고 그 시점에서 이사회의 장소로 러시아보다 더 적합한 곳이 있었을까? 제조업의 대국이 중국이라면 상품commodities의 대국은 러시아였고, 당시 금융업에서 최고는 상품이었다. 원유가 배럴당 140달러에 접근했는데, 러시아는 하루에 원유 수백만 배럴을 뿜어내고 있었다. 러시아에 있으면서 당분간 미국에서 벌어지는 참상을 잊을 만도 했다.

골드만삭스는 매년 해외에서 나흘간 이사회를 열어왔다. 2년 전 행크 폴슨에게서 지휘권을 물려받은 CEO 블랭크파인은 한창 뜨고 있는 브릭스BRICs 중의 한 나라에서 해외 이사회를 열자고 주장했다. 브릭스라는 용어도 골드만의 한 경제학자가 만든 것으로, 세계의 부와 권력이 집중되는 현상을 잘 요약한 것이었다. 러시아에서 열린 이사회는 블랭크파인이 말을 실행에 옮긴 것이었다.

상트페테르부르크는 러시아 시찰의 제1부로서 회사의 재정 상태에 대한 보고를 받고 전략을 재검토하는 회기가 있을 예정이었다. 이어 모스크바에서 이틀을 보내게 되었다. 골드만의 수석보좌관인 존 로저스는 온갖 힘을 다 써서 골드만의 이사회에 러시아 총리 블라디미르 푸틴Vladimir Putin을 초청했다. 터프한 푸틴은 반자본주의적인 생각을 가지고 있어서 자신이 미국의 봉이 되지는 않을 것임을 분명히 했다.

니콜라스 1세의 거대한 기마탑을 지나 아스토리아호텔로 돌아오는 산책길에서 블랭크파인은 마음속에 있는 두려움에 대해 생각했다. 만약 원유 가격이 떨어져 70달러 수준이 된다면 어떻게 될까? 그런 사태에 골드만이 받을 충격은? 블랭크파인은 지금까지 큰 성공을 거뒀는데도 스스로 그렇게 부르듯이 '편집증'적인 측면이 있었다.

러시아에 있으니 아픈 기억이 되살아났다. 골드만도 큰 역경을 겪었던 1998년의 사태였다. 당시 크렘린은 불시에 국가채무불이행을 발표해 세계 금융시장을 추락시켰다. 그 사태는 전염병contagion이라고 불렸고, 그 속에서 LTCM이 쓰러졌다.

당시의 연쇄적인 파국 속에서 월스트리트의 금융회사들은 엄청난 손실을 기록했다. 그 와중에 골드만도 타격을 입어 오랫동안 계획했던 IPO를 연기할 수밖에 없었다.

현재의 금융위기가 진행되는 과정에서 리먼, 메릴, 시티, 심지어 모건스탠리 등이 겪고 있는 타격을 골드만은 잘 피해왔다. 물론 그의 팀이 유능하기도 했지만, 블랭크파인은 가장 중요한 요인이 행운이라고 생각했다. 그는 그런 의미로 이렇게 말했다. "우리가 조금 낫기는 해. 그런데 아주 조금이야."

골드만도 경쟁사들과 유사하게 악성 자산으로 손해를 봤고 레버리지가 높으며 유동성이 꽉 막힌 시장에서 돈이 달리기는 마찬가지였다. 다만 한 가지 큰 차이점은 서브프라임모기지라는 흔들거리는 바탕에서 만들어진 증권자산에 노출되지 않았다는 것이었다.

골드만이 다른 회사들과 달리 돈을 걸 수 있었던 것은 골드만의 두 모기지 트레이더인 마이클 스웬슨Michael Swenson과 조시 번봄Josh Birnbaum, 그리고 CFO인 데이비드 비니어David Viniar의 공이었다. 그들은 ABX지수라는 것을 투자 기준으로 삼았는데, 이는 서브프라임증권에 연계된 파생상품을 모아 만든 바스켓이었다. 그들이 이런 전략을 실행하지 못했다면 골드만의 처지도 다른 회사들과 크게 다르지 않았을 것이라고 블랭크파인은 생각했다.

호텔로 걸어가며 보니 거리가 벤츠 승용차들로 붐비고 있었다. 벤츠는 러시아 신흥 부자들의 과시적 소비의 가장 눈에 띄는 예일 뿐이었다. 천연가스, 원유, 철강, 니켈 등 귀중한 원자재 상품들이 만들어내는 이익으로 러시아 거부들은 대형 요트, 피카소 등의 미술작품, 영국 축구팀 등에 돈을 뿌리고 있었다. 10년 전 나라 빚을 갚을 수도 없었던 러시아는 1조 3,000억 달러를 가진 경제대국으로 급성장했다.

골드만과 러시아의 인연은 1998년의 금융위기 이전으로 거슬러 올라간다. 첫 번째는 프랭클린 루스벨트 대통령이 당시 골드만의 전설적인 지도자였던 시드니 와인버그Sidney Weinberg*에게 주소련 대사 자리를 권유했을 때였다. 하지만 그는 대통령의 제안을 거절하며 말했다. "저는 러시아 말을 못합니다. 가서 누구하고 이야기하란 말씀입니까?"

---

* 시드니 와인버그는 청소부 조수에서 시작해 골드만삭스의 CEO가 되어 오랫동안 경영함으로써 '미스터 월스트리트'라는 별명이 붙었던 인물이다.

소련이 붕괴하고 나서 그 시장에 들어간 몇 안 되는 서방의 금융회사 중 하나가 골드만이었다. 그리고 베를린 장벽이 무너지고 나서 3년 뒤, 보리스 옐친은 새로운 정부의 금융자문역으로 골드만을 임명했다.

그러나 이렇다 할 이익이 없는 상태에서 골드만은 1994년 러시아에서 철수했다. 1998년까지 골드만은 125억 달러에 이르는 러시아 정부 국채 발행을 도왔으나, 결국 그 국채는 휴지에 가까운 것이 되고 말아, 골드만은 모든 러시아 사업에서 손을 뗐다.

그리고 이번이 세 번째 시도였다. 블랭크파인은 이번에는 무언가 제대로 이루고 싶었다.

다음 날 아침 8시, 애스터호텔 1층에 있는 회의실에서 골드만의 이사회가 열렸다. 그 호텔은 과거 타이타닉호 침몰에서 사망한 미국의 부호 존 제이콥 애스터 4세John Jacob Astor IV의 이름을 딴 호텔로 1912년부터 운영되었다. 히틀러는 상트페테르부르크가 수중에 들어오는 날 이 호텔에서 축하파티를 열 계획이었는데, 승리를 확신한 그가 미리 초대장을 인쇄해 두었다고 전해진다.

카키색 바지와 블레이저 상의를 입은 블랭크파인은 이사회에 회사의 전반적인 상황에 대해 브리핑했다. 회의가 진행되면서 특별히 예외적인 것은 없었다.

중요한 것은 그다음 회기였다. 발표자는 팀 오닐Tim O'Neill이었다. 그는 외부에는 잘 알려져 있지 않지만, 골드만에서 오랫동안 일해왔고 수석전략책임관Senior Strategy Officer: SSO의 자리에 있는 중요한 인물이었다. 그의 전임자들은 피터 크라우스, 에릭 민디치Eric Mindich 등으로 모두 골드만의 스타로 불리던 사람들이었다. 오닐 또한 블랭크파인의 주목을 받았다.

이사회 멤버들은 3주 전에 브리핑 자료를 이미 받아서 이 회기가 왜 중요한지 잘 알고 있었다. 오닐이 골드만의 생존전략을 발표하기로 했던 것이다. 그는 말하자면 회사의 소방대장이었다. 현재 골드만에 불이 난 곳은 없었지만, 앞으로 있을 사태에 대비해 비상구를 모두 파악하는 것이 그의 임무였다.

회의에 참가한 이들의 관심사는 하나였다. 전통적인 상업은행과 달리 투자은행인 골드만은 안정적 자산인 일반인의 예금을 가지고 있지 않았다. 따라서 다른 브로커-딜러와 마찬가지로 골드만도 보유하는 증권을 담보로 돈을 빌리는 단기 환매조건부융자에 의존해야 했다. 골드만도 장기의 융자자금을 확보해 리먼과 같이 하룻밤에 돈이 달리는 사태를 방지하려고 노력했지만, 예측 불가능한 시장 상황에서 안전할 수가 없었다.

이 단기융자라는 것은 양날의 칼과 같았다. 1달러의 담보로 30배의 빚을 얻어 쓸 수 있는 레버리지를 활용할 수 있는 장점이 있었다. 이와는 대조적으로 은행을 소유하는 JP모건체이스 같은 곳은 레버리지를 활용하는 것이 연준에 의해 엄격하게 규제되었다. 따라서 투자은행은 과감하고 발 빠른 면이 있었지만, 일단 신뢰를 잃게 되면 돈줄이 사라져버렸다.

오닐의 발표를 들으며 블랭크파인은 계속 고개를 끄덕였다. 오닐은 베어스턴스에 일어났던 사태가 단발성 사건이 아니라고 했다. 지금의 유동성 위기가 터지기 전에 베어스턴스는 공룡 같은 독립적 브로커-딜러로 인식되었다. 그러나 블랭크파인은 샐로먼스미스바니가 시티그룹에 먹히고 모건스탠리가 딘위터Dean Witter와 합병하는 극적인 상황을 직접 목격했다. 그리고 이제 리먼과 베어스턴스가 그들의 전철을 밟게 된 것이다. 요컨대, 블랭크파인의 걱정은 근거가 있는 것이었다.

골드만삭스의 CEO 블랭크파인

블랭크파인이 골드만삭스의 정상에 올라갔다는 사실 자체가 세상이 얼마나 빨리 변할 수 있는지를 웅변해주는 것이었다. 10년 전만 해도 그는 키가 작고 뚱뚱하며 수염을 기르고 회사 골프 모임에 긴 양말을 신고 나오는 세련되지 못한 사람이었다. 그런데 어느덧 그는 월스트리트에서 가장 세련되고 이익을 많이 내는 회사의 정상에 올라 있었다.

어떤 의미에서 그의 성공 궤적은 골드만삭스의 전형적인 이야기다. 골드만을 창업해 오랫동안 이끌었던 시드니 와인버그와 마찬가지로 블랭크파인은 유대인 노동자계급 부모에게서 태어났다. 그는 뉴욕 시의 빈촌 브롱크스에서 태어나 브루클린에서도 가장 가난한 동네인 뉴욕 시 동부의 빈민주택계획지에 만든 린덴하우스에서 자랐다. 그 공공주택은 너무나 허술해서 이웃집 사람들이 이야기하는 소리가 벽 너머로 들렸고 무엇을 요리하는지 냄새로 알 수 있을 정도였다. 그의 부친은 우체국에서 우편물을 분류하는 일을 했고 모친은 빌딩 안내원이었다.

십 대 시절 뉴욕 양키스 구장에서 음료수를 팔던 블랭크파인은 1971년에 토머스제퍼슨 고등학교를 수석으로 졸업하고, 16세의 나이에 장학금을 받아 하버드 대학에 진학했다. 그의 가문에서 대학에 진학한 사람은 그가 처음이었다. 그는 인내심이 무척 강한 젊은이였는데, 이는 공부 이외에서도 드러났다. 당시 그는 보스턴에 있는 웰즐리 대학에 다니는 캔자스 출신 여학생과 사귀고 있었다. 여름방학이면 아르바이트를 해야 했는데, 그는 그녀와 같이 있기 위해 캔자스시티에 본사가 있는 홀마크Hallmark 카드회사에서 일하기도 했다. 그러나 두 사람의 관계는 더 이상 발전하지 못했다.

대학을 마치고 하버드 대학 로스쿨에 진학한 블랭크파인은 1978년에 졸업해 도너번, 레저, 뉴턴 앤드 어빈Donovan, Leisure, Newton & Irvine이라는 로펌에 취직했다. 그로부터 몇 년간 그는 뉴욕과 로스앤젤레스를 왕복하는 비행기 안에서 거의 살다시피 하며 지냈다. 드물게 주말에 시간이 나면 동료들과 라스베이거스에 가서 블랙잭을 하는 것이 취미였다. 한번은 책상에 이런 메모를 남겨놓기도 했다. “월요일에 내가 출근하지 않으면 잭팟이 터진 줄 아세요.”

이때 블랭크파인은 로펌에서 파트너가 될 수 있는 길에 접어들었다. 그러나 그는 1981년에 스스로 ‘중년 이전의 위기’를 겪었다. 기업법 변호사가 되고 싶지 않다고 판단한 그는 골드만, 모건스탠리, 딘위터 세 회사에 지원했다. 이때 그는 세 곳 모두에서 떨어졌지만, 두어 달 뒤에 골드만에 발을 들여놓게 되었다.

한 헤드헌터가 그에게 제이애런 앤드 컴퍼니J. Aron & Company라는 회사에 자리를 알아봐 주었다. 이 회사는 상품을 거래하는 작은 회사였는데, 복잡한 문제를 정리해서 고객에게 설명해줄 수 있는 로스쿨 출신을 찾고 있었다. 당시 그의 약혼녀 로라도 기업법 변호사로 필립스, 니저, 벤저민, 크림 앤드 밸런Philips, Nizer, Benjamin, Krim & Ballon이라는 로펌에서 근무했다. 전해지는 말에 따르면, 블랭크파인이 로라에게 금화와 금괴를 파는 회사에서 일하게 되었다고 말하자 그녀는 눈물을 흘렸다고 한다.

그런데 몇 달 뒤인 1981년 10월에 골드만이 제이애런을 인수하면서 블랭크파인도 골드만의 직원이 된 것이었다.

1970년대의 오일쇼크와 인플레이션을 경험한 뒤 골드만은 상품 거래 부문을 확대하려고 했다. 이런 배경에서 제이애런의 인수를 통해 골드만은 금과 금속 거래 국제시장에서 위상이 높아졌고, 상당한 규모의 런던 사무실을 확보하게 되었다. 하지만 골드만이 규율 있고 조용한 분위기인 반면 제이애런은 거칠고 시끄러웠다. 제이애런의 상품 거래 부문이 브로드 가 85번지에 있는 골드만 본사로 옮겼을 때, 골드만의 세련된 직원들은 넥타이를 풀어헤치고 소매를 걷어 올리며 큰 소리로 가격과 욕을 함께 섞어 내뱉는 제이애런 직원들을 보고 충격을 금치 못했다. 화가 나면 그들은 주먹으로 책상을 치고 전화기를 내던졌다. 그것은 골드만의 행동방식이 아니었다. 골드만이 고급문화와 위계질서에 자부심을 느끼고 있었다면, 제이애런은 그런 형식주의를 배격했다. 블랭크파인이 입사하고 나서 자신의 직함이 무엇이냐고 묻자 "원한다면 스스로 백작부인이라고 해도 좋아"라는 대답이 돌아왔다.

제멋대로인 제이애런 직원들을 길들이는 임무를 맡은 골드만의 임원은 마크 윙클먼Mark Winkelman이었다. 네덜란드 출신의 윙클먼은 골드만 최초의 외국인 출신 파트너 중 하나였는데 뛰어난 분석력을 평가받고 있었다. 그는 월스트리트에서 기술, 특히 점점 작아지고 강력해지는 컴퓨터를 트레이딩에 도입하는 것의 중요성을 인지한 몇 안 되는 임원 중 한 명이었다. 윙클먼이 블랭크파인을 처음 주목하게 된 것은 손해를 보게 한 고객에게 전화로 소리를 지르려던 동료에게서 전화기를 빼앗으려고 이 젊은 세일즈맨이 실랑이하는 장면에서였다. 그다음 해에 골드만은 처음으로 대량 해고를 실시했는데, 이때 윙클먼은 블랭크파인을 지켜줬다.

블랭크파인에게는 또 다른 행운이 있었다. 골드만은 채권과 상품, 외화의 거래를 대폭 확대하고 더 큰 리스크를 취하고자 했다. 그때까지 골드만은 CP 부문에서 선구자였고 공채 인수에서 리더였지만, 국채 거래에서는 샐로먼브러더스나 다른 투자은행보다 뒤져 있었다. 윙클먼과 존 코진은 이 부문을 개혁하려고 샐로먼에서 인재들을 데리고 왔다.

이때 블랭크파인은 숙련된 외교술과 두뇌를 가진 사람이라고 평가받았고, 윙클먼은 새로 모집한 여섯 명의 외화 트레이더의 지휘를 그에게 맡겼다. 블랭크파인은 이후 이 부문 전체를 관리하게 되었다.

이때 골드만에서 스티븐 프리드먼과 함께 채권 사업을 관리하던 로버트 루빈Robert Rubin, 훗날 재무장관이 됨은 윙클먼의 결정에 반대했다. "지금까지 세일즈맨이 회사의 다른 트레이딩 부문을 관리하게 한 적이 없어요. 당신의 결정이 옳다고 생각합니까?"

이에 윙클먼이 대답했다. "당신의 경험에 따른 조언은 고마워. 하지만 그가 잘할 것 같아. 로이드는 성취욕이 강하고 분석력이 뛰어나. 그를 신뢰해."

블랭크파인은 곧 트레이딩에서 재능을 보였다. 그것은 한 이슬람 고객이 이자를 추구하는 것을 금하는 코란의 가르침을 따르면서도 트레이드를 할 수 있도록 상품을 설계한 것이었다. 이 거래는 1억 달러짜리로서 S&P500지수*에 연동해 헤지를 하는 것이었다. 이는 당시 골드만이 한 가장 큰 거래였다.

블랭크파인은 또한 엄청난 독서가로서 휴가를 떠날 때면 역사책을 무더기로 가져가곤 했다. 자신을 꾸미거나 내세우지 않는 그는 골드만의 문화를 이상적으로 구현하는 사람이었다. 골드만에서는 "우리가 그것을 했다"는 표현은 있어도 "내가 그것을 했다"는 표현은 없었다.

윙클먼은 1984년에 있었던 코진과 행크 폴슨의 CEO 경쟁에서 코진의 편을 들어 추락했다. 블랭크파인은 1988년에 파트너로 승격되어 있었는

---

* S&P500지수는 신용평가회사 스탠다드 앤드 푸어스(Standard & Poor's)가 1957년에 독자적으로 만든 주가지수로서, 시가총액을 기준으로 미국의 500대 기업을 선정해 그 주가지수를 투자가들에게 참고로 발표한다.

데, 윙클먼의 자리를 이을 수 있는 후보자 네 사람 중 하나였다. 그리고 윙클먼은 골드만을 떠났다.

1998년에 블랭크파인은 채권·외화·상품 거래 부문의 공동 부문장으로서 골드만에서 수익이 가장 높은 부문의 하나를 책임졌다. 그래도 그가 CEO 후보라고 생각하는 사람은 별로 없었다.

그런데 폴슨은 블랭크파인의 두뇌를 높이 평가하고 그를 공동 사장으로 임명했으며, 이는 존 테인의 퇴사로 이어졌다. 한편 블랭크파인은 수염을 깎고, 23킬로그램 정도 살을 뺐으며, 금연을 하려고 노력했다. 그러던 2006년에 폴슨은 재무장관으로 임명되면서 자신의 후임으로 블랭크파인을 앉혔다.

골드만삭스는 AIG를 사야 하는가

블랭크파인이 기억하는 한, 골드만은 언제나 사업 동반자를 필요로 했다. 1999년에 폴슨이 CEO일 때 블랭크파인은 JP모건과 비밀리에 합병 이야기를 진행했는데, 이는 골드만이 기업공개를 한 직후였다. 그런데 이 비밀협상은 폴슨의 어떤 행동과 함께 갑자기 중단되었다. 어느 날 집에 돌아온 폴슨은 갑자기 신의 계시를 전하기라도 하는 듯 말했다. "법적으로 우리가 JP모건을 사더라도 JP모건이 하도 커서 그들이 우리를 인수하는 것처럼 보일 거야. 그리고 그들은 결국 우리를 묻어버릴 거야." 그리고 그는 나중에 "JP모건과 합병을 한다면 그들이 할 수 있는 모든 것을 우리가 독자적으로 어떻게 할 수 있을까 고민했다"고 회고했다.

클린턴 행정부 1기에 미 의회는 1933년 제정된 「글래스-스티걸법」을 폐지해 상업은행과 보험, 여타 금융업을 나누고 있는 벽을 헐어버리려고 했다. 그때 골드만이 고용한 로비회사는 앞으로 골드만이 금융지주회사가 되는 것에 대비해 그것이 가능한 조항을 넣도록 의회의 위원회를 설득했다. 이는 결국 1999년 「그램-리치-브릴리법Gramm-Leach-Bliley Act」*에 반영되었다. 어떤 금융기관이라도 힘이 있다면 금융지주회사를 만들어 스스로를 유지하며 다른 분야의 금융회사를 소유할 수 있게 된 것이다. 물론 투자은행 중에 이런 힘을 가진 것은 골드만뿐이었다.

블랭크파인이 이런 역사를 회고한 것은 오닐의 발표가 끝나고 다음과 같은 질문이 나올 때였다. "우리가 상업은행이 될 필요가 있을까?" "우리가 상업은행이 된다면 어떤 의미가 있을까?" "예금으로 들어오는 돈을 어떻게 쓸까?" "예금 기반deposit base을 어떻게 확보할 수 있을까?"

활발한 토론을 부추기기 위해 블랭크파인이 한마디 거들었다. "예금으로 모인 자금은 특정한 사업에만 쓰일 수 있는 것 아닌가?"

게리 콘이 좀 더 자세한 설명을 덧붙였다. 상업은행이 된다 하더라도 예금을 모두 투자에 쓸 수는 없으며, 사업을 확장하기 위해서는 "모기지를 사들이거나 신용카드 사업을 시작하거나 아예 모기지 사업을 시작하는" 등의 활동이 필요하다는 것이었다. 그런데 골드만은 이런 사업에 경험이 없을뿐더러, 하게 된다면 골드만의 위상과 성격을 근본적으로 바꾸는 것이 될 터였다.

고급스럽게 꾸며진 회의실의 높이 달린 샹들리에 아래에서 골드만의 이사들과 간부들은 인터넷은행을 만드는 것, 부호들의 자산관리 사업을

---

* 클린턴 행정부에서 1999년에 통과된 「그램-리치-브릴리법」은 은행업, 보험업, 투자은행업 간의 엄격한 분리를 규정한 1933년의 「글래스-스티걸법」의 일부를 완화해 다른 금융업 분야 간의 합병을 허용해 금융그룹의 탄생을 가능하게 했다. 이는 「금융서비스현대화법(Financial Services Modernization Act)」이라고 부르기도 한다.

확대하는 것 등 여러 가지 안을 주고받았다. 한 시간 정도 토론이 있고 나서 블랭크파인이 또 다른 방향으로 말머리를 돌렸다. 보험회사를 인수하는 건이었다.

골드만이 보험회사를 인수하는 것은 일견 상업은행이 되는 것보다도 더 급격한 변화로 들렸다. 하지만 블랭크파인은 상업은행업과 보험업 간에 다른 점보다도 유사한 점이 더 많다고 주장했다. 보험회사가 가입자들이 부은 보험금을 가지고 투자를 한다면, 상업은행은 예금자가 맡긴 예금을 가지고 투자하는 것이다. 워런 버핏이 투자업계에서 큰손이 된 연유도 여기에 있었다. 그는 그의 보험회사들이 보유한 여유 자금을 다른 사업에 투자해왔다. 보험업계에서 말하는 '보험통계리스크acturial risk'라는 것도 골드만이 이미 쓰고 있는 리스크관리원칙의 범주에 들어가는 것이었다.

그렇다고 골드만이 아무 보험회사나 살 수는 없었다. 이미 엄청난 규모인 골드만의 대차대조표에 어느 정도 자리가 날 정도의 자산 규모를 가진 회사여야 하고, 그렇다면 가장 먼저 생각해볼 수 있는 곳은 AIG라고 오닐은 주장했다. AIG는 당시 세계에서 가장 큰 보험회사였다. 더욱이 AIG의 주가가 폭락해 구입하기에 적기일지도 몰랐다.

사실 AIG를 산다는 것이 새로운 안은 아니었다. 골드만의 본사에서는 AIG와의 합병안이 수년간 비밀리에 논의되어왔던 것이다. 과거 골드만의 최고경영자이자 행크 폴슨의 친구인 존 화이트헤드와 존 와인버그John Weinberg도 골드만과 AIG가 언젠가는 합병안을 정식으로 생각해봐야 할 것이라고 말했다.

물론 골드만 이사들 사이에서는 AIG에 대해 다양한 관점이 있었다. 맥킨지 앤드 컴퍼니Mckinsey & Company의 시니어 파트너였던 라자트 굽타Rajat Gupta와 사라리Sara Lee의 전 CEO 존 브라이언John Bryan은 모두 행크 폴슨의 가까운 친구로서 이 안에 관심을 가지고 있었다.

한편 의료기기 분야의 대기업인 메디트로닉Meditronic의 전 CEO 빌 조지Bill George는 주저하는 분위기였다. 게리 콘은 다른 자리에서 솔직히 빌 조지의 태도가 신경이 쓰인다고 말했다. 그러나 이 사안과 관련해 모두가 관심을 기울이는 이사회 멤버는 에드워드 리디Edward Liddy였다.

자동차 및 주택보험을 다루는 대기업 올스테이트Allstate의 CEO인 리디는 회의실에 모인 사람들 중에서 보험업을 하는 유일한 인물이었다. 5년 전쯤 그는 올스테이트를 AIG에 팔려고 제안하기도 했는데, 그때 그린버그는 거절하며 "그대로 가지고 있어"라고 말한 적도 있었다.

과거 이사회에서 보험회사 이야기가 나올 때마다 리디의 태도는 소극적이었다. "보험은 완전히 다른 게임이야"라는 것이 그의 의견이었다. 이번에도 AIG의 인수가 아무리 좋은 조건이라도 그의 부정적인 태도는 변하지 않았다. "AIG와 결부되는 것이 그렇게 유리한 일이 아니다"라는 것이 그의 지론이었다.

오전회의는 AIG에 관해 아무런 결정도 없이 끝났다. 그런데 그 보험회사가 오후회의 때는 전혀 다른 시각에서 거론되었다. 많은 금융회사들이 보유한 증권을 담보로 쓰듯이, AIG도 골드만을 비롯한 월스트리트의 투자은행들을 통해 증권을 담보로 자금을 융통했다. 그런데 여기서 한 가지 문제가 있었다. AIG는 자신이 보유한 증권의 가치가 골드만이 평가하는 것보다 훨씬 높다고 주장해오고 있었다. 이 문제에 관해서는 골드만의 회계법인이 검토하고 있었는데, 한 가지 장애가 있었다. 골드만의 회계법인 프라이스워터하우스쿠퍼스PwC가 AIG의 회계법인으로도 일하고 있었던 것이다.

이사회와의 화상회의에서 뉴욕에 있는 PwC 간부는 AIG와의 의견 불일치와 관련해 '시장의 인식에 맞게 장부가치를 기입marking to market'*하는 것에 관해서 이야기했다. 이를 듣고 골드만 임원들은 블랭크파인이 이사회에 말한 대로 AIG가 '시장이 믿도록 장부를 분식marking to make-believe' 한다고 여겼다.

그런데 신기하게도 러시아에 모인 골드만의 이사들 중 아무도 이 담보평가에 관한 분식회계가 골드만이 AIG를 합병 대상으로 고려하는 데 치명적인 결함이 될 수 있다는 점을 인식하지는 못한 듯했다. AIG가 심각한 문제에 봉착해 있고 보유 주식의 과대평가를 통해 문제를 어떻게 넘어가 보려고 한다는 사실을 간과한 것이었다. 그 대신에 오후회의의 초점은 PwC에 대한 비난으로 옮겨갔다. "어떻게 PwC는 거래하는 쌍방의 회계법인이 되어 쌍방의 주식평가에 분쟁이 있는 상황을 내부적으로 처리하는 겁니까?" 골드만의 공동 사장 존 윙클레이드Jon Winkelreid가 문제를 제기했다.

골드만의 이사회에서 PwC가 도마 위에 오른 것은 그것이 두 번째였다. 골드만 이사회가 AIG와 담보증권의 가치평가와 관련해 분쟁이 있다는 것을 처음 안 것은 2007년 11월이었다. 당시 문제가 된 금액은 15억 달러에 이르렀다. 이때 골드만은 AIG가 쓰러질 경우에 대비한 보험으로서 CDS라는 형태로 보호 장치를 마련하기 시작했다. 당시 실제로 AIG가 도산할 것이라고 생각하는 사람이 적어 이 보험은 가격이 비교적 쌌다. 골드만은 1억 5,000만 달러의 CDS를 구매해 약 25억 달러에 이르는 AIG 채무에 대해 보험을 들어두었다.

---

* 'Marking to Market'이란 회계장부를 기입할 때 해당 기업이 자의적으로 시장가치를 산정해 기입하는 것으로, 이는 금융위기와 관련된 논란에서 주요한 주제가 되었다.

모스크바의 행크 폴슨

상트페테르부르크에서의 이사회는 여유 있게 끝났다. 북극권의 하늘은 밤 10시에도 아직 밝아서, 열세 명의 이사진과 그들의 배우자들은 곤돌라를 타고 운하 관광을 즐겼다.

이사회는 일요일에 모스크바로 날아가 붉은 광장에 자리 잡은 리츠칼튼호텔에서 회기 후반을 열었다. 그날 저녁 만찬에서 초청 연사로 나온 사람은 미하일 고르바초프Mikhail Gorbachev였다. 그때 러시아 대통령은 드미트리 메드베데프Dmitry Medvedev였으나 실질적인 권력은 여전히 블라디미르 푸틴이 쥐고 있었다. 이런 상황에서 외국 투자가들은 자유개방시장에 대한 러시아의 의지가 급격히 쇠퇴하는 것을 우려했다. 가장 큰 이유는 경제력이 에너지산업에 집중되어 있다는 데 있었다.

골드만의 이사들은 러시아에서 변화의 시작을 주도하고 끝내 공산주의를 종식한 고르바초프가 이상하게도 크렘린을 칭찬한다고 느꼈다. "러시아는 이제 새로운 아이디어와 외국의 자본에 문을 활짝 열어 민주국가로서의 잠재력을 실현하고 있다"고 고르바초프는 말했다. 이 말을 들은 골드만의 이사들은 지난번 묵은 호텔에서 도청되지 않았다면 이 호텔은 도청되고 있는 것이 틀림없다고 농담을 하기도 했다.

그날 오후 기이한 일치로 미국 금융의 또 한 거물이 모스크바에 도착했다. 재무장관 행크 폴슨이 닷새간의 유럽 순방의 일환으로 모스크바를 거쳐 베를린, 프랑크푸르트에 이어 런던으로 가게 되어 있었던 것이다.

페르시아 만을 거쳐, 일본 오사카에서 G8 재무장관 회의에 참가하고, 이어 유럽과 러시아를 방문하는 일정으로 그는 그 달에 많은 여행을 하고 있었다. 그는 이번 출장의 하이라이트로 런던 세인트제임스 스퀘어에 있는 채텀하우스Chatham House라는 국제문제연구소에서 열릴 강연을 꼽았다. 보좌관 데이비드 네이슨의 도움으로 그는 금융 규제의 큰 변혁을 예고하는 연설을 계획했다. 리먼처럼 어려움에 빠져 있는 금융회사들의 실정을 아는 그는, 문제가 있는 금융기관들을 다룰 수 있는 새로운 정책 도구의 필요성을 강조할 생각이었다. 아직 문제들이 터지지 않은 상태에서 미리 대비하고 싶었던 것이다.

그는 일단 착륙하면 시간이 없는 것을 잘 아는 터라 모스크바로 향하는 비행기 안에서 열심히 연설 원고를 다듬었다. 그가 말하고자 하는 요지는 다음과 같았다.

“일부 금융회사들이 자신들이 너무 커서 쓰러지지 않을 것이라는 그릇된 인식을 하고 있는 것에 대응해, 우리는 거대하고 복잡한 금융회사들이 실패할 때 그 실패가 혼란스러운 것이 되지 않도록 대처할 수 있는 정책 도구를 마련해야 합니다. 연준의 그린스펀 의장이 이미 언급했듯이, 문제는 일부 금융회사들이 쓰러지기에는 너무 크거나 복잡한 것이 아니라, 그들이 크거나 서로 얽혀 있어 쓰러진 다음에 해체하는 데 많은 힘이 필요하다는 것입니다. 현재 우리는 이런 사태에 대처할 도구가 제한되어 있는 실정입니다.”

세계를 상대로 미국 연방정부가 금융시장의 거대한 실패를 막을 권한이 부족하다고 말하는 것은 사실 위험한 전략이었다. 이는 이미 진행되고 있는 시장의 신뢰 상실을 더 악화시킬 수도 있었다. 그러나 그는 그런 발언이 필요하다고 생각했고, 그런 발언을 통해 해결책을 모색해야 한다고 믿었다.

토요일 저녁, 폴슨은 주러시아 미국 대사의 저택인 스파소하우스Spaso House에서 러시아 재무장관 알렉세이 쿠드린Alexei Kudrin과 저녁식사를 함께했다. 일요일에는 대여섯 개의 회의, 라디오 인터뷰가 잡혀 있었고, 메드베데프 및 푸틴과 비공개 회담을 할 예정이었다. 그는 앞서 기자들과의 환담에서 러시아의 지도자들을 만나면 국부펀드라고 불리는 거대한 공적 자금이 국제적으로 수용되기 위한 최고의 관행, 이른바 '베스트 프랙티스best practice'에 관해 상의할 생각이라고 말했다. 국부펀드는 과거 중동에 집중되었으나 이제 러시아에도 출현하고 있었다.

그런데 토요일 일정을 다 끝내기 전에, 그는 만찬 뒤에 또 하나의 만남을 계획해두었다. 며칠 전 그는 자신이 모스크바에 있을 때 골드만의 이사회가 그곳에 있다는 것을 알고 수석보좌관 짐 윌킨슨에게 그들과의 회동을 주선하게 했다. 물론 비공식의 완전히 사적인 만남이었다.

'제기랄!' 윌킨슨은 혀를 찼다. 그와 재무성 동료들은 워싱턴과 월스트리트에 떠다니는 골드만의 음모설을 불식하느라 늘 애를 먹고 있었다. 그런데 골드만 출신의 장관이 골드만 이사회와 사적으로 만난다고? 그것도 모스크바에서?

지난 2년간 폴슨은 재무장관으로 재직하면서 민간 기업의 이사회와 사적으로 만난 적이 한 번도 없었다. 단 한 번의 예외라면 래리 핑크의 블랙록이 6월에 아랍에미리트의 아부다비에 있는 에미리트팔레스호텔에서 이사들을 위해 열었던 칵테일파티에 잠깐 들렀던 것이다.

그런 연유로 윌킨슨은 이 만남의 성격을 우려하며 장관의 법률 담당 고문 밥 호이트Bob Hoyt에게 전화를 걸어 의견을 구했다. 그런 만남의 '시각적 효과'를 싫어한 호이트는 그것이 '사교적 모임'인 한 윤리규정에 저촉되지는 않을 것이라고 했다.

그래도 윌킨슨은 골드만의 이사 로저스에게 말했다. "이건 조용히 처리합시다." 그리고 그들은 세부사항을 조정했다. 장관이 호텔에서 고르바초프와 만찬을 끝내면 골드만의 이사진이 그의 호텔방으로 오기로 했다. 따라서 폴슨은 일정표에 이 '사교적 모임'을 기록하지 않기로 했다.

그날 저녁 골드만의 이사들은 버스를 타고 몇 블록 떨어진 트베르스카야 가Tverskaya Street에 있는 모스크바 매리어트그랜드호텔로 이동했다. 세밀한 보안 절차와 모스크바의 야경을 보면서 몇몇 이사들은 첩보영화를 떠올렸다. 이사들은 분수대가 있는 로비를 지나 에스코트를 받으며 장관이 묵고 있는 방으로 들어갔다.

"들어와." 장관은 한 사람 한 사람에게 악수를 청하고 일부는 크게 포옹하면서 맞았다.

그때부터 한 시간 동안 장관은 재무성에서의 생활과 경기 예측에 관해 이야기하며 옛 동료들을 대접했다. 이사들은 리먼과 같은 실패가 또 있을 것인지 물었다. 그러자 그는 정부가 문제에 빠진 금융회사들을 처리할 수 있는 권한이 있어야 하며, 그런 논조의 연설을 할 계획이라고 말했다. 그리고 그는 이렇게 이야기를 맺었다. "내가 보기에 앞으로 상당한 어려움이 있을 것 같지만, 역사에 비춰볼 때, 올해 말 정도면 어려움에서 헤쳐 나오지 않을까 싶어."

다음 날 아침 블랭크파인은 한 이사와 아침을 같이 들면서 폴슨이 마지막에 한 말을 되뇌어보았다. 알 수 없다는 투로 블랭크파인이 말했다. "장관이 왜 그런 말을 했는지 모르겠어. 내가 볼 때는 사정이 더 나빠질 것 같은데."

Too Big to Fail

패니메이와 프레디맥의 광란

늦은 6월의 어느 날 오후, 딕 펄드는 맨해튼 힐튼호텔의 붐비는 로비에 들어섰다. 약속 시간에 늦어 곧 있을 회의에 대한 불안이 더 커졌다. 바트 맥데이드가 리먼의 새로운 사장으로 임명되자 펄드에게 놀랄 만한 요구를 하나 했다. 물러난 사장 조 그레고리가 해임한 마이클 겔밴드와 알렉스 커크라는 두 시니어 트레이더를 다시 고용해 복귀시키고 싶다는 것이었다. 그레고리가 늘 반대만 하는 인간들이라고 비판하던 이 두 사람은 과거 수년간 리먼이 리스크를 증대시키는 것을 가장 분명히 반대해왔다.

"이 사람들이 필요해요. 그들은 회사의 사정을 잘 압니다." 맥데이드가 펄드에게 말했다. 리먼이 지금도 팔아치우고 싶은 장부상의 악성 자산에 관해 잘 알고 있다는 것이었다. 게다가 두 사람 모두 '거래장의 병력'의 지지를 받고 있는데, 이는 리먼의 신뢰를 회복하는 데 매우 중요하다고 했다.

맥데이드의 요구에 펄드로서는 다른 대안이 없었다. 게다가 맥데이드에게 일상적인 경영을 위임한 이상, 펄드는 그가 회사를 위해 좋다고 판단한다면 그것을 따라야 한다고 생각했다. 설혹 그것이 자신의 판단을 공공연하게 반대하는 것이 되어도 말이다. 그러나 그는 확약을 주기 전에 맥데이드에게 이렇게 말했다. "고용하더라도 그 친구들과 내가 이야기를 좀 해본 다음에 해."

그래서 펄드는 수년간 서로 대면하지 않았던 겔밴드를 만나러 온 길이었다.

어두컴컴한 회의실에 두 사람이 자리를 잡고 앉자 긴장이 흘렀다. 펄드가 먼저 입을 열었다. "몇 가지 분명히 해둘 게 있어." 겔밴드가 리먼에 복귀하게 된다면 그 전에 정리해야 할 일들이 있다는 것이었다. "그래, 자네가 돌아온다고 하자. 그 전에 들어야 할 말이 있어."

큰 체구에 머리를 삭발한 겔밴드는 펄드의 도전적인 화법이 마음에 들지 않았다. 그는 겁주는 것에 조금도 위축되지 않는 성격이었다. 그리고 자신이 구렁텅이에 빠진 리먼에 돌아오는 것은 오히려 자기가 은혜를 베푸는 것이 아닌가? 게다가 그는 AIG에서 조 카사노의 자리를 맡아달라는 제안을 받은 상태였다.

"무슨 소리예요, 딕?" 겔밴드가 물었다.

"우리가 마지막으로 이야기할 때, 그러니까 자네가 아직 리먼에 있으면서 보너스에 관한 이야기를 할 때, 자네가 불만이 좀 있었던 것 같은데, 나는 그게 불쾌했어. 자네는 그해에 엄청난 보너스를 받았거든." 펄드는 말을 마치고 물을 한 잔 따라 마셨다.

겔밴드는 이 만남이 일종의 화해를 위한 것이라 생각했는데, 시작부터 우습다는 느낌이 들었다. 그가 리먼을 떠나기 전해에 보너스로 2,500만 달러를 받으며 그에 관해 솔직한 이야기를 나눴는데, 그는 그때 대놓고 불평했던 기억이 없었다. "재미있네요. 그 보너스는 문제가 없었는데. 사실 괜찮은 보너스였어요."

"그렇지만 그건 그레고리가 말한 것과 다른데." 펄드가 말했다.

두 사람은 의견 차이는 잠시 제쳐놓고 리먼의 좋았던 시절, 앞으로의 전망 등 회사 이야기를 했다. 우선 악성 자산을 빨리 정리해 좋은 가격으로 파는 것이 중요하다는 데 의견을 같이했다. 겔밴드는 제대로 된 가치 평가를 하려면 모든 자산을 한번 재검토해봐야 한다고 말했다. 이에 펄드는 자본 증강도 꾀하고 있다고 덧붙였다.

회의가 끝날 무렵 겔밴드가 한마디 했다. "이건 알아두셨으면 좋겠는데, 제가 리먼으로 돌아가는 건 바트 때문입니다."

펄드도 겔밴드가 바트 맥데이드의 오랜 친구라는 사실을 알았다. 두 사람은 미시간 대학 경영대학원을 같이 다녔고, 처음에 겔밴드가 리먼에 입사 면접을 보도록 주선한 것이 맥데이드였다. 펄드는 별거 아니라는 투로 대답했다. "그래, 일상적인 경영은 바트가 책임지니까. 그래도 바트만 보지 말고 나하고도 관계가 있지 않을까?"

이 말에 겔밴드는 펄드를 이상하다는 듯이 쳐다보며 대답했다. "아니에요. 이건 순전히 바트를 위해 하는 겁니다."

폴슨의 새로운 두통거리

7·4 미국 독립기념일 주말, 폴슨 장관 부부는 리틀세인트사이먼 섬의 해변을 걷다가 붉은거북이 알을 낳는 장면을 목격했다. 자연을 사랑하는 두 사람에게 이는 경이로운 광경이었다. 긴 출장 일정을 마치고 폴슨 장관은 오랜만에 휴식을 위해 조지아 주 연안에 있는 이 작은 섬에 아내와 함께 온 것이었다. 새들과 파충류의 천국인 이 섬은 두 사람이 머리를 식히기 위해 즐겨 찾는 곳이었다. 이 섬을 너무 좋아한 나머지 폴슨 부부는 2003년부터 땅을 사들이기 시작해 총 3,265만 달러를 들여 섬의 4분의 1에 달하는 40제곱킬로미터를 소유하게 되었다.

유럽 출장은 성공적이었다. 투자은행이 쓰러져 그 여파가 금융 시스템 전체를 휩쓰는 사태가 없도록 안전망을 구축할 필요가 있다는 런던에서의 강연은 많은 주목을 받았다. 영국 총리 관저에서 있었던 연회에서 고든 브라운 총리는 "앞서서 생각하고 앞질러 문제를 준비하는" 그의 강연에 경의를 표했다.

하지만 해변을 걷는 순간에도 폴슨은 여전히 마음이 편치 못했다. 그는 미국 경제의 단기 전망에 대해 여전히 불안해하고 있었다. 그는 출장 중에 미국 경제가 '세 개의 역풍'을 미주하고 있다고 말했다. 에너지 가격 앙등과 자본시장 혼란, 계속되는 집값 하락이었다.

그런데 이런 거대한 구조적 문제 이외에 폴슨이 걱정하는 것은 리먼브러더스였다. 그날 오전에 펄드에게 전화를 걸어봤는데, 리먼을 살 대상이 아직 나타나지 않은 것이 분명했다. 중동과 아시아의 국부펀드들은 지난 12월에 다른 미국 투자은행들을 대상으로 한 투자에서 손해를 본 상태라, 지금으로서는 리먼에 투자할 기색이 보이지 않았다. 펄드가 곧 아무런 대책이 없는 상태에 빠지는 것이 아닌지 폴슨은 걱정되었다.

일이 아무리 힘들어도 폴슨은 자기 선에서 멈췄다. 아내 웬디와는 일에 관해 이야기를 나누지 않았다. 게다가 리먼에 관한 이야기라면 더더욱 꺼낼 수가 없었다. 동생 리처드 폴슨이 리먼의 시카고 지사에서 채권 부문 세일즈맨으로 있기 때문이었다. 동생과 말을 나눌 기회가 있어도 리먼의 이야기는 하지 않았다. 그러나 폴슨은 리먼이 문을 닫는다면 동생도 직장을 잃게 될 것이라는 사실을 알았다.

폴슨에게는 한 가지 걱정거리가 더 있었다. 그의 보좌관 밥 스틸을 잃을 수도 있는 상황인 것이었다. 스틸은 노스캐롤라이나 샬럿에 본사를 둔 거대한 금융그룹 와코비아Wachovia의 CEO 후보로 올라 있었다. 와코비아는 최근에 주택시장과 관련해 7억 800만 달러의 손실을 발표하고 나서 CEO를 내쫓았다. 지난 6월 스틸은 와코비아에서 받은 제안에 관해 폴슨과 상의했다. 이때 폴슨은 그에게 좋은 기회라고 추천했다. 그런데 그것이 점점 현실화하면서 폴슨에게 커다란 구멍을 남길 지경이 된 것이다. 게다가 시기가 좋지 않았다. 스틸이 관장하는 부서에는 주택시장에 불을 지폈다가 다시 끄고 있는 두 정부투자기업, 패니메이와 프레디맥이 들어 있었다.

폴슨이 전세기로 워싱턴의 덜레스 공항에 돌아온 월요일 오후, 그의 우려는 현실이 되었다. 금융시장들이 녹아내리고 있었는데, 구체적인 원인을 파악하기 어려웠다. 그날 프레디맥의 주가는 무려 30퍼센트가 빠졌다가 마이너스 17.9퍼센트로 마감했다. 한편 패니메이의 주가는 16.2퍼센트 내려갔는데, 이는 1992년 이후에 일어난 일일 최대 낙폭이었다. 이런 문제들을 놓고 고민하고 있는데, 스틸이 오더니 와코비아에 가기로 결정했으며, 화요일에 공식적으로 발표될 것이라고 했다.

퇴근해서 보니 거실의 팩스에는 재무성의 보좌관들이 보낸 보고서들이 도착해 있었다. 그중 하나는 폴슨의 두려움을 자아내기에 충분했다. 리먼브러더스의 애널리스트 브루스 하팅Bruce Harting이 밝힌 바에 따르면, 패니와 프레디가 새롭게 자본을 증강할 경우 그 규모가 750억 달러에 이를 것이었다. 이 보고서는 주택시장이 침체할 경우 모기지를 다루는 두 정부투자기업을 보호할 수 있는 쿠션이 얼마나 얇은 것인지를 상기시키면서, 시장에 만연한 공포를 자극할 수 있는 것이었다. 정부투자기업에 대한 신뢰가 없어진다는 것은 시장이 납세자들의 돈으로 지탱된다는 믿음이 흔들리는 것이고, 이는 미국 경제 전체를 흔들 수도 있었다.

폴슨은 패니와 프레디에 대한 시장의 동요를 느끼고 있었다. 지난 화요일에는 CNBC의 〈스쿼크박스Squawk Box〉에 연방주택기업감독청Office of the Federal Housing Enterprise Oversight: OFHEO의 청장 제임스 록하트James Lockhart가 출연했다. 그때 록하트는 시장을 진정시키려는 의도로 말했다. "이 두 정부투자기업 모두 적정한 자본을 보유하고 있습니다. 이 두 기업은 시장에서 우려하는 문제들을 이미 관리하고 있고, 경영진은 문제들을 해결할 수 있는 경험을 가지고 있습니다." 이 방송을 본 폴슨 장관이 나중에 부하들에게 한 논평은 단 한마디였다. "헛소리하네."

진짜로 금융위기가 닥쳐올 때 패니와 프레니를 어떻게 할 것인가에 대해 폴슨과 그의 팀은 수개월간 논의해왔다. 폴슨은 이 두 정부투자기업의 문제가 리먼이나 다른 투자은행의 문제보다 미국 경제의 장기적인 건전성에 더 큰 영향을 미칠 것이라고 생각했다. 경기가 호황일 때 시민들의 주택 보유를 활성화한 이 두 정부투자기업은 지금에 와서는 골칫거리가 되었고, 책임이 있는 사람들은 이에 관한 정치적 논란에 휩싸이기 쉬운 형국이 되었다. 1년 전에 폴슨은 비평가들이 프레디와 패니가 서브프라임의 혼란에 목까지 빠져 있다는 주장을 제기하는 것을 보면서 "성전에 가까운 논란"이라고 평하기도 했다.

화요일 들어 어제와 같은 주가 폭락에서는 벗어났지만 프레디와 패니의 주식은 아직도 20달러를 밑도는 가격에서 거래되고 있었다. 게다가 다른 문젯거리도 있었다. 프레디와 패니가 판 CDS가 이 두 기업이 가진 트리플 A 신용등급보다 다섯 등급 아래에 맞춰 거래되고 있었다. 결국 두 기업이 가진 최고의 신용등급은 그들의 펀더멘털을 반영한 것이 아니라 정부가 지원한다는 것을 평가한 것임을 의미하는 것이었다.

이틀 후에 의회에서 프레디와 패니의 운명을 논의할 것에 대비해 부하들과 준비하고 있는데 스틸이 회의실 문 너머로 고개를 들이밀었다.

"자, 행크. 저는 갑니다."

"그래. 잘 가." 폴슨이 힐끗 보고 대답했다.

"그게 아니고요. 제가 오늘로 여기를 떠난다고요."

그제야 스틸이 이직 인사를 한다는 것을 깨닫고 폴슨은 자신의 보좌관에게 작별 인사를 건넸다. 함께 복도를 걸어가면서 폴슨은 스틸에게 농담조로 말했다. "절묘한 때에 떠나는군."

모기지의 빛과 그림자

1938년 전미모기지협회Federal National Mortgage Association라는 이름으로 설립된 때부터 패니메이에 대해서는 정치적 대립이 있었다. 이 기구는 대공황과 그에 이은 루스벨트 대통령의 뉴딜정책의 산물이었다. 목적은 상업은행, 저축은행, 기타 여신기관으로부터 주택 관련 융자를 사들임으로써 대부업체의 리스크를 줄여 주택융자를 촉진하고 주택시장에 유동성을 높이는 것이었다. 당시 공화당원들은 패니메이를 민주당원들에게 낙하산 일자리를 만들어주기 위한 것이라고 치부했다. 1968년에 이르러, 베트남전쟁과 '위대한 사회'* 프로그램으로 재정 부담이 너무 커지자 린든 존슨 대통령은 패니메이를 민영화하는 절차를 밟기 시작했다. 그리고 이에 반대하는 이들을 무마하기 위해 1970년에 새로 만든 경쟁적 기구가 전국주택융자모기지공사The Federal Home Loan Mortgage Corporation, 즉 프레디맥이었다.

이런 배경으로 태어난 패니메이와 프레디맥은 그들을 둘러싼 정치가들보다 더 치열한 투쟁을 벌여, 의회 주변에서 수백만 달러의 로비스트를 고용해 경쟁했다. 이 두 회사는 각각 민주당과 공화당의 거물들이 머물렀다 가는 회전문이 되었다. 예를 들어 뉴트 깅그리치Newt Gingrich와 랠프 리드Ralph Reed는 패니메이와 프레디맥의 컨설턴트로 일했으며, 램 이매뉴얼Rahm Emmanuel은 프레디맥의 이사회 멤버였다.**

이 두 기구의 영향력은 점차 증대해, 1990년대에 프레디맥의 CEO가 "우리는 주택시장의 연준에 해당한다"고 했는데, 이 말은 과장이 아니었다. 전성기에 이 두 기구는 융자를 주는 기능이 없는데도 11조 달러에 이르는 미국 모기지 시장의 55퍼센트를 소유하거나 보증을 제공하는 위치에 있었다. 1980년대 들어 이 두 기구는 모기지담보증권MBS 사업의 중요한 유통 경로가 되었다. 그즈음 월스트리트의 금융회사들은 자동차 융자

---

* '위대한 사회(Great Society)'는 린든 존슨 대통령이 가난과 인종차별 해소 등을 핵심으로 1965년에 시작한 국내 사회개선 프로그램을 말한다.

** 뉴트 깅그리치는 미 하원의장을 지낸 극우 성향의 공화당 정치가이고, 랠프 리드는 보수적인 정치활동가로 '믿음과 자유연합(Faith and Freedom Coalition)'이라는 정치단체를 결성했다. 한편 램 이매뉴얼은 현재 버락 오바마 대통령의 보좌관을 맡고 있는 민주당 하원의원 출신 정치가다.

에서 시작해 신용카드 결재대금에 이르기까지 온갖 부채를 증권화하는 데서 발생하는 수수료 수입에 푹 빠져 있었다. 그중에서 가장 짭짤한 것이 바로 패니메이와 프레디맥의 모기지 자산이었다.

1999년 들어 두 회사는 클린턴 행정부의 압력 속에서 등급이 낮은 서브프라임모기지의 보증을 시작했다. 이 사업은 수많은 미국인들이 집을 갖게 할 수 있는 새로운 길이라고 언론에 소개되었다. 그러나 원래 집을 소유할 만한 수입이 없는 사람들에게 주택융자를 주는 것은 필연적으로 위험 요소가 많을 수밖에 없었다. 이를 두고 당시 《뉴욕타임스》는 이렇게 썼다.

"새로운 분야에서 돈을 빌려주는 이 사업에 진입함으로써 패니메이는 상당히 큰 리스크를 떠안을 것이다. 이 리스크는 경기가 활성화되어 있을 때에는 문제가 안 될지 모른다. 하지만 경기가 침체된다면 정부의 보조금으로 운영되는 이 회사는 1980년대 저축은행업계에서 있었던 것과 유사한 정부 구제를 필요로 하게 될 것이다."

금융과 정치 두 분야에서 성공을 거둔 두 회사가 오만의 문화를 키운 것은 불가피했다. 패니메이의 사장을 지낸 대니얼 머드Daniel Mudd는 2004년에 그의 상사에게 보낸 메모에서 이렇게 썼다. "우리는 언제나 승리했습니다. 포로를 잡는 일까지야 없었지만 조직된 정치적 반대가 없었습니다." 이런 자만 속에서 두 회사는 결국 파생상품의 세계로 들어가고 공격적으로 회계장부를 운용했다. 나중에 밝혀지지만 그들은 수익을 조작했고, 결국 소급해 장부를 수정했다. 두 회사의 CEO들이 쫓겨난 것은 당연했다.

베어스턴스의 구제가 이뤄지고 며칠 뒤인 2008년 3월, 패니메이와 프레디맥은 여전히 회계 스캔들에서 헤어나지 못하고 있었다. 이때 부시 행정부는 두 회사가 손실을 보전하기 위해 요구되는 추가 자본의 액수를 하향조정했다. 그 대신에 두 회사는 모기지 구입을 늘려 국가경제에 기여하도록 타협이 된 것이었다.

그러나 2008년 7월 10일 수요일에 주주들이 패니메이와 프레디맥의 주를 대량으로 방출하면서 정부의 결정은 무용지물이 되고 말았다. 그날 오후에 세인트루이스연방준비은행의 전 총재였던 윌리엄 풀William Poole이 분명하게 말했다. "의회는 이 두 회사가 파산했다는 것, 그리고 납세자의 돈으로 이 두 회사가 특권의 요새로 존속해왔다는 것을 인정해야 합니다."

리먼브러더스에 튀는 불똥

"이런 제기랄!" 딕 펄드는 집무실 의자에 주저앉으며 스콧 프리다임을 향해 거칠게 말을 내뱉었다. 세계에서 가장 큰 채권펀드인 퍼시픽인베스트먼트Pacific Investment Management Company가 리먼과의 거래를 중지했다는 소문에 주식장이 개장하자마자 리먼 주가가 12퍼센트나 빠져 최근 8년간 가장 낮은 수준이 되었다. 게다가 스티븐 코헨의 회사인 SAC캐피털어드바이저스SAC Capital Advisors도 리먼과 거래를 중단할 것이라는 소문이 나돌았다.

"이게 사실이 아닌 것은 나도 알고 자네도 알잖아. 이 회사들에 전화해서 이 소문을 없애라고 해야 해." 펄드가 프리다임에게 외쳤다.

펄드에게 그 주는 괴로운 한 주였다. 프레디맥과 패니메이에 관한 소문에 시장이 신경질적으로 반응하면서(더구나 그 소문의 진원지가 리먼의 애널리스트였다) 투자자들은 리먼의 주식도 덩달아 팔아치웠다. 펄드로서는 이해되지 않았다. 지난 사분기에 손실이 발생해 자본을 증강하지 않았던가? 게다가 투자를 위한 레버리지를 줄임으로써, 리먼의 장부는 오랜만에 뚜렷하게 개선되었다고 믿고 있던 터였다.

펄드는 리먼의 재정 상태에 대한 악성 루머를 퍼뜨리며 주가를 떨어뜨리는 것이 공매도자들의 소행이라고 믿었다. 특히 골드만삭스에서 리먼에 대한 '속삭임 공세whisper campaign'가 곧 취해질 것이라고 몇 사람이 말해주었다. 이 말을 듣고 펄드는 머리가 아팠다. 그의 아들 리치는 골드만에서 통신시장 분야의 투자은행업에 종사하고 있지 않은가?

결국 골드만의 로이드 블랭크파인에게 사적으로 전화를 넣었다. 그리고 마치 블랭크파인에게 겁이라도 주려는 듯이 말했다. "이런 대화는 하고 싶지 않겠지만, 당신이 직접 리먼에 관해 나쁜 소문을 퍼뜨리라고 지시하지는 않았겠지요?" 많은 그릇된 정보가 골드만에서 흘러나온다는 것을 지적한 다음에 한 말이었다.

블랭크파인은 펄드가 자신에게 겁을 주려는 투로 말하는 것이 불쾌했다. 그는 자신이 그런 소문과 아무런 관계가 없다는 말을 하고 전화를 끊었다.

그런데 펄드는 이런 통화를 거의 매일 하게 되었다. 며칠 뒤에는 크레디스위스가 리먼에 관해 악소문을 퍼뜨린다는 말이 돌았다. 펄드는 즉시 크레디스위스의 투자은행 부문 CEO 폴 칼렐로Paul Calello에게 전화해 항의했다. "요새 내가 마치 두더지 게임을 하는 것 같아." 펄드가 말했다.

악성 루머가 계속 생겨나자 리먼의 주가뿐 아니라 자본을 증강하려는 펄드의 노력에도 큰 영향이 있었다. 투자은행 부문을 맡고 있는 스킵 맥기는 캐나다로열은행Royal Bank of Canada, 홍콩상하이은행HSBC, 제너럴일렉트릭 등 여러 곳을 타진해봤지만 아무런 소득이 없었다. 유일하게 진지한 관심을 보인 것은 한국산업은행의 민유성이었는데, 리먼의 경영진은 그에 대해 의구심을 품고 있었다. 그래도 펄드는 한국 측을 계속 알아보라고 투자은행 부문에 지시했고, 자신이 직접 한국으로 날아가 민유성을 직접 만나 협상해볼 것을 고려하기도 했다.

그때 한 가지 생각이 떠올랐다. 모건스탠리의 오랜 친구인 존 맥은 어떨까? 모건스탠리는 골드만삭스에 이어 두 번째로 큰 투자은행이었다. 모건스탠리도 지난 사분기 이익이 작년 대비 57퍼센트에 불과한 초라한 실적을 보였지만, 여전히 상당한 양의 현금을 쥐고 있고 주가도 그런대로 괜찮은 편이었다.

펄드와 맥은 월스트리트에서 함께 성장해왔다. 맥은 1968년에 스미스바니의 연수 프로그램에 들어갔다가 1972년에 모건스탠리로 옮겼다. 그때 모건스탠리는 직원 350명의 작은 회사였다. 펄드와 마찬가지로 맥도 채권 판매와 트레이딩으로 일을 시작했다. 그리고 그도 펄드와 같이 금방 두각을 나타냈다. 그는 매우 유능한 세일즈맨이었다. 개인적으로는 매력적이면서도 겁을 주는 면모를 가지고 있었다. 그는 거래장을 걷다가 이익을 낼 수 있는 기회를 보면 "저기 물속에 피가 보인다. 가서 죽이자"라고 외치곤 했다. 아침 8시에 《월스트리트저널》을 읽고 있는 트레이더를 보면 "너 그거 읽고 있는 거 한 번만 더 눈에 띄면 해고야"라고 소리치는 것으로도 유명했다. 그러나 역시 그도 펄드와 마찬가지로 자기 사람에게는 의리가 있어서, 한번은 경영진이 거래장에 들어와 간섭하는 것을 물리적으로 막은 일도 있었다.

펄드가 모건스탠리에 전화해 맥을 찾자 전화는 파리로 돌려졌다. 맥은 과거 호텔이었던, 몽소 가에 위치한 모건스탠리 파리 지사에서 클라이언트를 만나고 있었다.

시장의 현황, 소문들, 패니메이와 프레디맥 사태 등에 대해 의견을 약간 교환하고 나서 펄드가 솔직히 물었다. "우리가 뭔가 함께할 수 있지 않을까?"

맥은 펄드의 전화를 다소 의아하게 생각했다. 펄드의 리먼과 무엇을 함께할 생각은 없었지만 펄드의 말을 들어보기로 했다. 리먼 전체를 사는 것은 불가능하지만 관심이 있는 자산이 있다면 사들일 수도 있었다. 맥은 자신이 금요일에 뉴욕으로 돌아가니 토요일에 만나 이야기하자고 했다.

만날 약속이 정해진 것에 조금 흥분한 펄드가 말했다. "우리가 자네 사무실로 갈게."

그러자 맥은 서둘러 입을 막았다. "아니, 그건 별로 좋은 생각이 아니야. 자네가 우리 회사에 오는 것을 누가 보면 어쩌겠어? 그러지 말고 우리 집으로 와. 집에서 이야기하자고."

폴슨의 비밀공작

행크 폴슨이 국회의 레이번하우스 사무동 2128호실에 급히 들어와 자리에 앉았다. 오늘 하원 금융서비스위원회 청문회 의제는 '금융산업규제의 재조정'이었지만, 사실은 패니메이와 프레디맥에 관해 논의하기 위한 자리였다. 폴슨은 두 거대한 정부투자기업을 처리할 수 있는 권한을 의회로부터 획득하는 준비 작업을 하려고 했다. 그 일은 원하지 않지만 필요하다면 해야 하는 것이었다. 지난주에 청문회 의장인 바니 프랭크에게 전화했는데, 그는 "필요한 것은 요구하라"고 말하며 자신도 돕겠다고 약속했다.

벤 버냉키를 대동하고 회의실에 들어선 폴슨 장관은 그의 주장을 개진했다. "재무성은 연방예금보증의 대상이 되지 않는 복잡한 금융기관을 경우에 따라서는 분할하거나 폐쇄할 수 있는 광범위한 비상대책기능을 가질 필요가 있습니다. 그게 우리가 해야 하는 바이고 지향해야 하는 방향입니다."

이때 캔자스 주 출신 민주당 하원의원 데니스 무어Dennis Moore가 질문을 던졌다. "당신은 아직도 정부투자기업이 경제에 체계적인 리스크를 가지고 있다고 봅니까?" 이에 폴슨은 이렇게 대답했다. "의원님, 지금 금융기관과 그들의 리스크에 관해 어떤 추론도 하고 싶지 않습니다. 지금 관심을 가지고 있는 것은 당면한 문제입니다."

그날 시장이 닫을 무렵, 폴슨이 말한 '당면한 문제'는 더 악화되어, 패니메이와 프레디맥의 시장가치가 35억 달러 이상 증발했다. 패니메이와 프레디맥의 부채와 그들이 보증한 모기지담보증권의 험난한 상태에 대해 우려가 폭증하고 있었던 것이다. 결국 시장은 정부의 의지를 시험하고 있었다. 얼마나 혼란이 더 지속되어야 정부는 시장에 개입할 것인가?

의회에 요구한 재무성의 권한을 금방 필요로 할 것 같지는 않아도 전반적인 경제 상황은 경계수위에 도달하고 있었다. 이에 폴슨은 백악관의 대통령 수석보좌관 조시 볼턴에게 전화해 재무성이 필요한 권한을 빨리 얻을 수 있게 해달라고 부탁했다. 볼턴의 반응은 긍정적이었다. 폴슨은 또한 앨런 그린스펀의 조언이 필요했다. 그린스펀의 집 전화번호를 찾는 데 시간이 조금 걸렸다. 폴슨과 부하들은 회의용 전화를 둘러싸고 스피커에서 나오는 그린스펀의 목소리를 들었다.

주택시장의 데이터를 한참 인용한 뒤 그린스펀은 지금의 위기가 100년에 한 번 올까 말까 한 것이라는 점, 그리고 시장을 안정시키기 위해 정부가 특별한 조치를 취해야 한다는 점을 강조했다. 연준의 전 의장 그린스펀은 오랫동안 패니메이와 프레디맥을 비판해왔지만, 지금은 그들을 물에서 끌어내야 할 때라고 말했다. 그리고 그는 주택시장의 위기를 극복할 한 가지 방안을 제시했는데, 이는 그의 수급균형론에 입각한 환상적인 이야기였다. 즉, 주택공급이 과잉 상태이기 때문에 정부가 남는 집을 사들여 태워버려야 한다는 것이었다.

웃으며 전화를 끊은 폴슨은 부하들에게 말했다. "그것도 나쁜 생각은 아니네. 하지만 우리가 미국에서 남는 집들을 다 사서 태울 수는 없지."

집무실에 딸린 작은 회의실에서 벤 버냉키와 조찬을 들려고 자리에 앉은 폴슨은 얼굴이 달아오른 채로 거의 말을 하지 못했다. "이거 정말 문제네."

≪뉴욕타임스≫의 머리기사에는 한 정부 고위관리의 말을 인용해 "정부가 투자기업 중 하나 또는 둘 모두를 인수해서 문제가 더 악화되면 정부 관리하에 두는 계획을 가지고 있다"고 전했다.

누군가 패니메이와 프레디맥에 관해 정보를 흘린 것이다.

아침식사용 오트밀은 불어가는데 다이어트 콜라를 들이키며 폴슨은 어떤 관리가 이렇게 중요한 계획을 흘릴 정도로 어리석을까 도저히 감이 잡히지 않았다. 누가 되었든 간에 그 행동으로 시장의 신뢰가 더 떨어질 것이라는 데 진정으로 화가 났다.

이미 긴 아침을 보낸 폴슨의 눈에는 피곤한 기색이 역력했다. 아침 7시 10분에 대통령에게 보고하고, 40분에 팀 가이트너와 전화회의를 한 데 이어, 8시에는 블랙록의 래리 핑크에게 전화해 패니메이와 프레디맥에 관한 그의 의견을 들었다. 그리고 5분 뒤에는 딕 펄드와도 통화했다.

주식시장이 개장하자마자 짐 월킨슨과 닐 카시카리가 폴슨과 버냉키가 아침식사를 함께하고 있는 자리에 밀고 들어와 패니메이와 프레디맥의 주가가 22퍼센트나 내려가 돌멩이처럼 가라앉고 있다고 보고했다. 주식시장을 진정시키기 위해 장관이 무언가 말을 해야 한다고 했다. 폴슨이 우려했듯이 ≪뉴욕타임스≫의 기사가 공포를 조성했고, 이에 따라 정부가 패니메이와 프레디맥에 관해 무엇을 할 수 있는지 모두가 불안해했다. 투자가들은 폴슨이 베어스턴스의 주에 2달러라는 구제안을 제시한 것을 기억했고, 이번에도 그런 조치를 취할 것인지 자문하고 있었다.

폴슨도 시장의 불안을 잠재울 필요가 있다는 데 동의했다. 이윽고 10시 반에 재무장관의 성명이 나갔다. "오늘 우리의 임무는 패니메이와 프레디맥이 중요한 기능을 하고 있으므로 현재의 상태에서 지원하는 것입니다." 여기서 '현재의 상태'라는 표현을 씀으로써 정부가 그들을 국유화할 의도가 없음을 천명했다. 물론 그런 일을 할 수 있는 권한을 재무성이 추구하고 있더라도 그것은 나중의 문제였다.

정보가 누출된 데 화가 풀리지 않은 폴슨이 백악관으로 갔을 때 부시 대통령은 석유 및 에너지 시장에 관한 브리핑을 듣기 위해 인디펜던스 애비뉴에 있는 에너지성으로 갈 준비를 하고 있었다. "동승해도 괜찮겠습니까?" 폴슨은 부시와 함께 자동차로 이동하는 사이 패니메이와 프레디맥 문제에 관해 상의했다. 정부투자기업에 비판적이던 부시는 폴슨의 계획을 지지했다. 자동차 행렬이 목적지에 다가서자 폴슨은 대통령이 언론을 대할 때 조심스러운 태도를 취하지 않으면 시장이 진정되지 않을 것이라고 진언했다. "우리가 이 정부투자기업들의 안정을 매우 중시하고 있다고 말씀해주세요."

그날 프레디맥의 주가가 51퍼센트 떨어져 3.89달러로 내려갔고 패니메이의 주가도 49퍼센트 빠졌다. 하지만 기업 손실은 가까스로 줄어들어

프레디맥은 3.1퍼센트 감소, 패니메이는 22퍼센트 감소를 기록했다.

한편 폴슨은 의회 지도자들에게 전화를 돌리고 있었다. 패니메이나 프레디맥에 자본을 투입하거나 부채를 줄여주기 위해 재무성이 어느 정도의 권한을 가질 수 있을지 알아보기 위한 것이었다.

주식시장이 끝나갈 즈음, 폴슨은 FDIC 회장 실라 베어Sheila Bair와 통화했는데, 그녀는 엄청난 압력이 가해지고 있는 모기지 시장에서 사건이 또 하나 발생하고 있다고 경고했다. FDIC가 모기지 업계의 큰 기업인 인디맥 뱅코프IndyMac Bancorp의 자산 몰수에 곧 들어간다는 것이었다. 이는 금년도 들어 다섯 번째로 FDIC가 보험을 제공하는 모기지 업체의 자산을 동결하는 조치였으며, 규모로 볼 때 과거의 주택은행 파산 이후 가장 큰 것이 될 것이었다.

패니메이와 프레디맥이 곧 통제 불능 상태로 들어간다고 직감한 폴슨은 그의 브레인 그룹을 오후 4시 15분에 불러들여 주말에 두 정부투자기업을 안정화할 수 있는 방안을 연구하는 데 착수하라고 지시했다. 그의 계획은 간단했다. 우선 패니메이와 프레디맥에 자본을 투입할 수 있는 권한을 확보하자는 것이었다. 실제로 돈을 집행하는 것은 별도의 문제였다.

"우리 시간으로 일요일 밤에 있을 아시아 주식시장, 즉 월요일 아침 개장 전에 계획을 발표했으면 해." 폴슨이 말했다.

맥의 집에서

토요일 아침, 펄드의 자동차가 뉴욕 주 라이에 있는 존 맥의 튜더Tudor 양식 맨션에 도착했다. 날씨는 화창했지만 그의 표정은 어두웠다. '신이여, 이 소식이 새어 나가지 않도록 도우소서.' 그가 맥을 방문했다는 사실이 신문에 나가는 것은 상상만으로도 끔찍했다.

"딕, 어서 와." 맥이 현관에서 펄드를 반갑게 맞았다. 그의 아내 크리스티도 곁에서 인사했다.

모건스탠리의 경영진이 이미 도착해 거실에서 환담을 나누고 있었다. 모건의 공동 사장 월리드 샤마Walid Chammah와 제임스 고먼James Gorman의 얼굴이 보이고 투자은행 부문 책임자 폴 토브먼Paul Taubman, 신용·자기계정투자 본부장 미치 페트릭Mitch Petrick 등도 와 있었다. '이들이 모여서 벌써 전략회의를 한 모양이군.' 펄드가 생각했다.

이어 골프 셔츠와 카키색 바지 차림의 맥데이드가 도착했다. 맥기는 아직 오지 않았다.

거실 한구석에는 동네 음식점에서 주문한 음식들이 포장지에 싸인 채 놓여 있었다. "여러분 마음껏 들고 이야기 나누세요." 맥의 아내 크리스티가 말하고 들어갔다. 모인 남자들이 둘러앉아 커피를 마시는데 아무도 입을 열지 않았다. 어떻게 대화를 시작해야 좋을지 몰랐던 것이다.

'여기는 자네 집이니까 자네가 시작해'라는 투로 펄드가 맥을 쳐다봤다. 이에 맥은 눈 하나 깜짝하지 않고 '회의는 네가 원한 거야. 이건 너의 쇼야'라는 투로 째려봤다.

"좋아, 내가 시작하지." 펄드가 입을 열었다. "우리가 여기에 왜 모였는지도 잘 모르겠지만 아무튼 이야기해보자고."

이 말에 맥이 화가 난 표정으로 내뱉었다. "그렇다면 그만두지 뭐."

"아냐, 아냐. 이야기하자고." 펄드가 급히 말을 막았다.

펄드는 우선 리먼그룹의 자산운용사이자 가장 값진 보석인 뉴버거버먼을 팔 의사가 있다는 것에서 시작했다. 그는 또 과거 9·11 사태 직후 모건스탠리에서 사들인 7번가의 리먼 사옥을 모건에 되팔 용의가 있다고 했다. 역설적이지만 이득이 되는 일이었다.

"글쎄, 우리가 같이할 수 있는 일이…… 그러니까 협력할 수 있는 방법이 있겠지." 맥은 펄드가 제안하는 것에 썩 확신이 안 가면서도 말이 끊어지지 않게 리먼 사람들을 향해 대화를 끌어갔다. 이 회의에서 아무런 결론이 나지 않더라도 리먼에서 벌어지는 상황을 파악해볼 수 있는 것은 모건에도 나쁜 일이 아니었기 때문이다. 이를 신호로 모건 팀에서 다양한 질문이 쏟아졌다. 자산평가는 어떻게 이뤄지느냐. 지금 말한 자산들을 평가한 가격으로 팔 수 있겠느냐. 최근에 잃은 비즈니스 규모가 얼마나 되느냐 등등. 이 질문에 대답하는 것은 주로 맥데이드였다.

회의가 한참 진행되는데 맥기가 도착했다. 운전사가 길을 잃어서 늦었다고 했다. 펄드가 매섭게 노려봤다.

이때 펄드의 전화가 울리고, 부엌으로 나가 전화를 받았다. 모건 사람들은 펄드가 다른 곳과도 딜을 추진하는 것은 아닌지 의구심이 들었다.

하지만 전화를 한 사람은 폴슨 재무장관이었다. 집무실에서 펄드에게 전화한 폴슨은 패니메이와 프레디맥에 관한 그의 계획을 이야기했다. 정부투자기업을 도우려 한다는 소식에 펄드는 기뻐했다. 그것은 분명 리먼에도 도움이 되는 소식이었기 때문이다.

거실로 돌아온 펄드는 갑자기 말을 끊더니 한마디 던졌다. "리먼에 대해서 지금 좋지 않은 소문이 나돌고 있지만, 그렇다고 리먼에서 사람을 빼내 가는 일이 없기를 바랍니다."

이 말에 모건의 중역들은 놀라는 표정을 지었다. 이에 대해서 레바논 출신으로 모건의 런던 지사를 오래 맡아왔던 샤마가 되받았다. "기억하겠지만 당신이야말로 유럽에서 우리 인재들을 많이 빼 갔었지요."

결국 회의는 아무런 결론도 없이, 그리고 앞으로 다시 만날 동기부여도 없이 끝나고 말았다.

리먼 사람들이 떠난 뒤에 맥은 화가 나서 물었다. "도대체 이 인간들이 뭘 원하는 거야. 리먼이 우리하고 합병을 하겠다는 거야?"

"한 편의 망상이네요." 고먼이 대답했다. 이어 토브먼이 우려를 나타냈다. 리먼이 모건을 이용해 주가를 올리려고 하는 것이 아닌가 하는 것이었다. "우린 지금 불을 상대하고 있어요. 제가 그들이라면 이런 딜을 이용해서 불을 끄려고 할지 몰라요."

맥의 집을 나온 펄드는 조금 침울했지만 그래도 씩씩하게 운전사를 재촉해 헨리허드슨 파크웨이를 지나 맨해튼의 리먼 본사로 차를 몰게 했다. 그날 오후 팀 가이트너와 통화하게 되어 있었다. 최근에 그의 로펌 설리번 앤드 크롬웰의 회장 로진 코헨Rodgin Cohen은 리먼을 안정시킬 한 가지 방안을 제시했다. 즉, 금융지주회사를 만드는 것이었다. 코헨은 "그 방안이 실현되면 시티그룹이나 JP모건과 마찬가지로 리먼도 연준의 할인창구를 무한대로 활용할 수 있다"고 말했다. 그 대신에 리먼의 장래에 불안을 느끼는 일부 투자가들이 떨어져 나갈 수 있었다. 또 한 가지, 이 방안을 직접 허가하는 것은 뉴욕연방준비은행으로서, 앞으로 그 기구의 규제를 받아야 함을 의미했다.

웨스트버지니아 출신의 부드러운 매너를 가진 전문가인 코헨은 월스트리트에서 가장 영향력이 있으면서도 가장 알려지지 않은 사람들 가운데 한 명이었다. 과거 30년간 미국에서 있었던 주요한 금융 딜 중에 그가 관여하지 않은 것이 거의 없을 정도였다. 그래서 부드럽고 체구는 작지만 그의 말을 무시하는 은행가나 정부 고관은 없었다. 심지어 뉴욕연방준비은행의 총장인 팀 가이트너도 연준의 힘을 활용하기 위해 그에게 자문을 구할 정도였다.

지난 수개월 동안 코헨과 펄드는 거의 매일 통화하면서 이 방안을 연구해왔다. 코헨은 은행의 실패 사례를 잘 알고 있어서, 리먼이 그 전철을 밟지 않기를 바랐다. 한 예로, 1984년 여름에 그는 시카고의 덥고 창문도 없는 작은 집무실에서 콘티넨털일리노이은행 Continental Illinois National Bank and Trust의 구제안을 만들어내느라 여러 날을 고생했다. 그해 코네티컷 주 출신 하원의원 스튜어드 매키니 Steward McKinney는 다음과 같이 발표했다. "우리는 이제 새로운 은행을 만들었습니다. 그 은행은 'TBTF Too Big To Fail'라고 합니다. 이 TBTF는 멋진 은행입니다." 그가 말한 것은 코헨이 주축이 되어 작업한 45억 달러짜리 정부 구제안이었다. 코헨은 또한 JP모건이 베어스턴스를 인수하는 작업에도 조언을 해주었다. 그런 코헨이 뉴욕연방준비은행의 팀 가이트너와 통화를 주선한 것이다.

조카딸의 결혼식에 참석하기 위해 필라델피아에 와 있던 코헨은 호텔 방에서 왔다 갔다 하다가 펄드와 가이트너의 통화에 참여했다.

"우리는 금융지주회사가 되는 안을 심각하게 고려하고 있습니다. 그렇게 하면 상황이 훨씬 개선될 거라고 믿어요." 펄드가 우선 운을 뗐다. 그에 의하면 리먼이 소유한 유타 주의 작은 은행을 예금취급기관으로 해서 규정에 따름으로써 금융지주안을 실행할 수 있다는 것이었다.

법률고문 톰 백스터 Tom Baxter를 대동하고 전화회의에 참가한 가이트너는 펄드가 너무 앞서가는 것을 걱정하며 물었다. "그 안이 가져올 모든 영향을 고려해봤습니까?"

전화회의에 참가하기 위해 매사추세츠 주 마서스비니어드 여행에서 돌아온 백스터는 펄드의 안이 불러올 변화들을 설명했다. 금융지주회사안은 투자은행으로서의 리먼의 공격적인 문화를 바꾸고 리스크를 줄이는 한편, 전통적인 은행과 같이 얌전한 금융회사로 변신시킬 것이라고 했다.

세부적인 기술적 문제를 떠나 가이트너는 핵심을 말했다. "그 안은 당신이 절박하게 행동한다는 것으로 보일 수 있어요." 가이트너는 그 안으로 리먼이 시장에 보내게 될 메시지를 걱정했다.

펄드는 의기소침해 통화를 끝냈다. 이 통화에 대비해 여러 가지 대안을 준비해두었는데, 어느 것 하나 제대로 먹힌 것이 없었다. 이런 준비를 하는 과정에서 펄드와 맥데이드는 매우 급진적인 변화마저 고려했다. 그것은 리먼브러더스의 기업공개를 철수하고 헤지펀드로 줄여서 거기다가 부티크뱅크*를 붙인 형태로 근본적인 변화를 꾀하는 것이었다. 그런데 문제는 그런 변화를 위해서도 남의 돈이 필요하다는 점이었다.

뱅크오브아메리카로의 접근

그날 저녁 펄드는 코헨에게 전화했다. 코헨은 결혼식장에서 건강이 악화된 사촌이 입원한 병원 대기실에 있었다. 펄드는 코헨에게 시각을 바꿔 새롭게 접근할 필요가 있다고 말하면서 물었다. "뱅크오브아메리카에 말을 붙여볼 수 있을까요?"

리먼을 판다는 개념은 펄드에게 언제나 금기에 가까운 것이었다. 2007년까지만 해도 그는 이렇게 호언장담했다. "내가 살아 있는 한 리먼을 파는 일은 없을 거야. 만약에 내가 죽은 다음에 누가 판다고 하면 무덤에서 돌아와 막을 거야." 반면 그는 언젠가 대형 인수를 한 건 하고 싶어 했다.

---

* 부티크은행(boutique bank)이란 대형이 아닌 소형(boutique)의 은행이라는 의미로서, 특정한 금융상품이나 산업 또는 고객 등에 특화한 투자은행을 말한다. 예를 들면, 기업 인수합병만 전문으로 하는 부티크투자은행을 들 수 있다.

한번은 전통 있는 투자은행 라자르Lazard를 인수하는 데 거의 성공해, 회사 이름을 리먼라자르로 바꿀 준비까지 하고 있었다. 그때 성공했다면 리먼은 채권 등의 종이쪽지나 만지는 투자은행에서 벗어나 고급스러운 이미지에 국제적 명성을 지닌 '화이트슈'*가 될 수 있었을 것이다. 펄드는 9·11 사태가 일어나기 전까지 본사로 썼던 월드파인낸셜센터의 집무실에서 2001년 9월 10일 라자르의 윌리엄 루미스William Loomis와 스티브 골럽Steve Golub을 만났다. 두 사람은 인수계획을 더 논의하기로 하고 펄드의 집무실을 떠났다. 그리고 그다음 날 9·11 사태가 일어났다.

그 후 라자르의 경영권을 갖게 된 브루스 워서타인Bruce Wassertein과 인수 논의를 재개했으나, 그가 부르는 가격에 펄드가 분노하면서 대화는 시들해졌다. 워서타인이 원한 가격은 60억에서 70억 달러였다. 이때 펄드는 비웃듯이 말했다. "분명한 것은 우리가 가격을 보는 눈이 다르다는 거네요. 그런 가격을 지불할 방법이 없어요." 펄드가 보기에 워서타인은 '가격 올리는 브루스Bid-em Bruce'라는 별명에 걸맞게 행동한 것이었다.

펄드의 부탁을 받은 로진 코헨은 병원 대기실에서 노스캐롤라이나 샬럿에 본사를 둔 뱅크오브아메리카의 이사 그레고리 컬Greg Curl의 휴대전화로 전화를 걸었다. 해군 정보장교 출신에 픽업트럭을 타고 다니는 60세의 컬은 미국 금융계에서 수수께끼 같은 인물이었다. 그는 과거 10년간 뱅크오브아메리카가 행한 모든 협상을 이끌어왔는데도 사내에서 다른 사람들과 별로 어울리지 않았으며 이해하기 어려운 인물로 인식되었다.

---

* 화이트슈(white shoe)란 은행, 법률회사, 컨설팅회사 등에서 역사가 깊고 이미지가 좋은 일류 업체를 가리킨다. 리먼이 인수하고자 했던 투자은행 라자르는 프랑스령 뉴올리언스에서 1848년에 설립되어 투자은행업계의 화이트슈의 하나로 꼽힌다.

과거 컬과 여러 번 상대하면서도 그를 정확히 평가할 수 없었던 코헨은 조심스럽게 리먼브러더스를 대신해 연락하는 것이라고 말했다. "리먼과의 딜에 관심이 있으신지요? 여러 금융기관들을 생각해봤지만 뱅크오브아메리카가 최고의 적임자일 것 같아서요." 코헨은 이렇게 말하면서 관심이 있다면 펄드가 직접 전화할 것이라고 했다.

컬은 토요일 밤에 이런 전화를 받는 것을 흥미롭게 느끼면서도 특별히 말을 하지는 않았다. 다만 '리먼이 어지간히 급하구나' 하고 느꼈을 뿐이었다. "음, 우선 윗분과 상의해보고 곧 전화하겠습니다."

윗분이란 뱅크오브아메리카의 CEO 켄 루이스Ken Lewis였다. 미시시피주 월넛그로브 출신인 루이스는 매우 공격적인 은행가였는데, 월스트리트를 제압하겠다는 투쟁심을 가지고 있었다(그가 어릴 때 두 아이가 그에게 싸움을 걸었다. 이를 본 루이스의 어머니는 나와서, "좋아, 너희들 싸워도 좋아. 그런데 한 명씩 덤벼"라고 말했다고 전해진다).

30분 뒤 컬에게서 전화가 와 이야기를 들어보겠다고 했다. 그래서 코헨은 자신의 로펌 설리번 앤드 크롬웰의 교환대를 통해 3자가 전화를 할 수 있게 주선했다. 잠깐 인사를 교환한 다음(그들은 서로 만난 적이 없었다) 펄드가 먼저 말을 꺼냈다.

펄드의 생각은 뱅크오브아메리카가 리먼의 지분 일부를 인수해 두 금융기관의 투자은행 부문을 합병하는 것이었다. "우리가 뱅크오브아메리카의 투자은행 부문이 되는 겁니다." 펄드가 말했다. 그는 컬을 만나서 자세한 제안을 하겠다고 제의했다.

흥미를 느낀 컬은 다음 날 샬럿에서 뉴욕으로 날아가 펄드를 만나겠다고 했다. 펄드는 왜 켄 루이스와 직접 협상하지 않는지 의아했지만, 컬이 홀로 가겠다는 데는 이유가 있었다. 만약 언론에 이 이야기가 새어도 루이스는 펄드를 만나지 않았다고 잡아뗄 수 있는 것이었다.

전화를 끊기 전에 컬은 그가 두려워하는 것을 다시 한 번 강조했다. “이 이야기는 반드시 비밀에 붙여야 합니다.”

패니와 프레디를 살리기 위하여

일요일 오전, 재무성의 데이비드 네이슨David Nason과 케빈 프로머Kevin Fromer는 네이슨의 집무실에서 비상시에 패니메이와 프레디맥에 자금을 쏟아부을 수 있는 권한을 의회에 요구하는 청원서 초안을 검토하고 있었다. 집무실에는 인근 가게에서 사온 샌드위치 봉투와 포장지들이 나뒹굴었다. 직원들은 대부분 토요일 오전부터 일을 하며 집에 가서 잠깐 눈을 붙이고 나온 터였다. 제안서는 저녁 7시까지 준비가 되어야 했다.

그때 갑자기 폴슨 장관이 두려움이 가득 찬 얼굴로 들어서더니 초안 한 장을 들여다보고 내뱉었다. “이건 무슨 헛소리야? 임시 차원의 긴급 권한이라고? 임시?” 그러더니 그는 소리치듯 말했다. “우리는 임시 권한 같은 것을 원하는 게 아냐!”

초안은 18개월간의 긴급 권한을 구한다는 것이었다. 이 안을 제안한 것은 프로머로서 그는 재무성과 의회를 연락하는 위치에 있었다. 프로머가 앞으로 나서며 말했다. “장관님, 우리가 항구적인…….”

폴슨은 원래 자신의 분노를 표출하지 않는 사람인데 오늘은 실내를 왔다 갔다 하며 분노를 감출 생각을 하지 않았다.

“첫째, 이 판단을 하는 건 나지 자네가 아니야. 둘째, 이건 어중간한 조치야. 내 후임자에게 이런 똥 같은 걸 넘기고 싶지 않아. 우리는 지금의 문제들을 처리해야 해. 어중간하게 남겨서 질질 끌고 가서는 안 된단 말이야." 폴슨이 외쳤다.

이때 네이슨의 휴대전화가 울렸다. "팀!" 액정에 뜬 발신자 이름을 본 네이슨이 외쳤다. 그제야 자신이 폴슨 장관의 독백을 방해했다는 것을 깨달았다. 팀 가이트너는 매시간 전화를 걸어 진행 상황을 물었다.

네이슨과 프로머는 폴슨을 진정시키려고 노력했다. 항구적인 것보다 임시적인 것을 요구해야 정치가들이 삼키기 쉽다는 것이었다. 게다가 프로머는 그것이 '차이가 없는 구별'이라는 논법을 폈다. 즉, 비록 한시적인 기간만 권한이 주어진다 하더라고 그 사이에 항구적인 효과를 갖는 정책을 펼칠 수 있다는 것이었다.

폴슨은 프로머가 제시한 정치적 계산의 가치를 깨닫고 나서야 화를 조금 누그러뜨렸다. 그러더니 그럼 그 방향으로 계속해보라는 말을 남기고 집무실을 급히 나갔다.

그레그 컬은 가벼운 옷차림으로 뱅크오브아메리카가 소유한 자가용 비행기 다섯 대 중에 한 대를 타고 일요일 오전에 샬럿에서 날아와 오후에 맨해튼 시그램 빌딩에 있는 설리번 앤드 크롬웰에 들어섰다.

응접실에 앉아 펄드와 코헨이 나타나기를 기다리며 컬은 그 만남이 과연 소득이 있을지 의문이 들었다. 그의 보스는 상업은행계를 지배하겠다는 야심은 있어도 일확천금을 노리는 투자은행업에는 거부감을 가지고 있었다. 한 달 전에 그의 보스는 이렇게 말했다. "아니야. 투자은행을 사는 일이라면 잔돈도 쓸 수 없어." 작년에 뱅크오브아메리카의 투자은행 부문은 3사분기에 이익이 93퍼센트나 내려가는 것을 경험했다. 이것을 보고 루이스는 "이제 투자은행업에서 볼 맛은 다 봤다"고 했던 것이다.

컬은 곧 회의실로 안내되었고, 펄드가 제시하는 안을 세심하게 경청했다. 펄드의 안은 리먼의 주 3분의 1을 뱅크오브아메리카에 팔고, 그 대신 두 금융기관의 투자은행업을 리먼의 이름으로 통합한다는 것이었다.

펄드의 이야기를 들으며 컬은 기가 막혔다. 다만 그의 스타일대로 전혀 내색을 하지 않을 뿐이었다. 어려움에 빠진 펄드가 도움을 청할 것으로 예상했는데 펄드가 하는 이야기는 거꾸로 리먼이 뱅크오브아메리카의 일부를 인수하는 격이었다. 말하자면 뱅크오브아메리카가 돈을 내면 펄드가 뱅크오브아메리카의 투자은행 부문을 경영해주겠다는 것이었다.

게다가 펄드는 뱅크오브아메리카의 투자가 하룻밤에 "우리 주가를 올리고" 이는 뱅크오브아메리카의 이익으로 연결된다고 말했다. 뱅크오브아메리카가 리먼의 일부를 사준다면 (전체를 다 파는 것이 아니라) 리먼의 유능한 투자은행가들이 이직을 하지 않고 남을 것이라고 했다. "주가가 오르는 것을 보이지 않으면 유능한 애들은 남아 있으려 하지 않을 겁니다." 이 말은 금융기관들이 완전히 합병할 때 직원들이 주를 팔고 나갈 경우에 해당하는 것이었다.

펄드가 말하는 내내 컬은 고개만 끄덕였다. 그리고 그는 마침내 입을 열어 자신의 보스 루이스는 적정한 기간 내에 새로 합병되는 회사를 통제하는 분명한 길이 보일 때에만 이 딜에 관심을 가질 것이라고 말했다.

이때 코헨이 나서서, 이 투자가 성공적으로 이뤄진다 하더라도 협상이 완료되기까지 앞으로 2, 3년은 걸릴 것으로 추측된다고 했다.

이는 컬이 생각한 것과 비슷했다. 그는 자신은 매우 흥미가 있는데 보스인 루이스와는 뱅크오브아메리카가 새로 투자은행을 인수해야 하는지, 다른 상업은행을 사들여 확대해야 하는지에 관해 종종 의견이 갈린다고 두 사람에게 말했다. "사실 나는 개인 고객을 상대로 하는 소매 금융사업을 좋아하지는 않아요. 거기에는 소송 가능성이다 검찰이다 규제 당국이다 하는 것들이 결부되어 있어서 말이죠." 이렇게 말하며 컬은 속내를 보이는 척했다.

컬이 말을 이었다. "협상을 계속하고 싶습니다. 하지만 켄 루이스는 메릴린치나 모건을 사고 싶어 할 거예요."

이 말에 펄드는 혼란스러웠다. '이 자가 무슨 말을 하려는 거야?' 펄드가 단도직입적으로 물었다. "그래서 우리가 지금 의미가 있는 이야기를 나누고 있는 겁니까?"

이에 컬이 대답했다. "모르겠어요. 루이스와 이야기해 봐야지요. 결정은 그가 내리는 거니까."

천둥 속의 발표

그날 오후 늦게 청바지 차림에 면도도 하지 않은 폴슨 장관은 재무성의 복도를 서성이면서 패니메이와 프레디맥 안에 관해 끊임없이 부하들에게 질문을 던지고 있었다. 결국 보다 못한 수석보좌관 짐 윌킨슨이 폴슨을 옆으로 살짝 불러 말했다. "장관님, 우리를 그만 괴롭히시고 일을 마칠 수 있게 해주셔야 합니다."

이 말에 폴슨은 열을 식혀야겠다는 생각으로 거의 비어 있는 워싱턴의 거리를 자전거로 한 바퀴 돌아보기로 했다. 그는 이 계획에 관한 생각을 멈출 수가 없었다. 무엇보다 그의 장래 평판에 관련되는 것이었기 때문이다. 공화주의자이자 시장주의자인 자신이 미국 주택시장의 부양과 붕괴에 가장 책임이 큰 두 정부투자기업에 국민의 세금을 도입할 권한을 요청하고 있는 것이었다. 그러나 다른 각도에서 생각하면, 수십 년 동안 정치적 투쟁의 소용돌이에 휘말려온 이 두 기관을 이제 자신의 손으로 정상화할 수 있는 기회이기도 했다. 그런데 자신이 의회에 요청한 재무성의 권한이 정말로 필요한 것일까? 권한을 가지는 것만으로 시장의 동요를 잠재울 수 있을까? 그는 자전거의 페달을 밟으면서 자신의 판단이 맞기를 바랄 뿐이었다.

폴슨이 재무성으로 돌아오자 공보수석 미셸 데이비스가 이 제안서를 구체적으로 어느 장소에서 발표할 것인지를 고민하고 있었다. "재무성 안에 보도진과 카메라맨을 불러들일 수는 없어요." 데이비스가 말했다. 그러자 네이슨 금융국장이 창가로 걸어가면서 천둥이 칠 것이라는 기상 예보를 전하며 말했다. "현관 계단은 어떨까요?"

"생각해 봐야겠어요. 그건 그렇고 장관님은 댁에 가서 옷을 갈아 입으셔야 합니다. 그런 차림으로 발표할 수는 없잖아요." 연단을 건물 밖으로 내갈 수 있을지 확신이 서지 않는 데이비스가 말했다. 폴슨의 청바지는 구겨져 있었다.

저녁 6시에 면도를 하고 푸른색 양복으로 갈아입은 폴슨이 재무성 현관 아래에 설치된 연단으로 가서 급히 모인 기자들을 바라봤다. 연단은 재무성 4층에서 가지고 내려왔다.

"패니메이와 프레디맥은 미국의 주택금융에서 중심적인 역할을 하며 앞으로도 지금의 주식회사 형태 속에서 그 역할을 계속 이어갈 것입니다. 이 두 기관의 주택시장 지지 기능은 시장조정이 이뤄지고 있는 지금 시점에서 특히 중요하다고 생각합니다." 폴슨은 준비된 성명서를 읽었다.

"이 정부투자기구들이 발행한 채무증권은 전 세계 많은 금융기관들이 보유하고 있습니다. 그러므로 이 기구들의 능력을 보존하는 것은 미국의 금융 시스템과 시장에 대한 신뢰와 안정성을 확보하는 데 중요합니다. 따라서 우리는 더 강력한 규제구조를 갖춰 지금의 난국을 타개할 조치를 취할 필요가 있습니다."

"이 정부투자기구들이 충분한 자금을 가지고 원래의 임무를 달성할 수 있게 하기 위해서, 재무성이 제안하는 계획에는 필요하다면 이 두 기구의 주식을 재무성이 사들일 수 있는 한시적인 권한을 갖는 것이 포함되어 있습니다."

폴슨의 발표가 끝나고 몇 분 지나지 않아 멀리서 천둥이 울리더니 번개가 치기 시작했다.

재무장관은 사회주의자?

화요일 아침, 의회 청문회를 위해 연준의 버냉키와 증권거래위원회 찰스 콕스의 오른편 자리에 앉는 순간, 폴슨은 이 청문회가 적대적인 것이 될 것이라 직감했다. 일요일 저녁 재무성 현관에서 발표한 계획은 시장의 신뢰를 회복하는 데 큰 도움이 되지 못했다. 오히려 시장에서는 신뢰가 더 떨어지며 폴슨이 원하는 이 새로운 '권한'이 무엇을 의미하는지 혼란이 생기고 있었다. 월요일 장에서 프레디맥의 주가는 8.3퍼센트가 떨어져 7.11달러로 마감했고, 패니메이의 주가는 5퍼센트를 잃고 9.73달러가 되었다. 폴슨은 의회에 대해서나 시장에 대해서나 좀 더 빠른 조치를 취해야겠다고 생각했다.

상원 은행위원회에서 폴슨의 설명은 이렇게 시작되었다. "저희 제안은 패니메이와 프레디맥의 조건이 갑자기 악화돼 즉흥적으로 이뤄진 것이 아닙니다. 최근 시장에서 벌어지는 상황들을 볼 때, 한시적인 차원에서나마 유동성과 자본에 대한 접근을 확보해주는 정책을 통해 시장의 신뢰를 높이는 것이 필요하다고 판단한 것입니다."

의원들의 질문 공세 속에서 폴슨은 그가 추구하는 권한이 '한시적'이라는 점을 강조해 그들의 지지를 얻고자 했다. 그는 이런 비유를 들었다. "의원님들이 주머니에 물총을 가지고 있다면 상대방을 위협하기 위해 꺼내 들어야 할지 모릅니다. 하지만 바주카포를 가지고 있다면 이미 상대가 알기 때문에 꺼낼 필요도 없지요."

하지만 일부 의원들은 받아들이려 하지 않았다. 켄터키 주의 공화당 상원의원인 짐 버닝Jim Bunning은 이렇게 말했다. "어제 아침에 신문을 펼쳐 들고 나는 내가 프랑스에 있는 줄로 착각했어요. 그런데 가만히 보니 이게 미국에서 벌어지고 있는 사회주의가 아닙니까. 지금 재무장관은 원하는 만큼 패니메이와 프레디맥의 주식을 사들일 수 있는 백지수표를 원하고 있어요. 여기에 비하면 연준이 베어스턴스의 주식을 사들인 건 아마추어 사회주의네요. 연준과 재무성이 베어 사태에서 한 것과 우리가 오늘 이야기하고 있는 것을 생각해보면, 그다음에는 정부가 기업에 어떠한 간섭을 하고자 하는지 궁금할 정도예요. 더 중요하게는, 이 정부의 시장에 대한 간섭이 언제 끝날 겁니까?"

의원의 질문에 좌절감을 느끼면서 폴슨은 대답을 생각해냈다. "저희가 생각하는 것은 비상사태에 대비해 정부가 할 수 있는 지원 액수를 정하지 않는 쪽이 오히려 그 실제 사용 가능성을 줄이고 납세자 부담을 최소화한다는 겁니다."

"폴슨 장관, 지금 우리가 당신이 하는 말을 믿을 수 있다고 생각합니까?" 버닝 의원이 기세등등하게 물었다.

"제가 말한 것은 스스로 믿고 있으며, 그렇게 믿을 만큼 시장에서의 경험이 충분……." 폴슨의 대답은 버닝의 질문으로 끊어졌다.

"자금은 어디에서 오는 겁니까?"

"물론 정부에서 나오는 겁니다. 저는……."

"누가 정부입니까?" 버닝이 화를 내면서 물었다.

"납세자입니다." 폴슨은 인정하고 말았다.

이에 버닝이 말했다. "장관, 귀하가 이 제안을 성실한 자세로 한다고 생각합니다. 하지만 1월이 오면 당신은 재무성을 떠날 것이고, 우리 대부분은 이 자리에 앉아 우리의 행동에 대해 납세자들에게 책임을 져야 할 거예요."

사회주의자! 미스터 정부 구제! 폴슨은 자신이 미국의 경제 시스템을 구하기 위해 가치 있고 심각한 투쟁을 벌이고 있다고 믿었다. 그런데 그런 노력과는 달리 자신이 지금 미국식 삶 전체는 아니더라도 미국인들의 적으로 낙인찍히고 있지 않은가? 금융경제가 심각한 위험에 빠져 있다는 사실을 왜 이해하지 못하는지 그는 납득할 수 없었다.

그날 오후 또 다른 패거리가 폴슨에 대한 공격에 가담했다. 헤지펀드들이 폴슨에게 분노를 나타내기 시작한 것이다. 이유는 폴슨이 증권거래위원장 크리스토퍼 콕스를 설득해 패니메이와 프레디맥, 리먼을 포함한 17개 투자금융회사들의 주식에 대한 불합리한 공매도를 규제하기로 했기 때문이다.

신뢰하는 동료 밥 스틸이 떠나자 폴슨은 장관직을 수행하는 데 가장 큰 도전을 혼자 감당해야 하는 처지가 되었다. 그는 자신의 부하들의 가치를 알고 뛰어난 지적 그룹이라고 평가했다. 하지만 이렇게 가열되는 정책 공방을 헤쳐가는 데 그가 충분한 화력을 가지고 있는지 의문스러웠다.

그날 오후 그는 댄 제스터Dan Jester에게 메시지를 보냈다. 제스터는 골드만에서 CFO대리를 지내고 고향인 텍사스 주 오스틴에서 자산운용업을 하는 43세의 투자은행가다. 폴슨은 골드만의 CEO로 있을 때 '인간계산기'라는 별명이 붙은 긴 머리의 이 사내에게 많은 것을 의존했다. 그는 제스터를 설득해 패니메이와 프레디맥 문제를 다루는 데 보좌관으로 쓰고 싶었다.

조금 다급해진 폴슨은 전날 밤 집에서 다트머스 대학 동창이자 오랜 친구인 켄 윌슨Ken Wilson에게도 전화를 걸었다. 폴슨은 10년 전쯤 윌슨에게 라자르를 그만두고 골드만으로 옮기라고 설득한 적이 있었다. 골드만의 금융기관 그룹 책임자인 윌슨은 지금 다른 투자은행에 자문을 해주는 위치에 있으며 미국 금융계의 막후 실력자로 존경받던 인물이다. 폴슨도 그의 판단을 존중한 나머지 골드만에 있을 때 윌슨의 사무실을 브로드 가 85번지에 있던 자신의 집무실 가까이 위치하게 할 정도였다.

윌슨이 전화를 받자 폴슨이 말했다. "켄, 나는 지금 사람이 필요해. 일을 제대로 처리할 수 있는 어른이 필요하단 말이야." 그러고 나서 본론에 들어갔다. "밥 스틸이 떠났잖아. 자네가 재무성에 들어와 도와줬으면 좋겠는데." 폴슨은 '전형적인 연봉 1달러 자리'를 제안했다. 이는 행정부에서 마지막 6개월 동안 연봉 1달러에 '특별고문'직을 맡아달라는 것을 의미했다. 폴슨은 윌슨에게 골드만을 떠날 것을 제안한 것이다.

이제 61세가 되어 은퇴를 고려하던 윌슨은 생각해보겠다고 대답했다. 이에 폴슨이 말했다. "지금 자네 도움이 필요해. 할 일도 너무 많고 문제도 너무 많아."

리먼의 소용돌이치는 주가와 장기적으로 살아남을지를 두고 끊이지 않는 소문을 고려해, 펄드는 7월에 이사회를 열어 자신이 최근 추진하고 있는 작업을 보고해야겠다고 결심했다.

리먼의 이사진은 기묘한 조합이었다. 금융을 아주 잘 아는 사람과 거의 문외한이 섞여 있었다. 다만 이들은 펄드의 오랜 친구이거나 리먼의 오랜 고객이었다. 75세의 연극 프로듀서 로저 벌린드Roger Berlind, 해군 소장 출신으로 2년 전까지 적십자사 총재였던 마샤 에번스Marsha Johnson Evans, 83세의 퇴역 여배우 디나 메릴Dina Merrill 등이 거기에 포함되어 있었다. 그리고 전문가에 속하는 그룹에는 샐로먼브러더스에서 이코노미스트를 지낸 81세의 헨리 카우프먼Henry Kauffman, IBM의 이사 출신 존 에이커스John Akers, 영국의 통신회사 보다폰Vodafone의 사주였던 크리스토퍼 젠트 경Sir Christopher Gent 등도 있었다. 열 명의 이사진에서 70세가 넘은 이가 네 명이나 되었다.

펄드는 이번 회의에 특별 연사를 초청했다. 라자르의 투자은행가 게리 파Garry Parr였다. 최근에 펄드와 대화를 나눈 파는 리먼의 이사들이 중립적인 의견을 원한다면 자신이 도움을 주겠다고 말했다.

바싹 마른 몸에 수염을 기른 파는 금융서비스산업에서 특화한 투자은행가들 중에서도 특출한 인물로, 2007년 말에 있었던 모건스탠리, 시티그룹 등의 자본 증강에 참여하기도 했다. 펄드는 라자르에서 파의 보스인 브루스 워서타인은 신뢰하지 않아도 파는 존중했다.

이사회가 열리자 한 이사가 시장 상황이 과연 얼마나 나쁜지 파에게 물었다. 이 질문에 파는 익숙한 솜씨로 비관론을 개진했다. 불길한 예감을 자아내는 첫 문장으로 시작했다.

"어렵습니다. 저의 두 클라이언트였던 베어스턴스와 MBIA* 사태를 겪

* MBIA는 뉴욕 주 아멍크에 본사를 둔 종합금융회사로 1973년 Municipal Bond Insurance Association이라는 비영리법인으로 출발해 1987년에 민영화했다. 2008년에 트리플 A였던 신용등급이 수개월 사이에 Baa1까지 내려가 결국은 상장이 폐지되고 S&P500지수 대

으면서 교훈을 좀 얻었어요." 리먼 이사들이 사안의 중대성을 이해하는지 확인하기 위해 쉽게 설명했다. "금융 유동성이라는 것은 여러분이 상상하는 것보다 훨씬 빠르게 변화합니다." 이 말은 베어스턴스 파산이 일생에 한 번 있을까 말까 하는 사건이 아니라는 뉘앙스를 풍겼다. "게다가 신용평가회사는 위험해요. 이 신용평가회사들에서 정당한 등급을 받을 수 있다고 생각해도 결과는 항상 예상보다 더 나쁩니다. 이런 상황에서 자산가격이 내려가는 바람에 외부 투자가로부터 돈을 가져온다는 것이 어려워져……."

"좋아, 게리. 그만하면 됐어." 펄드가 갑자기 발언을 중단시켰다.

회의실에는 잠시 어색한 침묵이 흘렀다. 어떤 이사들은 파가 부정적인 방향으로 이야기를 몰고 가는 것을 펄드가 싫어한 것이라 판단했다. 다른 무리는 파가 지나치게 금융업을 폄훼하는 것을 펄드가 막았다고 생각했다. 아무튼 파는 들어온 지 10분도 안 되어 회의실을 급히 빠져나갔다.

한 시간 뒤 록펠러센터에 있는 라자르의 집무실에 돌아온 파에게 비서가 딕 펄드의 전화가 와 있다고 전했다.

"이런 제기랄. 게리!" 파가 수화기를 들자마자 펄드가 소리쳤다. 파의 사과를 기대하는 눈치였다. "도대체 왜 우리 이사들을 겁주고 당신 선전을 그렇게 한 거야? 당신 해고야!"

한순간 파는 대답하지 않았다. 리먼과 라자르가 아직 아무런 계약도 맺지 않았음을 상기하고 파는 비웃듯이 반박했다. "딕, 그건 좀 어렵지 않을까? 리먼이 라자르를 고용한 것이 아니니까." 이내 마음을 조금 누그러뜨리고 말했다. "미안해. 당신이 원하지 않는 방향으로 이야기를 끌고

상에서 제외되었다.

갈 의도는 아니었어."

"다시는 그러지 마." 펄드가 말을 내뱉고 전화를 끊었다.

다음 날 펄드는 자신이 무너지기 시작하고 있다는 두려움을 느끼며 파를 그렇게 모독한 것은 실수였다고 생각했다. 파가 라자르를 선전하는 것을 막으려 한 것이었지 파가 리먼에 해를 끼친다고 생각한 것은 아니었다. 하지만 이미 물은 엎질러졌다. 그는 파에게 전화해서 한 번 더 만나 관계를 회복하고자 했다. 파가 전화를 받자 펄드가 후회하는 투로 말했다. "이제 좀 괜찮아?"

7월 17일 목요일 아침 6시 45분, 켄 윌슨은 웨스트체스터 공항에서 줄을 서고 있었다. 몬태나에서 휴가를 보내며 낚시를 좀 할 생각이었다. 그때 휴대폰이 울렸다.

부시 대통령이었다. "케니, 도움이 필요해. 자네가 나라를 위해서 힘을 좀 써야 할 때야." 윌슨과 부시 대통령은 하버드 대학 경영대학원 시절부터 아는 사이였다. 하지만 이 전화가 온 것은 부시의 아이디어가 아닐 것이었다. 전형적인 폴슨의 수법이었다. '폴슨이 어렵긴 무척 어려운 모양이군.' 윌슨이 볼 때 폴슨은 무언가 필요하면 그것을 가질 때까지 최고 권력을 동원하는 것도 불사할 사람이었다.

그 주말 윌슨은 골드만의 동료들과 상의한 뒤 폴슨에게 전화했다. "알았어. 할게."

뉴욕연방준비은행에서의 밀회

7월 21일 저녁, 폴슨은 자신을 위해 뉴욕연방준비은행의 팀 가이트너가 마련한 만찬 장소에 도착했다. 가이트너가 장관이 금융계 지도자들을 만날 수 있도록 주선한 그 자리에는 제이미 다이먼, 로이드 블랭크파인, 존 맥 등이 참석했다.

이 만찬은 폴슨이 월스트리트의 거물들과 그날 갖는 두 번째 행사였다. 점심에도 폴슨을 위한 모임이 있었는데, 이는 골드만에서 그가 아끼던 에릭 민디치Eric Mindich가 주선했다. 민디치는 이튼파크캐피털Eaton Park Capital이라는 헤지펀드를 운영하고 있었다. 그 오찬에서 폴슨은 추진 중인 정부투자기구 구제에 관한 입법을 설명했다. 폴슨은 전반적인 상황에 대해 조금씩 나아지고 있다고 느꼈다. 우선 윌슨과 제스터가 재무성에 들어오기로 했으며, 추진하는 법안이 통과할 가능성이 높아지고 있었던 것이다. 만찬 자리에서 과거의 동료들과 어울리며 그는 메릴린치의 존 테인이 며칠 전 가지고 있던 회사 지분을 블룸버그에 45억 달러를 받고 판 것을 축하했다.

그러나 폴슨은 여전히 리먼이 걱정되었다. 만찬이 끝나고 나면 리먼과의 비밀 회동이 잡혀 있었다. 폴슨과 가이트너가 나서서 딕 펄드와 켄 루이스가 뉴욕연준은행의 회의실에서 비밀리에 만나게 되어 있었다. 지난 2주간 펄드는 계속 폴슨에게 전화해서 리먼을 위해 뱅크오브아메리카에 연락해주기를 요청했던 것이다.

이 전화를 받고 폴슨이 펄드에게 말했다. "어려워. 유일한 방법은 당신이 직접 루이스를 찾아가는 거야. 내가 켄 루이스에게 전화해서 리먼을 사라고 할 수는 없잖아."

만찬이 끝나자 폴슨은 루이스에게 다가가서 다정하게 말했다. "최근에 뱅크오브아메리카 실적이 참 좋네요." 폴슨은 루이스의 손을 잡고 곧 있을 회의에 관해 눈짓했다. 그날 오전 발표된 뱅크오브아메리카의 2사분기 실적은 41퍼센트가 내려갔지만, 이는 월스트리트의 애널리스트들이 예상한 것보다는 훨씬 좋았다. 예상보다 좋은 실적 발표에 이어 유사한 발표가 시티그룹, JP모건체이스, 웰스파고 등에서 나왔다. 당장은 금융시장이 조금 나아지는 듯했다.

폴슨 장관이 자리에서 일어나고 다른 금융인들이 일어나 작별 인사를 나눌 때, 가이트너가 루이스에게 다가가 조용히 속삭였다. "딕과 회의가 있지요?"

"그래요." 루이스가 대답했다.

가이트너가 루이스에게 그들이 조용히 만나 이야기 나눌 방으로 가는 길을 가르쳐줬다. 마치 첫 데이트를 하는 소년처럼 주위를 어설프게 살피는 것으로 봐서 가이트너가 펄드에게도 같은 지시를 했음이 분명했다. 펄드가 걸어가는 것을 보고 루이스가 반대로 걸어갔다. 월스트리트의 반이라고 해도 과언이 아닐 거물들이 보는 가운데 가장 피해야 할 것은 두 사람이 만난다는 것이었다.

루이스와 가이트너가 원래의 길을 되돌아와 정해진 방을 찾았다. 루이스가 방에 들어섰을 때 펄드는 연준의 직원과 말싸움을 하고 있었다. 루이스가 펄드를 만나는 것은 두 번째인데, 그가 신분이 낮은 사람을 심하게 다루는 모습에 놀랐다.

그로부터 약 20분간 펄드는 일주일 전에 켄에게 했던 제안을 되풀이했다. 그는 리먼의 주를 최소한 25달러에 팔겠다는 것이었다. 그날 리먼의 종가는 18.32달러였다. 루이스는 펄드가 요구하는 주가가 너무 높다고 보고, 이 거래의 전략적 타당성을 느낄 수 없었다. 솔직히 리먼의 주를 거의 거저로 준다 해도 큰 가치가 없는 상황이었다. 다만 루이스는 이를 말하지 않을 뿐이었다.

이틀 뒤 루이스는 펄드에게 전화를 걸었다.

루이스는 최대의 외교적 언사로 "이 딜이 지금으로서는 양방을 위해 잘 안 된다"며 다음 기회에 다시 논의할 수 있기를 바란다는 뜻을 전했다.

오후 12시 35분, 뱅크오브아메리카와의 협상이 실패했다는 것을 폴슨에게 전화로 알리며 펄드는 거의 미칠 지경이었다. 남은 대안이라고는 한국인들뿐이었다. 펄드는 폴슨에게 리먼을 위해 한국에 전화를 좀 해달라고 했다. 펄드를 위해 워런 버핏에 이어 뱅크오브아메리카에도 전화했던 폴슨은 이번에는 그 부탁을 거절했다.

"내가 전화기를 들고 한국에 다이얼을 돌리는 일은 없을 거야. 당신이 누군가를 겁주고 싶다면, 전화해서 리먼을 사야 한다고 내가 말했다고 해." 이런 기업 간 거래에 미국 재무장관이 개입한다면 리먼의 장래 가치에 의문만을 불러일으킬 것이라고 설명했다.

"딕, 만일 한국 측에서 전화가 와서 내 의견을 묻는다면 내가 긍정적으로 대답할게."

펄드에게는 매우 긴 날의 마지막 나쁜 소식이 남아 있었다. 그날 밤 바트 맥데이드가 펄드에게 이메일을 하나 보냈다. 어느 트레이더에게서 온 메일이었는데 리먼에 대한 나쁜 소문이 어디에서 나오는지를 보여줬다. "골드만삭스가 헤지펀드의 공매도 버스를 몰면서 리먼과 같은 투자은행들의 몰락 과정에 큰 영향을 미치고 있습니다. 이 메일이 참고가 되기를 바랍니다."

이에 펄드는 이렇게 회신했다. "놀랄 게 뭐가 있어? 하지만 기억해둬. 나는 해낼 거야."

Too Big to Fail

한국산업은행 민유성의 방문

7월 29일 오전 9시 15분, 맨해튼의 금융가인 펄 가를 걷는 로버트 윌럼스태드는 속옷이 땀으로 젖는 것을 느꼈다. 이른 시간인데도 날씨는 후텁지근했다. 그래도 그는 곧 있을 뉴욕연방준비은행 총재 팀 가이트너와의 회의에 모든 신경을 집중시켰다.

AIG 유동성 위기

약 한 달 전에 AIG의 CEO에 취임한 윌럼스태드는 회사의 수많은 문제를 파악하는 데 여념이 없었다. 독립기념일 공휴일 주말에 베일에 사는 딸을 방문한 것 이외에 그는 일주일 내내 일에만 매달렸다. CEO에 취임하고 나서 그는 "AIG의 사업을 전략과 운용 면에서 앞으로 60일에서 90일 안에 철저하게 검토하고, 9월 초 첫 번째 월요일의 노동절 직후에 조사위원회의 결과를 모두에게 공고하겠다"고 선언했다.

조사가 진행되면서 전략팀을 맡은 브라이언 슈라이버Brian Schreiber가 윌럼스태드에게 놀랄 만한 사항을 발견했다고 보고했다. "지금의 문제는 사실 자본의 문제가 아니라 유동성의 문제입니다." 수천억 달러 가치의 증권과 담보를 보유한 이 거대한 보험회사에 돈이 부족하다는 것이었다. 그래서 이 금융위기를 뚫고 나가려면 보유한 자산을 되도록 빨리 그리고 되도록 높은 가격으로 팔아치우지 않으면 안 된다는 이야기였다. 만약에 무디스나 S&P가 AIG 채무의 신용등급을 낮추는 상황이 발생한다면 AIG로서는 담보를 추가로 제공하는 계약을 이행해야 할 것이었다.

슈라이버가 보고한 유동성 문제를 종일 생각해본 윌럼스태드는 다음 날 그에게 토로했다. "자네 어제 정말 겁나는 이야기를 했어." 윌럼스태드는 2사분기에 53억 달러의 손실이 발생했다는 실적 발표를 곧 해야 할 판에 유동성 문제까지 더욱 심각해졌음을 깨달았다.

그래서 그 더운 날 아침에 윌럼스태드는 한 달 전에 처음 만난 가이트너를 찾아가는 것이었다. 시장 상황이 AIG에 나쁘게 돌아간다면 그의 도움이 필요하다는 말을 하기 위해서였다. 형식적으로 뉴욕연방준비은행은 AIG를 포함해 어떤 보험회사도 규제하는 입장이 아니었다. 그러나 윌럼스태드는 AIG가 증권융자 사업을 비롯해 다양한 금융상품을 취급하는 이상 가이트너도 AIG의 문제를 도외시할 수는 없다고 여겼다. 게다가 월스트리트의 투자은행들이 발행하는 수천억 달러 가치의 금융상품에 AIG가 보험을 제공함으로써 월스트리트에 깊숙이 연관되어 있다는 것을 가이트너가 잘 알고 있을 것이라고 판단했다. 좋든 싫든 간에 월스트리트의 건전성은 AIG에 달려 있었다.

가이트너가 그의 트레이드마크인 운동선수처럼 억센 악수로 맞이하자 윌럼스태드가 말을 꺼냈다. "특별히 놀랄 만한 일이나 나쁜 일이 있어서 온 것은 아닙니다. 다만 우리가 이 증권융자 프로그램을 가지고 있는데……."

윌럼스태드의 설명에 의하면 AIG는 재무성 채권과 같이 등급이 높은 증권을 대출하고 그 대가로 현금을 받았다. 이는 기본적으로 안전한 사업이었다. 그런데 그 현금이 서브프라임모기지에 투자되어 엄청난 손실이 발생했고, 아무도 그 서브프라임모기지를 정확히 평가할 수 없어 결국 팔 수가 없다는 것이었다. 만약 AIG에서 증권 대출을 받아 간 회사들이 증권을 반납하며 현금을 요구한다면 AIG는 심각한 문제에 봉착할 터였다.

여기까지 설명한 윌럼스태드가 본론으로 들어갔다. "뉴욕연방준비은행은 투자은행들에 할인창구의 문호를 열었습니다. AIG가 위기에 봉착한다면 그걸 이용할 수 있겠습니까? 아시다시피 AIG에는 수천억 달러 상당의 증권과 매각 가능 담보들이 있습니다."

윌럼스태드의 말을 들은 가이트너의 반응은 간단했다. "글쎄요. 지금까지 해본 적이 없어서." 뉴욕연방준비은행이 보험회사에 융자를 해본 일이 없다는 말이었다. 가이트너의 태도는 윌럼스태드의 요청에도 전혀 흔들리지 않았다.

"그것은 잘 압니다. 하지만 과거 투자은행에도 하지 않던 것을 최근에 하지 않았습니까? 어느 정도 융통성은 있다고 보는데요." 윌럼스태드가 이의를 제기했다. 베어스턴스가 거의 죽을 지경에 빠졌을 때, 연준은 골드만삭스, 모건스탠리, 메릴린치, 리먼 등의 투자은행에 처음으로 할인창구 융자를 실시했다.

"맞아요." 가이트너가 일단 수긍했다. 하지만 그는 그렇게 하려면 연준의 전체 이사를 모아놓고 승인을 받아야 한다는 점을 윌럼스태드에게 상기시켰다. 그리고 덧붙였다. "그런 일은 제가 귀사의 신용평가에 확신이 있을 때만 건의할 수 있습니다."

이어 가이트너는 한 달 전 펄드가 금융지주회사를 만들겠다고 했을 때 한 것과 유사한 조언을 했다.

"만약 AIG가 그런 일을 추진한다면 귀사가 피하고자 하는 문제를 더 악화시킬 수 있다고 생각해요. 그런 일이 언론에 나가면 AIG와 거래하는 상대방의 우려를 더 깊게 할 것이고, 이는 문제를 더 악화시킬 겁니다."

이 말을 마치고 가이트너는 다음 회의를 위해 자리에서 일어나며 말했다. "진행 상황을 계속 알려주세요." 결국 윌럼스태드는 이 회의에서 아무것도 얻지 못했다.

홍콩에서의 비밀 접촉

7월 29일, 리먼의 걸프스트림 전용기는 알래스카 앵커리지 공항 상공을 선회하며 급유를 위해 착륙할 준비를 하고 있었다. 비행기에는 펄드가 타고 있었다. 그는 홍콩에서 몇 명의 리먼 팀과 함께 한국산업은행의 민유성을 만나고 돌아오는 길이었다.

평소와 달리 펄드의 기분은 좋았다. 한국산업은행과의 거래가 성사될 것이라고 확신했기 때문이다. 홍콩에서 한국산업은행과 만난 일은 생산적이었다. 또한 앞으로 계속 논의할 것을 합의했다. 아직도 골프의 '롱 퍼트long putt'와 같이 불확실성이 없는 것은 아니었지만, 한국산업은행은 이제 그에게 가장 큰 희망으로 자리 잡았다. 민유성은 리먼의 주식 중 과반수를 사겠다는 의지를 보였다. 그는 민유성이 리먼의 부동산 자산에 관심이 있으며(그 안에는 악성 자산이 많이 들어 있지만), 나아가 한국산업은행이 세계 무대에서 활동하고 싶은 열망을 가지고 있다고 판단했다. 홍콩 시내에 위치한 그랜드하얏트호텔에서 열린 회의에서는 주식의 가격에 대해 별다른 논의가 없었지만, 펄드는 이 협상의 종료가 임박했다고 여겼다.

펄드는 또한 한국산업은행과의 협상이 언론에 새지 않아 기뻤다. 이번에는 보안에 극도의 신경을 써서 그 스스로가 협상에 참가한 리먼의 팀, 즉 바트 맥데이드, 스킵 맥기, 브래드 휘트먼, 제시 바탈, 조건호에게 전화도 받지 말라고 지시를 해놓았던 터다. 이런 와중에 맥기는 보안에 너무 신경을 쓴 나머지 뉴욕 본사에서 서울로 출장 간 마크 셰이퍼에게 메시지를 남기면서, 자신이 중국에서 클라이언트를 만난다고 하는 촌극을 빚기도 했다. 서울이 아닌 홍콩에서 접촉하게 된 것도 리먼의 전용기를 추적하는 누군가가 추측하지 못하도록 펄드가 지시한 것이었다.

미국으로 돌아오는 전용기에서 회의 참석자들은 영국 갱스터영화 〈은행 털기The Bank Job〉를 감상했다. 원래 펄드는 액션영화를 보자고 했는데, 회사에서 점점 더 영향력이 강해지고 있던 맥데이드가 이 영화를 보자고 우겨 결국 그렇게 한 것이었다.

전용기가 재급유를 위해 공항에서 이동하고 있는데, 펄드의 고양된 기분이 갑자기 가라앉아 버렸다. 항공기에서 기름이 샌다고 정비팀이 보고

한 것이었다. 조종사가 수리를 위해 노력하는 가운데 리먼 팀은 활주로에 정지해 있는 전용기 안에서 점심을 먹었다. 그러나 한 시간이 지나도 수리가 끝날 기미가 보이지 않았다.

그러자 맥데이드가 뉴욕의 비서에게 전화해 뉴욕으로 돌아가는 민간 항공기를 예약할 수 있는지 알아봐달라고 했다. 그러면서 펄드에게 농담을 건넸다. "마지막으로 민간 항공기를 타본 게 언제예요?" 이 농담에 펄드는 기분이 상했다.

2008년 8월 6일, 한 무리의 모건스탠리 투자은행가들이 재무성 빌딩에 들어와 폴슨 장관 집무실 건너편에 있는 회의실로 안내되었다. 이례적인 회의가 예정되어 있었다. 패니메이와 프레디맥에 대한 구제안과 관련해 폴슨은 존 맥에게 전화해, 모건스탠리를 정부의 자문회사로 고용하고 싶다고 말했다. 폴슨 자신이 골드만 출신이 아니었다면, 그리고 골드만이 패니메이의 자문회사가 아니었다면 골드만에 부탁했을 것이었다. 그는 메릴린치를 고려해보기도 했는데, 결국 모건스탠리가 최선의 선택이라고 판단했다.

존 맥은 처음에는 재무성에 자문을 제공하는 것을 꺼렸다. 그럴 경우 대상 기업인 패니메이와 프레디맥에 향후 6개월간 자문을 제공할 수 없게 되는데, 이는 수천만 달러의 자문료를 포기하는 것을 의미했기 때문이다. 존 맥은 이 건에 대해 부하들에게 물었다. "우리가 이런 자문료를 스스로 포기했다고 주주들에게 어떻게 설명할 수가 있을까? 분명 난 이 질문을 피해갈 수 없을 거야."

그러나 좀 더 고민해본 맥은 이 일이 국가를 위한 일이라고 결심했다. 모건스탠리는 수천만 달러를 포기하는 대신 9만 5,000달러를 받게 되는

데, 이는 비서들의 시간외 수당에도 못 미치는 것이었다.

폴슨이 추진한 법안, 즉 패니메이와 프레디맥이 위기에 처할 때 이를 구제하는 한시적인 권한을 재무성에 주는 법안은 일주일 전에 상원을 통과해 대통령이 재가함으로써 효력을 지니게 되었다. 앞으로 문제는 이 권한을 가지고 무엇을 할 것인지였다.

폴슨은 자신이 전형적인 딜레마를 하나 만들어냈다는 사실을 인정했다. 이 법안으로 투자가들은 이제 정부가 나선다고 생각할 것이고, 따라서 패니메이와 프레디맥이 스스로 시장에서 자금을 모으는 일은 더 힘들어질 터였다. 시장의 투자가들은 정부가 개입함으로써 그들의 기회를 빼앗길 것이라고 생각했다. 정부의 개입은 점차 하나의 예언을 형성하는 경향을 보였다. 즉, "정부가 대규모로 투자한다면 일반 투자가들의 지분은 상대적으로 축소되거나 해당 기업이 국유화된다"는 것이었다. 오늘 아침에도 로이터통신에 나온 웨스트우드캐피털Westwood Capital의 임원 댄 앨퍼트Dan Alpert라는 자가 "패니메이와 프레디맥의 주식 수가 크게 늘어나지 않는다면 그들이 살아남을 방법이 없을 것"이라고 말했다.

재무성 회의실에 열린 모건스탠리와의 회의에서 금융시장 담당 국장 앤서니 라이언Anthony Ryan이 패니메이와 프레디맥에 관한 재무성의 작업에 관해 소상히 설명했다. 모건스탠리 측 참석자 중에는 로버트 스컬리Robert Scully, 루스 포랫Ruth Porat, 대니얼 심코위츠Danel Simkowitz 등이 있었다. 모건의 공동 사장인 스컬리는 58세로, 이미 30년 전에 있었던 크라이슬러의 정부 구제에 참여한 경력이 있었다. 50세의 포랫은 금융기관 상대 투자은행 그룹을 책임지고 있고, 심코위츠는 53세로 모건의 글로벌 자본시장 담당 부회장이었다.

라이언의 설명이 시작된 지 10분쯤 지났을 때 폴슨 장관이 들어왔다.

다소 맥이 빠진 것처럼 보이던 그가 모건에서 온 사람들에게 열의를 불러일으키고 겁을 주려는 듯 입을 열었다. "세상이 모두 우리를 지켜보고 있습니다. 그래서 저는 여러분들을 뼈가 빠지도록 일을 시킬 생각입니다. 다만 한 가지는 약속하겠습니다. 이번 일은 여러분 평생에 가장 의미 있는 작업이 될 것입니다."

이때 스컬리가 무엇이 진정한 목표인지 물었다. "정말 원하는 게 뭡니까? 빈 깡통을 앞으로 차놓자는 건가요?"

"아닙니다. 나는 진정한 문제를 다루고 있어요." 폴슨은 분기탱천해 이 프로젝트가 글자를 만들어서 휴지통에 버리는 파워포인트 프레젠테이션 같은 또 한 번의 관료주의적 행사가 아니라고 힘주어 말했다. "나는, 그러니까 우리는, 세 가지 목표를 가지고 있습니다. 시장의 안정, 모기지를 지속적으로 가용하게 만드는 것, 납세자의 보호가 그것입니다."

그런데 스컬리는 여전히 회의적이었다. 거기에 분명 어떤 정치적인 계산이 있다고 본 것이다. 그러나 그날 아침 프레디맥의 손실이 8억 2,100만 달러나 된다는 보도가 나온 마당에 아무것도 안 하는 것이 대책이 될 수는 없었다.

이런 생각에서 스컬리의 질문은 계속되었다. "혹시 논의되지 않은 정책안이 있습니까? 아니면 이 일을 시작하는 데 우리가 알아야 할 출발점이나 접근방법으로서 반드시 지켜야 하는 것이 있습니까?"

"아니에요. 아무것도 없어요. 모든 옵션은 여러분과 함께 결정하는 것이고, 저는 모든 제안을 고려할 겁니다." 폴슨이 대답했다.

이때 복도 아래에서 어린아이 소리가 들려와 회의가 잠시 끊어졌다. 폴슨의 손녀 윌라가 할아버지를 찾아와 작은 회의실에서 놀고 있었던 것이다. 폴슨은 가족과 함께 올림픽이 열리는 베이징으로 떠날 예정이었다.

물론 공무를 겸한 휴가로 중국에서는 많은 회의가 계획되어 있었다. 그리고 그는 휴대전화를 늘 붙들고 있을 것이었다.

폴슨은 회의 중간에 나가는 것을 사과하며 말했다. "열흘 뒤에 오겠습니다. 그때까지 많은 진전이 있기를 바랍니다."

민유성의 뉴욕 방문

8월 첫 주에 한국산업은행의 민유성 행장이 리먼과 협상을 계속하기 위해 맨해튼에 왔다. 양 당사자는 아직 최종 합의까지는 거리가 있었지만 적어도 대체적인 윤곽은 그려지고 있었다.

월요일에 맥데이드는 부하들과 함께 공식 협상을 위해 로펌 설리번 앤드 크롬웰의 미드타운 집무실에 모였다. 맥데이드만은 아직 이 거래에 회의적이었다. 마크 셰이퍼는 맥데이드, 스킵 맥기와 함께 회의 장소로 향하며 말했다. "한국산업은행 사람들은 이 거래를 성사시킬 배짱이 없어요." 민유성과 가까운 리먼의 조건호와 제시 바탈이 협상을 돕기 위해 아시아에서 날아왔다.

펄드가 협상에 참석하겠다고 하자 맥기가 말렸다. "가만히 있어요. 당신은 CEO이고 따라서 '미싱맨missing man'이 돼야 해요." 월스트리트에서 '미싱맨'이란 협상의 마지막 단계에서 자기 측에 유리한 조건을 끌어내기 위해 책임자가 자리에 없다고 변명하는 데 쓰는 말이다. 그러면 CEO에게 가서 허락을 받아야 한다고 주장할 수 있는 것이다.

맥데이드는 또한 펄드의 심리상태가 점점 불안해지고 있고, 이것이 협상에 도움이 되지 않을 것이라 판단했다. 맥데이드는 자신이 회사를 삼키려 한다고 펄드가 의심한다는 점이 우려되기 시작했다. 심지어 펄드는 자신의 심복인 겔밴드나 커크와 이야기를 나누고 있을 때 갑자기 나타나 마치 그들이 자신을 내쫓는 음모라도 꾸미고 있지 않은지 의심하는 눈치를 보이기도 했다. 펄드의 이런 피해망상은 맥데이드가 물러난 그레고리의 집무실을 사용하기를 거부면서 더 커졌다. 맥데이드는 펄드의 옆방인 그레고리의 집무실이 "재수 없다bad karma"며 복도에서 멀리 떨어진 곳을 집무실로 택했다. 그는 펄드에게 일거수일투족을 감시당하고 싶지 않았던 것이다.

사실상 맥데이드는 점차 리먼을 장악했다. 그는 「게임플랜Gameplan」이라는 문건을 준비했는데, 이는 리먼의 재정 상황과 앞으로의 전략을 세밀하게 짜는 것이었다. 여기에는 몇 가지 시나리오가 들어 있었는데, 대부분 리먼을 두 개로 분할하는 개념을 포함하고 있었다. 즉, '굿뱅크good bank'과 '배드뱅크bad bank'로 나누는 것이었다. 굿뱅크란 그들이 지켜내야 할 투자은행 부문이었고, 배드뱅크란 없애야 할 부문, 특히 악성 부동산 자산을 처리하는 부문이었다.

이 계획이 실행되면 리먼은 가치가 계속 떨어지는 자산과 작별하고 새롭게 출발할 수 있었다. 맥데이드는 또한 자회사 뉴버거버먼과 투자관리 사업을 팔아버릴 것을 펄드에게 주장해, 몇 개의 프라이빗에퀴티 회사에 대해 경매 절차가 이뤄지고 있었다.

리먼에 관한 시장의 소문은 계속되었지만 리먼 내부에서의 정보 누출은 줄어들고 있었다. 여기에는 이유가 있었다. 맥데이드가 사장으로 임명되고 두어 주가 지났을 때 맥기가 그에게 티셔츠를 한 장 주었다. 거기에는 '상황을 가장 잘 아는 자A Person Familiar with the Situation'라고 프린트되어 있었다. 이는 금융계에서 정보 소스를 비꼬는 말이었다. 이를 건내며 맥기가 말했다. "이 셔츠를 스콧에게 주세요." 펄드의 심복이자 회사의 홍보 책임자 스콧 프리다임이 정보를 누출했다는 것을 암시하는 행동이었다.

설리번 앤드 크롬웰에서 있었던 한국산업은행과의 첫 번째 회의는 한국산업은행 측에 리먼이 보유한 상업용 부동산 자산을 평가할 기회를 주기 위한 것이었다. 리먼에서 상업용 부동산 취득을 주도한 마크 월시Mark Walsh가 발표했다. 그런데 민유성은 월시가 충분히 준비되어 있지 않았다는 것을 간파하고 조건호에게 한국어로 속삭였다. "이 사안을 좀 더 잘 아는 사람과 이야기하고 싶은데요. 저 사람 평가는 납득이 안 돼요."

그런데 곧 분명해진 것은 민유성이 리먼의 상업용 부동산 자산 취득에 전혀 관심이 없다는 것이었다. 처음 한 시간 동안 협상은 곧 깨질 것 같았다. 협상이 새로운 구도로 방향을 바꾼 것은 오후 회의에 들어서였다. 민유성은 리먼 주식의 과반수를 살 의향이 있었다. 단, 조건은 리먼의 상업용 및 주거용 부동산 자산을 따로 떼어 배드뱅크를 만듦으로써 리먼 본체, 즉 굿뱅크에 행하는 한국산업은행의 투자가 침해받지 않게 해달라는 것이었다. 논의는 순조롭게 진행되는 듯했다. 다만 한 가지 문제는 펄드가 20분 간격으로 맥데이드와 맥기에게 전화를 걸어 어떻게 되고 있느냐고 묻는 것이었다.

다음 날 아침 11시, 민유성은 한국 정부로부터 최초 제안을 해도 좋다는 허락을 받았다고 말했다. 그는 리먼 주식의 '장부가격', 즉 리먼의 대차대조표에 기재된 자산가격의 1.25배를 낼 의향이 있다고 했다. 이는 한국산업은행이 리먼의 주식을 주당 20에서 25달러로 평가하고 있음을 의미했다. 물론 정확한 가격은 리먼의 진정한 장부가격을 평가해보고 부동산 자산을 따로 떼어 회사를 설립한다는 조건을 실행해야 알 수 있는 것이었다. 아무튼 이 수치는 그날 15.57달러로 장을 마친 리먼 주에 상당한 프리미엄을 붙인 것이었다.

리먼의 임원들 중 일부는 민유성이 한번 포즈를 취해보는 것이라고 생각했지만, 맥데이드와 맥기를 비롯한 리먼의 협상 팀은 어쨌든 그 최초 제안을 받아들이려 했다. 여기서 맥데이드는 이 안을 가지고 본부로 돌아가 펄드와 의견을 나눠볼 필요가 있다고 했다. 그래서 양측은 저녁 7시에 만나 적어도 원칙적인 합의를 보기로 했다.

몇 시간이 지나고 나서 양측이 다시 만날 때 깜짝 놀랄 손님이 도착했다. 펄드였다. 리먼 협상팀의 목표는 우선 민유성을 설득해 최종 합의에 앞서 '의향서letter of intent'에 서명하게 하는 것이었다. 최종 합의에 도달하기 위한 구체적 사항들은 나중에 정할 수도 있었다. 우선 이 정보가 발표되면 리먼의 주가에 커다란 이익이 될 것이라고 판단했던 것이다.

새로 참가한 펄드는 맥데이드와 맥기, 조건호와 자리를 같이했는데, 험악한 표정을 짓고 있었다. 탁자 반대편에는 민유성과 그의 자문역으로 페렐라 와인버그 파트너스의 게리 배런시크가 자리를 잡았다.

"좋아요. 그쪽 입장은 잘 알았습니다. 뭘 원하시는지 알겠습니다." 맥데이드가 말했다. 민유성이 리먼의 부동산 자산을 다른 회사로 분리시킨 다음 과반수의 주식을 취득하겠다는 것을 언급한 것이다. "그러면……."

이때 펄드가 나서서 말머리를 잘랐다. "내가 볼 때 그쪽이 큰 실수를 하는 거예요." 펄드가 민유성에게 말했다. "커다란 기회를 놓치는 거라고. 리먼의 부동산 자산에는 큰 가치가 있습니다." 한국산업은행이 부동산 자산의 일부라도 사라는 것이었다. 대화가 진행되면서 펄드는 민유성이 제시하는 1.25배가 '너무 낮으며', 따라서 1.5배에서 협상을 새로 시작하자고 했다.

맥데이드와 맥기는 눈앞에서 벌어지는 일을 믿을 수가 없었다. 두 사람은 지난 이틀 동안 부동산 자산을 분리한다는 전제하에 협상을 진행해 왔는데, 펄드가 나타나서 그들의 작업을 무시하고 새로 시작하겠다는 것이 아닌가? 민유성의 얼굴에 공포의 빛이 지나갔다. 그는 배런시크의 소매를 끌어 조용히 말했다. "제가 뭐라고 하기가 그렇네요." 이를 신호로 배런시크가 한국산업은행을 대신해서 발언했다. 그는 한국산업은행 측이 오직 1.25배에서 협상할 것임을 밝히고, 그 스스로도 기분이 상해서 리먼의 회계에 의문을 표시하기 시작했다. "제가 볼 때 그쪽에서 필요한 자산 평가절하를 모두 한 것이 아닌 것 같은데요." 그러면서 그는 왜 한국산업은행 측이 부동산 자산을 협상에서 제외하려 하는지를 언급했다.

"좋아. 그러면 당신은 우리 리먼의 부동산 자산이 얼마에 평가돼야 한다고 보는 겁니까?" 펄드가 물었다.

배런시크가 대답하기 전에 맥데이드가 나섰다. 험악한 대화를 발전적인 방향으로 바꿔야겠다는 생각에서였다. "글쎄요. 그런 것은 기본합의서term sheet에 적혀 있는데, 한번 볼까요?"

"아니에요. 우리 그러지 말고 잠깐 쉬기로 합시다." 배런시크도 지금의 긴장이 대협상을 중단시킬 수 있다고 느꼈다.

사람들이 복도로 나가는데 펄드가 민유성에게 다가가 다시 부동산에 관해 이야기를 꺼냈다. 민유성의 기분을 여전히 파악하지 못했던 것이다.

민유성의 뒤에 있던 맥기는 펄드의 말이 민유성에게 거부감을 불러일으키고 있다고 느끼며, 펄드에게 그만 말하라는 표시로 자신의 목에 손가락을 갖다 댔다.

펄드의 손아귀에서 벗어난 민유성은 작은 방에서 배런시크와 함께 리먼 측이 준비한 기본합의서를 검토했다. 이는 공식합의서보다 더 추상적인 원칙들을 적시한 것이었다. 열거된 사항들을 하나씩 짚어 내려가던 민유성은 마지막에 가서 멈췄다. 그 항목에 따르면 한국산업은행은 리먼에 신용을 공여하게 되어 있었다. 민유성에게는 적신호였다. 리먼은 한국산업은행에 무한정의 신용 한도credit line를 설정해, 즉 리먼을 위해 한국산업은행 자신의 대차대조표가 악화되는 것을 모색하고 있는 것이 아닌가?

민유성은 괴로운 표정을 지으며 리먼에서 동료였던 조건호와 둘이 이야기 나눌 것을 요구했다. 민유성이 입을 열기도 전에 조건호는 안 좋은 기색을 알아차렸다.

"이건 신뢰성의 문제잖아요?" 민유성이 한국어로 말했다. "지금까지 성실하게 협상에 임해왔고, 지금도 목표를 가지고 앞으로 나아가고 있는데, 이건 갑자기 새로운 그림이 튀어나온 거네요."

민유성은 좌절한 표정으로 말을 이었다. "주가의 1.25배니 1.5배니, 신용 한도가 20억 달러니 40억 달러니 하는 게 문제가 아닙니다. 그게 아니에요. 문제는 바로 협상에 임하는 리먼 측의 방식입니다. 리먼의 최고경영진이 이 협상에서 보여온 태도가 좀 불쾌합니다. 이런 상태라면 계속할 수 없어요."

민유성을 설득해 서울에서 뉴욕으로 날아오게 하는 데 일조한 조건호로서는 입장이 매우 곤란해졌다.

협상장에 다시 돌아온 민유성은 미안해하는 표정으로 펄드를 보고, 이어 다른 참석자들을 둘러본 후 입을 열었다. "여러분 모두에게 감사합니다. 하지만 우리가 협상을 계속할 수 있는 구조가 마련되지 않은 것 같습니다. 개린 배런시크가 저 대신 대화를 계속할 겁니다." 이 말을 마치고 민유성은 자리에서 일어났다.

이를 보는 펄드의 얼굴에 괴롭고도 슬픈 표정이 떠올랐다. 그의 목소리는 격앙되었다. "지금 이대로 떠나겠다는 거요? 지금 한국으로 돌아가겠다는 말이오?"

폴슨 장관의 비밀지령

8월의 상쾌한 아침, 스티브 샤프란Steve Shafran은 아이다호 주 선밸리의 한 주유소에서 자동차에 기름을 넣고 있었다. 행크 폴슨의 전화가 온 것은 이때였다. 재무성 장관의 특별보좌관 중 한 사람인 샤프란은 휴가를 즐기고 있었다. "리먼은 어떻게 됐어?" 장관이 물었다.

15년 된 랜드로버의 시동을 끄면서 샤프란은 이 통화가 길어지겠다고 생각했다. 여름에 들어서면서 장관은 샤프란에게 특명을 내렸다. 리먼브러더스가 파산할 가능성에 대비해 증권거래위원회와 연준 사이의 조정을 맡으라는 것이었다. 처음 임무는 미국 투자은행 시스템의 전체적인 리스크를 평가하고 이에 대비해 다양한 정부조직들이 공동으로 대처할 수 있는 체계를 마련하는 것이었다. 그런데 결국은 리먼에 초점을 두는 것으로 변해버렸다.

리먼의 파산이라는 생각하기도 싫은 사안을, 게다가 정부가 다룬다는 것은 지극히 예민한 것이어서 샤프란의 작업은 처음부터 비밀이었다. 주식시장이 이 낌새를 조금이라도 알아차린다면 리먼의 주식은 폭락할 것이었다. 그런데 펄드와 거의 매일 통화를 하게 된 폴슨 장관은 리먼이 자본을 도입하는 데 사투를 벌이고 있고, 어쩌면 최악의 사태에 대비해야 할지도 모른다는 생각이 들기 시작했다.

펄드의 여러 가지 노력이 결실을 맺지 못하는 것을 본 폴슨은 또 다른 장관 고문역 켄 윌슨으로 하여금 펄드와의 연락을 책임지게 하기까지 했다. 이때 장관은 윌슨에게 이렇게 설명했다. "딕 펄드에게 전화해서 자네와 이야기하라고 할게. 내가 그와 연락하는 건 시간 낭비야. 아주 중요한 일이 있을 때 내가 연락할 테니까."

샤프란에게 정부기관들과 일하는 것은 새로운 경험이었다. 그는 24년을 함께한 아내 재닛이 항공기 사고로 세상을 떠나자 1년 전 워싱턴으로 거처를 옮겼다. 샤프란 가족은 그가 골드만에서 은퇴한 뒤 내내 선밸리에서 살아왔다. 골드만에서 15년간 근무하면서 그는 폴슨의 홍콩 주재 심복으로서 중국 시장 진출의 문을 열었다. 그런 그가 워싱턴에서 새롭게 일을 시작한 것이다.

그런데 리먼을 비밀리에 다루는 것은 다른 재무성의 직원보다 샤프란에게 특히 어색한 일이었는데, 이는 그가 펄드와 사적으로 잘 알기 때문이었다. 샤프란은 선밸리에 살면서 케첨Ketchum 시의 평의원을 하고 있었고, 펄드는 그곳에 시가로 약 2,700만 달러 상당의 약 40만 제곱미터에 달하는 토지를 가지고 있었다. 그런데 그 대지에 있는 펄드의 저택과 오두막이 샤프란의 집에서 가까웠다. 그런 연유로 두 사람은 종종 선밸리 클럽에서 함께 골프도 치며 어울렸던 것이다. 샤프란은 펄드를 좋아했고 그의 강렬함을 높이 평가했다.

샤프란은 주유소 주차장에서 장관에게 보고했다. 우선 연준과 증권거래위원회를 대상으로 한 전화회의에 대해서, 두 기관 모두 투자은행업계에 구조적 리스크가 있는지 평가한다는 것은 매우 어렵지만, 적어도 그들이 마침내 이 새로운 문제에 관심을 표명하기 시작했다고 말했다. "그들이 드디어 눈을 떴어요. 이 점은 확실합니다." 그는 두 기관이 리먼에 관해 네 가지 리스크가 있는 것으로 판단한다고 보고했다. 그것은 환매조건부채권의 기장, 파생상품의 기장, 브로커-딜러 업무, 부동산과 프라이빗 에퀴티를 포함한 불량 자산이었다.

폴슨은 자신이 리먼과 관련해서 할 수 있는 것이 없음을 알았다. 재무성에는 리먼이라는 특정한 금융회사를 규제할 권한이 없으며, 리먼의 실패를 관리하는 것은 다른 기관의 소관이었다. 그러나 그것이 바로 걱정이었다.

여름에 들어서며 재무성 금융기관 담당 국장 데이비드 네이슨은 증권거래위원회와 접촉한 뒤 증권거래위원회가 사태를 충분히 파악하고 있지 못하다고 폴슨에게 보고한 적이 있었다. 네이슨은 리먼의 파생상품 포지션을 출력한 스프레드시트를 잔뜩 펼쳐놓고, 증권거래위원회 부국장 마이클 마키아롤리Michael Macchiaroli에게 리먼이 파산한다면 어떻게 할 것이냐고 물었다.

그의 대답은 매우 모호했다. "리먼의 포지션이 다양해요. 우리가 정확히 어떻게 할지는 확신할 수 없지만, 포지션들을 평가해서 일부를 떠안을 수는 있겠지요. 그리고 SIPC Securities Investor Protection Corporation, 증권투자자보호공사도 참여할 수 있을 거예요." SIPC는 FDIC와 유사하기는 하지만 규모가 훨씬 작다.

"그건 해결책이 될 수 없어요. 큰 혼란이 일어날 겁니다." 네이슨이 지적했다.

"리먼 회계의 반이 영국에서 이뤄진다는 게 문제예요." 마키아롤리가 말했다. 리먼의 많은 거래가 런던을 통해 이뤄지고 있음을 가리키는 말이었다. "그리고 그 거래 상대방들이 미국 밖에 있어서 우리의 관할권이 미치지 못합니다."

결국 최악의 상황이 올 경우 증권거래위원회가 할 수 있는 일은 리먼의 미국 내 브로커-딜러 부문만을 보전하고 지주회사와 해외의 자회사들은 모두 파산 신고를 하는 것이었다.

나쁜 소식이었다. 의회에 요청해 리먼의 거래를 모두 보증하는 허가를 받아낼 가능성을 제기해봤다. 그러나 이 아이디어는 나오자마자 폐기되었다. "지주회사의 모든 책무를 보증하려면 의회에 요청해 미국 국민의 세금으로 해외에서 발생한 채무를 변제한다는 것인데, 이렇게 할 방도는 없겠지."

버냉키 독트린

와이오밍 주의 잭슨레이크로지Jackson Lake Lodge에서 광활한 초원지대 너머로 보이는 티턴 국립공원의 장엄한 광경에 벤 버냉키는 언제나 숨을 삼키곤 했다. 그런데 이날은 별다른 감흥이 없었다. 8월 22일, 그는 산길을 걸으며 예전 일을 회상했다. 그가 전국적으로 유명해지게 된 것은 10년 전 바로 이곳 티턴 국립공원에서 있었던 캔자스연방준비은행의 여름 심포지엄에 참가했을 때였다. 그러나 앞으로 사흘간의 회의에서 예상되는 것은 자신에 대한 비판과 지난 1년간 있었던 연준의 활동, 패니메이와 프레디맥에 대한 정부의 역할과 관련된 질문이었다. 1999년 여름 잭슨홀에서 버냉키와 뉴욕 대학의 경제학자 마크 거틀러Mark Gertler는 공동으로 논문을 발표했다. 여기에서 그들은 당시 IT버블이 중앙은행에 큰 관심사가 될 수 없다고 주장했다. 1920년대에 중앙은행이 주식버블을 꺼뜨리기 위해 취한 조치들이 경제가 침체하는 국면에서 오직 문제만을 일으켰음을 상기시키며, 두 사람은 중앙은행이 오직 중심적인 책무, 인플레이션 관리에 몰두해야 한다고 지적했다. 자산가격의 상승도 그것이 거시적으로 인플레이션에 영향을 줄 때에 중앙은행의 관심거리가 될 수 있었다. "버블이라는 것은 한 번 부풀어 오르면 쉽게 패닉 상태로 이어질 수 있습니다." 두 발표자가 한 말은 당시 회의에서 유명해졌다. 이로써 버냉키는 앨런 그린스펀의 주목을 받게 되었던 것이다.

그리고 작년에 이 잭슨홀에서 버냉키는 또 한 번 의미 있는 일을 치렀다. 그해 여름에 신용위기가 고조되면서, 그는 연준 의장으로서 여러 명의 핵심적인 내부 인사들을 이곳 잭슨레이크로지로 불러 모았다. 여기에는 가이트너, 연준 부의장 도널드 콘, 뉴욕연방준비은행 시장 담당 국장 빌 더들리Bill Dudley, 연준 금융정책국장 브라이언 매디건Brian Madigan 등이 포함되었다. 대두하는 금융위기에 연준이 어떻게 대처해야 할 것인지를 논의하기 위한 모임이었다.

이때 모인 그룹은 나중에 '버냉키 독트린'이라고도 불린 2단계 접근방법으로 의견을 모았다. 첫 단계는 연준이 가지고 있는 잘 알려진 무기, 즉 금리 인하 정책을 쓰는 것이었다. 금융시장에 대한 신뢰가 위기에 처한다면 정책 입안자들은 그 문제를 해결해야 하지만, 장래에 시장의 무모성을 부추기는 행동을 해서는 안 되었다. 2007년의 한 회의에서 버냉키는 이렇게 말했다. "돈을 빌려주거나 투자하는 사람들이 내린 금융 결정의 결과로부터 그 사람들을 보호할 의무는 연준에 있지도 않고, 그래서도 안 됩니다." 그런데 중요한 것은 그다음에 한 말이었다. "그러나 금융시장에서 발생하는 일들은 시장 밖에 있는 많은 주체들에게 광범위한 경제적 파급효과를 일으킵니다. 따라서 연준은 정책을 입안할 때 그런 효과들을 고려하지 않을 수 없는 것입니다." 이 말은 1998년의 헤지펀드 LTCM 사태에 대응해 연준이 성급하게 조직하고 월스트리트가 돈을 댄 구제안을 떠올리게 하는 대목이었다. 즉, 금융시장에서의 사고가 금융 시스템 전체에 심각한 결과를 가져온다면 연준이 시장에 개입할 의무가 있다는 것이었다. 베어스턴스 사태에 연준이 개입한 것은 바로 이런 생각에 기초한 것이었다.

그런데 이번 회의에서 '버냉키 독트린'은 공격의 대상이 되고 있었다. 발표자들이 차례로 일어나 금융위기에 대한 연준의 대응이 임기응변적이며 비효과적이고 나아가 도덕적 해이를 조장하는 것이라는 비판을 제기했다. 이를 보며 버냉키는 피곤한 모습으로 회의 탁자에 눌러앉아 있었다. 과거 연준의 부의장을 지내고 버냉키와 같이 프린스턴 대학 교수로 있던 앨런 블라인더Alan Blinder만이 연준을 옹호했다. 그의 논리는 다음과 같았다.

"하루는 네덜란드의 한 소년이 집으로 오는 길에 마을 사람들을 보호해주는 제방에 구멍이 난 것을 발견했습니다. 그래서 그는 구멍을 막으려고 구멍에 손가락을 넣었습니다. 그런데 그 순간 그는 학교에서 배운 도덕적 해이 이야기가 생각났습니다. '이 제방을 쌓은 회사들이 형편없는 일을 했구나'라고 그는 생각한 겁니다. '그 회사들을 도와주면 안 돼. 그러면 그들은 더 형편없는 일을 할 거야. 그리고 이 동네의 어리석은 사람들은 제방 아래 평지에 집을 짓지 말았어야 했어.' 여기에 생각이 미친 소년은 손가락을 빼고 집으로 향했습니다. 그런데 그가 집에 도착하기도 전에 제방이 터져서 소년을 비롯해 근처 수마일의 사람들은 모두 익사했습니다. 아마 여러분은 이 이야기의 다른 버전을 들으셨을 겁니다. 더 친절하고 점잖은 이 버전에서는 그 소년이 제방이 터질지 모른다는 절박함과 두려움 속에서 구멍에 손가락을 넣고 도움이 올 때까지 버텼습니다. 힘든 일이었고 성공한다는 보장도 없었습니다. 게다가 어린 소년은 다른 것을 할 수도 있었습니다. 그런데 그 소년은 그 일을 해냈고, 많은 어른들은 잘못을 범했는데도 살아남을 수 있었습니다."

다음 날 심포지엄에 붙이는 연설에서 버냉키는 '제방 구멍에 넣은 손가락' 차원을 넘어 의회가 '비은행금융기관의 법적 정리 체제'를 구축할 것을 촉구했다. "더 강한 인프라가 있어야 구조적 리스크를 줄일 것"이라는 점에 대해 그는 이렇게 말했다.

"이는 시스템의 안정성에 관한 우려가 정부의 개입을 불러들이는 상황의 폭을 좁힘으로써 도덕적 해이와 '대마불사'의 문제를 완화할 것입니다. 이 '비은행금융기관의 법적 정리 체제'는 시장의 불확실성을 줄일 뿐 아니라 정부가 파산하는 기업들을 질서 있게 정리하면서, 상업은행의 파산 시와 유사하게 지분소유자들과 채권자들의 권한을 조정함으로써 도덕적 해이를 줄일 수 있다는 것입니다."

이때 버냉키는 패니메이와 프레디맥을 직접 언급하지 않았지만, 잭슨홀에서 그의 연설을 듣는 사람들은 그가 무슨 말을 하는지 다 알아들었다. 그리고 그 주 금요일, 무디스는 이 두 회사의 우선주 등급을 투자 이하 등급, 즉 정크 등급 아래로 내려버렸다. 재무성이 나서서 이 두 회사에 자본을 투입할 것이라는 시장의 기대는 높아졌다.

잭슨홀은 오래전부터 부유한 사람들에게 인기 있는 곳이었다. 슈로더Schroder와 샐로먼브러더스에 근무하다가 세계은행 총재가 된 제임스 울펀슨James Wolfensohn도 잭슨홀에 머물곤 했는데, 2008년의 심포지엄 때는 그의 주택에서 만찬을 열기도 했다. 이때 초대받은 사람에는 버냉키 이외에도 재무성의 전직 두 거물인 래리 서머스Larry Summers와 로저 올트먼이 있었고, 얼마 안 있어 민주당 대통령 후보로 지명된 버락 오바마의 경제 고문 오스턴 굴스비Austan Goolsbee도 있었다.

그날 밤 울펀슨은 손님들에게 두 가지 질문을 던졌다. 첫 번째는 이 신용위기가 미국 경제사에서 하나의 장이 될 것인지, 아니면 각주에 그칠 것인지였다. 탁자를 돌며 의견을 모아보니 모두 그것이 각주에 불과할 것이라고 했다.

그러자 울펀슨이 두 번째 질문을 했다. "미국에 1920년대와 같은 대공황이 올까요? 아니면 일본의 잃어버린 10년과 같은 상황이 올까요?" 만찬에 참석한 사람들의 의견을 모아보면 미국이 일본과 같이 장기적인 침체를 겪을 것 같다는 것이었다. 하지만 이때 버냉키는 두 가지 시나리오 모두 가능성이 낮다고 말해 주위를 놀라게 했다. "우리는 대공황과 일본의 경험에서 교훈을 얻었어요. 따라서 어느 것도 일어나지 않을 겁니다." 그는 확신에 찬 어조로 말했다.

패니메이와 프레디맥의 국유화

"결정했어." 폴슨이 재무성의 부하들과 고문들에게 공표했다. 8월의 마지막 주였다. 폴슨은 패니메이와 프레디맥에 관한 방침을 정했다. "이 두 회사는 생존할 수 없어. 우리가 모기지 시장을 교정해야 한다면 이 두 회사부터 뜯어고쳐야 해."

베이징에서 돌아온 폴슨은 자문회사로 고용한 모건스탠리의 팀과 다른 관계자들로부터 하루 종일 보고를 듣고 이제 행동을 취하는 수밖에 없다고 결론을 내린 것이었다. 게다가 이 두 회사의 주가는 계속 떨어지고 있었다. 폴슨이 볼 때 패니메이와 프레디맥 문제를 해결하지 않으면 미국 경제 전체가 위험에 처할 것이었다.

모건스탠리는 지난 3주간, 내부적으로 '기초프로젝트Project Foundation'라고 명명하고 패니메이와 프레디맥 문제에 매달렸다. 약 40명의 직원이 야간과 주말 작업을 불사하고 이 프로젝트에 동원되었다. 이때 지미 페이지라는 직원은 이렇게 한탄했다. "감옥이 이것보다 낫겠어. 거기서는 적어도 하루 세끼 나오고 가끔 면회도 있으니까."

모건스탠리는 패니메이와 프레디맥의 장부에 존재하는 모든 융자를 하나씩 살폈다. 이를 위해 두 회사에서 실려 나온 문서들이 인도에 있는 모건스탠리 분석센터로 이송되었고, 거기서 약 1,300명의 직원들이 융자 안건 하나하나를 분석했다. 이는 미국에서 나간 주택담보융자의 거의 절반에 해당하는 것이었다.

모건스탠리의 투자은행가들은 또한 패니메이와 프레디맥의 투자가들과 전화 인터뷰를 실시해 시장이 어떤 기대를 하는지를 파악했다. 그 결과는 댄 심코위츠가 재무성의 팀에게 보고한 말에 함축되어 있었다. "시장은 지금 두 사람의 폴슨을 생각하고 있어요. 존 폴슨과 행크 폴슨이죠. 존 폴슨이 생각하는 건 이제 필요 없고, 행크 폴슨이 지금부터 뭘 하고자 하는지 알고 싶다는 겁니다." (존 폴슨은 과거 2년간 가장 성공적인 헤지펀드 매니저였는데, 그는 서브프라임이 터지기 전에 가지고 있던 자산을 다 팔아치움으로써 그의 투자가들에게 약 150억 달러를 벌어다 주고 자신은 37억 달러를 챙겨 갔다.)

모건스탠리의 평가에 따르면 패니메이와 프레디맥이 자산 대비 2.5퍼센트라는 자본준비율을 맞추는 데만 500억 달러의 현금을 투입할 필요가 있었다(은행의 준비율은 4퍼센트였다). 결국 주택시장이 악화되면서 이 두 정부투자기업의 자본준비가 위험 수준에 도달했다는 것이 명백해졌다.

폴슨 장관이 느끼기에 더 어려운 것은 중국과 러시아가 패니메이와 프레디맥의 채무증권을 사는 것을 멈추고 팔기 시작할 것이라는 점이었다. 이와 별도로 JP모건의 제이미 다이먼은 폴슨에게 전화해 결정적인 행동을 취할 때가 되었다는 의견을 밝혔다.

재무성 회의에서 폴슨은 두 가지 옵션을 제시하며 어느 쪽이 타당한지 의견을 물었다. 하나는 패니메이와 프레디맥이 챕터 11, 즉 법적 파산 절차를 밟게 하는 것이고, 다른 하나는 주식회사 형태를 그대로 두되 정부가 개입해 기업통제를 실시하는 것이었다.

이때 장관 고문 켄 윌슨은 폴슨이 '적대적 인수'라고 표현하는 방안을 법률자문 없이 곧바로 추진하는 것에 대해 우려를 나타냈다. "행크, 이에 관해서는 일류 로펌의 의견을 듣지 않고는 어느 쪽이건 행동을 취할 수가 없어요."

"좋아. 그러면 자네 생각은 뭐야?" 폴슨이 물었다.

"워첼의 에드 헐리히Ed Herlihy에게 전화해서 할 수 있는지 물어볼게요. 이 두 정부투자기업에 파산 절차를 밟게 하는 건 웃기는 이야기예요. 걔네들도 형식적으로는 공개기업이어서 권리를 행사할 수 있는 주주와 채권보유자가 있으니까, 밀어붙이면 시끄러울 거예요."

윌슨이 헐리히를 추천한 데는 그만한 이유가 있었다. 헐리히는 미국 역사상 가장 큰 기업 인수 전쟁들에 참여해왔다. 그해에도 JP모건체이스가 베어스턴스를 인수하는 데 법률자문을 제공했다. 그가 속한 로펌 워첼, 립턴, 로즌 앤드 카츠Watchell, Lipton, Rosen & Katz는 기업 전쟁과 거의 동의어라고 할 수 있을 정도였다. 이제는 유명해진 '포이즌 필'*이라는 기업 인수 저지전략도 이 로펌의 설립자 중 하나인 마틴 립턴Martin Lipton이 고안했다. 만약 재무성이 정부 주도의 적대적 인수를 모색한다면 이는 역사상 처음 있는 일이고, 이때 헐리히는 최고의 법률고문이 될 것이었다.

8월 23일 주말, 재무성은 전투작전을 개시했다. 헐리히를 비롯한 로펌

---

* 포이즌 필(poison pill)이란 기업경영권을 방어하기 위한 전략으로, 기업을 인수할 경우 양자가 모두 해를 입을 독소조항이 들어 있는 전략 또는 그런 계약서를 가리킨다. 원래 스파이가 잡혔을 때 자살하기 위해 가지고 다니는 독약에서 유래한 표현이다.

워첼의 변호사들은 사람들의 의심을 사지 않도록 여러 편의 민항기에 나눠 타고 워싱턴에 모였다. 이들이 모이자 폴슨은 한 달 전 재무성에 들어온 댄 제스터의 도움을 받아가며 작전계획을 자세히 설명했다. 주식시장에서 눈치를 채지 못하도록 주말 3일 동안 대형 기업 인수를 해치우듯이, 9월의 첫 번째 월요일인 노동절 휴일 기간에 패니메이와 프레디맥의 인수작업을 완료하는 것이 목표였다.

변호사들과 재무성의 직원들은 인수의 구체적 전술, 관련 법령, 인수 후 기업구조 등을 몇 시간씩 토의했다. 재무성 측의 제스터와 제레미아 노턴Jeremiah Norton 등이 제시한 것은 패니메이와 프레디맥에 자본을 투입하고, 우량주와 전환사채를 취득해 기업통제권을 확보하는 것이었다.

그런데 곧 폴슨은 노동절이라는 목표일이 불가능한 것이라고 판단했다. 패니메이와 프레디맥을 규제하는 FHFA Federal Housing Finance Agency, 연방주택금융공사의 제임스 록하트James Lockhart가 작년 여름에 두 정부투자기업에 보낸 편지를 한 변호사가 발견한 것이었다. 그 편지에는 두 기업이 자본을 적정하게 보유하고 있다고 쓰여 있었다. “정말 웃기고 있네.” 이 편지에 관해 들은 폴슨은 실소를 터뜨렸다.

재무성이 이대로 밀고 나가 두 기업의 구조를 바꾸려고 한다면, 그 두 기업뿐 아니라 의회 안에 있는 그들의 지지자들의 저항에 직면할 것이었다. 이 두 기업들이 스스로 적정하게 자본을 보유하고 있다는 주장과 그 주장을 지지하는 규제기구 모두가 바뀌지 않으면 안 되었다.

“이 사람들이 말하는 것이 바로 무형자본 등등인데, 내가 바로 소똥자본bullshit capital이라고 부르는 거야.” 폴슨은 불평을 털어놓았다.

“그렇다면 우리는 기록을 바꿔야 해.” 제스터가 FHFA의 편지를 가리키며 말했다.

"바로 그거예요." 헐리히가 동의했다. "아주 나쁜 내용의, 즉 현실적으로 정확한 내용의 새 편지를 받아내는 겁니다."

이에 폴슨은 연준에 회계검사원 직원을 보내도록 요청했고, 이들은 그때부터 2주간 패니메이와 프레디맥의 장부를 샅샅이 훑어 자본의 부적정성을 뒷받침하는 서류를 준비했다.

한편 두 회사의 인수에 관해 재무성 팀이 토론을 할 때마다 제기되는 문제가 있었다. 두 기업의 이사회가 반대하면 어떻게 하느냐는 것이었다.

이에 대해 폴슨이 말했다. "들어봐. 나를 믿으라니까. 내가 두 이사회를 잘 알고 동의하게 만들 수 있어. 우리가 설명하면 그들은 동의하게 돼 있어."

8월 26일 화요일 오전, 폴슨은 백악관으로 걸어가 서관의 지하로 안내되었다. 그리고 465제곱미터에 이르는 상황실에 도착해 정해진 자리에 앉았다. 9시 30분, 텍사스 주 크로퍼드의 목장에 가 있던 부시 대통령이 대형 화면에 나와 화상회의가 시작되었다. 간단히 인사를 나누고 나서 폴슨은 패니메이와 프레디맥에 대한 인수작전에 관해 설명했다. 설명을 들은 부시는 준비한 대로 진행하라고 말했다.

노동절 휴가가 가까워오면서 재무성 팀과 변호사들은 두 기업을 동시에 인수하는 데 필요한 구체적인 행동계획을 짜기 시작했다. 그들은 이 두 기업이 눈치를 채고 의회에 있는 지지자들에게 말을 꺼내기 전에 군사작전과 같은 정밀함과 보안을 유지하면서 신속히 움직여야 한다는 것을 잘 알고 있었다. 그리고 두 기업의 직원들과 이사회에 어떤 말을 할 것인지 원고도 준비했다. 어떠한 타협이나 지연도 용납할 수 없었다. 내부적으로 재무성 관리들은 그들이 패니메이와 프레디맥에 제시하는 것은 오직 두 개의 문이라고 이야기했다. 첫 번째 문은 두 기업이 협력하는 것이고, 두 번째 문은 그들의 협력 없이 해치워버리는 것이었다.

8월 28일 목요일 오전, AIG의 윌럼스태드와 전략 담당 임원 브라이언 슈라이버는 파크 애비뉴 270번지에 있는 JP모건 본사에 도착했다. 경비원의 에스코트를 받으며 임원 층에 도착한 두 사람은 제이미 다이먼과 회의에 들어갔다.

48층 임원 층의 유리문과 안내데스크를 지나면서 두 사람은 새로 단장한 집무실들을 쳐다봤다. 다이먼을 기다리면서 윌럼스태드는 슈라이버가 조용히 분노하고 있음을 느꼈다. 슈라이버는 시장이 악화되는 것에 대비해 8월 내내 자본을 조달하고 융자를 해 올 수 있는 신용 한도를 늘리는 데 몰두해왔다. 이를 위해 수많은 은행들과 접촉하는 과정에서 그는 JP모건의 태도에 실망했다. 게다가 그는 지난봄 JP모건이 AIG를 위해 자본을 조달할 때 보였던 호전적인 태도에서 받은 상처를 아직도 가지고 있었다. 슈라이버는 시티그룹이나 도이체방크를 쓰고 싶었으나, 윌럼스태드의 주장으로 JP모건을 쓰게 되었다. 당시 일들이 돌아가는 것으로 보아 윌럼스태드는 같은 값이면 다이먼과 가까운 곳을 쓰고 싶었던 것이다. 물론 이는 다이먼도 같은 생각이라는 전제에서였다.

두 사람은 다이먼의 집무실로 안내되었다. 집무실은 사무실, 응접실, 회의실로 구성되어 있었다. JP모건 측에는 다이먼과 사장인 스티브 블랙, 앤 크로넨버그Ann Kronenberg, 팀 메인Tim Main이 목재 탁자에 앉아 있었고, 그 뒤에 화이트보드가 있었다.

인사가 끝나고 다이먼이 방문에 대해 감사를 표하자, JP모건의 금융기관 그룹을 책임지는 팀 메인은 왜 AIG가 JP모건을 간사은행으로 선임해야 하는지 설명했다. JP모건그룹이 최근 주식과 채권 인수사업에서 톱에랭크되어 있으며, 한 예로 최근에 CIT그룹이 10억 달러 상당의 두 번의 공개 증자를 성사시켰다는 것이었다.

나중에 윌럼스태드는 이 CIT 건에 대해 슈라이버에게 이렇게 말했다. "그건 자랑하기에는 조금 웃기는 건인데. CIT 주는 10달러 미만으로 팔렸는데, 그건 1년 전 가격의 4분의 1이야." 아무튼 메인의 발표는 월스트리트에서는 아주 틀에 박힌 것이었다. 아마 그때 방에 있던 사람들은 우리가 가장 적합하고, 우리는 인재와 자원이 많으며, 당신의 필요를 누구보다 잘 이해하고 있다는 등의 말을 수백 번은 아니더라도 수십 번은 들어봤을 것이었다.

그런데 메인은 AIG 그리고 과거 AIG와 일했던 경험에 관해 상당히 노골적으로 말하면서 끝을 맺었다. JP모건이 해줄 수 있는 것은 많지만, 클라이언트인 AIG가 스스로 문제점을 깨닫는 것이 중요하다는 것이었다. 이 말에 다이먼을 비롯한 참석자들은 화들짝 놀랐다.

"그만해." 다이먼이 급히 메인을 제지했다. 그러나 물은 이미 엎질러졌고 AIG의 두 사람은 당황했다. 윌럼스태드는 메인의 말이 거슬렸고, 슈라이버도 그 말을 모욕적으로 받아들였다. 하지만 몇 분 뒤 두 사람은 기분을 풀고 다이먼과 직접 이야기했다. 당황한 메인은 조용히 자리에 앉아 있었다.

"제이미, 내가 지금 가지고 있는 걱정 중의 하나는 AIG의 신용등급이 내려갈 가능성이 있다는 거야." 윌럼스태드가 설명했다. "신용평가회사들이 9월까지 기다려주겠다고 했었는데, 골드만의 보고서가 나오면서 민감해졌어." 골드만의 한 애널리스트가 AIG의 문제를 제기한 보고서를 두고 한 말이었다. 이 보고서는 매우 영향력이 있어서, 그것을 본 재무성의 켄 윌슨과 토니 라이언Tony Ryan이 윌럼스태드에게 전화해서 회사를 점검해보라고까지 했다.

이 말에 다이먼이 대답했다. "신용등급 강등은 그대로 받아들여도 괜찮을 거야. 세상의 끝은 아니니까."

"아니야. 그건 등급 강등으로 그칠 문제가 아니야." 윌럼스태드가 말했다. 몇 주 전에 AIG가 스스로 증권거래위원회에 제출한 보고서에서 밝혔듯이, 등급 강등이 가져오는 결과는 심대한 것이다. 무디스와 S&P가 등급을 한 단계라도 낮추면 AIG는 105억 달러의 추가담보를 설정해야 했다. 만약 두 신용평가기관 모두 한 단계씩 낮추면 그 액수는 133억 달러에 달할 것이었다. 이는 AIG가 CDS를 팔 때 제시한 계약의 일부로서, 일정한 수준의 신용등급을 지키지 못할 경우 추가로 담보를 설정해야 할 의무가 있었다. 이것은 CDS를 바탕으로 하는 지불 요구가 있을 때 이를 이행하지 못할 경우에 대비한 일종의 보험 장치였다. AIG의 등급은 당시 AA마이너스였는데, 이것이 내려갈 압력이 급격히 커지고 있었다. AIG의 임원들은 결국 180억 달러의 추가담보설정이 요구될 것이라고 우려했다.

그런데 회의 자리에서 아무도 언급하지 못한 것이 있었다. AIG에 동원할 현금이 없으며, 따라서 파산만이 유일한 대안이라는 점이었다.

다이먼이 볼 때 이는 단기적인 유동성의 문제였다. "당신들은 담보도 많고 3조 달러에 이르는 대차대조표도 가지고 있어요. 그리고 증권도 많이 가지고 있고." 다이먼은 격려하는 투로 말했다. 물론 AIG의 상황은 더 악화될 수 있지만 당장은 일시적인 어려움에 불과했다.

"맞아. 하지만 그렇게 간단하지 않아." 윌럼스태드가 동의하면서도 우려를 거두지 않았다. "담보는 대부분 지정된 보험회사들에 들어가 있으니까."

그해 중반, AIG는 장부상에 부채보다 자산이 780억 달러 더 많은 상태였다. 하지만 그 자산은 대부분 71개의 자회사들이 보유한 것으로서 이들은 주정부 당국의 규제를 받기 때문에 모회사가 그 자산을 쉽게 팔 수 없었다. 보험사업에 관해서는 연방정부의 규제나 감독이 없다. 그 대신 각 주의 보험감독관들이 그 주에 소재하는 보험회사들의 자산 매각을 규제하고 제한하는 권한을 가지고 있다. 주정부 보험감독관의 가장 중요한 책무는 보험가입자를 보호하는 것이다. 따라서 AIG가 이런 담보자산을 팔아 현금을 금방 동원한다는 것은 거의 불가능한 일이었다.

그제야 다이먼을 비롯한 JP모건의 임원들은 AIG가 직면한 어려움을 실감했다.

회동을 마치고 AIG의 두 방문자가 문을 나서는데 다이먼이 윌럼스태드를 불러 속삭였다. "내 말 들어봐. 자네에게는 지금 시간이 없어. 그러니 우리가 아닌 다른 은행이라도 알아봐. 서둘러."

다음 날 윌럼스태드가 다이먼에게 전화를 걸었다. "제이미, 이 일은 양측이 죽이 맞을 때에만 성사될 수 있어. 어제 발표한 팀 메인을 매우 신뢰하지만……, 현실은 어제 우리가 본 대로야."

다이먼은 윌럼스태드가 하고 싶은 말을 금방 이해했다. "알았어. 스티브 블랙이 담당하게 할게."

"좋았어."

패니메이와 프레디맥의 마지막 날들

"빨리 짐 싸서 뉴욕으로 돌아오는 게 좋을 거야." 목요일 밤, 버진아일랜드의 해변에서 휴양을 즐기고 있던 메릴린치 출신의 미국교직원연금공단TIAA-CREF* 임원 허브 앨리슨Herb Allison에게 켄 윌슨의 전화가 왔다. 윌슨은 중요한 비밀을 귀띔해줬다. 재무성이 주말인 9월 6일에 패니메이와 프레디맥을 인수할 계획이라는 것이었다.

그런데 이 전화는 그냥 사교적인 것이 아니었다. 웰슨은 앨리슨에게 패니메이의 CEO 자리를 주려고 했다. 재무성이 이 정부투자기업을 인수한다면 나름대로 경영진을 미리 구성할 의도였다.

CEO 자리를 준다는 말에 앨리슨의 반응은 이러했다. "켄, 내 말 들어봐. 하고 싶어. 공공서비스라는 의미에서 그 일에 관심이 있어. 그리고 자네를 돕고 싶으니 원하는 것을 말해줘. 그런데 문제는 지금 나한테 옷이 없다는 거야. 가지고 있는 거라곤 짧은 바지와 샌들뿐이야." 이 말에 월슨은 그가 워싱턴에 도착하면 옷을 빌려주기로 했다.

폴슨 장관이 인수계획을 결행하기로 결심한 것은 그 주 초반으로, 프레디맥의 CEO 리처드 사이런Richard Syron이 다녀간 직후였다. 폴슨은 사이런을 싫어했다. 사이런은 잠재적인 투자자들을 찾기 위해 골드만삭스를 찾아갔는데 며칠간 나눈 회의가 결국 성과 없이 끝났다고 말했다. 이 정부투자기업에 투자하려는 이는 아무도 없었던 것이다. 패니메이의 CEO 대니얼 머드는 폴슨이 좋아하는 편이었는데, 그와 나눈 대화도 전혀 고무적이지 않았다.

결국 9월 4일 목요일 밤, 재무성은 전투계획의 실행에 들어갔다.

우선 패니메이와 프레디맥의 두 CEO가 금요일 오후에 FHFA에서 폴슨 장관, 버냉키 의장과 회의를 하기 위해 불려 왔다. 패니메이의 댄 머드가 3시, 프레디맥의 리처드 사이런이 4시였다. 이들은 각각 최선임 법률 담

---

* TIAA-CREF란 Teachers Insurance and Annuity Association-College Retirement Equities Fund의 약어다. 약 360만 명의 교육자, 연구자 등이 가입한 연기금으로, 미국에서 큰 영향력을 지닌 금융기관의 하나이며, 뉴욕에 본부가 있다.

당 임원 한 명씩을 대동했다. 회의가 끝나고 나서 그 소식이 언론에 누출된다 해도 금요일 주식시장은 폐장한 상태일 것이고, 그로부터 48시간의 주말을 활용해 작전을 실행할 수 있다는 것이 폴슨의 생각이었다.

금요일 오후, 열대성 폭풍 해나가 접근하는 워싱턴 하늘에는 검은 비구름이 덮여 있었다. FHFA 2층 회의실에는 이 기구의 대표 록하트가 가운데 앉고 양옆에 버냉키와 폴슨이 자리 잡고 있었다. 각 CEO에게 록하트는 같은 내용을 통보했다. 즉, 그들의 잠재적 손실이 너무 커서 정상적으로 작동해 주어진 임무를 달성할 수 없으므로, FHFA는 "이런 상태가 곪아가는 것을 보지 않고 행동을 취할 것"이라고 주어진 문서를 읽었다.

구체적으로, 두 회사는 관리경영 상태에 들어가며, 공개기업으로 존속해 주식구조는 변하지 않으나 FHFA가 경영권을 장악할 것이다. 기존의 경영진은 교체될 것이며, 정부에서 낙하산으로 경영진이 충원되지는 않을 것이다.

이윽고 폴슨 장관이 배턴을 넘겨받았다. "공정하고 공개적이고 정직하게 처리할 겁니다. 당신들의 도움이 필요해요. 수긍하고 도와주시기 바랍니다. 우리가 이를 당신들의 도움 없이 집행할 근거는 있습니다. 필요하다면 그 안을 취할 겁니다."

폴슨의 말에 프레디맥의 리처드 사이런은 곧 항복하고 그의 이사회에 이를 통보했다.

패니메이의 댄 머드는 쉽지 않았다. 설명을 듣고 그는 변호사와 함께 로펌 설리번 앤드 크롬웰의 워싱턴 사무실로 돌아갔다. 로펌의 변호사들은 펄쩍 뛰었다. 평소에 늘 침착한 로진 코헨마저 재무성의 켄 윌슨에게 전화해 항의했다. "켄, 어떻게 된 거야? 이건 말도 안 돼."

패니메이의 임원들은 의회의 지지자들에게 전화를 해봤지만, 폴슨과 재무성이 정치가들에게 이미 인수작업의 가치에 대해 충분히 로비를 해 놓았음을 깨달았다. 민주당원들은 모기지 금융 시스템이 작동하기 위해서 필요한 조치라고 생각했다. 한편 공화당원들은 패니메이와 프레디맥이 초래한 금융시장 전체의 리스크를 지적했다.

다음 날 패니메이의 변호사들은 모든 이사들을 워싱턴으로 불러들여 FHFA에서 만나게 했다. 이에 대해 재무성은 오직 이사회의 멤버들만 참석할 수 있으며, 패니메이에 금융자문을 제공하는 골드만삭스는 참석할 수 없다고 못 박았다.

토요일 정오, 패니메이 이사회의 법률고문인 크래배스, 스웨인 앤드 무어Cravath, Swaine & Moore의 베스 윌킨슨Beth Wilkinson, 로진 코헨Rodgin Cohen, 로버트 조피Robert Joffe 세 변호사는 이사회 전원 13명과 함께 FHFA의 작은 회의실에 모였다. 전날 재무성의 결정이 통보된 곳이었다. 재무성의 메시지는 두 가지였다. 하나는 재무성이 10억 달러어치의 우량우선주를 산다는 것. 이는 보통주의 79.9퍼센트 가격이었다. 다른 하나는 각 정부투자기업에 2,000억 달러씩을 투입한다는 것. 그리고 이 두 조건은 타협할 수 없었다.

회의는 금방 끝났고 패니메이의 이사들은 모여서 숙고하기로 했다. 윌킨슨 변호사는 남편인 NBC 뉴스의 데이비드 그레고리David Gregory를 위한 생일 축하 만찬을 취소했다. 그날 밤 패니메이의 이사회는 투표로 재무성의 안을 받아들이기로 결정했다.

그날 밤 10시 반, 폴슨은 민주당 대통령 후보 버락 오바마의 전화로 잠이 깼다. 그날 오바마는 인디애나 주에서 유세를 벌였는데, 한 연설에서 패니메이와 프레디맥에 관해 언급하며 이렇게 말했다. "정부가 어떤 조치를 취한다면 보너스와 수임료를 걱정하는 로비스트나 특정 이익 옹호자들이 멋대로 결정하는 것이 아니라, 그것이 우리 경제를 강화하고 집을 소유한 사람들의 어려움을 돕는 것이 되어야 합니다." 그날 밤 오바마와 폴슨은 거의 한 시간 동안 전화로 이야기를 나눴다.

일요일에 드디어 인수안이 공식적으로 발표되자, 몇 주를 이에 매달려 온 재무성 직원들은 안도했다. 그들은 미국의 금융 시스템을 안정화하는 데 매우 중요한 영향을 미치는 것을 성취했다고 믿었다. 시장에서는 커다란 불확실성의 구름이 걷혀 안정을 찾을 것이었다. 한마디로 홈런을 친 것이다.

그런데 폴슨의 마음에는 여전히 한 가지 걱정이 남아 있었다. 리먼브러더스였다.

폴슨을 위해 일하기 시작하고 나서 처음으로 자유로운 오후 시간을 보내게 된 켄 윌슨은 재무성 빌딩을 나와 자신의 아파트에 들렀다가, 조지타운의 한 펍에서 저녁을 먹으며 TV로 미식축구를 시청했다.

집에 돌아와 음성메일을 열어보니 딕 펄드에게서 몇 개의 메시지가 와 있었다.

펄드에게 전화하자 그는 패니메이와 프레디맥에 관한 뉴스를 듣고 무척 기뻤으며 이것이 시장을 안정시키기를 바란다고 말했다. 하지만 그 자신은 리먼을 살릴 딜이 없어 맥이 빠진 상태였다. 한국과의 거래 진행 상황은 어둡다고 했다. 뱅크오브아메리카도 감감무소식이었다. 펄드는 리먼이 지금 '굿뱅크와 배드뱅크'의 분리전략을 가지고 있으며, 악성 부동산 자산은 배드뱅크에 떼어 독립적인 법인으로 하겠다고 했다.

펄드는 리먼에서 일하다가 블랙스톤그룹을 공동 창업한 스티븐 슈워츠먼과 솔직한 대화를 나눈 적이 있었는데, 이때 슈워츠먼은 이렇게 조언했다. "딕, 이건 암이야. 잘라버려야 해. 그리고 옛날의 리먼으로 돌아가야 해."

악성 자산의 별도 법인화로는 부족할지 모른다는 조언을 전해 듣고 윌슨도 걱정이 되어 말했다. "자네, 이제는 회사를 위해 진정으로 옳은 결정을 해야 하지 않을까?" 리먼을 파는 것이 낫지 않겠느냐는 말을 돌려서 한 것이다.

"무슨 의미야?" 펄드가 물었다.

"리먼 주가가 지금처럼 계속 빠진다면…… 오래된 가구 사이에서 뭔가 툭 튀어나오듯이 자네가 납득할 수 없는 주가가 나오고…… 그래도 자네는 회사를 보존하기 위해 그 주가를 받아들일 수밖에 없는 그런 상황이 올 수도 있잖아."

"어떤 주가를 말하는 건데?"

"말하자면, 한 자릿수 주가……."

"개소리하지 마." 화가 난 펄드는 소리를 질렀다. "베어스턴스도 주당 10달러를 받았어. 그런데 리먼 주가 한 자리라고? 그런 주가에 리먼을 팔 순 없어!"

Too Big to Fail

리먼브러더스는 무너지는가

뉴스는 월요일 밤 나돌기 시작했다. 그러더니 새벽 2시에는 세계의 모든 뉴스통신사가 보도하고 있었다. 한국산업은행이 더는 리먼의 주를 사려고 하지 않는다는 것이었다. 로이터통신 헤드라인은 이렇게 외치고 있었다. "한국의 생명선이 끊기면서 리먼 구제에 주목."

서울에서 온 소식

한국 금융감독원의 전광우 원장은 서울에서 있었던 기자회견에서 여름 내내 지속되어오던 리먼과의 협상이 끝난 것이나 다름없다고 하면서 이렇게 말한 것으로 전해진다. “현재 국내외 금융환경을 고려할 때 한국산업은행은 리먼의 주식 취득에 매우 신중하게 접근해야 할 것입니다.”

화요일 아침, 딕 펄드는 억제할 수 없는 분노에 휩싸여 집무실에 앉아 컴퓨터 화면을 바라보고 있었다. 한국산업은행과의 협상은 중단된 지 오래였다. 뉴욕에서 협상을 하던 민유성이 돌아가고 나서 주당 6.4달러라는 제안이 왔다. 펄드는 이를 진지한 제안으로 생각하지 않았다. 하지만 일반인들의 입장에서는 한국산업은행과 협상이 진행되어왔다는 이야기를 들은 터였으므로, 이 소식이 새삼스럽게 충격적이었을 것이다. 아무튼 이 소식이 퍼진 뒤 주식시장이 열리자마자 리먼의 주가는 급격히 떨어지기 시작했다.

이 뉴스가 나온 시기 또한 매우 나빴다. 맨해튼 도심에 있는 힐튼호텔에서 고급임원들이 참가하는 연례 투자은행회의가 열리는 와중에 터진 것이다. 그 호텔은 리먼 본사에서 겨우 두 블록 떨어져 있다. 호텔 밖에는 CNBC 중계차량이 대기하고 있었다. 회의 이틀째인 이날 오선에는 와코비아로 옮긴 밥 스틸과 블랙 록의 래리 핑크가 오전에 발표를 할 예정이었다. 전날에는 바클레이스캐피털의 밥 다이아몬드가 발표를 했다.

아침 장이 열리기 직전에 바트 맥데이드가 펄드의 방으로 들어왔다. 맥데이드가 말하려고 하는데, 펄드가 말을 가로채고 TV를 가리키며 “시작하네”라고 외쳤다. “막연한 인상이 현실을 깔아뭉개는 것 말이야.” 이 말에 맥데이드도 할 수 없이 TV 화면으로 눈을 돌렸다.

CNBC 프로그램의 헤드라인은 "남은 시간이 없는 리먼"이었다. 이 방송의 경험 많은 리포터 데이비드 페이버David Faber는 헤드라인에 관해 설명했다. "지금부터 분기 실적 발표가 있을 다음 주 금요일 사이에 리먼이 해야 할 일은 너무 많습니다." 그리고 마치 점을 치듯이 이렇게 말했다. "리먼이 많은 사람들의 예상대로 손실을 금요일에 발표하면서 '전략적 대안들을 고려하고 있다'라고 할까요? 그럴지도 모르지요. 아마 그래야 할 거예요. 그런데 문제는 의문점이 너무 많다는 겁니다."

맥데이드가 펄드의 방으로 찾아온 이유는 바로 TV에서 페이버가 말하는 것을 상의하기 위해서였다. 그는 다음 주 목요일에 예정된 실적 발표를 앞당겨 늦어도 이번 주 금요일에 실시하는 것이 어떠냐고 하면서 펄드에게 말했다. "우리가 가려서 결정해야 할 사항들이 많아요."

"맞아. 빨리 움직여서 이 금융 쓰나미가 우리를 덮치지 않게 해야 해." 펄드도 동의했다.

맥데이드가 펄드와 상의한 것은 일본의 가부키와도 같은 것이었다. 단지 의례적인 행동이었던 것이다. 맥데이드는 이미 CFO 이언 로윗Ian Lowitt에게 통계를 뽑아놓으라고 지시해놓았다. 나아가 그는 실적 발표 때 사내에서 'SpinCo' 계획이라고 부르는 '굿뱅크와 배드뱅크' 분리 방침을 함께 발표할 것인지를 고려하고 있었다.

분기 실적을 발표하는 데 맥데이드가 펄드의 지원을 반드시 필요로 한 것은 아니었다. 그와 그의 심복들은 이미 실권을 장악하고 있었기 때문이다. 그래도 외부에 실적을 공표하는 데 펄드의 협조가 있으면 유리했다. 싫건 좋건 펄드는 아직도 리먼의 얼굴이었고, 그의 존재가 보이는 것이 시장을 안정시키는 데 중요한 요소가 될 수 있었다.

다만 지금 상황의 복잡성에 비춰볼 때, 맥데이드는 펄드의 정서 상태가 걱정되었다. 그래서 맥데이드는 펄드의 방으로 올라오기 전 겔밴드에게 말했다. "딕이 할 수 있을지 모르겠어. 엄청난 스트레스를 받고 있으니까." 그러나 외부의 시각을 고려한다면 다른 대안이 없었다. 그리고 맥데이드는 펄드 자신이 나서서 실적 발표를 하기 원한다는 것을 알았다. 펄드는 자신이 참여하지 않는 행사를 생각할 수 없었기 때문이다.

JP모건의 워싱턴 순방 로비

화요일 오전, 재무성의 집무실을 나와 대회의실로 가는 폴슨의 모습에는 기운이 없었다. 그의 뒤에는 보좌관들, 즉 토니 라이언, 제레미아 노턴, 짐 윌킨슨, 젭 메이슨Jeb Mason, 밥 호이트가 따르고 있었다.

10시에 예정된 회의는 JP모건의 운영위원회operating committee와 하는 것으로 몇 주 전에 마련되었다. 이는 JP모건이 정부와 좋은 관계를 유지하기 위해 실시하는 일련의 일일 회의 프로그램이었다. 이 아이디어를 낸 것은 전직 뉴욕 주 공화당 하원의원 출신으로 현재 JP모건의 정부 관계 및 공공정책 담당 부사장인 릭 래지오Rick Lazio였다. JP모건 내부에서는 운영위원회OC의 워싱턴 DC로의 회의 출장을 'OC/DC'라고 불렀다. 다이먼으로서는 앞으로 연방정부의 월스트리트에 대한 규제가 더 엄격해질 것이므로 미리 정부 인사들과 알고 지내는 기회를 마련해놓자는 생각이었다.

"워싱턴까지 내려와 주셔서 고맙습니다." 폴슨 장관은 회의가 열리자 다소 기운 없는 목소리로 인사했다. 사실 그는 48시간 전에 실행한 패니메이와 프레디맥 인수작전에 대한 시장의 반응에 몰두해 있었다. 그는 이 큰 안건을 행하는 데 옳은 방법을 사용했다고 믿었지만, 시장의 투자가들이 모두 동의하는 것은 아니었다. 시장이 안정될 것이라는 그의 기대와 달리 시장은 다시 동요하는 모습을 보였다.

시장보다 더 반대 목소리를 내는 것은 의회였다. 특히 폴슨의 화를 돋운 이는 크리스토퍼 다드 상원의원이었다. 폴슨 장관은 인수에 관한 발표가 있은 직후의 일요일에 직접 그를 찾아가 설명을 했다. 그때 다드는 암묵적으로 승인했는데, 그다음 날에는 공공연히 폴슨을 비난했다. 폴슨이 요청한 한시적인 권한을 (폴슨이 실제로는 사용하지 않겠다고 했는데도) 큰 계략일 뿐이라며 비웃었다. 월요일에 있었던 기자들과의 전화회의에서 다드는 폴슨이 "바주카포를 원하면서 사용은 하지 않겠다고 한다"고 조롱했다.

이어 다드 의원은 이렇게 말했다. "우리는 폴슨 장관이 꼭 필요하다고 하는 말을 그대로 믿었습니다. 한 번 속아 넘어간다면 내 잘못이 아니지만, 내가 두 번 속아 넘어간다면 내 잘못입니다." 그러고 나서 다드는 워싱턴에서 누구도 대놓고 말하지 않던 것을 말해버렸다. "이번 패니메이와 프레디맥에 관한 행동이 원하는 결과를 가져올까요, 아니면 다른 행동들을 이미 재무성이 생각하고 있는 걸까요."

지난여름에 논쟁을 하면서 폴슨에게 사회주의자라는 딱지를 붙였던 짐 버닝 상원의원은 더 날카로웠다. "폴슨 장관은 상원 은행위원회에서 증언하며 아는 것을 다 말하지 않았습니다. 패니메이와 프레디맥이 회복 불가능한 상태에 있다는 것을 알면서도 말하지 않았습니다. 그는 의회와 미국 국민 앞에서 그 한시적인 권한을 사용하지 않겠다고 말하면서 실제로는 사용을 준비해오고 있었던 것입니다."

폴슨은 JP모건의 다이먼이 이 회의를 얼마나 소중하게 여기는지 알고 있었지만 한 시간 이상을 할애할 수는 없었다. 그는 투자은행업계에서 일하던 당시를 돌아보며 이렇게 조언했다. "나는 월스트리트와 의회 사이에 의사소통의 길을 열려고 노력했습니다. 투자은행에 있을 때는 워싱턴과 적절한 관계를 유지하는 것이 얼마나 중요한지 잘 알지 못했던 것 같아요."

"이 워싱턴에서 일을 제대로 하는 것이 보기보다 훨씬 어려워요." 폴슨의 말에 방에 있던 모든 이들이 웃음을 터뜨렸다. 패니메이와 프레디맥의 국유화 작업의 어려움을 실토하는 것이었기 때문이다.

그리고 그는 다이먼에게 이번 사태에 대해 의견을 물었다. 실제로 패니메이와 프레디맥의 정부 운영을 권유한 다이먼은 긍정적이면서도 외교적으로 대답했다. "이번에 하신 일은 옳은 것입니다. 지난 주말에 그 문제가 얼마나 큰 것이었는지 실감할 수 있었어요." 그러면서 그는 패니메이와 프레디맥의 일부 채권은 월요일에 거래가 별로 없을 것이라고 했다. 이때 다이먼은 주식시장이 아직 안정되지 않고 있다는 말은 뺐다.

"여러분들이 그렇게 생각한다면 금융계의 사람들에게 같이 공유해주세요. 도움이 필요합니다. 워싱턴에서는 내 분석을 믿으려는 사람이 별로 없어요." 폴슨이 자리에서 일어나며 말했다.

재무성에서 장관의 도움 요청을 듣고 난 JP모건의 임원들은 몇 그룹으로 나뉘어 금융과 관련된 정치가들을 찾아갔다. 소비자기업 담당 찰리 샤프Charlie Scharf와 새 CFO 마이클 캐버너Michael Cavanagh는 FDIC 회장 실라 베어를 찾아갔고, 스티브 블랙은 제임스 록하트James Lockhart를 방문했다. 그리고 오후에는 몇몇 임원들이 모여서 상원은행위원장 바니 프랭크를 찾아가게 되어 있었다.

그러나 가장 중요한 것은 제이미 다이먼이 연준의 버냉키 의장을 찾아가는 것이었다. 다이먼과 동행한 이는 JP모건의 CRO 배리 주브로Barry Zubrow였다. JP모건에 들어온 지 얼마 되지 않은 주브로는 중요한 임원으로 부각되고 있었다. 골드만삭스에서 25년 동안 일했던 주브로는 골드만삭스의 전 CEO로서 뉴저지 주지사가 된 존 코진의 가까운 친구였다. JP모건에서 시장의 리스크를 다이먼만큼 잘 아는 사람이 있다면 그것은 주브로였다.

컨스티튜션 애비뉴에 있는 연준의 애클레스 빌딩에 다이먼과 함께 들어가며 주브로는 보안검색대 바로 앞에서 자신의 블랙베리 단말기를 한 번 훔쳐보고 놀랐다. 리먼의 주가가 38퍼센트 떨어져 주당 8.5달러를 기록하고 있었던 것이다.

AIG의 마지막 호소

맨해튼 남단에 있는 뉴욕연방준비은행의 13층에서 AIG의 CEO 로버트 윌럼스태드는 팀 가이트너와의 회의를 기다리고 있었다. 시장이 요동치는 것을 보며 그는 가이트너에게 다시 한 번 AIG에 대한 할인융자를 고려해달라고 부탁하러 왔던 것이다. 지난달에 윌럼스태드가 한 비교적 추상적인 요청은 가이트너가 물리쳤지만, 이번에는 AIG를 골드만삭스나 모건스탠리(심지어는 리먼브러더스!)와 같은 프라이머리 딜러*와 동등한 신분으로 바꾸겠다는 구체적인 복안을 준비해 왔다. "곧 오실 겁니다. 지금 전화하고 계세요." 가이트너의 비서가 말했다.

---

* 프라이머리 딜러(primary dealer)란 중앙은행인 연준의 공개시장조작(open market operation)에 응해 정부 채권의 거래 등에 직접 참가하는 은행, 증권회사 등의 금융회사를 가리킨다.

"괜찮아요. 시간이 있으니까." 윌럼스태드가 대답했다.

5분이 지나고, 10분이 지났다. 윌럼스태드는 시계를 보고 짜증내지 않으려고 노력했다. 회의는 11시 15분에 시작하도록 되어 있었다.

15분이 지나자 가이트너의 부하 한 명이 미안한 표정으로 들어와 말했다. "솔직히 말씀드릴게요. 총재는 지금 펄드와 전화하고 있어요." 무슨 말인지 알지 않느냐는 표정이었다. 윌럼스태드에게 좀 더 기다려야 할 것 같다는 뉘앙스를 풍기며 말을 이었다. "리먼의 펄드는 눈까지 물에 잠겨 있는 상태예요."

이윽고 30분이 지나 가이트너가 나타나 인사를 했다. 가이트너는 뭔가 중대한 일에 충격을 받은 듯 시선을 어디 둘지 몰라 하며 손가락으로 펜을 돌렸다. 가이트너도 스위스 바젤에서 있었던 국제금융회의에서 이제 막 돌아온 상태였다.

인사를 나누고 나서 윌럼스태드는 자신이 찾아온 목적을 설명했다. 금융계에서 AIG가 지닌 위상을 바꾸려고 한다고 말했다. AIG를 프라이머리 딜러로 바꿈으로써, 베어스턴스 매각 이후 가능해진 긴급융자제도를 활용해 정부기관 및 프라이머리 딜러만을 대상으로 한 초저금리융자를 쓰고 싶다는 것이었다.

가이트너는 무표정으로 윌럼스태드를 바라보며, 어떻게 AIG FP가 할인융자를 받을 자격이 되느냐고 물었다. 윌럼스태드도 잘 알다시피 이 융자는 가장 어려운 입장에 처한 금융기관에 공여되는 것으로, 이를 필요로 하는 금융기관들이 많은 실정이었다.

윌럼스태드는 이번에는 수치를 장황하게 대면서 다시 주장했다. AIG는 890억 달러의 자산을 가진 금융회사로서 어떤 프라이머리 딜러 못지않게 금융 시스템에서 중요하며, 일부 프라이머리 딜러보다는 덩치도 크다고 했다. 따라서 프라이머리 딜러 면허를 받을 만하다는 것이었다. 게다가 AIG FP는 1,880억 달러분의 정부 채권을 보유하고 있었다. 그런데 더 중요한 것은 AIG가 월스트리트의 모든 주요한 금융회사들에 CDS 보험(기본적으로 투자자들을 위한, 정부규제의 대상이 아닌 보험)을 팔았다는 점이라고 강조했다.

이 말에 가이트너가 대답했다. "제가 여기에 취임한 뒤로는 한 번도 프라이머리 딜러 면허를 준 사례가 없어서 그 처리 절차조차 모르겠어요. 직원들에게 한번 알아볼게요." 그리고 가이트너는 윌럼스태드가 떠나기 전에 아침부터 그의 머릿속에서 맴돌던 중요한 질문을 던졌다. "이것이 AIG가 죽고 사는 비상사태용입니까?"

다행히도 윌럼스태드는 이 질문에 대비했었다. 설리번 앤드 크롬웰의 로진 코헨과 필라델피아연방준비은행 총재 출신 앤서니 산타메로Anthony Santamero를 포함한 변호사 및 고문들과의 회의에서, 이 질문이 나올 경우 '매우 조심스럽게' 대답할 것을 조언받았다. 윌럼스태드가 솔직하게 유동성 위기가 있다고 인정하면 가이트너는 프라이머리 딜러 신청을 기각할 것이고, 그렇게 되면 저금리의 융자를 받는 길은 멀어질 것이었기 때문이다.

그래서 윌럼스태드는 조심스럽게 대답했다. "글쎄요……. 아무튼 그 면허가 AIG에 매우 요긴하게 쓰일 거라고 말해두겠습니다."

윌럼스태드는 떠나면서 두 개의 문건을 가이트너에게 남겼다. 한 문건에는 AIG FP의 요점을 정리하면서, 왜 이 회사가 프라이머리 딜러가 될 수 있는지를 정당화하는 내용이 담겨 있었다. 또 하나의 문건은 가이트너의 관심을 끌 것이라고 윌럼스태드가 확신하는 것이었다. 이는 AIG의 전 세계 거래 당사자에 관한 정보인데, 1만 2,000건에 달하는 개별 계약을 비롯해 파생상품 관련 명목 거래액이 2조 7,000억 달러인 거래 당사자 정보도 포함되어 있었다. 이 문건의 중간쯤에는 굵은 글씨로 이렇게 쓰여 있었다. "이 중에 1조 달러는 12대 금융기관과의 거래에 집중되어 있다."

이 말의 중요성을 이해하는 데 하버드 대학 MBA 학위가 필요하지는 않았다. 한마디로 AIG가 쓰러지면 금융계 전체가 함께 쓰러진다는 말이었다.

하지만 리먼에 대한 생각으로 머리가 꽉 찬 가이트너는 윌럼스태드가 두고 간 문서를 한 번 슬쩍 보는 척하고 옆으로 밀어놓았다.

골드만삭스의 관심

폴슨 장관의 고문역 댄 제스터가 집무실에 돌아오자 비서가 놀랄 만한 소식을 전했다. 골드만삭스의 CFO 데이비드 비니어의 전화가 와 있다는 것이었다.

그 자신이 골드만에서 일했었기 때문에 그곳에서 오는 전화는 받기가 어색했다. 폴슨과 달리 제스터는 재무성의 직위를 받아들일 때 골드만의 주식을 포기하지 않았다. 또한 장관직이 아니고 장관의 고문역인 제스터는 취임을 위해 의회의 청문회를 거치는 절차를 필요로 하지 않았다. 비니어는 폴슨과 골드만에서 동료이자 친구로 막역한 사이였지만, 이번 전화는 사업상의 이야기를 하기 위한 것일 터였다. 시장이 이처럼 요동치는 상황에서 한가하게 안부나 묻는 전화일 리는 없었다. 잠시 숨을 고르고 제스터가 수화기를 들자 비니어도 간단하게 인사를 건네고 요점으로 들어갔다.

"우리가 리먼을 도울 수 있을까?"

비니어의 표현은 조심스러웠는데, 시점이 조금 의아했다. 제스터는 방금 가이트너에게 리먼이 수요일에 39억 달러의 손실이라는 사분기 실적을 미리 발표할 것이라고 들었다. 펄드는 조용히 정부 측에 사전 언질을 주었던 것이다. 그리고 한 시간도 안 되어 골드만이 전화해 냄새를 맡는 것이 아닌가.

재무성의 규칙을 위반하지 않기 위해 제스터는 조심스럽게 이야기를 해봤다. 그런데 그는 곧 비니어가 진정으로 리먼에 도움을 줄 의도가 있다고 판단했다. 골드만이 리먼의 가장 악성인 자산 일부를 살 의향이 있다는 것이었다. 물론 싼 가격으로였다. 비니어는 재무성이 그런 기회를 만드는 데 도움을 줄 수 있느냐는 것이었다.

전화를 끊고 제스터는 재무성의 수석법률고문 로버트 호이트에게 보고했다. 골드만과 정부 사이의 관계에 대한 음모설이 하도 많은 탓에 이 통화가 새어 나간다면 폭발물이 될 수도 있기 때문이었다. 제스터는 스스로를 보호해야 했다.

이어 장관에게 보고할 차례였다.

한편 리먼 타워에서는 알렉스 커크가 맥데이드의 집무실로 달려가고 있었다. 숨을 헐떡이며 그가 말했다. "이상한 일이 있습니다. 방금 피터 브라이거Peter Briger와 통화했는데요."

브라이거는 거대한 헤지펀드 및 프라이빗에퀴티 회사인 포트레스파트너스Fortress Partners의 사장이었다. 골드만 파트너 출신인 브라이거는 골드만 시절부터 소문을 잘 파악했다. 커크는 그의 전화 내용이 좀 불길하다고 말했다. 브라이거의 말은 이랬다.

"당신이 바트와 리먼에 충성한다는 건 잘 알아. 그래서 웬만하면 내가 이런 전화를 하지 않을 거요. 그런데 만약 리먼이 이번 주말에 다른 금융회사에 인수되는 일이 생긴다면, 리먼을 흡수할 적대적인 회사에 가서 일하기는 싫을 거요. 그러니 나와 이야기 좀 하지 않겠소?"

이 말에 놀란 커크는 간신히 대답했다. "말씀은 고맙습니다. 그런데 그런 상황이 생기지 않기를 바랍니다. 그리고 당신이 저를 좋아한다고 생각해본 일이 없는데요."

"웨스와 며칠 전 당신에 대해서 이야기를 나눈 적이 있어요." 웨스는 포트레스의 CEO 웨슬리 이든스Wesley Edens를 가리키는 말이다. "그때 내가 그랬지. 내가 동업자를 원한다면 내가 좋아하는 멍청이보다 좋건 싫건 관계없이 영리한 개자식들과 일하고 싶다고."

커크는 브라이거의 마지막 표현을 몇 번씩 되뇌며 웃었다.

그런데 브라이거의 전화에서 이상한 것은 그의 뼈 있는 농담이 아니라 타이밍이었다. 무언가 일이 겹치는 것이었다. 커크는 이것이 정보가 새어 나간 탓이라고 생각했다. "그놈이 도대체 왜 지금 전화하는 거예요?" 커크는 알 수 없다는 듯이 손을 공중으로 쳐들며 맥데이드에게 물었다. 현재 리먼은 누구와도 합병 이야기를 하고 있지 않았다.

맥데이드가 아무 말 없이 커크를 쳐다보자 커크는 스스로 대답했다. "우리가 모르는 일이 진행되고 있는 게 틀림없어."

제이미 다이먼과 배리 주브로는 연준의 로비 응접실에서 버냉키 의장과 그의 일행이 나타나기를 기다리고 있었다. 회의는 11시 15부터 45분까지로 잡혔다. 따라서 JP모건의 이 두 대표는 불과 30분 안에 그들의 계획에 관해 말해야 했다.

컨스티튜션 애비뉴를 내려다보는 이 전실Anteroom은 천장이 9미터가 넘는 넓은 방이다. 바로 그 앞에는 미국의 주요 재정정책들이 결정되는 회의실이 있고, 계단 위로 버냉키의 집무실이 있다. 다이먼은 전실에 앉아 벽에 걸린 전직 의장들의 사진을 둘러봤다. 1934년에 설립된 연준의 초대 의장 마리너 에클스Marriner Eccles를 비롯해 사진들이 죽 걸려 있는데, 전임 의장 앨런 그린스펀의 것은 없었다. 다이먼은 지금 미국 경제에 벌어지고 있는 상황을 감안하며 "참으로 타당하다"고 농담했다(실은 그린스펀의 초상화가 아직 완성이 안 되었을 뿐이었다).

드디어 버냉키가 들어와 자리에 앉았다. 그도 방금 리먼이 기일을 앞당겨 엄청난 손실을 발표한다는 말을 들었다.* 그러나 그는 JP모건과의 회의에서 이 말은 하지 않기로 했다.

다이먼은 그들이 방금 재무성에서 폴슨 장관을 만나고 왔다는 이야기를 하면서, 재무성에서의 대화가 패니메이와 프레디맥의 국유화 작업에 대한 반발에 집중되었다고 전했다. 이에 버냉키도 동의했다. "반대 여론에 장관이 곤혹스러워하는 것 같아요." 그도 어제 아침 폴슨과 전화하며 그의 불평을 들었던 것이다.

이어 다이먼은 연준으로 오는 길에 준비한 노트를 보며 말을 이었다.

"시장에서 지금 신뢰성 결여는 광범위하게 퍼지고 있는 것 같습니다. 이를 클라이언트나 거래 상대방들에게서 많이 듣습니다. 그리고 저희가 하는 프라임브로커리지** 사업에서 직접 목격하기도 하고요." 다이먼은

---

* 기일을 앞당겨 발표한다는 것은 미국 금융회사들이 예정된 분기 실적 발표(earnings call)보다 보통 20일 정도 앞당겨 발표하는 것(preannouncement)으로서 하나의 기업전략으로 간주할 수 있다.

** 프라임브로커리지(prime brokerage)란 투자은행이나 헤지펀드가 제공하는 부대 서비스를 총칭하는 것으로서, 증권 대여, 임시 융자, 증권 보관, 전자 처리 등이 포함된다.

시장의 불안이 일시적으로는 JP모건의 사업에 도움이 될지 몰라도 궁극적으로는 JP모건을 비롯한 모든 금융회사에 좋지 않은 결과를 불러올 것이라고 지적했다.

이 말은 버냉키에게 새삼스러울 것이 없었다. 그래서 그는 최대한 예의를 지키며 공손히 고개만 끄덕였다.

연준의 이사 중 한 명인 케빈 워시Kevin Warsh가 들어와 합석했다. 이때 다이먼이 버냉키에게 본론을 꺼냈다. 그것은 다이먼이 리먼에 대해 크게 우려하고 있다는 것이었다. 패니메이와 프레디맥의 국유화를 높이 평가하지만, 이것이 시장의 동요를 잠재우지는 못했다고 전했다. "정부가 앞으로 시장에서 또 다른 역할을 할 것인지에 관해 혼란이 있다"고 말하며, 그는 누구나 품고 있던 질문에 대한 대답을 기대했다. 즉, 연준이 또 한 번의 구제책을 낼 것인가 하는 것이었다.

그러나 버냉키는 아직 자신의 카드를 보여줄 준비가 되어 있지 않았다. 그는 간단히 언급하며 회의를 끝냈다. "우리도 몇 개의 대안을 준비하고 있어요. 시장보다 앞서 대비하려고 하는 겁니다."

리먼 + 뱅크오브아메리카?

리먼의 경영진이 일하는 31층의 공기는 날로 탁해지고 있었다. 직원들이 볼 때 펄드는 거의 숨을 쉬지 못하는 것 같았다. 그는 주말 내내 뱅크오브아메리카에 전화를 해야 할지 고민했는데, 오늘 아침에 재무성의 켄 윌슨이 세 차례나 전화를 해서 이를 재촉했다. "전화해야 해. 리먼과는 잘 맞는 동업자가 될 수 있어요." 골드만에서 근무하던 시절에 10년 이상 뱅크오브아메리카를 담당했던 윌슨은 뱅크오브아메리카를 잘 알았다.

윌슨이 펄드에게 말하지 않은 것이 있다면, 그가 뱅크오브아메리카의 그레그 컬에게 전화해 펄드에게 먼저 전화하라고 말했다는 사실이다. 이미 있었던 대화에서 윌슨은 펄드에게 뱅크오브아메리카와의 합병을 성사시키는 유일한 길은 리먼의 주가를 확 내려 협상을 시작하는 것이라고 말했다. 그 말에 숨은 의미는 펄드에게 협상의 여지, 즉 시간이 별로 없다는 것이었다.

등에 통증이 있는 로진 코헨은 로펌 설리번 앤드 크롬웰의 13층에 있는 집무실에서 컴퓨터 앞에 서서 일하고 있었다. 창밖으로는 뉴욕 항이 보였다. 펄드에게서 전화가 온 것은 그때였다. 뱅크오브아메리카의 컬에게 전화를 해달라는 것이었다. 코헨은 펄드가 말하는 요점을 메모하며 통화했다. 나중에 뱅크오브아메리카에 전화할 때 아무 기록 없이 기억에만 의지해서 말하기에는 너무도 중요한 사안이었다.

"알았어. 컬에게 전화해보고 다시 알려줄게."

코헨은 노트를 다시 한 번 살펴보고 컬에게 전화를 걸었다. "어이, 세상이 빠르게 움직이고 있어. 다시 한 번 이야기해보자고." 코헨이 유쾌하게 말문을 열었다.

"음, 좋아." 컬은 코헨이 클라이언트를 대신해서 하는 말을 듣기로 했지만 여전히 조심스러웠다.

"우리 측에는 두 가지 우선순위가 있어. 하나는 리먼의 브랜드와 명성을 지키고 직원들을 보호하는 거야." 코헨은 노트에 있는 다음 항목을 보며 잠시 뜸을 들였다.

"두 번째로, 주식의 가격이 최우선이 아니라는 거야. 물론 협상 자체가 존재하기 위한 최소한의 가격은 있겠지."

"좋아. 흥미 있는 이야기야. 내가 보스와 상의해보고 다시 전화할게." 컬이 대답했다.

"그레그. 이건 빨리 처리했으면 해." 코헨이 말했다.

"알았어."

검은색 리무진을 타고 온 다이먼과 주브로는 펜실베이니아 애비뉴 601번지에서 내렸다. 백악관 북서쪽에 자리 잡은 그곳에는 JP모건의 워싱턴 본부로 쓰이는 60층의 대리석 빌딩이 있다. JP모건의 정부 관련 업무를 담당하는 직원은 모두 여기에 근무하는 까닭에 명품으로 몸을 감싼 이들이 쉽게 눈에 띄었다.

다이먼과 주브로가 도착했을 때 운영위원회의 다른 간부들은 모두 아침회의를 마치고 돌아와 2층 회의실에서 식사하고 있었다. 샌드위치와 소다를 먹으며 캐버너는 실라 베어와의 면담을, 블랙은 제임스 록하트와의 면담을 일화를 섞어가며 이야기하고 있었다.

화제가 리먼과 리먼 주의 폭락에 이르자 다이먼이 버냉키와의 면담 내용을 전했다. "그는 알고 있더라고." 다이먼이 말하자 한 임원이 연준이 리먼을 구제할 것인지 물었다. 다이먼의 대답은 분명했다. "그런 일은 없을 거야."

블랙은 오래전부터 리먼에 대해 부정적인 생각을 하고 있었다. 2007년 1월에 있었던 JP모건의 내부 리더십포럼에서 그는 이렇게 예측했다. "딕 펄드는 리먼의 좋은 매기를 다 놓치고 최악의 시점에서 팔아치우고 말 거야." 점심 자리에 모인 일행에게 이런 예측을 상기시키며 힘주어 말했다. "내가 개네들 뻗는다고 말했잖아."

그러나 정작 그런 사태가 올 때 금융계가 처할 상황을 생각하면 분위기가 어두워졌다. 리먼이 쓰러지고 정부가 구제하지 않는다면 JP모건도 심각한 손실을 피할 수가 없을 터였다. 이때 주브로가 또 다른 각도에서 설명했다. JP모건 투자은행 부문의 CRO 존 호건John Hogan이 지난주 리먼에 50억 달러 이상의 담보를 요구했고 주말에 다시 요구했는데 아무것도 받지 못했다는 것이다. 이에 주브로는 리먼의 CFO 이언 로윗을 찾아가 JP모건의 우려를 정식으로 전달했다는 것이다.

그러자 블랙은 즉시 펄드에게 전화해 담보를 요구해야 한다고 주장했다. 또한 담보계약을 더 넓혀 리먼의 계열사들이 넘어갈 경우 돈을 받아내야 한다는 주장도 제기했다.

이것이 최상의 행동이라는 데 의견이 모아지자 블랙과 주브로가 일어나 회의실을 떠났다. 두 사람의 얼굴에는 앞으로 즐겁지 않은 대화가 기다리고 있다고 쓰여 있었다.

블랙은 펄드에게 전화를 걸었다. 펄드가 전화를 받자 곧바로 어려운 사정을 설명하기 시작했다. "우리가 리먼에 주는 하루 융자intraday exposure가 60억에서 100억 달러에 이르는데, 그에 대해서 충분히 담보가 설정되지 못하고 있어요." 블랙은 이렇게 말하면서 JP모건이 50억 달러의 담보 설정을 요구했음을 상기시켰다.

"지금 리먼이 어려운 상황에 있다는 건 압니다. 그러니 더 심각한 문제가 생기기 전에 해결책을 생각해봅시다." 이렇게 말하면서 블랙은 자신이 너무 관대하게 대하고 있다고 생각했다. '즉시 담보를 설정하지 않으면 내일 아침에 융자를 끊을 것이고 우리에게는 이미 그럴 권한이 있다'고 강하게 말할 수도 있다는 것이었다.

블랙의 말에 숨은 위협을 처음에는 펄드가 알아듣는 것 같았다. 그는 체념한 듯이 말했다. "좋아요. 우리 담당자를 불러 같이 이야기해봅시다.” 이윽고 CFO 로윗을 전화회의에 참가시킨 펄드는 JP모건 측의 요구를 조용히 설명했다. 이윽고 네 사람은 리먼이 담보를 제공할 수 있는 몇 가지 대안을 논의했다. 한 가지 방안으로서 리먼이 보유한 모든 현금을 JP모건에 이체해 예치하고, 그 대신에 그 액수를 리먼의 자본금에서 감하면 어떻겠는가 하는 것이었다.

여기서 펄드는 이야기의 방향을 바꾸려고 노력했다. 즉, JP모건이 리먼에 현금을 융자 형태로 융통해주고 이를 나중에 주식으로 전환할 수 있게 하면 어떻겠느냐는 것이었다. 펄드의 마음속에는 다이먼이 어려울 때 전화하라고 한 말이 남아 있었다.

이어 펄드가 블랙에게 말했다. “우리는 내일 있을 기일을 앞당겨 하는 분기보고preannouncement를 준비하느라 정신이 없어요. 그러니 하루 더 JP모건이 주식전환융자를 해 리먼의 지분을 갖는 안을 생각해봅시다.”

하지만 JP모건의 두 투자은행가가 듣기에 이것은 말도 안 되는 이야기였다. 마치 누군가 환전상에게 잔돈 좀 빌릴 수 있느냐고 묻는 격이었다.

블랙은 ‘펄드가 맛이 갔구나’ 하는 표정으로 주브로를 쳐다보고 조심스럽게 대답했다. “내게는 이 어려움을 해결할 만한 기발한 안이 없어요. 하지만…… 리먼이 진정으로 어려운 입장에 처해 있다면, 좀 더 생각해보고 다시 이야기합시다.”

전화를 끊고 동료들과 약 5분간 냉정하게 숙고한 블랙은 펄드에게 다시 전화했다.

“딕, 지금…… 솔직히 말해서…… 지금 누구라도 자신의 이익을 지키는 일 이외에는 할 수 있는 것이 없어요. 이렇게 말하는 건 유감스럽지만, 저희 제안은 리먼이 연준에 전화해 장기자본과 같은 형태의 융자를 실시하고 여기에 다른 금융기관들이 참여하는 안을 생각해보는 거예요.”

이 말을 듣고 한참을 가만히 있던 펄드는 얼음처럼 차갑게 말했다. "그건 우리 주주들에게 비참한 일이 될 거야."

이 말에 블랙은 웃음을 참을 수가 없었다. "지금 리먼의 주주 따위를 염두에 두는 사람은 없어요."

펄드는 좌절감을 억누르며 블랙에게 말했다. "방금 시티그룹의 비크람과 통화했는데, 시티에서 몇 명이 와서 리먼의 자본시장 쪽 전문가들 그리고 경영진과 이야기를 나누게 될 거요. 우리가 내일 앞당겨 하는 분기 보고에 맞춰 자본시장전략을 발표할 수 있는 가능성을 모색하는 거요."

'시티라고? 지금 펄드가 농담하나?' 이렇게 생각하며 블랙은 조심스럽게 대답했다. "좋아요. 그렇다면 우리도 사람을 몇 명 보내지요."

이어 블랙은 즉시 JP모건의 투자은행 부문 책임자인 더그 브론스타인 Doug Braunstein에게 전화했다. "자네하고 존(호건)이 좀 가봐. 리먼이 뭘 원하는지 모르겠어. 시티그룹이 어떤 아이디어를 가지고 있다는 것은 그게 잘 안 될 거라는 걸 의미해." 블랙은 웃으며 말했다. "아무튼 가서 어떤 이야기를 하는지 들어봐."

행크 폴슨은 블룸버그 터미널 속에서 리먼의 주가에 시선을 고정했다. 오후 2시 5분, 주가는 36퍼센트가 내려간 9달러였다. 1998년 이후 최저치였다.

그는 방금 펄드와 통화를 마쳤다. 펄드는 리먼의 뱅크오브아메리카에 대한 접촉 계획에 대해 설명했다. 펄드가 이제나마 어떤 조치를 취한다는 것은 좋은 소식이었지만 너무 늦은 감이 있었다.

그때 CNBC에 채널이 맞춰져 있던 TV에서는 논평가들이 의견을 말하고 있었다.

"리먼 주는 떨어질 만한 속도로 떨어지고 있네요. 많은 사람들이 그 회사가 파산을 향하고 있다고 믿기 때문이에요. 그런 믿음이 공매도를 가속화하고 있어요." 투자은행 라덴버그탈먼Ladenburg Thalman의 베테랑 애널리스트 딕 보브Dick Bove가 말했다.

이에 대해 〈스트리트사인즈Street Signs〉 프로그램 진행자 에린 버넷Erin Burnett이 물었다. "그렇지만 사람들이 리먼을 믿고 여전히 거래한다면, 그것은 중요한 사실이 아닌가요?"

"리먼이 파산하는 것이 반드시 모든 사람에게 이익이 되지 않는다는 것을 이해하는 것이 중요해요." 보브가 대답했다. 이상하게도 그는 리먼 주의 목표가를 20달러로 잡고 있었다. "리먼의 파산은 그 경쟁자인 골드만삭스, 모건, 시티그룹, JP모건 등에 이익이 되지 않습니다. 리먼 다음에 메릴린치가 될 수도 있고, 다음은 누구냐 하는 식으로 압력이 전가되기 때문이지요."

여기에 보브는 한마디 덧붙였다. "리먼의 파산은 미국 정부에도 불리한 일입니다. 나는 리먼이 뉴욕연방준비은행 총재, 연준 의장, 그리고 아마도 폴슨 장관에게 차례로 호소했다고 믿어요. 이 사람들도 리먼이 쓰러지는 것을 바라지 않기 때문이지요."

'맞는 얘기야!' TV를 보며 폴슨은 전화기를 들어 가이트너를 찾아 그들이 할 수 있는 것이 무엇인지 상의했다.

뉴욕증권거래소가 종료벨을 울릴 때, 리먼의 주는 펀치를 한 방 맞고 45퍼센트가 떨어진 7.79달러로 하루를 끝냈다. 맥데이드의 비서는 전화의 홍수에 빠져 있었다. 맥데이드는 신참 CFO 이언 로윗을 도와 다음 날 있을 사분기 실적 발표를 준비하고 있었다. 회사가 어떻게 돌아가는지 주주들이 진정으로 알고 싶어 하기 때문에 기일을 앞당겨 발표하기로 결정한 터였다.

또한 그날 오후 늦게 래리 와이즈넥과 브래드 휘트먼은 로펌 심슨 대처의 미드타운 집무실에서 JP모건과 시티그룹의 임원들을 만나기로 되어 있어서, 맥데이드는 이들에게 브리핑을 해야 했다. 두 사람은 JP모건과 시티 중 한 곳에 리먼에 대해 신용 한도를 늘리거나 증자하는 것을 도와달라고 요청할 예정이었다.

그리고 이 일들보다 더 중요한 과제가 있었는데, 그것은 '굿뱅크와 배드뱅크' 분리 계획을 주주들에게 어떻게 설명할 것인지를 구상하는 것이었다. 이 문제가 정말로 어려운 것은 '배드뱅크' 쪽의 악성 자산에 아무도 돈을 내려고 하지 않을 것이기 때문이다.

이런 골치 아픈 일 외에도 그는 펄드와 나눈 아리송한 대화가 마음에 걸렸다. 펄드의 말에 의하면, 폴슨 장관이 전화를 걸어 리먼의 장부를 송두리째 골드만에게 열어 보이고 도움을 청하라고 한다는 것이었다. 펄드의 표현을 빌리자면, 골드만은 장관에게 실질적인 자문을 하고 있었는데, 골드만에 맡겨서 리먼의 재무 상황을 철저하게 파악하는 것이 좋겠다는 것이었다.

맥데이드는 골드만삭스 음모론을 믿지 않는데도 펄드의 말이 씁쓸하게 느껴졌다. 잠시 생각하던 그는 골드만의 자본시장 부문 책임자인 하비 슈워츠Harvey Schwartz에게 전화를 걸어 말했다. "행크의 조언을 따라볼까 해."

슈워츠와의 쉽지 않은 대화를 끝내고 맥데이드는 알렉스 커크의 방으로 갔다. 맥데이드는 알렉스 커크에게 골드만의 슈워츠와 통화해 만날 약속을 잡고 '기밀유지계약confidentiality agreement'을 맺으라고 지시했다.

"이건 폴슨 장관의 아이디어야." 그가 간단히 덧붙였다.

오후 4시 반, 폴슨 장관이 보좌관 크리스털 웨스트에게 뱅크오브아메리카의 켄 루이스를 전화로 부르라고 지시했다. 윌슨이 뱅크오브아메리카에 대한 리먼의 접근에 관해 펄드와 한 통화 내용을 오늘만 일곱 번째로 브리핑한 지 얼만 지나지 않은 시간이었다. 윌슨은 장관이 뱅크오브아메리카의 CEO에게 직접 이야기하는 것밖에는 남은 것이 없다고 보고했다. 폴슨과 루이스는 개인적으로 잘 모르는 사이였다. 두 사람이 시간을 같이 보낸 것은 폴슨이 아직 골드만에 있던 수년 전, 샬럿에서 열린 오찬에서 자리를 같이한 것뿐이었다. 그때 켄 윌슨은 꼭 얻고 싶은 클라이언트인 뱅크오브아메리카에 골드만의 충성심을 보인다는 의미에서 폴슨의 자리를 주선한 것이었다.

"루이스 씨 전화입니다." 보좌관이 수화기를 들며 폴슨에게 말했다.

"켄, 리먼브러더스에 관한 일이에요." 폴슨은 무거운 기분으로 말을 시작하고 잠시 멈췄다가 운을 뗐다. "그쪽에서 새로운 각도에서 봐줬으면 하는데."

수화기 너머에서는 몇 초간 아무 소리가 없었다. 이윽고 루이스는 고려는 해보겠다고 말하며, "우리한테 전략적으로 얼마나 득이 될지 모르겠어요"라고 했다. 그러나 그는 가격이 우선 맞아야 한다고 분명히 밝혔다. "만약에 재정적으로 가치가 있다면 고려해볼 수도 있습니다."

루이스는 가장 우려되는 것이 펄드라고 말했다. 즉, 펄드가 비현실적인 주가를 요구할 수 있다는 것이다. 그러면서 지난 7월에 펄드와 가진 회의에 대해서 폴슨에게 설명했다.

"이번에는 딕의 손을 떠났소." 폴슨이 확신을 줬다. 이 말에는 매우 강력한 메시지가 들어 있었다. '나와 직접 협상할 수 있다'는 것이었다.

버림받은 리먼브러더스

한편 저녁 7시 반, 심슨 대처의 13층 회의실은 JP모건과 시티그룹의 중역들로 가득했다. 그들은 모두 동요하고 있었다. "이건 두 시간을 낭비하는 짓이야." JP모건의 존 호건이 동료 더그 브론스타인에게 속삭이자 브론스타인은 씁쓸한 미소를 지었다.

리먼의 래리 와이즈넥이 시티그룹 금융기관 인수합병 부문 공동 대표 게리 셸딘Gary Sheldin을 맞았다. 셸딘은 와이즈넥의 친구이자 뉴저지 크레스몬트 골프클럽에서 어울리는 사이였다. 방 안을 둘러보고 모인 사람들 중에 모르는 사람도 있다고 느끼며 와이즈넥은 종이 한 장씩을 돌리고 모두 서명할 것을 요구했다. 그들과 회사의 비밀정보를 공유하기 위해서는 그들이 누구인지 알고 기밀유지계약에 서명을 받아놓을 필요가 있었다.

참석자 명단을 본 와이즈넥은 그가 옵션을 함께 논의할 수 있을 것이라 기대하던 투자은행 전문가들은 드물고 대부분 리스크관리 전문가라는 점이 마음에 걸렸다. "다 리스크관리 하는 사람들이네." 구석에 자리 잡은 와이즈넥은 같이 온 동료 브래드 휘트먼에게 말했다. 리먼을 어떻게 살릴 것인지 논의하는 자리가 되어야 하는데, 지금 보니 리먼이 파산하면 채무를 어떻게 정할 것인지 평가하는 JP모건의 평가회의가 아닌가?

와이즈넥이 회의 시작이 지연되는 것에 대해 사과하면서 리먼의 투자은행 부문 책임자인 스킵 맥기가 도착하기를 기다린다고 알렸다.

"여기 사람들이 많이 모여 있잖아요. 우리가 밤새 기다릴 순 없어요." JP모건 사람들을 데리고 온 브론스타인이 투덜거렸다.

방 안에서 긴장이 고조되는데 휘트먼이 맥기의 이메일을 받았다. 참석하지 못할 것 같으니 회의를 그대로 시작하라는 것이었다.

실내 분위기를 가라앉히고 와이즈넥은 부동산 자산을 따로 떼어 '배드 뱅크'로 분리하는 리먼의 계획에 대해 설명했다. 참석자들은 모두 이 계획이 좋은 것이라고 칭찬하면서도, 실행에 몇 개월 걸릴 것이므로 너무 늦지 않겠느냐며 우려를 나타냈다. 게다가 리먼 스스로 우선 쓰러지지 않기 위해 어느 정도라도 자본을 투입할 필요가 있다고 지적했다.

설명을 마친 와이즈넥은 질문을 받기로 했다. 그런데 질문을 던지는 사람들이 대개 JP모건 사람들로 리먼이 자본을 증강하는 데 도움이 되는 이들이 아닌 것이 실망스러웠다. 먼저 호건이 질문했다. "자산 전체는 얼마입니까? 그 자산평가에 적용한 모델은 무엇입니까? 방금 발표한 계획을 실행하기 위해서라도 리먼은 자본을 늘릴 필요가 있지 않습니까?" 리먼을 대표하는 두 사람은 그 어느 질문에도 답변하지 못하고 자기들 CFO와 상의해보라고 하기만 했다.

와이즈넥이 볼 때 질문들은 모두 리먼의 유동성 포지션에 집중된 것이었다. 즉, '리먼의 거래 상대방은 누구이며, 현금 포지션은 어떠한가' 하는 것이었다. 이는 모두 신중한 투자가라면 당연히 제기할 문제였지만, 지금은 JP모건 자신을 보호하는 데 초점을 두고 있는 것이라고 와이즈넥과 휘트먼은 파악했다. 다만 셸딘의 질문은 리먼을 도울 수 있는 다양한 합병이나 인수 딜 구조에 관한 것이었는데, 그의 질문은 다른 사람들의 질문에 파묻혀 버렸다.

결국 참석자들이 합의에 이른 한 가지 지점은 리먼이 막아야 할 구멍의 크기, 즉 투입해야 할 자본의 양을 정확히 파악하지 않는 한, 이른바 'SpinCo' 계획은 외부에 공표하지 말아야 한다는 것이었다. 이를 호건은 이렇게 표현했다. "당신들은 자본이 얼마나 필요한지 산정할 수 없는 상태에 있습니다. 이를 그대로 발표한다면 시장에서 불확실성만을 키울 겁니다. 그러면 결국 밟힐 거예요."

셸딘의 말은 더 직설적이었다. "그래도 이 계획을 공표한다면 사람들은 리먼의 자본에 매우 큰 구멍이 있다고 판단하기 때문에 매우 위험할 거라고 봅니다. 자본에는 큰 구멍이 뚫려 있는데 그것을 메울 방안은 없다는 이야기가 시장에 퍼진다면 리먼의 운명은 결국 시장의 변덕에 맡겨지는 격이 될 겁니다."

그날 회의가 끝나면서 와이즈넥과 휘트먼에게는 두 가지 사항이 분명해졌다. 첫째, 계획의 발표를 당분간 고려하지 말 것. 만약에 발표해야 한다면, 새로 자본을 증강한다는 언급은 조심스럽게 하고 특정한 액수를 말하면 안 된다는 것. 그런데 리먼이 처해 있는 어려움의 깊이를 절감하게 하는 두 번째 사항은 '리먼이 이제 혼자라는 것'이었다. 어느 투자은행도 리먼에게 새로운 신용 한도를 주려고 하지 않았다.

브론스타인과 호건은 빌딩을 나와 렉싱턴 애비뉴를 건너면서 제이미 다이먼과 스티브 블랙에게 전화했다.

호건이 휴대전화에 대고 큰 소리로 외쳤다. "이게 오늘의 결론이에요. 리먼은 뻗었습니다." 그리고 리먼이 다음 날 무슨 발표를 하려고 하는지 두 사람의 상관에게 자세히 보고했다. 이어서 호건은 이렇게 결론을 내렸다. "우리도 리먼과 관련된 일을 모두 매듭짓고 최대한 모든 리스크를 점검해야 합니다. 이 일로 쓸데없는 상처를 입어서는 안 돼요."

노스캐롤라이나 샬럿에 있는 뱅크오브아메리카의 본부에서 그레그 컬이 재무성의 켄 윌슨에게 전화했을 때 윌슨은 집무실에서 여기저기로 전화를 돌리고 있었다. 윌슨은 컬이 전화해서 리먼을 실사하기 위해 뉴욕으로 곧 날아갈 것이라고 알려주길 기다리고 있었다.

그러나 컬은 전혀 다른 메시지를 전해왔다. "리치먼드연방준비은행과 안건이 있다"는 것이었다. 뱅크오브아메리카를 규제하는 입장에 있는 리치먼드연방준비은행 총재 제프 랙커Jeff Lacker는 뱅크오브아메리카의 재정 상태를 우려하고 있으며, 특히 지난 7월에 캘리포니아에 본사가 있는 컨트리와이드파이낸셜Countrywide Financial의 인수를 마무리하고 나서 새로 자본을 증강할 필요가 있다고 주장해왔다는 것이다. 버지니아와 메릴랜드, 노스캐롤라이나, 디스트릭 오브 컬럼비아, 웨스트버지니아 다섯 지역의 모든 금융기관을 감독하는 리치먼드연방준비은행은 자본준비율 규제를 통해 방대한 권한을 행사했다.

컬은 이 소식을 처음으로 들은 윌슨에게 말했다. "우리에게 상당한 압력을 가해오고 있어요." 컬은 지난 1월 뱅크오브아메리카가 컨트리와이드파이낸셜의 인수를 처음 고려하던 당시 그 회사의 파산을 우려하던 연준이 뱅크오브아메리카가 그 인수를 실행하면 자본준비 규제를 조금 완화해주겠다는 말을 했다고 설명했다. 아니, 적어도 뱅크오브아메리카의 CEO 켄 루이스는 그렇게 믿고 있었다는 것이었다.

그런데 그 인수가 완성되고 나서 두 달이 지난 지금 랙커는 뱅크오브아메리카의 주주 배당을 제한하겠다고 협박하고 있었다. 뱅크오브아메리카는 이 사실이 언론에 새어 나가기 전에 문제가 해결되기를 바라고 언급을 일절 삼갔다. 그날 오후 뱅크오브아메리카의 간부들은 리치먼드연방준비은행에 전화해 랙커의 의견을 들어보려 했으나 실패했다. "재무성의 도움이 필요해요. 그렇지 않으면 우리가 다른 사안을 가지고 앞으로 나아갈 수 없어요." 컬이 윌슨에게 부탁했다.

윌슨은 뱅크오브아메리카의 책략을 훤히 알고 있었다. 그들은 리먼 사태를 협상의 칩으로 이용했다. 뱅크오브아메리카는 리먼을 돕고 싶은데, 그러기 위해서는 정부가 뱅크오브아메리카를 도와야 한다는 것이었다. 뱅크오브아메리카의 루이스는 컬을 내세워 압력을 가하고 있었다. 윌슨은 한번 고려해보겠다고 말하고 즉시 폴슨에게 전화했다. "믿기 어려운 이야기인데요……."

밤 10시, 좌절감에 빠진 맥데이드는 리먼브러더스의 31층 이사회실에서 여전히 일을 하고 있었다. 그는 방금 다음 날 아침에 만나기로 되어 있던 뱅크오브아메리카 측 인사들이 뉴욕에 오지 않았다는 연락을 받았다. 그는 그 이유를 알 수 없었다. "시간이 없어." 그는 탄식했다.

몇 시간 전 그는 펄드에게 제발 집에 가서 내일 아침의 실적 발표회에 대비해 좀 쉬라고 간청했다. 그 자리에는 펄드가 가장 좋은 모습으로 나타나야 하기 때문이었다. 펄드가 자리를 뜨고 나서 그는 언론에 배포할 자료들을 다시 살폈다. '우리가 무슨 말을 해야 할까? 우리가 무슨 말을 할 수 있을까? 어떻게 말할까?'

또한 그는 CFO 로윗이 발표할 부분을 지도했다. 그것이 끝날 무렵 와이즈넥과 휘트먼이 JP모건과 시티그룹의 합동회의에서 돌아왔다. 두 사람은 이사회실에서 모두와 만나기 전에 우선 제리 도니니와 매트 존슨 그리고 몇 사람과 모여 상의했다. 휘트먼이 회의의 전말을 설명했다. "믿을 수가 없었어요. 그 회의는 마치 JP모건의 리스크 대책회의 같았다니까요!" 그가 머리를 흔들며 분위기를 전했다.

그리고 일행은 회의실에서 맥데이드와 합류했다. 와이즈넥과 도니니가 'SpinCo' 계획에 관해 설명하고 나서, 와이즈넥은 JP모건과 시티그룹의 합동회의에서 나온 조언을 전했다. "우리가 자본을 추가로 증강할지 안 할지에 관해 메시지를 전달하는 데 매우 신중해야 할 것 같아요." 도니니가 경고했다.

리먼의 간부들이 모두 귀가한 것은 새벽 1시 반이었다. 7번가에는 이들을 태우고 갈 검은 리무진들이 줄지어 서 있었다. 그들은 집에 가서 잠깐 눈을 붙이고 씻고 다섯 시간 뒤에는 다시 회사로 나와야 했다. 다음 날 그들의 운명이 결정될지 모른다는 생각과 함께.

Too Big to Fail

누가 리먼을 먹을 것인가

2008년 9월 10일 아침 6시 반, 잠이 부족한 바트 맥데이드와 알렉스 커크가 딕 펄드의 집무실에 들어서서 보니 조간신문들이 여기저기 흩어져 있었다. 그들은 세 시간 반 뒤에 시작될 실적 발표 전화회의를 준비해야 했다. 신문 보도 내용은 좋지 않았다.

≪뉴욕타임스≫에는 이런 기사가 실렸다. "부시 정권이 미국에서 가장 큰 두 모기지 금융회사의 경영권을 접수한 지 며칠 안 되어 월스트리트의

거대한 투자은행 리먼브러더스가 쓰러질지 모르는 상황이다. 그러나 이번에는 정부가 돕지 않을 것이라는 두려움에 휩싸여 있다."

그 문장에서 조금 내려가니 리먼이 가장 두려워하는 현실을 적고 있었다. "재무성이 자금을 너무 써버려 이제 리먼의 부담을 덜어줄 여력이 없다고 걱정하는 사람들이 있다." 기업 인수합병 자문을 전문으로 하는 투자은행 폭스피트켈튼Fox-Pitt Kelton의 애널리스트 데이비드 트론David Trone의 말을 인용한 것이다.

≪월스트리트저널≫은 지난번 베어스턴스 사태와 지금의 리먼의 상황을 비교했다. 큰 차이점의 하나는 리먼의 경우 연준에서 돈을 빌릴 수 있을지 모른다는 것이었다.

리먼에 대해 우려가 커진 것은 투자가들만이 아니었다. 펄드와 맥데이드는 여기저기의 거래장에서 점점 더 많은 수의 헤지펀드들이 리먼으로부터 돈을 빼고 있다는 보고를 받았다. 상황이 절박하다는 것을 가장 잘 보여준 사례는 리먼이 13.7퍼센트의 지분을 소유한 런던의 GLC파트너스GLC Partners가 리먼과의 거래량을 줄였다는 것이었다.

골드만의 움직임

수뇌부가 실적 발표문을 한 번 더 검토하고 있는데 커크의 휴대전화가 울렸다. 골드만의 하비 슈워츠였다. 커크가 준비하고 있던 기밀유지계약에 관한 것이었다.

그런데 슈워츠가 본론에 들어가기 전 커크에게 매우 의미심장한 이야기를 했다. "골드만삭스는 지금 클라이언트를 위해서 이걸 하는 게 아닙니다. 매수 주체로서 하는 겁니다."

커크는 잠시 말을 멈추고 슈워츠가 한 말의 의미를 파악했다. 그리고 곧 놀라며 깨달았다. '골드만이 우리를 사려고 하는 거야!' 그러나 태연한 척하며 물었다. "정말입니까?"

"네." 슈워츠도 차분하게 대답했다.

"알았어요. 다시 전화할게요." 전화를 어색하게 끝낸 커크는 펄드와 맥데이드를 향해 소리쳤다. "걔네들이 클라이언트를 위해 하는 게 아네요!"

"무슨 소리야?" 펄드가 노트를 보다가 피곤함이 밴 눈을 들어 물었다.

"골드만이 스스로를 위해서 지금 실사를 하겠다는 겁니다. 슈워츠가 그렇게 말했어요."

그때부터 세 사람은 급히 어떤 행동을 취해야 할지 상의했다. 맥데이드는 직접적인 경쟁자에게 리먼의 정보를 노출하는 것을 꺼렸다. '그들이 얼마나 자세히 알려고 하는 거야?' 하지만 이 안이 폴슨 장관에게서 나온 이상 거부하기도 어렵다는 것을 알았다.

커크의 두려움은 더했다. "도대체 골드만이 왜 여기에 오는 거예요? 두 분 다 『천재들의 실패』*라는 책 읽어보셨지요?" 커크가 말한 책은 로저 로웬스타인Roger Lowenstein이 지은 베스트셀러로서, LTCM 위기를 다룬 것이다. 책에서 골드만은 위기에 처한 LTCM을 돕겠다며 내부에 들어가 LTCM의 투자 포지션을 모두 노트북컴퓨터에 복사해 나온 것으로 묘사되었다. 물론 골드만은 이를 부인했다.

"골드만이 우리를 강간할 거예요." 커크가 경고했다.

---

* 변호사 출신 금융저널리스트인 로저 로웬스타인이 써서 2000년에 출간한 책으로 원제는 *When Genius Failed: The Rise and Fall of Long-Term Capital Management* (New York: Random House)이다. 한국에는 『천재들의 실패』(이승욱 옮김, 한국경제신문사, 2009)라는 제목으로 번역되어 출간되었다.

맥데이드는 곧 닥칠 실적 발표 준비로 관심을 돌리면서 자신의 입장을 분명히 했다. "행크 폴슨이 우리에게 골드만을 회사 문 안에 들이라고 한 거야. 그래서 우리는 그들을 문 안에 들여놓으려 하는 거고."

굿뱅크, 배드뱅크

세 사람이 있던 곳에서 27층 아래에 있는 리먼의 거래장에는 사원들이 한 시간 뒤에 발표될 '배드뱅크'의 분할안인 'SpinCo' 계획에 관해서 듣기 위해 모여들었다. 맥데이드는 여기에 톰 험프리Tom Humphrey와 에릭 펠더Eric Felder를 배정해 사원들에게 설명하게 했다.

자세한 설명을 듣고 나서도 리먼의 트레이더들은 평소와 달리 조용했다. 침묵을 깬 이는 글로벌이머징마켓 부문을 이끄는 모하메드 그리메Mohammed Grimeh였다. 그는 무서운 얼굴을 하고 일어나더니 입을 열었다.

"그게 다예요? 이 말도 안 되는 게 다냐고? 도대체 31층에 있는 머저리들은 지난 2개월간 무슨 짓을 한 겁니까? 지금 농담하는 겁니까? 이게 다라면 우린 끝난 거야."

험프리와 펠더가 설명하는 사이에 그리메는 요체를 파악했던 것이다. 지난밤 JP모건과 시티그룹에서 파악했고, 앞으로 시장 전체가 알게 될 요체 말이다.

"우리가 하려고 하는 건 오른쪽 주머니에서 돈을 꺼내서 왼쪽 주머니에 넣자는 거예요. 리먼이 가진 무거운 부채덩어리는 이 계획이 시작되기도 전에 리먼을 파산으로 몰아넣을 테니까." 그리메의 말에 동요하기 시작한 트레이더들은 분노가 섞인 목소리로 동의했다.

메릴린치의 사장이자 COO인 그레고리 플레밍은 댈러스 시내에 있는 리츠칼튼호텔 헬스클럽에서 트레드밀에 올라 CNBC를 보고 있었다. 전날 휴스턴에서 클라이언트와 만났던 그는 이날 메릴린치 사원 연수 모임에 참석하고 뉴욕으로 돌아가게 되어 있었다.

그가 트레드밀의 조깅모드로 들어가려고 하는데 CNBC 뉴스에서 리먼브러더스가 방금 전화회의에 앞서 실적을 발표했다는 소식을 보도했다. 이와 더불어 기자는 리먼이 보도자료를 통해 매우 이례적인 회사 분할 계획을 발표했다고 전했다. 플레밍은 즉시 객실로 돌아와 직원에게 리먼의 보도자료를 입수하라고 지시했다. 읽어보니 맨 아래에 중요한 문장이 적혀 있었다. "리먼은 주주의 가치를 최대화하기 위해 모든 전략적 대안을 검토할 것입니다." 이 말은 어느 것도 가능하다는 것을 의미했다. 그는 리먼이 스스로를 여러 조각으로 나눠서 팔려고 해왔다는 것을 알고 있었다. 그런데 이번에 그들은 이를 공식적으로 밝혔다. 결국 리먼은 시장에 매물로 나온 것이다.

금융산업 분야 합병 전문가로서 플레밍은 리먼이 판매대에 올라간다면 가장 그럴듯한 구매자는 뱅크오브아메리카일 것이라고 생각했다. 그런데 만약 뱅크오브아메리카가 리먼을 사면 자신의 메릴린치에 상당히 큰 파장이 올지 모른다는 생각이 들었다. 그는 메릴린치의 가장 자연스러운 합병 주체가 뱅크오브아메리카라고 오랫동안 믿어왔다. 그래서 한 달 전에 있었던 메릴린치의 이사회에서는 합병 상대 목록에서 뱅크오브아메리카를 상위에 올려놓기까지 했다.

플레밍은 자신이 아는 인물들 중에서 뱅크오브아메리카 딜에 관여하는 이가 누구일까 생각해봤다. 그리고 즉시 떠오른 인물이 로펌 왁텔의 에드 헐리히였다. 그는 플레밍의 오랜 친구이자 인수합병에 관한 한 법조계의 대표적인 인물이다. 헐리히는 지난 10년간 뱅크오브아메리카가 추진했던 거의 모든 딜에 참여해왔다.

"이거 영 모양이 안 좋은데." 플레밍은 헐리히가 휴대전화를 받자마자 말했다. "샬럿에 있는 친구들은 잘 있어?" 뱅크오브아메리카를 가리키며 한 말이다.

헐리히는 플레밍이 무슨 말을 하려고 하는지 알아채고 이야기를 다른 데로 돌리려 했다. "그레그, 우리 그 이야기는 하지 말자고."

"말해줘. 자네가 리먼을 염두에 두고 있다면 그렇다고 말해줘. 우리 메릴하고도 이야기할 수 있어. 사실 뱅크오브아메리카와 메릴이 더 좋은 딜이잖아."

헐리히는 입장이 불편해지는 것을 느끼며 말했다. "그레그, 우리 전에도 이 이야기를 한 적이 있잖아. 우리는 법률대리인으로서 정식으로 제안을 받지 않으면 아무것도 할 수 없어. 자네 말이 진지한 것이라면, 지금이 적기일지 모르지만 말이야."

이 말로서 플레밍은 뱅크오브아메리카가 리먼의 인수를 추진하고 있다는 자신의 추측을 확인했다.

이날 첫 회의가 시작되기 전에 플레밍은 통화할 곳이 한 군데 더 남아 있었다. 아직은 자신의 회상 존 세인을 접촉할 때가 아니었다. 그는 이 시점에 메릴을 뱅크오브아메리카에 파는 것에는 관심이 없을 터였다. 전에도 플레밍이 매각 이야기를 할 때마다 그는 회피하곤 했다. 그 대신에 플레밍은 메릴의 딜 담당 변호사 피터 켈리에게 전화해 헐리히와 대화한 내용을 전했다.

플레밍과 여러 각도에서 의견을 교환한 켈리가 말했다. "좋아. 하지만 자네는 뱅크오브아메리카가 우리를 살 것이라는 확신을 보여줘야 해. 존

(테인)을 확신시킬 필요가 있어."

"그건 상당히 높은 장애물인데." 플레밍이 말했다. 두 사람은 모두 플레밍과 테인의 사이가 좋지 않다는 것을 알았다.

"알아. 하지만 그래서 자네가 엄청난 연봉을 받는 거 아니야?" 켈리가 말했다. 전화를 끊기 전에 두 사람은 한 가지 사항에 합의했다. 우선은 테인이 모르게 이 일을 추진해야 할지 모른다는 것이었다. "자네가 테인을 설득할 수 없다면…… 이건 정권 전복에 해당하는 것이지만, 주주들을 위한 것이니까…… 이사회에 직접 호소해야 할 거야."

리먼 빌딩 31층의 회의실은 통상적인 실적 발표라고 보기 어려울 만큼 많은 사람들로 붐볐다. 모든 기업이 하는 실적 발표가 여기서는 점점 탄핵심판과도 같은 분위기를 띠고 있었다. 리먼도 그런 분위기를 잘 알고 평상시보다 더 많은 변호사를 배치했다. 리먼의 엔지니어들도 전화회의와 인터넷 생방송으로 실시하는 실적 발표가 문제없이 이뤄지도록 신경을 쓰고 있었다. 전화 질문에 대응할 수 있도록 수백 개의 회선도 추가했다. 그날 아침에 배부된 보도자료는 3사분기 실적을 사상 최대인 39억 달러의 손실로 기록했다.

펄드가 발표장으로 들어왔다. 문제가 될 것은 아무것도 없다는 표정이었다. 그러나 회의실 안에 있는 모든 사람들은 그가 지금까지 실적 발표를 늘 CFO에게 시켜왔다는 것을 잘 알고 있었다. 지금까지 그는 이런 자리에 참여하는 것을 편하게 생각해온 적이 없었던 것이다. 테이블의 상석에 앉으면서 펄드는 특유의 날카로운 눈매로 회의장을 둘러보고 서류를 앞에 놓았다. 그는 이 자리가 얼마나 중요한지 잘 알고 있었다.

회의실에 오기 직전에 그는 블룸버그 터미널을 보고 그가 바라는 대로 미국의 선물주가지수가 올라가는지 확인했다. 회견에 앞서 리먼에 대한 우려를 덜고 싶었던 것이다. 그러나 지난밤 아시아 주식시장들이 내려갔고 유럽 시장은 더욱 저조했다. 지금부터 자신이 하는 말에 따라 많은 것이 좌우될 터였다. 그의 발표가 어떻게 인식되느냐에 따라 전 세계의 많은 투자가들이 수백만 달러를 벌기도 하고 잃기도 할 것이었다.

"준비되셨습니까?" 리먼의 투자자관리 책임자 숀 버틀러Shaun Butler가 그의 보스를 보고 물었다.

"준비됐어." 펄드는 살짝 힘을 준 낮은 목소리로 대답했다.

이윽고 마이크가 켜지자 그는 고개를 숙이고 준비된 서면을 신중하게 읽어나갔다.

"지난 이틀간의 상황을 고려해 리먼은 예정보다 앞서 오늘 아침에 사분기 실적을 공개했습니다. 이와 더불어 재정과 경영에서 몇 가지 중요한 변화가 있을 것이라는 점을 알립니다. 이는 리먼의 위상 자체를 바꾸는 것을 의미합니다. 여기에는 우리의 상업용과 주거용 부동산을 공격적으로 줄이는 것이 포함됩니다."

"이런 변화를 거쳐 리먼은 재무구조에서 리스크가 현저하게 감소할 것이며, 이로써 원래의 클라이언트 중심 비즈니스를 강화하게 될 것입니다. 그것은 또한 장래에 악성 자산을 상각해야 하는 회계상 압력을 줄여주고 경상이익을 높일 것이며, 리먼의 주는 리스크가 재조정됨으로써 금융수익이 향상될 것입니다."

장황하게 말했지만 요점은 간단했다. 즉, 리먼브러더스는 건재하다는 것이다. 여러분의 걱정은 감사하지만, 리먼은 모든 상황을 통제하고 있다는 것이다.

펄드가 계속 말했다. "리먼에는 이전에도 역경을 극복한 역사가 있습니다. 우리에게는 어려운 시간을 헤쳐 나와 그것을 글로벌 차원의 기회로 만들어낸 긴 발자취가 있습니다……. 어렵던 지난 두 사분기를 뒤로하고 우리는 다시 전진할 것입니다."

여기까지 말한 펄드는 자리를 그의 CFO 로윗에게 넘겼다. 딱딱 자르는 듯한 남아프리카 식 억양으로 로윗은 '중요 전략 계획'이라는 것에 관해 설명했다. 우선 리먼은 뉴버거버먼을 포함해 투자관리 부문 가운데 총 55퍼센트의 지분을 매각할 것이며, 악성 자산이라고 알려진 상업용 부동산 자산을 떼어 전문적인 관리회사를 설립할 예정이라는 것이었다.

이는 약 300억 달러에 달하는 리먼의 상업용 부동산 자산이 재배치되는 거대한 일이었다. 여기에는 360개의 고급 아파트를 소유한 아치스톤스미스Archstone-Smith, 부동산개발업체인 선캘SunCal 등이 포함되었다. 이로써 즉각 변화가 올 수밖에 없게 된 것은 리먼이 보유한 부동산 자산을 어떻게 평가할 것인지였다.

로윗이 말했다. "리먼의 자본구조 전체에 산재해 있는 처분 예정 부동산의 평가는 최저가로 하여 처분 시점에 장부에서 삭제하게 될 것입니다. 따라서 실제로 매각에서 정해지는 가격으로 평가되지는 않을 것입니다. 한편 새로 설립되는 법인인 REI글로벌REI Global은 만기까지 보유하는 부동산을 평가하고 관리할 것이며, 부동산의 시가평가에 따르는 변동성에 영향을 받지 않을 것입니다. REI글로벌은 보유한 부동산의 본연적인 가치라고 판단되는 가격 이하에서는 매각을 실시하지 않을 것입니다."*

로윗이 설명한 이 신설 법인 설립spin-off 계획은 표면상으로는 깨끗하고

* REI Global은 Real Estate Investment Global의 약자다. 이는 본문에서 리먼의 CFO가 말한 부동산 처분을 맡게 되는 회사, 즉 '배드뱅크'를 가리킨다.

영리한 해결책이었다. 펄드가 말한 것처럼 악성 자산을 모두 장부에서 몰아내 리먼을 강한 회사로 만들겠다는 것이다. 그런데 여기서 설명되지 않는 부분이 있었다. 그것은 바로 JP모건과 시티그룹의 합동회의에서 나온 의문이었다. 분할에 따른 새로운 법인의 설립에도 자본이 필요할 것이다. 지금 스스로를 지탱하기도 벅찬 재정 형편에 리먼은 어디서 돈을 끌어와 그 계획을 실행할 것인가?

리먼의 악성 부동산 자산

데이비드 아인혼은 리먼 본사에서 1킬로미터도 떨어져 있지 않은 곳에 있는 그랜드센트럴 역 근처 그의 집무실에서 애널리스트들과 함께 스피커폰에서 나오는 리먼의 실적 보고를 듣고 있었다. 그는 자신의 귀를 의심하지 않을 수 없었다. '리먼은 아직도 악성 자산이라는 쓰레기를 버리려고 하지 않는구나!' 그는 문제가 있는 자산이 리먼의 주장보다 훨씬 가치가 없다는 것을 알고 있었다.

"이건 언론 공식 발표에서 자기들이 악성 자산을 포기하지 않을 거라고 시인한 거나 마찬가지야." 아인혼이 애널리스트들에게 말했다. 그는 보도사료에 있는 한 문장에 시선을 고정했다. "REI Global은…… 부동산의 시가평가에 따르는 변동성에 영향을 받지 않을 것입니다." 그런데도 실상 전화회의에서는 부동산 자산을 전문회사에 맡김으로써 "만기까지 보유하는 부동산을 평가"할 수 있다고 주장한 것이다.

아인혼이 흥분하며 말했다. "바꿔 말하면 자기들은 원하는 대로 계속 숫자를 만들어낼 수 있다는 거 아니야?"

뉴욕연방준비은행에서도 스티브 샤프란과 몇몇 사람들이 모여서 리먼의 전화회의를 듣고 있었다. 그들 중 일부도 리먼의 말을 믿을 수 없었다. 재무성의 특별보좌관인 샤프란은 지난밤 급히 워싱턴에서 뉴욕으로 날아왔다. 만약 리먼의 상황이 급격하게 악화될 경우 재무성과 연준, 증권거래위원회 간의 연락과 조정을 맡아달라고 폴슨 장관이 그에게 지시했던 것이다. 샤프란과 연준의 직원들은 지난밤에 리먼의 발표 내용을 미리 볼 기회가 있었다. 그러나 실제로 듣는 것은 또 다른 경험이었다. "이건 안 될 것 같은데." 골드만의 투자은행가 출신인 샤프란은 놀라움에 고개를 저으며 중얼거렸다.

리먼에서 질의응답이 이뤄질 때 샤프란은 그의 의견을 뉴욕연방준비은행 직원들에게 이렇게 말했다. "리먼 발표에서 정말 놀라운 것은 이 사람들이 어려운 때에 어려운 조언을 대기업들에 해주는 대가로 엄청난 보수를 받는 투자은행가들이라는 사실을 망각하고 있다는 겁니다. 아시겠지만 이런 옛말이 있지요. '의사는 자신을 치료하려고 해서는 안 된다.' 리먼은 지금 그런 일을 하려고 하는 거예요."

질의응답이 중간쯤 진행되었을 무렵, 도이체방크의 유명한 애널리스트인 마이클 메이오가 자본 증강에 관해 직설적인 질문을 던졌다. "악성자산을 관리하는 새로운 법인을 만들려면 70억 달러 정도는 필요한데, 자산관리 부문을 매각하면 30억 달러 정도는 동원할 수 있을 것으로 봅니다. 그러면 나머지 40억 달러는 어디에서 옵니까?" 그의 목소리가 모든 스피커폰으로 퍼져 나갔다.

로윗은 바로 대답하지 않고 주어진 지시를 떠올렸다. 특히 어젯밤에 있었던 JP모건과 시티그룹의 합동회의에서 나온 말을 상기했다. '특정한 숫자를 언급하지 말 것. 했다 하면 밝힐 것이다.' 드디어 대답하기 싫은 질문에 답해야 하는 상황에 이른 것이다.

로윗은 회사의 재무 상태에 자신이 있다는 듯 들리도록 애쓰며 대답했다. "글쎄요. 그 70억 달러를 대기 위해 추가로 돈을 마련할 필요는 못 느낍니다. 계획이 집행될 때가 되면 2사분기가 끝난 지금보다 리먼 본사에는 부채성 지분leverageable equity이 적게 남아 있을 것이기 때문입니다."

이는 결국 그 계획이 기본적으로 회계장부 장난이라고 하는 것이나 다름없었다. 회사 분할을 하고 나면 리먼은 규모가 줄어들 것이고, 따라서 채무가 줄어들며, 그러면 동원해야 하는 자본이 줄어든다는 논리였다.

메이오는 리먼의 계획에 의구심이 든다고 말했지만, 월스트리트 관행에 따라 더 추궁하지는 않았다. 그곳이 마지막 결전의 자리는 아니었다.

잠시 동안 펄드는 승리한 듯 보였다. 그날 아침 장에서 리먼의 주가는 17.4퍼센트가 올랐다. 그 덕에 펄드는 숨통이 조금 트이기는 했다.

바클레이스의 야망

대서양 건너 런던의 금융구역 카나리워프Canary Wharf에 있는 바클레이스 본사에서도 간부들이 모여 리먼의 전화회의를 듣고 있었다. '방갈로'라고 불리는 본사 회의실에서 간부들은 메모를 하며 발표를 경청했다. 바클레이스는 리먼의 발표를 전화로 듣는 서비스를 익명으로 신청해놓았다. 지난 4월, 밥 스틸이 아직 재무성에 있을 때 바클레이스캐피털Barclays Capital의 CEO 밥 다이아몬드에게 전화한 이후로 리먼의 매수는 이 회사에서 숙고되어온 사안이었다. 6월에 있었던 이사회에서 미국 진출이 논의되면서 다이아몬드는 이 안건을 보고했다. 이 보고를 들은 이사회는 전원 반대했다. 다만 회장 존 발리John Varley는 "리먼이 파산가격으로 팔리기만 한다면"이라고 단서를 붙였다. 다이아몬드는 이를 즉시 친구인 밥 스틸에게 알렸다.

그런데 이제 때가 온 것으로 보였다. "리먼이 이렇게 흔들리는데 재무성에서 전화가 안 오는 게 이상하네. 재무성은 우리가 파산가격으로 리먼을 사고 싶어 한다는 걸 알고 있고, 이제 그 가격에 근접했는데." 전날 다이아몬드가 발리에게 말했다.

이때 다이아몬드는 미국 유수의 경영대학원인 펜실베이니아 대학 와튼스쿨Wharton에서 신입사원 채용강연을 하고 있었다. 화요일에 그가 강연을 하고 있는데 휴대전화 진동이 울렸다. 발리에게서 온 전화여서 잠깐 양해를 구하고 복도로 나가 전화를 받았다. "이 건으로 이사회를 연다면 내일밖에 없어." 발리가 말했다. 다이아몬드는 즉시 필라델피아에서 히드로 공항으로 운항하는 단 세 편 남은 야간 직행에 자리를 예약했다.

야간 비행기로 런던으로 돌아가며 다이아몬드는 이번에야 말로 리먼의 합병을 이뤄야 한다고 생각했다. 그러기 위해서는 발리 회장과 이사진을 설득해야 했다. 그것도 신속히.

발리는 보수적인 영국인의 전형으로, 바클레이스은행을 설립한 퀘이커Quaker가에 결혼해 들어왔다. 목소리가 부드럽고 예의가 바른 그는 늘 바지에 멜빵을 하고 있었으며, 취미로 탁구와 낚시를 즐겼다. 이토록 건전한 그는 다이아몬드보다 리스크에 소극적이었다. 그래도 자신의 편견에 구애되지 않고 다이아몬드에게 재량권을 주었으며, 다이아몬드의 인수합병에 대한 욕심을 불편하더라도 참아주었다.

두 사람은 2003년에 바클레이스그룹의 정상 자리를 놓고 경쟁했던 복잡한 관계를 가지고 있다. 결국 그 자리는 발리가 차지했지만, 보수는 다이아몬드가 발리보다 여섯 배를 더 받았다(2007년에는 다이아몬드의 보수가 4,200만 달러였는데 발리는 840만 달러였다). 몇 년 동안 다이아몬드는 바클레이스의 이사진에 들어가기를 거부했다. 거기에 들어가면 자신의 보수를 공개할 수밖에 없고, 그러면 영국의 타블로이드 신문들은 여지없이 자신을 '살찐 고양이'로 비난할 것이었기 때문이다. 다이아몬드의 직함과 관계없이 많은 사람들에게 그는 사실상 바클레이스 CEO였다. 2006년에 드레스드너클라인보르트Dresdner Kleinwort* 투자은행의 한 애널리스트는 보고서 제목을 '밥 다이아몬드 대 존 발리, 3:0'이라고 도발적으로 붙이기도 했다.

한편 런던에서 리먼의 실적 발표를 들은 바클레이스의 임원들은 합의에 이르렀다. 리먼 인수를 이제 노려볼 만하다는 것이었다. 다만 회장 발리가 말한 대로 엄청나게 싼 가격이라면 말이다.

런던에 돌아온 다이아몬드는 즉시 와코비아로 자리를 옮긴 밥 스틸에게 전화를 걸었다. "리먼에 관해 우리가 나눈 대화 기억하지?"

"물론이지." 스틸이 대답했다.

"좋았어. 우리가 이제 해볼 생각이야."

딕 펄드와 존 맥의 우정

실적 발표가 끝나자 리먼의 주가는 잠시 안정되는 듯했다. 그러나 몇

---

* 런던에 있던 이 투자은행은 2009년에 모회사인 독일의 드레스드너방크(Dresdnerbank)의 결정으로 이름이 코메르츠방크(Commerzbank)로 바뀌었다.

시간 뒤 펄드는 새로운 문제에 봉착했다. 무디스가 신경 쓰이는 발표를 한 것이었다. 무디스는 리먼의 신용등급을 새롭게 평가하는데, 리먼이 "좀 더 강한 금융 파트너와 전략적 협상"에 들어가지 못하면 등급을 낮추겠다고 밝혔다.

펄드는 모건스탠리의 CEO 존 맥에게 전화하기로 마음먹었다. 새로운 대안이 필요했던 것이다. 펄드는 뱅크오브아메리카의 켄 루이스나 골드만의 로이드 블랭크파인보다 존 맥을 좀 더 신뢰했다.

"들어봐. 내가 뭔가 해야 해. 우리가 함께할 수 있는 건 없을까?" 펄드가 물었다.

맥은 진정으로 펄드를 좋아했고, 그래서 그의 목소리에 배어 있는 스트레스가 걱정스러웠다. 그러나 리먼이라는 회사와 딜을 할 생각은 없었다. 그보다도 펄드가 전화하면서 어떤 착각에 빠져 있는 것은 아닌지 걱정되었다.

"딕, 진심으로 돕고 싶지만 이건 안 돼. 이미 전에 이야기했잖아. 우리 두 회사는 중복되는 게 너무 많아." 맥은 바로 자신의 집에서 리먼과 모건의 임원들이 모였던 일을 상기시켰다.

전화를 끊고 나서 맥은 잠시 생각에 잠겼다. 무언가 새로운 생각이 떠올랐던 것이다. 지금까지 리먼과의 합병이 불가하다는 판단은 리먼의 주가가 40달러대에 있을 때를 근거로 한 것이었다. 그런데 지금의 주가라면 이야기가 다르지 않은가?

생각이 여기에 이른 맥은 펄드에게 다시 전화했다. "생각해보니까 자네 말에 일리가 있어. 한번 이야기를 해보자고."

다시 고려해줘서 고맙다고 펄드가 말하고 나서, 맥은 잠시 아무 말이 없더니 확고한 투로 입을 열었다. "딕, 난 직설적인 인간이야. 내가 자네 좋아하잖아. 하지만 이건 분명히 해야 해. 이건 동등한 입장의 합병이 아니야. 합병하면 두 사람이 경영할 수는 없어. 이것은 맨 먼저 분명히 해야 할 사항이야."

어색한 침묵이 흐른 뒤 펄드가 대답했다. "나는 그렇게 생각하지 않는데……." 그리고 잠시 후에 말을 이었다. "생각해보고 곧 전화할게."

20분 뒤에 펄드가 다시 전화했다.

"그래, 자네 말이 맞아. 나도 이번에는 회사를 위해 옳은 일을 하고 싶어. 뭐가 될지 이야기해보지." 펄드의 음성에는 최근 겪은 고초가 스며들어 있었다.

펄드는 자신과 맥이 없는 자리에서 두 회사의 간부들이 만나게 하자고 제안했다. 사적인 연분이 없는 간부들이 정하게 하자는 것이었다.

회의는 그날 밤 모건스탠리의 공동 사장인 월리드 샤마의 집에서 열기로 했다.

밥 다이아몬드는 재무성의 금융시장 담당 국장 토니 라이언Tony Ryan이 전화를 받을 때까지 손가락으로 책상을 두드리며 기다렸다. 밥 스틸이 그에게 전화해보라고 한 것이었다.

"토니, 내가 스틸하고 나눈 대화 기억해?" 다이아몬드가 물었다.

라이언은 잠시 혼란스러웠다. "어느 것 말이지?" 그는 다이아몬드가 말하는 것이 무엇인지 알 듯 말 듯하다는 투로 물었다.

"리먼에 관한 것."

"아, 그래그래!"

"내가 전화한 이유는 행크와 잠깐 이야기하고 싶어서야. 안 된다면 할 수 없지만, 내 생각에는 장관하고 대화를 해봐야 할 것 같아서 말이야."

이 말에 라이언 국장은 장관에게 되도록 빨리 전화하라고 부탁하겠다고 했다.

한 시간 뒤, 다이아몬드의 비서가 장관이 아닌 뉴욕연방준비은행의 팀 가이트너에게 전화가 왔다고 전했다. "내가 뭘 할 수 있을까요?" 가이트너가 물었다.

다이아몬드는 바클레이스가 리먼의 매수에 관심이 있다고 말했다. 파산가격에 가깝다면이라는 전제와 함께.

"펄드에게 전화해보지 그래요?" 가이트너가 말했다.

"이해를 못하시는군요. 제 말이 도발적이라고 여기진 마세요." 다이아몬드는 바클레이스가 네덜란드의 ABN암로를 사려고 했다가 실패한 경험을 말하며, 그것이 왜 실패했고 회사를 얼마나 곤란하게 했었는지 설명했다. "전 다만 우리 회사가 여기저기 쑤시고 다닌다는 인상을 주기 싫어서 그러는 겁니다."

가이트너는 이렇게 쓸데없이 세밀한 부분까지 신경 쓰는 것이 영국인의 특징이라고 여겼다. 비록 다이아몬드는 미국인이지만 말이다. 그는 그냥 듣기만 했다.

다이아몬드가 계속 말을 이었다. "그래서 바클레이스는 미국 측이 제안하고 미국 정부가 이끌어가는 모양새를 가지고 딜을 하고 싶은 거예요. 그쪽에서 우리더러 매수에 응할 만한 가격이 있느냐고 물었고, 또 돕겠다고 했어요. 그런데 이제 와서 펄드에게 직접 전화를 하라니, 이건 좀 다른데요."

다이아몬드의 빙빙 돌리는 말에 짜증이 난 가이트너가 다시 말했다. "그냥 펄드에게 전화하면 안 됩니까? 그게 왜 어려워요?"

"제가 펄드에게 직접 전화해 파산가격으로 사겠다고 말할 수는 없어요. 미국 정부가 중간에서 알선해줘야 합니다. 안 되면 그만두지요. 그래도 나쁜 감정이 남지는 않을 겁니다."

아무리 남의 어려운 상황을 이용한다는 인상을 주지 않기를 원했던들, 사실 바클레이스는 리먼의 어려운 상황을 이용하고 있었다.

뱅크오브아메리카의 타산

벤 버냉키는 수요일 오후 연준의 지역 이사회에 참석해서도 회의에 집중할 수가 없었다. 월스트리트가 혼란스러운 상황에서도 그는 연준의 지역 은행들을 정기적으로 방문해왔다. 이번에는 세인트루이스를 방문해 시내에 위치한 낮은 대리석 빌딩에서 회의에 참석하고 있었다.

몸은 세인트루이스에 있어도 마음은 리먼 위기에 관한 고민에 머물러 있었다. 그날만 해도 그는 오전 8시 30분과 오후 1시에 팀 가이트너, 행크 폴슨과 통화했고, 저녁 6시에 또다시 통화가 예정되어 있었다.

오후 1시에 있었던 통화에서는 가이트너와 폴슨이 가장 최근의 두통거리에 관해 이야기했다. 뱅크오브아메리카가 자본준비율을 완화해달라고 했다는 것이다. "뱅크오브아메리카는 컨트리와이드Countrywide를 인수할 때 정부의 입장을 고려해서 크게 마음먹고 감행했다고 생각하기 때문에 지금 상당히 화가 나 있는 것 같아." 폴슨이 설명했다.

가이트너는 어떻게든 뱅크오브아메리카 간부진을 뉴욕으로 불러 리먼을 실사하게 해야 한다고 생각했다. 그는 그들이 지금 대단히 중요한 시간을 낭비하고 있는 것이라고 여겼다.

폴슨은 버냉키에게 뱅크오브아메리카의 켄 루이스에게 직접 전화해 상황을 수습해줄 수 있겠느냐고 부탁했다. 더불어 다시 한 번 강조했다.

"뱅크오브아메리카를 빨리 활주로에 내보내야 해."

세인트루이스연방준비은행에 차려진 자신의 임시 집무실에서 버냉키가 루이스에게 전화를 걸었다.

"여러분 뉴욕에 가서 리먼을 자세히 들여다봐야 하는 거 아닙니까? 우리도 자본준비율을 비롯해 도울 수 있는 일이 있으면 도울게요." 버냉키는 이렇게 말하면서도 자신이 딜을 중개하는 입장이 된 것이 여전히 약간 불편했다.

루이스는 버냉키가 전화해준 것에 감사를 표하고, 직원들을 뉴욕으로 보내 리먼과 상의하게 하겠다고 했다.

이 말에 버냉키는 문제가 해결되었다고 믿고, 여담으로 자신이 세인트루이스에 온 이유를 설명했다. 세인트루이스연방준비은행 직원들과 이야기를 나누고 새로운 총재로 임명된 제임스 불러드James Bullard와 시간을 보내기 위해서라는 것이었다. 불러드는 지난 4월 전임자 윌리엄 풀William Poole에게서 자리를 이어받았다.

그런데 마침 풀은 버냉키가 세인트루이스에 와 있던 그날 워싱턴에서 연준의 구제안에 관해 연설하고 있었다. 그는 연준은행 총재들 중에서도 말을 많이 하는 사람이었다. 정부가 리먼을 구할 것이라는 추측이 시장에 나도는 가운데 행해진 그의 연설은 의외로 많은 관심을 끌었다.

연설에서 풀은 이렇게 말했다. "제가 잘못 이해한 게 아니라면, 연준과 재무성은 어느 회사가 연준의 돈을 쓸 수 있게 될지에 관해서 침묵을 지켜왔습니다. 다만 패니메이와 프레디맥은 예외였지요."

"연준은 1975년에 뉴욕 시가 도와달라고 했는데 거절했고, 1979년 크라이슬러의 구제 요청도 거절했습니다. 그러나 베어스턴스의 구제안이 이뤄진 것으로 봐서 다음에도 거절하기는 어려울지 모릅니다. 연준이 영향력 있는 대형 금융회사의 구제 요청을 거절한다면 그때 연준의 융자에 한계가 있음을 알게 될 거라고 봅니다."

켄 루이스는 연준을 충분히 활용하고자 했다. 버냉키와 통화가 끝나자마자 그는 팀 가이트너에게 전화를 걸었다. 그는 버냉키 의장과 매우 호의적인 대화를 나눴지만, 지금의 신용경색이 해소되었다고 공식적으로 판명되기 전에는 직원을 뉴욕으로 보내 리먼을 실사하기는 어렵다고 말했다.

이에 대한 가이트너의 대답은 공손하면서도 확고했다. "우리는 당신에게 도움이 되었으면 해요."

하지만 루이스가 원하는 것은 구두약속 이상이었다. "우리는 이 건에 대해 너무 오랫동안 고민해왔어요. 우리가 정말로 리먼에 투자하기를 원하신다면 뭔가 문서로 약속해주셨으면 해요."

그런 최후통첩 같은 것을 받은 가이트너는 놀라며 대답했다. "연준 의장이 돕겠다는 말을 당신도 듣지 않았습니까. 당신이 연준 의장의 말을 못 믿는다면 우리는 더 큰 문제를 안고 있는 거겠지요."

이 말에 가이트너가 더는 양보하지 않을 것이라는 것을 알아챈 루이스는 뱅크오브아메리카의 산부들을 목요일 오전에 뉴욕으로 보내 리먼의 실사를 시작하겠다고 말했다.

펄드는 수요일 내내 끊임없이 전화를 돌리고 있었다. 그의 전화 기록에 월스트리트와 워싱턴의 주요 인사들은 다 들어 있을 정도였다. 그러면서도 시장이 더 흔들리는지 예의 주시했다.

시장의 뉴스는 밝지 못했다. 리먼 주는 하루 종일 잘 버티다가 장이 마감하기 직전 한 시간에 6.9퍼센트가 빠져 7.25달러로 마감했다. 리먼의 CDS 또한 앙등해 135베이시스포인트에서 160포인트로 마감했다. 이 말의 의미는 리먼이 파산하는 것에 대비해 사두는 보험금이 1,000만 달러어치의 리먼 채권에 대해 1년에 61만 달러(610k)라는 것이다. 결국 리먼이 발표한 회사 분할 계획이 시장을 설득해 리먼의 운명을 돌릴 것이라는 희망은 수포로 돌아가고 있었다.

펄드의 필사적인 전화 공작도 별다른 효과를 발휘하지 못했다. 그날 오전 그는 골드만의 CEO 로이드 블랭크파인과 불편한 통화를 했다. 블랭크파인이 전화를 걸어 리먼이 골드만과의 협상을 일방적으로 종결한 것에 불만을 표시했던 것이다. 즉, 그날 오전 리먼의 알렉스 커크와 마크 월시가 골드만의 하비 슈워츠가 이끄는 팀과 변호사 사무실에서 협의했는데, 골드만의 자료 제출 요구에 두 사람이 제대로 응하지 않고 결국은 성과 없이 끝내버렸다는 것이다.

펄드는 폴슨 장관과도 통화했다. 폴슨은 바클레이스의 딜을 추천했지만, 펄드는 이를 주저했다. 이유는 뱅크오브아메리카와 이미 협상이 시작되고 있기 때문에 그 협상을 위협하고 싶지 않다는 것이었다.

이에 폴슨은 펄드를 설득했다. "딕, 켄 루이스는 리먼 건을 여러 번 포기했어. 그에 비해 바클레이스는 큰 관심을 보이고 있고. 두 곳 다 알아볼 필요가 있잖아?"

하지만 펄드는 전부터 주장해온 화제로 말을 돌렸다. 즉, "리먼을 죽이려고 하는" 공매도자들을 규제해달라는 것이었다. 그는 거의 10분간 폴슨 장관에게 증권거래위원회의 크리스토퍼 콕스에게 말해 공매도를 금지하고 조사를 시작하도록 설득해달라고 부탁했다. 이것만이 리먼이 살아날 수 있는 길이라는 것이었다. 그날 오후 펄드는 리먼의 상무 스티븐 버켄펠드를 닦달하며, 리먼 주를 "공매도하고 왜곡하는short and distort" 자들을 색출하라고 외쳤다.

런던에서는 밥 다이아몬드가 피커딜리에서 조금 떨어진 세인트제임스가의 어느 바에서 누군가를 기다리고 있었다. 리먼에서 유럽을 책임지던 제레미 아이잭스Jeremy Isaacs에게 한잔하자고 초대한 것이었다. 리먼의 속사정을 잘 알고 구체적인 재정 상태나 분위기를 알려줄 수 있는 사람이 있다면 그것은 바로 아이잭스였다. 그는 나흘 전에 리먼에서 '은퇴'를 선언했다.

아이잭스는 본사에서 맥데이드가 그레고리의 후임으로 떠오르자 리먼을 떠나기로 마음먹었다. 사실 그는 다이아몬드의 초대에 응해서는 안 되는 입장이었다. 500만 달러의 퇴직금 협상이 진행되고 있었고, 그것이 바로 다음 날 결정될 것이었기 때문이다. 이 협의에 대한 약정에 따르면, 그는 회사에 "해를 끼치거나 악평을 해서는 안 되며, 회사의 비밀을 보장해야" 했다.

그런데 이날 밤 그는 다이아몬드와 만난 자리에서 이 약정을 어겨야 할지도 몰랐다. 하지만 그것은 리먼을 살리기 위한 것이었다.

월리드 샤마가 사는 곳은 맨해튼 어퍼이스트사이드에 위치한 도어맨이 시중을 드는 세 채의 아파트 가운데 하나였다. '박물관 아파트'라고 불릴 정도로 예술적인 이 석회암 건물 단지는 5번가 근처에 통틀어 아홉 채밖에 없었다. 미드타운과 파크 애비뉴에 위치한 하급 은행원들의 동네에서 떨어져 있어, 리먼과 모건스탠리가 비밀회동을 하기에는 완벽한 장소였다. 샤마의 아내와 자녀들은 그들의 본거지라 할 수 있는 런던에 있어서 집에 방해되는 사람도 없었다.

밤 9시에 모건스탠리의 두 사장인 샤마와 제임스 고먼, 그리고 몇몇 임원들이 키친에서 서성이며 바트 맥데이드를 비롯한 리먼 팀이 도착하기를 기다렸다. 그때 샤마가 동료들에게 말했다. "열심히 하는 척은 하자고. 그렇지만 여기서 구체적인 성과를 내려는 건 아니야."

이윽고 맥데이드, 스킵 맥기, 마크 샤피르, 알렉스 커크 등이 도착했다. 얼굴에는 피곤하고 긴장한 기색이 역력했다.

고먼과 맥데이드는 증권금융산업협회Securities Industry and Financial Markets Association: SIFMA의 이사를 맡으며 전부터 알고 지내는 사이였다. 일주일 전에는 모건스탠리가 리먼에서 특히 부유층 자산관리 부문에서 최고의 인재들을 빼 가려 한 일로 불편한 통화를 했다. 그때 맥데이드는 고먼에게 이렇게 항의했다. "당신들 뒤로 물러나. 이미 많은 문제들로 골치 아픈데, 이렇게까지 하면 우린 쓰러져." 결국 고먼이 물러나고 두 사람은 더 이상 문제 삼지 않기로 했다.

분위기를 부드럽게 하기 위해 샤마가 한 병에 180달러짜리 보르도와인 테누타 델 오르넬라이아Tenuta dell'Ornellaia를 따랐다. 참석자들이 한 잔씩 들고 거실에 자리를 잡았다.

맥데이드는 그 자리에 온 것이 데자뷰처럼 느껴진다고 말했다. 거실에 앉은 이들은 이미 수개월 전에 모여 같은 사안을 논의했기 때문이다. 맥데이드가 말은 안 했어도 차이점이 있다면 그때보다 리먼의 상황이 더 필사적이 되었다는 것이다. 이어 그는 리먼이 자본을 동원하기 위해 다양한 방안을 고려하고 있다고 전했다. 자산 일부를 매각할 수도 있고 회사 전체를 팔 수도 있다. 좀 더 분명히 말해서, 모건스탠리가 리먼의 인수에 관심이 있다면 어떤 조건도 협상할 수 있다는 것이다. 그리고 이른바 '소설

이슈social issue'가 협상에 방해가 될 수 없다. 즉, 합병하는 회사를 누가 경영할 것인지 하는 문제가 장애가 되어서는 안 된다는 것이다. 맥데이드는 펄드가 새로 합병한 회사의 CEO 자리를 고집하는 것을 포기하게 했던 것이다.

"당신들이 여기에 있는 리먼의 임원을 쓰겠다면 참여하겠습니다. 쓰지 않겠다면 그것도 좋습니다. 요컨대 우리의 거취는 문제가 아닙니다." 맥데이드가 분명히 말했다.

샤피르는 이 딜이 육상경기에서 "마지막 직선 주로처럼 느껴질 수 있지만", 양측 모두 많은 비용을 절감할 수 있는 기회를 제공받는 것이고, 바로 그것이 기업 합병의 기본 논리가 아니겠느냐고 말했다.

샤피르의 이런 낙관적인 해석과는 달리, 샤마는 이 정도 규모의 기업 합병이라면 수천 명은 아니라도 수백 명의 목을 치는 유혈참극이 벌어질 것이라고 생각했다. 그는 또한 기업 합병의 장점이라고 하는 것이 대개 환상으로 끝난다는 것을 경험으로 알고 있었다.

이어서 한 시간 동안 양측의 임원들은 숫자와 리먼이 소유한 여러 자산들을 평가하며 모건스탠리가 인수를 원하는 부분이 있는지 살폈다. 그러나 시간이 흐르고 서류가 오가는 동안 분명해진 것은 양측이 합의할 부분이 없다는 것이었다. 결국 샤마는 모건스탠리의 이사회가 리먼에 도움이 될 정도로 신속하게 의사결정에 이를 사안이 없다고 선언했다. 참석자들은 이 말이 리먼의 상태가 너무 악화되었다는 것을 의미한다는 것을 알고 있었다.

리먼의 팀이 떠나고 나서 고먼은 '우리도 이렇게 될 수 있다'는 것을 상기시키려는 듯 무겁게 주위를 바라보며 말했다. "방금 우리가 본 이 사내들은 낭떠러지를 내려다보고 있는 상황이야."

크리스 플라워스라는 사나이

동이 튼 직후, 그레그 컬은 광장을 가로질러 시그램빌딩으로 갔다. 파크 애비뉴에 있는 이 38층짜리 빌딩은 현대건축의 걸작이다. 컬은 로비에 들어가 시계를 보고 그가 반드시 만나야 할 어드바이저가 도착하기를 기다렸다.

뱅크오브아메리카의 리먼브러더스 인수 딜을 책임질 컬은 수요일 밤에 100명이 넘는 간부들을 이끌고 샬럿에서 뉴욕으로 날아왔다. 로펌 설리번 앤드 크롬웰의 시내 회의실에서 리먼의 실사에 들어가게 된 것이다. 이때 커크는 한 사람에게 도움을 청했는데, 바로 프라이빗에퀴티 투자가인 크리스 플라워스Chris Flowers*였다. 그의 전문 분야는 투자은행업계에서도 가장 신비스러운 부분이다. 두 사람은 미묘한 쌍을 이뤘다. 컬은 뱅크오브아메리카의 베테랑이었지만 좀처럼 드러나지 않고, 월스트리트에 아는 사람도 많지 않았다. 그에 비해 플라워스는 가끔 욕을 섞어 말을 빨리하는 골드만삭스 출신의 투자은행가로서, 그가 하는 딜은 종종 금융 기사의 헤드라인을 장식하기도 했다.

리먼 딜을 생각하면서 커크가 옆에 두고 싶었던 사람은 플라워스였다. 그라면 리먼의 대차대조표를 30초 안에 읽고 정확하고 사려 깊은 조언을 해줄 것이라 여겼던 것이다. 그는 1990년대 말에 골드만을 떠나 스스로 프라이빗에퀴티 회사를 차려 은행들에 투자해 큰 성공을 거뒀다. 한번은 일본의 신세이은행**에 투자해 5억 4,000만 달러를 벌기도 했다. 그는 자

---

* 여기에 등장하는 크리스 플라워스는 골드만삭스에서 20년을 근무하고 직접 J. C. Flowers & Co.를 설립한 크리스토퍼 플라워스(J. Christopher Flowers)를 가리킨다.

** 일본의 장기신용은행이 파산한 뒤 미국의 기업재생펀드인 리플우드, LTCM 등에 넘어갔

주 미국에서 가장 부유한 사람 중의 하나로 꼽히는데, 그가 어퍼이스트사이드에 타운하우스 한 채를 5,300만 달러에 산 것은 맨해튼 부동산 투자에서 하나의 기록으로 남았다.

컬은 투자은행가를 별로 신뢰하지 않았다. 그러나 플라워스는 예외였다. 그는 플라워스가 감정에 치우치지 않고 신중하게 딜메이킹, 나아가 인생에 접근하는 태도를 높이 평가했다. 신용위기가 닥치기 전인 2007년에 두 사람은 학생융자회사 샐리메이Sallie Mae를 인수했다. 그 딜은 잘못된 것이었고, 두 사람은 1년 내내 회복을 위한 작업을 했다. 그러나 컬은 샐리메이 투자에 대해 플라워스를 비난하지 않았다. 합병계약에 플라워스가 비상탈출 장치를 넣음으로써 손실을 보전하고 소송을 제기할 수 있었기 때문이다.

컬은 플라워스가 단순히 조언을 해주는 데 그치지 않고, 뱅크오브아메리카와 함께 리먼에 투자할 수도 있다고 생각했다. 리먼에서 리스크가 가장 큰 자산을 플라워스가 인수할 수도 있다고 여긴 것이다.

24시간 전에 플라워스를 찾았을 때 그는 도쿄에서 신세이은행의 이사회에 참가하고 있었다. "리먼을 한번 봐줬으면 좋겠어. 그리고 우리와 함께 들어갔으면 하는데." 컬이 여기까지 말하자 더는 설명이 필요 없었다. 그는 즉시 차로 도쿄 나리타공항으로 가서 뉴욕까지 열네 시간이 걸리는 항공편에 몸을 실었다.

플라워스가 뉴욕에 도착했을 때 그의 얼굴에는 시차증이 뚜렷하게 남아 있었다. 그는 또 한 명의 골드만 출신 제이콥 골드필드Jacob Goldfield를 데리고 왔다(로저 로웬스타인이 쓴 『천재들의 실패』에서 LTCM의 자료를 노트

다가 2000년에 신세이은행으로 개칭되었다.

북에 몰래 담은 것으로 묘사된 이가 골드필드였다. 그리고 리먼의 알렉스 커크가 골드만에 자료를 제공하는 것에 대해 펄드에게 우려를 나타내며 거론한 인물도 골드필드였다).

골드필드도 리먼을 잘 알고 있었다. 지난봄에 행크 그린버그가 60억 달러 상당의 리먼 보통주 및 우선주를 사는 작업에 참여했을 때 그린버그를 도와 리먼을 조사한 이가 바로 그였다.

비행기를 타고 오면서 플라워스는 리먼의 2사분기 실적을 살펴보고 주된 논점이 무엇인지 파악했다. 그것은 리먼의 부동산 자산평가였다. 대략 250억 내지 300억 달러 정도 될까?

컬과 플라워스, 골드필드는 곧 로펌 설리번 앤드 크롬웰이 제공한 회의실에 작업반을 차렸다.

긴 날이 될 터였다.

리먼의 회사 분할 계획이 발표되고 하루 동안 숙고한 월스트리트의 애널리스트들은 그 계획과 리먼에 대해 대규모 공격을 개시했다. 우선 그들은 목요일 아침에 클라이언트들에게 회의적인 이메일을 보냈는데, 이는 리먼 주가의 하락을 부채질했다. 전날 리먼 주는 7퍼센트가 떨어져 7.25달러에 마감했다. 여기서 더 떨어질 것이었다.

골드만삭스의 애널리스트 윌리엄 태노나William Tanona는 그의 이메일에서 이렇게 선언했다. "리먼의 경영진은 주가에 영향을 미치던 이슈들을 진정시키는 데 성공하지 못했다."

2007년 4월 이래 리먼의 주를 매수buy로 평가해오던 애널리스트 마이클 메이오는 어두운 전망을 내보내면서 신용평가회사가 리먼의 등급을 내림으로써 주가의 하락 압력이 더 거세질 것이라고 했다. "신용평가회사의 입장이 부정적으로 바뀐다면 리먼의 주가 파산주로 팔리는 상황이 닥칠 수도 있다." 즉, 긴급대피 매각이 닥칠 수 있다는 것이었다. 따라서 그의 매수라는 평가는 철회되었다.

메릴린치의 애널리스트 기 모즈코스키Guy Moszkowski도 리먼 주에 대해 어두운 전망을 내놓으면서 리먼이 저가인수take-under를 받아들일 수밖에 없을지 모른다고 예측했다. 월스트리트에서 쓰는 저가인수라는 말은 장중의 주가보다 낮은 가격으로 기업을 인수하는 것을 뜻했다.

지금까지 리먼을 기본적으로 건전하다고 보아온 애널리스트들까지도 투자가들의 인식이 리먼의 기초 가치를 해치는 단계에 이르렀다고 평가하기 시작했다. 리먼의 떨어지는 주가가 시장에서 공포심을 자극하고, 이것이 리먼으로 하여금 서둘러 매수 주체를 찾게 하는 심리적 압박이 되고 있다는 것이었다.

월스트리트의 애널리스트들이 리먼의 묘비명을 쓰고 있는 듯한 상황에서 리먼을 공공연하게 옹호한 사람은 펄드가 합병 파트너로 바라고 있던 존 맥이었다. 그날 아침 《뉴욕타임스》의 기사에서 맥은 펄드를 가리키며 이렇게 말했다. "그는 여전히 투쟁심을 가지고 있다. 하지만 이번 사태는 다른 누구와 마찬가지로 그에게도 영향을 미치고 있다."

그러나 맥은 펄드에게 사적으로 한 전화에서 땅이 꺼질 듯한 뉴스를 전했다. 모건스탠리와 리먼이 합병을 논의할 이유가 더는 없다는 것이었다.

펄드의 삼고초려

물론 리먼을 구할 동아줄이 다 끊긴 것은 아니었다. 팀 가이트너가 펄드에게 전화해 바클레이스가 인수에 관심을 보인다고 하면서 그쪽에서 직접 전화가 오지 않았더라도 런던에 있는 다이아몬드에게 전화해보라며 번호를 알려줬다.

"그가 전화를 기다릴 겁니다." 가이트너가 말했다.

다이아몬드에게 전화한 펄드는 가이트너가 일러준 대로 말했다. "제 전화를 기다리고 있다고 들었습니다."

그러나 다이아몬드는 당황했다. 펄드와 직접 협상하지 않겠다고 가이트너에게 분명히 말했기 때문이다. 바클레이스는 미 정부를 통해 협상하겠다고 했다.

"이야기를 해보시지요." 펄드는 다이아몬드가 나서기를 재촉했다.

"우리에게 기회가 있다고 보지 않는데요." 다이아몬드가 대답했다.

펄드는 도대체 뭐가 어떻게 돌아가는지 이해가 되지 않았다. '가이트너가 다이아몬드에게 전화하라고 하지 않았던가? 그런데 다이아몬드는 관심이 없다고?'

펄드는 더 밀어붙이지 못한 채 전화를 끊고 가이트너에게 전화했다.

"방금 다이아몬드와 통화했는데…… 그는 관심이 없다는 거야. 당신은 그들이 대화를 원한다고 했잖아?" 펄드가 열이 나서 말했다.

"맞아. 다시 한 번 전화해봐." 가이트너도 굽히지 않았다.

5분 뒤에 펄드가 다이아몬드에게 다시 전화했다.

"우리는 관심이 없다고 말했는데요." 다이아몬드가 말했다.

펄드는 자신이 무슨 말장난의 탁구공이 된 듯한 기분이 들어 가이트너에게 다시 전화를 걸었다. "도대체 뭐예요. 다이아몬드에게 두 번이나 전화했는데 그는 나와 말하려고 하지 않아요. 당신은 그가 관심이 있다고 하고, 그는 아니라고 하고."

가이트너는 펄드에게 자신이 직접 다이아몬드에게 전화할 것을 약속하며, 마지막으로 한 번 더 전화를 해보라고 했다.

이 세 번째 전화에서 다이아몬드는 갑자기 이야기할 의사를 밝혔다. “오늘 밤에 뉴욕으로 갈게요. 금요일 아침에 우리 팀이 도착할 겁니다.”

이로써 바클레이스와 뱅크오브아메리카는 리먼 인수를 놓고 공식적으로 경쟁하게 되었다.

이때 펄드가 몰랐던 것은 다이아몬드와 그의 팀이 가이트너, 폴슨과 이미 접촉하고 바클레이스가 리먼의 회계 상태를 되도록 빨리 검토하겠다는 합의에 이르렀다는 사실이었다. 이 구제 노력 속에서 펄드의 역할이란 형식에 지나지 않았다.

그날 밤 뉴욕으로 가기 전에 다이아몬드는 그의 출장이 성과가 있을 것이라는 확신을 얻고 싶었다. 폴슨과의 통화에서 다이아몬드는 바클레이스가 리먼의 유일하고 배타적인 협상 상대가 될 수 있느냐고 물었다. 그는 이미 뉴스를 통해 뱅크오브아메리카가 관심을 가지고 있음을 알았고, 뱅크오브아메리카라면 어려운 상대라는 것을, 어쩌면 일을 망쳐놓을지도 모를 적이라는 것을 알고 있었다.

1년 전 바클레이스와 스코틀랜드로열은행Royal Bank of Scotland: RBS을 포함한 그룹 간에 벌어진 네덜란드 ABN암로 인수전에 뱅크오브아메리카가 뛰어든 적이 있었다. 그때 뱅크오브아메리카는 ABN으로부터 시카고의 라살은행LaSalle Bank을 210억 달러에 사들임으로써 왕관의 보석을 훔쳐냈다. RBS그룹은 라살을 몹시 탐냈는데, 그것이 투자 대상에서 빠져버림으로써 바클레이스보다 더 높은 가격을 쓸 수 없었다. 결국 바클레이스는 ABN 인수전에서 패했지만, 뱅크오브아메리카는 라살을 건졌다. 이는 원대한 야망을 품었던 다이아몬드에게 큰 충격이었다. 하지만 그는 뱅크오브아메리카도 그때 지나치게 큰 대가를 지불했던 것이라 믿었다.

"만약 뱅크오브아메리카가 거기에 참여하면 우리는 가고 싶지 않아요. 괜히 우리를 끌어들여 뱅크오브아메리카에 패하게 하면 안 됩니다." 다이아몬드가 폴슨에게 말했다.

이에 폴슨이 대답했다. "배타적인 딜은 할 수가 없어요. 하지만 내가 볼 때 그쪽 입장이 유리한 것 같은데. 아무튼 그쪽이 당황스러울 상황은 만들지 않겠소."

폴슨 장관과의 전화를 끊기 전에 다이아몬드는 한 가지 더 확실히 하고 싶은 것이 있었다. 그도 '제이미 딜'을 원했다. 즉, 제이미 다이먼이 베어스턴스 딜 당시 받은 것과 유사한 정부 보조를 원했던 것이다.

이에 대해 폴슨은 정부에서 어떤 보조도 하지 않을 것이라고 하면서도 이렇게 말했다. "우리가 어떻게 도움을 줄 수 있을지 생각해보지요."

톰 루소가 딕 펄드의 집무실로 들어오는데 울상을 하고 있는 것이 펄드 눈에 금방 들어왔다. 리먼 빌딩 31층의 전반적으로 특색 없는 분위기를 고려했을 때 꽤 특별한 일이었다.

"무슨 일이야?" 펄드가 물었다.

"지금 톰 백스터와 전화를 마치고 오는 길이에요." 루소가 뉴욕연방준비은행 수석법률고문을 언급하며 말했다. "그가 말하기를 가이트너가 당신이 뉴욕연방준비은행의 이사직에서 사임하기를 원한다는 거예요." 루소가 잠시 침묵하더니 말을 이었다. "그 자리에 있으면 여러 가지 복잡한 갈등이 생겨날 수 있다는 겁니다."

가이트너의 요구는 놀랄 만한 것이 아니었다. 리먼의 매수 주체가 나타날 경우 정부가 보조를 제공할 수 있는 가능성에 대비해, 그가 가장 피하고 싶은 상황은 뉴욕연방준비은행이 자신의 이사회의 멤버, 즉 내부자를 돕는다는 인상을 주는 것이었다. 아무리 사소한 것이라도 특혜를 주는 것은 재앙을 불러올 수 있었다.

이를 잘 알면서도, 설명을 전해 들은 펄드는 자신이 작아지고 있음을 느끼며 멍하니 책상을 쳐다봤다. 그는 울기라도 할 것처럼 잠시 가만히 있다가 이내 마음을 가라앉히고 작은 목소리로 중얼거렸다. "정말 믿을 수가 없어."

이윽고 펄드와 루소는 뉴욕연방준비은행 이사장 스티븐 프리드먼에게 보낼 사임서를 초안했다.

스티브에게

저는 깊은 유감을 느끼며 뉴욕연방준비은행 이사직의 사임원을 제출합니다. 리먼브러더스의 현재 상황으로 비춰볼 때 저는 이사직에 시간을 낼 수가 없으며, 따라서 제가 즉시 사임하는 것이 이사회에 이익이 된다고 판단합니다. 저는 이사직에 있으면서 임기를 즐겁게 보냈습니다. 이사회와 뉴욕연방준비은행에 깊은 경의를 표합니다. 감사합니다.

딕 펄드

깊은 한숨을 내쉬며 펄드는 'Dick'이라고 쓸 자리에 커다란 'D'자를 사인했다.

AIG의 위기

파인 가 70번지의 AIG 본사에서는 오전에 예정된 신용평가회사와의 회의를 앞두고 밥 윌럼스태드가 집무실에서 서성이면서 긴장을 높여가고 있었다. 그동안 신용평가회사는 AIG의 신용등급을 낮추겠다고 강하게 위협해왔다. 그는 방금 가이트너와 통화를 하면서, AIG를 증권회사로 바꾸는 안을 상의하며 압력을 조금 가했다. 이에 가이트너는 "지금 리먼 일로 좀 바쁘니 내일 아침에 다시 통화합시다"라고 응대했다.

10시 반, 증권시장에서는 이미 윌럼스태드가 지난주 내내 감추려고 노력했던 우려와 두려움이 나타나고 있었다. AIG의 부채에 보험을 거는 비용이 15퍼센트가 상승해 사상 최고인 612베이시스포인트가 되었다. 이는 AIG의 채무상환 1,000만 달러를 향후 5년간 보증하기 위한 보험료로 투자가가 지불해야 하는 돈이 61만 2,000달러라는 것을 의미했다. 리먼이 자금을 동원하는 데 필사적이 되면서 투자가들이 AIG도 조만간 그런 운명에 처할 것이라고 판단한 까닭이었다. 게다가 리먼이 파산하게 된다면 그에 대비해 AIG에 보험을 든 투자가들에게 AIG는 천문학적인 액수의 돈을 지불해야 할 상황이었다.

설상가상으로 마침 그날 과거에 있었던 AIG의 회계 문제에 관해 뉴욕 검찰에서 증언하게 된 행크 그린버그는 틈만 나면 윌럼스태드를 닦달했다. "너희들 뭘 기다리는 거야?" 그린버그가 말했다. 왜 회사의 재무 상태를 개선하는 일이 늦어지느냐는 것이었다.

온갖 압력이 가해지는 가운데 윌럼스태드가 신경을 쓰고 있는 또 다른 걱정거리는 그린버그가 회사를 상대로 낸 소송이었다. 그러는 중에도 윌럼스태드는 아시아에서 자본을 끌어모으기 위해 그린버그에게 도움을 청하지 않을 수 없었다. 그린버그는 까다롭고 불투명한 일본과 중국 시장에서 AIG를 강력한 보험회사로 우뚝 세웠다. 그래서 그는 자신의 변호사인 로펌 심슨 대처의 제이미 갬블Jamie Gamble에게 그린버그의 변호사 데이비드 보이스David Boies를 만나 그린버그를 만족시킬 만한 타협안을 끌어내라고 해두었다.

하지만 무엇보다 윌럼스태드를 압박하는 것은 지난주 초 JP모건의 제이미 다이먼과 나눈 대화의 결과였다. 그때 윌럼스태드는 다이먼에게 "우리가 돈을 충분히 걷지 못하고 있어"라고 말하며 자본 증강을 도와주거나 개인적으로라도 돈을 빌려달라고 부탁했다.

이에 다이먼은 이렇게 답했다. "글쎄. 당신 회사의 문제는 우리가 생각한 것보다 훨씬 큰 것 같아. 우리가 만든 계산식에 따르면 AIG는 다음 주면 돈이 바닥날 것 같은데."

이때 윌럼스태드는 JP모건이 더는 자본 증강에 도움을 주지 않을 것이라는 사실을 내심 받아들였다. 그에 앞서 AIG의 회계 책임자인 로버트 젠더Robert Gender가 그 점을 지적했지만 윌럼스태드는 그의 의견을 무시했다. 그는 젠더에게 말했다. "JP모건은 늘 터프하기만 해. 그 반면에 시티는 쉬워. 돈을 달라고 하면 '그래'라고 하지." 그러나 신중한 젠더는 그 말에 이렇게 답했다. "솔직히 말씀드려서 JP모건이 우리에게 요구하는 비용 절감이 필요하기도 하다고 봅니다."

다이먼은 윌럼스태드에게 완전하지 않더라도 계획을 하나 만들어 발표하라고 충고했다. "금방 실행할 필요도 없어. 시장을 향해 AIG가 이런 계획을 가지고 있다고 하고 곧 시행에 들어가는 거야. 그리고 자본이 필요하면 자본이 필요하다고 시장에 말하는 거야."

'그래, 어제 리먼이 바로 그런 일을 했지.' 윌럼스태드가 생각했다.

마침내 무디스와 내키지 않는 회의를 할 시각이 다가왔다. JP모건에서는 스티브 블랙이 와서 회의에 무게를 더해주고 AIG의 자본 증강 계획에 관한 답변에 도움을 주기로 했다. 윌럼스태드가 혼자 자본 증강 계획이 있다고 말하는 것과, JP모건의 사장이 와서 그런 계획을 도울 의향이 있다고 말해주는 것에는 큰 차이가 있었다. 그 회의는 매우 중요했다. 만약에 무디스가 AIG의 신용등급을 한 단계 낮추면, AIG는 105억 달러의 담보를 추가로 설정해야 했다. 게다가 윌럼스태드가 "장님이 장님을 인도하는 격"이라고 비꼬았듯이, S&P마저 무디스를 따른다면 그 수치는 133억 달러로 올라갈 것이었다. 이때 AIG가 외부에서 자금을 동원할 수 없으면 그것으로 AIG는 끝이었다.

회의한 지 15분도 지나지 않아 무디스의 애널리스트는 AIG의 신용등급을 한두 단계 낮출 것이라고 통보했다. 무디스가 이를 월요일에 발표한다면, 윌럼스태드의 계산으로 AIG는 사흘 이내에 담보설정을 해야 했다. 즉, 수요일, 아니 늦어도 목요일까지 천문학적인 수의 돈을 내놔야 하는 것이었다.

옆에서 이 말을 들은 JP모건의 블랙은 시간 여유가 더 없다고 생각했다. 그의 계산으로는 화요일 오전이 데드라인이었다. 회의가 끝나고 그는 윌럼스태드를 옆으로 불러 말했다. "AIG의 신용등급이 내려가는 건 이제 피할 수 없으니, 뭘 해야 할지 빨리 생각해야 해요."

윌럼스태도도 동의했다. "준비를 해야겠어. 당신 말에 동감이야."

블랙은 AIG 빌딩을 빠져나가며 아까 들어올 때보다 이 회사의 가치가 더 내려갔다는 것을 실감했다. '아무도 내가 원하는 만큼 빨리 움직여주지 못하고 있어.'

파산 변호사 하비 밀러

맨해튼의 5번가5th Avenue와 59번가59th Street로 구성된 전체 블록을 차지하는 제너럴모터스 빌딩에 들어서 있는 로펌 웨일, 갓샬 앤드 맨지스 Weil, Gotshal & Manges의 전설적인 파산 변호사 하비 밀러Harvey Miller는 책상에서 일어나 실내를 서성였다. 그는 서가에 있는 텍사코 모형트럭과 이스턴항공 모형비행기를 바라봤다. 그가 주도한 두 개의 유명한 사건의 기념품이다.

75세인 그는 여전히 법조계에서 파산법의 대가로 불리며 의뢰인에게 시간당 1,000달러를 받았다. 텍사코와 이스턴 이외에도 그가 참여한 파산 건에는 선빔Sunbeam, 드렉셀 버넘 램버트Drexel Burnham Lambert, 엔론 Enron 등이 있으며, 1970년대의 금융위기 때 뉴욕 시의 대리인을 역임하기도 했다.

늘 침착한 그는 잘 맞춰진 양복을 입고, 오페라를 사랑하며, 길고 유창한 문장을 말할 수 있는 능력으로도 유명했다. 브루클린의 그레이브센드에서 목공의 아들로 자란 그는 집안에서 처음으로 고등학교 이상의 교육을 받았다. 그는 뉴욕의 브루클린 칼리지를 마치고 육군에 근무한 뒤 컬럼비아 대학 로스쿨을 졸업했다.

그가 로스쿨을 마칠 때만 해도 파산은 기업금융 분야에서 작은 분야였다. 그래서 영국계 백인들이 지배하던 법조계에서 파산은 주로 유대인들이 운영하는 작은 로펌이 취급했다. 1963년에 밀러는 셀리그슨모리스 Seligson Morris라는 작은 파산 전문 로펌에 취직했다가, 6년 후 당시 기업구조조정 부문의 대가였던 이라 밀스타인Ira Millstein의 권유로 웨일 갓샬로 옮겨 파산 부문을 구축했다.

그날 오후 로펌의 회장 스티븐 댄하우저Stephen Dannhauser가 전화해 놀라운 질문을 던졌다. "우리가 리먼이 파산할 경우에 대비해 사전 조사를 좀 할 수 있을까?" 밀러는 최근에 신문 기사들을 읽었으므로 금세 무슨 말인지 이해했다. 리먼은 매우 중요한 고객이었다. 사실 가장 큰 고객이어서 연간 수임료가 4,000만 달러에 이르렀다. 따라서 리먼을 잘 아는 것은 물론이었다.

댄하우저에게 전화한 이는 리먼의 상무 스티븐 버켄펠드였다. 그는 앞으로 사흘 안에 사태가 악화된다면 리먼이 파산에 대비해야 한다고 했다. 버켄펠드는 전화를 끊기 전에 댄하우저에게 절대적으로 비밀을 지켜달라고 부탁했다. 자신의 보스 펄드에게도 이 전화에 대해 말하지 않았다는 것이었다.

파산 변호사로서 밀러는 고객과 일대일의 민감한 관계에 익숙했다. 그는 언젠가 이렇게 말했다. "기업 파산이라는 것은 체중이 800파운드 나가는 고릴라와 춤을 추는 것과 비슷해. 상대 고릴라가 춤을 추고 싶어야 출 수 있는 거야."

두어 시간 뒤 리먼에서 밀러의 전화가 걸려왔다.

"전 리먼브러더스의 법률 담당 책임자 톰 루소입니다. 당신이 리먼 담당입니까?" 루소가 큰 목소리로 말했다.

루소를 잘 모르는 밀러는 다소 놀라며 대답했다. "네, 그런 것 같습니다만."

루소는 자세한 이야기는 생략한 채 급히 용건만을 전했다. "이 이야기는 누구에게도 해서는 안 돼요. 지금 상황이 매우 급박합니다. 이것이 루머로 나돌아서는 절대 안 됩니다."

밀러가 보안에 대해서는 염려하지 말라고 말하려는데 루소가 걱정되는 목소리로 물었다. "이 건과 관련해 변호사가 몇 명이나 일합니까?"

밀러도 엉겁결에 대답했다. "글쎄요…… 네 명…… 아직 초기 단계니까요."

"맞아요. 초기 단계. 그러니 더 이상 인력을 추가하지 말아요. 아직 작은 규모로 작업했으면 합니다." 루소가 요구했다.

루소가 전화를 끊고 나자 밀러는 도대체 리먼에서 무슨 일이 벌어지고 있는지 몰라 어리둥절했다.

자신의 직원들이 설리번 앤드 크롬웰에서 뱅크오브아메리카와 실사 작업에 임하고 있을 즈음, 딕 펄드는 샬럿에 있는 켄 루이스에게 전화를 넣기로 마음먹었다. 두 회사가 합치게 된다면 우선 CEO들 간에 이야기가 있어야겠다고 생각한 것이다.

루이스와 전화가 연결되자 펄드는 진심을 담아 말하기 시작했다. 두 회사의 합병은 정말로 멋진 일로, 리먼의 정상급 투자은행 부문과 뱅크오브아메리카의 거대한 상업은행 부문의 결합이라는 대역사가 이뤄지는 것이라는 이야기였다. 그리고 이 합병이 성사되면 새 회사는 JP모건이나 시티그룹을 뛰어넘을 것이며, 결국 뱅크오브아메리카가 진정한 금융종합회사로 자리매김할 것이라고 말했다.

루이스는 귀를 기울이면서도 어떻게 대답해야 할지 확신이 서지 않았다. 그는 마음속으로 펄드를 협상 상대로 여기고 있지 않았기 때문이다. 그는 정부를 상대로 협상하고 있었다. 따라서 펄드가 뭐라고 하든지 사실 의미가 없었다.

통화를 마치기 전, 스스로 확신이 선 펄드가 말했다. "당신과 나는 이 딜이 성사될 걸 알고 있어요. 이제 우리가 파트너가 되어 기쁩니다."

매디슨 애비뉴에서 벗어나 50번가에 있는 블랙록의 본사에서는 이틀째 이사회가 열렸다. 주식장이 끝날 무렵 메릴린치의 그레그 플레밍은 블랙록 이사회에 참석했다. 메릴이 블랙록의 지분을 보유하고 있어서 메릴의 존 테인과 플레밍이 이사회에 참석한 것이다. 회의 중에 플레밍은 블랙베리 단말기를 훔쳐봤다. 메릴의 주가는 16.6퍼센트가 빠져 19.43달러로 마감했다. 이는 42퍼센트가 내려 4.22달러로 끝난 리먼에 이어 투자은행으로서는 두 번째로 큰 낙폭을 보인 것이었다. 리먼이 이처럼 깊은 문제에 빠져 있는 상황에서 메릴이 다음 타자라고 생각할 사람은 많았다.

쉬는 시간에 플레밍은 밖으로 나와 전화를 걸었다. 메릴이 뱅크오브아메리카와 합병할 가능성에 대해 헐리히 변호사와 나눈 대화를 그는 이날 하루 종일 되새겼다. 보스인 테인에게 아직 말하지 않았지만 적당한 기회를 엿보고 있는 중이었다.

하지만 메릴의 이사진 중에서 친한 존 피네건John Finnegan과는 개인적으로 상의한 적이 있었다. 플레밍과 마찬가지로 조심스러운 성격의 피네건은 테인이 회사를 파는 데 관심이 없을 것이라며 걱정했다. 테인은 메릴의 CEO가 된 지 10개월밖에 안 되는 터였다.

플레밍은 친한 친구이자 리먼의 변호사인 로진 코헨에게 전화를 걸었다. 리먼과 뱅크오브아메리카의 합병 이야기가 어떻게 돌아가고 있으며 리먼의 상태는 어떤지(거기서 메릴의 앞날을 유추할 수 있으므로) 감을 잡고 싶었던 것이다.

코헨이 전화를 받았을 때 그는 리먼과 뱅크오브아메리카의 회의에 참석하고 있었다. 플레밍의 전화를 받고 회의실 밖으로 나온 코헨은 마치 안부전화라도 받은 듯 천연스럽게 인사를 했다. 인사를 교환하고 플레밍은 메릴의 주가 폭락에 대해 언급했다. 그리고 이어서 코헨에게 말했다.
"우리도 여러 가지 방안을 고려해야겠어. 착륙할 수 있는 활주로가 얼마나 남았는지 모르는 형국이야."

이 말에 코헨은 요점을 파악했다. 메릴은 리먼을 살 형편이 아니었다. 그리고 기업 인수합병을 아는 입장에서 볼 때 메릴은 리먼의 노력이 좌절되는 한이 있더라도 뱅크오브아메리카와 딜을 하고 싶어 했다.

그래도 그는 플레밍에게 말했다. "내가 할 말이 많지 않네."

그러자 플레밍은 속마음을 감추려는 것을 포기하고 코헨에게 솔직히 털어놓았다. "우린 지금 딜을 해야 해. 기업 실적이 너무 나빠. 리먼이 쓰러지면 다음은 우리야."

이에 대해 코헨이 해줄 말이 없었다. 클라이언트를 위해 비밀을 지켜야 했다.

AIG에서 회의를 마치고 JP모건의 사무실에 돌아온 스티브 블랙은 다이먼에게 그 회의를 '개 같은 악몽'이라고 묘사했다. 그는 팀 메인에게 지시해 브라이언 슈라이버에게 전화를 걸어 AIG의 최근 회계보고서를 입수하고, 슈라이버가 서비스계약서engagement letter에 서명했는지 알아보게 했다. 이 서비스계약서는 요컨대 AIG가 문제를 극복하는 데 도움을 주는 것에 대한 JP모건의 조건들을 정한 문건이었다.

메인은 그 문건이 아직 서명되지 않았으며 오후에 전화를 걸어 상태를 확인해보겠다고 했다. "저의 주간 타격행사를 오후 2시에 해도 될까요?" 그가 반농담으로 물었다. 그만큼 메인과 AIG의 관계는 좋지 않았다.

슈라이버와 전화가 연결됐을 때 메인은 인사도 없이 곧바로 물었다. "서비스계약서는 어떻게 된 겁니까?"

슈라이버는 JP모건 측이 내미는 서비스계약서의 내용이 너무 지나친 것이라고 생각해왔다. JP모건은 1,000만 달러의 수임료를 요구할 뿐 아니라 앞으로 2년간 AIG가 보수가 큰 서비스를 추가로 의뢰하도록 못을 박아둔 것이었다.

"그러면 그쪽의 환매융자 약속은 어떻게 된 겁니까?" 슈라이버가 화를 내며 되물었다.

슈라이버가 JP모건 이외에도 블랙스톤이나 도이체방크에 이야기를 붙이고 있다는 루머를 들은 메인은 결국 화를 내며 소리를 질렀다. "당신 장난하는 거야? 우리가 지금 AIG에 돈을 빌려줄 것 같아?" 그의 분노에 찬 이야기는 계속되었다. "당신들 일하는 거 형편없구먼. AIG는 틀렸어! 당신 다른 투자은행에 이야기 붙이고 있으면서 우리한테 말 안 하잖아. 당신들 사람 속이는 거 아냐!"

이에 슈라이버가 냉정하게 대답했다. "소리 지르지 마. 나한테 이런 이야기 할 필요 없어. 우리 회장에게 말해봐."

화가 난 슈라이버는 5분 뒤 이 이야기를 윌럼스태드에게 전했고, 윌럼스태드는 블랙에게 전화해 메인의 행동에 대해 설명을 구했다.

그런데 사과하기는커녕 블랙도 화를 터뜨렸다. "도대체 그쪽에는 긴박감이라는 게 없어요. 당신들은 지금 제대로 된 의사결정을 하는 데 필요한 정보가 없잖아. 우리가 뭔가 요구할 때마다 발목을 잡는 거 아녜요? 우리가 서비스계약서 양식을 보낸 지 3주가 지났는데 슈라이버는 아직도 사인을 안 하고 가지고 놀고 있어요."

이어 블랙은 다소 누그러뜨리며 이렇게 말했다. "우리에게 요구하는 것은 할게요. 하지만 이게 서로 일하는 방식이라면…… 차라리…… 우리가 그만두지요. 다른 투자은행을 찾아보세요. 우리는 서로 득이 되는 게 아니라 해가 되고 있어요. 그쪽을 위해서 일하는 우리 사람들은 그쪽 사람들이 뭘 하는지 모르니까."

"당신이 그렇게 화가 났다면, 왜 처음부터 내게 전화를 하지 않은 거요?" 윌럼스태드가 물었다.

폴슨 장관의 구상

목요일 오후 뱅크오브아메리카의 켄 루이스에게서 전화가 왔을 때 폴슨 장관은 무슨 말을 듣게 될지 이미 감을 잡고 있었다.

"잘 살펴봤는데 우린 못할 것 같습니다. 정부 보조가 없이는 힘들 것 같아요." 루이스가 차분하게 말했다. "리먼이 생각하는 주가 수준을 맞출 수가 없어요." 리먼의 수많은 비평가들과 시장에서 리먼 주를 팔아대는 투자가들처럼 루이스도 리먼의 자산이 과대평가되어 있다고 말했다. 그 가격에 리먼의 자산을 산다면 뱅크오브아메리카는 큰 위험에 처하게 될 것이라는 말이었다.

영국에서 온 바클레이스의 밥 다이아몬드가 공손히 모자를 손에 들고 찾아와 정부의 보조를 요구한 것을 떠올리며, 폴슨은 루이스도 똑같은 요구를 할 것이라고 예상했다.

그러나 폴슨은 아직까지는 연방정부의 돈을 쓸 생각이 없었다. 패니메이와 프레디맥의 국유화에 대한 비판의 여운이 남아 있는 상황에서 그것은 정치적으로 먹히지가 않을 것이었다. 게다가 이것이 나중에 협상으로 발전한다면 폴슨은 카드를 미리 보이고 싶지 않았다.

하지만 그는 뱅크오브아메리카가 사냥을 멈추게 할 수도 없었다. 그래서 그는 이렇게 제안했다. "좋아요. 그쪽에서 자산평가와 관련해 재무성의 도움이 필요하다면 구체적으로 무엇인지 말해봐요. 우리가 할 수 있는 것이 무엇인지 볼 테니까."

이 말에 루이스는 조금 놀라며 말했다. "장관이 공공자금의 도입은 없다고 말할 줄로 알았는데.”

그러자 폴슨은 이렇게 말했다. “최선을 다해보려고 해요. 민간 측에서 협력하도록 해볼 겁니다.”

‘민간 부문의 참여’는 폴슨과 가이트너가 내내 상의해온 개념이었다. 뱅크오브아메리카나 바클레이스가 독자적으로 리먼을 인수하지 못할 경우 여러 금융기관의 컨소시엄을 만든다는 것이었다. 그러나 두 사람 중 누구에게도 구체적인 안은 없었다. 경제가 호황일 때도 복수의 금융기관을 묶는 것은 어려운 과제다.

루이스는 폴슨이 암시하는 것에 신경이 쓰여 잠시 말을 멈췄다. 그는 정부에 이끌려 구제안의 일부로 참여하고 싶은 생각이 없었다. 그가 원하는 것은 ‘제이미 딜’, 즉 정부의 보조로 싸게 사들이는 것이었다. 그가 볼 때 잠재적인 라이벌들은 지금 리먼을 살 형편이 안 되고, 따라서 뱅크오브아메리카가 헐값으로 살 수 있다고 생각했다.

아무튼 루이스는 폴슨에게 리먼의 인수안을 계속 고려해보겠다고 약속했다. 금융산업과 정부에 리먼이 이렇게 중요하다면 결국은 어떤 형태로든 정부의 보조가 있을 것이라고 본 것이다.

목요일 오후, 행크 그린버그의 변호사 데이비드 보이스가 로펌 심슨 대처의 AIG 담당 변호사인 회장 딕 비티와 제이미 갬블을 만나러 왔다. 이 만남에 관해 아는 사람은 극소수였다. 4년간의 법정 투쟁을 거쳐 AIG는 그린버그와 타협을 이뤘고, 그를 어떤 형태로든 AIG로 복귀시키려고 한 것이다. 그래서 윌럼스태드는 비티와 갬블에게 보이스와 함께 테이블에 앉아 협상을 끝내달라고 주문했다.

시장이 요동치는 상황에서 윌럼스태드는 그린버그가 명예회장으로서

AIG에 돌아온다는 것을 발표하고 싶었다. 그 소식은 시장에서 하나의 화제가 될 것이며, 그와 회사가 화해했다는 소식은 여전히 그를 지지하는 사람들이 많이 포함된 투자가들에게 좋은 영향을 끼칠 수 있다고 판단되었다.

윌럼스태드는 그린버그가 여전히 AIG의 자본 증강에 도움을 주고 싶어 한다는 것을 알았다. 그린버그가 아시아와 중동의 부유층과 맺고 있는 돈독한 관계는 큰 자산이 될 수 있었다.

세부 사항들이 남아 있었지만 양측은 분쟁을 해결하는 데 원칙적으로 합의했다. 즉, AIG는 그린버그가 자신의 소유라고 주장하는 약 1,500만 달러 가치에 해당하는 예술품과 문서 등 소장품을 돌려주고, 일부 주주가 그를 상대로 제기한 소송에서 그를 변호하는 비용을 지불한다. 그 대신에 그린버그는 버뮤다에 있는 스타인터내셔널Starr International이라는 회사에 신탁되어 있는 2,500만 내지 5,000만 달러 규모의 AIG 주식을 회사에 반환한다. 이 주식은 분쟁의 핵심이었다. 그날의 AIG 주가로 따져볼 때 그린버그는 약 8억 6,000만 달러를 회사에 반환하고, 그 대신에 회사는 43억 달러에 이르는 소송을 포기하는 것이었다. 그리고 그린버그는 자신의 분신처럼 사랑하는 AIG에 복귀하는 것이었다.

기본적인 사항에 대해 합의에 이르자 그린버그의 변호사 보이스는 방안의 두 변호사들에게 감사를 표하고, 윌럼스태드와 그린버그를 동석시켜 이 타결을 기념하는 자리를 마련하자고 제안했다.

"이번 주말에 전화해주세요." 이 말과 함께 보이스는 자리를 떴다.

리먼의 글로벌 회계 책임자 파올로 토누치Paolo Tonucci는 휴대전화를 내려놓고 공포에 질린 표정을 지었다. 그리고 조용히 바트 맥데이드와 로진 코헨에게 말했다. "진짜 큰 문제가 생겼어요."

설리번 앤드 크롬웰의 미드타운 사무소에서 진행되고 있던 뱅크오브아메리카의 리먼에 대한 실사는 순조롭게 진행되고 있었다. 그런데 토누치가 새로운 사태의 진전을 발견한 것이다. "JP모건이 새로 50억의 담보를 요구하고 있어요! 지금 제인 루소Jane Russo, JP모건의 브로커-딜러 부문 책임자와 통화했는데, 바로 내일까지 전신으로 보내라는 겁니다. 그녀의 말에 의하면 주말까지 100억이 될 수도 있답니다."

"뭐라고!" 코헨이 깜짝 놀라 소리를 질렀다. "말도 안 돼. 믿을 수가 없어. 지금 누구나 패닉 상태에 있다는 건 알지만 이건 지나쳐."

토누치가 이 소식을 자신의 보스인 CFO 이언 로윗과 방에 있는 사람들에게 보고했다.

"말도 안 되는 소리야!" 맥기가 어색한 침묵을 깨며 소리를 질렀다.

토누치와 로윗은 즉시 펄드에게 보고하고, 세 사람은 제이미 다이먼과 전화회의를 시작했다. "우리는 담보를 추가로 요구할 필요가 있어요." 다이먼이 다짜고짜 말했다. 리먼의 악화되는 상태에 비춰볼 때 JP모건의 요구는 타당한 것이라고 말했다. 이에 펄드는 부하들을 시켜 작업을 해보겠다고 했다.

"딕이 지금 알고 저 말을 하는 거야? 우린 지금 그 작업을 하고 있을 수가 없어!" 펄드의 말을 듣고 토누치가 옆에 있는 사람들에게 속삭였다. 다이먼도 펄드가 이 사안을 너무 쉽게 이해하는 것 같아 걱정되었다. "당신 지금 메모라도 하고 있는 거야?" 다이먼이 한마디 쏴붙였다. 통화가 끝났을 때 맥데이드는 화가 나 쓰러질 지경이었다. "연준에 전화해야 해. 제이미가 이런 짓을 하게 할 수는 없어."

그로부터 10분간 회의실 안은 여러 말이 한꺼번에 터져 나와 불협화음을 이뤘다. 그러나 내용은 한가지였다. '시장이 우리를 축출하고 있다'는 것이다. 마침내 그들은 지금 취할 수 있는 최선의 행동이 뉴욕연방준비은행의 팀 가이트너에게 전화하는 것이라고 결론지었다.

코헨은 가이트너에게 전화해 그가 스피커폰에 등장하자 새로 발생한 상황을 설명했다. 그런데 가이트너는 마치 리먼의 전화를 기다리고 있었다는 듯이 태연한 반응을 보였다. 이에 맥기는 맥데이드를 보며 '우리가 당했다'는 듯한 표정을 지었다. "나는 특정한 은행에 자기방어를 하지 말라고 말할 입장이 아닙니다." 가이트너가 간결하게 말했다.

JP모건이 경쟁사인 리먼을 죽이기 위해 이 짓을 하고 있다는 내용이 전달되기를 바라며 코헨이 조심스럽게 물었다. "JP모건에 그런 방어 조치가 필요합니까?"

"제가 그걸 판단할 입장이 아니지요." 가이트너가 대답했다.

저녁 6시, 폴슨 장관은 가이트너, 버냉키, 콕스와 함께 전화회의로 전략을 상의했다. 폴슨은 세 사람이 이제 위기 모드에 들어가는 것이라고 느꼈다. 이번 주말은 베어스턴스 사태 때와 비슷한 상황이 될 것이라는 두려운 예감이 들었다. 그러나 폴슨은 이번에는 다르게 끝내겠다고 마음먹었다. 그는 'LTCM 방식의 해결'을 채용하기로 했다. 즉, 민간기업들이 나서서 투자단을 형성해 리먼을 돕게 하는 것이었다. 이에 대해서는 가이트너와 월스트리트의 몇몇 CEO들이 동조했다. 가이트너는 메릴린치의 존 테인과 시티그룹의 비크람 판디트에게 전화로 이 안에 대해 지지를 받았다.

한편 폴슨은 리먼 인수와 관련해 뱅크오브아메리카와 바클레이스가 "결승 라인을 끊으려는" 결의가 부족하다고 느끼고 걱정이 되었다. 뱅크오브아메리카는 그저 시늉만 내고 있으며, 바클레이스 또한 타결을 보려는 진지함이 보이지 않았다. 이를 두고 폴슨은 전화회의를 하는 세 사람에게 "영국인들은 언제나 말만 많고 일을 끝맺지 못한다"고 말했다. 특히 바클레이스 회장인 존 발리에 대해서는 골드만 시절부터 그가 애매모호한 사람이라는 인상을 가지고 있었다. "발리는 나약한 인간이야"라는 것이 폴슨의 평가였다.

그러나 가장 중요한 것은 베어스턴스 경우와 같이 리먼에도 정부의 돈을 투입하는 데에 따른 정치적 부담을 견딜 수 없다는 것이었다. "나는 '미스터 정부 구제'가 되고 싶지 않아." 폴슨은 단호히 말했다. 전화회의를 하는 사람들이 모두 같은 경험에 시달린 일이 있어 폴슨이 길게 말하지 않아도 그런 입장을 잘 이해했다.

다만 가이트너는 공공연하게 너무 강경한 입장을 취하는 것에 다소 주저했다. "우리가 사람들에게 겁을 줘서 뒤로 물러나게 해선 안 돼요. 투자단에 되도록 많은 사람들이 참여하게 해야 하니까."

그러나 이야기를 주고받은 끝에 결국 가이트너도 협조하기로 하고 네 사람은 다음과 같은 결론에 도달했다. 즉, 무엇인가 기적적인 일이 일어나지 않는 한, 네 사람은 월스트리트의 주요한 금융회사 CEO들에게 금요일에 전화해 뉴욕연방준비은행으로 불러 모아 리먼을 위한 투자단에 합류할 것을 설득한다는 것이었다. 그리고 거기서 '정부 구제는 없을 것'임을 그들에게 분명히 할 계획이었다.

굵은 테의 안경을 벗고 눈을 비빈 브라이언 슈라이버는 AIG의 일일 현금 흐름을 보고, 자산을 팔지 않는다면 곧 현금이 없어질 것임을 직감했다. 지금 전화를 하면 즉시 도와줄 수 있는 사람들이 누구인지 조심스럽게 떠올려봤다.

가장 먼저 떠오른 이름은 크리스 플라워스였다. 그의 펀드에는 금융기관에서 자산을 살 수 있는 돈 수십억 달러가 있었다. 게다가 그 자신이 투자은행에서 일했으므로 보험회사를 잘 파악하고 있어 흥미만 있다면 즉시 자산을 살 수 있었다. 두 사람은 과거에 같이 일한 경험도 있었다. 전에 플라워스가 작은 보험회사들을 사들이는 데 AIG와 투자단을 구축했던 것이다.

슈라이버가 플라워스를 찾으니 그는 설리번 앤드 크롬웰에서 리먼 실사에 참여하고 있었다.

"우리에게 엄청난 문제가 있어. 곧 현금이 바닥날 거야. 음, 이걸 해결하려면 한두 가지 방법밖에 없는데." 플라워스에게 슈라이버가 절박하게 말했다.

"그래……. 그런데 내가 지금 리먼 일로 바빠서……. 지금 뱅크오브아메리카와 함께 작업하고 있어." 플라워스가 대답했다.

"혹시 내일이라도 우리 회사에 좀 와줄 수 있어?" 슈라이버가 버텼다.

"한번 가서 볼게." 다음 날까지 리먼의 실사가 끝날 수 있을지 불확실한데도 플라워스는 어정쩡하게 말했다. 그리고 덧붙였다. "상당히 급박한 일이라는 건 알겠어."

No 정부 구제!

가이트너, 버냉키 등과 전화를 마치고 나서 폴슨 장관은 공보수석인 미셸 데이비스를 집무실로 불렀다.

"루이스, 다이아몬드와 이야기했어. 그들 모두 정부가 보조해주길 원해. 하지만 펠로시 같은 정치가들이 모두 우리를 주목하고 있어.” 폴슨은 하원의장 낸시 펠로시Nancy Pelosi가 정부가 구제에 나서서는 안 된다는 의견을 밝힌 것을 언급하며 데이비스에게 말했다.

데이비스는 주요 일간지의 인터넷판 기사 인쇄물을 한 뭉치 가지고 왔는데, 다음 날이면 정부의 구제안이 주요 화제가 될 것이 분명했다.

저녁 7시 3분에 올라온 ≪다우존스≫의 기사는 이러했다. “문제투성이의 리먼브러더스가 팔릴 가능성이 높아지면서 핵심 이슈는 연준이 어떤 구제 장치를 들고 나올 것인가이다.”

이때 데이비스가 고개를 내저으며 강한 어조로 말했다. “이런 기사, 이런 헤드라인이 나가서는 안 돼요. 지금 사람들이 ‘어, 행크가 수표책을 가지고 오네’라는 식으로 생각하고 있어요. 협상이 이렇게 시작돼서는 안 될 거예요.” 백악관에서 일해본 경험이 있는 데이비스는 이 문제에 대한 부시 행정부의 입장을 알고 있어서, 월스트리트의 금융회사를 정부가 구제한다는 것이 어떤 정치적 문제를 일으킬지 예상할 수 있었다.

그리고 두 사람 모두 말은 안 했지만, 리먼 구제안이 언론에서 악몽과 같은 사태를 일으킬 또 다른 이유가 있었다. 부시 대통령의 동생이자 전 플로리다 주지사 젭Jeb이 리먼의 프라이빗에쿼티 부문의 어드바이저를 하고 있으며, 부시의 육촌 조지 워커 4세는 리먼의 집행위원회 멤버였다. 그리고 폴슨 장관의 동생 리처드도 리먼에서 일했다. 이런 사실을 아는 언론에서는 가만히 있지 않을 것이었다.

“전화 좀 해야겠어요.” 정부가 리먼의 구제에 나서지 않을 것이라는 말을 언론에 슬쩍 흘려야겠다는 의미로 데이비스가 말했다.

폴슨은 눈앞에 있는 딜레마를 놓고 고민했다. 그는 언론을 대할 때 언제나 조심스러웠고, 정보 유출을 전술로 생각해본 적이 없었다. 그런데 그는 데이비스의 직관을 믿었다. 다만 어떤 경우에도 그의 손을 더럽히고 싶지는 않았다.

"필요하면 해. 하지만…… 내 이름이 들먹거리는 건 원치 않아." 폴슨이 말했다.

금요일 아침에 폴슨은 눈을 뜨자마자 데이비스가 한 공작의 흔적이 조간신문에 나타나 있는지 샅샅이 살폈다. 전달해야 할 내용은 분명하게 정리되었다고 생각했다. 즉, '재무성의 말을 잘 들어보라. 정부 구제라는 말은 없다'라는 것이었다.

워싱턴 정계의 분위기는 분명했다. 월스트리트에 더 이상의 정부 구제안은 없다는 것이다. 박학다식한 사람들이 말하는 것은 모두 도덕적 해이에 집중되고 있어서, 마치 도덕적 해이가 새로 퍼지는 전염병처럼 느껴졌다. 기본적인 논조는, 리먼마저 구해낸다면 어떤 기업도 안전하지 않은 이 시기에 정부 구제가 하나의 해결 방식처럼 굳어질 수도 있다는 것이었다. 이런 때에 폴슨의 의도를 미국의 대표적인 신문들이 첫 페이지에 다룬다면 얼마나 효과적이었겠는가?

그래서 우선 금융계 신문이라 할 수 있는 ≪월스트리트저널≫을 살펴봤다. 결과는 실망스러웠다. A1면에 실린 금융위기에 관한 기사에는 폴슨이 전하고 싶은 내용은 없고 관련 사안들만 언급되었다. 그 기사에서 그의 의도에 가장 근접한 문장은 이러했다. "정부의 관리들이 현재 베어스턴스 구제나 지난주에 있었던 거대 모기지 회사 패니메이와 프레디맥의 경우와 같은 식의 구제안을 마련하고 있다고 예상되지는 않는다."

≪뉴욕타임스≫는 더 실망스러웠다. "재무성과 연준은 리먼이 순조롭게 팔리도록 알선해왔지만, 부시 정권이 불과 며칠 전에 두 개의 거대한 모

기지 금융회사를 인수한 것을 놓고 볼 때, 연준이 리먼에 관한 딜의 배후에 있는지는 아직 분명하지 않다.”

‘아니야. 이건 우리가 전달하려는 메시지가 아니야.’ 폴슨은 고개를 가로저었다.

≪월스트리트저널≫의 사설이 실린 면을 펼쳤다. 이 면에는 대개 숨막힐 듯한 현학적인 언어가 쓰여 있었다. 그래도 보수주의자들에게는 이 난해하고 때로 우익적인 글들이 위안이 되기도 했다. ‘리먼의 운명’이라는 제목이 붙은 사설에서는 폴슨의 의견을 이렇게 반영했다.

“베어스턴스의 경우에는 어느 정도 시장에 구조적 리스크가 있었다. 이때 연준의 할인창구융자는 아직 투자은행들에 허용되지 않았고, 따라서 대규모 유동성 위기의 가능성이 있었다. 그러나 리먼의 경우는 다르다. 이제 연준 할인창구융자의 문은 메릴린치와 모건스탠리 등에 열려 있고, 연준은 과거 수개월간 리먼과 그 거래 상대방들의 자산을 평가해왔다. 만약에 연준이 베어와 패니메이에 이어 리먼도 구제해준다면, 우리는 위기 시의 예외라는 것을 기대할 수 없게 된다. 이 경우 월스트리트의 실패를 정부가 구제해주는 것이 사실상 하나의 정책이 될 것이며, 이는 그들의 무모한 위험 부담 투자를 부추길 것이다.”

‘맞아, 맞아!’ 사설 읽기를 끝내며 폴슨은 동의했다. 그래도 역시 폴슨이 원하는 만큼 시원하게 다룬 것은 아니었다. 돈 나눠주기, 즉 ‘제이미 딜’이 없다는 것을 모든 투자은행들에 분명히 알리고 싶었다. 그리고 오해의 소지를 조금도 남겨두고 싶지 않았다.

폴슨은 출근하자마자 미셸 데이비스의 방으로 가서 시무룩한 표정으로 물었다. “이제 뭘 더 해야 하지?”

“오늘은 언론에 정부가 더는 돈을 쓸 생각이 없다고 말하고, 일요일 밤에는 정부가 코너에 몰려 할 수 있는 일이 없다고 말할 생각이에요. 그리고 리즈먼에게 연락할까요?" 데이비스가 보고했다.

리즈먼이란 CNBC의 경제부 기자로 '교수'라는 별명을 지닌 스티브 리즈먼Steve Liesman*을 가리킨다. 데이비스는 그와 친해서 그에게 정보를 유출해 활용한 적이 더러 있었다. 폴슨도 그가 지적이며 자신들의 뜻에 동조한다고 생각했다. 그라면 폴슨의 생각을 신속하고 정확히 퍼뜨려줄 것이었다.

'그래, 교수한테 말해. 그라면 잘할 거야.' 폴슨은 미소를 지었다.

자신의 집무실에서 뱅크오브아메리카의 제안서를 작성하고 있던 에드 헐리히는 TV를 켠 채 볼륨을 줄여놓았다. 오전 9시 15분 무렵, CNBC 화면의 아래로 자막이 흘러갔다. "긴급뉴스: 리먼 사태 해결에 정부 자금 투입되지 않을 것." 그는 급히 볼륨을 올리고 스티브 리즈먼이 프로그램 앵커 데이비드 파버에게 하는 말을 들었다.

"우선 급히 말씀드릴 것은, 재무장관 행크 폴슨의 측근에게서 들은 것인데, 이 리먼 사태를 처리하는 데 정부 자금의 도입은 없다는 겁니다."

헐리히는 놀라 TV 볼륨을 더 올렸다.

"소스에 따르면 리먼 딜의 경우 과거와 두 가지가 다릅니다. 하나는 시장이 이 사태를 알고 이미 반년이나 대비해왔다는 겁니다. 다른 하나는 투자은행들이 긴급히 연준에서 돈을 빌릴 수 있는 PDCF** 장치가 있어

---

* 스티브 리즈먼은 미국의 금융인들이 즐겨 보는 CNBC의 〈스쿼크박스〉라는 토크쇼에 자주 등장하는 인물이다. 미국 금융위기에 관한 보도로 에미상, 러시아 금융위기에 관한 보도로 퓰리처상을 받았다. 그는 언론학 석사학위를 가진 사람으로 실제 교수는 아니다.

** PDCF란 Primary Dealer Credit Facility의 약자로 연준이 프라이머리 딜러들에게 24시간

이제는 위기에 질서 있게 대처할 수 있다는 겁니다."

엄청난 뉴스였다. 리즈먼은 간단히 전하고 프로그램 앵커에게 질문을 던지며 바통을 넘겼다. "데이비드, 어떻게 생각해요?"

"재미있는 도박이에요. 정부가 진짜로 '이봐, 이거 당신들 알아서 해' 라고 말할 수 있을까요? 지금의 상태가 돈을 빌려준 채권자들, 그리고 CDS 시장에 관련된 모든 이들에게 어떤 위험을 가할지에 대해서는 의견이 나뉩니다. 리먼의 경우 CDS 시장에서 많은 거래 상대방을 가지고 있는데." 파버가 대답했다.

이에 대해 리즈먼이 덧붙였다. "제가 볼 때 연준은 이렇게 말하는 상황을 예상하는 것 같아요. '시장에 도덕적 해이가 만연하고 있다. 따라서 지난 반년 동안 시장을 주의 깊게 보지 않은 금융기관들은 한 방 얻어맞을 것이다.'"

헐리히는 자신이 들은 이야기가 믿기지 않을 정도로 충격을 받고, 뱅크오브아메리카 직원들이 모여 작업하고 있는 회의실로 달려갔다.

"방금 CNBC 봤어?" 숨이 차서 컬에게 물었다. 컬은 그 방송을 보지도 않았을 뿐 아니라 질문 자체가 귀찮은 상태였다.

"다들 이거 봐. 지금 문제가 생겼어." 아무도 주의를 기울이지 않자 헐리히는 소리를 질렀다. 그리고 그가 방금 본 뉴스를 설명하자 컬은 '이 사람이 CNBC 뉴스 정도에 왜 이러는가' 하는 식으로 눈을 굴렸다. 그에게 TV 방송이란 루머를 만들어내는 공장에 지나지 않았다.

"재무장관 말을 전하는 거예요. 폴슨이라고. 그가 지금 우리에게 메시지를 보내고 있어!" 헐리히가 강조했다.

의 기한으로 긴급히 제공하는 대출을 말한다.

헐리히는 언론이 어떻게 돌아가는지 잘 알았다. 지난주에 재무성에서 패니와 프레디의 국유화 작업에 참여했을 때도 재무성이 그들이 좋아하는 기자인 리즈먼에게 교묘하게 정보를 흘리는 것을 봤던 것이다.

이 말에 비로소 회의실 안은 긴장했다. 컬도 이제는 헐리히의 말에 일리가 있다는 것을 깨달았다.

"얼마나 심각하다고 보는 거야?" 컬이 물었다.

맨해튼 도심 외곽에서 진행되는 블랙록 이사회에 이틀째 참석하기 전에 존 테인은 자신의 이사회와 전화회의를 해야겠다고 생각했다. 시장이 동요하고 루머가 난무하는 지금, 메릴린치가 견고하다는 것을 세상에 알려야겠다고 생각한 것이다. 이날 아침에도 스튜어드캐피털어드바이저스 Steward Capital Advisors의 CIO 맬컴 폴리 Malcolm Polley라는 자가 "리먼이 사라진다면 그다음은 메릴이라고 시장이 말하고 있다"라고 한 발언이 보도되었다.

전화회의가 시작되자 테인은 우선 최근의 시장 상황을 보고했다. 동요는 그치지 않았다. 선물시장을 보면 이날도 주식시장이 하락과 함께 시작할 것이 분명했다. 메릴 주는 전날 16퍼센트가 내려갔는데, 이날은 상황이 더 나빴다.

이야기는 곧 리먼으로 이어졌다. 우선 테인은 자신이 아는 바를 이사회에 알렸다. 이미 언론에 보도된 것과 큰 차이가 없었지만, 한 가지 차이가 있다면 그가 가이트너에게서 들은 바를 전한다는 것이었다. 가이트너가 말한 바에 따르면, 뱅크오브아메리카와 바클레이스가 리먼의 인수를 노리고 있었다.

뉴저지에 본사를 둔 보험회사 첩 Chubb 그룹의 CEO 존 피네건이 걱정스러워하며 말했다. “리먼이 쓰러지고 있어. 그러면 공매도가 우리에게 몰려올 수 있어요. 어떻게 생각합니까?”

회의석상에서 도전을 싫어하는 테인은 김이 새서 말했다. “우리는 리먼이 아니에요. 리먼이 아니라니까.” 이 말을 하는 테인의 눈이 안경 뒤에서 번뜩였다.

그러나 테인은 곧 평정을 되찾고 메릴의 가치를 다시 언급했다. “우선 우리에게는 어떤 상황에서도 가치를 가지고 있는 부유층 자산관리가 있고…… 또 블랙록의 주식 반을 가지고 있는데, 이것 또한 어떤 상황에서도 가치가 있어요. 따라서 우리 주가가 제로로 떨어질 일은 없어요.”

펄드는 점점 불안해졌다. 오전 9시 반에 장이 열리자 리먼 주는 9퍼센트가 떨어져 3.84달러를 기록했다. 그리고 다이아몬드에게서는 지난 열두 시간 동안 소식이 없었다.

마침내 다이아몬드에게서 전화가 오자 펄드가 물었다. “그래서 어떻게 됐습니까?”

“마침내 이 딜을 해도 좋다고 이사회 승인이 났어요.” 다이아몬드는 전날 자정이 지난 시각에 런던에서 뉴욕으로 왔다. “방금 귀사의 문서들을 가지고 실사를 시작했어요.”

하지만 말을 계속하기 전에 다이아몬드는 펄드에게 터놓고 말할 것이 있었다. “솔직히 이건 아주 어려운 상황입니다. 우리는 리먼의 주가가 파산가격이 되어야 관심이 있습니다.”

의자에 기대 앉아 전화를 받고 있던 펄드는 책상 건너편에 앉은 루소를 쳐다봤다. 스피커폰에서 들려오는 말을 들은 루소는 이해하는 눈치였다.

“만나서 이야기해야 할 것 같아요. 우리 계획이 무엇인지 정확히 알려드려야 할 것 같아요." 다이아몬드는 파크 애비뉴와 52번가에 있는 라켓 앤드 테니스 클럽에서 12시에 만날 것을 제안했다. 거기에는 다른 이의 눈에 띄지 않게 이야기를 나눌 공간이 있었다.

"그건 좀 곤란해요. 전 여기서 한 발자국도 나갈 수가 없어요. 카메라가 도처에서 저를 기다리니까. 그러지 말고 이리로 오세요. 몰래 들어오게 해드릴 수 있어요. 제가 차를 보낼게요."

"모기지 시장에 대한 걱정으로 AIG 주 20퍼센트 하락." 오전 10시 14분에 나온 로이터의 헤드라인이었다.

바로 직전에 S&P의 애널리스트 캐서린 사이퍼트Catherine Seifert는 배부한 연구보고서에 AIG 주가 "곤란을 겪고 있는 모기지 관련 자산을 줄일 능력에 대한 우려가 있으며, 따라서 우리는 투자가들이 이 회사에서 새로운 뉴스가 나오는 것을 기다리는 동안 주가는 계속 요동칠 것으로 예상된다"고 썼다.

경각심을 느끼며 이런 뉴스를 보던 윌럼스태드는 제이미 다이먼에게 전화하기로 했다. 그는 JP모건 팀의 활동에 대해 실망감이 점점 커지고 있었다.

전화에서 윌럼스태드는 다이먼에게 이렇게 부탁했다. "제이미, 우리 회사의 등급이 또 내려갈 것 같아. 우리가 18억 달러를 동원하는 데 좀 도와야 해. 9월 말에 대한 대비책이 전혀 없어." 윌럼스태드는 9월 말 회사 전체에 대한 평가와 새로운 전략을 발표할 계획을 언급했다. 자신이 한 말을 다이먼이 충분히 인식하도록 잠시 침묵한 뒤 말을 이어갔다. "만약에 우리를 도울 수 없다면 그렇다고 말해줘. 하지만 우린 이번 주말까지는 뭔가를 정해야 해. 이 일을 위해서 JP모건을 고용한 거야." 그리고 목소리를 조금 높여 말했다. "할 수 없다면 그렇다고 지금 말해."

이에 다이먼은 유감스러워하는 목소리로 대답했다. "우리가 하려고 노력은 하는데…… 5분 뒤에 전화할게."

전화를 다시 걸어온 다이먼은 회사를 대신해 사과한 뒤, 블랙을 이 AIG 프로젝트에서 빼고 JP모건의 투자은행 부문을 총괄하는 더그 브론스타인이 이끌게 하겠다고 말했다. 1980년대에 퍼스트보스턴First Boston에 이어 체이스에서 일해온 브론스타인은 헛발질을 하지 않는 딜메이커로서 큰 프로젝트들을 수행해왔다. 그는 체이스가 JP모건을 인수하고 이어 뱅크원Bank One을 사들이는 데 결정적으로 기여했고, 베어스턴스 건에서도 주축이 되었다. "곧 브론스타인을 보내서 팀에 합류시키고 주말까지 자본을 동원하는 데 무엇을 할 수 있을지 결정하게 할 테니까." 다이먼은 여기에 덧붙여 말했다. "기차는 굴러가고 있어."

윌럼스태드가 다이먼과 통화를 마치자마자 전화가 또 걸려왔다. 이번에는 팀 가이트너였다.

"어디까지 왔어요?" 가이트너가 물었다.

"지금 자본 동원에 힘을 쓰고 있습니다. 그리고 주말까지 우리 자산을 살 회사들을 모아보고 있어요. 오늘 늦게라면 구체적으로 알 수 있을 겁니다." 윌럼스태드가 대답했다.

"이쪽에서 사람을 좀 보내 도와드리겠습니다." 가이트너의 말은 제안이 아니라 명령이었다. "계속 알려주세요"라는 말과 함께 그는 전화를 끊었다. 가이트너와 통화하는 데는 30초도 걸리지 않았다.

영국 총리 관저와의 갈등

폴슨 장관은 리먼 문제에 너무 몰두해 있던 나머지 보좌관 크리스털 웨스트가 들어왔는데도 알아채지 못했다. 웨스트는 폴슨에게 영국 재무장관 앨리스테어 달링의 전화가 와 있음을 알렸다.

폴슨이 달링을 안 지는 2년이 되었다. 두 사람은 대서양을 건너 가끔 만나곤 했지만 가까운 사이라고 할 수는 없었다. 폴슨은 달링이 비즈니스맨이 아니라 정치가라고 생각했다. 물론 그는 폴슨과 같은 금융시장에서의 경험이 없었다. 그래도 그는 달링의 판단을 존중했으며, 특히 영국의 최대 모기지융자회사 중의 하나인 노던록Nothern Rock이 파산에 직면했을 때 달링이 취한 빠르고 결정적인 행동을 높이 평가했다. 달링은 노던록의 수탁금을 보증하도록 영국 은행을 통해 수십억 달러의 긴급 융자를 실시해 그 은행의 파산을 막았다. 이 행동은 폴슨에게 일종의 자명종처럼 경각심을 일깨워주었다.

프랑스 니스에서 있었던 유럽 재무장관 회의에서 돌아온 달링은 그 회의에 대해 잠깐 한담을 하다가 어색한 침묵을 취한 뒤 바클레이스 건에 관해 전화했다고 말했다. "그 건에 대해 우리가 상당히 우려하고 있다는 걸 말씀드려야 할 것 같아서요."

이에 대해 폴슨은 바클레이스 외에 뱅크오브아메리카도 인수 협상을 하고 있다고 말하며 그를 안심시키려고 했다. 이어서 세계 금융에서 리먼 브러더스의 위상, 그리고 바클레이스와 리먼이 합병한다면 바클레이스는 월스트리트의 힘을 등에 업고 세계 금융의 강자가 될 것이라는 점 등을 설명했다. 폴슨은 또한 바클레이스나 뱅크오브아메리카의 인수를 도울 수 있는 컨소시엄을 구성하기 위해 노력하고 있다고 덧붙였다.

그런데도 달링은 전형적인 영국식 완곡어법을 써가며 우려를 표명하더니, “바클레이스가 감당할 수 있는 것 이상의 리스크를 취하면 안 된다”고 말했다.

폴슨은 내심 그의 말을 무시하며 주말까지 새로운 진전 사항이 있으면 알려주겠다고 약속했다.

펄드의 벤츠를 타고 리먼 빌딩에 도착한 밥 다이아몬드는 정문에 진을 친 카메라맨들을 피해 뒷문으로 들어갔다. 리먼의 직원들이 이 방문자를 보지 못하도록 경비원들이 그를 감싸 화물 엘리베이터를 이용해 올라가 펄드의 집무실로 안내했다.

펄드가 커피를 권했는데, 펄드는 걱정 탓에, 다이아몬드는 잠이 부족해 둘 다 얼굴이 말이 아니었다.

다이아몬드는 빨리 심슨 대처로 달려가 실사를 하고 있는 그의 직원들과 합류해 숫자들을 살펴보고 싶은 심정이었다. 그는 우선 펄드에게 바클레이스 측의 계획을 설명하고, 두 기업이 합병할 경우의 시너지와 중복에 관해 언급했다.

다이아몬드가 한참 설명을 하는데 펄드가 그의 말을 끊더니 중요한 말을 한마디 해야겠다고 했다. 펄드가 말하는데 무서울 정도의 강렬함이 느껴졌다.

“저를 똑바로 보세요. 두 회사가 합친다면 정상에는 자리가 하나밖에 없지요. 우리 둘 모두가 알고 있듯이.” 그러더니 펄드는 다이아몬드를 뚫어지게 보며 말했다. “그래서 제가 회사를 위해 물러나려고 해요.”

그토록 사랑했던 리먼의 CEO 자리를 내놓는 것은 펄드로서는 엄청나게 큰 양보였다.

그런데 다이아몬드는 순간 당황했다. 그는 펄드가 회사에 남을 것이라고 한순간도 생각해본 적이 없었기 때문이다. 그가 그것을 허용하지 않을 것이었다.

그러나 펄드는 이어서 말했다. "집행부가 바뀌는 동안 클라이언트 등에 관해서 제가 도울 게 있으면 돕겠습니다."

이에 다이아몬드는 펄드를 위로하듯이 말했다. "전 늘 당신이 좋은 사람이라고 들어왔습니다. 그것이 지금 다시 증명됐네요."

교통 체증으로 막힌 FDR 드라이브에서 20분을 허비한 크리스 플라워스는 정오 바로 전에 드디어 AIG에 도착했다. 응접실에서는 윌럼스태드와 슈라이버, 그리고 CFO인 스티브 벤싱거를 중심으로 한 팀이 기다리고 있었다. 슈라이버가 즉시 한 쪽짜리 현금 지출 요약표를 돌리는데, 그것은 마치 달력처럼 구성되어 있었다. 즉, 금요일부터 다음 주 수요일까지 날짜별로 무디스가 내리는 AIG 신용등급에 대응하는 현금 흐름 시나리오가 짜여 있었다. 만약 회사의 현금 흐름과 그 속에서의 곤경을 이해하지 못한 임원이 있다면 슈라이버의 요약표는 큰 도움이 될 것이었다. 이 표에 의하면 매일 현금 흐름이 악화되어 다음 주 수요일이면 50억 달러 마이너스가 될 터였다.

이 표를 보며 놀란 플라워스의 눈이 휘둥그레졌다. "당신들 정말 문제가 심각하군요."

"그래요. 하지만 현금이 우리가 생각하는 대로 동원된다면 문제가 없어요." 윌럼스태드가 대답했다.

"법원에 파산 신청을 고려해봤습니까?" 플라워스가 내뱉었다. 마치 전차를 비상궤도에 옮겨놓는 것 같은 말이었다.

"왜 그런 용어를 쓰십니까?" 벤싱거가 화를 감추지 않으며 말했다.

"음, 장담컨대 다음 주 수요일까지 50억 달러를 마련해 지불할 수가 없다면 시장은 엄청나게 분노할 겁니다. 그런 사태를 뭐라고 부르실지 모르지만, 어쨌든 그런 사태가 일어나면 시장은 가만히 있진 않을 거예요."

그때 마침 다이먼에게 전화가 와서 스피커폰으로 회의를 하게 되었다.

우선 슈라이버가 현재의 현금 유동성 문제와 이에 대한 대책을 설명했다. "주말에 대비한 절차를 준비하고 있습니다"라고 시작했다. 즉, 이날 오후부터 AIG 자산의 잠재적 구매자들에게 연락을 시작하겠다는 것이었다. 그리고 회사의 각 부문을 훑어가며 현금을 얼마씩 보유하고 있는지 말했다.

슈라이버가 계속 숫자를 설명하는데 다이먼이 가로챘다. "당신은 영리한 사람인데, 이건 참 웃기는 절차군요." 슈라이버가 준비한 최악의 시나리오가 최악이 아니라 보통의 악에도 대응하지 못하는 시나리오라고 다이먼이 비꼬았다. "정말 문제를 파악하지 못하는군요. 이건 아마추어나 하는 거예요. 한심하네요."

다이먼이 볼 때 더 한심한 것은 AIG 측이 회사의 재무 데이터를 정확히 읽고 있지 않는 점이었다. 그가 볼 때 슈라이버는 그저 축적된 자료에서 뽑은 표를 들여다보고 있었는데, 그것은 의미 있는 형태로 종합된 것이 아니었다.

"솔직히 여러분은 수치를 정확이 파악하지 못하고 있는 것 같습니다. 진짜 수치를 파악해 구멍이 얼마나 큰지 잡아내야 해요. 이렇게 구멍을 만드는 것이 아니라. 증권담보융자의 총량이 얼마입니까? 이를 알려면 계약을 하나하나 보고 숫자를 더해봐야 하는 거 아닌가요? 그러고 나서야 그 구멍을 메우는 데 누가 도울 수 있는지 비로소 가늠이 될 겁니다.

이건 무슨 신용카드 결제가 조금 늦은 정도의 일이 아니잖아요?" 다이먼이 신랄하게 비판했다.

윌럼스태드는 이 말을 들으면서 그저 조용히 스피커폰을 쳐다볼 뿐이었다. 샌디 웨일의 시대부터 가끔 그랬듯이 다이먼은 냉정을 잃은 상태였다. '그저 무시하면 그뿐이지.' 윌럼스태드가 생각했다. 그러나 다이먼의 훈계에서 가장 괴로운 부분은 그가 맞을지도 모른다는 것이었다.

AIG 팀이 대화를 덜 호전적인 방향으로 바꾸겠다는 생각으로, 플라워스가 워런 버핏에게 전화해볼 것을 제안했다. 지난 3월 말 베어스턴스가 최악의 사태를 맞았을 때 플라워스는 버핏의 투자를 권유한 적이 있었다. 위기 시에 바로 거액의 수표를 끊을 수 있는 확실한 사람이 있다면 그것은 버핏이었다.

"워런!" 플라워스는 워런 버핏이 전화를 받자 마치 그가 최고의 친구라도 되는 양 이름을 외쳤다. 플라워스는 과거의 일들을 잠깐 이야기하고 나서 전화의 목적을 말했다. 플라워스의 말은 자신이 지금 AIG의 재무상태를 정리한 표를 보고 있는데 돈이 곧 달린다는 것이었다. AIG의 대차대조표가 너무 간단하고 엉터리여서 "슈퍼마켓 쇼핑 목록을 작성하는데 메모지로 쓰고 싶을 정도"라고 말했다.

자신의 농담에 워런이 재미있어하는 기색을 보이자 플라워스는 말을 이어갔다. "이 사람들 보니까 멍청이들이야. 하지만 AIG에는 아직 상당한 가치가 있어요." 따라서 버핏이 100억 달러 정도 투자할 수 있겠느냐는 것이었다. 자신과 함께 공동 투자할 수도 있다고 했다.

하지만 버핏은 그런 소용돌이에 말려들고 싶은 생각이 없었다. 그가 웃으며 말했다. "전과 달리 돈이 별로 없어. 지금 현금 재고가 아주 적어." 게다가 그는 행크 그린버그와 엘리 브로드가 자신이 있던 회사와 벌이는 싸움에 끼어들기를 원치 않았다. 그래서 그는 플라워스에게 자신이 관심 있는 것은 AIG의 부동산과 손해보험 비즈니스라고 말했다.

"워런, 이건 좋은 기회라고 생각해요. AIG의 윌럼스태드가 전화드리게 할게요." 플라워스가 말을 받았다.

전화를 마치고 회의실로 돌아온 플라워스는 사람들에게 버핏이 참여할 가능성은 낮다고 말했다. 그렇지만 윌럼스태드에게 전화해볼 것을 권유했다.

윌럼스태드는 버핏을 한 번도 만난 적이 없었지만 그에게 전화를 걸어 설명하기 시작했다. 그러나 버핏은 곧 말을 가로챘다.

"전 AIG의 10-K를 본 적이 없어요. 제가 볼 때 회사가 너무 복잡해서 제가 끼어들 확신이 안 드는데요. 솔직히 이건 안 되는 일이고 따라서 시간 낭비하지 맙시다. 지금 하실 일도 많을 텐데."

그리고 전화를 끊기 전에 버핏이 아주 작은 희망의 빛을 슬쩍 비쳤다. "사고 싶은 자산이 있다면…… 글쎄요, 잘 모르겠네요."

이에 윌럼스태드는 시간을 줘서 고맙다고 인사하고 좌절감 속에 전화기를 거칠게 내려놓았다.

동요하는 리먼브러더스

점심때쯤 되자 리먼브러더스에서는 이사회가 펄드를 곧 해고한다는 소문이 돌았다. 리먼 주가가 9.7퍼센트 떨어져 3.71달러에 거래되자, 이 소문은 회사 내뿐 아니라 언론에서도 공공연히 나돌기 시작했다.

리먼의 거래장에서는 사원들의 분노가 고조되고 있었다. 다른 투자은행들과 달리 리먼은 전체 주식의 4분의 1을 사원들이 소유했다. 따라서 월스트리트의 금융회사들이 단기 성적에 집착한다고 하지만, 리먼에서는 사원주주들 대부분 주식 보유 기간이 5년에 이르렀다. 이는 곧 그들이 주식을 팔지 못한다면 그들의 자산가치가 회사 주의 시가에 따라 결정된다는 것을 의미했다.

금요일 기준으로 리먼의 주식은 1월 31일 이후 93퍼센트의 가치를 상실했다. 100억 달러가 날아간 것이었다(펄드는 전체 주식의 1.4퍼센트인 1,090만 주를 가지고 있었는데, 약 6억 5,000만 달러를 잃어버린 셈이었다). 리먼의 사원들은 회사에서 메모를 받았는데, 설상가상으로 그 내용은 그 시점에서 사원들이 소유한 거래비제한주unrestricted shares의 매도도 금지한다는 것이었다.* 보통 매 사분기 실적 발표를 전후해 몇 주간 주식의 거래를 금지하는 것이 표준적 규정이었는데 이번에 예외적으로 발동된 것이었다.

펄드의 축출이 임박했다는 소식은 리먼의 이사회 멤버이자 거대 화학기업 셀라니스Celanese Corporation의 전 CEO인 존 매콤버John Macomber가 리먼 빌딩 31층에 당도하자 정점에 달했다. 80세의 매콤버가 31층의 복도를 걸어오자 몇 명의 직원들이 당황해하며 맞이했다. 그는 펄드의 방에 도착했을 때 직원들이 떠나려고 하자 "거기 계세요"라고 명령했다.

피곤한 기색의 펄드가 매콤버를 악수로 맞이했다. 펄드는 자신이 해고된다고 생각하지는 않았지만, 방 안의 긴장된 공기를 느낄 수 있었다.

"말할 게 있어요." 매콤버가 입을 열었다. 짧은 순간이나마 방에 있던 사람들은 그가 펄드의 서비스를 더 이상 받지 않겠다고 말할 것이라 여겼

---

* 사원이 소유한 주식은 매도를 규제하는 조건이 붙은 거래제한주(restricted share)가 기본인데 이 중에서 이 조건이 해제되어 제한 없이 팔 수 있게 된 주가 거래비제한주다.

다. 그런데 매콤버는 오히려 웃으며 격려의 연설을 했다.

"이 방에 있는 모든 사람들에게 정말 잘했다고 말하고 싶어요. 지금의 상황은 그저 운이 나쁜 거야. 이사회는 당신들을 100퍼센트 지지하고 있어요."

리먼의 이사회는 여전히 펄드에 대한 충성심이 있었던 것이다.

로진 코헨은 아직도 설리번 앤드 크롬웰의 회의실에 남아 뱅크오브아메리카가 리먼을 인수하도록 설득하고 있었다. 그런데 무엇인가 공기가 이상했다. 그레그 컬의 행동이 바뀌었고, 그 자리에 있던 뱅크오브아메리카 팀이 마치 인수를 포기하기로 결정이라도 한 듯한 분위기를 연출했던 것이다.

팀 가이트너에게 직접 연락할 수 있는 몇 안 되는 변호사 중의 하나인 코헨은 가이트너에게 전화해, 정부가 일절 돕지 않겠다고 강경노선을 펴는 것이 뱅크오브아메리카를 물러나게 하고 있다고 그의 생각을 말했다. "정부의 지원 없이 이 딜이 성공할 수는 없어요. 뱅크오브아메리카가 우리에게 허풍을 떨고 정부에도 허풍을 떨고 있는지 몰라요. 하지만 그것을 허풍이라고 할 수 없는 것이 현실입니다."

그저께 비슷한 말을 폴슨에게 했다가 면박만 당한 가이트너의 대답은 간단했다. "정부의 지원을 기대해선 안 돼요."

오후 2시 20분, 리먼의 주가는 6퍼센트가 더 떨어져 3.59달러로 내려가 있었다. 그 시각 얼굴에 피로가 가득한 폴슨 장관은 재무성 계단을 뛰어 내려와 공항으로 향했다. 댄 제스터와 짐 윌킨슨, 크리스탈 웨스트가 공항으로 가는 밴에 동석했다. 증권거래위원회의 크리스토퍼 콕스는 공항에서 만나기로 되어 있었다.

한 시간 전에 있었던 통화에서 폴슨과 콕스는 결국 리먼과 관련해 무엇인가 공식적으로 해야 한다고 결정했다.

그들이 정말 월스트리트의 CEO들을 설득해 리먼을 위한 공동보조를 취할 것이라면, 지금이 바로 그렇게 할 때라고 판단한 것이다. 그렇지 않으면 리먼은 구제할 수 없는 상태에 빠질 것이었다. "우리에게는 주말이 남아 있어." 폴슨이 CEO들에게 말했다.

회의는 저녁 6시에 뉴욕연방준비은행에서 열리기로 되어 있었다. 가이트너의 집무실에서는 주식시장이 마감되는 4시까지 기다리다가 일제히 전화를 할 예정이었다. 그 상황에서 그들이 가장 경계한 것은 언론이 냄새를 맡는 것이었다.

보통 뉴욕에 갈 때 정부 할인을 받는 US항공US Airways을 타는 폴슨 장관은 이날은 그의 넷제츠계좌를 이용해 전세기를 빌려놓았다. 그의 아내는 언제나 그가 전세기를 타는 것에 반대했다. 그러나 이날은 늦어서는 안 되었다. 이 회의는 너무도 중요했고, 날씨마저 나빴다. 그에게 당장 걱정이 있다면 항공기가 이륙을 못하는 사태였다.

덜레스 공항으로 달려가는 차 안에서 폴슨은 자신도 모르게 기도했다. "주여, 도와주소서."

Too Big to Fail

월스트리트의 공동작전

로이드 블랭크파인은 맨해튼 6번가6th Avenue와 53번가53rd Street에 있는 힐튼호텔의 출연자 대기실에서 서성이고 있었다. 잠시 뒤면 서비스 네이션 서미트Service Nation Summit라는 모임에서 자신이 연설할 차례였다. 이 모임은 미국에 자원봉사정신을 전파하겠다는 뜻을 지닌 비영리단체들의 연합이 매년 여는 회의다. 파란색 양복과 흰색 셔츠에 파란색 타이를 한 블랭크파인은 캘리포니아 주지사 아널드 슈워제네거에 이어 힐러리 클린턴 바로 전에 기조연설을 하게 되어 있었다. 블랭크파인은 골드만이 주관하는 '만 명의 여성10,000 Women'이라는 비영리 활동에 관해 이야기할 계획이었다. 이는 후진국과 개도국의 여성에게 비즈니스와 경영교육을 제공하는 프로그램이었다.

대기실의 저편에서 누군가와 전화하고 있던 힐러리 클린턴이 다가오더니 순서를 바꿔 블랭크파인에 앞서 연설을 할 수 있겠느냐고 공손히 물었다. 꼭 참석해야 할 만찬이 있다는 것이었다. 블랭크파인은 클린턴의 팬이었다. 그는 이미 그녀에게 4,600달러를 기부했으며, 민주당 대통령 후보로서 버락 오바마가 아닌 클린턴을 지지했다. 긴박한 사정이 없었으므로 그는 흔쾌히 수락했다.

뉴욕연방준비은행에 모인 거물들

그로부터 2분 뒤였다. 블랭크파인의 휴대전화가 울렸다. "연준에서 전화가 왔어요. 월스트리트의 모든 CEO들을 모아 6시에 회의를 한다는 겁니다." 그의 보좌관이 흥분해하며 보고했다. "폴슨과 가이트너, 콕스 세 사람이 모두 온답니다."

'폴슨이 계획해온 큰 모임이란 게 바로 이거구나.' 블랭크파인이 생각했다. 폴슨은 '식구'들을 모아서 리먼을 살리려고 하는 것이 분명했다.

시계를 봤다. 벌써 5시가 되어가는데 슈워제네거는 이제 막 떠들기 시작했다. 그리고 클린턴에게까지 순서를 양보하지 않았던가?

골드만의 공동 사장 게리 콘에게 전화해 어떻게 돌아가는지 알아보려고 했지만 전화를 받지 않았다. 아마 콘은 의회 에너지천연자원 위원회 청문회에서 증언을 마치고 뉴욕으로 날아오는 중일 것이었다.

블랭크파인은 멋쩍게 클린턴에게 다가갔다. "아까 제가 순서를 양보했죠. 그런데 긴급한 상황이 생겼어요. 연방준비은행에 급히 가야 할 일이 생겨서요."

그러자 클린턴은 무슨 말인지 이해하지 못했다는 표정으로 그를 쳐다봤다.

블랭크파인은 당황해하며 설명했다. "연준은 정말로 좋은 일이 아니면 임박해서 전화를 안 하거든요. 이런 전화는 정말 처음이에요."

이 말에 클린턴은 그제야 미소를 지으며 순서를 다시 양보했다.

제이미 다이먼은 자신이 왜 이렇게 운이 없을까 하고 생각했다. 이날 저녁 7시에는 딸 줄리아의 남자친구의 부모를 집으로 초청해 처음으로 인사를 나누고 만찬을 하게 되어 있었다. 장녀인 줄리아는 아버지에게 이 날만큼은 집에 와서 장래 자신의 시부모에게 좋은 인상을 주라고 일주일 내내 애원했다. 그런데 연준이 전화해서 월스트리트 최고의 은행가들을 모두 소집한 것이다.

다이먼이 아내 주디에게 전화했다. 그녀는 이런 식의 전화에 익숙했다. "가이트너가 연준으로 와달라고 전화했어. 얼마나 걸릴지 모르지만 최대한 빨리 갈게."

다이먼은 전화를 끊자마자 스티브 블랙에게 소식을 전했다. 블랙은 웨스트체스터의 퍼처스 컨트리클럽에서 하는 골프 시합에 참가하기로 되어 있었다. 다음 날 아침 7시 티오프였다.

"우리 연준에 가야 해." 다이먼이 말했다.

"그런 농담 하는 거 아니에요." 블랙이 응대했다.

블랙은 곧 클럽에 전화해 한숨을 내쉬며 말했다. "미안해. 내가 농담한 거야. 나는 빼줘."

뱅크오브아메리카의 글로벌 기업투자은행 부문 사장 브라이언 모이니헌Brian Moynihan이 샬럿에 있는 켄 루이스의 전화를 받은 것은 설리번 앤드 크롬웰 사무실에서 리먼의 자산평가 자료를 보고 있을 때였다.

"가이트너 집무실에서 전화가 왔어. 자네가 연준에 가야 할 것 같아. 지금 상황에 대한 대책을 논의하는 모양인데." 루이스가 지시했다.

모이니헌은 즉시 건물 밖으로 뛰어나가 비가 오는데 우산도 없이 설리번 앤드 크롬웰의 자동차를 잡아타고 뉴욕연방준비은행으로 달렸다.

자동차가 막 파크웨이의 교통 체증을 벗어났고 모이니헌의 젖은 옷도 겨우 말라가던 때에 휴대전화가 울렸다.

"모이니헌 씨, 의사소통에 혼선이 있었던 것 같습니다. 저희 연준에서 귀사도 회의에 초청했었는데……." 팀 가이트너의 보좌관이 전했다.

"알아요. 지금 가는 길이에요." 모이니헌이 대답했다.

그러자 가이트너의 보좌관이 잠시 숨을 고르고는 말했다. "이 합병안에서 귀 은행의 역할을 고려했을 때 이 회의에는 참석하지 않는 것이 타당하다고 생각했습니다."

이 말을 듣고 모이니헌은 차를 돌려 루이스에게 이 소식을 전했다. 그의 차는 아직 여덟 블록을 채 지나지 못한 상황이었다.

모건스탠리의 존 맥과 CFO 콤 켈러허Colm Kelleher가 급히 연준으로 가라는 비서의 말을 듣고 맥의 아우디 승용차에 올라탄 것은 10분 전이었다. 급히 차를 타면서 켈러허가 말했다. "이건 리먼 일이 틀림없어요."

교통은 말이 아니었다. 폭우는 차의 지붕을 두드리고 웨스트사이드 하이웨이는 범퍼가 닿을 정도로 차들이 가득했다.

"조금도 안 움직이네." 맥이 수시로 시계를 보며 투덜거렸다.

"영원히 도착하지 못할 것 같아요." 켈러허가 맞장구쳤다.

경찰관 출신의 운전사인 존은 하이웨이와 평행으로 달리는 자전거도로를 발견했다. 블룸버그 시장이 추진하는 걷기와 자전거 타기 운동의 산물이었다.

"보스, 저 오른쪽의 자전거 도로 어디로 연결돼요?" 존이 목을 뒷좌석으로 빼며 물었다.

맥의 얼굴이 밝아졌다. "배터리*까지 쭉 내려가지."

"그럼 갑시다!" 운전사 존이 분리대에 구멍이 난 곳에서 자동차를 자전거 도로로 밀어넣으며 외쳤다.

오후 4시 40분, 행크 폴슨이 탄 세스나Cesna Citation X 항공편이 뉴저지주의 티터보로 공항 1-19번 활주로에 착륙했다. 폭우와 시속 80킬로미터의 바람을 뚫고 비행기를 착륙시킨 조종사는 메인게이트로 비행기를 몰았다. 그곳에는 비밀경호대Secret Service 요원들이 두 대의 검은색 자동차를 세워놓고 대기하고 있었다.

뉴저지에서 맨해튼으로 들어가는 홀랜드 터널을 빠져나가며 폴슨은 뱅크오브아메리카의 그레그 컬과 크리스 플라워스의 전화를 받았다. 그들은 리먼의 자산평가를 마쳤다고 했다.

"이걸 해내려면 정부의 지원이 필요해요." 컬이 단도직입적으로 말했다. 이어서 그는 일을 성사시키기 위해 필요하다고 생각하는 일련의 조건

---

* 배터리(Battery Park)란 맨해튼의 남단, 금융가에 인접한 공원을 가리킨다.

들을 말하기 시작했다.

폴슨은 도대체 왜 컬이 우세한 입장에 서서 조건들을 대고 있는지 잘 이해되지 않았지만 참을성 있게 들었다. 폴슨이 늘 하는 말이 있었다. "여자 두 명만 있으면 댄스파티에서 경쟁이 성립된다." 이 상황에서 경쟁하는 것은 뱅크오브아메리카와 바클레이스였다. 따라서 그들이 무리한 요구를 하더라도 들어주는 척하면서 계속 경쟁하게 하면 성공이었다. 그래서 그는 전화를 댄 제스터에게 주며 구체적인 조건들을 기록하라고 했다(역설적이게도 제스터는 1990년대에 골드만의 금융서비스그룹에서 플라워스 밑에서 일했다).

컬은 정부가 리먼 자산 매각에서 발생하는 400억 달러의 손실을 보전해준다면 뱅크오브아메리카가 인수 딜에 동의할 것이라고 제스터에게 말했다. "장부를 다 봤는데 형편없어." 리먼의 장부에 악성 자산이 가득하다는 것을 컬이 지적했다. 그는 이어서 뱅크오브아메리카가 첫 번째 10억의 손실은 정부와 반씩 부담할 의사가 있지만 나머지 400억의 손실은 정부가 보증해야 한다고 말했다. 그 대신에 뱅크오브아메리카는 나중에 자사주를 주당 45달러에 살 수 있는 옵션을 정부에 주겠다는 것이었다(그날 뱅크오브아메리카의 종가는 33.74달러였다). 제스터가 이를 소리 없이 입 모양으로 폴슨에게 전했다. 하지만 폴슨은 고개를 저었다. 그런 조건으로는 이 딜이 성사될 수 없다는 것을 잘 알았다.

자동차가 맨해튼을 가로지르는 동안 폴슨은 가이트너에게 전화해 작전을 세웠다. 시간은 회의가 예정된 6시에 가까워지고 있었다. 두 사람은 CEO들이 도착해 기다리게 할 심산이었다. 정부의 심각함을 알리고자 한 것이다.

맨해튼 리버티 가 33번지

리버티 가 33번지에 있는 뉴욕연방준비은행 빌딩은 전통적인 금융의 냄새를 풍기는 요새와 같은 건물이다. 1927년에 마가렛 로Margaret Law라는 비평가는 ≪아키텍처Architecture≫에 기고한 평론에서 당시 지은 지 3년 된 이 빌딩에 대해 묘사하면서 이렇게 표현했다. "이 건물은 한마디로 서사시와 같다고 할 수 있다. 더 적절한 표현은 찾을 수가 없다." 피렌체의 스트로치 궁Strozzi Palace을 본떠 석회암과 사암으로 만든 이 빌딩의 지하 3층인 맨해튼 해저 15미터 깊이의 암반 위에는 세 개 층의 금고가 만들어져 있다. 그 금고 안에는 600억 달러 이상의 금괴가 보관되어 있다. 그야말로 진짜 가치를 지닌 진짜 자산이다.

리먼의 운명이 결정된다면, 아니 월스트리트가 구제된다면, 그 문제는 바로 이 리버티 가 33번지에서 결정될 것이었다. 현대 금융이 투자가들로 하여금 눈 깜짝할 사이에 거액의 돈을 대륙을 건너 움직일 수 있게 했지만, 뉴욕연방준비은행은 실질 자산의 최후 보루로 버티고 있었다.

존 테인이 검은색 GMC 유콘에서 내리며 과거 골드만의 파트너로 뉴욕연방준비은행을 방문했던 때를 떠올렸다. 1988년 당시에는 LTCM 구제라는 또 다른 거대한 사태에 대처하기 위한 것이었다. 그때는 해결책을 찾기 위해 사흘을 연달아 일했다. 당시 LTCM을 구하지 못했다면 그다음으로는 분명 리먼이 쓰러졌을 것이다. 그만큼 리먼의 신뢰성에는 문제가 있었다.

당시의 상황을 돌아보면 역설적인 일투성이다. 10년 전 토요일 아침 7시 반, 테인은 뉴욕연방준비은행의 복도에서 펄드와 마주쳤고 이렇게 물었다. "어떻게 돼갑니까?"

"별로예요. 사람들이 너무 나쁜 소문을 퍼뜨리고 있어요." 펄드가 대답했다.

"이해할 수가 없군요." 테인은 공손한 의도를 가지고 대꾸했다. 물론 루머들이 엄청나게 퍼져 있다는 것은 잘 알았다.

그때 펄드가 맹렬하게 내뱉었다. "누가 퍼뜨리는지를 안다면 그놈 목 안에 손을 넣어 심장을 꺼내버릴 텐데!"

그런데 그런 상황으로 다시 돌아온 것이었다.

월스트리트의 '가족모임'은 6시 45분이나 되어서야 열렸다. 그 시각에 폴슨과 가이트너, 콕스 세 사람이 마치 군대행진을 하듯이 1층의 긴 복도를 걸어서 리버티 가와 윌리엄스 애비뉴가 내려다보이는 남쪽 모퉁이의 회의실에 들어선 것이다.

CEO들은 서성거리며 블랙베리 단말기를 만지기도 하고 빌딩을 채우고 있는 덥고 습한 공기로부터 열을 식히려고 얼음물을 마시기도 하며 기다렸다. 이 모임의 목적이 무엇인지는 폴슨이 말하기도 전에 분명했다. 그 자리에는 이 그룹에서 가장 오래된 멤버인 딕 펄드가 없었다.

"짧은 통지에 이렇게 와주셔서 감사합니다." 폴슨이 시작했다.

그는 리먼브러더스가 '위태로운precarious' 상태에 있다고 하면서 주말이 끝나기 전에 해결책을 찾아야 한다고 강조했다. 이어서 그는 해결책의 핵심을 분명히 하면서 말했다. "정부의 돈은 아닙니다. 투자은행업계가 해결책을 만들어야 합니다."

그리고 "현재 리먼의 잠재적 인수자가 둘 있는데, 양쪽 모두 도움을 필요로 하고 있다"고 말했다. 그것이 뱅크오브아메리카와 바클레이스라고 밝히지는 않았지만 참석자들은 모두 알고 있었다. 그 정보는 이미 하루 전에 나돌았다. 폴슨은 참석자들에게 정부 또는 다른 당사자가 돕지 않는다면 딜을 추진하지 않겠다고 잠재적 인수자가 말한 것을 공개했다.

"그런데 정부가 도울 것인지에 관해서는 아직 합의된 게 없습니다. 그리고 의회는 그런 일을 할 생각이 없어요." 이 대목에서 폴슨은 하원의장 낸시 펠로시가 정부 구제에 관해 자신을 몰아세웠던 일을 괴로운 듯한 어조로 말했다. "여러분이 시장에서의 구제안을 만들어야 합니다. 여러분은 시장에 대해 책임이 있어요."

"물론 경쟁자를 돕는 것이 유쾌한 일은 아니겠지요. 하지만 리먼이 쓰러진다면 더 불쾌한 일이 생길 겁니다. 그러니 이건 해야 합니다." 폴슨이 강조했다.

방에 있던 참석자들에게 경쟁자를 돕는다는 것은 불쾌한 정도의 일이 아니었다. 그것은 파면의 대상이었다. 더욱이 내키지 않는 것은 그들이 도와줄 대상이 뱅크오브아메리카와 바클레이스라는 아웃사이더들이라는 점이었다. 뱅크오브아메리카의 CEO 켄 루이스는 기회가 있을 때마다 그들을 씹었다. 그리고 그들은 바클레이스에 대해서는 빅 리그 투자은행 그룹에 몹시 끼고 싶어 하는 이류라고 여겼다. 이 둘을 돕는 것이 참석자들에게 해를 끼치는 것이 아니라면 무엇이겠는가?

게다가 원조의 대상인 리먼 또한 인기가 없었다. "딕이 무슨 결정을 내릴 수 있는 상태가 아니에요." 폴슨이 살짝 비꼬는 투로 말하며 펄드가 왜 그 자리에 있지 않은지를 설명했다. "그는 현실 거부 상태예요. 생각이 딴 데 있어서 정신적으로 기능 부전 상태야."

가이트너가 발언할 차례가 되었다. 보좌관이 리먼의 회계요약표를 돌리는 사이에 가이트너가 엄숙하게 말했다. "여러분이 해결책을 찾지 못한다면 상황은 모두에게 어려워질 겁니다." 문제는 간단했다. 리먼에는 현금이 남아 있지 않았다. 월요일까지 해결책이 나오지 않으면 투자가들은 얼마가 남았든 싹쓸이해 나눠 갖고, 이어서 월요일 아침에 주식시장이 열리자마자 리먼을 시장에서 몰아내는 사태가 올 것이었다. 그렇게 된다면 리먼의 거래 상대방들은 거래 결제가 불가능해지고, 이는 결국 금융 시스템 전체를 흔들 리스크로 이어질 것이었다. 결국 한 회사의 문제가 시스템의 대파국을 불러올 수 있는 상황이었다. 세계의 금융시장이 첨단화했지만, 그들을 연결하는 끈은 여전히 신용이라는 오래된 것이었다. 그 끈이 사라지면 금융시장은 쉽게 붕괴할 수 있었다.

블랭크파인과 다이먼은 반론을 제기했다. 리먼 파산에 내재된 리스크가 적어도 자신들 기업의 관점에서 볼 때 과장된 측면이 있다는 것이었다. 두 사람은 자신들의 기업이 이미 리먼에서 비롯되는 리스크는 줄여놓았다고 폴슨에게 사적으로 말한 적이 있었다. 블랭크파인은 이제 그 논점을 공개적으로 언급해버린 것이었다. "이 사태가 다가오는 것을 우리는 이미 수마일 밖에서부터 봐왔다"고 그는 말했다.

CEO들이 하는 말을 그냥 듣기만 하던 가이트너는 그들을 세 개의 워킹 그룹으로 나누자고 했다. 첫 번째 그룹은 리먼의 악성 자산, 즉 'SpinCo'라는 이름으로 분사될 부분의 자산을 평가할 것이었다. 방에 있던 CEO들은 그 회사 이름을 즉시 '똥회사ShitCo'로 바꿔 불렀다. 웃으며 긴장을 풀 거리가 필요했던 것이다.

두 번째 그룹은 투자은행들이 리먼에 투자할 수 있는 구조를 강구할 것이었다. 그리고 세 번째는 가이트너가 폴슨 등과 함께 미리 상의하며 이름 붙인 '암흑 시나리오lights-out scenario'를 다룰 그룹이었다. 즉, 리먼이 정식으로 파산을 신청할 경우, 리먼과 거래하는 모든 금융기관이 리먼과의 거래 포지션을 사전에 파악해 영향을 최소화하는 방안을 강구할 것이었다.

CEO들이 조금이라도 혼동하지 않도록 가이트너는 폴슨이 세운 원칙을 다시 한 번 강조했다. "연방정부는 구제안을 세울 정치적 의지가 없습니다." 가이트너가 이 말을 할 때 연준 지하로 지하철이 지나가며 낸 소음이 그의 말을 강조해주는 듯했다.

이어 언제나처럼 말쑥하게 차려입은 증권거래위원장 크리스토퍼 콕스가 아주 간략하게 말했다. 방에 모인 CEO들이 "위대한 미국인"으로서 "애국적인 임무를 수행"해달라는 것이었다.

이 말에 투자은행장들은 기가 막혀서 눈을 굴렸다. 그들이 보기에 콕스는 경량급이어서, 나중에 어떤 이들은 그를 "저온에서 냉장된 인간"이라고 혹평했다.

이윽고 투자은행장들이 돌아가면서 한 마디씩 하자 대화는 철학적이면서도 실제적인 논쟁이 되었다.

"곧 AIG 이야기도 하게 되겠지요?" 시티그룹의 비크람 판디트가 말했다. 이 말에 실내가 조용해졌다.

가이트너가 그를 노려보며 근엄하게 말했다. "우선 리먼에 집중합시다." 그는 회의의 주제가 흐트러지지 않게 해야 했다.

"하지만 리먼만 따로 떼어서 논의할 수는 없어요. 우리가 다음 주말에 또 모여 AIG 이야기를 할 수는 없잖아요." 판디트도 굽히지 않았다.

이때 다이먼이 끼어들었다. "JP모건이 가서 조사하고 있어요. 우리 팀이 가 있다고." JP모건이 AIG의 어드바이저로서 지원하고 있으며 해결책이 나올 것이라는 설명이었다.

이 말에 판디트가 조금 가소롭다는 듯이 대꾸했다. "있잖아, 제이미. 우리 시티그룹 팀도 거기에 가 있어. 당신이 생각하는 만큼 AIG 문제가 잘 정리되고 있지 못하는 게 현실이야."

판디트와 다이먼이 말싸움을 계속하는 가운데 실내에 모여 있던 사람들은 베어스턴스 사태 때 가이트너가 주선한 전화회의를 떠올렸다. 그때에도 판디트가 베어에 대한 시티그룹의 융자 포지션에 관해 묻자, 베어의 인수가 결정된 다이먼은 "바보 같은 소리 그만해"라고 소리를 질렀다.

가이트너는 연준이 AIG 문제를 다루고 있으니 리먼 안건에 대해 논의를 집중하자고 다시 재촉했다. 그러나 이때 언급되지 않은 것이 있었다. 즉, AIG 문제가 얼마나 심각한 것인지를 아는 이들은 JP모건과 시티그룹밖에 없었다는 점이다.

리먼 다음으로 파산할 위험이 있는 메릴린치의 CEO 테인은 대화가 오가는 중에 조용히 앉아 있었다.

결국 참석한 CEO들은 다음 날 아침 9시에 각 회사의 전문가 팀을 대동하고 다시 모이기로 했다. 그들이 일어서려는데 폴슨 장관이 마지막으로 말했다. 이는 일종의 협박이었다. "이 사안은 우리의 자본시장, 나아가 우리나라에 관한 것입니다. 이번에 협조하지 않은 사람들은 앞으로 두고두고 기억될 것입니다."

이 말을 듣고 회의실을 빠져나가는 CEO들의 무표정하고 시무룩한 모습은 그들 앞에 놓인 과제가 얼마나 무거운 것인지를 역설해주고 있었다.

모건스탠리의 존 맥은 뉴욕연방준비은행 빌딩을 나오자마자 휴대전화를 꺼내 들고 사무실에 전화했다.

"오늘 긴 밤이 될 것 같다." 그가 제임스 고먼과 월리드 샤마, 폴 토브먼을 비롯한 부하들에게 리먼이 파산할 것에 대비해 작업에 들어가야 한다고 말했다. "이번 주말에 병력이 많이 필요해."

모건스탠리의 과제는 두 가지였다. 하나는 자신을 보호하는 것이고, 또 하나는 연준을 돕는 것이었다. 첫 번째 과제와 관련해 즉시 해야 하는 것은 자사의 파생상품 회계장부는 물론 클라이언트들의 리먼에 대한 거래 포지션을 모두 조사해 리먼과 물려 있는 거래 안건과 액수의 전체상을 파악하는 것이었다. 동시에 투자은행 부문은 리먼의 클라이언트 목록을 보고 그중에서 누구를 자사의 클라이언트로 만들 수 있을지 살펴야 했다. 한편 전화회의에 이사회 전원을 불러 상황에 관해 업데이트해줘야 했다. 또 다른 팀은 리먼의 자산가치를 평가하는 데 전념했다. 이로써 리먼의 재정 상태의 전체상이 파악될 터였다. 이 일은 설령 구체적인 성과로 이어지지 않는다 하더라도 매우 유익한 교육의 기회가 될 것이었다.

맥은 운전사에게 자신이 좋아하는 이탈리아 레스토랑인 산피에트로 San Pietro로 가달라고 했다. 팀원들을 먹일 음식을 사 갈 요량이었다. 그날 밤은 철야 작업을 해야 할 터였다. 중역들도 이번 주말에는 모처럼 만에 애널리스트 1년 차 신참처럼 소매를 걷고 일해야 할 것이었다.

뉴욕연방준비은행에서의 회의에 피터 크라우스를 대동한 메릴린치의 존 테인은 연준을 나오자마자 회사의 딜 담당 변호사 피터 켈리에게 전화해서 토요일에 연준으로 와야 한다고 알렸다. 자동차가 메리트파크웨이로 접어들었을 때 그레그 플레밍에게 전화했다. 테인은 아내와 두 친구를 데리고 저녁식사를 하기로 했지만 이미 한 시간이나 늦어 있었다. "먹잇감 전쟁이 벌어지고 있어." 플레밍에게 말했다. "리먼의 구제는 없을 것 같아."

폴슨이 정부의 보조가 없다고 밝혔다는 놀라운 소식을 전하면서 테인은 플레밍이 어떻게 대응할지 짐작해볼 수 있을 것 같았다.

"이제 우리 자신을 걱정해야 해요. 우리가 취할 수 있는 방안이 필요해요. 존, 이제는 시간이 없어요." 플레밍이 말했다.

이 말을 가만히 들은 테인의 대답은 간단했다. "우선 좀 자지. 자고 내일 아침에 상의하자고."

그리니치에 있는 레베카라는 레스토랑에 테인이 당도했을 때, 입구에 JP모건의 스티브 블랙이 서 있는 것이 보였다. 블랙은 그 자리에 서서 회사의 경영진과 전화회의를 하고 있었다. 그런데 공교롭게도 테인이 시야에 들어왔을 때 그는 메릴린치 이야기를 하고 있었다.

테인을 보고 깜짝 놀란 블랙은 '다음번에 쓰러질 회사의 CEO가 여기에 왜 온 거야'라고 생각하며 천연스럽게 인사했다. "위대한 사람들은 레스토랑도 같은 곳을 생각하네요!"

"그렇네요. 저는 친구들과 아내하고 만찬 약속이 있는데 두 시간이나 늦었어요." 테인이 대답했다.

"저는 적어도 늦었다고 전화는 했어요." 블랙이 웃으며 응대했다.

테인이 안으로 들어가는 것을 보고 블랙이 전화에 대고 말했다. "여러분 지금 레스토랑으로 누가 들어갔는지 알면 놀라 넘어질 거야……."

리먼의 본사에서 충격과 분노에 휩싸인 딕 펄드는 바트 맥데이드와 조금 전 통화를 끝냈다. 맥데이드는 CEO 펄드에게 연준에서 리먼을 논의하기 위한 회의가 있다는 것, 그런데 그곳에 리먼은 초청되지 않았다는 것을 알렸다.

연준에서 통보를 받은 것은 로진 코헨이었다. 내용은 맥데이드가 리먼의 팀을 데리고 연준으로 토요일 아침에 오라는 것, 그리고 펄드는 참석하지 말라는 것이었다. "연준은 펄드의 참석을 원치 않는다"는 것을 분명히 했다.

펄드의 충격을 덜어주려는 듯 맥데이드가 말을 걸었다. 그는 지금 시장에 불평이 많아 펄드가 차라리 집무실에 앉아 정부 당국자나 CEO들과 연락을 취하는 것이 훨씬 시간을 잘 활용하는 것이라고 했다. 이때 그가 펄드에게 말하지 않은 것은 월스트리트의 모든 중요한 CEO들이 연준에 모인다는 것이었다.

맥데이드와 전화를 마친 뒤 펄드는 분노를 자극한 또 하나의 일이 생각났다. 뱅크오브아메리카의 켄 루이스가 하루 종일 회신이 없었던 것이다. '이제 밤 9시가 아닌가?' 로펌 설리번 앤드 크롬웰에서 리먼의 실사를 하는 뱅크오브아메리카 팀은 벌써 몇 시간 전에 일을 마쳤다고 들었고, 게다가 그들이 떠나는 모양으로 봐서 하룻밤 퇴근하는 것이 아니라 아예 짐을 쌌다는 것이었다.

"이놈이 내 전화에 회신을 안 하다니 믿을 수가 없네!" 펄드가 루소에게 불평을 털어놓았다. 펄드는 이미 그에게 여러 번 전화를 걸었다. 다만 자신이 절박하다는 느낌을 주지 않기 위해 메시지를 남기지 않았다. 어쩌면 루이스가 이미 하루 전에 자신의 전화를 받지 않기로 마음먹었는지 모른다고 생각했다. 이자는 도대체 어디에 간 것일까?

하지만 기다릴 만큼 기다렸다. 펄드는 자존심을 억누르고 샬럿에 있는 루이스의 자택으로 전화를 걸었다.

전화를 받은 것은 키친에 있던 아내 도나였다.

"켄 있습니까?"

"누구시죠?"

"딕 펄드예요."

전화를 받은 도나가 거실에 앉아 있는 남편을 보며 잠시 침묵을 지켰다. '딕의 전화야'라고 도나가 입 모양을 하자 루이스는 손가락을 가로 저으며 전화를 끊으라고 했다.

도나는 마음이 불편했지만 남편이 원하지 않는 전화를 거절한 경험이 많았다.

"전화 안 하시는 게 좋을 것 같아요. 켄이 전화를 안 받습니다." 도나가 공손하게 펄드에게 말했다.

의기소침해진 펄드는 "귀찮게 해드려 죄송합니다"라고 말하며 전화를 끊었다.

수화기를 내려놓은 펄드는 두 손으로 머리를 감싸고 혼자 중얼거렸다.

"결국 내가 따돌림을 당한다는 거지."

리먼의 파산을 담당한 변호사 하비 밀러는 로펌 웨일 갓샬의 회의실로 가서 부하들에게 귀가하라고 말했다. 시간이 늦어지는데 리먼에서는 연락이 전혀 없었다. '이건 비상훈련에 불과해. 리먼이 파산 신청을 하는 건 아니야.' 그가 생각했다.

밀러도 택시를 타고 5번 애비뉴에 있는 그의 아파트로 갔다. 막 문을 열려는데 휴대전화가 울렸다. 뉴욕연방준비은행의 법률자문을 맡고 있는 로펌 클리어리 고틀립 스틴 앤드 해밀턴의 변호사 제임스 브롬리James Bromley였다. 그는 직설적으로 물었다. "하비, 파산 신청 안건 없어요?"

밀러가 놀라 대답했다. "아직 가시적인 것은 없어. 예상되는 것도 없고. 지금 집중적으로 작업하고 있는 파산 건이 없는데. 나는 지금 퇴근했어요. 그 회사는 인수합병이 이뤄질 거라고 믿고 있는데."

"정말이에요?" 브롬리는 믿지 않았다.

밀러는 그날 자신의 부하를 보내 시킨 발표에서 뉴욕연방준비은행은 전혀 걱정하는 눈치가 아니었다고 전했다.

이 말을 듣고도 확신이 들지 않은 브롬리가 얼버무렸다. "어…… 어쩌면 내일 우리가 만나서 이야기를 해야 할지 몰라요."

밀러는 전화를 끊고 거실로 들어가며 아내 루스에게 말했다. "정말로 알 수 없는 전화네."

한편 AIG에서는 윌럼스태드가 아직도 간편한 해결책을 모색하고 있었다. 그는 브론스타인과 함께 마지막으로 한 번 더 워런 버핏에게 물어보기로 했다. 버핏이 관심이 있다면 아무것이나 팔 수 있다는 생각이었다. 전화를 하자 버핏은 이미 집무실을 떠나 있었다. 그의 보좌관이 집으로 전화를 연결했다. 버핏이 1958년에 3만 1,500달러를 주고 산 집이었다.

"우리 자산에 관심이 있다고 하셨는데…… 구체적으로 말씀하신다면 어떤 것인지요?" 윌럼스태드가 인사와 함께 전화한 목적을 설명하고 물었다.

버핏은 머뭇거리다가 대답했다. "글쎄요. 자동차보험이라면 관심이 있기도 한데……."

"미국 내 손해보험이나 상해보험 전체는 어떻습니까?" 이 부분은 AIG의 중심적 자산으로 연간 수입이 400억 달러에 이르렀다.

"가치가 얼마나 합니까?"

"우리는 250억 달러를 원하지만, 그쪽에서는 200억 정도 생각하실지 모르지요. 필요한 정보가 있으면 말씀하세요."

버핏이 필요한 정보를 말하자, 윌럼스태드가 대답했다. "좋아요. 한 시간이면 필요한 걸 모두 취합할 수 있습니다. 어디로 이메일을 보낼까요?"

이 말에 버핏은 웃으며 자신은 이메일을 쓰지 않는다고 했다.

"그러면 팩스로 보낼까요?"

"여기에는 팩스도 없어요." 버핏은 껄껄거렸다. "제 사무실로 팩스를 보내놓으세요. 차로 가서 가져올 수 있습니다."

한 시간 뒤 버핏은 윌럼스태드에게 전화해 제의를 공손하게 거절했다. "너무 커요. 250억 달러는 너무 큽니다."

윌럼스태드는 버핏이 전화를 해서 어떤 딜이 됐건 돈이 너무 들어 못하겠다고 말하리라고는 예상하지 못했다.

"이걸 위해서는 보유한 현금을 다 써야 하는데, 버크셔의 트리플 A 등급을 위협하는 일은 할 수 없어요." 버핏은 이렇게 설명하면서 윌럼스태드가 융자를 생각할지 모르지만 자신은 "대차대조표에 그런 채무를 올리고 싶지 않다"고 결론지었다.

"알겠습니다. 감사합니다. 앞으로도 혹시 관심이 있는 자산이 있으면 알려주세요." 이렇게 말하고 윌럼스태드는 전화를 끊었다.

메릴린치 생존의 길

메릴린치의 그레그 플레밍은 밤새 침대에서 뒤척였다. 아내 멜리사가 참고 참다가 마침내 무슨 일인지 물었다. "금요일 밤인데 잠을 못 이루는군요." 정신이 말똥말똥한 플레밍이 아내에게 말했다. "오늘은 좀 다른 금요일이야. 다음 주에 미국의 금융계는 뒤집어질 거야."

잠깐 잠이 들었다가 새벽 4시 반에 눈을 뜬 플레밍의 마음은 조급했다. 메릴의 이사회에서 가장 신뢰하는 존 피네건과 전날 나눈 대화를 상기해봤다. 피네건도 플레밍 못지않게 회사 일이 걱정되어, 두 사람은 테인을 설득해 켄 루이스와 협상해볼 것을 진언하기로 했다.

"당신이 이걸 밀어붙여야 해. 빠져나갈 구멍이 있을 거야." 피네건이 촉구했다.

그런 내용의 대화는 피터 켈리와도 나눴다. 플레밍이 존 테인의 허가를 얻어 뱅크오브아메리카와 접촉해야 한다는 것이 켈리의 의견이었다. "일을 서둘러야 해. 내일 오전회의의 결과가 좋지 않으면, 우리는 서른여섯 시간 안에 회사를 팔 준비를 해야 할 거야."

토요일 아침 6시 30분이 되자 플레밍은 이제는 존 테인에게 전화해도 너무 이르지 않을 것이라고 생각했다. 이때 테인은 집을 막 떠나서 5분 뒤에 자동차에서 회신했다.

"깊이 생각해봤는데…… 켄 루이스와 이야기를 해야 합니다." 플레밍이 결의에 찬 어조로 말했다.

전날 저녁의 회의에서 충격을 받았던 테인도 뱅크오브아메리카와의 딜에 관해 많은 생각을 해봤다. 그러고 나서 내린 결론은 플레밍의 의견과 반대되는 것이었다. 주말에 회사 자산의 일부를 매각해 현금을 동원함으로써 시장에서의 신뢰를 높일 필요가 있지만, 회사 전체를 매각할 이유를 찾을 수 없다는 것이 테인의 의견이었다. 그가 직원들에게 늘 말했듯이 "일단 시작하면 움직이는 일을 멈출 수 없다." 일단 시작된 협상은 통제를 벗어나 소용돌이치게 되는 것이다.

"뱅크오브아메리카가 좋은 합병 상대라는 건 알아. 이번에 딜이 안 되면 다음에는 뭘 선택할 수 있을까?" 테인은 조금 체념한 듯이 말했다.

그의 차가 FDR 드라이브를 달리며 뉴욕연방준비은행에 가까워졌다. 테인은 플레밍의 안을 더 생각해보겠다고 했다. 다만 당장은 오전에 있을 회의에 전념해야 했다.

제이미 다이먼의 검은색 렉서스가 파크 애비뉴의 아파트를 떠나 뉴욕연방준비은행에 도착한 것은 오전 8시였다. 그 사이에 그는 회사 간부들과 전화회의를 한 뒤 자동차의 뒷좌석에서 블랙베리로 이메일을 처리하고 있었다. 전화회의에서 그는 폭탄을 투하했다. 리먼브러더스, 메릴린치, AIG, 모건스탠리, 그리고 골드만삭스가 파산하는 경우에 대비하라는 것이었다. 물론 그 자신의 말이 다소 과장된 측면이 있다는 것을 알았지만 준비해서 나쁠 것은 없었다. 다이먼은 정말로 걱정되고 겁이 났다. 그는 '너무 많은 것을 아는 사나이'가 되었다. JP모건이 리먼과 메릴의 주거래은행인 관계로 두 투자은행이 무너지고 있다는 것을 잘 알았다. 그리고 AIG의 자문은행으로서 지난 몇 주 동안은 악몽을 꾸는 듯했다. 어쩌면 그는 폴슨 장관보다 더 많이 알고 있었는지도 모른다.

그는 자신의 생각이 틀린 것이기를 바랄 뿐이었다.

키친에서 서성이며 플레밍은 테인에게 마지막으로 한 번 더 전화해볼까 망설였다. 뱅크오브아메리카와의 합병은 단지 좋은 계획에 그치는 것이 아니라 메릴을 살릴 수 있는 유일한 길인지 몰랐다. 만약에 뱅크오브아메리카가 마음을 바꿔 리먼을 인수한다면 메릴이 처할 위기는 상상을 초월하는 것이 될 수 있었다.

계산은 간단했다. 리먼이 인수된다면 그다음 투자은행에 불똥이 튈 것이고 그것은 메릴이 될 것이었다. 미국의 상징적인 투자은행 메릴린치가 존망의 위기에 처한 것이다.

테인이 플레밍의 전화를 받은 것은 그의 자동차가 메이든 레인을 벗어나 뉴욕연방준비은행의 지하주차장으로 들어갈 즈음이었다. 입구에는 몇 명의 사진기자들이 진을 치고 셔터를 눌러대고 있었다.

"지금 움직여야 할 때예요. 지금 당장 딜을 할 필요도 없어요. 우선 조사를 해보고 성사 가능성이 있는지 따져봐야 합니다." 플레밍이 주장했다. 그리고 테인이 대답하기 전에 못을 박았다. "주말을 이용해서 해야 합니다. 다음 주에 혹시 우리가 긴박한 상황에 처하면 시간이 없어요."

베테랑 딜메이커로서 플레밍은 주말의 가치를 잘 알았다. 월스트리트에서 큰 딜은 대개 주식시장이 휴장하는 토요일이나 일요일에 종결된다. 그때에는 세부 사항이 누출되어 주가에 영향을 미치고 이것이 딜을 망가뜨릴 염려를 하지 않아도 되기 때문이다.

테인은 여전히 조금 참자고 했다. "리먼 딜이 잘 안 되어 파산을 신청하면 뱅크오브아메리카는 우리와의 협상을 기다리고 있을 거야. 하지만 자네 말은 분명히 알아들었어. 나는 모든 가능성을 염두에 두고 있어. 전화할 필요가 있으면 하자고."

이 말은 플레밍이 기다리던 것이었다. 마침내 한 걸음 앞으로 나아가는 느낌이었다.

아침 8시, 뉴욕연방준비은행의 메인 로비는 투자은행가들과 변호사들로 가득했다. 그들이 모여 있는 로비의 한쪽에는 거북껍질과 쇠뿔로 만든 수금을 들고 있는 소포클레스의 거대한 청동상이 서 있다. 이 동상은 동양으로부터 그리스와 어쩌면 서양 문명까지 지켜낸 살라미스전투의 승리를 기리는 것이다. 이날 뉴욕연방준비은행에 모인 이들도 이제 전투를 해야 했다. 어쩌면 이 전투에 걸려 있는 것이 살라미스전투에 못지않을 것이었다. 자신들의 지나친 욕망이 초래한 금융파국으로부터 자신들과 나아가 서구 자본주의를 지켜내야 했다.

한 시간 정도 지나 그들은 어제 충격 속에서 회합을 열었던 회의실로 들어갔다.

오전에는 작업반을 편성했다. 시티와 메릴, 모건스탠리는 리먼의 대차대조표와 유동성을 분석하는 일을 맡았다. 리먼의 부동산 자산을 평가하고 구멍의 크기를 판단하는 일은 골드만삭스와 크레디스위스, 도이체방크 세 회사가 맡았다. 골드만은 지난주 초에 리먼을 약식으로 실사했으므로 조금 앞선 입장에 있었다. 따라서 시티그룹의 비크람 판디트와 게리 셸던은 골드만이 이미 획득한 정보를 활용해 리먼의 자산을 싸게 사려는 것이 아닌지 걱정했다.

"아시다시피 이 일은 정부가 하는 것이 아닙니다. 여러분이 스스로 파악해내고 해결해야 합니다. 두 시간 뒤에 오겠습니다. 그 사이에 해결책을 마련하고 문제를 처리할 수 있기를 바랍니다." 가이트너가 말했다.

가이트너의 말은 방에 모인 사람들에게 어리석다고 할 수는 없어도 주제넘게 느껴졌다. "웃기고 있네." 판디트가 존 맥에게 말했다. 마치 필기구도 지급받지 못한 채 시험을 치르는 분위기였다.

이때 로이드 블랭크파인이 질문했다. "팀, 당신이 하고자 하는 게 무엇인지 압니다. 그런데 제가 어떻게 옆방으로 옮겨갈 수 있겠습니까?" 바꿔 말하자면 경쟁사로서 리먼을 분석하는 입장과 다른 경쟁자들의 도움을 받아 리먼을 인수하는 입장이 어떻게 논리적으로 병존할 수 있겠느냐는 것이었다. 물론 그는 리먼을 인수할 의사가 없었다. 다만 누구나 말하고 싶은 부분을 제기한 것이다. '우리가 왜 경쟁사를 도와야 하는가?'

가이트너는 질문을 피해 아무 말 없이 방을 빠져나가고, 그의 뒤를 기가 빠진 투자은행가들이 따랐다.

메릴린치의 테인과 피터 크라우스, 피터 켈리 세 사람은 구석에 모여 의견을 나눴다.

"어떻게 생각해요?" 켈리가 물었다.

"리먼이 살아남지 못할 것 같아." 테인이 대답했다.

"그러면 우리도 살아남기 어려워." 켈리가 조용히 말했다.

"그러니 뭔가 대책을 세워야겠어요." 크라우스가 제안했다.

이 말에 테인이 고개를 끄덕였다. '플레밍의 생각이 맞는지 몰라.'

여기에 생각이 미친 테인은 플레밍에게 전화해 세 사람의 대화를 전하고 나서 요청했다. "루이스와 만날 자리를 마련해줘."

한편 연준 빌딩 7층에는 리먼의 바트 맥데이드와 알렉스 커크가 앉아 있었다. 자신들의 회사를 구제해줄 다른 투자은행가들을 기다리는 그들의 심경은 마치 우편으로 남편감을 소개받은 여자들의 심경과 비슷했다. 다만 이것이 그들의 마지막 '로드쇼'가 될 것임을 잘 알았다.

그들이 가져온 수많은 서류에는 사내에서 흔히 카드패decks라고 불리는 두 개의 문건이 들어 있었다. 하나는 REI Global이라고 명명한 신설 법인에 관한 것이고, 또 하나는 '상업용 부동산 비즈니스 개괄'이라는 제목이 붙은 기획안이었다. 이 두 번째 문건이 바로 어떻게 평가해야 좋을지 모르는, 즉 리먼이 과대평가하고 있다고 외부에서 판단하는 악성 부동산 자산들에 관한 서류였다.

그 두 서류를 보면 리먼은 여전히 진실을 부정하는 상태였다. 두 문건은 리먼의 상업용 부동산 자산을 전반적으로 15퍼센트 정도 낮춰 평가했다. 하지만 월스트리트 투자은행가들 대부분은 이보다도 훨씬 낮게 평가되어야 한다고 믿었다.

"좋아. 우리 둘은 대차대조표의 수치들에 관해 의견이 일치해야 해." 맥데이드가 커크에게 이렇게 말하고 대차대조표를 한 줄씩 검토했다. 부채, 파생상품, 미수취분, 미지불분, 환매조건부채권, 장기채무 등등.

맥데이드는 조금이라도 혼동되는 것이 있으면 리먼에서 회계학 백과사전으로 통하는 이언 로윗에게 전화로 물었다. 모호한 문장을 읽으면서 맥데이드는 "로윗이 여기에 와 있어야 하는데"라며 분통을 터뜨렸다.

이렇게 준비하고 있는데 행크 폴슨의 보좌관 스티브 샤프란이 와서 잠재적인 구원자들을 만날 시간이라고 했다. 경비원의 안내를 받아 메인 다이닝룸에 들어서니 수십 명의 투자은행가들이 기다리고 있었다. 정부가 주최한 바자회에서 곧 월스트리트의 엘리트 금융인들이 쇼핑을 시작할 것이었다.

리먼의 두 사람이 거대한 실내의 한 구석 자리에 안내되자 실내에 있던 이들은 그쪽으로 시선 돌리기를 피했다. 그때 커크가 맥데이드에게 조용히 속삭였다. "지금 이 상황이 어떤 건지 알아요? 애들하고 놀 때 바보 모자를 쓰고 구석에 몰려 있는 상황이에요!"

그때 갑자기 맥데이드가 웃음을 터뜨렸다. 그가 모르는 크레디스위스 사람들이 거드름을 피우며 들어와 웃음을 지은 채 두 사람을 쳐다봤기 때문이다. "어떻게 된 거야?" 한 사람이 물었다. 이에 커크가 가소롭다는 듯 눈알을 굴리며 '우리한테 까불지 마'라는 눈길을 보내고 반문했다. "어떻게 된 거라고 생각해?"

분위기가 험악해지려는 순간에 월스트리트의 최고 엘리트 그룹이 들어왔다. 비크람 판디트, 존 맥, 존 테인, 피터 크라우스가 들어와 자리를 잡았다. 이미 리먼과의 합병안을 이야기하며 맥데이드를 만난 일이 있는 모건스탠리의 존 맥은 동정적인 말로 시작했다. "이거 참, 정말로 마음이 아프네. 이건 유감스러운 일이야." 테인은 조용히 커피를 마시며 생각했다. '내가 저 자리에 있을 수도 있었어.'

맥데이드가 서류를 꺼내 자료를 설명하기 시작했다. 조금 있다가 크라우스가 전제가 되는 조건들에 대해 질문을 시작할 때, 시티그룹의 판디트가 갑자기 그를 제지하더니 손을 흔들며 조급하게 외쳤다. "됐어요, 됐어. 당신들 숙제를 아직 덜 끝냈어. 우리가 리먼에 투자할 수 있을지 결정할 수 있도록 이번 일을 어떻게 처리할 건지 큰 그림을 내놓으세요. 두 시간 주겠습니다."

5분 뒤에 경비원이 맥데이드와 커크에게 오더니 말했다. "다른 층으로 안내하겠습니다." 연준은 두 사람에게 회의실을 제공하고자 했지만 여분의 방이 없었다. 그들이 안내된 곳은 사무실로 급조된 의료실이었다. 이는 너무나도 그럴듯한 우연이라고 두 사람은 생각했다. 벽에 걸린 심장제세동기를 보며 커크는 쓴 농담을 했다. "아주 적절해. 리먼이 심장병 환자인 건 맞지."

뱅크오브아메리카의 그레그 컬과 조 프라이스는 변호사 에드 헐리히를 대동하고 10시에 예정된 폴슨 및 가이트너와의 회동을 위해 맨해튼 시내를 지나고 있었다. 그들은 이미 리먼 딜을 추진하지 않기로 결정하고 직원들의 일부를 샬럿의 본사로 돌려보낸 상태였다.

회의에 도착하기 직전에 헐리히의 휴대전화가 울렸다. 액정에 플레밍이라는 발신자 이름이 표시되었다. 그는 잠시 주저하다가 전화를 받았다.

회의 장소로 출발하기 전에 그들은 플레밍이 다시 전화를 걸면 어떻게 대응할 것인지 상의했다. 이때 크리스 플라워스는 컬에게 이렇게 조언했다. "존 테인이 직접 켄 루이스에게 전화해서 '나는 이 딜을 하고 싶다'고 분명히 말하기 전까지는 단 1분도 낭비하면 안 돼요. 그게 아니라면 쓸데없는 짓이니까."

감정이 상해 있던 헐리히는 잠시 후에 전화를 받았다.

"우리는 딜을 하고 싶습니다. 존이 만남을 주선해달라고 하는데." 플레밍이 신이 나서 말했다.

헐리히는 이 말을 이미 여러 번 들은 터라 짜증이 났다. "그레그, 이미 말한 거지만 다시 한 번 말할게. 우리는 초대가 없이는 이 대화를 하고 싶지 않아. 지금 그레그 컬과 함께 차에 있어. 그를 바꿔줄게. 그가 얼마나 심각한지 직접 말할 거야."

헐리히에게서 전화를 받아 든 컬이 말했다. "우리도 관심이 있어요. 하지만 이 말을 테인에게서 직접 들어야겠어요."

"좋아요, 좋아. 곧 다시 전화할게요." 플레밍이 대답했다.

메릴린치를 인수하는 데 흥미가 많기는 하지만, 컬과 프라이스, 헐리히 세 사람은 플레밍의 제안이 마음에 들지 않았다. 세 사람은 세상에서 아무도 모르는 것을 알고 있었다. 만약에 그 일이 알려졌다면 그들은 웃음거리가 되었을 것이었다.

뱅크오브아메리카는 사실 1년 전에 메릴린치와 협상한 적이 있었다. 그때 켄 루이스는 메릴린치의 전 회장 스탠 오닐과 일주일을 함께 보내기도 했다. 이때 이를 안 사람은 스탠과 뱅크오브아메리카의 몇 사람이었으며, 두 회사의 이사회 멤버들에게도 알리지 않았다.

9월의 마지막 일요일, 오닐은 웨스트체스터에 있는 주말 별장에서 맨해튼으로 차를 몰아 타임워너센터에 있는 루이스의 고급 아파트로 찾아왔다. 이 만남을 주선한 것은 헐리히였다. 이때 오닐은 혼자 나타났는데 루이스는 컬을 대동하고 있었다.

만남의 전제 조건으로 루이스는 메릴린치 주당 90달러를 낼 수 있음을 내비쳤는데, 이는 당시의 주가인 70달러에서 상당히 많은 프리미엄을 더한 것을 의미했다. 루이스와 컬은 뱅크오브아메리카와 메릴린치가 합병한 뒤의 모습을 다양한 시각에서 설명했다. 이어 루이스가 제안을 하고 협상을 시작하려고 하자 오닐이 갑자기 일어나더니 화장실에 다녀오겠다고 했다. 20분이 지나도 오닐이 나타나지 않자 루이스와 컬은 여러 가지를 상상하며 걱정했다.

마침내 오닐이 아무 일도 없었다는 듯이 다시 나타났다. 루이스는 모른 척하고 다시 설명하기 시작했다.

그러자 오닐이 말을 가로채며 말했다. "있잖아요. 우리가 다시 딜을 시작하려면 합리적인 프리미엄이 있어야 할 것 같아요." 그러면서 메릴의 주당 100달러를 요구했다. "그 사이에 계산을 좀 해봤어요." 메릴의 자산관리, 소매 브로커리지, 투자은행 등의 부문을 합산해보니 그 수치가 나온다는 것이었다.

이 수치에 루이스는 놀랐다. 당장 대화를 중단하고 싶었으나 이야기를 계속하기로 하고, 오닐이 돈을 더 요구한다면 "비용 절감이 더 있어야 한다"고 대응했다.

"당신이 제시하는 수치에 비용 절감이 얼마나 반영된 겁니까?" 오닐이 물었다.

루이스의 발표에는 2년간 60억 달러의 비용 절감이 반영되어 있었다.

그 수치는 비용 절감으로 유명한 오닐에게도 너무 큰 숫자였다. 게다가 자신이 주당 100달러를 요구하면 비용 절감이 늘어나야 한다니!

이어 오닐이 물었다. "이 그림에 제가 어떻게 들어가는 겁니까?"

"글쎄요. 당신도 경영진의 일원이 되겠지만…… 구체적인 것은 생각해보지 않았는데요." 루이스가 답했다.

오닐은 그 대답이 만족스럽지 않았다. 루이스가 말한 대로 그렇게 심한 비용 절감을 할 것이라면 자신이 최소한 사장으로 재임하며 메릴 측의 사원들을 보호해야 한다고 말했다. 이에 루이스가 화를 내며 말했다. "결국 당신이 말하는 것은 우리가 우리 돈으로 우리 경영진을 보내 당신을 도우라는 것이군."

오닐이 잠시 자신의 발을 내려다보다가 입을 열었다. "시간 내주셔서 감사합니다. 오늘의 설명과 그 안에 들어 있는 생각에도 감사합니다. 메릴이 누군가와 전략적으로 합병을 한다면 그건 뱅크오브아메리카라고 언제나 생각했어요." 그리고 일어나 문으로 가면서 말했다. "모든 것을 다시 한 번 생각해보겠습니다."

오닐에게서는 다시 연락이 오지 않았다.

이때 루이스 측이 모르는 것이 하나 있었다. 다음 날 오닐은 메릴의 이사회 멤버 중에서 가장 친한 알베르토 크리비오레Alberto Cribiore에게 루이스를 방문한 것과 회의 내용을 말했던 것이다. 메릴 이사회의 대리인 격이라 할 수 있는 크리비오레는 합병안에 반대하며 강한 이탈리아식 억양으로 이렇게 말했다.

"스탠, 하지만 루이스는 쌍놈이야!"

AIG의 16층은 벌집 같았다. 수백 명의 투자은행가들과 변호사들이 여러 가시 AIG 자산에 대해 실사하기 위해서 왔다 갔다 하고 여기저기 들락거렸다.

정예 실사 전문가들이 도착하기 전에 JP모건의 더글러스 브론스타인은 다이먼과 전화회의를 마쳤다. 이어 윌럼스태드의 소매를 끌고 조용히 말했다. "전에 우리가 이야기하던 200억 내지 300억보다 더 생각해야 할 것 같아요. 리먼이 이번 주말에 파산할 것 같습니다."

"시장이 더 나빠지네요. 400억 정도로 보는 게 타당할 것 같아요." 브론스타인이 알려줬다.

윌럼스태드는 놀라서 천정을 쳐다봤다. 이 말이 맞다면 장애물의 크기는 두 배가 될 것이었다.

이윽고 샐로먼브러더스의 전 CEO 데릭 모건 경Sir Derick Maughan이 엘리베이터에서 나왔다. AIG 자산 구매에 관심이 있는 KKR*을 위해 일하는 모건은 윌럼스태드와 잘 아는 사이지만 최근 몇 년간 서로 연락이 없었다. 두 사람이 마지막으로 본 것은 2004년으로, 당시 모건은 윌럼스태드의 면전에서 찰스 프린스에게 해고당했다. 또한 그는 댄스 플로어에서 스티브 블랙의 아내에게 모욕을 줘서 다이먼과 충돌함으로써, 다이먼이 샌디 웨일에 의해 쫓겨나는 사태의 원인을 제공하기도 했다. 그런데 금융시스템이 균형을 잃고 휘청거리는 이때에 윌럼스태드와 다이먼, 블랙 모두 모건의 도움이 필요하게 된 것이다. 만면에 웃음을 띠며 모건을 맞는 윌럼스태드는 인생이 아이러니로 가득 차 있다는 것을 느꼈다.

그리고 몇 분 전에는 미국에서 가장 많은 돈을 보유한 거물급 프라이빗에쿼티 투자회사인 텍사스퍼시픽그룹Texas Pacific Group의 데이비드 본더먼David Bonderman이 팀을 이끌고 도착했다. 콘티넨털에어라인 건에서와 같이 대기업의 회생을 성공시킴으로써 유명해진 본더먼은 금융회사를 투자 대상으로 삼는 데는 의심을 키워가고 있었다. 그는 2008년 4월 13억 5,000만 달러에 워싱턴뮤추얼의 지분 일부를 인수했다. 그런데 그는 반년도 안 되어 거의 모든 투자금이 사라지는 것을 지켜봐야 했다.

윌럼스태드는 이 투자가들이 모두 AIG를 깡그리 먹어치우려고 모인

---

* KKR은 뉴욕에 본사를 둔 프라이빗에퀴티 투자회사 콜버그크레비스로버츠(Kohlberg Kravis Roberts & Co.)의 약자다.

것이 아닌지 점점 더 걱정되기 시작했다.

윌럼스태드의 걱정을 눈치챘는지 폴 애클라이트너Paul Achleitner 박사가 다가왔다. 그는 독일의 보험그룹 알리안츠Allianz의 이사회 멤버로서 실사에 참가하기 위해 스페인 마조르카에서 휴가를 보내던 도중 뉴욕으로 날아왔다.

"잠깐 이야기 좀 합시다."

"그러시지요."

애클라이트너를 실사에 초대하기 위해 플라워스는 전용기를 대서양 너머로 보내기까지 했다.

두 사람은 조용한 구석으로 갔다.

"저는 지금 저 벌처vulture들과 함께하기 위해 온 게 아니에요." 애클라이트너는 프라이빗에퀴티 투자가 무리를 가리키며 말했다. "저는 알리안츠를 대표합니다. 우리가 투자를 한다면 저 사람들과 공동으로 하게 될 가능성이 있지만, 그래도 우리는 우리의 결정을 내릴 겁니다."

"감사합니다. 그렇게 말씀해주셔서." 윌럼스태드는 그렇게 말하고 벌처들이 있는 곳으로 갔다.

윌럼스태드와 AIG 직원들은 늘어가는 사람들 속에서 누가 누가인지, 누가 누구를 대표하는지 파악하는 네 애를 먹고 있었다.

골드만삭스의 크리스토퍼 콜Christopher Cole이 한 무리의 직원들을 데리고 나타나는 것을 보고 블랙스톤에 나가 있는 AIG의 존 스터진스키John Studzinski가 경계의 빛을 보였다. 골드만? 누가 그들을 초대한 것인가?

"누구를 위해 온 겁니까?" 스터진스키가 콜에게 물었다. 콜은 조금 망설이다가 말했다. "글쎄요. 여기에 몇몇 클라이언트가 있어서……." 그래도 스터진스키는 째려보며 말을 더 기다렸다. 이때 골드만삭스의 프라이빗 인베스트먼트를 이끄는 리처드 프리드먼Richard Friedman이 옆을 지나갔는데 아무도 그를 알아보지 못했다.

혹시 골드만이 스스로 AIG를 사겠다고 여기에 온 것인가? 의문이 커지는데 콜이 대답했다. "우리는 알리안츠, AXA,* 골드만삭스 캐피털 파트너스와 함께 일하고 있습니다." 이 말은 스터진스키를 완전히 혼란에 빠뜨렸다.

더럭 의심이 난 스터진스키는 편집증에 걸린 사람처럼 18층에 있는 경비 책임자에게 달려갔다. "지금 모인 사람들을 한 사람 한 사람 잘 봐줘요. 조금이라도 수상한 자가 보이면, 특히 지정되지 않은 층으로 간다거나 하는 자들을 보면 즉시 연락해요."

그레그 컬과 조 프라이스, 에드 헐리히를 비롯한 뱅크오브아메리카 팀은 10시 반에 예정된 폴슨, 가이트너와의 회의에 참석하기 위해 서둘러 연준 빌딩으로 들어갔다. 크리스토퍼 플라워스는 두 블록 떨어진 AIG에서 뛰어왔다.

가이트너의 집무실 밖에 있는 회의실에서 기다리던 컬은 지난 저녁 내내 펄드가 루이스의 집에 전화한 이야기를 들려줬다.

"딕, 이런 미친놈." 플라워스가 비웃었다.

이때 폴슨과 가이트너, 댄 제스터가 회의실로 들어서자 분위기는 곧 서늘해졌다. 폴슨은 플라워스를 미워했는데, 그 감정은 서로 마찬가지였다. 두 사람은 골드만이 기업공개를 계획할 당시 투자은행 부문의 최고 자리를 놓고 경쟁했는데, 결국 폴슨이 이겼다. 이때 폴슨을 공공연하게 '멍청

---

* AXA는 프랑스를 대표하는 보험금융그룹으로 한국에도 진출해 있다.

이'라고 불렀던 플라워스는 골드만을 떠났다. 회사가 기업공개를 앞둔 시점에서 떠나겠다는 플라워스의 결정을 골드만은 '수치스러운 일'로 단정했다. 플라워스는 IPO가 이뤄지기 직전에 자신의 파트너 지분을 팔았는데, IPO가 실패하자 골드만으로 다시 돌아오려고 노력했다. 이때의 논의는 거의 싸우다시피 하는 거친 논전으로 끝나고 말았다.

방 안의 긴장을 풀려고 가이트너가 가볍게 말했다. "그래서 가장 최근 소식은 무엇입니까?"

컬은 정부가 지원해주지 않는 한 뱅크오브아메리카가 리먼을 인수하는 일은 없을 것이라는 점을 분명히 했다. 더구나 정부의 지불보증을 요하는 리먼의 악성 자산을 전날에 400억 달러로 평가했는데, 다시 본 결과 700억 달러이며, 이는 더 늘어날 수도 있다고 했다. 따라서 폴슨 장관이 '들어서기 전에는' 연필을 놓고 기다리겠다는 것이었다.

또한 컬은 펄드가 여전히 주가에 프리미엄을 붙이고 싶어 하는 것에 대해 우려를 나타냈다. 이때 플라워스가 말했다. "그건 한심한 이야기라고 생각해."

"리먼이 무슨 생각을 하는지는 중요치 않아. 그건 신경 쓰지 마세요. 지금 딕 펄드가 무슨 생각을 하는지는 중요치 않다니까." 폴슨이 말했다.

회의가 진행 중인데 헐리히의 휴대전화가 울렸다. 플레밍의 전화였다. 두 번의 전화는 무시했는데, 이번에는 컬에게 플레밍의 전화라고 속삭이고 밖으로 나가서 전화를 받았다.

"어떻게 됐어?" 헐리히가 조급하게 물었다.

"좋아. 테인이 오후 2시 반에 만나자는 거야!" 플레밍이 소리쳤다.

"테인이 루이스에게 전화할 수 있어?"

"지금은 안 돼. 테인은 폴슨과 만나고 있어."

헐리히는 기가 막혀 눈알을 굴렸다. "아니야, 그레그. 나는 지금 연준에서 폴슨을 만나고 있어. 방금 전화를 받기 위해 방에서 나온 거야. 저기 있다고."

헐리히는 플레밍이 테인의 전폭적인 지지를 얻지 못하고 있음을 눈치채고 말했다. "이렇게는 안 되겠어. 테인이 전화해야 해. 내가 폴슨과 회의 도중에 나와 전화를 받을 수 있다면, 테인도 나와서 루이스에게 전화할 수 있는 거야."

"테인이 회의에 갈 수 있다니까. 루이스가 샬럿에서 날아와 회의를 허탕 쳐서 내 명성에 먹칠할 일은 없을 거야." 플레밍이 우겼다.

"테인이 전화해야 해" 헐리히가 다시 못을 박았다.

AIG 회계의 거대한 구멍

헐리히가 회의실로 돌아왔을 때 회의는 긴장감이 많이 수그러들어 있었다. 정부의 지원을 거부하면서도, 폴슨은 어떻게든 뱅크오브아메리카가 떨어져 나가지 않도록 노력하고 있었다.

모두가 자리를 뜨는데 플라워스가 폴슨의 소매를 끌면서 말했다. "AIG에 관해서 할 이야기가 있어." 다른 사람들이 들을 수 없는 거리에 이르자 플라워스가 말을 이었다. "AIG에 가서 봤는데 믿을 수 없을 정도야." 그는 일전에 배포된 표를 꺼내 보였다. 거기에는 AIG의 일별 현금 사정이 적혀 있고, 수요일이면 현금이 없어지는 것으로 나타나 있었다.

"이건 큰 구멍이야." 플라워스는 다음 주에 발생할 50억 달러의 현금 부족을 손가락으로 가리키며 말했다. "AIG는 완전히 통제 불능이야. 기능부전이라고!"

그러면서 플라워스는 윌럼스태드를 데리고 연준에 와서 수치들을 자세히 설명하겠다고 했다. 폴슨은 충격을 받았지만 그것을 드러내 플라워스에게 만족감을 주고 싶지는 않았다.

연준 빌딩을 나와 뱅크오브아메리카 팀에 합류한 플라워스는 으쓱하며 말했다. "폴슨네 아이들은 지금 사태를 파악하지 못하고 있어."

폴슨과 가이트너, 제스터가 다시 가이트너의 방에 모이자, 제스터는 어떻게든 뱅크오브아메리카를 '달래서' 리먼 인수전에 남아 있게 해야 한다고 강조했다. 만약에 뱅크오브아메리카가 포기한다면 이는 특히 바클레이스가 모르도록 조용히 처리되어야 한다는 것이었다.

그런데 폴슨은 방금 플라워스가 보여준 표를 생각하며 머릿속으로 계산했다. "생각보다 훨씬 나쁜데……. AIG가 구렁텅이에 빠져 있어." 그가 중얼거렸다.

이에 가이트너는 윌럼스태드를 회의전화로 불러 방금 플라워스가 AIG에 관해 신경 쓰이는 수치를 말하고 갔다고 이야기했다.

"그가 AIG 자산을 사려고 술수를 부리는 거예요." 윌럼스태드가 대답했다. 세 관리는 그것이 무슨 말인지 몰라 서로 쳐다봤다. 플라워스가 AIG에 소언을 하는 입장이 아니던가? 이때 세스터가 알겠다는 듯이 폴슨을 보며 미소를 지었다. 양쪽을 다 찾아다니며 작업을 하는 플라워스의 전형적인 수법이었다. 결국 그가 정부의 지원을 얻어 AIG의 자산을 사려는 속셈을 가지고 있다는 것이 분명해졌다. "그놈은 말썽꾼이야. 그놈한테 나라를 구하겠다는 마음이라고는 없어!" 폴슨이 외쳤다.

이야기가 다시 수치로 돌아오자 윌럼스태드는 AIG에 지금 많은 잠재적 구매자들이 와 있으며, 주말까지는 어떻게든 자산 일부를 매각해 현금 부족분을 메울 것이라고 설명했다.

이에 가이트너는 윌럼스태드에게 나중에라도 연준에 와서 장부를 보고 앞으로의 계획을 구체적으로 이야기해보자고 제의했다.

"좋아요. 다만 내가 플라워스를 데리고 가는 일은 없을 거예요." 윌럼스태드가 웃으며 대답했다.

한편 아래층에서는 CEO들이 다이닝룸에서 회의실로 옮겨 폴슨과 가이트너에게 진척 상황을 보고했다.

각 그룹이 작업 결과를 보고했지만 내용은 거의 없었다. 리먼의 자산, 특히 악명 높은 상업용 부동산 자산의 평가를 놓고 의견이 분분했기 때문이다. 리먼 자체 평가에서는 상업용 부동산 포트폴리오의 가치가 융자 잔고 326억 달러, 투자 잔고 84억 달러로 합계 410억 달러라고 했는데, 참석한 CEO들은 이보다 훨씬 낮게 평가했다. 다만 문제는 얼마나 낮으냐는 것이었다.

작업하는 사람들 사이에 '우울한 삭감표Blue Writedowns'라고 불리는 스프레드시트 계산표가 돌았다. 여기서는 리먼의 상업용 부동산 융자액을 리먼의 계산보다 약 4분의 1을 깎은 240억 달러로 보고 있었다. 그런데 현실은 이것보다 훨씬 나쁘다고 생각하는 사람들이 많았다. 손으로 쓴 또 하나의 계산표가 나돌기도 했는데, 이 표는 리먼이 주장하는 가치의 반도 안 되는 '170억에서 200억'이라고 평가했다.

이런 의견의 불일치는 주거용 모기지 자산에서도 마찬가지였다. 리먼 측이 그것을 172억 달러로 평가하는 데 비해, '우울한 삭감표'는 140억 달러로 잡고 있었으며, 또 다른 견해는 92억 정도밖에 안 되는 것으로 평가했다.

이때 시티그룹의 판디트가 또 다른 문제를 들고 나왔다. 역시 AIG에 대해 이야기를 해야겠다는 것이었다. 게다가 "메릴린치는 어떻게 된 겁니까" 하고 물었다.

분위기가 어색해졌다. 메릴린치의 CEO 존 테인이 한 자리 건너 앉아 있었다.

"여러분은 저를 위해서 리먼 작업을 해주세요. AIG와 메릴에 관해서는 제가 신경을 쓸게요. 이 방에 존(테인)이 있는데 메릴 이야기를 하는 건 좀 거북하군요." 폴슨 장관이 대답했다.

리먼의 파산을 맡은 변호사 하비 밀러는 뉴욕연방준비은행의 대표자들과 방금 어색한 회의를 끝냈다. 그는 질문에 아무런 대답도 할 수 없었다. 나오는 질문에 "주어진 정보가 없습니다. 리먼이 지금 뱅크오브아메리카와 바클레이스 두 곳과 협상을 하고 있어요"라는 대답만을 계속해야 하는 것이 곤혹스러웠던 것이다. "한심하군." 연준 측 사람들이 떠나고 나자 밀러는 그의 동료인 로리 파이프Lori Fife에게 중얼거렸다.

밀러는 지금까지 여러 까다로운 클라이언트와 일을 많이 해왔다. 파산이란 언제나 불확실한 작업이었다. 그런데 이번처럼 정보가 없기는 처음이었다. 리먼의 수석법률고문 스티브 버켄펠드에게 전화로 불평을 털어놓자, 그는 자신이 원하는 만큼 정보가 제공되지 않아 유감이라며 사과했다. 그러면서 버켄펠드가 말했다. "문제는 우리의 회계 정보를 가진 간부들이 모두 연준에 가 있다는 거야."

"알았어." 밀러가 차갑게 대답하며 물었다. "그러면 바클레이스의 최근 소식은 뭐야?"

"아직은 희망을 가지고 있지만, 지금으로서는 보고할 게 별로 없네요."

"그럼 뱅크오브아메리카는?"

이 질문에 버켄펠드가 한동안 침묵하다가 대답했다. "그들은 통신이 완전히 두절됐어."

이 말은 협상이 거의 종결되고 있다는 소식을 기대했던 밀러에게 실망스러운 것이었다. 그의 변호사 팀은 리먼의 파산을 염두에 두고 작업해왔다. 그렇지만 아무도 리먼이 곧 파산 신청을 할 것이라고는 생각하지 않았다. 밀러는 이렇게 먹구름이 몰려온다면 파산 신청에 대비해야겠다고 생각했다. 리먼이 실제로 파산을 신청한다면 그의 법률작업 팀은 적어도 2주는 문서작업을 해야 할 것이라고 로리 파이프에게 말했다. 따라서 이제라도 시작하는 것이 좋겠다는 것이었다.

정오 조금 지나서 밀러는 동료 몇 명에게 이메일을 보냈다. 종말이라도 온 듯한 제목이었다. '긴급. 코드네임: Equinox. 긴급 상황이므로 도움이 절실하게 필요함.'

플레밍의 전화가 걸려온 것은 테인이 피터 크라우스와 함께 이런저런 전략을 이야기하고 있을 때였다.

"제가 자리를 마련했어요. 오후에 루이스를 만나실 수 있습니다."

테인이 볼 때 그 회동은 좋은 생각이었다. 그런데 한 가지 고려해야 할 사항이 있었다. "폴슨이 이걸 좋아하지 않을 거야." 테인이 플레밍에게 경고했다. 합병은 리먼에 사형선고와 다를 바 없는 것이라고 플레밍은 생각했다. 그래서 그는 리먼을 구할 유일한 구세주를 훔쳐서 메릴로 빼돌리려는 것이 아닌가. 플레밍은 뱅크오브아메리카가 리먼 딜을 포기했다는 것을 아직 모르고 있었다.

플레밍은 주장을 개진했다. "폴슨이 모시는 사람들은 납세자들이고,

우리가 모시는 사람들은 우리 주주들이에요. 폴슨이 간섭할 수 있는 권한은 있어요. 그래서 그의 말을 들어야겠지만, 우리가 그것에 미리 겁먹고 행동할 필요는 없어요. 그가 싫어할지 모르지요. 하지만 그가 하지 말라고 말하지 않는 이상, 뱅크오브아메리카와의 딜이 메릴 주주들의 이익에 합치되는 것이라면 우리가 그걸 해야 해요."

그래도 테인은 망설였다. 그의 회사를 노름판에 몰아넣지 않았다는 것을 확실히 하고 싶었다.

"2시 반에 만나기로 했어요." 이 말에 이어 플레밍은 조심스럽게 덧붙였다. "그런데 켄 루이스에게 먼저 전화를 좀 하세요."

"왜?" 테인이 어리둥절해 물었다.

"회장 목소리를 듣고 싶어 해요."

"무슨 소리야?"

"몰라요. 그저 전화해서 뉴욕 날씨가 좋으니 한번 만나자고 하세요."

"내가 왜 전화해야 하는지 이해를 못하겠어."

"존, 그냥 전화하세요."

"자네 신경 쓰이게 만드는군." 테인의 목소리에 짜증이 섞여 있었다.

"회장이 신경 써야 할 일이 주말에 또 있을지 모르지만……" 플레밍이 자신의 보스에게 처음으로 목소리를 높이며 말했다. "그에게 전화하세요. 그렇지 않으면 그가 샬럿에서 비행기를 타지 않을 거예요."

"알았어." 테인도 동의했다. 그리고 30분 후에 메릴린치의 미드타운 집무실에서 만나 뱅크오브아메리카와의 회의를 준비하기로 했다.

테인이 플레밍과 통화를 끝내자 모건스탠리 회장 존 맥이 들어왔다.

"얘기 좀 할까?" 맥이 조용히 말했다. 설명이 필요 없었다. 이 말은 '우리 함께 딜을 상의해보자'라는 말의 암호 같은 것이었기 때문이다.

"좋아." 테인은 그날 늦게 맥과 만나기로 약속했다. 이날도 바쁜 날이 될 터였다.

밥 다이아몬드의 고민

연준 빌딩 4층에는 바클레이스의 밥 다이아몬드가 인내심을 잃고 다리를 떨며 앉아 있었다.

오전 내내 그는 리먼과 재무성이 뱅크오브아메리카와의 딜에 몰두하고 있다는 인상을 받았다. 그렇다면 자신은 이용만 당하는 것이 아닌가? 말하자면 바클레이스는 뱅크오브아메리카가 리먼에 높은 가격을 부르도록 정부가 끌어다 붙여놓은 유인마가 아닌가 말이다.

그런데 오후 2시가 되자 이야기가 달라졌다. 연준의 한 직원이 바클레이스에 할당된 회의실 문에 '응찰자bidder'라는 쪽지를 갖다 붙였고, 이를 본 다이아몬드는 자신의 제안이 심각하게 고려되고 있다고 여겼다. 그리고 드디어 연준의 주방 직원이 음식을 가져오기 시작했다. 작은 제스처들이지만 다이아몬드에게는 반가운 것이었다.

그런데 다이아몬드에게는 리먼과의 협상이 시작되기 전에 처리해야 할 문제가 하나 있었다. 그것은 폴슨 장관이나 미국 정부의 관리와 나눌 이야기였다. 그날 아침 본사의 수석법률고문 마크 하딩Mark Harding과 전화회의를 했는데, 바클레이스가 리먼을 인수하겠다는 계획을 발표하기 위해서는 주주총회의 가결이 필요하지만, 이는 30일에서 60일이 걸릴 수 있다는 것이었다.

그것은 바클레이스와 리먼이 인수 딜에 서명한 시간부터 주주총회의 의결이 있을 때까지 리먼의 각종 금융 거래가 보증되어야 한다는 것을 의미했다. 그것이 보증되지 않는다면 인수는 아무런 가치가 없었다. 그런 보증이 없다면 리먼의 거래 상대방들이 리먼과의 비즈니스를 중단할 것이고, 이는 리먼의 자원을 고갈시키며, 결국 바클레이스의 투자가치를 파괴할 것이었다.

요는 신뢰의 문제였다. 즉, 누군가가 리먼의 뒤에서 베어스턴스 사태 때 JP모건이 들어서서 인수 딜이 끝날 때까지 모든 거래를 보증했던 것과 같은 역할을 해줄 것이라는 믿음을 리먼의 거래 상대방들이 가질 수 있어야 했다.

다이아몬드가 지닌 문제는 바클레이스의 경우 주주총회의 허락 없이 리먼의 거래를 보증하기 위해 쓸 수 있는 돈이 35억 달러 정도밖에 안 된다는 것이었다. 그 이상의 돈에 대해 주주총회의 허가를 얻는 것은 딜을 끝내는 데 걸리는 시간만큼 오래 걸릴 수 있었다.

바클레이스에게 필요한 것은 투자 파트너, 특히 크고 돈이 많은 투자 파트너였다. 이 문제는 그를 보좌하는 사람들과 상의할 수 있었다. 우선 바클레이스캐피털 회장 아치볼드 콕스Archibald Cox(그는 워터게이트 사건을 맡은 검사의 아들이기도 하다)가 있었고, 바클레이스의 COO 리치 리치Rich Ricci가 있었으며, 바클레이스캐피털의 공동 사장 제리 델 미시어Jerry del Missier가 있었다.

그리고 외부 자문역으로 마이클 클라인Michael Kline을 확보해두었다. 아주 영리한 투자은행가인 클라인은 시티그룹에서 판디트가 떠오르자 몇 개월 전에 회사를 그만두었다. 그래도 그는 사람들이 계속해서 찾는 인재였다. 클라인이 회사를 그만두자 시티그룹은 그가 경쟁 회사에서 일하지 않도록 2,800만 달러를 주는 대신에 1년간 아무 일도 하지 않는 '휴업on the beach' 조건을 제시했다. 그런데 리먼 딜을 구상하며 그가 필요하다고 판단한 다이아몬드는 시티그룹의 판디트에게 전화해 리먼 딜에만 동원하는 조건으로 클라인을 '휴업' 규정에서 당분간 해제해달라고 부탁했다.

거래보증에 관해 의견 교환이 시작되자 클라인이 물었다. "그런데 누가 그걸 해줄 수 있을까?"

"이게 바로 당신이 1년 전에 AIG에 가서 해낸 거잖아?" 델 미시어가 물었다.

하지만 그건 더 이상 가능하지 않았다. 그 대신에 클라인은 "버핏은 어떨까" 하고 물었다.

"글쎄. 하지만 버핏은 자신에게 조건이 어지간히 좋지 않으면 손을 대지 않을 텐데." 델 미시어가 말했다.

클라인은 시티그룹에 있을 때 워런 버핏과 몇 개의 딜을 한 인연으로 그의 모든 전화번호를 가지고 있었다. 버핏에게 전화가 연결되었을 때 그는 캐나다 앨버타 주 에드먼턴에 위치한 어느 호텔에 있었다. 버핏은 재혼한 처와 함께 어느 축제에 게스트로 막 들어가려는 참이었다.

클라인은 버핏을 회의전화에 연결해 그의 팀과 함께 통화했다. 우선 델 미시어가 왜 거래보증이 중요한지 설명했다. "만약에 리먼이 누군가와 달러를 일본 엔으로 바꾼다고 할 때, 상대 은행은 자신들이 엔을 보내면 리먼이 달러를 보낼 것을 확신할 수 있어야 합니다. 만약 그 결제가 안 될지 모른다는 걱정이 든다면 거래 자체가 깨지는 거지요."

버핏은 제시되는 사항을 충분히 이해했지만, 리먼의 거래를 두 달이나 보증하는 일에는 관여하고 싶지 않았다. 거절하기가 곤란하여 그는 "팩스로 자료를 좀 보내주면 나중에 검토하겠다"고 말했다.

휴대전화를 끊고 기다리던 차로 걸어가면서 버핏은 가장 최근에 비슷한 전화를 받은 때를 떠올렸다. 그때는 참으로 엄청나게 혼란스러웠다.

1998년, LTCM의 구제가 있기 바로 전주에 골드만삭스의 존 코진이 전화해 어려움에 빠진 이 헤지펀드를 사는 투자단에 들어오지 않겠느냐고 했다. 그때 버핏은 빌 게이츠 부부와 함께 알래스카를 여행하던 중이었다. 그때 그는 알래스카에서 붉은 곰을 구경하면서 한편으로는 위성전화로 접속해 코진과 연락하느라 애를 먹었다. 결국 골드만, AIG와 함께 투자하려던 계획은 실패했다. 그 일로 그는 많은 시간과 힘을 낭비했다. 그 경험에 비춰볼 때 이번에는 처음부터 공손함 같은 것은 제쳐두고 거절해야 했는지 몰랐다.

뉴욕연방준비은행의 아래층에서는 CEO들과 중역들이 점심 뷔페 식탁 주위에 모여 있었다. 그들에게 주어진 과제의 심각성을 고려했을 때 그들이 연준에 모여 성취할 수 있는 것은 거의 없었다. 우선 컴퓨터가 없을뿐더러 대차대조표와 자산을 분석하는 진짜 전문가들은 리먼 팀과 함께 위층에 있거나 본사에서 계산표를 들여다보고 있었기 때문이다.

한쪽에서는 중역들이 모여 시간을 보낼 겸 폴슨과 가이트너, 콕스를 흉내 내고 있었다. "아, 음, 아, 음." 한 사람이 폴슨을 흉내 내자, 다른 이가 "일 더해. 더 똑똑히 해" 하며 가이트너의 보이스카우트 같은 목소리를 흉내 냈다. 가장 재미있는 것은 크리스토퍼 콕스의 흉내였다. 그들은 콕스가 금융을 모른다고 생각했다. "2 더하기 2라. 음, 계산기 좀 줘볼래?"

다른 쪽에서는 모건의 CFO 콤 켈러허가 자신의 블랙베리 단말기로 벽돌깨기 게임을 시작했다. 그러자 곧 다른 이들도 동참해 점수 경쟁이 벌어졌다.

점심을 마치고 그들은 다시 대회의실에 모였다. 그런데 메릴의 존 테인이 보이지 않는다는 것을 깨달은 사람은 없었다.

연준에 모인 CEO들의 마음속에 리먼의 운명 이외에 관심이 있는 것이라고는 자신들의 회사 운명뿐이었다. 리먼의 파산이 불러올 파장은 무엇인가? 그다음은 메릴인가? 모건스탠리나 골드만삭스는? JP모건이나 시티는? JP모건과 같은 상업은행은 대규모의 안정적인 예금을 가지고 있다고는 하나, 일부는 브로커-딜러와 같은 형태의 비즈니스였다. 즉, 단기CP를 계속 갱신하는 수법을 쓰는데, 이 부분이 바로 베어스턴스를 쓰러뜨리고 이제 리먼을 위협하는 신용경색에 노출되어 있었다. 브로커-딜러에게 신뢰 저하는 곧 공매자들의 공격으로 이어진다.

회의 중간에 존 맥이 구제안이라는 개념 자체에 회의를 표하며 차라리 메릴린치도 파산하게 놔두는 것이 낫지 않겠느냐고 말했다. 메릴의 피터 크라우스는 존 테인을 대신해 몇 자리 건너에 앉아 있었다. 이 질문에 장내가 조용해졌다. 어떤 이들은 존 맥이 메릴을 싸게 사려고 수작을 부리는 것이라 생각하기도 했다. 다만 그들이 몰랐던 것은 존 맥이 테인에게 다가가 저녁에 만날 약속을 잡았다는 사실이었다.

다이먼이 놀라서 맥을 쳐다봤다. 이윽고 그는 맥을 보며 말했다. "우리가 메릴이 파산하는 걸 그냥 지켜본다면, 피델리티가 당신네 회사에 전화해서 CP 연장하는 걸 중단하겠다고 하는 데 몇 시간이나 걸릴 거 같아?"

테인이 마침내 루이스에게 전화했을 때 대화 내용은 간단했다. 회의 장소 등에 관한 것이었다. 테인은 조금이라도 실수하지 않기 위해 한 번 더 전화해서 타임워너센터의 어느 문을 이용해야 하는지 확인했다.

루이스의 아파트로 가기 전에 테인은 시내에 있는 메릴의 집무실에서 플레밍을 만나 전략을 상의했다. 그는 플레밍에게 뱅크오브아메리카와의 만남이 우선 탐색을 위한 것이며, 만약에 지분을 팔더라도 20퍼센트를 넘지는 않게 하겠다고 말했다.

하지만 플레밍의 생각은 달랐다. "루이스가 그걸로는 딜을 안 할 거예요. 아마 회사 전체를 사려고 할 겁니다."

자동차가 타임워너센터에 도착하자 테인은 스스로 차 문을 열고 나와 입구를 향해 최단 거리로 접근했다. 그리고 강철과 유리로 된 입구를 통과해 루이스의 아파트가 있는 사우스타워로 혼자 들어갔다.

루이스가 테인을 따뜻하게 맞았다. 조망은 훌륭했으나 회사가 소유한 아파트여서 장식품이나 가구는 별로 없었다.

자리에 앉자 테인이 입을 열었다. "최근에 전개되는 상황을 봤을 때, 리먼이 파산할 경우 시장과 메릴에 미칠 영향이 걱정됩니다." 잠시 멈췄다가 그는 단도직입적으로 말했다. "귀사가 우리 지분 9.9퍼센트를 인수해 유동성을 조금 도와줄 의향이 있으신지요?."

루이스도 직설적으로 말했다. "글쎄요. 저는 9.9퍼센트를 사는 데는 관심이 없어요. 회사 전체를 사고 싶습니다."

루이스가 이렇게 적극적으로 나올 것을 예상하지 못한 테인은 미소를 지으며 대답했다. "제가 지금 회사를 팔기 위해 여기에 온 건 아닙니다."

"하지만 제 관심사는 그거예요."

테인은 조심스럽게 타협안을 내놓았다. "병행안, 즉 9.9퍼센트 지분과 전체 지분을 다 모색해볼 수 있습니까?"

"좋아요." 루이스는 일단 동의했다. "하지만 제가 9.9퍼센트 구입에는 관심 없고 전체를 사고자 한다는 걸 기억해주세요."

그로부터 30분간 두 사람은 합병이 될 경우 전개할 수 있는 다양한 비즈니스, 합병의 타당성, 실사 팀의 구성 등에 대해 의견을 나눴다. 루이스는 5시에 '두 그레그', 즉 그레그 컬, 그레그 플레밍과 함께 만날 것을 제안했다.

그러자 테인이 말했다. "그때에는 제가 시간을 낼 수 없어요."

루이스는 조금 이상하다고 생각했다. '테인이 딜을 원해서 만나자고 해놓고 두 시간 뒤에 다시 만나는 것이 어렵다고? 더 좋은 일이라도 있다는 말인가? 다른 회사와 이야기를 또 하고 있는가?'

테인이 자리에서 일어나다가 덧붙였다. "이 건에 관해서 폴슨에게 말해야 할 것 같아요. 그가 이 대화에 관해서 알게 된다면 내가 리먼 딜을 방해했다고 생각할 거예요."

"글쎄, 보세요. 우리는 리먼보다 메릴과 이야기하기를 원해요. 폴슨에게 이 대화에 관해서 말해도 좋습니다. 정부의 지원이 없이는 리먼 딜을 할 생각이 없으니까."

결국 두 사람은 각자 따로 폴슨에게 보고했다. 폴슨은 이 소식을 듣고 기뻐했다. 그가 보기에 바클레이스는 리먼을 살 것이었고, 뱅크오브아메리카는 메릴 인수를 이야기하고 있었다. 일이 제대로 풀리는 듯했다.

"또 음성 메시지야! 아무도 전화를 안 받아!" 좌절감에 빠진 펄드가 루소에게 말했다.

아무리 전화를 돌려도 폴슨과 가이트너, 콕스, 루이스, 심지어는 자신의 부하인 바트 맥데이드조차 전화를 받지 않았다. 그들은 모두 뉴욕연방준비은행에 있었다.

펄드는 일이 어떻게 돌아가는지 궁금했다. 토요일인데도 마치 평일인 것처럼 푸른색 양복에 흰색 셔츠를 입고 하루 종일 집무실에 앉아 있었는데, 아무도 뱅크오브아메리카나 바클레이스의 동향에 관해 알려주지 않았다.

그런데 전화벨이 울렸다. 로진 코헨이 연준에서 건 전화였다. 전화를 받자 코헨이 다짜고짜 말했다. "문제가 생겼어. 메릴하고 뱅크오브아메리카가 이야기를 하는 것 같아."

"무슨 소리야." 펄드가 소리쳤다.

코헨은 가이트너와 만나 투자은행업계 전체가 붕괴되는 것을 막으려면 정부 보조가 필요하다는 점을 역설했다. "당신들이 돕지 않으면 메릴은 월요일이면 망가질 거야." 그러자 가이트너가 모호하게 말하는 듯하면서도 "메릴에 대해서는 따로 해결책을 강구하고 있어"라고 했다.

코헨과 펄드는 이 말의 의미를 알았다. 그러고 보니 뱅크오브아메리카의 침묵도 설명되었다. 두 사람 모두 뱅크오브아메리카의 루이스가 메릴린치를 갖고 싶어 한다고 했던 그레그 컬의 말을 기억했다. 그리고 이를 통해 메릴의 플레밍이 지난주에 코헨에게 이상한 전화로 정보를 캐려고 했던 것도 이해가 되었다.

"믿을 수 없어!" 펄드가 신음처럼 내뱉으며 의자에 털썩 앉았다.

골드만삭스의 게리 콘과 데이비드 비니어는 뉴욕연방준비은행에서 휴식 시간을 보내던 중 얼마 전까지 동료였던 피터 크라우스와 인사를 나눴다. 크라우스가 메릴에 들어간 지는 일주일이 되었다.

"피터, 산책이나 좀 하자." 콘이 불러 세 사람은 연준을 나와 리버티 가로 걸어갔다.

"그래, 어떻게 돌아가?" 거리로 나서자 콘이 물었다. 메릴이 엄청난 압력을 받고 있다는 것을 아는 눈치였다.

"우리가 가진 건 유동성 문제 정도야. JP모건이 인트라데이intra-day 한도를 100억으로 늘려줬어. 그래서 문제없어." 크라우스가 대답했다.

“피터, 우리 골드만삭스가 메릴과 이야기하면 좋겠어?” 콘이 물었다.

“그럼!” 골드만과 딜을 한다는 것은 메릴의 악화되는 재정 상태를 호전시키는 데 도움이 될 뿐 아니라 투자은행업계에서 가장 잘나가는 기업의 신뢰를 받는다는 징표가 될 것이었다.

“왜 말을 안 했어? 우린 오랜 친구고, 연준에서는 하루 반을 옆에 앉아 있었잖아.” 콘이 물었다.

한 블록을 돌면서 크라우스는 골드만과 메릴이 만나는 것이 좋겠다고 했다. 메릴이 원하는 것은 유동성 위기를 극복하기 위한 융자이고, 그 대신에 10퍼센트 미만의 지분을 양도할 수 있다는 것이었다. 이는 테인이 생각하고 있던 것에 가까웠다.

그들은 다음 날 아침 10시에 골드만에서 만나기로 했다.

지시는 매우 구체적이었다. “리버티 가에 있는 뉴욕연방준비은행의 정문을 사용하지 말고 메이든 레인에 있는 직원용 입구를 이용할 것. 문에서 운전면허증을 경비원에게 보이면 명단과 대조할 것임. 안내가 기다릴 것임.”

AIG의 밥 윌럼스태드와 그의 자문역들, 즉 JP모건의 더그 브론스타인, 심슨 대처의 제이미 갬블, 설리번 앤드 크롬웰의 마이클 와이즈먼 일행은 폴슨과 가이트너를 만나기 위해 AIG 본사에서 뉴욕연방준비은행으로 걸어갔다. 카메라맨과 기자들이 있었지만 다행히 알아보는 사람은 없었다.

“자본 증강은 어떻게 돼가고 있어요?” 가이트너가 단도직입적으로 물었다.

윌럼스태드는 진척이 있다고 했다. AIG에는 아직 플라워스, KKR, 알리안츠 등 잠재적인 인수 희망자들이 남아 있었다.

그런데 윌럼스태드는 더 중요한 그리고 좋은 소식이 있다면서, 뉴욕 주의 보험 담당관 에릭 디날로Eric Dinallo를 설득하여 AIG에 대해 주정부가 규제하는 저당금 중에서 200억 달러를 풀게 함으로써 이를 자본 요구에 충당할 수 있게 되었다는 말을 전했다. 디날로는 AIG가 200억 달러를 추가로 동원한다는 조건에 동의한 것이다.

윌럼스태드는 워런 버핏의 버크셔해서웨이Berkshire Hathaway의 재보험 부문을 경영하는 에이짓 제인Ajit Jain에게서 50억 달러의 융자 약속을 받았다고 보고했다. 이로써 남는 구멍은 150억 달러 정도인데, 이는 250억 달러 이상의 매각 대상 자산에서 끌어올 수 있다고 했다.

이 말을 듣고 폴슨과 가이트너가 갑자기 자리를 떴다. 듣고 싶었던 것을 들은 것이었다. 확실히 진척이 있었다.

도어맨이 쇠와 유리로 된 문을 열고 테인과 크라우스 그리고 그들을 보좌하는 톰 먼태그를 모건스탠리의 공동 사장 월리드 샤마의 아파트 로비로 안내했다. 이 아파트에서는 일주일도 안 되어 두 번째 비밀회의가 열렸다. 테인은 누군가 볼까 봐 조금 신경이 쓰였다. 블랙록의 래리 핑크가 바로 이 주소에 살고 있었다.

맥과 샤마, 고먼 세 사람이 거실에서 기다리고 있었다.

고먼은 모건스탠리로 옮기기 전에 5년 동안 메릴린치의 부유층 고객 대상 비즈니스를 담당했다. 메릴린치의 세 사람이 들어서자 그는 세 사람 가운데 누구도 그 회사에서 10개월 이상 일하지 않았다는 사실에 내심 충격을 받았다. 자신이 성장에 기여하고 동생 닉이 아직도 일하고 있는 메릴을 그 회사의 전통도 모르는 사람들이 팔려고 하는 것이었다.

테인은 우선 자신이 합병 딜을 논의하기 위해 왔다고 운을 뗐다. "리먼에서 일어나고 있는 일들을 보면서 이제 우리도 새로운 방안을 고려할 때가 왔다고 여기고 있어요."

이어서 크라우스는 가져온 서류를 넘기며 수치들을 설명했다. 샤마와 고먼은 자리에 며칠 있지도 않은 크라우스가 무슨 말을 할지 뻔하다고 생각했다(사실 크라우스는 새벽 3시까지 대차대조표를 분석했다).

크라우스의 지식 부족은 곧 드러나기 시작했다. 고먼이 메릴의 소매금융 비즈니스에 관해 묻자(모건스탠리는 이 부분에 가장 많은 관심을 보였다) 테인도 크라우스도 몬태그도 수치를 대지 못했다.

그래도 맥이 관심을 보이며 다음 단계가 무엇이냐고 물었다. 이에 대해 크라우스가 답했다. "월요일 저녁에 이사회가 예정되어 있습니다. 그리고 화요일이면 실사를 시작할 수 있을 것으로 봅니다. 일정이 좀 까다로워요."

이때 테인이 크라우스를 쳐다보더니 맥에게 말했다. "아니요. 이해를 못하시는 것 같은데. 우리는 아시아 시장이 열리기 전에 결정을 할 필요가 있습니다."

이에 고먼이 이해되지 않는다는 표정으로 물었다. "결정이라니 무슨 말씀이지요?"

"그때까지는 딜에 대해 서명을 해야겠다는 겁니다."

이 요구에 충격을 받은 맥이 나서서 말했다. "이야기는 계속합시다. 하지만 지금 말씀하신 것이 물리적으로 가능할까요?"

메릴의 세 사람이 아파트를 나서자 테인이 크라우스를 보며 말했다. "저 사람들이 우리가 느끼는 절박감을 가지고 있지 않은 건 분명해."

두 그레그의 협상

메릴린치의 그레그 플레밍이 로펌 왁텔 립턴에 도착했을 때 이미 뱅크오브아메리카의 그레그 컬이 기다리고 있었다. 기다리는 동안 컬은 자신이 한 일을 되돌리려고 네 시간 전부터 전화에 매달리고 있었다. 그는 리먼 딜이 끝난 것으로 생각하고 100여 명에 가까운 직원들을 모두 샬럿으로 돌려보냈다. 그런데 이제 메릴의 인수 딜이 떠올랐으니 이들을 다시 뉴욕으로 불러와야 했다. 몇 사람의 직원이 매달려 비행기 좌석을 알아보는 일은 코미디에 가까웠다. 그날 밤 샬럿에서 뉴욕으로 오는 직항기는 세 편이 남아 있었는데 자리는 이미 거의 차 있었다.

컬은 로펌에서 자신이 쓰고 있는 회의실로 플레밍을 초대했다. 음식 카트에서 쿠키를 한 움큼 쥐고 플레밍에게 딜이 어떻게 진행될 것 같은지 물었다.

“월요일 아침이면 우리가 발표를 할 수 있지 않겠어요?” 플레밍이 대답했다.

“그것 참 빠르네요.” 컬이 놀라며 대답했다.

“당신은 우리 메릴 잘 알잖아요.” 플레밍이 말했다. 컬은 메릴의 전 CEO 스탠리 오닐이 루이스에게 합병에 대해 말했던 것을 대략이나마 알고 있는 몇 안 되는 사람 중 하나였다. “그때 당신이 어떤 작업을 했는지 잘 알아요. 제가 메릴의 장부는 모두 공개할게요. 필요한 건 무엇이든 말하세요.”

이에 두 그레그는 약 반 시간에 걸쳐 뱅크오브아메리카 팀이 메릴린치의 회계를 말 그대로 24시간 안에 파악할 수 있게 하는 방법에 대해 상의했다. 1년 전에 메릴의 오닐과 협의하기 위해 했던 작업을 회상하며, 컬은 크리스 플라워스를 자문역으로 보내겠다고 했다. 플라워스가 이번 여름 동안 메릴의 악성 자산을 사기 위해 조사했던 터라(그 자산은 결국 론스타 내셔널뱅크에 팔렸다), 그의 도움을 받는다면 많은 시간을 절약할 수 있을 것이기 때문이었다. 뱅크오브아메리카는 이미 메릴 딜에 '프로젝트 알파'라는 코드네임을 붙여놓았다.

두 사람의 회의가 끝나기 전에 가격 문제가 제기되었다. 플레밍은 '스리 핸들3-handle 같은 것'을 과감하게 요구했다. 즉, 메릴 주당 30달러 이상이 되어야 한다는 것이었다. 이는 바로 이번 주말에 17.05달러로 장을 마친 메릴 주가에 76퍼센트의 프리미엄을 더하는 것을 의미했다. 이 가격이 충격적으로 높은 것이라는 점은 플레밍 자신도 알았다. 하지만 메릴이 설립 이래 최대 위기에 처한 상황에서 무리한 것을 추구할 수밖에 없었다. 메릴은 지난달에 85억 5,000만 달러어치의 전환사채를 싱가포르의 국부펀드 테마섹에 주당 22.5달러를 받고 판 경험이 있었다. 플레밍은 뱅크오브아메리카에서도 상당한 프리미엄을 거둬들여야 했다.

투자은행가는 대부분 그렇게 무리한 가격이 나오면 협상을 종료할 것이다. 하지만 컬은 플레밍이 그런 가격을 제시하는 사정을 이해했다. 플레밍은 지금 메릴의 주가가 일시적으로 왜곡되어 있으며, 그러므로 정상적 상태의 가격을 따를 필요가 있다는 것이었다. 그러면서 1년 전만 해도 메릴의 주식이 80달러 수준에서 거래되었다는 것을 상기시켰다.

기업인수에 관해 컬은 하나의 관점을 가지고 있었다. 즉, 상대 기업의 주식을 지나치게 높은 가격으로 사서는 안 된다. 하지만 그 합병의 가치를 진정으로 안다면 다른 경쟁자에게 빼앗기는 것보다는 높은 가격을 주고서라도 확보하라는 것이었다.

"알았어요. 우리가 할 일이 많네." 컬은 플레밍이 요구한 숫자를 받아들이지도, 그렇다고 부정하지도 않으면서 이야기를 끌고 나가려 했다.

모건스탠리의 우울

토요일 저녁은 매디슨 애비뉴와 이스트 54번가에 위치한 이탈리아 레스토랑 산피에트로의 테라스에서 늦은 만찬을 즐기기에 무척 좋은 날씨였다. 많은 거물들이 주중에 이 레스토랑을 애용했다. 기업 인수합병 비즈니스의 거두로 꼽히는 페렐라 와인버그Perella Weinberg의 조지프 페렐라, 블랙록의 CEO 래리 핑크, 뉴욕증권거래소의 전 회장 리처드 그래소Richard Grasso, 레블론Revlon의 회장 로널드 페렐만Ronald Perelman, 메릴린치의 전 CEO 데이비드 코먼스키David Komansky, 그리고 전 대통령 빌 클린턴과 그의 친구 버논 조던Vernon Jordan 등이 그 대표적 인물이었다.

그날 밤 모건스탠리의 맥과 그의 경영진은 바깥쪽 식탁을 하나 잡았다. 샤마는 모처럼 휴식을 취하며 시가를 즐겼다. 그에게 지난 24시간은 정말 진이 빠지는 시간이었다.

이탈리아 남부에서 이민해 와 세 형제와 함께 레스토랑을 운영하는 주인 게라르도 부르노가 일행을 직접 식탁으로 안내했다. 맥은 상의를 벗어 의자 등받이에 걸쳤나. 이어 폴 토브먼, 곰 켈러허, 게리 린치가 합류했다. 할 이야기가 많았다.

이탈리아 피에몬테산 바르바레스코 와인을 주문해놓고 그들은 이날 작업 뒷이야기를 나눴다. 이야기의 압권은 메릴린치와의 마지막 협상이었는데, 모르는 이들을 위해 회장 존 맥이 테인과의 만남을 자세히 설명했다.

"그러고 나서 마지막에 '24시간 안에 할 수 있겠어요' 그러는 거야." 맥의 말에 일행이 폭소를 터뜨렸다.

"그럴 수는 없지!" 콤 켈러허가 비웃자 웃음이 또 터졌다.

웃음이 가라앉자 맥이 가장 중요한 질문을 꺼냈다. 지금 금융산업을 휩쓸고 있는 이 쓰나미 속에서 과연 메릴과의 합병을 밀고 나가야 할까?

샤마가 먼저 입을 열었다. "같이 춤을 추고 싶은 상대가 많지 않아요. 언젠가 합병을 논해야 한다면 지금이 적기라고 봐요."

이때 고먼이 다른 의견을 제시했다. 방금 회장이 말한 테인과의 대화를 놓고 볼 때 메릴이 24시간 안에 뱅크오브아메리카와 합병할 수도 있을 것 같다는 것이었다. 뱅크오브아메리카가 메릴의 합병 파트너가 되면 다른 기업들의 선택지는 없어질 것이었다. 고먼은 회사에 들어온 지 얼마 안 되는 테인과 크라우스, 몬태그가 메릴을 팔아치우려는 대담성에 고개를 저었다.

"우리가 뱅크오브아메리카의 루이스에게 연락할 수도 있겠지요." 고먼이 제안했다.

맥은 언제나 뱅크오브아메리카가 모건스탠리의 자연스러운 합병 파트너라고 생각해왔다. 실제로 이번의 위기가 터지기 전에 그는 그 합병이 자기의 개인적인 '출구전략'이라고 친구들에게 농담하기까지 했다. 맥은 자신의 위상이 높을 때 뱅크오브아메리카와 합병을 이뤄낸다면, 자신이 그토록 사랑하는 모건스탠리가 과거의 영광을 되찾게 하는 데 하나의 승리가 될 것이라고 생각했던 것이다.

전략적으로 두 회사는 완벽한 조합이었다. 뱅크오브아메리카는 뛰어난 상업은행이자 소매금융은행이었지만 투자은행 부문이 약했다. 반면 모건스탠리는 우수한 투자은행이지만 안정된 자금원이 없었다. 따라서 최상의 합병안은 샬럿에서 태어난 맥이 뱅크오브아메리카 본사가 있는 샬럿에 돌아가 합병된 새 은행의 회장이 되는 것이었다.

그런데 그날 밤, 맥은 그 생각이 공허하다는 것을 깨달았다. "메릴이 뱅크오브아메리카의 것이 된다면 와코비아는 어떻게 생각해?" 음식이 식탁에 차려질 때 그가 물었다.

그때부터 두어 시간 그들은 잠재적인 합병 내지 제휴 파트너들을 논의했다. 거기에는 샬럿에 본사가 있는 또 하나의 거대 금융기업인 와코비아를 비롯해 JP모건체이스, 홍콩상하이은행이 포함되었고, 심지어 켈러허는 중국의 국부펀드인 중국투자공사, 폴 토브먼은 일본의 미쓰비시를 언급하기도 했다.

상대가 누가 되었든 하나의 원칙은 지켜야 한다고 맥이 말했다. "우리는 어떤 상황에서도 서두를 필요가 없어." 우리가 누구냐? 세상이 알아주는 모건스탠리라는 것이었다. 지난 한 달 사이에 시가총액이 많이 줄기는 했어도 금요일 종가로 따지면 5,000억 달러에 이르렀다. 그리고 회사에는 1조 8,000억 달러의 현금이 있었다.

CFO 켈러허는 지금과 같은 금융 상황이 올 것에 대비해 부지런히 유동성을 확보해왔다. 따라서 모건스탠리가 흔들릴 리는 없었다. 시장의 신뢰도 절대적이었다. 하지만 리먼이 바클레이스에 팔리고, 메릴이 뱅크오브아메리카에 팔리는 세상이 온다면 모건스탠리의 입장도 안정적일 수 없었다.

샤마가 와인을 한 모금 마시면서 침울하게 말했다. "그다음은 우리가 될 수 있어."

저녁 8시가 지났다. 제이미 다이먼은 허기를 느끼며 JP모건 빌딩의 49층에 있는 임원 식당으로 갔다. 경영위원회는 이날 하루 종일 일하면서

AIG는 물론 리먼, 메릴, 모건스탠리, 골드만 등과 JP모건의 거래 총량을 일일이 따져봤다. 이 때문에 식당 직원들에게 근무시간 이후에도 남아서 배고픈 이들에게 음식을 주도록 지시해놓은 것이었다.

저녁 메뉴는 멕시코식 타코였다. 이 식당의 음식은 연준 식당 것보다는 못하지만 전에 기억하던 것보다는 좀 나았다. 그리고 새로 개조된 파트너 식당에서 저녁을 먹는 것은 처음이었다.

식사를 하던 도중 다이먼이 갑자기 일어나더니 천장부터 바닥까지 유리로 된 창으로 가 밖을 내다봤다. 그곳에서는 맨해튼의 모든 곳이 다 보였다. 해는 반 시간 전에 엠파이어스테이트빌딩 뒤로 넘어가 뉴욕의 하늘에는 안개가 깔려 있었다.

다이먼은 하루를 돌이켜보며, 월스트리트가 얼마나 망가졌는지 새삼 깨달았다. 연준에서 저녁식사를 마치고 휴식을 취하는 투자은행가들에게 그가 말했다.

"정부는 월스트리트가 돈을 내라는 겁니다." 그는 폴슨이 받는 정치적 압력을 투자은행가들이 깨달았으면 했다. "그들은 우리가 월급을 너무 많이 받는 '싸가지' 없는 인간들이라고 생각해요. 지금 구제안에 서명할 사람들은 정치가도 대통령도 아닙니다." 그리고 금융인들이 느끼는 분노도 표출했다. "도대체 돈 버는 것이 직업인 우리가 왜 남의 실패에 돈을 내야 할까요?"

이 대목에서 그는 자신이 마치 타이타닉호의 갑판 위에 서 있기라도 한 듯이 말했다. "우리는 지금 빙산을 받았어요. 배 안에는 물이 차고 있는데 아직 음악을 연주하는 악사들도 있습니다. 구명보트는 몇 개 안 돼요." 그리고 차가운 미소를 흘리며, "누군가는 죽게 될 겁니다. 그래도 그 와중에 샴페인과 캐비아를 즐기는 사람도 있겠지요!"

이 말과 함께 그는 식탁으로 돌아와 남은 타코를 깨물었다.

떠오르는 해결책

한편 연준에 남아 있던 바클레이스는 모든 역경을 헤치고 앞으로 나아가는 듯 보였다. 다이아몬드의 자문역으로 들어선 마이클 클라인은 관계자들이 모두 받아들일 수 있는 딜 구조를 만들었다. 다이아몬드가 관심을 가진 것은 리먼의 부동산 자산이 아니라 '굿뱅크'에 해당하는 부분이었다. 즉, 리먼에서 '배드뱅크'를 빼고 사겠다는 것이었다.

클라인의 의도는 간단했다. 바클레이스가 리먼의 '굿뱅크'를 사고, 나머지는 연준에 와 있는 다른 경쟁자들이 도와 처분하게 한다는 것이었다. 다이아몬드가 보기에 이 안은 런던에 돌아가 본사의 이사회와 영국 규제 당국을 설득하기 쉬운 '깨끗한 딜'이었다. 런던에 있는 사람들은 이 딜에 약간 겁을 먹은 상태였다. 이번 합병안에 약 35억 달러를 도입할 수 있는데, 이로써 '배드뱅크'의 처리에도 조금은 일조할 수 있을지 몰랐다.

자정이 지나 바클레이스 팀은 일단 철수하기로 했다. 그들이 아래층으로 내려가는데 다른 회의실로 오라는 전갈이 왔다. 연준에 모여 있는 경쟁사의 CEO들에게 바클레이스의 계획을 설명하라는 것이었다. 그것은 까다로운 작업이었다. 바클레이스가 리먼의 굿뱅크를 살 수 있도록 경쟁사들에게 배드뱅크를 도와달라고 말해야 할 판이었으니 말이다.

자정이 넘은 시각인데도 골드만과 시티, 크레디스위스 등의 투자은행가들은 계속해서 자리를 지키고 있었다. 클라인이 바클레이스의 계획을 최대한 세심한 표현을 써가며 설명했다. 그런데 경쟁사의 임원들은 그 말을 금방 알아들었다. 즉, 바클레이스가 리먼의 좋은 부분을 사고, 월스트리트의 금융회사들은 컨소시엄을 만들어 약 330억 달러를 동원해, 그들이 똥회사ShitCo라고 부르는, 또는 클라인이 '나머지회사RemainderCo'라고 부르는 불량 자산에 돈을 대야 한다는 것이었다. 이는 리먼이나 바클레이스에 대한 투자라기보다는 리먼의 실패에 따른 불똥을 껴안고 어떻게 하면 데지 않을까 하는 것이었다.

클라인의 설명대로라면 월스트리트의 컨소시엄은 결국 리먼의 부동산과 프라이빗에퀴티 자산을 소유하는, 말하자면 포트레스인베스트먼트Fortress Investment나 블랙스톤그룹Blackstone Group 같은 대체투자alternative investment*회사가 되는 것이었다.

바클레이스의 설명에 대한 반응은 좋지 않았다. 시티그룹의 게리 셸딘Gary Sheldin이 먼저 질문을 던졌다. 그와 클라인이 시티에서 함께 일하던 시절 쌓인 앙금이 풀리지 않은 채 남아 있었기 때문이었을 것이다.

"이 새로운 회사에 바클레이스는 얼마를 투자할 거야?"

이에 질문의 의도를 모르겠다는 표정으로 클라인이 대답했다. "그게 왜 중요한데? 그걸 왜 알려고 하는 거야?"

"당신들이 지금 새로운 자산회사를 만들자고 하는 거 아니야. 그러니 그쪽에서 얼마나 돈을 내는지 말해야지." 셸딘이 몰아세웠다.

이때 질문에 짜증이 난 바클레이스의 아치볼드 콕스가 차갑게 말했다. "이 새 회사에는 한 푼도 내지 않을 겁니다."

자기가 제시한 안을 방에 모인 사람들이 충분히 깨닫지 못했음을 눈치 챈 클라인이 다시 부연했다. 바클레이스는 리먼의 '굿뱅크'만을 살 것이

---

* 대체투자란 전통적인 3대 투자 대상, 즉 주식, 채권, 현금 이외에 대체(alternative)가 되는 투자 대상을 포괄적으로 지칭한다. 여기에는 파생상품, 벤처기업 투자, 상품 투자, 부동산투자, 헤지펀드 등이 모두 포함될 수 있다.

며, 컨소시엄과 함께 '배드뱅크'에 투자하지는 않을 것이라는 점이었다.

방에 있던 투자은행가들은 그제야 알아듣고 서로 얼굴을 쳐다봤다. 요컨대 그들은 경쟁자가 새로운 사업을 할 수 있도록 돈을 낼 것을 요청받고 있었다. 바클레이스는 리먼의 악성 자산에는 돈을 내지 않을 것이니 자신들보고 내라는 말이나 다름없었다.

셸딘이 조용히 있는 가운데 투자은행가들은 바클레이스의 제안에 좌절감을 느끼면서도 그것이 많은 나쁜 선택지들 중에서 그나마 가장 나은 것일지 모른다고 생각했다. 그래서 기본 조건들을 마련하기 시작했다. 눈에 피로가 가득한 이 중역들에게 정말로 믿을 수 없는 일이었지만, 무엇인가 딜 비슷한 것으로 다가가고 있었다.

"이거 큰 문제네. 정말로 큰 문제야." 자정이 지난 시각인데도 AIG에 남아 작업을 하고 있던 JP모건의 팀에게 더글러스 브론스타인이 갑자기 외쳤다. 모두들 불을 환하게 켜놓고 노트북컴퓨터와 계산표에 매달려 있던 와중에 브론스타인이 AIG의 회계에서 큰 구멍을 발견한 것이었다. AIG의 증권대여 부문이 200억 달러 이상의 손실을 기록한 것으로 되어 있었다. 이 분야에서 이렇게 큰 손실이 있다고는 들어본 적이 없었다.

"이렇다면 400억으로 이 딜을 해낼 수가 없어. 600억이 필요할 거야!" 브론스타인이 탄식했다.

AIG의 회계 상황이 너무 나쁘고 이를 기재하는 전산 시스템이 이상하게 낙후되어 있어서, 실사 팀이 막판에 가서야 증권대여 부문에서 최근 2주 동안 급격하게 손실이 발생하고 있다는 점을 발견한 것이었다. JP모건 팀이 더 파고들어 가자 AIG의 경영에서 아주 이상한 점이 발견되었다. 장기담보를 설정해주고 이에 필요한 자금을 단기어음으로 충당해온 것이었다. 결국 담보라는 기초 자산의 가치가 내려갈 때마다(지난주에는 내내 그랬지만) 이를 단기약속어음을 발행해서 메웠던 것이다.

"믿을 수 없어." JP모건의 마크 펠드먼Mark Feldman이 AIG의 전략 담당 부사장 브라이언 슈라이버를 찾아 나섰다.

슈라이버를 찾아낸 펠드먼이 그에게 다그쳤다. "서비스계약서에 서명해야 합니다. 이거 갈수록 가관인데요. 우리는 지금 주말 내내 와서 일하고 있어요."

다이먼과 스티브 블랙은 서비스계약서를 받아내거나 팀을 철수하거나 둘 중에 하나를 하라고 펠드만에게 지시했던 것이다. 블랙이 말했듯이 그런 계약서가 없다면 AIG 문제에 대해 JP모건도 법적 책임을 면할 수 없을 것이었다. 또한 JP모건 팀의 시간과 노력에 대해 보상을 청구해야 했다. 블랙은 AIG가 불만을 나타낼 경우 상사에게 보고하라고 했다.

슈라이버는 윌럼스태드에게서 서명할 권한을 위임받았지만 짜증이 났다. AIG에서 그의 부하들은 JP모건의 젊은 직원들을 '히틀러 청년단'이라고 부를 정도였다. 아무리 그래도 자정이 넘은 시간에 갑자기 서비스계약서에 서명을 하라는 펠드먼의 태도는 지나쳐 보였다. 지금 AIG가 흔들리고 있는데, 자문을 제공하는 투자은행이 자문료를 챙기겠다는 것인가?

슈라이버는 처음에는 회사의 법률고문이 서명해야 한다고 말했다. 그러나 펠드먼은 꿈쩍도 하지 않았다.

마침내 슈라이버가 폭발했다. "서명 안 해! AIG의 이사회는 서명할 수 없어. 이건 엉터리 같은 이야기야. 공격적이고 천박해. 절대 서명할 수 없어!" 슈라이버가 소리쳤다.

슈라이버를 면전에서 '얼간이'라고 부른 적이 있는 펠드먼도 한계에 달했다. "지금 당장 서명하지 않으면 JP모건의 직원들은 한 명도 남김없이 즉각 철수할 거야!"

결국 슈라이버가 한발 물러서 분노를 삼키며 펜을 꺼내 서명했다.

일요일 새벽 3시, 로펌 왁텔 립턴에 모여 있는 200명이 넘는 뱅크오브아메리카와 메릴린치의 투자은행가들과 변호사들은 두 번째로 배달되어 온 피자를 먹으며, 실사를 끝내기 위해 전력을 다하고 있었다.

지난 24시간 한숨도 자지 못한 그레그 플레밍은 자택이 있는 라이까지 운전하지 않기 위해 만다린오리엔탈호텔에 방을 하나 잡아두었다. 가방에 물건을 챙겨 넣으며 일을 마치려는데 메릴의 딜 담당 변호사 피터 켈리가 작업실로 들어왔다.

"좋은 소식이 있어." 플레밍이 입을 열었다. 그리고 그레그 컬과의 협상에서 가격을 논했으며 메릴 주당 30달러 선에서 딜을 맺기로 했다고 자랑스럽게 말했다.

잠시 동안 켈리는 플레밍이 농담을 하는 것이라고 생각했다.

"주당 30달러를 낸다고? 믿을 수 없어, 그레그. 그런 딜은 결코 없을 거야. 말이 안 돼. 우리는 지금 무릎을 꿇고 있는 거라고." 켈리가 말했다.

"내 말 믿어. 우리는 해낼 거야." 플레밍도 지지 않았다.

"너는 지금 속고 있는데 그걸 모르는 거야!" 켈리가 소리를 질렀다. 이 새벽에 피로에 지친 친구가 이성을 찾기를 바라는 마음 같았다. "정신을 차리고 어떻게 이용당하고 있는지 생각해봐. 뱅크오브아메리카가 30달러를 낼 리가 없어. 그들은 우리를 제단에 올려놓고 3달러부터 협상을 시작할 거야. 싫으면 그만두라고 하면서."

"피터, 내 말 믿어. 이 딜은 성사될 거야."

Too Big to Fail

리먼브러더스 파산

9월 14일 일요일 아침 8시, 피로에 지친 월스트리트 CEO들이 뉴욕연방준비은행에 다시 모였다.

네 시간 정도 잠을 잔 골드만의 로이드 블랭크파인과 그의 수석보좌관 러셀 호위츠Russell Horwitz는 빌딩으로 함께 들어갔다.

"이런 날이 하루 더 있으면 못 견디겠어요." 호위츠가 말했다.

이 말에 블랭크파인이 웃으며 말했다. "자네는 지금 벤츠 승용차에서 내려 뉴욕연방준비은행에 들어가는 거야. 히긴스 상륙정에서 내려 노르망디 오마하 해변에 상륙하는 것이 아니라고. 사물을 올바른 맥락에서 봐야 해." 블랭크파인의 이 말은 골드만의 전 CEO 존 화이트헤드의 말을 상기시켰다. 골드만을 경영했던 화이트헤드는 『지도자의 일생A Life in Leadership: From D-Day to Ground Zero』*이라는 책을 썼는데, 블랭크파인은 골드만의 전 사원에게 이 책을 읽게 했다.

중역들이 모여 있는데 연준의 직원이 와서 폴슨과 가이트너, 콕스가 곧 내려올 것이라고 했다. 몸에 붙는 청바지에 검은 모카신을 신고 근육이 드러나는 셔츠를 입은 제이미 다이먼이 들어오자 콤 켈러허가 존 맥에게 속삭였다. "저 친구 나이에 비해 몸이 꽤 좋아 보이네요."

폴슨과 가이트너가 들어와서 좋은 소식이 있다고 말하는데, 방에 있는 사람들은 이미 아는 눈치였다. 밤새 바클레이스가 리먼을 사는 제안서를 만들었고 곧 집행할 것이라는 소식이었다. 남은 장애는 다른 투자은행들이 약 330억 달러를 갹출해 리먼의 '배드뱅크'에 돈을 대는 것이었다. 각 그룹에게 작업을 마쳐달라는 구체적인 지시를 내리고 나서 가이트너가 갑자기 방을 떠났다.

'딜의 주요 이슈Certain Deal Issues'라는 제목이 붙은 문건이 배부되었다. 거기에는 투자은행가들이 고려해야 할 까다로운 이슈들이 적시되어 있었다. 현재의 딜이 성립된 뒤에 분할되는 리먼의 두 부분에 자금이 충분히 공급될 것인가? 리먼의 '배드뱅크'가 독립성을 지킬 것인가? 다시 말해, 돈을 대는 채권자들이 굿뱅크 부분에 접근하지 못하도록 법적으로 완전

---

* 2005년에 출간된 화이트헤드의 자서전이다. 제2차 세계대전의 노르망디 상륙작전부터 9·11 사태 희생자들을 기리기 위한 Lower Manhattan Development Corporation(LMDC)의 일까지를 다룬 책이다.

히 분리되는가?

JP모건 후계자의 영단

JP모건체이스의 제이미 다이먼이 결단을 내린 것은 이때였다. 1907년 금융위기에서 미국을 구하는 데 일조했던 JP모건 앤드 컴퍼니의 시조 존 피어폰트 모건과 같은 역할을 해야겠다고 마음먹은 것이었다.

"좋습니다. 아주 간단히 해봅시다. 여러분 중에서 리먼을 구하기 위해 10억 달러를 투입할 수 있는 분은 누구입니까? 형태는 나중에 이야기합시다." 다이먼이 물었다.

모인 사람들 모두 마음속에 품고 있었으나 감히 입 밖에 내지 못하던 질문이었다. 이는 10년 전에 LTCM을 위기에서 구할 때 메릴린치의 허버트 앨리슨Herbert Allison이 했던 질문이기도 했다. 당시 시티그룹에 있던 다이먼은 그 질문을 듣는 입장에 있었다. 그때 앨리슨이 언급한 금액은 2억 5,000만 달러였다. 그 사이의 물가 상승률을 감안해도 10억 달러는 만만치 않은 금액이었다.

당시 베어의 회장 지미 케인Jimmy Cayne은 참가하기를 거부했다. 이에 메릴의 CEO 데이비드 코먼스키는 그에게 "도대체 너는 뭐 하는 놈이냐" 하며 소리쳤다.

그러자 케인이 대꾸했다. "우리가 언제부터 파트너였냐?"

그날 이 방에 있었던 사람들은 당시 월스트리트의 두 거물이 했던 이 유명한 설전을 기억했다.

골드만의 블랭크파인이 거들었다. 그는 리먼이 실제적으로 시스템 전체에 리스크가 되는지는 확신할 수 없지만, 그보다 더 큰 사안이 있다고 했다. 즉, 모든 금융기관들의 신뢰성과 대중의 이미지를 고려해야 한다는 것이었다. "베어스턴스는 과거 10년간 좋은 일을 많이 했습니다. 하지만 사람들은 금융계 전체가 베어스턴스에 기대했다가 어긋난 일만을 기억합니다."

많은 투자은행가들은 말은 안 해도 LTCM의 구제에 딕 펄드가 일익을 담당했던 사실을 기억했다. 당시 기업당 2억 5,000만 달러씩 내자는 안에 펄드는 그럴 여유가 없다고 설명했다(당시에도 리먼이 파산한다는 소문이 있었다). 그래도 그는 1억 달러를 내놓았던 것이다.

이제 10개 이상의 대형 금융회사들의 CEO들이 모인 자리에서 다이먼이 자금 모집을 시작한 것이었다.

"저는 낼 겁니다." 다이먼이 말했다. 그러자 CEO들이 한 명씩 언제 분담금을 낼 수 있는지 이야기했다. 이를 합해보니 리먼을 구할 수 있는 금액에 가까웠다. 아니 그들은 그렇다고 생각했다.

오전 8시, 메릴린치의 피터 크라우스와 피터 켈리가 골드만 본사에 도착했다. 엘리베이터를 타고 13층에 올라간 그는 유리문들을 지나 임원 휴게실로 들어갔다. 골드만에서 22년간 근무한 크라우스가 제집처럼 길을 아는 것은 당연했다.

게리 콘과 데이비드 비니어가 그들을 맞아 회의실로 안내했다. 회의 전에 콘은 비니어에게 조용히 말했다. 만약 골드만이 메릴의 지분을 사게 된다면 가격은 아주 낮아야 한다는 이야기였다. "나는 낮은 한 자릿수를 생각하고 있어." 이는 플레밍이 뱅크오브아메리카에 요구한 30달러와는 거리가 멀었다(콘은 이때 말하지 않았지만 메릴의 시장가치가 수십억 달러에 지나지 않는다고 생각했다. 그 주말 메릴의 종가에 따른 시가총액은 251억 달러였다).

크라우스는 며칠 전 모건스탠리에 가져간 것과 같은 패를 가지고 왔다. 즉, 메릴은 9.9퍼센트의 지분을 팔고자 하며, 200억 달러의 융자 한도를 기대한다는 것이었다.

하지만 늘 직설적인 콘은 협상이 시작되기도 전에 먼저 조건을 꺼냈다. "메릴의 모기지 자산에 관해서는 바닥을 치는 소리가 나는 데까지 가격을 낮출 겁니다." 다른 말로 그는 메릴의 악성 자산에 대해서는 제로에 가까울 정도로 낮게 평가한다는 것이었다.

이에 크라우스가 말했다. "당신이 생각하는 건 알겠어요. 플러스 숫자만 갖다 놓으세요." 콘과 비니어가 어느 정도는 가격을 쳐주기를 바랐다.

크라우스가 메릴의 대차대조표에 관해서 더 파고들자 방에 있던 사람들 중 유일하게 골드만과 연관이 없는 켈리가 제동을 걸었다. 골드만에 너무 많은 정보를 주는 것 같아 불안했던 것이다. 크라우스는 과거의 동료들을 믿을 수 있는지 모르지만, 켈리는 신중했다. 그가 볼 때 골드만과 딜이 성사될 가능성은 매우 낮았다. 만약에 된다 하더라도 콘의 말에 비춰볼 때 메릴은 헐값에 팔릴 것이었다.

"있잖아요. 감정적으로 받아들이지 마세요. 하지만 조금 천천히 합시다. 실사를 원한다면 우리는 테인 회장에게 보고하고 우리가 원하는 게 무엇인지도 정리해야 합니다." 켈리가 말했다.

이는 콘과 비니어도 수락할 수 있는 것이었다. 그들 또한 뉴욕연방준비은행으로 돌아가야 했다. 네 사람은 크라우스와 켈리가 필요한 정보를 정리한 다음에 이야기를 다시 하기로 했다.

회의를 끝내고 켈리는 플레밍에게 전화해 상황을 보고했다. 그와 크라우스가 일단 설명은 했지만, 지분 9.9퍼센트를 내주고 융자 한도를 얻는 것으로 회사를 구할 수 있을지 회의적이라고 말했다.

"리먼이 쓰러진다면 그걸로 구멍을 메울 수는 없을 거야." 켈리가 플레밍에게 말했다.

"합병을 위한 자금 문제의 윤곽이 드러나는 것 같아!" 재무장관 고문역인 스티브 샤프란이 뉴욕연방준비은행에 와 있는 바트 맥데이드와 리먼 팀에게 말했다. 샤프란은 활짝 미소를 지으며 아래층에 있는 CEO들이 리먼의 불량 자산 처리용 신설 법인을 위한 자금 계획에 거의 합의에 도달했다고 말했다.

이를 듣는 리먼의 직원들은 큰 짐을 벗어버린 느낌이 들었다. 맥데이드는 즉시 심슨 대처에 나가 있는 마이클 겔밴드에게 블랙베리로 메시지를 보냈다.

시내에서 맥데이드의 메시지를 받은 겔밴드는 신이 나서 외쳤다. "됐다!" 안도의 한숨을 쉬는 그의 얼굴에는 미소가 가득했다.

영국의 거부

토요일 오후, 영국 금융감독청 CEO인 헥터 샌츠Hector Sants는 영국 서남부에 위치한 콘월Cornwall에서 A30 고속도로를 타고 런던을 향해 달리고 있었다. 그는 운전대를 잡은 채 어깨와 귀 사이에 휴대전화를 끼고 있었다.

지난 주말 내내 그는 금융감독청 회장이자 바클레이스 출신 은행가인 캘럼 매카시 경Sir Callum McCarthy과 통화했다. 매카시는 금요일에 은퇴를 앞두고 있어서 현직에서 일할 날은 엿새밖에 남지 않은 상태였다.

샌츠와 매카시는 바클레이스와 리먼의 안건에 관해 오랜 시간 전화로 대화를 나눴다. 샌츠는 그날 바클레이스의 CEO 존 발리와 여러 차례 통화했지만, 매카시는 미국 측의 책임자인 가이트너와 연락이 잘 안 되었다. 그나마 토요일 아침에 잠깐 통화했지만 별 내용이 없었다.

"아직도 전화가 안 와. 이 사람들하고는 연락이 안 되네." 매카시가 불평했다.

그들은 바클레이스의 다이아몬드가 미국 정부와 무슨 이야기를 하고 영국 회사인 바클레이스가 리먼을 사기 위해서 어떤 조건들이 충족되어야 하는지 알 수가 없었던 것이다. 미국인 다이아몬드가 결코 영국 신사가 될 수 없을 것이라 생각한 매카시는 월스트리트의 금융인들이 대개 그렇듯이 다이아몬드도 무모한 협상을 하지 않았을까 걱정되기도 했다. 샌츠와 매카시는 다이아몬드가 이 딜을 성사시키겠다는 열의에 불탄 나머지 미국 금융회사를 인수할 경우 영국 규제 당국이 요청하는 요건들에 관해 충분히 설명하지 않을지도 모른다는 점이 특히 염려스러웠다. 두 사람이 볼 때 리먼의 인수는 바클레이스뿐 아니라 영국 금융 시스템 전체를 위험에 몰아넣을 수도 있었다. 다이아몬드만큼 열성적이지는 않지만 리먼의 인수를 지지하는 발리는 금요일에 샌츠와 나눈 통화에서, 바클레이스 이사회는 미국 정부의 보조가 있을 경우에 한해 그 딜을 승인할 것이라고 말했다. "취득하는 자산의 질과 자금 동원의 두 가지 관점에서 내가 만족하지 않는 한 이 거래를 이사회에 회부하지는 않을 것"이라고 발리는 못을 박았다.

매카시와 샌츠에게는 또 다른 문제가 떠오르고 있었다. 넓은 시각에서 볼 때 사소한 문제였을지 모르지만, 우선은 임박한 중요한 과제였다. 유럽 전역에서 이뤄지는 많은 파생상품 거래를 정산하고 결제하는 기능을 하는 런던클리어링하우스London Clearing House가 그 주말에 소프트웨어를 업그레이드하기 위해 모든 거래를 새로운 시스템으로 이전할 예정이었다. 두 사람은 런던클리어링하우스에 바클레이스와 리먼 간 딜이 끝날 때까지 업그레이드를 늦추라고 지시했다. 그런데 수십 명의 기술자들이 결정을 기다리고 있는 상황에서 마냥 늦출 수만은 없었던 것이다.

"더는 끌기가 어렵겠네요." 런던클리어링하우스에 지시를 내릴 수 있기를 바라며 샌츠가 매카시에게 말했다. "가이트너와 연락해서 우리의 입장을 분명하게 전해야겠어요."

그래서 두 사람은 매카시가 미국 측에 말할 것을 초안했다. "영국의 금융 규제 당국자로서, 그리고 세계 금융 시스템을 생각하는 입장에서 귀측이 이해하기를 바랍니다. 바클레이스가 이미 통보했기를 바라지만, 이는 그러지 않았을 경우를 대비해서 전하는 것입니다. 바클레이스와 리먼의 합병을 허용하기 위해서는 양자 모두의 자금 조달과 거래하는 자산의 내용에 관해 타당한 보장이 있어야 합니다."

이에 매카시는 마지막으로 한 번 더 가이트너에게 연락하기로 했다.

뉴욕연방준비은행의 13층에서 가이트너의 보좌관 힐다 윌리엄스Hilda Williams가 캘럼 매카시의 전화가 와 있다고 가이트너에게 전했다. 마침내 전화를 받은 가이트너는 리먼 건으로 회의가 계속되어 전화하지 못했다고 사과했다.

매카시는 가이트너의 말을 중간에 끊고 바클레이스와 리먼의 협상에 관해 아무것도 아는 것이 없어서 걱정이라고 말했다. 반드시 확인해야 할 질문들이 있다는 것이었다.

"우선 요구되는 자본을 확보하는 것이 중요한데, 특히 딜이 시작되어

리스크를 취하는 시점과 끝나는 시점 사이의 거래 리스크가 상당한 자본을 요하는 것 아닙니까?" 매카시는 이 딜의 가장 큰 문제점부터 지적했다. 그는 바클레이스에 리먼을 인수할 정도의 충분한 자본력이 있는지 영국 금융감독청이 확신하지 못하고 있다고 말했다. 그리고 설혹 그렇다 하더라도 바클레이스에는 리먼과의 딜이 완전히 끝날 때까지 모든 거래를 보장할 수 있는 자금이 있어야 한다는 것이었다. "저는 바클레이스가 이런 요구 사항들을 충족시킬 수 있는 상황인지 매우 회의적입니다. 그들이 할 수 있는지 전혀 모르겠어요." 그가 말했다.

가이트너는 영국 당국자가 이렇게 적극적인 입장을 취할 것이라고는 예상하지 못했다. 그래서 그는 영국 당국이 이 딜을 승인할 수 없다고 공식적으로 말하는 것이냐고 직설적으로 물었다.

이에 매카시는 이렇게 답했다. "미국 측에서 정식으로 제안서를 보내기 전에는 지금 우려되는 리스크들이 우리가 허용할 수 있는 리스크인지 판단하는 것은 불가능합니다." 그러나 그는 이미 런던 시간이 오후 3시 반이므로 제안서를 보낸다 하더라도 앞으로 몇 시간 안에 이를 처리해 결론에 도달하기는 어려울 것이라고 덧붙였다.

이어 매카시는 또 다른 문제를 제기했다. 바클레이스는 주주총회의 의결을 얻기 전에는 리먼에서 발생하는 거래의 보장 의무를 실행할 수 없다고 했다. 이는 영국에 설립된 모든 주식회사의 '상장조건'이라는 것이었다. 그런데 그런 절차를 거칠 시간이 없을뿐더러, 이를 면제해줄 권한은 자신에게 없으며 영국 정부에 있다고 했다.

바클레이스와의 대화에 비춰볼 때 가이트너는 영국 정부가 이 딜을 지지하는 것으로 생각하고 있다고 말했다.

이에 대해 매카시는 "그게 사실인지 저는 전혀 아는 바가 없습니다"라고 단호하게 말한 뒤, 재무장관 달링이 폴슨에게 금요일에 말했듯이, 자신은 바클레이스뿐 아니라 영국 금융시장의 재정적 건전성에 대해 우려하고 있다고 말했다.

이에 가이트너가 인내심을 잃고 말했다. "보세요. 우리는 지금부터 반 시간 이내에 이 사안을 결정해야 합니다. 시간이 없어요."

"행운을 빕니다." 매카시가 짧게 말했다.

매카시와 통화를 마친 가이트너는 폴슨의 집무실로 달려갔다. 그리고 폴슨과 콕스가 있는 자리에서 매카시와 나눈 대화를 전했다.

"안 된다고 하는 거냐고 물으니, 그는 안 된다고 하는 것은 아니라고 계속 말했어요." 가이트너는 이렇게 말하며, 하지만 분명히 매카시가 하려던 말은 바로 그것이었다고 불평을 털어놓았다.

폴슨은 제정신이 아니었다. "이런 일이 벌어지다니!"

잠시 전략을 상의한 뒤 폴슨은 콕스에게 매카시에게 전화하라고 지시했다. 그 세 사람 중에서 리먼브러더스에 법적인 권위를 지닌 당국자는 콕스였기 때문이다. 폴슨은 콕스가 이 문제를 미리 확인했어야 한다는 생각에 짜증이 났다. "이제 와서 바지를 내리고 서서 거기를 붙들고 멍하니 있을 수는 없어." 폴슨이 말했다. 이 농담을 알아듣지 못할까 봐 폴슨은 자신의 바지 지퍼를 내려다봤다.

매카시가 콕스의 전화를 받은 것은 템스 강이 내려다보이는 블랙히스의 2층짜리 저택 거실에서였다. 매카시는 가이트너에게 말한 사항들을 인내심을 가지고 콕스에게 되풀이했다. 그러자 콕스는 "당신은 이 사안을 지지하지 않는 것 같네요"라고 말하면서, 매카시가 제기한 문제들을 해결할 수 있을 것이라고 했다.

이에 "아니요"라고 차갑게 대답하며 매카시가 말했다. "나는 그저 사실들을 정리해 전달하고 현실적으로 접근하고자 하는 거예요."

"당신은 부정적이에요." 콕스는 계속 항변했다.

"이것 봐요. 이쪽 입장에서 볼 때 문제는 지금 사안이 어떻게 돌아가고 있는지 전혀 모른다는 거예요. 오늘도 하루가 다 끝나갈 즈음에 이야기를 처음 들었어요." 이어서 매카시는 바클레이스가 반드시 충족해야 할 요건들을 다시 열거했다. "이런 것들은 진작 이야기해야 했어요."

5분 뒤에 콕스는 얼굴이 하얗게 되어 노트를 들고 폴슨과 가이트너를 찾아왔다.

"영국 측에서는 할 의사가 없어. 뒤집겠다는 거라고. 이런 것에 관해서 지금까지 한마디도 없었으니까." 콕스가 말했다.

이때 막 들어온 뉴욕연방준비은행의 수석법률자문 톰 백스터가 어이없어하며 말했다. "아니 여기까지 와서, 이제 탁자 위에 돈이 모이는데, 바클레이스 사람들은 런던에서 비행기 타기 전에 이런 걸 몰랐대요?"

"달링에게 전화해야겠어." 폴슨이 말했다.

고든 브라운 영국 총리의 재무장관 앨리스테어 달링은 일요일이면 늘 그렇듯이 스코틀랜드 에든버러에서 주말을 보내고 런던으로 갈 채비를 하고 있었다. 오후 4시였다. 그는 하루 종일 바클레이스의 존 발리, 금융감독청 직원들, 브라운 총리 등과 통화했다. 안건은 영국 정부가 바클레이스의 딜을 승인해야 할 것인지였다.

달링은 이 거래가 매우 불안했다. 특히 자신의 부하에게 뱅크오브아메리카가 리먼에 대한 인수 노력을 그만두었다는 말을 듣고 나니 더욱 그러했다. 바클레이스는 결국 시장에 남아도는 물건을 사는 격이 되는 건가?

그는 조간신문에 난 관련 기사들을 읽었는데, ≪선데이텔레그래프Sunday Telegraph≫의 사설에는 이런 글이 있었다.

"시장이 자유롭게 돌아가면서 무엇인가를 사는 것이 비싸지고 있다. 투자가들이 다이아몬드를 지지할 수 있기 위해서는 다음 두 가지가 보장되어야 할 것이다. 첫째, 그는 최근 세계 주요 투자은행들이 결여하고 있는 규율을 확보해야 한다. 둘째, 리먼이 최대한 투명하게 이 딜이 진정한 것임을 보여줘야 한다."

달링은 장래에 리먼 자산의 가치 하락에 휘말리지 않을 정도로 바클레이스가 리먼의 회계장부를 깊숙이 조사하는 것은 불가능하다고 생각했다. 게다가 그에게는 또 다른 골칫거리가 있었다. 영국에서 가장 큰 모기지은행인 HBOS*가 발버둥치고 있었던 것이다. 그는 로이즈Lloyds은행이 HBOS의 인수에 관심을 가지고 있다는 것을 알았다. 결국 바클레이스, HBOS, 로이즈 사이에서 영국의 금융 시스템이 흔들리는 형국이었다.

이런 걱정을 하고 있는데 행크 폴슨에게서 전화가 왔다.

"앨리스테어, 우린 지금 영국 금융감독청과 어려운 대화를 나눴어요." 폴슨이 진지하게 말했다.

달링도 뉴욕과 런던 사이에 연락이 있었으며 풀리지 않은 질문이 많다는 것을 알고 있다고 했다. "저는 원칙적으로 이 딜에 반대하지 않아요. 하지만 이건 미국 측이 영국 정부에 큰 리스크를 부담하라고 하는 격이에요. 우리는 그게 무엇인지, 그리고 미국 정부가 무엇을 할 의지가 있는지 알 필요가 있어요. 우리가 제기하는 질문들이 비합리적인 게 아닙니다." 달링이 말했다.

---

* HBOS는 영국의 은행 및 보험그룹으로서 2009년 로이즈그룹에 합병되었다.

"우리는 지금 전체를 봉합하는 단계에 있어요." 달링의 견해에 놀라며 폴슨이 말했다. 그리고 주주 의결 요건을 면제해줄 수 있는지 물었다.

그러자 달링이 되물었다. "이게 그렇게 진행되어야 한다면, 미국 정부는 뭘 할 겁니까? 당신이 제시하는 건 뭡니까?"

민간에서 투자 컨소시엄이 구성되고 있다고 폴슨이 말하자, 달링은 대화의 방향을 돌려 리먼 파산 시 미국 정부의 비상계획에 대해 질문했다. 그리고 전화를 끊기 전에 달링은 이렇게 말했다. "만약 리먼이 미국 정부의 영향하에 들어간다면 우리도 그 사실을 알아야 해요. 그건 영국에도 영향을 미칠 테니까요."

"달링이 하지 않으려고 해." 폴슨이 기가 막혀 가이트너에게 말했다. "미국의 암을 수입하지 않겠다는 거야."

그로부터 약 2분 동안 흥분한 목소리들이 서로 뒤엉켰다. 소리가 잠잠해지자 폴슨은 주말 들어 처음으로 목소리를 높여 물었다. "어떻게 이를 우리가 일찍 알지 못한 거야? 이건 정말 웃기는 사태잖아!"

폴슨은 부시 대통령에게 직접 브라운 총리에게 전화해볼 것을 부탁할까 생각해보기도 했으나, 곧 그것이 의미 없는 것임을 깨달았다. "될 일이 아니야." 달링이 이미 브라운 총리와 상의했다고 말하지 않았는가? "달링은 바클레이스가 뭘 하든 관심 없어." 폴슨이 결론지었다.

"좋아. 그렇다면 플랜 B로 바꿉시다." 잠시 후에 가이트너가 말했다. 이 말과 함께 그들은 아래층으로 내려가 투자은행가들에게 영국에서 온 소식을 전하고 리먼 파산에 대비하기로 했다. 플랜 B의 내용은 간단했다. 그것은 규제 당국이 투자은행들에 압력을 가해 리먼과의 모든 거래 포지션을 공개하고 서로 공유하게 함으로써, 시장에 대한 충격을 최소화하는 것이었다.

이어서 가이트너가 그다음 중요한 문제에 관해 입을 열었다. "이제 메릴린치의 문제를 다뤄야 합니다."

참석자들이 모두 자리를 뜨는데, 우울해진 폴슨이 중얼거렸다. "말을 타려면 때로는 말똥을 밟을 수밖에 없어."

사전 지시에 따라 바트 맥데이드와 로진 코헨을 찾던 뉴욕연방준비은행의 경비원은 마침내 1층에서 그들을 발견했다.

"폴슨 장관이 기다리십니다." 경비원이 두 사람을 가이트너의 대기실로 안내하며 말했다.

코헨은 불안했다. 오는 길에 맥데이드는 신이 나서 딜이 거의 끝나간다는 이메일을 블랙베리로 보냈지만, 코헨 자신은 정부 관료들이 이 딜에 대해 매우 신중하게 말하는 것을 들었던 것이다. 맥데이드도 이제야 무엇인가 이상하다고 느끼고 겔밴드에게 "조금 지연될지도 모른다"는 메시지를 보냈다.

가이트너의 집무실 문이 열리자 가이트너와 폴슨, 콕스 세 사람이 어두운 표정으로 나왔다.

"투자은행들이 돈을 내는 데 동의했어. 그런데 영국 정부가 거부하고 있어." 폴슨이 털어놓았다.

"뭐라고요? 누가?" 코헨은 믿을 수 없다는 표정을 지었다.

"영국 총리 관저에서 나온 이야기예요. 그들은 미국의 문제가 영국에 전염되는 것을 허용할 수 없다는 거야."

맥데이드는 충격을 받아 아무 말도 하지 못했다. 평소 침착하기로 유명한 코헨도 흥분해서 거의 소리를 질렀다. "이럴 수는 없어요! 장관이 뭔가 해야 해요!"

"이것 봐. 내가 영국 정부를 찔 수도 없고 겁을 줄 수도 없어."

하지만 코헨은 포기하지 않았다. "영국 정부를 움직일 수단이 하나 있어요. 그 친구한테 전화를 좀 해야겠어요."

"당신 시간 낭비하는 거야. 이 결정은 가장 높은 곳에서 나온 거라고." 폴슨이 코헨을 노려보며 말했다.

코헨은 구석으로 가서 캘럼 매카시에게 전화를 걸었다. 두 사람은 오랫동안 알고 지낸 사이였다. 1990년대에 코헨이 바클레이스의 변호사로 있을 때 같이 근무했던 것이다. 하지만 통화를 하는 코헨의 얼굴 표정만 봐도 내용은 분명했다. 매카시도 친구를 도울 수 없었다.

코헨은 거의 사정하는 투로 말했다. "이번 결정으로 영국에도 타격이 없다고 생각하면 오산이야! 이 딜을 안 하면 그쪽도 손해가 크다고!"

정부가 결정한 리먼 파산

폴슨과 가이트너, 콕스 세 사람은 CEO들이 모여서 리먼의 부동산 자산에 대한 자금 조달 계획을 세우고 있는 회의실로 내려갔다. 사태가 진척을 보인 덕에 분위기는 뚜렷하게 고조되어 있었다.

이때 폴슨이 발표했다. "바클레이스 딜을 돕고 싶지 않은 사람은 숨을 좀 돌려도 좋을 거야." CEO들은 어색하게 나온 폴슨의 말을 처음에는 이해하지 못했다. 그러자 폴슨이 공식적으로 알렸다. "영국 측에서는 이런 딜을 허용하지 않겠다는 겁니다. 오늘 밤에 할 수 있는 일이 아니고 주주의 의결을 거쳐야 한다는 겁니다."

"하지만 우리는 돈을 모았는데!" 제이미 다이먼이 말했다.

"영국이라면 미국의 가장 가까운 우방이 아닙니까?" 한 투자은행가가 말했다.

"여러분, 나를 믿으세요. 제가 거친 사람이란 건 여러분 알지요. 나도 할 만큼 했어요. 지금으로서 바클레이스 딜은 없습니다."

방 안의 전반적인 의견은 그들이 기습을 당했다는 것이었다. 폴슨은 어깨를 으쓱하며 영국인들이 "우리에게 한 방 먹였다"고 말했다.

이어 가이트너가 나서서 대화를 비상계획 수립으로 돌렸다. 그는 리먼의 지주회사가 즉시 파산 신청을 할 것이라고 알렸다. 그리고 정부는 그날 오후 비상거래 시간을 두어, 우선 대형 투자은행들이 리먼과의 거래 포지션을 정산할 수 있게 하겠다는 것이었다.

그리고 마지막으로 가이트너는 회전신용장치revolving credit facility를 설치해 또 다른 투자은행이 곤란에 빠질 경우 도움을 주는 안을 제시했다. 이는 총규모 1,000억 달러로, 방 안에 모인 은행들이 100억 달러씩 갹출해 마련하며, 이때 100억 달러 중에서 70억 달러는 우선 현찰로 불입하고 30억 달러는 추후에 불입하도록 계약하는 방식이었다. 그리고 여기에 참가하는 은행은 비상시에 350억 달러까지 빌려갈 수 있었다.

회의가 끝나자 폴슨과 가이트너는 메릴의 존 테인의 소매를 끌었다. "우리 이야기 좀 합시다."

"존, 우리가 리먼브러더스에 대해 어떤 입장인지 알지. 당신도 뭔가 해야 해." 회의실에 앉자 폴슨이 테인에게 말했다. "여기서 뭔가 결정해야 해. 만약에 정부의 보조를 기대한다면 우리는 지금 그럴 힘이 없다는 걸 알아야 해."

"지금 열심히 움직이고 있어요. 스스로 구하려고 노력하는 중입니다."

테인이 진지하게 말했다.

테인은 지금 두 개의 평행선 위에서 움직이고 있다고 설명했다. 하나는 골드만에 지분의 일부를 파는 것이고, 또 하나는 뱅크오브아메리카에 회사 전체를 파는 것이었다. 테인은 그날 아침에 뱅크오브아메리카의 켄 루이스 회장과 함께 커피를 마신 일을 전하면서, 뱅크오브아메리카에서 상당히 작업이 진척되었다고 말했다. 그런데 그는 골드만도 빨리 움직일 것으로 기대한다고 했다.

가이트너는 우선 여기까지 중요한 정보를 들었으므로 버냉키에게 보고하기 위해 자리를 떴다.

폴슨은 테인이 골드만에 지분을 파는 쪽으로 기울어 있음을 알았다. 그는 메릴린치의 CEO 자리를 지키고 싶은 것이었다. 그러나 폴슨은 뱅크오브아메리카와의 딜도 추진하라고 권했다.

"존, 이번 일은 반드시 성사시켜야 해. 이번 주말까지 인수 주체가 나타나지 않으면 메릴의 운명도, 미국 금융의 운명도 하느님의 몫이 되는 거야."

"잘 안된다고 들었어." 바트 맥데이드가 바클레이스 미국 본사에 있는 밥 다이아몬드에게 전화해서 말했다.

"무슨 소리야?" 다이아몬드가 깜짝 놀라며 물었다. "나는 아무것도 들은 게 없는데."

"끝났대. 영국 정부가 허용을 안 한다는 거야." 맥데이드가 이렇게 말하며 폴슨이 영국 당국자들과 한 대화를 전했다.

다이아몬드는 즉시 전화를 끊고 가이트너에게 전화했다.

"방금 들었는데, 무슨 소립니까?" 다이아몬드가 황급히 물었다.

“행크에게 물어보시는 게 낫겠어요.” 가이트너가 짧게 대답했다.

어렵게 폴슨과 전화가 연결되자 다이아몬드는 무뚝뚝하게 말했다. “우리 회사와 관련해 장관이 한 일을 다른 사람을 통해서 듣는 것은 참 무안합니다. 당신이 말했다고 하는 건 제가 아는 사실들과 달라요. 설명을 좀 해주시겠습니까?”

폴슨의 설명을 다 듣고 전화를 끊은 다이아몬드는 힘이 빠지고 분하고 당황스러웠다. 폴슨에게는 분노를, 영국 정부에게는 실망을 느꼈다. 어떻게 여기까지 끌고 와서 일을 마지막 순간에 파탄 낸다는 말인가?

자정이 넘은 12시 23분, 그는 반년 전부터 이 딜을 하라고 권해온 밥 스틸에게 블랙베리로 짧은 메시지를 보냈다.

이보다 더 처참하게 끝날 수는 없었어. 좌절이야. 왜소한 영국.

바트 맥데이드와 알렉스 커크, 마크 샤피르는 뉴욕연방준비은행의 지하통로를 조용히 빠져나가 맥데이드의 검은색 아우디를 타고 리먼으로 돌아갔다. 차가 달리는 동안 세 사람은 오늘 생긴 일들에 관해 각자 생각에 잠겨 아무 말도 하지 않았다. 이제 남은 선택지가 없다는 것에 대해서는 모두 동의했다.

웨스트사이드 하이웨이를 달리며 맥데이드가 펄드의 스피커폰으로 전화했다.

“딕, 앉아서 들으세요. 좀 나쁜 뉴스예요. 아니, 아주 안 좋은 뉴스예요. 영국 금융감독청이 딜을 막은 것 같아요. 안 될 것 같아요.”

“안 되다니 무슨 말이야?” 펄드가 외쳤다.

“폴슨이 말하기를, 끝났다는 거예요. 영국 정부가 바클레이스 딜을 허용하지 않는다는 겁니다. 아무도 우리를 구하려고 하지 않아요."

펄드는 말이 없었다.

한편 메릴린치의 그레그 플레밍과 뱅크오브아메리카의 그레그 컬은 거의 합의에 이르러, 변호사들이 합병계약서의 초안을 만들기 시작했다. 합병된 새 회사는 본사를 샬럿에 두지만 뉴욕에서의 위상을 그대로 유지할 것이었다. 증권 거래 비즈니스 부문은 이미 미국 사회에서 하나의 아이콘이 된 메릴린치라는 이름과 유명한 황소 로고를 그대로 쓰기로 했다.

플레밍이 구체적인 사항에 전념하고 있는데, 피터 크라우스가 골드만삭스로 돌아가는 길에 플레밍에게 전화했다. 실사 팀의 일부를 골드만으로 보내 자신과 합류시켜줬으면 하는 것이었다.

"아무도 보낼 수 없어. 지금 할 일이 태산 같아. 이거 다 끝내야 해." 플레밍이 대답했다.

플레밍은 일주일 전쯤 메릴에 들어온 크라우스가 업무에 큰 도움이 되지 않으면서, 뱅크오브아메리카와의 딜을 틀어 자신이 근무하던 회사인 골드만과 딜을 하는 쪽으로 몰고 있다고 걱정했다. 게다가 만약에 메릴이 골드만과도 이야기하고 있다는 것을 뱅크오브아메리카가 안다면 그대로 걸어 나가버릴 것이었다.

이에 크라우스가 이견을 제기했다. "우리는 되도록 많은 대안을 가지고 있을 필요가 있어요. 당신이 사장이니 결정은 당신이 내리지만, 지금 큰 실수를 하고 있다고 생각해요."

"맞아. 내가 내리는 결정이야. 그리고 지금 내렸어." 플레밍이 말했다.

"존, 이야기 좀 합시다." 딕 펄드는 뉴욕연방준비은행에 있던 존 맥에게 전화해 거의 애원하듯 말했다. "어떤 방법이 있을 거야. 좀 생각해보자고." 맥은 친구 딕의 처지에 마음이 아팠다. 하지만 그의 요청에 응할 방도가 없었다. "미안해, 딕. 정말 미안해." 맥이 동정하며 말했다.

전화를 끊고 맥은 제이미 다이먼을 비롯해 CEO들이 모여 있는 곳으로 가서 펄드와 나눈 말을 전하며 애통해했다.

다이먼이 미간을 찡그렸다. "조금 전에 리먼에 있는 사람과 아주 비현실적인 통화를 했어. 그는 현실 부정 상태에 있는 것 같아."

"이것 참 이상하군." 맥이 고개를 설레설레 저었다.

AIG에서는 뱅크오브아메리카와 협상하던 도중 휴식을 취하는 크리스 플라워스가 복도에서 윌럼스태드를 기다리며 의자에 앉아 있었다. 함께 있는 사람은 알리안츠의 폴 애클라이트너였다. 두 사람은 같이 AIG에 낼 제안서를 작성했다.

회의실로 안내되자 안에는 윌럼스태드가 슈라이버를 비롯해 어드바이저들과 함께 있었다. 그중에는 JP모건의 더그 브론스타인, 설리번 앤드 크롬웰의 마이클 와이즈먼 등이 있었다.

"제안서를 만들었습니다." 플라워스가 한 쪽으로 된 기본합의서 초안을 윌럼스태드에게 내밀었다.

JP모건 측에서 새로 발견한 200억 달러짜리 구멍에 대해 모르고 있던 플라워스는 기본적으로 총액 400억 달러에 맞춰 딜을 짰다(당시 금요일 기준으로 AIG의 시가총액은 310억 달러였다). 그 안이 제한된 시간 내에 낼 수 있는 가장 타당한 안이라고 했다.

이어서 그는 대략적인 내용을 설명했다. 우선 그 자신의 회사와 알리안츠가 각각 50억 달러씩을 내 100억 달러분의 지분을 인수할 것이다. 그리고 투자은행들에서 200억 달러를 융통할 것이다. 또한 100억 달러분의 자산을 매각할 것이다. 두 회사는 AIG의 산하기업에 직접 투자한다. 그러나 모회사에 대한 경영권도 갖게 된다. 이는 자신과 알리안츠를 보호하기 위한 것이다. 모회사가 쓰러지더라도 그들의 투자 지분이 자회사들에 남기 때문이다. 끝으로, 플라워스는 연준을 설득해 AIG가 브로커-딜러의 자격을 얻게 하여, 과거 골드만삭스나 모건스탠리와 마찬가지로 AIG도 연준의 할인융자를 활용할 수 있는 기회를 확보해야 한다고 했다.

발표를 마치기 전에 플라워스는 지면에 표기하지 않은 조항이 하나 더 있다고 말했다. "밥, 우리는 당신이 CEO에서 물러나기를 원합니다."

플라워스의 말을 기다린 것은 침묵이었다. 윌럼스태드와 그를 보좌하는 사람들은 그 발표를 농담으로 받아들였다. 플라워스가 윌럼스태드를 면전에서 파면하는 말도 안 되는 과감성을 보였기 때문만이 아니라, 그 내용에 잠재적인 함정이 너무 많았기 때문이다. 요컨대 플라워스는 돈을 거의 내지 않을 뿐 아니라 딜에 필요한 자금의 80퍼센트도 맞추지 못했다. 그들은 또한 플라워스가 제시하는 가격이 말도 안 되게 낮다고 생각했다. 그들의 마음속에서 AIG의 가치는 지금보다 적어도 두 배는 더 되어야 했다.

"좋아요." 윌럼스태드가 침착하게 말했다. "우리에게 의무가 있으니 이를 이사회에 회부할 겁니다. 하지만 이 제안에는 우리가 받아들일 수 없는 불확실한 부분이 있다는 걸 알아야 합니다." 윌럼스태드는 플라워스가 여전히 은행에서 돈을 융통할 필요가 있다는 것을 언급하며 말했다. 그리고 "고맙습니다"라고 간단히 인사하며 일어났다. 그들이 빨리 떠나기를 바랐다. 플라워스가 방을 나가자마자 애클라이트너가 문을 닫고 다시 앉았다.

"지금 그가 한 말에 저는 동의하지 않아요." 애클라이트너가 거의 속삭이듯 말했다.

"하지만 당신도 여기 오기 전에 그 문건을 봤겠지요." 윌럼스태드가 감정을 억제하며 말했다.

"아니에요. 그건 우리의 비즈니스 방식이 아닙니다." 애클라이트너가 사과하듯이 부정했다.

"어쨌든 좋아요. 고맙습니다." 윌럼스태드가 응대했다.

모든 사람들이 다 떠났을 때 윌럼스태드는 슈라이버에게 낮은 목소리로 말했다. "저놈들 다시는 이 건물 안에 못 들어오게 해."

리먼의 마지막 순간들

아주 짧은 순간 펄드는 미소를 지었다. CFO 이언 로윗은 연준이 할인융자 한도를 늘릴 계획을 세우고 있다는 것을 들었다. 그렇게 되면 리먼과 같은 브로커-딜러가 자산(악성 부동산 자산을 포함해)을 담보로 돈을 빌릴 수 있는 것이었다.

"잘됐어!" 펄드가 외쳤다. 그는 이로써 시간을 벌고 새로운 대안들을 강구할 수 있을 것이라고 믿었다.

"이건 굉장한 뉴스에요." 로윗도 맞장구쳤다. 벌써 그는 머릿속으로 어떤 부동산 자산을 담보로 내밀고 수십억 달러를 빌려 올 수 있을지 계산하고 있었다. "담보라면 얼마든지 있어!"

"리먼은 즉각 파산을 신청해야 해." 폴슨이 의자에 기대앉으며 가이트너와 콕스에게 지시했다. 리먼이 더는 사태를 질질 끌며 시장 전체에 불확실성을 높여서는 안 된다는 것이었다.

폴슨이 리먼의 파산 신청을 원하는 데는 또 다른 이유가 있었다. 폴슨은 연준이 남아 있는 브로커-딜러들을 위해 할인융자 한도를 늘리더라도 리먼에 그 기회가 돌아가는 것을 원치 않았다. 그렇게 되면 도덕적 해이를 불러일으킨 또 하나의 사례가 될 것이기 때문이었다.

콕스가 기자회견을 열어 리먼의 파산을 공표하겠다고 했다. 리먼에 대한 관할권을 지닌 공식 규제자인 그는, 리먼의 파산 소식이 비공식적인 통로로 흘러나와 시장에 공포를 형성하기 전에 그것을 공식적으로 알려야 한다고 생각했다.

그는 뉴욕연방준비은행의 공보관 캘빈 미첼과 폴슨 장관의 수석보좌관 짐 윌킨슨을 불러 언제 기자회견을 잡을 수 있는지 물었다.

"글쎄요. 증권거래위원회에서 하시는 게 어떨까요? 그게 더 모양새가 좋지 않을까요?" 미첼은 이처럼 혼란스러운 와중에 미디어 이벤트를 마련하는 것이 마뜩잖았다.

"여기서 하는 게 쉽지. 그쪽에는 아무도 없어요. 기자들도 다 여기 있는데." 콕스는 창밖으로 리버티 가에 모여 있는 기자들을 가리켰다.

"좋아요. 그러면 여기서 할 수 있어요. 1층에서 한다면 연단을 그리로 옮길 수도 있고요." 미첼이 말했다.

"그게 배경이 좋겠네." 콕스는 1층에서 자신이 기자회견을 하는 장면을 떠올리며 말했다.

리먼의 파산에 관해 콕스가 무슨 말을 할지 논의하는데 증권거래위원회 시장 및 거래 담당 책임자인 에릭 시리가 그 계획에 문제를 제기했다.

"우리가 이것을 발표할 수는 없어요. 어떤 회사의 이사회가 파산을 신청하기로 결정하기 이전에 우리가 그것을 언급할 수는 없습니다. 그 결정은 리먼의 이사회가 내리는 거예요."

오후 1시가 조금 지나 리먼의 스티븐 버켄펠드는 이 회사의 파산을 담당하는 로펌 웨일 갓샬의 스티븐 댄하우저에게 급히 전화해 바트 맥데이드를 비롯한 리먼의 임원들이 뉴욕연방준비은행에 소환되었다는 것을 전했다. 버켄펠드가 재촉했다. "당신도 빨리 가보는 게 좋겠어요." 그리고 아무 말도 하지 않았다.

댄하우저는 즉시 세 명의 시니어 파트너(하비 밀러, 토마스 로버츠, 로리 파이프)를 대동하고 달려 나가 택시를 잡았다. 네 사람이 교통 정체로 꽉 막힌 길에 갇혀 진땀을 흘리는데, 본사의 한 파트너가 로버츠에게 전화했다. 로버츠가 전달받은 내용은 시티그룹이 리먼 파산 시 채권자인 자신들의 대리인으로 웨일 갓샬이 법률자문을 해줄 수 있겠느냐고 요청했다는 것이었다.

"그건 말이 안 돼. 우리는 지금 리먼과 바클레이스의 딜에 관여하고 있잖아." 로버츠가 대답했다.

사무실을 떠난 지 한 시간 정도 지나 드디어 네 명의 변호사들은 뉴욕연방준비은행에 도착했다. 밖에는 여전히 카메라맨들이 늘어서 있고 경비원들이 그들을 감시하고 있었다. 변호사들이 건물로 들어가는데 시티그룹의 비크람 판디트가 약속에 늦은 듯이 급히 나왔다.

바트 맥데이드와 리먼의 임원들은 이미 위층에 도착해 정부 관리들과 변호사들을 마주보고 앉아 있었다. 뉴욕연방준비은행의 수석법률고문인 톰 백스터가 회의를 주재하고, 증권거래위원회의 법률고문회사 클리어리 고틀립의 변호사들이 자리하고 있었다.

웨일 갓샬의 변호사들이 도착한 것을 본 백스터는 하던 말을 멈추고 지금까지의 경위를 설명했다. "하비, 우리는 많은 고려를 해왔는데, 바클레이스와 리먼의 딜은 없을 것으로 보입니다. 따라서 우리는 리먼이 파산을 신청해야 한다는 결론에 도달했어요."

밀러는 도저히 믿을 수 없다는 듯이 백스터에게 다가가 물었다. "왜? 왜 파산이 필요한 거요? 설명해주세요."

"글쎄요. 모든 상황들을 고려했을 때 그게 반드시 필요한 건지는 저도 잘 모르겠어요. 그러나 어떤 형태로든 구제는 없을 겁니다. 따라서 리먼이 파산하는 것이 타당하다고 보는 거지요." 백스터가 멋쩍어하며 설명했다.

밀러가 동료들을 보며 말했다. "톰, 미안하지만 이해할 수가 없어요."

이때 클리어리 고틀립의 변호사 앨런 벨러Allan Beller가 독단적으로 끼어들었다. "여러분 이거 해야 합니다. 오늘 자정 전에 해야 해요. 우리는 시장을 진정시키기 위한 프로그램을 가지고 있어요."

이에 밀러가 언성을 높였다. "아하! 당신들이 시장을 진정시킬 프로그램을 가지고 있다고? 어떤 프로그램인지 말해줄 수 있습니까?"

"아니. 그건 당신들의 의사결정에 불필요해요." 백스터가 반박했다.

"톰, 이건 말이 안 돼. 어제만 해도 연준의 어느 누구도 파산이라는 말을 꺼내지 않았어. 그런데 이제 와서 오늘 자정 전에 신청서를 내라고? 자정에 무슨 마술이라도 벌어지나? 오늘 밤에는 하지 않을 거고, 그 얄팍한 챕터 11* 신청서를 정식으로 다 작성한 다음에나 파산 신청을 할 수 있어. 그걸로 뭘 해낼 수 있을까?"

"글쎄, 우리는 우리의 프로그램이 있다니까." 백스터도 굽히지 않고 대

---

* 챕터 11이란 미국의 파산법(Bankruptcy Code)의 제11장(Chapter 11)을 지칭한다.

꾸했다.

이때 키가 190센티미터에 가까운 밀러가 일어나 내려다보며 큰 소리로 천천히 물었다. "프로그램이라는 게 도대체 뭡니까?"

백스터는 바로 대답하지 않은 채 불안한 눈빛으로 쳐다봤다.

"만약 리먼이 아무런 준비도 없이 파산하면 시장은 아마겟돈으로 변할 겁니다." 밀러가 경고했다. "나는 브로커-딜러들을 대신해서 왔습니다. 크지 않은 회사들이에요. 그래도 이들의 파산이 시장에 미치는 파국은 큽니다. 그런데 미국을 대표하는 투자은행 중 하나, 더구나 엄청나게 많은 CP를 발행하는 회사가 전에 없던 형태로 파산한다는 거 아닙니까? 시장은 붕괴할 겁니다." 여기서 그는 손가락을 흔들며 다시 한 번 강조했다. "아마겟돈이 될 거예요."

백스터는 증권거래위원회 변호사들을 한 번 둘러보고 잠시 생각하더니 마침내 입을 열었다. "좋아요. 우리가 뭘 하려고 하는지 말할게요. 그러기 전에 우리끼리 회의를 하겠습니다."

"이거 미친 짓이야." 리먼 변호사 팀이 따로 모이자 밀러가 로버츠에게 말했다. "그들이 우리한테 파산 신청을 하라는 거야! 정부가 기업에 파산 신청을 하라고 말하는 거라고!"

"무슨 말을 해야 할지 모르겠네요. 우신 이건 불법이에요." 로버츠가 대답했다.

30분 뒤 백스터와 정부 측 변호사들이 돌아와 회의가 재개되었다. 그리고 백스터가 알렸다.

"여러분이 말한 것을 모두 고려했습니다. 그래도 우리의 입장에는 변화가 없습니다. 우리는 리먼이 파산해야 한다고 믿습니다. 다만 연준의 할인융자 창구를 열어서 브로커-딜러로서 리먼이 영업을 할 수 있게 할

용의가 있습니다."

백스터는 리먼이 혼란을 피하면서 파산을 실행할 수 있도록 절충안을 마련한 것이었다. 연준은 리먼의 브로커-딜러 부문에만 융자를 줄 것이며, 다만 무기한이 아니라 파산의 절차로서만 제공하겠다는 것이었다.

이때 뉴욕연방준비은행의 선임부사장 샌드라 크라이거Sandra Kreiger가 물었다. "월요일 밤에 리먼이 스스로 돈을 꾸릴 수 있는 상태에 도달하기 위해 우리가 내일 공급해야 할 현금이 어느 정도입니까?"

"그 질문에 대답하기는 불가능합니다." 커크가 대답했다.

"그건 상당히 무책임한 답변이 아닙니까?" 샌드라가 공격했다.

"그래요?" 커크가 화를 내며 말했다. "우리가 500억 달러 규모의 거래를 하는데, 우리가 파산을 신청할 때 우리의 거래 상대방이 얼마나 돈을 보낼지 알 수가 있다는 겁니까?"

대화가 험악해지는 것을 보고 밀러가 다시 끼어들어 왜 이 절차가 필요한지 또 물었다.

"우리는 여러분의 의견을 들었고, 우리의 결정이 옳다고 결론지었습니다. 논의는 더 이상 필요 없습니다." 백스터가 말했다.

그러나 밀러는 물러나지 않았다. "당신은 이 회사에 사활을 건 결정을 내릴 것을 요구하고 있습니다. 그렇다면 이 회사는 모든 정보를 얻을 권리가 있습니다."

"그 정보는 줄 수가 없습니다." 백스터가 맞섰다.

이때 앨런 벨러가 끼어들었다. "우리는 이제부터 시장을 안정시킬 일련의 발표를 할 겁니다."

이에 밀러는 비꼬듯이 말했다. "뭐라고요? 당신 지금 내게 언론 발표를 논하는 겁니까?"

이로써 회의는 끝났다.

뱅크오브아메리카와 메릴린치의 합병

로펌 왁텔 립턴의 복도에서 그레그 플레밍은 피터 켈리를 보자 그를 부둥켜안았다. 그리고 환하게 웃으며 그의 귀에 속삭였다. "됐어. 29달러. 자네 나한테 맥주 사야 해."

플레밍은 방금 테인과 통화했는데, 테인은 주당 29달러에 협상해도 좋다는 의사를 밝혔다.

플레밍은 오후 내내 그레그 컬과 협상하면서 뱅크오브아메리카 측에 현재의 협상안을 받아들이는 것뿐 아니라 메릴 직원들의 보너스를 2007년 수준으로 보장할 것을 요구했다. 그 대신에 플레밍과 테인을 포함해 메릴의 어느 누구도 합병된 회사에서 고용을 보장해주기를 요구하지는 않을 것이었다. 이 조건에 대해서는 컬도 높이 평가했다.

이 딜을 확실하게 끝내기 위해서 플레밍은 컬에게 '중대한 사정 변경 material adverse change' 조항과 관련해 합의하라고 설득했다. 즉, 메릴의 상황이 나중에 나빠지더라도 뱅크오브아메리카가 중대한 사정 변경이 발생했다는 이유로 계약을 파기할 수는 없다는 것이었다.

메릴의 주가에 관해 컬은 켄 루이스에게 이렇게 말했다. "나중에는 메릴의 주를 더 싸게 살 수 있을지 몰라요. 하지만 이 딜을 오늘 끝내지 못하면 기회 자체가 없어질 겁니다." 노련한 딜메이커인 컬에게도 이번 일은 큰 업적이 될 것이었다.

저녁 5시에는 뱅크오브아메리카의 이사회가 소집되었다. 한편 메릴도 6시에 세인트레지스호텔에서 이사회를 열었다. 몇 시간만 있으면 월스트리트에서 명성을 떨치던 100년 역사의 메릴린치가 뱅크오브아메리카에 팔리게 될 것이었다. 게다가 미국 은행 합병 사상 가장 큰 가격 프리미엄이 붙었다. 한 신문은 이 합병을 대중적인 월마트가 보석회사인 티파니를 사는 것으로 비유하기도 했다.

한편 뉴욕연방준비은행에서는 투자은행들이 리먼과의 거래를 정산하는 일을 마무리하고 있었다. 이 과정은 순조롭지 못했다. 그날 아침 연준은 CEO들에게 특별 프로그램을 설명하는 메모를 돌렸다. 그 프로그램은 뉴욕과 런던에서 두 시간의 예외적인 거래 시간을 둠으로써, 이 시간에 리먼과의 거래를 거부했던 회사들이 짝을 찾아 리먼과 관련된 융자 또는 투자 자산을 거래하거나 정산할 수 있게 하는 것이었다.

이 프로그램은 리먼이 파산한다는 것을 전제로 했다. "모든 거래는 리먼의 모회사가 파산을 신청하는 경우를 상정해 이뤄진다"라고 연준이 배포한 메모에 적시되었다. 또한 "미국 동부 시각으로 월요일 아침 9시 이전에 리먼브러더스홀딩스의 파산 신청이 접수될 경우 이 특별 거래는 중지될 것"이었다. 연준은 의도적으로 이 메모를 리먼의 누구에게도 보이지 않았다.

연준의 이 프로그램이 아무리 정교하게 마련된 것이라 해도, 많은 투자자들은 자신의 회계장부에서 리먼을 지워버리기 위한 거래 상대방을 찾는 데 애를 먹었다. 뉴욕에서는 오후 4시에 트레이더들이 당혹스러워하며 자리를 뜰 때까지도 리먼과의 거래액이 금요일 오후에 비해 큰 차이가 없는 회사가 상당수였다.

그날의 특별 프로그램에 참가했던 핌코PIMCO의 CEO 빌 그로스Bill Gross는 거래를 끝내고 나와 기자들에게 이렇게 말했다. "리먼과의 거래 포지션을 정산하도록 한 오늘의 특별 거래 시간에 거래량은 매우 적었습니다. 다 합해서 10억 달러 정도 될까요? 다만 기업채권 부문에서는 조금 성과가 있었습니다. 리먼이 파산 신청을 하게 될 경우 쓰나미가 발생할 곳은 세계의 증권회사나 헤지펀드, 기관투자가 등이 보유한 파생상품과 스왑상품이 될 겁니다."

한편 메릴이 곧 뱅크오브아메리카에 팔릴 것이라는 소문이 나돌았다. 미국에서 잘 알려진 투자가 중 한 사람인 그로스는 이 소문에 대해 회의적인 태도를 보였다. "메릴이 뱅크오브아메리카에 팔린다는 소문이 시장을 약간 진정시키는 것 같습니다. 하지만 뱅크오브아메리카가 짧은 협상을 통해 그렇게 많은 프리미엄을 줄 것이라고 믿기는 어렵습니다."

연준에 나와 있던 모건스탠리의 루스 포랫도 이 소문, 특히 가격에 대해 회의적인 입장을 나타냈다. 그녀는 회사의 동료에게 전화해 이렇게 말했다.

"소문에 따르면 주당 29달러라는 거야. 월요일 아침에 발표된대. 하지만 나는 안 믿어. 뱅크오브아메리카는 제대로 실사할 시간도 없었어. 웃기게 높은 가격이야."

하지만 그의 동료는 생각이 달랐다. "그렇다면 그건 분명 켄 루이스의 작품일 거야. 그의 스타일이 그러니까."

"잘 받아서 치고 있어?"

모건스탠리의 CLO 게리 린치Gary Lynch가 전화에 대고 소리쳤다. 크레디스위스의 투자은행 부문 CEO 폴 카렐로Paul Calello는 옆을 서성이고 있었다. 뉴욕연방준비은행에 쓸 수 있는 컴퓨터가 없어서, 게리 린치는 중요한 언론보도자료 문구를 모건스탠리의 대변인 진마리 맥페이든Jeanmarie McFadden에게 불러주고 입력하게 했다. 맥페이든은 린치가 말하는 내용을 놓치지 않기 위해 미친 듯이 타자를 쳤다.

의도는 월스트리트의 투자은행들이 리먼이 도산할지 모르는 상황에서 전체 금융 시스템이 붕괴하는 것을 막기 위해 노력하고 있다는 것을 시장에 알리는 것이었다.

보도문은 이렇게 시작했다. "오늘 세계적인 상업은행과 투자은행들이 유동성을 높이고 시장의 동요를 안정시키기 위해서 일련의 조치를 취해 세계의 주식 및 부채시장을 보호하려 하고 있습니다."

그리고 이를 위해 세계에서 가장 큰 금융회사들이 1,000억 달러를 갹출해 비상융자펀드를 조성한다는 것을 밝혔다. 이는 연준의 PDCF Primary Dealer Credit Facility를 부가적으로 보조하는 것이다. 이 펀드에 참가하는 회사는 비상시에 350억 달러까지 빌릴 수 있다.

그때까지 열 개의 금융회사가 70억 달러씩, 총 700억 달러를 제공하기로 했다. 이 열 개의 회사란 골드만삭스, 메릴린치, 모건스탠리, 뱅크오브아메리카, 시티그룹, JP모건, UBS, 크레디스위스, 도이체방크, 바클레이스로 그야말로 세계를 대표하는 회사들이다. 평상시 그들은 서로 가장 치열한 경쟁자였다.

보도문은 끝으로 "금융산업의 구성원들은 자본시장과 금융 시스템을 보호하기 위해 필요하다면 추가적인 유동성과 보장을 담보하기 위해 모든 노력을 기울일 것"이라고 했다.

마침내 리먼의 직원들 사이에 공포가 번지기 시작했다. 투자은행 부문 책임자 조지 워커 George H. Walker IV는 파크 애비뉴 399번지에 있는 자신의 사무실에서 어떻게 하면 그의 부서를 구할 수 있을지에 몰두하고 있었다.

그 자신은 지난 금요일에 베인캐피털Bain Capital과 TPG 두 프라이빗에퀴티 회사에서 자리를 제안받았다. 둘 중에 자신의 부하들과 함께 이직할 수 있는 방법을 궁리하고 있는데, 맥데이드 밑에서 트레이딩을 하는 에릭 펠더Eric Felder에게서 전화가 걸려왔다. 펠더의 말은 하도 빨라서 환기통이 돌아가는 듯한 소리가 났다.

"당신 육촌에게 전화해야 해. 대통령에게 전화할 수 있다면 바로 이런 때 해야지."

부시 대통령의 육촌인 워커는 자신의 혈연을 이용하는 것이 싫었다. "모르겠어."

"조지, 전화해야 해. 우리 회사가 지금 망해가고 있어. 누군가 막아야 해." 펠더가 말했다.

워커는 결국 백악관에 전화해 메시지를 남겨놓았다. 그러나 회신은 끝내 오지 않았다.

파산이 불과 몇 시간 남지 않은 듯한 상태에서 리먼의 상무 스티븐 버켄펠드에게 갑자기 새로운 문제가 하나 나타났다. 파산과 관련해 고용한 로펌 웨일 갓샬에서 1,850만 달러를 청구한 것이었다. 이는 지난번 받은 법률자문에 대한 자문료로서, 리먼이 월스트리트의 금융회사들에 갚아야 할 수십억 달러에 비하면 아무것도 아닌 액수였다. 하지만 이를 지불하지 못하면 그 로펌과 하비 밀러가 리먼이 챕터 11 파산을 신청하는 데 대리인으로 나설 수 없게 될 것이었다. 즉, 리먼에 돈을 받을 것이 있는 채권자 상태에서는 다른 일로 리먼을 대리할 경우 법정에서 이익의 충돌이 있다고 볼 수 있었다.

버켄펠드로서는 웨일 갓샬의 대리가 절대적으로 필요했다. 그 로펌의 변호사들이 리먼을 가장 잘 알며, 이번 파산 신청은 역사상 가장 신속하게 진행되어야 하기 때문이었다. 로펌의 회장 스티븐 댄하우저 입장에서도 이 파산 신청 건은 매우 중요했다. 리먼 파산 신청의 경우 규모나 복잡성을 고려할 때 엔론의 경우보다 크며, 따라서 수임료가 1억 달러 이상이 될 것이었다.

그래서 댄하우저는 밀린 돈을 파산 신청에 들어가기 전에 즉시 청산해달라고 버켄펠드에게 연락한 것이다. 전신을 이용해 로펌의 계좌로 송금하기만 하면 되는 것이었다. 그런데 사실 이것도 위험한 방법이었다. 돈을 수취하는 입장에 있어도 그 로펌이 법적 대리인을 할 수 있는 자격을 박탈당할 수 있기 때문이다.

그래서 다른 긴박한 일들이 있는데도 버켄펠드는 이를 처리하기 위해 노력했다. 일요일이어서 리먼이 로펌에 전신으로 송금할 수 있는 곳은 JP모건뿐이었다. 이 때문에 버켄펠드는 전화를 걸어 송금을 요청했다.

그런데 댄하우저는 버켄펠드에게 전화를 걸어 송금이 이뤄지지 않았다고 했다. JP모건이 리먼의 계좌를 동결했기 때문이라는 것이다. 댄하우저는 그 결정이 '위에서' 내려진 것이라고 말했다.

버켄펠드는 즉시 JP모건의 수석법률고문 스티븐 커틀러에게 전화해 그 동결 조치가 '위에서' 내려졌다는 것이 무슨 의미냐고 따졌다.

"도대체 그게 무슨 소리야? 그게 제이미 다이먼의 짓인지 외부의 짓인지 모르지만, 언젠가는 증언을 받아 법정에서 따질 거야." 버켄펠드는 화가 치밀어 올라 외쳤다.

결국 커틀러는 그 송금을 처리해주기로 했다.

밥 다이아몬드가 지치고 기운이 빠진 상태로 칼라일호텔에 돌아갔을 때 뜻밖의 일이 기다리고 있었다. 아내 제니퍼와 프린스턴 대학 2학년생인 딸 넬리가 와 있었던 것이다. 노트북으로 뉴스를 살펴보던 딸이 아버지의 노력이 수포로 돌아갔다는 사실을 알고 뉴욕으로 달려온 것이었다.

세 사람은 스미스 앤드 월렌스키 스테이크 하우스로 가서 저녁을 먹기로 했다. 그들이 식당에 막 도착하려던 때에 다이아몬드의 휴대전화가 울렸다.

"전화 안 받을 거야." 그답지 않게 전화를 겁내며 말했다. "더는 전화하기 싫어."

"아빠, 전화 받아요!" 딸이 고집했다.

마지못해 그는 전화를 받았다.

"질문이 하나 있어." 전화를 받자마자 리먼의 맥데이드가 말을 꺼냈다. "우리가 파산하고 나면 당신이 미국의 브로커-딜러 부문을 인수할 의향이 있어?"

"이 전화는 좀 받아야겠다." 다이아몬드가 아내와 딸에게 말했다.

아내와 딸이 식당으로 들어가자 다이아몬드가 물었다. "이렇게 일이 벌어지는 거야? 진짜로 파산 신청을 하는 거야?"

"아직은 잘 모르겠어. 하지만 챕터 11이 제출되고 파산이 성립되면 바클레이스가 브로커-딜러 부문을 파산 후 인수할 의향이 있는지 궁금해."

"바트, 바로 그 부문이 우리가 원하는 거야. 당연히 고려할 거야. 그런데 내가 파산법을 잘 몰라서 어떻게 시작해야 할지 모르겠는데. 우선 이사회와 회장에게 말해야겠지만, 대답은 긍정적일 거야."

다이아몬드가 말을 이었다. "그러면 이렇게 하지. 내일 아침 일찍 팀을 꾸릴게. 그러고 나서 새벽 5시에 만나자고. 하지만 그 사이에 파산 신청을 하지 않았을 경우에는 이메일을 남겨줘. 아무튼 그쪽하고 이쪽 팀이 만나자고.”

일요일 밤, AIG의 밥 윌럼스태드는 최근 상황을 보고하기 위해 JP모건의 어드바이저들과 함께 연준을 방문했다.

폴슨과 가이트너, 제스터 세 사람이 자리에 앉자 윌럼스태드가 어두운 표정으로 말했다. “우리의 현재의 상태는 그대로입니다. 아니 더 어려워졌습니다.” 메워야 할 돈 구멍이 600억 달러로 늘어났다는 것, 그리고 크리스 플라워스의 ‘장난질’ 제안에 관해 설명했다.

제스터가 노트를 하며 구체적인 숫자에 관해 윌럼스태드와 JP모건의 브론스타인에게 질문했다. 제스터는 이 두 사람이 숫자를 대며 왜 딱 떨어지는 수치 대신에 막연한 범위로 대답하는지 이해할 수가 없었다.

“구체적인 숫자를 댈 수가 없습니다. 딱 떨어지는 수치를 뽑을 수가 없어요.” 브론스타인이 한숨을 쉬며 AIG 시스템의 낙후성을 지적했다.

윌럼스태드가 표현했듯이 AIG가 ‘곤란한 상태’에 빠진 것은 누가 봐도 자명했다. 다만 아무도 파산이라는 말을 꺼내지는 않았다.

윌럼스태드는 다시 한 번 AIG의 신용등급이 내려가지 않도록 연준이 융자를 내줄 것을 요청했다.

하지만 가이트너는 그것이 불가능하다고 딱 잡아뗐다. 윌럼스태드는 리먼이 정말로 죽어가는 것을 볼 때 가이트너의 태도가 진지한 것이라고 생각했다. 그래도 그는 끈질기게 말을 이어나갔다.

“저는 거래를 제안하는 것이지 파산을 제안하는 게 아닙니다. 우리가 담보를 내고 연준의 융자를 받을 수만 있다면 변제를 위해 어떤 자산이라도 매각하겠습니다.”

이때 폴슨이 나서서 융자는 안 될 것이라고 못을 박았다.

AIG 팀이 떠나자 가이트너는 폴슨에게 이 회사를 구하기 위해서 무엇인가 궁리해봐야 하지 않겠느냐고 말했다. 어쩌면 또 다른 업계 컨소시엄을 통한 구제를 언급하려는 것인지도 몰랐다.

"모르겠어. 정말 모르겠어." 폴슨이 걱정스럽게 말했다. 아직도 리먼과 메릴린치 문제로 골치가 아픈데, 이제 AIG까지?

폴슨 장관의 수석보좌관 짐 윌킨슨이 상관의 기분을 풀려는 듯이 말했다. "이게 우리한테 벌어지는 일만 아니라면 정말 흥미진진한 연구 대상이겠는데요."

재무성이나 연준 모두 보험회사인 AIG에 대해서는 관할권이 없었다. 그러나 누군가 이 문제에 대해 책임을 따진다면, 가이트너는 거기서 자유로울 수 없었다. 그는 가장 가까운 거리에서 상황을 지켜볼 수 있었기 때문이다. 폴슨은 이 상황에 더는 관여하지 않으려 했지만, 가이트너는 폴슨에게 댄 제스터의 힘을 '빌려줄' 것을 요청했다. 리먼과 메릴을 둘러싼 많은 실제적인 문제를 해결하는 데 제스터는 매우 유용했다.

폴슨은 골드만에서 CFO 대리를 지낸 제스터가 금융서비스회사에 관해서는 누구보다 많이 안다고 생각했다. 게다가 제스터는 지금부터 풀어야 할 또 다른 과제의 복잡성을 잘 알고 있었다. 1990년대 그가 골드만에서 근무할 때 AIG는 그의 클라이언트였다.

저녁이 되어 JP모건의 본사에 돌아와 있던 제이미 다이먼은 더그 브론스타인에게 전화를 걸어 AIG의 현황을 물었다.

"좋지 않습니다." 그는 '눈덩이'처럼 불어나는 AIG 장부상의 구멍을 언급했다.

다이먼은 AIG가 유동성 위기에 따라 당면한 문제들이 많지만 그 회사의 사업에는 본연적으로 큰 가치가 있다고 믿어왔다. 그는 잠시 공상에 빠져들었다. "어쩌면 우리가 좀 봐야 할지도 몰라. 분명히 가치가 있을 거야. 틀림없어."

"무슨 말씀이에요? 우리라니." 브론스타인이 믿을 수 없다는 듯이 물었다.

"그래!"

"안 돼요. AIG 사람들은 자신들의 회계도 파악하지 못하고 있어요."

"모르겠어." 다이먼은 정말로 AIG가 가치가 없는 회사인지 확신하지 못해 중얼거렸다. "좋은 생각일지도 몰라."

폴슨이 시계를 보니 저녁 7시였다. 곧 아시아 증권시장이 열릴 시각인데 리먼은 아직도 파산 신청을 내지 않았다.

"콕스가 리먼에 말을 하긴 한 거야?" 폴슨이 수석보좌관 짐 윌킨슨에게 소리를 질렀다.

윌킨슨은 콕스에게 직접 리먼에 전화하라고 했지만 그가 왠지 꺼린다고 대답했다.

"그는 아무것도 안 해요. 가서 장관이 말씀하신 것을 몇 번이고 되풀이해도 콕스는 안 움직여요. 마치 밤에 자동차 헤드라이트에 얼어붙은 사슴 같아요." 윌킨슨이 말했다.

폴슨은 애당초 콕스를 존중하는 마음이 없었지만, 지금 보니 그는 정말 현실을 모르는 것 같았다. 그에게 리먼의 파산 신청을 지휘하라고 분명히 지시하지 않았는가? "정말 쓸모없는 인간이구먼." 폴슨이 투덜대며 일어나 콕스의 임시집무실로 갔다.

문을 열고 들어가 쾅 소리가 나게 닫은 후 폴슨이 외쳤다. "도대체 뭐

하는 거야? 왜 아직 리먼에 통보하지 않은 거야?"

콕스는 정부 관료 입장에서 민간기업에 파산 신청을 하라고 하는 것이 내키지 않았다. 그래서 그는 과연 그런 통보를 하는 것이 타당한지 모르겠다고 했다.

"당신은 총도 못 쏘는 갱 같구먼! 이건 당신 역할이라고! 지금 당장 전화해!" 폴슨이 외쳤다.

리먼의 마지막 이사회

로펌 웨일 갓샬에서 파산 전문변호사들이 카트에 서류를 잔뜩 싣고 나타났을 때, 리먼의 이사회는 이미 회의를 시작하고 있었다. 맥데이드가 가라앉은 목소리로 뉴욕연방준비은행에서 있었던 일들은 설명했다. 맥데이드가 질문에 대답하고 있는데, 펄드의 비서가 들어오더니 쪽지를 펄드에게 내밀었다. 쪽지를 본 펄드는 의자에 털썩 앉더니 쪽지를 읽었다.

"잠깐만. 바트, 미안해. 크리스 콕스가 전화했는데 회의전화로 한마디 하겠대."

이사회 멤버들은 놀라서 서로를 쳐다봤다. 증권거래위원회 위원장이 금융회사의 이사회를 상대로 빌인을 한 예가 없었기 때문이다. 한 이사가 도대체 그런 전화를 받을 필요조차 있는지 물었다. 하지만 그의 의견은 묵살되었다. 리먼이 여기서 더 잃을 것이 무엇인가? 이때 변호사들이 주의를 줬다. 질문이 있다면 오직 주주의 입장에서 이사회 멤버들만 하는 것이 좋겠다는 것이었다.

펄드가 스피커폰에 다가가 피곤한 목소리로 말했다. "아, 크리스, 딕 펄드입니다. 메시지 받았어요. 이사회 전원과 고문변호사들이 여기 모여 있습니다."

콕스는 리먼의 파산 신청이 시장을 진정시키는 데 도움이 될 것이라고, 마치 준비한 글을 읽듯이 신중하게 말했다. 또한 이것이 국가의 이익에도 도움이 될 것이라고 했다. 이어 그는 뉴욕연방준비은행의 수석법률고문인 톰 백스터를 소개했다. 백스터는 연준과 증권거래위원회가 리먼이 파산 신청을 해야 한다는 데 의견이 일치한다고 했다.

이에 처음으로 입을 연 것은 사외이사인 토머스 크룩생크Thomas Cruikshank였다. 그는 석유파동이 일어난 1980년대부터 오일서비스회사인 핼리버튼Halliburton을 경영했으며, 딕 체니Dick Cheney를 CEO로 임명했던 사람이다.

"리먼이 파산 신청을 하는 것이 왜 그렇게 중요합니까?" 그는 불쾌한 어조로 물었다.

이에 콕스는 시장이 지금 극도로 동요하고 있으며, 정부로서는 모든 것을 다 고려해서 내린 결정이라고 말했다. 이어 몇몇 이사들이 비슷한 질문들을 했으나 콕스와 백스터는 정해진 답변만 했다. 이사들은 이 두 사람의 모호한 답변에 점차 좌절감을 느꼈다.

마침내 크룩생크가 정곡을 찔렀다. "내가 제대로 이해하는지 봅시다. 지금 정부는 리먼이 파산 신청을 하도록 유도하는 겁니까?"

이 질문에 양쪽 모두 잠시 침묵했다. 이윽고 콕스가 말했다. "아, 잠깐만 기다리세요. 곧 답변을 하겠습니다."

이에 리먼에서 한 변호사가 스피커폰의 묵음 버튼을 누르자 이사들의 질문이 터져 나왔다. 증권거래위원회가 우리에게 파산 신청을 하라는 거야? 아니면 연준이? 도대체 이게 무슨 일이야? 그들이 알기로는 정부가 특정한 민간기업의 대문에 '영업정지' 간판을 걸고 파산을 선언하도록 지시한 사례가 없었다.

10분 뒤에 콕스가 다시 스피커폰에 나오더니 교과서를 읽는 듯한 억양으로 말했다.

"파산에 따른 보호 신청은 귀사의 이사회가 결정을 내릴 사안입니다. 이는 정부가 결정할 문제가 아닙니다. 그러나 이미 연준에서 있었던 회의에서 우리는 정부가 선호하는……."

IBM의 전 CEO였던 존 에이커스John Akers가 잡아챘다. "그럼 정부가 유도하는 것이 아니군요."

"저는 이미 발언한 것 이외에 더 말하지 않겠습니다." 콕스의 이 말로서 통화는 끝이 났다.

이사들은 넋을 잃고 서로 쳐다보고, 펄드는 두 손으로 얼굴을 감싸고 가만히 앉아 있었다.

이때 CLO 톰 루소가 일어나 현행 증권법에 의거한 이사들의 책무를 설명했다. 루소가 말하는 사이 몇몇 이사들이 수군거렸다. "파산이 불가피한 것 같아. 지금 해야 하나? 아니면 다음 주에?"

그들은 정부가 쓸 수 있는 수단이 많다는 것을 알았다. 콕스가 원하는 것을 하지 않을 경우 결과가 어떻게 될지 누가 알겠는가? 우선 리먼의 브로커-딜러 부문에 융자를 주기로 동의한 연준이 돈줄을 막고 리먼으로 하여금 거래 상대방과 청산 절차에 들어가게 할 수 있었다.

샐로먼브러더스의 이코노미스트 출신에 리먼의 리스크관리위원회를 이끌어온 81세의 헨리 카우프먼Henry Kaufman이 일어나 말했다. 그는 1970년대에 금융시장에 대해 어두운 전망을 내놓아 '파멸의 박사Dr. Doom'로 불렸다. 그해 들어서는 연준이 상업은행을 너무 약하게 규제한다고 맹비난하기도 했다. 이제 그는 리먼을 파산으로 몰아가려는 정부를 향해 다시 화살을 겨누는 것이었다.

"오늘은 수치스러운 날입니다. 정부는 어떻게 이런 일이 벌어지도록 방관했단 말입니까? 규제 당국자들은 다 어디 갔어요?" 그가 5분여 동안 일장 연설을 마치고 자리에 앉았을 때, 이사들은 그저 슬픈 표정으로 지켜볼 뿐이었다.

자정에 가까워질 무렵, 파산 신청에 관해 이사회의 투표가 이뤄졌고 결국 통과되었다. 몇몇 이사들의 눈에는 눈물이 고여 있었다. 펄드가 고개를 들더니 말했다. "이제 작별을 해야겠군요."

이때 로펌에서 온 파산 변호사 로리 파이프가 웃으며 말했다. "아니에요. 아무 데도 가시면 안 돼요. 파산 신청을 할 때 이사회의 역할은 매우 중요합니다."

"우선 회사의 자산들을 어떻게 처분할지 이사회가 정해야 합니다. 따라서 작별이 아니에요. 당분간 수시로 만나야 합니다." 밀러가 부연했다.

"그래요?" 펄드가 이사들을 쳐다보며 말하더니 천천히 일어나 홀로 자리를 떴다.

워런 버핏이 리먼의 파산이 임박했다는 말을 들은 것은 캐나다 에드먼턴에서 오마하로 돌아와 구글의 공동 창업자인 세르게이 브린Sergey Brin 부부와의 만찬 장소로 가는 길에서였다. 브린을 만난 버핏은 활짝 웃으며 이렇게 말했다. "당신 덕에 돈 많이 아꼈어요. 여기에 시간 맞춰 올 일이 없었다면 뭔가 사고 있었을지 모르니까요."

폴슨과 통화를 마친 마이클 블룸버그 뉴욕 시장은 정부 관계 담당 부시장인 케빈 시키Kevin Sheeky에게 전화해서 말했다. "캘리포니아 출장을 연기해야 할 것 같아." 이때 시키는 몇 달 전부터 계획해온 아널드 슈워제네거 주지사와 함께하는 큰 행사를 위해 이미 짐을 꾸리고 있었다.

"내일 세상에 종말이 올지도 몰라." 블룸버그의 말에 빈정대는 기미는 없었다.

"그렇다면 뉴욕에 계셔야 합니까?" 시키도 진지하게 물었다.

1970년대에 리먼의 CEO를 지내다가 글럭스먼에 의해 내쫓기고 프라이빗에쿼티 회사 블랙스톤그룹을 공동 창업한 피터 피터슨은 아내와 함께 TV를 보고 있었다. 그때 아내가 전화를 넘겨줬다. ≪뉴욕타임스≫ 기자가 그날 벌어진 일에 대해 언급해줄 것을 요청했다.

잠시 생각을 정리하고 나서 그가 입을 열었다. "세상에, 나는 이 업계에서 35년간 일해왔는데, 오늘 벌어진 일들이 가장 놀라운 것이군요."

런던에 있는 리먼의 유럽 모기지 비즈니스 부문의 상급부사장 크리스천 로리스Christian Lawless는 일요일 밤에 클라이언트들에게 마지막으로 이메일을 보냈다.

지난 수주 사이에 파괴된 우리 리먼 그룹의 슬픔은 형언할 수가 없습니다. 하지만 우리는 더 강해진 또 다른 모습으로 다시 일어설 것입니다.

한편 와텔 립턴 사무실에 있던 뱅크오브아메리카의 켄 루이스는 일그러진 미소를 지었다. "와!" 그가 외쳤다.

메릴과 딜이 끝나고 두 회사의 이사회가 승인해 이제 샴페인을 터뜨릴 순간인 것이다.

하지만 그 종료에 이른 과정은 이제 와서 재미있다고 생각하는 것과는 달랐다. 갑자기 메릴의 전 CEO 스탠 오닐이 헐리히에게 이메일을 보내왔다. 내용은 이러했다. "1년 전 메릴의 이사회를 설득하지 못한 것이 매우 유감스럽습니다." 작년 9월에 있었던 루이스와의 비밀협상을 두고 한 말이었다. "아마도 거부하겠지만, 저는 켄 루이스에게 메릴에 관해 조언을 줄 수 있기를 원합니다."

점점 지겨워지는 협상의 마지막 과정에서 그 이메일은 잠깐 웃음을 가져다줬을 뿐이다. 두 회사의 변호사들이 여러 가지 문서를 준비하는 것을 기다리며 루이스는 점점 더 짜증이 났다.

루이스는 합병협정의 세세한 부분에는 관여하지 않았으나, 이는 별도의 약정서들을 필요로 했다. 특히 보상에 관한 약정에는 두 회사의 변호사들이 상당한 시간을 들일 수밖에 없었다. 플레밍은 컬에게 58억 달러의 '인센티브 지급'에 동의하라고 요구했는데, 이는 증권시장이 내려가기 전 해에 메릴에서 지불한 것과 동일한 이례적인 액수였다. 하지만 컬이나 플레밍 모두 합병당하는 메릴의 인재들을 붙들어두는 데 필요한 금액이라고 여겼다.

밤이 깊었는데도 연준에는 여전히 사람들이 남아 뱅크오브아메리카와 메릴린치의 딜이 어떻게 될지를 지켜보고 있었다. 뱅크오브아메리카의 자본준비율을 이유로 그 주 초에 버냉키와 가이트너에게 반대 의견을 내놓았다가 무시당했던 리치먼드연방준비은행에서는 특히 더 많은 관심을 보였다.

밤 9시 49분, 리치먼드연방준비은행 부총재보 리사 화이트Lisa A. White가 뱅크오브아메리카의 CRO 에이미 브링클리Amy Brinkley와 통화를 마쳤다. 화이트는 즉시 동료들에게 'BAC 업데이트'라는 제목으로 이메일을 보냈다.

> 방금 에이미 브링클리와 통화를 마쳤습니다. 그녀는 합병을 위한 몇몇 세부적인 법적 사항을 제외하고는 메릴과의 딜이 거의 마무리되었다고 했습니다. 두 회사의 이사회가 이미 합병을 승인했으며, 법적 문제가 완결되는 대로 발표가 이뤄질 것입니다…….
>
> 에이미는 뱅크오브아메리카의 경영진이 리먼보다는 메릴을 훨씬 더 신뢰하며, 특히 메릴 그룹의 시장가치와 자산을 높이 평가한다고 밝혔습니다. 외부에서는 뱅크오브아메리카가 메릴의 주식에 과도한 프리미엄을 지불한다고 볼지 모르지만, 메릴의 자산 전체를 볼 때 30~50퍼센트 싸게 인수하는 것이라고 했습니다. 프라이빗에쿼티 업계의 거물인 크리스 플라워스가 과거 수개월간 메릴을 실사하고 잠재적인 주식의 취득 주체를 파악했다고 하는데, 뱅크오브아메리카가 그의 작업에 적어도 부분적이나마 의존했다는 것이 제 판단입니다.
>
> 추후 상세한 사항이 들어오면 알려드리겠습니다.

AIG 빌딩을 나와 브로드웨이와 월스트리트가 만나는 곳에 위치한 트리니티교회를 향해 걸어가던 크리스 플라워스는 제이미 다이먼에게 전화를 걸었다. 오후에 윌럼스태드에게 제시한 AIG에 대한 자신의 제안에 관해 다이먼이 어떻게 생각하는지 알고 싶었다.

"무슨 들은 말 있어? 윌럼스태드는 아무 말이 없네."

"있잖아. 네가 그들을 완전히 엿 먹인 거야." 다이먼이 대답했다.

"그래, 알았어. 내가 생각해도 그런 것 같아."

플라워스는 파인 가 70번지로 돌아가며 자신이 작업한 뱅크오브아메리카의 메릴 인수가 얼마나 큰 것이었는지 스스로 감탄했다. AIG 건에 그렇게 많은 시간을 썼는데 그것이 옛일처럼 느껴졌다. 결국 메릴 딜에서도 얻은 것이 없지만 별로 개의치 않았다. 주말에 정신없이 일하며 그의 회사와 부티크투자은행인 폭스피트켈턴Fox-Pitt Kelton은 뱅크오브아메리카에 '공정성 의견fairness opinion'을 제출하는 대가를 받았다.

공정성 의견이란 합병 등에서의 딜에 독립적이고 이익의 충돌이 없는 형태로 제출하는 인가 의견을 가리킨다. 하지만 월스트리트에서는 종종 이를 형식적인 고무도장으로 보기도 한다. 이번 같은 경우에 상황은 더 미묘했다. 플라워스 자신이 메릴의 일부를 인수하고자 하는 장본인일 뿐 아니라 플라워스의 회사가 폭스피트켈턴을 소유하고 있었던 것이다.

아무튼 플라워스와 폭스피트켈턴은 그 서비스를 제공하고 2,000만 달러의 수수료를 받았으며, 딜이 최종적으로 마무리되면 1,500만 달러를 더 받기로 했다. 일주일도 안 걸려 한 작업으로서는 성과가 나쁘지 않았다.

모건스탠리의 루스 포랫은 리먼의 중역으로 있는 자신의 친구를 위로하러 아파트로 찾아갔다. 위로의 와인을 한잔 들려고 하는데 댄 제스터에게서 전화가 왔다. 그녀와 제스터는 패니와 프레디 건을 두고 한 달 이상 함께 일했던 친구였다.

"도움이 필요해. 이 말을 믿지 못하겠지만 우리 재무성에서는 AIG가 이 주에 파산할 거라 생각하고 있어." 제스터의 요청을 받아들인다면 그것은 연준을 위해서 일하는 것이었다. 제스터는 모건스탠리의 팀을 구성해 내일 아침 연준으로 와달라고 했다.

"잠깐만!" 포랫은 믿기지 않아 물었다. "우리가 주말 내내 리먼 건으로 고생했는데, 지금 일요일 밤에 전화해서 내일 아침에 나오라는 거야? 우리가 지난 48시간 고생한 결과가 어떻게 됐어?"

펄드에게 집으로 돌아가는 길은 고통스러웠다. 자동차 뒷좌석에 앉은 펄드는 몸이 마비된 듯했다. 광풍과 탐욕과 투쟁은 사라졌다. 아직 분노가 남았지만 슬픔이 더 컸다. 자동차 엔진 소리와 타이어가 구르는 소리 외에는 아무것도 들리지 않았다. 블랙베리 단말기도 더는 들여다보지 않았다.

그의 벤츠가 저택의 현관 진입로에 들어선 시각은 새벽 2시였다. 아내 캐시가 침실에서 기다리고 있었다. 그는 아직 충격을 떨치지 못한 상태로 침실로 걸어 들어갔다. 그는 며칠 동안 잠을 제대로 자지 못했다. 넥타이는 풀려 있고 셔츠는 구겨져 있었다. 그가 침대에 앉았다.

"끝났어. 정말 끝났다고." 애절하게 말했다.

아내는 그가 눈물을 쏟는 것을 침통한 표정으로 말없이 바라봤다.

"연준이 우리에게 등을 돌렸어."

"당신은 온 힘을 다했어요." 아내가 남편의 손을 잡았다.

"끝났어. 정말 끝났다고." 펄드가 다시 말했다.

Too Big to Fail

AIG 구제 드라마

9월 15일 월요일 아침 7시 10분, 맨해튼 월도프아스토리아호텔 스위트룸에서 헨리 폴슨은 침대에 걸터앉아 있었다. 앞에는 신문이 펼쳐져 있었다. 잠은 별로 자지 못했다. 전날 일어난 일들에 대해 시장이 어떻게 반응할지, AIG가 다음으로 쓰러질 도미노 패가 될지 걱정스러웠다.

≪월스트리트저널≫은 전면을 가로로 가득 채워 평소의 두 배 되는 글씨 크기로 두 줄에 걸친 제목을 내걸었다.

리먼의 붕괴와 함께 월스트리트에 위기,
메릴은 매각되고 AIG는 현금 부족

이 제목으로 볼 때 ≪월스트리트저널≫은 리먼이 새벽 1시 45분 뉴욕 남부법원에 정식으로 파산 보호를 신청하기 전에 인쇄에 들어간 것이 분명했다.

대통령의 반응

폴슨이 막 옷을 다 입었는데 부시 대통령에게서 전화가 왔다.

폴슨은 전날 대통령과 통화했지만 간단하게 말했을 뿐이었다. 이번 전화는 지금 경제가 어떻게 돌아가고 정부가 국민들에게 어떤 메시지를 보내야 하는지를 자세하게 논의할 수 있는 첫 번째 기회였다.

평소보다 더 쉰 목소리로 폴슨은 부시에게 리먼의 파산이 이제 공식화되었다고 보고했다. "의회에서 어떤 인사들은 이 사태를 반길지 모르지만 과연 그들이 그래야 하는지 모르겠습니다." 폴슨이 말했다. 베어스턴스 이후 또 다른 구제에 반대하던 정치적 압력을 두고 한 말이다.

폴슨은 투자가들이 오늘 아침의 뉴스를 비교적 평온하게 받아들일 수 있을 것이라고 조심스럽게 낙관론을 펴면서도, 금융 시스템에는 계속적인 압력이 존재한다고 보고했다. 이날 아침 ≪월스트리트저널≫에는 지퍼 매니지먼트Zypher Management의 짐 어워드Jim Awad의 말이 인용되어 있었다. "이번에는 모두가 대비하고 있었다. 베어스턴스 사태 때와는 다르다. 오히려 주가가 잠깐 상승할 수도 있다. 리먼 사태에 우리 모두가 마음의 준비를 하고 있었기 때문에 한꺼번에 주가가 1,000포인트씩 떨어지는 일은 없을 것이다. 하지만 지금부터 주식시장은 장기적인 침체에 들어갈 것이다."

폴슨은 미국 주식시장이 열리려면 아직 세 시간 반이 남아 있지만 간밤에 아시아와 유럽의 주식시장에서 주가가 조금 떨어졌을 뿐이라고 보고했다. 다우존스 선물지수도 떨어지기는 했지만 3퍼센트 하락에 지나지 않았다.

폴슨은 주말에 있었던 일을 대통령에게 자세히 설명했다. 그는 거기에 영국 정부가 오도한 측면이 있었다고 지적했다. "우리에겐 다른 대안이 없었어요." 폴슨이 말하자 부시도 공감했다.

대통령은 지나간 가능성들에 괘념하지 않았다. 그는 리먼의 파산에 침통해하지도 않았다. 오히려 리먼이 파산하게 둠으로써 행정부가 월스트리트의 금융회사를 구제하는 일은 없을 것이라는 강한 신호를 보냈다는 점을 평가했다.

두 사람이 이야기하는 동안에 리먼의 소식에 시장이 특별히 민감하게 반응하지 않고 있음을 보여주는 징후들이 나타나기 시작했다. RBS그리니치캐피털RBS Greenwich Capital의 은행애널리스트 앨런 러스킨Alan Ruskin은 리먼 파산의 의미를 분석하고 예측하는 문서를 이른 아침 그의 클라이언트들에게 보냈는데, 그는 이렇게 썼다.

"이 시점에서 볼 때, 미국 재무성은 시장의 모든 사람들에게 교훈을 주려고 했던 것 같다. 그것은 금융업계가 구조 변화의 물결을 타는 가운데 정부가 모든 딜의 보증을 서지는 않을 것이라는 점이다. 이런 정부정책의 동기는 부분적으로 재정에 관한 것이고 부분적으로는 도덕적 해이에 관한 것이다. 개인적으로는 후자가 더 크다고 본다. 월스트리트에 이런 경고를 보내는 가장 큰 이유는 정부가 행동을 바꿔 정부 보조에 기대는 기업들의 결정을 받아들이지 않겠다는 것이다. 정부의 이런 결의는 대공황 이후 가장 어려운 신용경색을 겪고 있는 대부분의 금융회사들에게 매우 힘든 교훈이다."

폴슨은 연준이 리먼의 브로커-딜러 부문을 유지시켜 다른 은행과의 거래를 모두 정산하게 할 것이라고 대통령에게 설명했다. "앞으로 이틀 정도면 리먼은 잘 통제된 형태로 정산을 완료할 수 있을 것으로 봅니다."

리먼의 파산에 폴슨은 대통령보다 훨씬 더 큰 충격에 빠져 있었지만, 메릴린치를 인수하기로 한 뱅크오브아메리카의 결정에 관해 설명하면서, 이는 시장이 패닉의 가능성을 완화시키는 힘을 가지고 있음을 보여주는 하나의 징후가 될 것이라고 희망을 섞어 보고했다.

그는 이어서 대통령에게 처음으로 "AIG가 문제가 될 수 있다"고 보고하고, 가이트너와 연준 전체가 힘을 모아 어쩌면 이날 중에 자본을 증강시킬 수 있을 것이라고 했다.

"애써주셔서 감사합니다. 희망이 퍼지기를 바랍니다." 대통령이 말하고 전화를 끊었다.

가이트너의 묘책

아침 7시에 맨해튼 어퍼이스트에 있는 아파트를 나선 JP모건의 더그 브론스타인은 AIG로 향했다. 제이미 다이먼의 전화가 온 것은 그때였다.

"새로운 계획이야. 가이트너가 우리에게 AIG를 위해서 큰돈을 모아달라는 거야. 11시에 연준에서 회의가 있어."

"그렇게 큰돈을 우리가 갑자기 모을 수는 없어요." 브론스타인은 맨해튼의 차량 소음에 귀를 막으며 항변했다.

"정부가 도와달라고 우리와 골드만을 부르는 거야." 그러면서 다이먼은 자신도 힘을 쓰겠다고 약속했다.

이 말에 브론스타인의 얼굴에 공포가 번지며 전화에 대고 소리를 질렀다. "도대체 골드만 이야기가 왜 나오는 거예요? 이건 이익의 충돌이 있는 거 아닌가요? AIG 장부를 보세요. 골드만은 큰 거래 상대예요."

"미국 정부가 부탁한 거야." 다이먼은 브론스타인의 항변을 묵살했다.

"하지만……." 브론스타인도 지지 않았다.

"그만해." 다이먼은 자신의 직속부하가 항변하는 데 짜증이 났다. "이는 우리와 골드만의 대결이 아니야. 우리는 정부의 부탁으로 이 건을 해결하는 거야."

브론스타인은 회사로 들어가 다이먼, 블랙과 머리를 맞대고 정부의 이 이례적인 요청에 어떻게 대응할지 작전을 짰다. 결국 회사의 부회장인 제임스 리James Lee를 동원하기로 했다.

다이먼은 서둘러 리의 집무실로 갔다. 멜빵바지를 입고 금박의 명함 상자를 쓰는 전형적인 신사인 제임스 리는 마침 그날 일찍 나와 있었다. 리먼의 파산으로 아무래도 할 일이 많을 것이라는 생각에서였다. 다이먼이 들어설 때 그는 중요한 고객인 루퍼트 머독Rupert Murdoch*과 막 통화를 끝낸 참이었다. 그의 데스크에는 네 개의 컴퓨터 화면이 놓여 있고, 대형 평면 TV가 벽에 걸려 CNBC의 〈스쿼크박스〉가 나오고 있었다. 그리고 그 옆에는 타임스퀘어의 지퍼Zipper를 닮은 대형 단말을 설치해 뉴스가 나오게 하고 있었다.

---

* 루퍼트 머독은 호주 출신으로 미국을 중심으로 세계에서 미디어 사업을 하는 뉴스코퍼레이션(News Corporation)그룹의 회장이다. 이 그룹은 ≪월스트리트저널≫을 발행하는 다우존스그룹 등을 포함해 50억 달러 이상의 자산을 보유하고 있다.

리가 의자를 돌려 쳐다보자 다이먼이 문에 서서 다짜고짜 말했다.

"할 일이 하나 있어. 지금 뉴욕연방준비은행으로 가줘."

"무슨 일로요?" 리가 놀라며 물었다. 이날 일정이 꽉 차 있을 뿐 아니라 시장이 뒤집힐 것으로 예상하고 있는 터였다.

"AIG 딜을 맡아줘. 가이트너가 전화했는데, AIG를 위해 시장에서 할 수 있는 해법을 찾아달라는 거야. 큰 구멍이야. 이게 잘되면 우리는 많은 융자 기반을 확보하게 될 거야."

뉴욕에서 빚을 주고받는 세계를 잘 이해하고 짧은 시간에 거액의 빚을 내올 수 있는 사람이 있다면 바로 제임스 리였다. 어쩌면 그는 JP모건 최대의 딜메이커인지 모른다. 그는 자신이 하나의 왕국을 가지고 있다고 생각하며 가끔 포시즌호텔에서 점심 연회를 열기도 했다. 그는 미국 금융사상 가장 큰 합병이나 인수 딜에 관여해오면서 마치 미국 기업 사회를 위한 현금자동인출기와 같은 역할을 해왔다. 다이먼이 그에게 지시한 것은 대규모 융자를 구성해 AIG에 제공함으로써 AIG가 영업을 계속하게 하고, 추가로 이 융자단에 참가할 금융회사들을 모아달라는 것이었다.

이 엄청난 지시를 하고 다이먼이 사라지자 스티브 블랙이 들어와 5분간 브리핑한 뒤 전화번호부보다 두꺼운 AIG 자료철을 내놓았다. "여기서부터 시작하세요." AIG를 '악몽과 같은 클라이언트'라고 표현한 블랙은 골치 아픈 일을 다른 사람에게 떠넘겨 홀가분한 마음이었다.

리가 들어보니 AIG에 관한 회의가 뉴욕연방준비은행에서 있을 예정이라 11시까지 가야 한다는 것이었다.

JP모건 빌딩 로비로 내려가자 브론스타인과 마크 펠드만이 기다리고 있었다. 세 사람은 리의 운전사 데니스 설리번이 운전하는 검은색 레인지로버를 타고 뉴욕연방준비은행에 가기로 했다. 설리번은 경찰관 출신으로 지난 20년 이상 코네티컷 주 다리엔과 회사를 오가는 길에 리와 함께 해왔다. 브론스타인이 리와 함께 뒷좌석에 타고 브리핑을 계속했다.

"뉴욕연방준비은행으로 가자. 쓸데없는 짓 하지 말고 어제같이 잽싸게 내려가." 리가 설리번에게 지시했다.

존 맥은 피곤한 표정으로 연단에 서서 그의 부하들에게 연설하기 시작했다. 모건스탠리의 대회의실에 가득 들어찬 그의 간부들에게 그는 지난 주말이 정말 길고 힘들었다는 심경을 토로했다. 뉴욕연방준비은행에서 보낸 이틀 반 동안 그가 먹은 것이라곤 랩으로 싼 샌드위치와 공기에 시든 과일뿐이었다고 했다.

"하지만 이제 기운을 차렸으니 여러분도 기운을 내야 해." 직원들의 용기를 북돋우며 맥은 '리먼을 잃어버린 주말' 이후 시장은 엄청난 압력을 받고 있어서, 미국 시장 선물지수와 유럽에서의 시장점유율이 이미 내려가고 있다고 알렸다. 하지만 한 가지 좋은 소식은 모건스탠리가 건재하다는 것이었다.

이어 맥은 지난 주말 뉴욕연방준비은행에서 있었던 리먼과 메릴을 둘러싼 일들을 요약해서 전달했다. 그는 리먼의 붕괴를 '매우 불행한 것'이라고 했다.

"경쟁자들이 모두 제거되었으니 이건 엄청난 기회라고 할 수 있다면 좋겠지. 하지만 그렇게 말할 수는 없어. 그 대신 내가 하고 싶은 말은 더 열심히 일하자는 겁니다. 올해 벌어진 일들을 생각해봐요. 일들이 온통 갑자기 터져서 우리 경쟁자들 중에 이미 셋이 시장에서 도태됐잖아."

"여러분들이 충격을 많이 받았을 겁니다. 이는 우리 금융계 사람들 모두가 마찬가지일 거예요. 하지만 그래서 우리가 뒤로 기어가 벌벌 떨고 있을 수는 없지."

"우리는 여기에 비즈니스를 하러 나와 있는 사람들입니다. 우리의 클라이언트들을 위해 일하고 시장점유율을 높이고. 늘 잊지 마세요. 우리가 자본시장에서 점유율을 1퍼센트 늘리면 수입은 10억 달러라는 걸."

"지금의 동요가 가라앉으면 앞으로 다가올 기회는 엄청날 겁니다. 나는 긍정적으로 생각하는 사람이지만 극단적인 낙천주의자는 아니에요. 하지는 우리 모건스태리와 우리의 경쟁자 골드만에게는 앞으로 전에 없던 기회들이 올 거라고 생각합니다. 물론 이런 식으로 기회가 오는 건 유감이지요. 나는 우리가 경쟁자들과 싸워서 이기기를 원하지 그들이 죽는 것을 원하는 건 아니니까."

존 맥의 말이 끝나자 CFO 콤 켈러허가 나서서 맥의 말에 마침표를 찍었다. "결국 여기에도 다위니즘이 적용되는 겁니다. 약한 자들은 도태되고 강한 자들은 더 번성하는."

리먼 빌딩 32층의 컨퍼런스센터는 벌집을 쑤셔놓은 것 같았다. 파산 변호사, 구조조정 전문가, 외부 컨설턴트 들을 포함해 수백 명에 이르는 사람들이 움직이고 있었다. 펄드는 혹시 화가 난 직원들이 공격을 할까 봐 경호원들의 호위를 받아 위로 올라왔다. 그는 충격에 빠진 채 여기저기를 왔다 갔다 했다. 오늘 아침에는 파산 신청이 마치 한편의 악몽이라도 되는 듯, 가이트너에게 전화해 이를 취소해달라고 부탁하기도 했다.

한편 리먼의 대형 거래장의 분위기는 무거웠다. 직원들은 상심과 분노가 교차했다. 그 분노는 처음에는 정부에 쏠렸으나, 곧 그 과녁은 경영진으로 바뀌었다. 직원들은 빌딩의 남쪽 벽에 '치욕의 벽Wall of Shame'을 꾸며, 펄드와 그레고리의 사진을 걸고 그 밑에 '멍청이와 더 멍청이Dumb and

Dumber'라고 써놓았다.

리먼지주회사의 파산이 공식화되면서 바클레이스의 밥 다이아몬드가 팀을 이끌고 왔다. 리먼의 자산 중에서 원하는 것을 사기 위해서였다. 다이아몬드가 볼 때 이는 리먼에서 가장 맛있는 부분을 싼 가격으로, 게다가 정부 당국의 지지를 얻어 살 수 있는 절호의 기회였다. 바클레이스가 가장 원하는 부분은 리먼의 미국 내 브로커-딜러 부문과 그 건물이었다. 이번에는 영국의 금융감독청과 정부도 지지했다. 게다가 바클레이스 이사회의 승인도 필요 없었다.

맥데이드는 바클레이스와의 협상을 위한 팀을 구성했다. 파산으로 주주들이 사라졌지만, 그는 협상을 잘하면 수천 명의 직원들의 자리는 보존할 수 있을 것이라고 믿었다. 그런데 바클레이스와의 회의가 시작되기 전에 글로벌 자기자본투자 부문을 이끄는 알렉스 커크가 맥데이드를 옆으로 잡아끌었다. 커크는 지난주의 일 때문에 정신적으로 지쳐 있었다. 그는 바클레이스가 이날 자산을 더 싸게 사려고 불과 24시간 전에 인수 제안을 내놓은 것이라고 생각했다. 이런 처사에 그는 분노했으며, 이는 다른 많은 트레이더들도 마찬가지였다.

"바클레이스는 자신이 속고 있거나 아니면 우리를 속이고 있는 거예요. 저는 이런 멍청이거나 사기꾼 둘 중 하나인 회사에서 일할 생각이 없어요. 이번에 보인 영국 정부의 행태를 봤을 때, 늘 간섭받는 금융회사에서 일하고 싶지도 않아요. 그러니 협상에서 저는 제외해주세요." 커크가 말했다.

맥데이드는 이 말에 실망하면서도 공감했다. "알아들었어. 원하는 대로 해." 그래도 그는 커크에게 앞으로 일주일 동안 거래장을 정리하는데 이를 도와달라고 했다. 여기에는 커크도 마지못해 동의했다.

맥데이드가 바클레이스와의 협상을 맡긴 것은 스킵 맥기와 마크 샤피르였다.

한편 또 다른 회의실에서는 리먼의 파산 변호사 하비 밀러가 바클레이스의 경영진과 만나고 있었다. 로진 코헨과 함께 리먼의 변호사를 지냈던 설리번 앤드 크롬웰의 제이 클레이턴이 바클레이스의 고문변호사로 참석했다. "오늘은 제가 셔츠에서 피부로 바뀌는 날이네요." 클레이턴은 어색하게 말하며 바클레이스 팀 쪽에 앉았다.

밀러는 리먼의 자산을 신속하게 처분하는 길을 찾으려 노력했다. 거래 상대방과 신뢰를 바탕으로 움직이는 금융업에서 파산 기업 청산은 1초라도 늦으면 늦은 만큼 손해이기 때문이었다.

바클레이스의 어드바이저 마이클 클라인이 입을 열었다. "우리는 책무가 따르지 않는 자산만을 사고자 합니다."

"무슨 말입니까?" 밀러가 물었다.

"완전하게 '깨끗한 딜'이 아닌 한 리먼의 어떤 자산도 살 의향이 없다는 겁니다." 클라인이 대답했다.

이때 바클레이스 미주 법인 회장 아치볼드 콕스Archibald Cox가 끼어들었다. "그리고 인수 협상을 내일까지 마치려고 해요."

밀러는 콕스를 째려보며 말했다. "그렇다면 지금이라도 이 협상을 그만두는 게 좋겠습니다. 금방 썩는 자산이라도 매매에는 일반적으로 21일에서 30일 정도가 걸립니다."

"그렇게 오래 기다릴 수 없습니다. 그때가 되면 모든 비즈니스 기회는 사라질 겁니다." 콕스가 대답했다.

이에 밀러가 제안했다. "그렇다면 제가 생각할 수 있는 유일한 방법은 그쪽이 법원에 신청해 일정을 앞당기는 겁니다. 그 경우 우리는 원칙적으로 SIPC의 동의를 얻어야 하고, 그 동의를 바탕으로 이 매각에 맞춰 새로운 절차를 시작해야 하는 겁니다."

"그렇게 할 수 있습니까?" 콕스가 물었다.

"해봐야 알 수 있지요." 밀러가 대답했다.

JP모건과 골드만삭스의 연합작전

티머시 가이트너는 뉴욕연준에서 제이미 다이먼과 함께 골드만의 로이드 블랭크파인과의 전화회의를 기다리고 있었다. 블랭크파인은 사내 월요일 아침회의를 마치고 전화를 받게 되어 있었다.

JP모건과 골드만삭스를 팀으로 묶어 AIG를 돕게 하는 것은 전날 저녁 가이트너가 폴슨과 상의하고 나서 결정되었다. 그의 논리에 따르면, 우선 JP모건은 과거 반년간 AIG의 어드바이저로 일했으므로 내부 사정을 잘 알고, 따라서 다른 금융회사들이 문제의 본질을 알기 쉽게 설명할 수 있는 입장에 있다는 것이었다. 가이트너는 자산을 평가하고 융자 신디케이트를 구성하는 데 골드만이 도움이 될 것이라고 판단했다. "걔네들 정말 똑똑해!" 가이트너는 자신의 부하들에게 골드만을 종종 칭찬하곤 했다. 그는 또한 골드만이 AIG에 자문을 제공했고 지난 주말에 일부 자산의 구입을 고려하기도 했으므로 AIG의 내부 사정을 잘 알 것이라고 생각했다.

"로이드, 저는 지금 제이미와 함께 전화하는 거예요." 블랭크파인과 연결되자 가이트너가 입을 열었다. 그는 AIG를 위해 시장에서 할 수 있는 해결책을 원하며 골드만의 도움이 필요하다고 말했다.

"JP모건 팀이 곧 올 거예요. 골드만도 팀을 구성해 올 수 있겠어요?"

"좋아요. 몇 시지요?"

"11시까지 올 수 있어요?"

"갈게요." 블랭크파인이 대답했다. 이미 10시 15분이 지나 있었다.

블랭크파인은 즉시 골드만의 정예를 뽑아 팀을 꾸렸다. 여기에는 공동 사장 존 윙클레이드를 비롯해 투자은행 부문 공동 대표 데이비드 솔로몬 David Solomon과 자기계정투자 부문 대표 리처드 프리드먼Richard Friedman, 지난 주말 AIG에 나가 있던 크리스 콜Chris Cole도 포함되었다. 이들은 곧 로비에서 만나 뉴욕연방준비은행으로 향했다.

월요일 오전, 뱅크오브아메리카와 메릴린치의 합병에 대해 특별할 것 없는 기자회견을 마치고 난 뒤 크리스 플라워스는 알리안츠의 폴 애클라이트너와 함께 골드만으로 발을 옮겼다. 그들은 크리스 콜을 만나 주말의 일에 대해 사후 논의를 하고 AIG 자산 취득에 관해 공동으로 할 수 있는 일이 있는지 상의하고자 했다. 회의실에서 콜을 거의 반 시간을 기다리다 지친 두 사람은 먹을 것을 사기 위해 아래층으로 내려갔다.

그런데 로비로 내려가 보니 브로드 가 85번지 쪽으로 30미터 정도 떨어진 곳에 블랭크파인과 콜이 골드만의 시니어 팀을 이끌고 월리엄 가를 걸어 뉴욕연방준비은행 쪽으로 가고 있었다.

"우리를 무시하고 기다리게 한 기야!" 플리워스가 말했다.

JP모건의 리와 브론스타인, 펠드먼이 AIG에 도착해서 보니 빌딩이 텅 비어 있는 것 같은 느낌이 들었다. 지금 이 회사가 죽느냐 사느냐의 갈림길에 있다는 것을 생각했을 때 이상한 풍경이었다.

윌럼스태드가 그들을 맞았다. 윌럼스태드가 느끼기에 이미 냉각된 JP모건과 AIG의 관계는 더욱 악화되고 있었다. 이들이 아직도 나의 어드바이저들인가? 아니면 이제는 정부의 심부름꾼인가? 그렇지 않으면 직접 뭔가를 노리는 것인가?

회의가 시작되기 전에 브론스타인은 윌럼스태드와 개인적으로 대화를 나눴다. "정부가 이걸 원해요. 그쪽에서도 괜찮겠지요?" 브론스타인이 물었다.

"물론이지요." 윌럼스태드가 대답했다.

회의실로 돌아오자 제임스 리가 뉴욕연방준비은행으로 빨리 가야 한다는 마음에 질문을 속사포로 쏟아냈다. "지금 보유하고 있는 현금이 얼마나 확실한 것입니까? 거기에 대해 신용등급회사의 의견은 어때요? 돈을 빌려 올 수 있는 신용한도는 어느 정도입니까?"

윌럼스태드의 대답은 모호했다. 그는 재정 상태가 악화되고 있다고 말했다. 그리고 리먼의 파산으로 시장이 더 취약해진 탓에 AIG가 제공할 수 있는 담보가 줄어들어 자산평가는 더 떨어질 가능성이 있다는 것 등에 대해 말했다.

리가 볼 때에 이 회사나 CEO 윌럼스태드가 재정 상태를 샅샅이 파악하고 있지 못한 것이 분명했다. 블랙이 말한 그대로였다.

JP모건 팀이 뉴욕연방준비은행으로 떠나기 전에 윌럼스태드가 분위기를 진정시키려는 의도로 말했다. "아직은 시간이 좀 있는 것 같은데요."

JP모건 팀이 뉴욕연방준비은행으로 부지런히 걸어가는데 리가 고개를 흔들며 말했다. "누구든지 시간이 좀 있다고 말할 때는 시간이 없는 법이거든. 그리고 돈이 좀 필요하다고 할 때는 재정 상태가 엉망이라는 얘기야." 잠시 멈췄다가 한마디 덧붙였다. "AIG가 이번 주를 못 넘기겠는데."

뉴욕연방준비은행에 다시 모인 CEO들

주말을 뉴욕연방준비은행에서 고생하며 보낸 은행가들과 변호사들은 또다시 여기에 모여야 한다는 사실에 기가 막혔다.

이 무리에 새로운 인물이 하나 들어 있었는데 그는 뉴욕 주 보험 담당관 에릭 디날로였다. 그날 아침 그는 주정부가 규제하는 보험회사 자산에서 약 200억 달러까지 AIG가 담보로 활용하는 것을 허용했다. 그날 오전에 데이비드 패터슨David A. Paterson 주지사가 기자회견을 열어 이 결정을 발표하기로 했는데, 디날로는 이 자리에 동석하기로 되어 있어서 주지사의 집무실로 차를 몰다가 가이트너의 전화를 받고 뉴욕연방준비은행으로 온 것이었다.

회의가 시작되기를 기다리며 웅성거리는데 블랭크파인이 디날로에게 커피를 한 잔 따라서 건넸다. "당신의 참석이 금융위기의 종지부를 의미하기를 바랍니다. 전에 뵐 때는 모노라인* 일로 모였었는데, 이제 AIG 문제도 해결되기를 바랄 뿐입니다." 지난 1월, 디날로는 신용위기 속에 휘청거리던 암박Ambac Financial Group과 MBIA Municipal Bond Insurance Association 건으로 월스트리트 CEO들을 모은 적이 있었다.

JP모건의 리와 브론스타인, 펠드만은 뉴욕연준에 도착해 골드만의 고위 인사들이 몰려 와 있는 것을 보고는 즉시 압도당했다. 뉴욕연방준비은행을 대표하도록 고용된 모건스탠리에서는 밥 스컬리와 루스 포랫이 와 있었다. 그들도 골드만의 참석자들을 보고 놀랐다. "로이드는 어디 있

* 모노라인(monoline)은 채권보증에 특화한 보험회사를 가리킨다. 아래에 소개된 암박과 MBIA가 이에 해당한다.

어?" 스컬리가 포랫에게 속삭였다.

누구도 말하지는 않았지만, 골드만과 JP모건, 모건스탠리 세 회사는, 아니 월스트리트의 거의 모든 회사는 AIG의 큰 거래 상대였다. 만약에 AIG가 쓰러진다면 이들은 모두 심각한 타격을 입을 것이었다. 따라서 이 자리에 모인 모든 회사들에는 AIG를 살려야 할 분명한 동기가 있었다.

표면적으로 골드만은 AIG의 가장 큰 거래 상대방 중의 하나였다. 하지만 골드만은 AIG에 대한 거래를 모두 헤지해놓아서 AIG가 도산할 경우 오히려 5,000만 달러를 벌 것이라고 오늘 아침 게리 콘이 내부적으로 자랑하기까지 했다. 2007년 말부터 골드만은 AIG와의 거래에 대해 CDS의 형태로 보험을 구입해놓았는데, 그 결정이 무척 현명했던 것으로 드러나고 있는 것이었다. 골드만은 내부적으로 '와우분석WOW analysis'이라고 불리는 최악의 상황 시나리오worst-of-the-worst case scenario 분석을 실시했었는데, 그 분석이 현실로 나타나고 있었다. AIG와 얽힌 거래는 헤지가 되어 있었지만 블랭크파인은 더 큰 문제를 의식했다. AIG가 도산할 경우 다른 금융회사들과 시장 전체에 미칠 이차적인 충격은 골드만에게도 수십억 달러의 손실을 입힐 수 있었다.

이윽고 일행이 가이트너가 기다리는 회의실로 안내되었다. 가이트너 옆으로는 워싱턴에서 온 재무성의 댄 제스터와 제레미아 노턴이 자리를 잡고 있었다.

모든 사람이 자리를 잡은 가운데 블랭크파인은 제이미 다이먼이 보이지 않는다는 사실을 깨달았다. 그는 가이트너가 자신과 다이먼을 부른 것으로 생각했다. "제이미는 어디 있어?" 골드만의 윙클레이드에게 묻자 모르겠다는 표정으로 어깨를 으쓱했다.

이때 가이트너가 모인 사람들에게 말하기 시작했다. "우리가 원하는 것은 민간 부문이 주도하는 해결책입니다. 이를 위해 무엇을 할 필요가 있겠습니까?"

이때부터 10여 분간 회의실에는 여러 사람들이 의견을 제안하는 바람에 불협화음이 울렸다. "신용평가회사가 AIG의 등급을 떨어뜨리는 것을 멈추게 할 수 없을까요?" "뉴욕 주가 해준 것처럼 다른 주의 보험 규제 당국자들도 해당 주에 소재한 AIG 자회사의 보험 자산을 담보로 쓸 수 있게 허용하도록 할 수는 없을까요?"

가이트너가 자리에서 일어나며 말했다. "논의는 댄에게 맡기겠습니다." 그러면서 댄 제스터를 가리켰다. 댄 제스터는 행크 폴슨의 눈과 귀의 역할을 하는 사람이었다. "계획이 서면 알려주세요."

떠나기 전에 그는 한마디 덧붙였다. "분명히 말씀드리겠습니다. 연준의 돈은 못 씁니다."

논의는 그로부터 한동안 몇 가지 주제를 이리저리 방황했다. 다시 질서가 잡힌 것은 브론스타인이 AIG의 재정 상태가 얼마나 악화되었는지를 설명하면서부터였다. AIG의 재정 상태가 급격히 악화되는 원인은 신용평가회사의 신용 강등, 그리고 거래 상대방들이 계속적으로 담보를 더 설정하라고 요구하는 데 있었다. 이는 반드시 골드만삭스를 들어 비난한 것은 아니었다. 물론 골드만이 1년 내내 그랬듯이 지난 주말에도 담보를 더 설정하라고 요구한 것은 사실이었다. 그런 모욕에 블랭크파인은 즉시 반응했다.

"그렇다면 언제 AIG의 변제가 이뤄지는 겁니까?" 이는 많은 거래 상대방들을 대변하면서도 골드만 자신을 위해서 하는 말이었다. 이때 한 참석자는 자신의 노트에 '골드만삭스 – 6억 달러'라고 적었다. 골드만이 변제를 요구하는 대략의 금액이었다. 골드만이 AIG와의 거래에 헤지를 걸어놓았다고는 하지만, AIG와 거래하기 위해서 더 필요한 담보가 이 정도는 되어야 한다고 본 것이다. 이때 모건스탠리의 스컬리가 끼어들어 물었다. "무디스의 신용등급 강하를 며칠 미뤄서 우리가 좀 숨을 돌리게 할 방법이 있을까요?"

제임스 리가 나서서 꽉 막힌 이야기를 풀고 회의의 주도권을 쥐어야겠다고 생각한 것은 이때였다. 좀 더 큰 그림을 놓고 이야기하기 전에는 아무런 진전이 없다고 생각했던 것이다. 이 방에 모인 사람들이 무엇인가 생산적인 것을 하지 못한다면 AIG는 앞으로 이틀도 못 버틸 것이었다.

리는 이미 제기된 문제들 중에서 반드시 파악해야 할 것들의 목록을 뽑아봤다.

유동성 예측

가치평가 – 비즈니스, 증권 두 부문

기본합의조건

참가자

전반적인 법적 문제

그리고 노트의 여백에 AIG가 지닌 구멍의 크기를 상정해놓았다. 500억? 600억? 700억? 그리고 이 규모의 융자를 만들기 위해 필요한 기본 조건들의 초안을 써봤다. "만기 1~2년. 담보: 모든 것. 고려사항: 수수료, 스프레드 확산, 전환사채."

AIG가 필요로 하는 융자의 규모로 볼 때 수수료는 가히 천문학적인 숫자가 될 것으로 보였다. 결부되는 리스크를 볼 때 그는 전체 융자액의 500베이시스포인트, 즉 5퍼센트를 요구할 수도 있었다. 500억 달러의 융자를 구성한다면 25억 달러의 수수료를 벌 수도 있는 것이었다.

리는 이어 융자 한도를 늘리기 위해 추가할 수 있는 금융기관의 목록을 정리해봤다. 거의 모두가 AIG와 이미 큰 규모의 거래를 하고 있으며 따라서 이 딜에 취약한 회사들이었다. JP모건, 골드만삭스, 시티, 뱅크오브아메리카, 바클레이스, 도이체방크, BNP파리바, UBS, ING, HSBC, 산탄데르Santander. 그는 회사 이름을 더 추가하려다가 열한 번째에서 멈췄다.

"됐어, 됐어." 리는 그가 만든 목록에 관해 참석자들에게 설명했다.

"그거 좋네. 제가 볼 때 맞는 거 같아요." 윙클레이드가 맞장구를 쳤다.

이로써 참석자들은 AIG의 비즈니스를 몇 개의 범주로 나눠 일을 분담해 기본적인 실사를 시작했다.

참석자들이 세부 사항을 논하기 전에 잠시 틈이 나자 블랭크파인은 일어나더니 곧장 문을 열고 나갔다. JP모건의 다이먼이 없는데 자신보다 낮은 사람들하고 더 있을 필요가 없다고 생각한 것이다.

이윽고 참석자들이 모두 뉴욕연방준비은행에서 나와 AIG로 가서 구체적인 수치들과 씨름을 하고 있을 때, 리의 머릿속에는 이미 계산이 진행되고 있었다.

"누가 이 지겨운 융자를 떠맡을까?" 그는 딱히 누구를 지목하지 않고 큰 소리로 물었다.

그날 오후 1시 30분, 폴슨은 백악관 브리핑실 연단 위로 올라왔다. "기자 여러분, 주말 잘 보내셨습니까?" 그가 인사를 하자 어색한 웃음이 번졌다. "아시다시피 우리는 지금 미국 금융시장에서 가장 어려운 시기를 헤쳐 나가면서 과거의 지나쳤던 일들을 바로잡으려 하고 있습니다."

그는 워싱턴으로 돌아오자마자 재무성에 들렀다가 백악관으로 와서 기자회견을 하는 중이었다. 뉴욕을 떠난 비행기에서 장관보좌관 짐 윌킨슨은 그에게 기자회견에 관해 지침을 주었다. "모래 위에 분명한 선을 하나 그었다고 하세요." 윌킨슨은 기자들이 왜 리먼은 파산하고 베어스턴스는 구제되었는지 물을 것이라고 했다. 이 질문을 이용해서 시장에 만연해 있는 도덕적 해이를 논하고, "미국 정부가 기업구제 일을 하는 곳이 아니다"라는 것을 분명히 하라고 충고했다.

폴슨은 사실 지금이 도덕적 해이에 관해 그렇게 교조적인 태도를 취해야 할 때인지 의아해서 윌킨슨에게 이의를 제기했다. 하지만 그는 일단 너무 피곤했고, AIG 문제에 신경이 쏠리는 것을 어쩔 수가 없었다.

폴슨의 말이 끝나자 기자단에서 질문이 나왔다. 우선은 쉬운 질문이었다. "앞으로 정부의 역할이 어떻게 될 것인지 말씀해 주시겠습니까? 패니메이, 프레디맥, 베어스턴스와 같은 사례에서 연방정부가 했던 시장 개입이 앞으로 또 있을 것입니까?"

폴슨은 잠시 숨을 고르고 나서 대답했다. "연방정부의 역할은 매우 중요합니다. 아시다시피 지금 미국 자본시장의 안정보다 더 중요한 과제는 없습니다. 따라서 규제 당국이 촉각을 곤두세우고 있는 건 중요하다고 생각합니다."

"이를 '더는 없다'라고 해석해도 좋겠습니까?" 기자들이 외쳤다.

"제 말을 '더는 없다'라고 받아들이지는 마세요." 폴슨이 목소리를 가다듬으며 말했다. "제 말은…… 금융 시스템의 안정성과 질서를 유지하는 것이 중요하다는 겁니다. 도덕적 해이는 제가 가볍게 받아들일 수 있는 것이 아닙니다."

그러자 예상하던 질문이 나왔다. "베어스턴스의 구제에는 찬성하고 리먼의 구제에 반대한 이유는 무엇입니까?"

폴슨은 생각을 정리하고 입을 열었다. "지난 3월에 베어스턴스를 둘러싼 상황과 조건들은 우리가 9월에 목격한 것들과 매우 달랐습니다. 저는 리먼브러더스와 관련해 세금을 쓰는 것이 타당하다고 생각한 적이 한 번도 없습니다."

이 대답은 나중에 폴슨을 괴롭힐 수 있는 것이었다. 그는 단어들을 조심스럽게 이어나갔다. 엄밀히 따지면 그의 말은 맞았다. 그러나 사실 뱅크오브아메리카나 바클레이스가 리먼을 인수하려고 했다면 그 딜이 이루어지도록 세금을 쓸 용의가 있었다. 그러나 그 부분을 들고 나올 수는 없었다.

질문이 쏟아지자 폴슨은 점점 흔들렸다. "왜 연준이 AIG에 단기연결융자bridge loan를 제공하는 겁니까?" 한 기자가 물었다.

"지금 뉴욕에서 이뤄지는 일들은 연방정부의 단기연결융자 등과 아무런 관계가 없습니다. 그것은 민간이 주도해 금융 시스템의 안정을 꾀하는 중요한 일입니다. 이에 관해서는 제가 말할 수 있는 게 없습니다."

그리고 그는 연단을 내려가려다가 말했다. "한 가지 질문만 더 받겠습니다. 저기 가운데 계신 여성분." 그가 한 기자를 가리키며 말했다.

그 기자는 미국 금융 시스템의 건전성을 어떻게 평가하는지 물었다.

"앞으로 가는 길에 많은 어려움이 있을 겁니다. 하지만 우리는 지금 앞으로 나아가고 있습니다. 오늘 시장이 돌아가는 모습은 우리의 금융산업이 협동하고 있음을 반영하는 것이라고 봅니다. 지금 금융시장은 전례 없이 어려운 상황에 있지만, 이를 매우 자랑스럽게 헤쳐 나가고 있다고 생각합니다. 감사합니다."

오후가 되자 AIG 본사 16층에 있는 대회의실은 아수라장이 되었다. 골드만과 모건스탠리를 중심으로 한 투자은행의 직원들과 변호사들이 100명 이상 모여 AIG의 실사를 진행하고 있었다. 그런데 한 가지 문제는 아무도 AIG 회계의 진짜 수치들을 파악할 수가 없다는 것이었다.

"여기 AIG 사람 있어요?" 누군가 외쳤다. 아무도 손을 들지 않자, 웃음이 회의실을 휩쓸고 지나갔다.

마침내 AIG의 전략기획 담당 브라이언 슈라이버가 불려 왔다. 하루에 세 시간씩 자면서 일해온 그는 그 자리에서 쓰러질 것 같은 모습이었다. 이윽고 그가 최근의 수치들에 대해 설명했다. 그의 미지근한 설명이 끝나자 아침에 연준에 있던 핵심 그룹은 AIG의 이사회실로 모였다.

처음에는 진척이 있는 것처럼 보였다. 리와 윙클레이드는 AIG의 자산이 견고하다고, 적어도 담보로 잡고 돈을 빌려줄 정도는 된다고 믿었다. AIG가 겪고 있는 것은 일시적인 유동성 위기라고 믿었던 것이다. 따라서 융자만 실시된다면 문제는 해결될 것이라고 생각했다.

핵심 그룹은 예비로 기본합의조건서term sheet를 만들어보기로 했다. 우선 융자액을 500억 달러로 하고, 이에 대해 AIG 주식의 79.9퍼센트에 대한 보증을 요구하는 것이다. 이는 AIG 주가를 거의 징벌적으로 평가하는 것이지만, AIG가 현재 처한 상황으로 볼 때 파산을 면할 수 있는 유일한 방법이었다. 윙클레이드와 리는 또한 이 융자를 주선하는 대가로 JP모건과 골드만이 나눠 가질 수수료에 대해 논의했다. 두 회사가 구성하는 신디케이트 융자가 500억 달러라면, 각각이 받아야 할 수수료는 12억 5,000만 달러는 되어야 했다.

진척 상황을 뉴욕연방준비은행에 가서 가이트너에게 보고하려고 나서는데, 연준을 대리하는 모건스탠리의 루스 포랫이 AIG를 대리하는 블랙스톤의 존 스터진스키를 옆으로 잡아끌었다. 두 사람은 친한 친구였다.

스터진스키는 모건스탠리 영국 법인에서 기업 인수합병 비즈니스를 이끈 적이 있었다.

"어떻게 생각해?" 포랫이 물었다.

"무슨 의미야? 아직 이 회의에서 합의조건서가 만들어질지 안 될지도 잘 모르는 상태인데."

"내 말은 그게 아니고, JP모건과 골드만 애들이 이 비즈니스를 가로챌 것 같다는 거지."

"그놈은 황소 젖꼭지만큼도 쓸모가 없어!"

평소에 조용한 성품의 밥 윌럼스태드가 제이미 갬블과 마이클 와이즈먼 두 변호사에게 무디스에 연락했을 때 나눴던 대화 내용을 설명하면서 재무성의 댄 제스터를 비난하며 내뱉은 말이었다. 윌럼스태드와 제스터는 무디스에 AIG의 신용등급 강등을 연기해달라고 부탁하는 전화를 했던 것이다.

윌럼스태드는 제스터가 재무성의 권위와 과거 투자은행가로 일한 경험을 살려 이 일을 잘해낼 것으로 기대했다.

윌럼스태드의 설명에 따르면 원래 계획은 "연준이 무디스에 좀 겁을 줘서 시간을 버는 것"이었다. 그런데 제스터는 진화에서 "그런 말을 하기를 원하지 않았다"는 것이다. 정부의 압력을 행사하는 것에 주저하며 제스터가 겨우 한 말은 "큰 금융회사들을 데리고 우리가 다 모였다. 큰 팀이 일을 하고 있으니 시간을 하루 이틀 더 달라"는 것이었다고 윌럼스태드가 말했다.

AIG에 가 있던 핵심 그룹은 다시 뉴욕연방준비은행으로 몰려왔다. 서른 명이 움직이는 대신 가이트너가 AIG로 와달라고 제스터가 부탁했으나 가이트너는 이를 거절했다. 뉴욕연방준비은행의 총재는 상당한 특권을 지닌 자리다. 따라서 서른 명의 거물 금융인들이 연준으로 오는 수밖에 없었다.

윙클레이드가 가이트너에게 한 요약 보고에 따르면 그들이 메워야 할 구멍은 약 600억 달러였는데, "조금 늘어날 수도" 있었다. 문제는 연준의 도움 없이 이렇게 거대한 융자 안건을 해결할 사람이 없다는 것이었다.

"여기에 정부가 낼 돈은 없습니다." 가이트너는 딱 잡아뗐다. 이 말은 폴슨이 그날 오전 워싱턴에서 한 말과, 리먼과 관련해서 가이트너 자신이 지난주 내내 표명한 의견과 궤를 같이하는 것이었다. 자신의 말의 진정성을 보고 싶으면 리먼의 파산을 증거로 보라는 투였다.

이어 가이트너는 리가 아시아에 전화해서 융자에 참가할 회사를 찾아보는 것을 승인했다. 결국 JP모건과 골드만이 그 자리에서 확인한 것은 앞으로 할 일이 많다는 것이었다.

그날 저녁 늦게 제이미 다이먼과 AIG의 변호사들, 존 스터진스키, 브라이언 슈라이버 등은 배달된 중국음식을 침울한 분위기 속에서 함께 먹고 있었다. 상황은 절망적이었다. 뉴욕 주의 디날로 담당관과 패터슨 주지사가 200억 달러의 보험담보자금을 풀어준다고 발표해 하루의 시간을 벌어줬지만, 이 결정은 대세를 바꾸기에 너무 작고 또 너무 늦은 것이었다. 몇 시간 전에 그들은 파산 전문 변호사들을 불러들였다. 그리고 화요일에 장이 열리면 신용한도를 축소하기로 계획했다. 이는 시장에 AIG가 곤란에 처했다는 것을 분명하게 보여주는 신호가 될 것이었다. 이 안을 윌럼스태드에게 상의하자 그는 이렇게 말했다. "이는 배를 버려야 하기 때문에 구명보트를 내리는 것과 같아. 당신이 할 마지막 일이야. 타이타닉호가 가라앉기 전에 배 안의 불을 꺼."

슈라이버는 자신의 회사가 이런 지경에 있다는 것을 여전히 받아들이지 못한 채 연준이 결국에는 구제에 나설 것이라는 믿음을 버리지 않고 있었다. "지금 벌어지고 있는 건 인내심 게임이에요." 그는 좀 뻣뻣한 기색으로 이렇게 말했다.

"당신은 정말 연준이 그렇게 위험한 일을 할 것 같아?" 갬블이 물었다.

"정신 나갔어? 물론 안 하지? 리먼도 파산시켰잖아! 이건 잘못 만들어진 우디 앨런 감독 코미디 영화야!" 스터진스키가 말했다.

새벽 1시, 연준을 대리하는 모건스탠리의 스컬리와 포랫이 둘이서만 이야기를 나누기로 하고 AIG의 작은 키친으로 들어가 문을 잠갔다. 그들의 이야기를 골드만이나 JP모건 사람이 들어서는 안 되었다.

"이거 안 될 것 같아. 목표대로 안 될 거야." 포랫이 입을 열었다.

"동의해. 비상계획이 필요해."

둘은 이 비상계획에 이름을 붙이고 연준에 가서 댄 제스터와 상의하기로 했다.

둘이 키친 문을 열고 나오자 보이는 사람이 아무도 없었다. 모두 가버린 것이었다. 이는 두 사람의 생각을 확인시켜줬다. 계획한 융자안이 이뤄질 가능성은 공식적으로 사라졌다.

연준에 가보니 역시 아무도 없었다. 제레미아 노턴만이 소파에 뻗어 있을 뿐이었다. 그는 원래 가이트너 총재의 소파에서 잘 생각이었으나 다른 소파로 쫓겨난 것이었다.

포랫과 스컬리는 노턴을 깨워, 세 사람이 제스터를 찾아 나섰다.

새벽 3시에 연준 팀과 재무성 사이에 전화회의가 마련되었다. 가이트너 총재의 보좌관 힐다 윌리엄스는 이 말도 안 되는 시간에 열리는 전화회의를 위해 사람들을 불러 모으느라 애를 먹었다.

"문제가 있어요……." 가이트너가 말하며 전화회의가 시작되었다.

주요 신문의 사설에서 행크 폴슨을 다룬 것은 몇 주 만이었다. 사설에서는 폴슨이 리먼을 구하기 위해 세금을 끌어오지 않은 것을 칭찬했다. ≪뉴욕타임스≫의 사설은 이렇게 썼다.

"재무성과 연준이 리먼의 파산을 방치했으며, 메릴이 뱅크오브아메리카에 염가로 팔리는 데 보조금을 주지 않았고, 거대 보험회사 AIG가 곤란에 처해도 융자를 주는 게 아니라 민간의 융자단을 구성하려고 하는 일련의 행동은 이상한 안도감을 줬다. 만약 이 경우에 정부의 개입이 있었다면, 이는 세계 금융 시스템이 극도의 위험에 처했거나 연방정부의 규제 당국이 매우 힘이 없다는 것 중의 하나를 보여주는 증거였을 것이다."

그런데 그가 아침 6시에 댄 제스터와 나눈 이야기를 보면, AIG와 세계 금융 시스템은 바로 신문이 언급한 극도의 위험에 처해서 정부가 개입하지 않으면 안 되는 지경에 이르고 있었다.

지난 24시간 동안 폴슨이 시장에서 목격한 것은 공포였다. 이를 신문의 헤드라인은 잘 반영하고 있었다. 특히 눈에 띈 것은 ≪워싱턴포스트≫ 특유의 헤드라인이었다. "위기 심화로 주식 폭락. AIG도 위험. 시가총액 7,000억 달러 소멸."

다우존스지수는 월요일에 504.48포인트나 곤두박질쳤다. 이는 9·11 사태 이후 주식시장이 재개했을 때인 2001년 9월 17일 이래 하루 만의 최대 낙폭이었다. 이날 AIG의 주가는 65퍼센트가 하락해 4.76달러로 마감했다.

아침 7시 45분, 연준 의장 벤 버냉키는 45분 뒤에 열릴 FOMC Federal Open Market Committee, 연방공개시장위원회를 준비하고 있었다. FOMC는 연방준비은행의 총재들이 모여 금융정책과 이자율의 조정을 논하는 자리로서 1년에 여덟 차례 열리는데, 이날 회의도 그중 하나였다.

회의가 시작되기 전에 버냉키는 케빈 워시와 돈 콘Don Kohn을 집무실로 불러 가이트너와 전화회의를 했다. AIG 사태에 대처하기 위해 가이트너는 뉴욕에 남고, 그 대신에 부총재 크리스틴 커밍Christine Cumming이 참석하기로 했다. 이런 결정에는 한 가지 문제가 있었다. 비교적 공공성이 강한 FOMC에 가이트너가 참석하지 않는다는 것이 언론에 알려져 시장의 혼란을 가중시키지 않을까 버냉키는 염려했다.

"지금 이 시점에서는 이 방법밖에 없어요." 연결된 전화에서 가이트너가 말했다. FOMC보다 더 큰 문제에 매달려야 한다는 것을 강조한 것이다. 그는 오전 9시에 JP모건과 골드만 팀의 경과보고가 있을 예정인데, 댄 제스터와 모건스탠리가 전하는 지금까지의 상황들을 보면 사태가 낙관적이지 못하다고 했다.

그래서 가이트너는 대안을 고려해보라고 지시했다는 것이다.

연준의 융자?

다리엔에 있는 자택에 돌아가 샤워를 하고 옷을 갈아입고 다시 시내로 돌아오던 제임스 리는 FDR 드라이브에서 교통 체증에 갇혀 뉴욕연방준비은행의 회의에 늦을까 봐 걱정되었다. 차 안에서 리는 다이먼에게 전화를 걸었다. "이게 내가 말하려고 하는 겁니다." 연준에서 하게 될 발표를 두고 한 말이다. "숫자가 너무 크다고 말할 수밖에 없어요. 우리가 할 수 없습니다. 아무도 할 수 없어요. AIG는 쓰러집니다."

"그게 답이라면 할 수 없지." 다이먼이 말했다.

"이게 제가 할 수 있는 최상의 판단입니다."

여기서 좋은 소식(이렇게 말해도 좋을지 모르지만)이 하나 있다면, 가이트너가 워싱턴에서 있을 FOMC에 참석해야 하기 때문에, 리는 그 이야기를 댄 제스터를 상대로 하면 될 것이라는 점이었다.

리가 마침내 뉴욕연방준비은행에 도착했을 때는 모든 이들이 회의실에 모여 있었다. 그는 동료 더그 브론스타인 옆에 앉아 댄 제스터가 들어오기를 기다렸다.

그런데 문이 열리고 제스터와 노턴이 들어오더니 뒤이어 가이트너가 들어오는 것이 아닌가? 가이트너는 자신이 워싱턴에 가지 않고 회의에 참석하는 것에 대해 아무런 설명도 하지 않았다.

"그래서 어디까지 와 있습니까?" 가이트너가 딱딱하고 사무적인 어투로 물었다.

제임스 리는 자신의 노란색 노트를 쳐다봤다. 여백에는 두 구절이 적혀 있었다. 그것은 "이 딜은 안 된다"와 "AIG에는 돈이 없다"였다.

이윽고 리가 입을 열었다. "모든 것을 살펴봤습니다. AIG는 500억 달러 상당의 담보가 있지만, 필요로 하는 것은 800억에서 900억 달러입니다. 300억에서 400억 달러가 부족한 겁니다. 이 부족분을 어떻게 메워야 할지는 모르겠습니다."

이때 골드만의 윙클레이드가 끼어들었다. "AIG가 파산한다면 금융 시스템 전체에 거대한 리스크가 생긴다는 걸 강조하고 싶습니다. 이 회사에 얼마나 많은 거래 상대방이 연관되어 있는지 잘 아시지요?"

이때 AIG의 거래 상대방을 거래 잔고 규모순으로 정리한 표가 배부되었다. 거래 잔고가 가장 많은 회사는 스코틀랜드로열은행RBS에 합병된 네덜란드의 ABN암로로서 그 액수는 650억 달러였다. 이어 두 번째가 프랑스의 칼리옹Calyon이었고, 일곱 번째에는 골드만도 올라가 있으며, 바클레이스와 모건스탠리가 각각 8, 9위였다.

가이트너는 한 줄씩 이마에 깊은 주름을 지어가며 살펴봤다. 표를 다 보더니 이윽고 입을 열었다. "좋아요. 이렇게 합시다." 그는 앞으로 기대어 참석한 모든 이들이 주목하기를 기다렸다.

"모두 휴대전화 끄세요. 블랙베리도 끄세요. 이 방 밖에 있는 사람들과 말하면 안 됩니다. 각자의 사무실에도 알리지 말아요. 아무에게도. 알겠습니까? 이건 완전히 기밀 사항입니다."

참석자들이 그가 하자는 대로 하자 아무도 예상하지 못한 엄청난 질문이 나왔다. "만약 연준이 이 융자를 한다면 어떻게 되겠습니까?"

지난 72시간 동안 정부는 구제안은 없다고 강조해왔다. 그런데 가이트너는 이 한 문장으로 모든 것을 뒤집어버렸다. 이것이 만일 가상적인 질문이라 하더라도 정부의 교전원칙이 바뀌었음은 명백했다.

이어 가이트너는 몇 개의 질문을 던졌다. "이 정부 융자안이 어떻게 작동하는가? 기본 조건을 어떻게 짜야 하는가? 자본시장은 어떻게 반응할 것인가? 융자시장의 반응은 어떨 것인가?"

골드만의 윙클레이드는 미소를 감출 수가 없었다. 이미 전날 밤 대안의 필요성을 인식했던 모건스탠리의 스컬리는 JP모건과 골드만이 파악한 수치들을 바탕으로 기본합의조건서의 초안을 짜놓았다. 자신들이 판단할 때 수용할 수 있는 조건이라면 연준도 받아들일 것이라고 생각했다.

그 경우 모건스탠리는 가장 큰 수혜자가 될 것이었다.

"계획을 짜보세요." 이 말을 남기고 가이트너는 방을 떠났다.

"브론스타인 이 망할 놈이 전화를 안 받아!" 윌럼스태드는 뉴욕연준에 나가 있는 JP모건의 브론스타인에게 아무리 전화를 해도 받지 않자 자신이 고립되어 있다는 생각이 들었다.

윌럼스태드에게 자문을 제공하는 블랙스톤의 존 스터진스키가 뉴욕연방준비은행에 나가 있는 동료에게서 들은 이야기를 전했다. 골드만과 JP모건의 임원들이 뉴욕연방준비은행에서 손바닥을 맞추며 기뻐하는 것을 그의 동료가 봤다는 것이었다. 그 두 회사의 또 다른 팀들이 지금도 AIG에 나와 자료를 검토하고 있는 것으로 미루어 뉴욕연방준비은행에서 무언가 심상치 않은 일이 있다는 것이었다.

스터진스키는 마침내 포랫에게 휴대전화 메시지를 보낼 수 있었다. 그런데 그녀의 회신은 모호한 표현으로 가득 차 있었다. "딜이 변화하고 있음. 이 정보를 JP모건이나 골드만과 공유하지 말 것."

이윽고 몇 분 뒤에 가이트너에게서 전화가 왔다고 윌럼스태드의 비서가 전했다. 그날 오전에 윌럼스태드가 그렇게 여러 번 가이트너에게 전화를 했는데, 이제야 연락이 온 것이었다.

"안녕하세요." 윌럼스태드가 조급함을 내비치며 인사했다.

"진행 상황을 말해보세요." 가이트너가 말했다. 윌럼스태드는 연준에서의 경과보고를 기다렸는데 가이트너의 태도는 딴판이었다.

"파산을 준비하고 있다고 말할 수밖에 없습니다." 윌럼스태드가 침착한 어조로 말했다. "파산에 대비해 거래은행들에도 대책을 통보해놓았습니다. 당신도 아셔야 할 것 같네요."

가이트너가 그의 말을 끊었다. "하지 마세요."

"하지 말라니 이유가 뭡니까?" 가이트너의 발언에 의아함을 느끼며 윌럼스태드가 물었다. "제게는 책무가 있습니다. 현재 150억 달러는 확보해 놓았으므로 앞으로 이틀 정도는 버틸 수 있습니다. 저는 주주들을 보호해야 합니다."

"제가 기밀 사항을 하나 말하겠습니다." 마침내 가이트너가 털어놓았다. "우리가 AIG에 도움을 주려고 합니다. 그런데 아직은 보장할 수 없어요. 워싱턴의 승인을 받아야 하니까."

여전히 의심스러워하며 윌럼스태드가 말했다. "우리를 돕는다는 확실한 보장이 있기 전까지는 파산 준비 절차를 계속해야 할 것 같은데요."

"내 말대로 지금까지 한 절차를 취소하세요." 가이트너가 지시하고 전화를 끊었다.

가이트너와의 통화가 끝나고 윌럼스태드는 즉시 제이미 갬블, 마이클 와이즈먼 두 변호사에게 대화 내용을 알렸다. 두 사람은 어떻게 할 줄 모르고 브론스타인에게 전화를 했으나 연결되지 않았다.

"그만둡시다. 우리가 연준에 초청받은 것은 아니지만 직접 가보자고요." 와이즈먼이 말했다.

오전 9시 40분, 행크 폴슨은 재무성의 집무실에 있었다. 이때 로이드 블랭크파인의 전화가 왔다. 블랭크파인은 천성적으로 걱정이 많았지만, 폴슨은 그날따라 그가 더욱 그렇다는 것을 느낄 수 있었다.

블랭크파인은 시장에서 이상한 움직임을 감지했다고 말했다. 리먼의 런던 지사를 통해 거래하던 헤지펀드들이 갑자기 거래를 중단해 수십억 달러의 돈이 시장에서 증발하고 있다는 것이었다. 리먼의 브로커-딜러 부문이 미국에서의 영업을 계속해 거래 잔고를 정산하도록 연준이 허용했지만, 파산 신청과 더불어 유럽과 아시아에서의 거래는 법적으로 금지된 상태였다.

블랭크파인의 설명에 따르면, 리먼은 재담보계약rehypothecation이라는 복잡한 과정을 거쳐, 헤지펀드들에 제공한 담보를 런던 지사를 통해 또 다른 거래 상대방에게 담보로 대고 있다는 것이었다. 여기서 자산과 담보의 소유관계를 파악하는 것은 매우 어렵다. 헤지펀드들은 유동성을 유지하기 위해 자산을 팔 수밖에 없었고, 이것이 시장의 하락을 가속화하고 있었다. 일부 헤지펀드들은 리먼의 파산을 예측하고 파산 전에 이미 리먼을 프라임브로커에서 제외시켰다.

그러나 리먼과의 관계를 유지한 헤지펀드들은 고통스러운 결과를 맞았다. 리먼의 전신인 시어슨리먼의 회장이었던 피터 코헨Peter Cohen이 설립한 래미어스캐피털Ramius Capital이 그러했다. 리먼이 파산하기 일주일 전, 코헨은 CNBC에 출연해 자신의 회사는 리먼과의 관계를 끊지 않겠다고 말했다. 그 결과 이제 그는 그의 주주들에게 그들의 돈이 런던에서 불가사이한 파산 절차에 갇혀 있다고 말할 수밖에 없는 처지가 되었다.

블랭크파인은 과거의 상사인 폴슨에게 시장이 진정되도록 무엇인가 해달라고 했다. 그러면서 그는 너무나 많은 돈이 리먼과 얽혀 있어 투자가들이 패닉 상태에 빠져 골드만, 모건스탠리 등에서도 돈을 빼기 시작할 것을 가장 우려한다고 했다.

워싱턴의 연준에서 FOMC를 주재하는 내내 버냉키는 산만하고 집중이 되지 않았다. 그는 AIG를 위한 융자 계획을 짜면서 케빈 워시와 노트를 주고받고 있었다. 10시 45분에는 가이트너와 또 한 번 전화회의를 해 새로운 상황을 파악할 예정이었다.

전화가 연결되자 가이트너가 말했다. "시장에서의 해결책은 죽었어요. 연준의 자금을 활용하는 방안을 강구해야 합니다. 충분한 힘과 결단력을 가지고 추진해야 해요." 그가 시사하는 것은 연준이 크고 강한 주도권으로 AIG 사태를 해결해야 시장이 안정된다는 것이었다. 그는 「연방준비법Federal Reserve Act」 제13조 3항을 활용하자고 제안했다. 이는 일종의 예외 조항으로서 연준이 은행이 아닌 금융기관에 '이례적이고 긴박한unusual and exigent' 상황에 융자를 공여하는 것을 허용한다는 내용이다.

사실상 AIG는 세계 금융 시스템에서 핵심적인 기업이었다. 폴슨과 버냉키도 이를 잘 알았다. 유럽에서는 금융회사들이 AIG의 금융상품 부문과 CDS 계약을 맺음으로써 자본 요구 조건을 충족시키는 것이 허용되었던 것이다. 다른 말로 바꿔, 이 금융회사들은 기업융자나 부동산 모기지와 같은 리스크가 있는 금융자산 가운데 AIG의 트리플 A 신용등급을 가운데 넣어 포장함으로써 더 많은 레버리지, 즉 빚을 활용할 수 있었다.

그러나 AIG가 파산한다면 이 리스크가 있는 상품을 보호하는 포장지는 휴지가 될 것이었다. 그러면 금융회사들은 보유한 자산의 가치를 낮추거나 수십억 달러를 동원해 가치를 보전해야 했다. 이것이 시장에서 현실화되고 있었다. 그런데 그 숫자가 엄청났다. 2008년 중반에 AIG가 발행한 CDS 약 3,000억 달러어치가 이 포장 과정에 사용되었다. 그것은 '규제력 있는 자본 경감책regulatory capital relief'이라고 명명되었다.

게다가 AIG는 보험회사로서 세계적인 제국을 형성했다. AIG의 보험에 가입한 사람은 전 세계에서 8,100만 명에 이르고, 그 액면 가치는 1조 9,000억 달러에 달했다. 이 보험 비즈니스는 규제가 강하고, 가입한 개별 보험들은 대부분 보호를 받았다. 하지만 가입자들이 위험을 느끼고 보험을 대규모로 해약한다면 다른 보험회사들에도 커다란 불안정성의 요인이 될 것이었다.

버냉키는 가이트너의 주장을 인내심 있게 들었다. 하지만 워시는 주저하지 않았다. 그는 '시간 벌기' 전략을 주장해왔다. 그의 견해는 연준이 융자를 허용해야 하며, 다만 30일간만 허용해 그 사이에 AIG의 실태를 파악해야 한다는 것이었다.

"연준의 융자를 허용하면 추가적인 융자 가능성을 남길 수 있다는 것을 압니다. 그러나 우선 AIG 문제의 실상을 파악해야 합니다." 워시가 주장했다.

버냉키는 "보험업계는 잘 모르겠다"라며 뒤로 빴으나 가이트너는 AIG에 대한 융자안에 동의하도록 밀어붙였다. 시스템 전체의 리스크가 현재 너무 크다는 것이었다.

가이트너의 의견을 다 들은 후 버냉키는 계획을 짜보라고 했다. 상세한 계획이 나오면 연준에서 투표로 결정하겠다는 것이었다.

"이 건에 관해 의장과 이사회의 지지를 제가 제대로 파악하고 있는지 확인하고 싶은데……"라고 말하며, 가이트너는 버냉키에게 들은 말을 다시 정리했다.

마이클 와이즈먼과 제이미 갬블 두 변호사는 뉴욕연방준비은행의 보안검색대를 통과해 들어가 브론스타인을 찾았다. 그들은 AIG에 어떤 일이 벌어지고 있는지 파악해서, 만약 아무 일도 없다면 AIG의 파산 신청 절차를 보조해야 했다.

와이즈먼이 마침내 브론스타인을 찾았는데, 그때 브론스타인은 연준의 AIG 구제에 관한 비밀회의에 참가하고 있었다. 브론스타인을 회의에서 끌어낸 와이즈먼이 화를 내며 말했다. "시간이 없습니다. 숫자 작업을 하는 데 당신의 도움이 필요해요. 그런데 도대체 당신은 누굴 돕는 겁니까? 우리, 아니면 연준, 아니면 JP모건?"

브론스타인이 잠시 가만히 있더니 말했다. "제 변호사와 상의하기 전에는 그 질문에 대답할 수가 없어요." 그리고 잠시 기다리라고 눈짓을 하더니 그는 다시 회의실로 사라졌다.

잠시 후 나타난 브론스타인은 딱딱한 말투로 와이즈먼에게 말했다. "저는 입을 열 수 없습니다. 당신이 재무성에 직접 물어보세요."

"좋아요. 아무튼 고마워요." 와이즈먼이 이렇게 말하며 손을 내밀자 브론스타인은 아무 말 없이 돌아서 회의실로 들어갔다.

그리고 몇 초 후 연준의 한 직원이 나타나더니 두 사람에게 즉시 건물을 떠나라고 지시했다.

"지금 봤지?" 보안요원이 두 사람을 건물 밖으로 안내하는데 와이즈먼이 갬블에게 말했다. "더그가 나와 악수도 안 하려고 해. 도대체 무슨 일이 벌어지고 있는 거야?"

행크 폴슨의 결심

행크 폴슨은 당연히 AIG의 구제안에 반대했다. 그러나 아침 10시 반에 가이트너와 통화를 끝내고 그는 덜컥 겁이 났다. 가이트너는 폴슨에게 상세한 계획을 설명하면서 지금 시장이 어떻게 돌아가고 있는지 이해시켰던 것이다. 골드만 시절에 폴슨은 보험업계를 깊이 파악할 기회가 있었다. 그런 배경이 있기에 그는 AIG의 파산이 세계시장에 패닉을 불러올 수 있다는 것을 이해했다. 또한 아시아를 잘 아는 사람으로서 그는 AIG

가 아시아에서 얼마나 많은 비즈니스를 하며, 얼마나 많은 외국 정부가 AIG의 자산을 가지고 있는지 잘 알았다. 실은 이미 외국 정부들이 미국 재무성에 전화를 걸어 AIG 파산에 대해 두려움을 토로하는 실정이었다.

"이 보험회사를 진짜 우리가 구하겠다는 겁니까?" 짐 윌킨슨이 믿을 수 없다는 표정으로 물었다.

이에 폴슨은 아무 말 없이 그의 보좌관을 쳐다봤다. 마치 미치지 않고서야 어떻게 이런 사태에 수수방관하고 있겠느냐고 말하는 듯했다.

이때 특별보좌관 켄 윌슨이 앞으로 고려해야 할 문제를 지적했다. "행크, 만약 우리가 850억 달러를 이 회사에 붓는다면 새로운 경영진이 있어야겠지요?" 지금의 CEO를 사퇴시키고 새로운 경영진을 구성하기 전에 어떻게 그렇게 거액의 공적자금을 투입하겠느냐는 것이었다. 경영진을 교체하지 않는다면 이 혼란을 초래한 현재의 경영진을 정부가 인정하고 밀어주는 결과밖에 되지 않을 터였다.

"맞아. 새 CEO를 찾아야 해. 지금 하는 일 모두 멈추고 우선 CEO를 찾아봐." 폴슨이 지시했다.

이 말에 윌슨은 자신의 사무실로 돌아와 컴퓨터에 입력된 인명을 살폈다. 골드만에서 금융기관 부문 투자은행업무를 오래 담당한 그는 미국 금융계 정상급 인사들에 정통했다. 알파벳순으로 정리된 명단에서 그의 시선이 B에 이르기도 전에 머릿속에 에드 리디Ed Liddy라는 이름이 떠올랐다. 리디는 보험회사 올스테이트Allstate의 CEO를 지내고 현재 골드만의 이사회 멤버였다. 완벽한 후보자였다. 그는 현재 쉬고 있으며, 도전을 환영하는 인사였다. 또한 AIG를 잘 알고 있었다. 골드만의 이사회에서 AIG 이야기가 나오면 모두 그의 견해를 경청했다.

그런데 윌슨에게는 리디의 전화번호가 없었다. 윌슨은 골드만의 크리스 콜에게 전화를 걸었다. 콜은 주말 내내 AIG에서 작업을 하고 월요일에는 뉴욕연준의 회의에 참가해 쉽게 리디의 전화번호를 찾아줬다.

윌슨은 리디와 전화가 연결되자 시시한 농담 같은 것은 생략한 채 바로 본론으로 들어갔다.

"행크가 전화하면 받으시겠습니까?" 윌슨이 묻자 리디는 기꺼이 받겠다고 대답했다.

윌슨이 폴슨 장관의 집무실에 들어가자 그는 통화를 하고 있었다. 이에 윌슨이 말했다. "전화 끊으세요. AIG CEO 후보 찾았어요."

비서가 들어와 윌럼스태드에게 전 CEO 행크 그린버그에게서 온 팩스를 건넸다. 그때 AIG의 주가는 2달러 이하로 떨어져 있었다. 윌럼스태드는 그린버그가 이미 회사를 빼앗기 위해 위임장 경쟁이나 인수 제안을 하겠다고 언론에 떠들고 다닌다는 것을 들어 알고 있었다.

"그거 읽어야 되나?" 윌럼스태드가 조심스럽게 말하면서 팩스를 보았다. 그에게 놀라운 내용은 아니었다.

밥에게.

자네와 이사회가 원하는 형태로 내가 회사에 도움을 주는 것에 관해 우리는 이미 몇 주 동안 이야기해왔네. 논의 내내 자네는 나와 내 변호사 데이비드 보이스에게 나의 도움이 중요하다고 말했지. 자네가 밝힌 유일한 관심사는 내가 고문이 되면 자네를 압도할 거라는 두려움이었어. 나는 자네와 이사회에 다시 한 번 정중하게 제안하고자 하네. 이 위대한 회사를 구하기 위해 우리가 협력하기를 거부하는 것은 개인적인 입장이나 인식의 차원을 초월하는 중대한 문제야. AIG를 구하는 것이 너무 늦은 건지 아닌지 나는 모르겠어. 하지만 우리는 AIG

의 주주, 채권자 그리고 이 나라를 위해 노력해야 할 책무가 있어.

자네가 회장으로 취임한 뒤, 자네와 이사회는 과거 35년간 쌓아 올린 주주 가치를 파괴했어. 내가 반드시 하고 싶은 말은 자네와 이사회가 나의 도움을 어떤 상황에서도 거부해왔다는 사실에 유감을 금할 수 없다는 것이네.

가이트너는 버냉키와의 전화회의를 준비하고 있었다. '연준은 이걸 할 거야. 진짜로 할 거야.' 그는 내심 믿었다.

제스터와 노턴은 조건들을 하나하나 검토하고 있었다. 세 사람은 방금 에드 리디가 AIG CEO 자리를 일단 수락했으며 오늘 밤 시카고에서 뉴욕으로 온다는 소식을 들었다.

짧은 기간 안에 구제안을 작성하기 위해 정부 측에서는 AIG와 그 회사를 둘러싼 업계 현황을 잘 아는 사람의 도움이 필요했다. 제스터는 그런 인물로 마셜 휴브너Marshall Huebner를 선택했다. 로펌 데이비스 포크 앤드 워드웰David Polk & Wardwell에서 파산 및 구조조정 부문의 공동 대표를 맡고 있는 휴브너는 이미 JP모건을 위해 AIG 건을 다루고 있으며, 현재 뉴욕연방준비은행에 있었다.

한편 뉴욕연방준비은행의 어드바이저로 선임된 모건스탠리의 밥 스컬리는 버냉키와의 전화회의가 시작되기 전에 모든 위험 요소를 파악하고자 했다. 시장이 급속도로 악화되는 것을 보며 스컬리는 정부 융자가 이뤄진다 하더라도 AIG가 변제할 수 있을지 염려되었다. 모건스탠리의 입장에서 싸게 사들일 수 있는 물건으로 보이기도 했으나 역시 사지 않는 것이 현명할지 모른다고 생각했다.

가이트너가 버냉키에게 전화를 돌리려고 할 때 스컬리가 경고했다. "제가 보기에 이 융자가 완전히 변제되지 못할 위험성이 있다는 것을 분명히 말씀드립니다."

가이트너의 전화를 받은 버냉키는 구제안을 지지하기는 하지만 전화 회의에 참가한 사람들끼리 가상투표를 해보고자 제안했다. 그가 걱정되는 목소리로 물었다. "우리가 옳은 일을 하는 겁니까?"

버냉키의 암묵적인 지지, 그리고 금융파국을 막을 길은 이것밖에 없다는 가이트너의 강력한 의지에 따라 가상투표는 5대 0, 모두 찬성하는 것으로 나타났다. 이때 도덕적 해이나 리먼브러더스 같은 이야기는 나오지 않았다.

뉴욕연방준비은행에서 쫓겨나다시피 한 와이즈먼과 갬블은 놀랍게도 몇 발자국 못 가 다시 불러들여졌다. 무엇인가 혼선이 있었다고 연준 직원은 사과하며 그들을 다이닝홀로 안내했다.

"이쪽은 특별석이 아니네." 갬블이 커다란 실내의 반대편을 보며 말했다. 그쪽에는 골드만과 모건스탠리의 직원들이 기다리고 있었다.

"한 가지는 분명해. 지금 이뤄지고 있는 건 민간 측의 딜이 아니야. 저 사람들이 저렇게 여유로워 보인 적은 없었으니까." 와이즈먼이 말했다.

다이닝홀에서 기다리는 사이에 갬블에게는 두 가지 문제에 관해 전화가 걸려왔다. 하나는 AIG의 중요한 보험시장인 텍사스 주에서 보험 규제당국이 패닉 상태에 빠졌다는 것이다. 또 하나는 미국 밖에서 AIG의 가장 큰 보험시장인 일본에서 JP모건이 담보설정을 요구했다는 것이다. 갬블은 믿을 수가 없었다. 바로 24시간 전에 AIG의 어드바이저로 선임된 JP모건이 담보를 요구하며 AIG를 더 곤경에 빠뜨린다는 말인가? 그것이 아무리 자사를 위한 것이라 해도?

약 20분 뒤 뉴욕 주 보험 담당관 에릭 디날로가 와이즈먼과 갬블이 있는 탁자로 다가왔다. 디날로는 간단히 말했다. "많은 걸 말할 수는 없습니다. 다만 성급한 조치는 취하지 마세요."

"에릭." 갬블이 좌절감을 감추지 않고 말했다. "우리는 얼마든지 신중하게 할 수 있어요. 그런데 증권대여업무가 지금 곤란한 상황에 빠져 있습니다. 저쪽에 있는 친구들이 지금 문제를 만들고 있어요. 가서 얘기 좀 해주세요."

"현금이 말라가!" 휘청거리는 AIG 본사에서 존 스터진스키가 외쳤다. 시각은 오후 1시. 스터진스키의 계산이 맞다면 AIG는 이제 몇 분 뒤에 파산 상태에 들어갈 것이었다.

바로 그때 윌럼스태드가 집무실에서 나와 최근 며칠간 AIG 빌딩에서 볼 수 없었던 표정을 보였다. 미소였다.

"정부가 움직였어." 윌럼스태드가 선언했다.

그는 조금 전 마친 가이트너와의 통화에서 정부의 구제안에 대해 들었다. 우선 그날 AIG가 모든 거래를 정상적으로 할 수 있도록 정부가 140억 달러를 융자한다는 것이었다. 그러나 그 융자를 받기 전에 즉시 담보를 제공해야 했다. 공식적으로 '요구불 약속어음demand note'를 말하는 것이었다.

윌럼스태드는 크게 안도하는 한편, 지금부터 몇 분 이내에 어떻게 140억 달러의 담보를 만들지 난감했다. 그때 어떤 생각이 AIG 간부 한 사람의 머리를 스쳤다. 비밀금고다! AIG 간부들은 아래층으로 달려가 자물쇠로 굳게 닫힌 방을 열고 캐비닛을 봤다. 그 안에는 AIG 보험 부문의 주권株券이 들어 있었다. 그린버그 시대부터 보존되어온 수백억 달러 가치의 주권들이었다. AIG 직원들은 서랍들을 뒤지면서 몇 년간 아무도 만지지 않았을 주권들을 선별해냈다. 지금 같은 정보화시대에 종이로 된 주권을 보관한다는 것이 약간 어리둥절했지만, 대환영이었다.

AIG 상급부사장 캐슬린 섀넌Kathleen Shannon은 주권들을 탁자에 쌓아서 가방에 넣기 시작했다.

"당신이 주권 140억 달러어치를 가지고 가다가 강도를 만나는 걸 보고 싶지 않은데. 연준 보안요원들을 부를게요." 전화에서 설리번 앤드 크롬웰의 마이클 와이즈먼이 말했다.

10분 뒤 섀넌은 AIG에게는 너무도 귀중한 물건을 연준의 두 무장경비원의 호위를 받아 파인 가로 옮겼다.

대통령의 재가

행크 폴슨은 재무성 빌딩을 빠져나와 서둘러 백악관으로 걸음을 옮겼다. 그는 버냉키와 함께 대통령을 만나 매우 이례적인 조치에 관해 보고할 예정이었다.

보안검색대를 지나 대기실에서 잠시 머문 두 사람은 대통령 집무실로 안내되었다. 거기서 폴슨은 대통령에게 자신이 하려는 계획을 설명했다.

그런데 폴슨이 월스트리트의 용어를 섞어가며 자세히 보고한 닷에 대통령은 잘 알아듣지 못하는 표정을 지었다.

이에 버냉키가 끼어들었다. "각하, 한 걸음 물러서서 전체 그림을 보시지요." 이 말에 이어 버냉키는 AIG가 금융 시스템 전체에 어떻게 얽혀 있는지를 학자의 말투로 쉽게 설명했다. 나아가 그는 부시가 가지고 있는 서민 감각에 호소하며 얼마나 많은 시민들과 중소기업들이 이 회사에 의존하는지를 설명했다. 일반인들이 AIG의 연금보험에 가입해 노후를 설계한다는 것, 그리고 많은 건설공사와 공공 프로젝트들이 AIG의 보험증권을 활용한다는 것을 설명했다.

이 말을 다 듣고 나서 대통령이 문제의 핵심을 찌르는 질문을 했다.

"한 보험회사가 이 많은 일을 다 한단 말입니까?"

AIG라는 회사는 그랬다.

그날 오후 4시 무렵, 연준의 제안서가 AIG의 (한 10년 전에 교체되어 스미소니언박물관에 기증되었어야 할) 팩스기를 통해 흘러들었다. 18층에서는 변호사들이 모여 그 서류를 기다리고 있었다. 석 장의 서류가 다 들어오자 변호사 한 사람이 이를 잽싸게 복사했다.

"마침내 귀하가 연방정부를 위해 일하게 되었습니다." AIG의 사외이사들을 위한 수석변호사 리처드 비티Richard Beattie가 윌럼스태드에게 말했다.

"무슨 소리요?" 윌럼스태드가 물었다.

"연방정부가 이제 당신을 소유하니까." 비티가 미소를 지으며 답했다.

정말로 그랬다. 연준은 총 850억 달러의 융자 한도를 설정하기로 결정했다. 그것으로 금융시장의 파국을 피하고 AIG가 생존할 수 있기를 바란 것이었다. 그 대신에 AIG는 '에퀴티링크채권equity participation note'이라는 전환채권의 형태로 지분의 79.9퍼센트를 정부에 양도해야 했다. 이는 JP모건과 골드만이 생각하던 것과 유사한 방법이었다.

워싱턴이 월스트리트의 기업을 구제한다면, 연방정부는 적어도 그 회사의 예전 주주들이 부당한 방법으로 이익을 취하지 않도록 확실히 하기를 원할 수밖에 없다. "폴슨은 패니메이와 프레디맥, 베어스턴스 때와 같은 방법을 택한 거예요. 정부가 들어와 구제를 한다면 주주들은 그 대가를 치러야 한다는 거지요." 코헨이 말했다.

정부 융자의 금융 부담도 무거웠다. AIG에 부과된 이자율은 복잡했는데, 은행 간 단기 융자의 표준이율인 리보LIBOR에 8.5퍼센트를 추가한 것이다. 당시 리보가 3퍼센트였으므로, 연준 융자의 총 이자율은 11.5퍼센트였다. 이는 고리라고 할 수 있었다. 또한 AIG의 모든 자산이 정부 융자의 담보로 제공될 것이며, 정부는 AIG의 보통주 및 우량주에 대해 배당을 거부할 권리를 부여받았다.

나아가 정부 융자를 변제하기 위해 AIG는 자산을 매각해야 했다. 주어진 상황에서 볼 때 이는 급매를 의미했다. 결국 AIG의 충성파들이 볼 때 정부의 융자는 기업재생으로 가는 연결융자라기보다는 회사를 조직적으로 분할하는 것이었다.

"믿을 수 없어." 윌럼스태드가 서류를 내려놓으며 중얼거렸다. AIG 이사회의 긴급회의가 소집되어 있었다.

윌럼스태드가 일어서서 충격에 휩싸인 채 정부의 팩스를 다시 읽어 내려가는데, 비서가 들어오더니 가이트너의 전화가 와 있다고 했다. 오후 4시 40분이었다.

윌럼스태드는 비티, 코헨과 함께 집무실에 들어가 스피커폰의 버튼을 눌렀다.

"잠깐만 기다리세요. 폴슨 장관이 같이할 겁니다." 인사를 마친 가이트너가 말했다.

"좋습니다. 제 옆에는 리처드 비티와 로진 코헨이 있습니다."

"서류 봤습니까?" 폴슨이 동석한 뒤 가이트너가 물었다. "우리는 AIG가 받아들이기를 바랍니다. 가부간 결정을 곧 알려주기를 바랍니다. 곧 있으면 아시아에서 주식시장이 열릴 시각입니다."

이 말을 하면서 가이트너의 머릿속에서는 의문이 떠나지 않았다. '조건들이 너무 심했나?' 하지만 그로서는 반대의 방향으로 사태가 번지는 것을 원치 않았다. 즉, AIG에 너무 좋은 조건을 줬다고 재무성이 비판받아서는 안 되는 것이었다.

이런 점에서 정부 측 안이 민간 측에서 구상하던 것과 비슷했던 것은 우연이 아니었다. 우선 양측에 여러 명의 같은 인물이 어드바이저로 참가했다. 그보다 더 중요한 것은 현재의 정치 상황으로 볼 때 AIG는 시장이 제공할 수 있는 최소한의 것을 받는다고 말하는 것이 안전했다.

"앞으로 15분 뒤에 이사회가 열립니다. 거기서 정부의 안을 제시하겠습니다." 윌럼스태드가 말했다.

"가이트너, 딕 비티입니다. 당신이 들어서서 이 안을 만들었다고 해서 우리 이사회가 반드시 받아들일 거라고 생각하면 안 됩니다. 우리에게는 주주에 대한 의무가 있고, 따라서 다소 복잡할 것 같아요." 리처드 비티가 말했다.

비티가 강경노선을 택하며 AIG가 정부안을 받아들이지 않고 파산 신청을 할 수도 있다는 암묵적인 위협을 가했다.

하지만 가이트너는 꿈쩍도 하지 않은 채 되받았다. "이 안이 정부가 낼 수 있는 유일한 안이에요. 그리고 조건이 하나 더 있습니다."

이때 폴슨이 말을 이어받았다. "그 조건이란 우리가 새로운 CEO를 영입한다는 겁니다."

이 말에 비티와 코헨이 당황스러운 얼굴로 윌럼스태드를 바라봤다.

"음, 알겠어요. 그것이 정부가 원하는 거라면……."

"새로운 CEO를 데려올 겁니다. 내일이면 나타날 거예요." 폴슨이 사무적으로 말했다.

윌럼스태드도 정부의 구제안이 이뤄지면 자신이 자리를 보존할 수 있을 것이라고는 생각하지는 않았지만, 사태가 빠르게 진전되는 데 놀랐다. 정부 제안이 들어온 지가 얼마 되지도 않았는데 벌써 자신의 후임자를 선정해놓았다는 말인가?

"제가 계속 여기에 있어야 할까요?" 윌럼스태드는 어떻게 이야기를 끌어가야 할지 몰라 물었다.

"그래요. 남아서 인수인계를 도와준다면 고맙겠습니다." 폴슨이 대답했다.

"후임자가 누군지 물어도 되겠습니까?"

"에드 리디예요."

이 말에 윌럼스태드는 잠시 자신의 기억을 더듬었다. "에디 리디가 누구예요?" 비티가 속삭이는 말로 물었지만 코헨은 어깨만 으쓱했다.

"에드는 최근에 올스테이트 CEO직에서 물러났어요." AIG 쪽 사람들이 그가 누군지 모를 것이라는 데 생각이 미친 폴슨이 덧붙였다.

전화를 마치고 나서 윌럼스태드는 의자에 주저앉아 한숨을 쉰 뒤, 비티를 쳐다보고 웃음을 터뜨렸다.

"자네가 틀렸네. 결국 내가 연방정부를 위해서 일하는 게 아니잖아."

윌럼스태드와 고문들이 이사회실에 들어갔을 때 AIG의 이사진은 모두 모여 있었다. 윌럼스태드는 긴 이야기 없이 본론에 들어갔다.

"우리 앞에는 두 개의 나쁜 선택지가 있습니다. 내일 아침에 파산 신청을 할 것인가, 오늘 밤에 연준의 구제안을 받아들일 것인가입니다." 그는 정부안의 세부 사항을 설명하고, 블랙스톤의 파산 전문가들이 와서 파산을 선택할 경우의 득실을 논할 것이라고 말했다.

이윽고 그는 자신에 관해 말했다.

"정부안을 받아들이게 되면 저는 물러납니다. 에드 리디라는 사람이 후임으로 올 겁니다."

"에드 리디라고요?" 버지니아 로메티Virginia Rometty가 물었다.

"네. 올스테이트의 전 CEO예요."

"저는 그를 15년간 알아왔어요." IBM의 중역인 로메티는 회사에서 보험 및 금융시장 분야의 판매를 총괄하는 자리에 있어서 에드를 알고 있었다. "에드가 이런 직책에 맞는 사람이라고는 생각해본 적이 없는데요."

"저도 에드 리디를 알아요." 제임스 오어James Orr가 나섰다. 오어는 해상보험회사 유넘Unum의 CEO를 맡았던 사람인데, 장기손해보험시장에서 유넘과 올스테이트는 경쟁하는 관계였다는 것이다. "제가 AIG의 CEO를 찾는다면 에드 리디는 최종 후보 명단은커녕 1차 후보 명단에도 못 낄 텐데요."

"아무튼 이것도 여러분이 감수해야 할 조건의 하나입니다." 윌럼스태드가 조용히 말하고 회의의 주재를 코헨에게 넘겼다.

로널드 레이건 전 대통령의 경제보좌관을 역임한 AIG의 이사 마틴 펠드먼Martin Feldman은 공화당 정부가 민간기업의 지분을 취득하는 융자안을 실행한다는 사실을 믿을 수가 없었다고 했다.

로진 코헨은 이사회가 주주들뿐 아니라 기업채권의 소유주들에게도 수탁자로서의 책무가 있다는 것을 환기시키며, 파산을 해야 한다고 주장했다.

"여러분은 모든 것을 고려해야 합니다. 융자를 주는 것이 연준이라고 해서 무작정 받아들여야 하는 것은 아닙니다. 모든 선택지를 고려해야 합니다." 비티도 거들었다.

이때 윌럼스태드의 비서가 들어와 그에게 쪽지를 내밀었다. '행크 그린버그의 전화입니다.' 이를 보고 윌럼스태드는 기가 막힌다는 듯이 눈을 굴리고는 존 스터진스키에게 부탁했다. "행크 그린버그에게 회신 좀 해 주세요."

이사회실을 빠져나온 블랙스톤의 스터진스키는 그린버그와의 통화가 얼마나 어색한 것인지 잘 알았다. 그래서 그는 블랙스톤의 공동 창업자이자 그린버그의 오랜 친구인 피트 피터슨에게 함께 그린버그에게 전화를 걸자고 했다. 1998년 러시아 루블위기 이후 블랙스톤이 휘청거릴 때 AIG가 13억 5,000만 달러를 투자한 것은 그린버그의 제안에 따른 것이었다.

스터진스키가 기다리는 가운데 피터슨이 그린버그의 파크 애비뉴 사무실에 전화를 걸자 비서가 받았다. "지금 전화를 받을 수 없어요. 〈찰리 로즈Charlie Rose〉* 방송에 출연해 AIG에 관해서 대담하는 중이에요."

"정말이에요?" 피터슨이 놀라서 말했다.

이사회실에 돌아온 스터진스키가 윌럼스태드에게 그 소식을 전하자 윌럼스태드는 미소를 짓고 말았다.

이사회는 곧 눈앞에 닥친 어려운 과제를 논하기 시작했다. 코헨은 정부 구제안의 이득과 손해를 논하고 나서 파산 신청을 해야 하는 주장에 관해 설명했다. 파산 재판을 통해 재판정에서 질서 있게 회사의 해체를 논하는 것이 정부의 '할 거야 말 거야' 식의 융자안을 받아들이는 것보다 이득이 많을 것이라고 했다.

---

* 〈찰리 로즈〉는 찰리 로즈(본명은 Charles Peete Rose Jr.)라는 인물이 진행하는 프로그램으로, 미국의 전국 네트워크인 PBS에서 방영하는 토크쇼다.

그때부터 여러 어드바이저들이 다양한 의견을 피력했다. 스터진스키는 AIG처럼 크고 복잡한 회사의 파산은 법적으로 처리하는 데 수개월이 걸릴 것이며 그 사이에 회사 가치가 더 떨어질 수 있다고 했다. 그리고 그는 이렇게 자신의 입장을 요약했다.

"방금 10분간 금융 측면에서 융자안을 받아들여야 하는 이유들을 설명했습니다. 그런데 한 가지 더 있습니다. 정부가 소유하지 않는 20퍼센트를 가지고 무엇인가를 해보는 것이 아무것도 안 하는 것보다는 낫지 않겠습니까?"

이 말에 방 안이 조용해졌다.

회의가 이어지던 중 윌럼스태드가 시계를 쳐다봤다. 폴슨과 가이트너는 윌럼스태드의 회답을 기다리고 있었다.

"돌아가면서 우리가 어떻게 해야 할지 의견을 들어봅시다." 윌럼스태드가 제안했다. "제 솔직한 생각은 정부안을 받아들이는 게 좋겠다는 겁니다. 우리에게는 세 그룹의 주인이 있습니다. 주주와 고객, 사원입니다. 주주들은 정부안이 반갑지 않을 겁니다. 하지만 우리는 그것으로 고객을 보호할 수 있고 회사를 지키며 고용을 유지할 수 있습니다."

돌아가며 의견을 묻자 거의 모든 이사들은 정부안에 찬성하는 쪽이었다. 다만 스티븐 볼린백Stephen Bollenbach은 반대 입장을 보였다. 힐튼호텔그룹의 전 CEO로서 지난 1월에 이사회에 들어온 볼린백은 이 안에 반대하는 엘리 브로드를 비롯한 주주들의 의견을 대표했다. 그는 좋은 판사를 만나면 주주의 이익을 더 잘 대변할 수 있다고 생각했다.

투표를 최종적으로 집계하기 전에 볼린백이 한 가지 질문을 제기했다. "정부안의 세부 사항을 재협상할 수 있습니까?"

이 질문에 대한 답변을 듣기 위해 윌럼스태드와 변호사들은 사무실로 와서 가이트너에게 전화했다.

"팀, 여기 비티와 코헨이 같이 있어요. 저 대신에 비티가 이사들의 의견을 전달하는 게 낫겠습니다." 윌럼스태드가 말했다.

이어 비티가 스피커폰에 대고 말했다. "팀, 이사회는 정부안의 세부 사항들이 재협상될 수 있는지 알고자 합니다. 그들은 80퍼센트는 너무하다고 생각해요."

"조건들의 재협상은 불가능합니다. 그 조건들을 받아들여야 합니다." 가이트너가 딱 잘라 말했다.

세 사람은 서로 얼굴을 쳐다봤다. 비티가 다시 입을 열었다.

"질문이 하나 더 있어요. 이사회는 우리가 나중에 정부 융자분을 대치할 수 있는 자금을 동원할 수 있다면 정부가 그것을 받아들일 수 있는지도 알고 싶어 합니다."

가이트너는 잠시 주저하다가 대답했다. "AIG가 돈을 융통해 정부에 변제할 수 있다면 저보다 더 기뻐할 사람은 없을 겁니다."

비티는 이사회실로 돌아와 가이트너와 통화한 내용을 전달했다. 이로써 정부안을 수용하기로 결정되었다.

대통령에게 보고를 마친 폴슨과 버냉키는 의회로 달려가 핵심 인사들에게 설명하기 시작했다. AIG 구제안을 반긴 이는 아무도 없었다. 상원 다수당 대표 해리 리드Harry Reid는 2층 회의실에 자리를 마련해줬다. 급조된 회의였던 탓에 어떤 의원은 시작하기 20분 전에 연락을 받고 오기도 했다. 뉴햄프셔 출신으로 상원 은행위원회에서 수석 공화당원인 주드 그레그 의원은 만찬회에 가는 도중 부름을 받고 턱시도에 아직 타이도 매지 않은 모습으로 나타났다. 바니 프랭크 의원은 셔츠를 바지에 집어넣지도 못한 채 왔다.

폴슨과 버냉키는 자신들이 내린 결정의 불가피성을 설명했다. "우리가 이것을 하지 않으면 AIG 파산의 충격파가 미국은 물론이고 전 세계를 휩쓸 것입니다."

예산이 걱정된 프랭크 의원은 버냉키를 보며 물었다. "800억 달러가 있습니까?"

"네, 있습니다." 버냉키가 미소를 살짝 감추고 대답했다.

한편 JP모건에서는 다이먼과 제임스 리가 다이먼의 집무실에 앉아 AIG 언론보도문이 TV 화면 아래로 흐르는 것을 보고 있었다. "AIG가 저 돈을 갚는 일은 없을 거야. 절대로 없어." 리가 말했다.

"500억 달러 이상은 회수가 될 거야." 다이먼이 반박했다. 그는 정부안이 PR 측면에서는 나쁘더라도 훌륭한 결정이라고 생각했다. "AIG는 좋은 가격으로 팔 수 있는 사업 부문이 많아. 곧 보게 될 거야."

결국 두 사람은 누가 맞는지 10달러를 걸기로 했다.

그날 밤 11시, 밥 윌럼스태드를 태운 승용차는 파크 애비뉴에 있는 그의 아파트 앞에 멈춰 섰다. 피곤과 좌절에 절은 윌럼스태드는 7층의 아파트로 올라가 키친을 서성이며 그날의 일을 아내 캐럴에게 설명했다.

잠자리에 들기 전 그는 마지막으로 블랙베리를 확인했다. 데이비드 허조그David Herzog에게서 이메일이 와 있었다. 그는 AIG의 회계 책임자로서 지난 주말 내내 회사를 살리기 위해 쉬지 않고 일해왔다. 시각은 11시 54분이었다. 이메일의 제목은 '마지막 조치들'이었다.

어려운 결정을 내려주셔서 감사합니다. 오늘 밤에 벌어진 일들의 씨앗은 이미 오래전에 심어진 것입니다.
회사를 떠나시기 전에 한 가지 부탁드리고자 합니다. 후임자 리디 씨를 위해 다음 인물들을 정리해 인수인계가 깨끗하게 이뤄질 수 있게 해주십시오.

슈라이버, 루이스와 맥긴, 뉴거와 앤드 스콧, 벤싱거, 켈리, 캐슬로, 둘리

제 말이 과격하게 들릴지 모르지만, 이 사람들은 개인의 무능으로 미국의 이 위대한 회사가 망하는 데 일조했습니다. 제발 이를 후임자 리디 씨가 직접 알아내지 않게 해주세요.
이 인물들을 비방하려는 것은 아닙니다. 하지만 전 세계 12만 명의 사원들은 더 나은 대접을 받을 권리가 있고, 일부는 지금 처한 상황에 책임을 질 필요가 있습니다.
우리가 필요한 것은 지도자입니다. 그러나 이들은 지도자가 아닙니다.
존경을 표하며
데이비드

속옷 차림으로 복도에 선 윌럼스태드는 믿어지지 않는다는 듯이 고개를 저었다.

Too Big to Fail

모건스탠리의 위기일발

수요일 아침 6시, 아직 해도 뜨지 않은 시각에 가이트너는 맨해튼 남단에서 이스트리버 쪽을 향해 조깅을 했다. 뉴욕연방준비은행 건물 안의 작은 침실에서 몇 시간 제대로 자지 못한 그는 피곤하고 스트레스가 쌓여 있었다.

자유의 여신상을 바라보고 스테이튼 섬에서 아침 첫 통근용 페리가 들어오는 것을 보며 그는 머릿속을 정리하려고 애썼다. 지난 닷새 동안 그의 머릿속은 온통 숫자로 가득 차 있는 느낌이었다. 24시간 사이에 리먼 브러더스를 위해서는 0이었다가 AIG를 위해서는 850억이 되었던 거대하고 이해하기 어려운 추상적인 숫자들이었다. 850억 달러면 싱가포르와 대만의 연간 예산을 합친 것보다 큰 액수였다. 이런 엄청난 숫자의 의미를 아는 사람이 어디 있을까? 가이트너는 이 숫자가 충분한 금액이 되어 위기가 끝나기를 바랐다.

사무직 근로자들을 가득 태운 페리가 갑자기 그의 눈길을 끌었다. '그래 바로 저들을 위한 거야.' 그는 혼자 생각했다. '새벽에 일어나 일터로 가는 사람들, 금융산업에 의지하고 경제를 지탱하는 사람들. 구제금융이나 파생상품 같은 복잡한 것들, 그리고 거기에 돈을 걸어 수백만 달러의 보너스를 타는 사람들을 위한 것이 아니다. 지금 우리가 하는 일은 금융산업을 살려서 보통 사람들의 삶과 직장을 보호하기 위한 거야.' 가이트너는 스스로에게 말했다.

이어 사우스 가 부두를 지나 브루클린 다리 아래를 통과할 때, 가이트너는 무심코 다가올 지옥 같은 시간을 생각했다. 특히 걱정되는 것이 하나 있었다. 거대한 단기금융시장펀드Money Market Fund: MMF 상품인 리저브프라이머리펀드Reserve Primary Fund: RPF가 전날 1달러 선을 깨고 내려갔다. 다시 말해 이 펀드의 주당 가치가 1달러 이하로 내려가 97센트를 기록했던 것이다. 이런 일이 MMF 시장에서 일어나서는 안 되었다. MMF란 이자가 적은 대신 거의 완전한 안정성을 보장하는 투자수단이어야 했다. 그런데 RPF는 고수익을 추구해 리스크가 있는 투자를 감행했다. 동종 업계 최고의 4.08퍼센트 이상의 수익을 기록했던 RPF의 투자에는 리먼의 채권 7억 8,500만 달러가 포함되어 있었다. 이에 놀란 고객들이 해약하기 시작하자 RPF는 7일간의 상환 정지 결정을 내리고 말았다. 이 사태의 파장이 얼마나 클지를 아는 사람은 가이트너를 포함해 별로 없었다.

'MMF들이 어려움을 겪고, 파산한 리먼브러더스에 수십억 달러의 투자가들 돈이 잠겨 있는 상태에서, 다음 희생양은 모건스탠리와 골드만삭스가 될 수 있어.' 가이트너의 생각은 거기에 미쳤다.

등 돌리는 헤지펀드들

타임스퀘어에 있는 모건스탠리 존 맥의 집무실에는 이미 공포감이 퍼지고 있었다. 그의 두 심복인 샤마, 고먼과 함께 소파에 앉아 커피를 마시며 맥은 불만을 드러냈다. 그가 생각하기에 수요일 아침 금융계의 주요 뉴스에는 모건스탠리의 사분기 수익보고의 영향력이 나타나야 했다. 그는 리먼 사태 이후 모건스탠리에 관해 있을지도 모를 우려를 불식하기 위해 예정보다 하루 앞당긴 화요일 오후에 수익보고를 발표했다. 화요일 오전 모건스탠리 주가는 28퍼센트 하락을 기록했다. 이를 본 맥은 즉시 대항책으로 수익보고 발표를 단행했던 것이다.

이번 사분기 실적은 상당히 좋았다. 화요일 아침에 발표된 골드만삭스의 사분기 실적보다 양호한 것으로, 14억 3,000만 달러의 수익이었다. 이는 상황이 좋던 작년 동기에 비해 불과 3퍼센트 감소한 실적이었다. 그럼에도 수요일 아침 《월스트리트저널》의 헤드라인은 맥의 신경을 건드렸다. "골드만, 모건 이제 홀로 서다. 버틸 것인가 쓰러질 것인가?" 게다가 이미 선물시장은 그가 과시하려고 노력했던 모건스탠리의 힘과 역동성이 별로 인상 깊지 못한 것임을 보여주고 있었다.

새롭게 확산되고 있는 MMF에 대한 불안과 투자은행업계 전반에 대한 불신 속에서 존 맥은 외부인이 모르는 심각한 문제에 봉착해 있었다. 주

초에 그의 회사에는 1,780억 달러의 돈이 있어서 회사 경영과 주요 헤지펀드 클라이언트들에 대한 융자에 문제가 없었다. 그런데 하루 만에 200억 달러가 줄어들었다. 헤지펀드 클라이언트들이 돈을 회수했고, 일부는 모건스탠리를 프라임브로커로서 거래하기를 중단했던 것이다.

"돈이 빠져나가고 있어요." 샤마가 말했다.

"아무도 충성심을 지키지 않네." 맥이 분노했다. 그는 돈의 흐름을 막기 원했지만, 샤마가 이를 제지했다. "돈 문을 닫는 것은 약점을 보이는 것"이라고 경고했다.

문제는 앞으로 얼마나 더 버틸 수 있을 것인가였다. "우리가 계속 이렇게 할 수는 없어요." 샤마가 말했다.

처음에 맥은 "이게 그들이 리먼에게 한 짓이야"라고 외치며 헤지펀드들이 모건스탠리에 대해 무엇인가 책략을 가지고 있다고 생각했다. 그런데 일부 헤지펀드들이 돈을 필요로 한다는 증거가 나오기 시작했다. 리먼의 런던 법인에 계좌를 가지고 있는 펀드들이 그 돈을 쓸 수 없으니까 모건스탠리와 골드만에 있는 돈에 쏠리는 것이었다.

맥은 이 돈의 흐름을 끊고 싶지 않았다. 그는 모건스탠리의 프라임브로커리지 비즈니스를 주요 수익원으로 만드는 데 여러 해를 바쳤다. 그 결과 세계 100내 헤지펀드 중 상위 89개가 모건스탠리를 경유해 거래하고 있었다. 따라서 지금과 같은 금융위기에 모건스탠리가 중심에 서서 조금이라도 당황한 기색을 내서는 안 되었다. 그럴 경우 모건스탠리그룹은 무너질 것이었다.

"우리는 굳건해. 우리는 약해지지도 흔들리지도 않아." 맥이 말했다.

보통 상황이라면 맥은 침착했을 것이다. 전날에도 그는 습관처럼 거래장에 나가 트레이더들과 이야기를 나누며 함께 피자를 먹었다. 그런데 오늘 아침 그는 집무실에서 흔들리는 모습을 보였다. 할 일이 너무 많고, 고려해야 할 선택지가 너무 많고, 걱정해야 할 일도 너무 많았다.

어젯밤 그는 친구인 스티븐 볼크Steven Volk의 전화를 받았다. 시티그룹의 부회장인 볼크는 변호사로 재직하던 당시 존 맥이 딘 위터Dean Witter를 합병하는 것을 도왔다. 모건스탠리의 사분기 수익에 대해 축하의 뜻을 나타낸 볼크는 시티와의 합병안을 슬그머니 꺼냈다.

"이거 봐, 존. 우리는 좋은 파트너야. 호전적이지도 않잖아. 자네가 합병안에서 전략적으로 고려하는 것이 있다면 들어줄 용의가 있어."

이는 폭발성 있는 소식이었다. 모건스탠리와 시티의 합병은 IT업계로 치자면 마이크로소프트와 인텔의 합병에 버금가는 것이었다.

맥과 샤마, 고먼은 이 아이디어를 놓고 이야기를 주고받았다. 브로커-딜러 모델이 압력을 받는 상황에서 시티와의 합병은 예금이라는 안정적인 자금원을 제공해줄 것이었다. JP모건과 시티는 양대 상업은행을 이루고 있었다.

그들은 모두 월요일에 있었던 뱅크오브아메리카와 메릴린치의 합병에 관한 전화회의에서 켄 루이스가 한 말에 관해 들었다. 이때 켄 루이스는 브로커-딜러 비즈니스 모델이 공식적으로 끝났다고 말했다. 이는 무시할 수 없는 말이었다.

"지난 7년 동안 나는 자금원 문제 때문에 투자은행이 상업은행에 흡수될 거라고 말해왔어. 지금도 그렇게 생각해. 투자은행의 황금기는 끝났어." 켄 루이스가 말했다.

고먼은 지금 시점에서 루이스의 말이 맞다고 생각했다. 그가 물었다. "시티그룹하고 이야기해볼 생각이세요?"

맥은 고개를 끄덕이고 시티의 비크람 판디트에게 전화하라고 비서에게 지시했다. 두 사람은 서로를 잘 알았다. 판디트가 모건스탠리에 있을 때인 2000년에 맥은 그를 승진시켰다. 하지만 두 사람이 가까운 것은 아니었다.

"자네가 딜에 관심이 있다고 스티브가 말하더군. 지금 어려운 시기야. 우리도 여러 가지 선택을 염두에 두고 있어." 판디트가 전화를 받자 맥이 말했다.

"글쎄요. 우리가 도움이 되면 좋겠어요. 뭔가를 한다면 지금이 좋은 시기겠지요." 판디트가 대답했다.

그러나 판디트는 더 말을 하기 전에 선을 그었다. "먼저 이사회와 상의해 봐야겠어요. 그러고 나서 전화할게요."

행크 폴슨이 검은색과 오렌지색의 화면이 깜빡거리는 블룸버그 터미널에서 RPF에 관해 살펴봤다. RPF는 자산이 626억 달러에 이르는 단기 금융시장의 주요 펀드였다. 따라서 그 회사가 흔들리자 다른 금융시장에도 의구심이 번지고 있었다.

"긴급 상황이에요." 켄 윌슨이 폴슨의 집무실에 들어와 아침 6시 반부터 전화를 걸어 온 CEO들의 이름을 댔다. 블랙록의 래리 핑크, 뱅크오브뉴욕멜론Bank of New York Mellon의 밥 켈리Bob Kelly, 노던트러스트Northern Trust의 릭 웨들Rick Waddell, 아메리프라이즈Ameriprise의 짐 크라치올로Jim Cracchiolo 등이었다.

"자기 고객들이 돈을 빼 간다고 해요. 그 액수가 수천억 달러에 이른다는 겁니다. 특히 리먼의 채권에 잠겨 있는 자금에서는 모두 상환을 요구한다는 겁니다." 윌슨이 보고했다.

폴슨이 신경을 쓰며 몸을 흔들었다. 리먼 사태에 따른 패닉이 마치 역병처럼, 월스트리트의 흑사병처럼 퍼지고 있었다. 단기금융시장을 안정시켜야 했다. 윌슨은 또한 모건스탠리가 헤지펀드들의 상환 요구로 어려움을 겪고 있다고 보고했다. 폴슨과 윌슨 두 사람 모두가 일한 적 있는 모건스탠리가 쓰러진다면, 그다음은 골드만삭스가 될 것이었다.

"하루가 지나면 또 다른 위기." 폴슨은 이 말과 함께 기가 막혀서 웃음을 터뜨렸다. 그 자신도 진정으로 패닉을 느끼기 시작했다.

폴슨이 본능적으로 떠올린 대책은 연속적으로 딜을 만들어 시장에서 해결책을 찾는 것이었다. 회사들은 통합함으로써 서로의 약점을 보완할 수 있었다.

그러나 현재 상황은 정상이 아니었다. 모든 문제의 뒤에 또 다른 문제가 숨어 있었다. 리먼을 구제하지 않음으로써 칭찬을 받기는 했지만, 그는 그 결과가 얼마나 참담한지 목도하고 있었다. 금융 시스템을 지지해오던 신뢰가 이제 땅에 떨어졌다. "정부는 리먼브러더스와 모래 위에 선을 긋는 척하더니 이틀 후에는 또 다른 구제안을 실행하지 않았던가?" 뉴욕대학 스턴Stern 경영대학원의 누리엘 루비니Nouriel Roubini 교수가 그날 아침 비꼬았다.

폴슨은 이제 사태를 알 만했다. 새로 문제가 되고 있는 것은 골드만의 주 수입원인 기업어음과 단기금융시장인 것이다. 위기는 이미 와 있었다.

모건스탠리 + 와코비아라는 방정식

한편 연준에서는 38세의 이사 케빈 워시가 고민에 빠져 있었다. 그는 방금 버냉키와 함께 유럽과 아시아의 중앙은행들을 상대로 전화회의를 하며 AIG에 관한 미국 정부의 행동에 대해 설명했다. 이때 유럽중앙은행장 장클로드 트리셰가 '리먼을 망하게 한' 그들의 결정에 몹시 화를 내며 버냉키에게 미 의회를 설득해 대규모 금융산업구제안을 만들 것을 제언했다.

그런데 워시가 걱정한 것은 모건스탠리였다. 그는 7년 전에 대통령 경제정책 담당 특별보좌관으로 임명되기 전까지 모건스탠리에서 기업 인수합병 전문가로 일했다. 그런데 그의 전 직장이 시장에서 급속히 신뢰를 잃어가고 있었다. 그가 볼 때 모건스탠리의 유일한 행동 방안은 하나였다. 대규모 예금자산을 가진 상업은행을 인수하는 것이다. 그렇다면 많은 예금자산을 가지고도 어려움을 겪고 있는 와코비아가 좋은 대상이었다. 와코비아가 지닌 문제의 화근은 2006년에 인수한 캘리포니아의 모기지 발행업체 골든웨스트Golden West였다. 대량의 불량 채권을 가진 이 기업이 와코비아를 타고앉아 재정을 악화시키고 있었다. '와코비아는 스스로 이 문제를 헤치고 나올 능력이 없어.' 워시의 생각이었다.

하지만 폴슨이 골드만에 대해 그렇듯이 워시도 모건스탠리에 접근하면 이익의 상충이 일어날 것이었다. 그래서 그는 연준의 수석법률고문 스콧 앨버레즈Scott Alvarez를 찾아가 '압도적인 공중의 이익'을 위해 과거의 직장과 접촉하는 것을 허용하는 서한을 요청했다.

이어 그는 가이트너에게 전화해서 물었다. "제가 존 맥에게 전화할까요, 총재가 하겠습니까?"

결국 두 사람은 함께 전화하기로 했다.

불치병에 걸렸는데도 리먼브러더스는 여러 가지 움직임으로 북적였다. 수많은 트레이더와 변호사, 직원 들이 수면 부족과 스트레스 속에서도 회사를 정리하기 위해 필요한 일들을 하고 있었다. 그들의 마음속에는 딕 펄드가 전날 보낸 메모가 남아 있었다.

"지난 수개월간 우리는 엄청난 도전을 받다가 끝내 파산 신청을 했습니다. 이는 여러분에게 감정적으로 그리고 금전적으로 아픈 경험일 것입니다. 이에 대해 저는 참담함을 느끼고 있습니다." 화난 사원들에게 이 메모는 사태를 너무 과소평가한 것이었다. 그것은 전쟁에 패배한 일왕 히로히토가 1945년 8월 15일에 했던, "이 전쟁은 일본에 유리하게 전개되지 않았다"라는 유명한 말과 비슷한 것이었다.

그래도 그날 늦게 바트 맥데이드와 스킵 맥기, 마크 샤피르는 좋은 소식을 하나 전할 수 있었다. 리먼 전체를 구할 수 있는 것은 아니었지만, 리먼의 미국 비즈니스를 17억 5,000만 달러에 팔기로 한 것이었다. 매수자는 바클레이스였다. 한때 리먼 전체를 매수하고자 했던 바클레이스는 가장 원하던 부분을 얻었다. 이로써 리먼 미국 본사에 근무하던 약 1만 명의 직원 중 일부는 계속 고용을 유지할 수 있게 되었다.

맥데이드와 맥기, 샤피르가 걸어 나갈 때 일어서서 박수를 치는 사원도 있었다.

밥 스틸이 전화했을 때 맥은 그의 용건을 알고 있었다. 맥은 기꺼이 그의 전화를 받았다. 스틸과 두 사람은 듀크 대학 동창이며 또한 대학 이사회의 회원이었다. 스틸이 와코비아의 CEO에 취임한 지 얼마 되지 않았을 때, 맥은 샬럿으로 그를 찾아가 모건스탠리를 어드바이저로 채택할 것을 요청했다. 그 만남에서 어드바이저 계약이 이뤄지지는 않았다. 당시 와코비아는 골드만을 고용해 골든웨스트 문제를 풀고 있었던 것이다. 하지만 스틸과 맥은 서로 말이 통했고 계속 연락을 하기로 했다.

"흥미로운 시기에요. 케빈 워시에게 연락이 있었을 걸로 생각합니다.

그는 우리가 서로 합쳐야 한다고 생각하고 있어요." 스틸이 말했다.

이어 스틸은 맥의 의도를 파악하기 위해 모호한 표현으로 말을 이었다. "우리한테 기회가 있지 않을까 싶어요. 많은 것을 생각하고 있습니다. 지금이 서로 얘기해볼 때라고 생각하는데……. 그렇다면 빨리 움직일 필요가 있습니다."

"저도 뭔가 좀 보이는 게 있어요." 맥은 흥미가 있지만 구체적인 언질은 주지 않았다. "시기는 어떻게 생각하고 있습니까?"

"즉시 움직였으면 해요." 스틸이 대답했다.

금융시장이 붕괴하고 있는 이때에 맥은 와코비아와 이야기해볼 가치가 있다고 생각했다. 한편 스틸에게 모건스탠리와의 합병은 사업적으로나 개인적으로나 매력적이었다. 모건스탠리가 혼란에 빠져 있는 상황에서 맥의 분명한 후계자는 보이지 않았다. 합병하더라도 자신이 맥의 자리를 금방 차지하지는 않겠지만, 두 사람 모두의 친구이자 모건스탠리 이사회 멤버인 로이 보스톡Roy Bostock이 스틸에게 귀띔해준 것이 있었다. 모건스탠리와 와코비아가 합병한다면 이것이 존 맥의 후계자 문제를 푸는 데 좋은 해결책이 될 것이라는 이야기였다. 이는 월스트리트 최고 기업에서 정상에 서고 싶은 자신에게 다가온 하나의 기회였다.

스틸과 통화하고 나서 맥은 자신의 최고의 딜메이커인 로버트 스컬리에게 전화해 내용을 전달했다. 스컬리는 회의적이었다. 우선 와코비아의 회계 상태를 잘 모르기도 했지만, 그가 알고 있던 다른 어떤 것이 그를 불안하게 했다. 하지만 그는 이 시점에서 어떤 선택도 배제할 필요는 없다는 데 동의했다. 더구나 모건스탠리에서 돈이 술술 빠져나가는 상태에서, 견고한 예금 기반을 가진 와코비아는 분명히 매력적인 합병 파트너였다.

이어 스컬리는 부회장인 랍 킨들러Rob Kindler에게 전화해 와코비아의 사업개발 담당 데이브 캐럴Dave Carroll이 목요일에 찾아와 협상을 시작할 것이라고 전했다.

킨들러는 모건스탠리의 엄격한 기업문화 속에서 조금 예외적인 인물이었다. 그는 말을 크게 하고, 무례할 정도로 솔직했으며, 구식 양복을 즐겨 입었다. 1990년대에 그는 로펌 크래배스, 스웨인 앤드 무어에서 잘나가는 변호사였는데, 언제나 투자은행에서 일하고 싶어 했다. 결국 그는 로펌을 떠나 JP모건에 취직했다(언제나 뭐든 놀리기를 좋아하는 그는 당시 JP모건의 슬로건이었던 '우리는 한 기업, 우리는 한 팀, 리더가 되자'를 비꼬아 '우리는 한 기업, 우리는 한 팀, 리더를 매수하자'라는 문구를 모자에 두르고 다니기도 했다). 그는 괴짜였지만 딜메이킹에 관한 한 그의 조언은 매우 존중되었다.

킨들러는 와코비아와의 합병안 자체가 탐탁지 않았다. 그는 자신의 회의적인 시각을 스컬리에게 이렇게 표현했다. "전체적인 맥락을 한 번 보자고. 밥 스틸은 골드만 출신이야. 와코비아의 투자은행 부문 사람들도 골드만 출신이고, 폴슨 장관도 골드만 출신이야. 결국 우리가 이 회의를 하는 유일한 이유는 골드만이 와코비아를 넘보지 않기 때문이야."

사실 스컬리도 비슷한 생각을 해왔지만 말은 하지 않았다. "잘 모르겠네요. 별로 좋지 않은 안 같기도 하고." 그는 이렇게 얼버무렸다.

그러나 킨들러도 딜 가능성을 배제하지는 않았다. "우리에게 좋은 기회가 될 수도 있지. 예금 기반과 지역의 사업 기반을 가져올 테니까. 어떻게 되나 보자고."

이에 스컬리와 킨들러는 모건스탠리의 금융기관 비즈니스의 공동 책임자 조너선 프루전Jonathan Pruzan과 함께 와코비아의 재무 상태를 조사하기 시작했다. 첫 번째 떠오른 문제는 1,200억 달러에 달하는 거대한 서브프라임 융자 잔고였다. 와코비아에 대한 실사가 이뤄지고 있는 사이, 맥은 시티그룹의 비크람 판디트의 전화를 받았다. 그는 맥의 합병 제안에 대해 완곡하게 거절 의사를 밝혔다. "대답은 노예요. 타이밍이 별로 안 좋아. 하지만 언젠가는 다시 이야기하고 싶어요."

맥은 화를 누르며 전화를 끊었다. 와코비아가 누구나 데이트하고 싶어 하는 꿈의 상대는 아니었다. 하지만 그때 와코비아는 댄스 플로어에 있는 유일한 소녀였다.

경제의 9·11 사태

"이건 경제의 9·11 사태야!"

폴슨 장관이 말하자 그의 사무실에는 침묵이 무겁게 가라앉았다. 20명이 훨씬 넘는 재무성의 간부들이 여기저기 앉아 메모를 하고 있었다. 벽에 걸린 미국의 초대 재무장관 알렉산더 해밀턴의 초상화가 그들을 내려다봤다. 해밀턴이 금융위기를 타개했던 1792년에 그려진 것이었다. 당시 재무성에 있던 해밀턴의 친구이자 재무성의 직원 윌리엄 두어William Duer라는 자가 내부 정보를 이용해 정부채권을 사 모았다. 이 채권의 가격이 떨어지자 두어는 빚을 감당하지 못하고 시장에 큰 혼란을 불러일으켰다. 이때 해밀턴은 자신의 친구를 돕지 않았다. 그 대신에 재무성이 정부채권을 사들이게 함으로써 시장을 안정시켰다. 이는 정부 개입의 교훈적인 모델로 기억되고 있었다.

폴슨이 구석 자리에 앉아 근심 어린 표정으로 배를 쓰다듬었다. 지난 네 시간 동안 금융위기가 새로운 지경에 달했다고 괴로운 표정으로 말했다. 이번 주에 벌어지고 있는 이 경제의 대참사는 7년 전에 일어난 9·11

사태에 견줄 만한 것이었다. 비록 인명이 위협받지는 않았지만, 수백 년 역사의 기업들이 위험에 빠져 있고 수십만 명의 직장이 사라질 위기에 처해 있었다.

그는 미국 경제 전체가 지금 붕괴 위험에 직면해 있다고 말했다. 아침에 제이미 다이먼과 통화했는데 그도 같은 우려를 하고 있었다. 폴슨이 걱정하는 것은 투자은행만이 아니었다. 세계에서 가장 크고 미국 독창성의 상징이라고 할 수 있는 GE마저 걱정해야 했다. GE의 CEO인 제프리 이멀트Jeffrey Immelt가 폴슨에게 전화해 경상운영자금을 조달하는 기업어음의 순환이 멈추고 있다고 했다. 이멀트는 또한 JP모건이 시티그룹에 돈을 빌려주지 않고, 뱅크오브아메리카도 맥도날드그룹에 대한 융자를 거부하고 있다고 말했다. 게다가 안정성의 상징인, 재무성이 발행하는 만기 1년 미만의 국채Treasury bill가 이자율 1퍼센트 미만에 거래되고 있다는 것이었다. 이것이 사실이라면 이 단기국채가 투자 대상으로서 현금보다도 못하다는 것이고, 이는 결국 정부에 대한 신뢰가 사라지고 있다는 것을 의미했다.

폴슨은 이것이 자신의 금융공황이며, 재무장관으로서, 아니 아마도 평생의 경력에서 가장 중요한 순간이 될 것임을 알고 있었다. 전날 밤 버냉키와 폴슨은 한 가지 같은 생각에 이르렀다. 이번 금융위기는 시스템의 위기이며, 따라서 문제가 발생한 기업을 대상으로 하나씩 국소적으로 처리하는 것은 옳지 않다는 것이었다. 베어스턴스 사태로부터 불과 6개월이 지나 리먼 사태가 터졌다. 만약 모건스탠리가 쓰러지면 6개월 이내에 골드만삭스도 쓰러질 수 있었다. 그러면 대형 은행들이 그 뒤를 따를 것이고, 그 결과는 오직 하늘만이 알 것이었다.

따라서 그는 이날 직원들 앞에서 시스템 전반의 해결책과 정부의 개입이 필요한 해결책을 찾고자 했다. 그는 정부의 구제안이라는 것을 싫어했지만, 지금은 현실을 직시해야 하는 때라는 것을 깨달았다.

"지금의 사태를 타개하는 유일한 방법은 재정적 대응일지 모릅니다." 폴슨이 말했다. 정부가 무슨 프로그램을 짤 수 있을지 고려해봐야겠다는 것이었다. 물론 그것이 정치적으로 용인될지는 확신할 수 없지만, 어떻게 되든지 대안은 모색해봐야 했다.

그는 그런 움직임이 자신을 엄청난 정치적 공세에 휘말리게 할 것을 안다고 부하들에게 털어놓았다. 이미 AIG 구제를 놓고 비판을 받아온 터였다. 상원 금융서비스위원회 위원장 바니 프랭크 의원은 폴슨을 비웃기라도 하듯, 리먼이 파산한 9월 15일을 '자유시장의 날'로 선포하는 결의안을 제출하겠다고 했다. 그의 말에 의하면 "미국이 자유시장주의를 지킨 날은 딱 하루 있었는데, 바로 리먼이 망한 월요일"이라는 것이었다.

켄터키 주 공화당 상원의원 짐 버닝은 "연준은 다시 한 번 수십억 달러의 세금을 풀어 책임보다는 탐욕을 추구한 금융기관을 구제했다"고 질타했다. 앨라배마 주 출신 공화당 의원 리처드 셸비는 "세금으로 민간기업을 구제하는 결정에 결코 동의하지 않는다"는 말을 보탰다.

폴슨은 단기금융시장 위기를 우선적으로 다룰 필요가 있다고 했다. 이에 골드만 출신의 스티브 샤프란이 아이디어를 냈다. 그의 말에 따르면, 1934년 제정된 「금준비법Gold Reserve Act」에 따라 현재 약 500억 달러의 자금이 모여 있는데, 재무성에는 이를 필수적인 시장의 안정을 위해 쓸 수 있는 권한이 있었다. 이 안의 핵심은 집행을 위해 의회의 승인이 필요 없고 오직 대통령의 재가만 있으면 된다는 것이었다.

"착수해!" 눈이 번쩍 뜨인 폴슨이 지시하자, 샤프란이 준비 작업을 시작하기 위해 방을 빠져나갔다.

하지만 금융기관을 안정시키는 일이 그렇게 쉽지는 않았다. 매사에 진지한 경제정책 담당 국장 스웨이글도 지금은 대담해야 하며 정치적 파장이 두려워 문제의 본질을 회피해서는 안 된다고 했다. "일본 흉내를 내서는 안 된다"는 것이 그의 주장이었다.

스웨이글과 카시카리는 이 대목에서 지난봄에 준비한 10쪽짜리 「비상단추Break the Glass」 계획서를 꺼내 보였다. 유동성 위기가 발생할 경우에 정부가 개입해 악성 자산을 구입함으로써 곤란에 처한 금융회사가 재정난을 극복하고 신용의 회전을 정상적으로 하는 계획을 담고 있었다. 이를 작성한 두 사람은 계획의 실행이 쉽지 않다는 것을 잘 알았다. 악성 자산을 보유한 주체들이 정부가 제시하는 낮은 가격에 팔기를 거부할 것이었기 때문이다. 하지만 이 방법을 통해 정부는 보수주의 정치가들이 원하는 바대로 민간기업의 일상 업무에 개입하지 않으면서 소기의 목적을 달성할 수 있다고 생각했다.

"이것을 실행해야 합니다." 카시카리가 장관에게 말했다. 그는 최근 호프나우HOPE NOW라는 활동에 관여해오고 있었다. 곤란에 처한 주택 소유자들을 돕는 정부의 프로그램인데, 이 활동을 통해 카시카리는 은행들이 불량 채권을 가지고 있는 한 주택융자를 내기가 얼마나 어려운 것인지를 현장에서 목격했다. 한편 뉴욕에서 여전히 AIG 일에 매달려 있던 폴슨의 어드바이저 댄 제스터는 스피커폰으로 자산의 구입은 매우 골치 아픈 프로세스가 될 수 있으며 따라서 금융기관에 직접 자금을 도입하는 방안을 택해야 한다고 주장했다. "정부자금이 더 유효하게 활용되려면 직접 투입을 해야 해요." 제스터가 말했다. 그렇게 함으로써 시장이 약세에 있더라도 은행들은 쇠락을 피할 수 있다는 것이었다.

금융기관 담당 국장 데이비드 네이슨은 제스터가 제시한 방법에 반대했다. 국유화 논란을 불러일으킬 수 있기 때문이었다. 정부가 기업에 자금을 투입한다면 거기에는 사실상 소유권이 동반될 것이고, 이는 모든 사람이 피하고자 하는 것이었다. "사람들이 우리가 또 한 번의 'AIG를 한다'고 생각하게 만들고 싶어요?" 그는 AIG 구제안을 하나의 동사처럼 쓰면서 경고했다.

폴슨은 사실 '비상단추' 계획을 처음 보고받았을 때 호감을 느꼈는데, 이제 그 방향으로 가야겠다고 생각을 굳히고 있었다. AIG 구제는 다시는 반복하고 싶지 않은 재앙이었고, 반면 자산 매입은 정부와 민간의 경계선을 분명히 유지하는 것이었다. 그렇다면 남은 것은 의회에 제출할 법안을 준비하는 것이었다. 지금의 위기를 극복하기 위해 재무성은 엄청난 돈이 즉시 필요했다.

폴슨은 카시카리를 팀장으로 임명하고, 팀원을 구성해 구체적인 안을 마련하도록 지시했다. '비상단추'는 이론적으로 흥미 있는 안이었지만 아직 세부 사항이 미비하고 집행계획으로는 부족했다. 앞으로 24시간 안에 집행계획을 만들라는 것이 장관의 지시였다.

회의를 끝내기 전에 폴슨이 물었다. "돈이 얼마나 필요할까?"

지난여름 5,000억 정도를 예상했던 카시카리가 어두운 표정으로 대답했다. "원래보다 더 필요할 거예요. 잘 모르지만 두 배 정도……."

직원들이 자리를 뜰 때 폴슨은 그 자리에서 나눈 대화를 절대 누설해서는 안 된다고 못을 박았다. 그리고 그는 가이트너에게 전화를 걸었다. "은행들을 위해서 엄청난 돈이 필요하다는 말을 했다가는 난리가 날 겁니다. 자금을 집행할 수 있는 권한을 확보하기 전에 말을 했다가는 여기저기서 불똥이 튈 거예요. 필요한 모든 것을 손에 넣을 때까지는 말을 조심하세요." 가이트너가 조언했다.

공매도 죽이기 작전

수요일 오후 모건스탠리의 주가는 42퍼센트가 빠졌다. 그리고 온갖 소문이 난무했다. 가장 최근에 돈 소문은 AIG의 거래 상대방인 모건스탠리의 자산 2,000억 달러가 위기에 처해 있다는 것이었다. 정확한 사실은 아니었지만, 사실 여부는 상관없었다. 이 소문에 헤지펀드들은 약 500억 달러의 상환을 요구했다. 게다가 그 와중에 도이체방크는 모건스탠리로부터 헤지펀드 클라이언트들을 가로챌 목적으로 'DB: 견실한 거래 상대'라는 제목의 광고를 내보내기도 했다.

모건스탠리의 CEO 존 맥은 심복들과 회의를 하면서 이제는 일과처럼 되어버린 어두운 하루가 끝나기를 기다리고 있었다. 오후 2시 45분이면 헤지펀드들이 프라임브로커리지 계좌에서 모든 돈을 빼 가면서 관계 해지를 요구할 것이었다. 그리고 3시가 되면 연준의 할인융자창구가 닫혀 다음 날 아침까지 추가 자본이 없이 버텨야 하는 상태가 될 터였다. 이어 3시 2분이면 모건스탠리의 CDS, 즉 이 회사의 파산에 대비한 보험가격이 상승할 것이고, 끝으로 결재은행clearing bank인 JP모건이 연락해 더 많은 담보를 요구할 것이었다.

"이건 너무하다. 불법은 아니지만 비도덕적이야." 맥은 모건스탠리 주식에 대한 공격을 놓고 이렇게 외쳤다. 그는 공매도라는 것의 기능을 이해했다. 사실 모건스탠리에 대해 공매도를 실시하는 회사들이 바로 자신의 고객이었다. 하지만 지금은 모건스탠리의 생존이 위태롭지 않은가?

CFO 콤 켈러허는 더 절망적이었다. 공매도를 멈추게 할 수도 없고 비난할 수도 없었다. 그들은 시장이 창조한 생물체로서 살아남기 위해 그렇게 하는 것이었다. "그들은 냉혈 파충류예요. 그들은 그저 앞에 있는 것을 먹어치울 뿐이니까." 켈러허가 맥에게 말했다.

맥은 그의 친구인 피쿼트캐피털매니지먼트*의 설립자인 아서 샘버그Arthur Samberg와 조금 전 통화했다. 샘버그가 모건스탠리 계좌에서 돈을 빼기 위해 전화를 했던 것이다.

"돈을 빼 가려면 빼 가." 맥이 좌절감을 느끼며 말했다.

"존, 나는 정말 이렇게 하고 싶지는 않아. 그런데 내가 들어간 펀드오브펀즈**에서 말하기를 우리가 모건스탠리와 거래량이 너무 많다는 거야." 샘버그는 떠도는 소문에 영향을 받고 있었다.

"그래, 돈 빼 가. 그리고 자네와 비슷한 부류들한테 신용잔고를 모두 빼 가라고 그래." 맥이 쏘아붙였다.

맥은 지금 모건스탠리를 괴롭히고 있는 소문을 경쟁사들이 만들어 퍼뜨리고 CNBC가 무비판적으로 반복하고 있다고 믿었다. 그는 '똥 같은 방송'에 너무 화가 난 나머지 GE의 CEO인 제프 이멜트에게 전화하기도 했다. GE가 NBC유니버설의 일부로서 CNBC를 소유하기 때문이었다.

모건스탠리의 관리 담당 임원 톰 나이즈Tom Nides는 공격적으로 나갈 필요가 있다고 건의했다. 거대 광고회사 버슨마스텔러Burson Marsteller의 CEO 출신인 나이즈는 오랫동안 맥의 가장 가까운 자문역 중의 하나였다. 나이즈의 영향력은 커서 평생 공화당을 지지해온 사람을 설득해 민주당의 힐러리 클린턴을 지지하게 할 정도였다. 그는 워싱턴의 주요 인사들에

---

* 피쿼트캐피털매니지먼트(Pequot Capital Management)는 1998년 코네티컷 주에서 설립된 헤지펀드다.

** 펀드오브펀즈(Fund of funds: FoF)란 복수의 펀드들이 갹출한 자금으로 만든 투자펀드다. 자금원에 따라 뮤추얼펀드 FoF, 헤지펀드 FoF, 투자신탁 FoF, 프라이빗에쿼티 FoF 등이 있다.

게 전화해 공매도 금지를 촉구하게 해야 한다고 주장했다. "이 개똥 같은 놈들을 막아야 해요!" 나이즈가 맥에게 말했다.

모건스탠리의 CLO이자 과거 증권거래위원회의 법률문제 책임자였던 게리 린치Gary Lynch는 의심스러운 거래들이 이뤄지고 있다고 뉴욕증권거래소의 규제 담당 책임자 리처드 케첨Richard Ketchum에게 말했다. "저는 시장의 자유, 거래의 자유를 신봉하는 사람이에요. 하지만 사람들이 길거리에서 몽둥이를 들고 활보한다면 통행금지를 고려해봐야 하는 거 아닙니까?"

나이즈는 맥을 위해 여기저기 전화를 연결했다. 그중에는 상원의원 찰스 슈머와 힐러리 클린턴도 있었다. 이 통화에서 맥은 그들이 증권거래위원회에 압력을 가해 공매도를 규제해달라고 했다. "지금 여기에는 많은 사람들의 직장이 걸려 있습니다." 그가 호소했다.

증권거래위원회 위원장 크리스토퍼 콕스와 전화를 마친 맥의 기분은 더욱 나빠졌다. 자유시장을 신봉하는 콕스는 그것이 정부 규제 당국의 타당한 역할인 양 맥에게 의도적으로 무능하게 굴었던 것이다. 공매도에 관해서 자신이 할 수 있는 것은 아무것도 없다는 것이었다.

맥은 그다음으로 폴슨과 통화했는데, 폴슨은 공매도를 규제해야 한다는 맥의 말에 공감했다. 그러나 그가 무엇을 할 수 있는지는 불분명했다. "알아, 존. 알아. 하지만 이는 콕스가 결정할 일이야. 내가 뭔가 할 수 있다면 해볼게." 폴슨은 맥을 진정시키며 말했다.

그다음으로 맥은 자신의 최대 라이벌인 골드만삭스의 로이드 블랭크파인에게 전화했다. 우군이 필요했던 것이다. "이놈들이 모건스탠리 주가를 떨어뜨리고 CDS 가격을 밀어올리고 있어. 로이드, 우리는 한 배를 타고 있어." 그리고 그는 블랭크파인에게 CNBC에 자신과 함께 출연해 힘을 과시해달라고 부탁했다.

블랭크파인은 집무실에 TV를 가지고 있기는 했지만, 이른바 찰리 개스패리노의 '소문 퍼뜨리기'가 너무 역겨워 그에 항의하는 표시로 아예 꺼놓고 있었다. "그건 내 취향이 아니야. 나는 TV는 상대 안 해." 그가 맥에게 말했다.

블랭크파인은 골드만이 위기에 처한 것은 아니지만 꼭 필요할 때까지는 공매도에 대해 맥과 공동전선을 펴는 것을 자제하겠다고 설명했다.

별로 진전이 없자 나이즈는 새로운 각도에서 접근했다. 그가 전화한 것은 뉴욕 주 법무장관 앤드루 쿠오모Andrew Cuomo였다. 쿠오모는 자신의 정치 경력을 다시 세우기 위해 무엇인가를 필요로 하고 있었다. 나이즈는 그가 공매도자들에게 겁을 줄 수도 있다고 생각했다. 돈 많은 헤지펀드매니저들이 금융위기 속에서 어려움에 처한 은행들을 괴롭히고 있다는 것은 아주 써먹기 좋은 포퓰리즘의 메시지가 될 수 있다고 본 것이다. 과거에 같은 자리에 있던 엘리엇 스피처Eliot Spitzer가 월스트리트에 한 일은 모든 이들의 뇌리에 또렷하게 남아 있었다.*

쿠오모와 전화가 연결되자 나이즈는 그에게 공매도 규제에 대해 역설했다. 쿠오모는 과거에도 공매도에 관해 우려를 표명한 적이 있었지만, 이번에 한다면 그것은 시장에 대한 위협사격이 될 것이었다. "당신이 이를 한다면 우리가 나서서 칭송할 겁니다." 나이즈가 부추겼다.

나이즈는 맥이 주저할 것이라고 생각했다. 그것은 자신의 클라이언트를 공격하는 것이었기 때문이다. 하지만 이는 생존이 걸린 문제였다.

---

* 스피처는 뉴욕 주 법무장관으로 재직하면서 금융계의 각종 부정에 사법의 칼을 댔으며 뉴욕증권거래소 사장인 리처드 그래소를 기소하기도 했다.

그날 주식시장이 마감하기에 앞서 맥은 전 직원에게 이메일을 보냈다.

수신: 전 직원

발신: 존 맥

여러분과 마찬가지로 저도 우리 회사의 주가가 떨어지는 것을 주목하고 있습니다. 어제 우리가 많은 수익 실적과 1,790억 달러의 유동성을 보유하고 있다는 발표를 했는데도(이는 오늘 아침에 거의 모든 애널리스트들이 주목했습니다) 우리 주가나 CDS 가격은 비이성적인 근거에 따라 움직이고 있습니다.

시장에서 무슨 일이 벌어지고 있는가? 대답은 분명합니다. 시장이 두려움과 소문에 의해 통제되고 있으며, 공매도자들이 우리 주가를 하락시키고 있는 것입니다. 집행위원회와 저는 시장의 이 무책임한 움직임을 멈추게 하기 위해 필요한 모든 조치를 취하고 있습니다. 우리는 재무성 당국과 폴슨 장관에게 우리의 뜻을 전달했습니다. 또한 증권거래위원회 당국과 콕스 위원장에게도 우리의 뜻을 전달했습니다. 우리의 오랜 주주, 거래 상대방, 클라이언트들과도 의견을 교환하고 있습니다. 저는 여러분께서도 클라이언트들과 의견을 나누기를 바랍니다. 이를 통해 우리의 견실한 실적과 자본 포지션을 그들에게 알려주기 바랍니다.

최강자 골드만에 대한 우려

"이런 때 내가 골드만과 상대를 할 수 없다니 말도 안 돼!" 폴슨이 수석 법률고문 밥 호이트에게 말했다. 그는 3시에 버냉키, 가이트너, 콕스와 함께 골드만삭스, 모건스탠리와 전화회의를 할 예정이었다. 그런데 그가 골드만 출신이어서 허가서를 따로 받지 않으면 회의에 참가할 수 없다는 것이었다.

모건스탠리가 위기를 겪자 골드만에 대한 폴슨의 우려가 커지고 있었다. 골드만이 쓰러지는 것은 금융 시스템 전체의 붕괴를 의미했다. 폴슨은 자신의 입장을 따질 때가 아니었다. 그는 장관에 취임하면서 현직에 있는 한 골드만과 관련한 일에 개입하지 않겠다는 윤리각서에 서명한 것을 그제야 후회했다. 불관여 방침은 보통 적용 기간이 1년 정도였지만, 당시에 그는 자신의 진정성을 보이기 위해 이를 전 임기에 걸쳐 적용하기로 서약했다. 그런데 그것이 지금 자신의 발목을 잡고 있었다.

지난 3월 베어스턴스 사태가 끝나고 나서 가이트너가 이 문제를 제기한 적이 있었다. "있잖아요, 행크. 만약에 또 하나의 거대한 투자은행이 쓰러진다면 골드만 이외에 그걸 떠안을 수 있는 곳이 있을지 모르겠어요. 그럴 경우에 대비해 당신의 그 윤리각서에 대한 예외 허가를 받아놓지 않으면 어려움이 생길 것 같은데요."

호이트는 폴슨에게 시장의 예외적인 상황에 비춰볼 때 폴슨이 일시적으로 예외를 적용받는 것이 타당하다고 말했다. 그래서 그는 이미 허가를 요청하기 위한 문서의 초안을 작성해놓았다. 폴슨이 장관에 취임하기 전에 보유하던 골드만의 주식을 모두 처분했으므로 연방정부윤리국Office of Government Ethics에 폴슨이 골드만에 관한 일에 참여해도 이익의 충돌이 없다고 쉽게 말할 수 있었다. 골드만의 연금 문제가 있기는 했으나 이는 사소한 것이었다. 폴슨이 65세가 된 이후 골드만에서 받을 연금은 연간 1만 533달러에 지나지 않았다.

자신의 전 직장을 위해 윤리규정의 예외를 받아내는 모습이 언론에 알려진다면, 이미 굴러다니는 음모론에 박차를 가할 것이라는 걸 알면서도 폴슨은 다른 대안이 없다고 판단했다. 다만 이 일이 비밀로 남기를 바랄 뿐이었다. 그와 호이트는 이 문제를 대외비로 하기로 했다.

호이트는 백악관의 법률고문이자 워싱턴에서 문제 해결의 명수인 프레드 필딩Fred Fielding과 재무성의 윤리 담당관 버나드 나이트Bernard Knight에게 연락했다. 나이트는 백악관의 윤리 담당 직원들과 함께 플로리다에서 열리는 회의에 참석하고 있었다. 지금의 시장 상황을 잘 아는 두 사람은 즉시 호이트의 권고를 받아들였다.

나이트는 이메일에 이렇게 썼다. "저는 골드만삭스와 관련이 있을 수도 있는 당면 문제에 귀하가 참여하는 데 따른 국가 이익의 중대성이 귀하가 관료로서 지켜야 하는 성실성에 관한 관심사보다 훨씬 중요하다고 판단했습니다."

필딩의 사무실에서는 아예 공식서한으로 만들어 인편으로 보내왔다. 백악관 편지 양식에 쓴 '이 각서는 예외를 허용한다'라는 제목의 서한은 이런 내용이었다.

> 귀하는 미국의 재무장관으로서 미국 정부의 재정을 효과적으로 운용하고 경제성장과 안정을 추진하며 미국과 세계의 금융 시스템의 안전과 건전성, 보호를 확보함으로써 미국 시민에게 봉사하고 국가 안전을 강화하는 책무를 지니고 있습니다.
>
> 귀하는 과거의 고용주인 골드만삭스그룹의 적격연금플랜에 가입되어 있습니다. 이 플랜에 대한 투자는 귀하의 전체 투자에서 아주 사소한 부분입니다. 그러므로 이 플랜이 귀하의 정부에 대한 봉사의 진정성에 영향을 준다고 보기는 어렵습니다. 이 예외 허가로서 귀하가 골드만삭스그룹의 능력과 의지를 포함해 이 적격연금플랜에 영향을 미칠 수 있는 사안에 관여하는 것을 허락합니다.

이로써 폴슨이 골드만삭스를 도울 수 있는 일에 공식적으로 참여할 수 있게 되었다. 다만 그것이 공중에 알려지지 않았을 뿐이었다.

'미친 짓을 멈춰라. 타임아웃이 필요하다.' 글렌 쇼어Glenn Shorr가 보낸 이메일의 제목이었다. UBS에서 은행업계를 분석하는 애널리스트인 쇼어는 수요일 오후 그의 클라이언트들에게 보고서와 함께 이 이메일을 보냈다. 수요일 장에서 모건스탠리의 주가는 16.08달러까지 내려갔다가 전일 대비 24퍼센트 하락한 21.75달러로 마감했다. 한편 골드만의 주가는 97.78달러의 최저치를 기록한 뒤 전일 대비 14퍼센트 하락한 114.50달러로 마감했다. 쇼어의 이메일은 뉴욕의 곳곳으로 전달되었다.

"우리는 투자가들이 은행의 소액 예금만 볼 것이 아니라 리스크관리와 수익 실적에 집중해야 한다고 본다(상업은행들도 비즈니스를 잃고 있다. 지금의 추세라면 MMF의 해약에 그치지 않고 은행예금에서 돈이 빠져나가는 것도 멀지 않았다). 현재 상태에서 신뢰를 잃고 '너무 커서 쓰러지지 않을 것'이라는 이유로 일부 기업에 몰리는 것은 최종적 해결이 될 수 없다. 은행업계의 잔고가 이렇게 줄어들고 그 숫자가 줄어든다면 일반 기업들과 헤지펀드들이 쓸 수 있는 자금이 급속히 축소되어 자본 조달 비용이 급등할 것이라는 것을 세계 전체가 인식하는 것이 중요하다."

이 이메일은 결국 재무성에도 전달되었다. 이때 폴슨은 여기저기서 걸려온 전화에 회신하며 월스트리트에서 무슨 일이 벌어지고 있는지 파악하려고 애를 쓰고 있었다. 그중 하나가 프라이빗에퀴티 업계의 거물인 블랙스톤그룹의 회장 스티브 슈워츠먼이었다.

"행크, 어떻게 되고 있어?" 전화가 연결되자 그가 놀리듯 말했다.

"좋지 않아. 시장은 어때?"

대화는 곧 심각해졌다. "시스템이 앞으로 이틀이면 붕괴될 것 같아. 다음 주 월요일에 은행이 문을 열 수 있을지 모르겠어." 근심이 가득한 목소리로 슈워츠먼이 말했다.

"투자가들이 금융기관의 주를 공매도하고 있어. 증권회사에서 돈을 빼는 거지. 그 이유는 리먼과 마찬가지로 앞으로 넘어가게 될 골드만이나 모건스탠리에 돈을 두고 싶지 않기 때문이야. 모두 자기 이익만 챙기는 중이니까. 당신이 뭔가 해야 해."

"우리도 노력은 하고 있는데. 재무성이 뭘 해야 할까?"

"통제 불능 상태인 서부 마을의 보안관이 된다는 시각으로 접근해야 한다고 봐. 그냥 마을의 중심가로 들어서서 하늘에 대고 총을 두어 방 쏘면서 보안관이 있다는 걸 보이기만 하면 돼. 왜냐하면 지금은 아무도 중심을 잡지 못하는 무질서 상태니까 말이야."

폴슨은 슈워츠먼이 말하는 그림 속의 보안관 역할을 상상했다. "자네가 권하고 싶은 일은 뭐야?"

"우선 첫 번째로 금융기관에 대한 공매도에 제동을 걸어야 해. 이것이 시장의 압력을 일부 없앨 수 있을지도 모르지만 그건 중요하지 않아. 재무성이 투자자들에게 겁을 줘야 해. 그러면 그들은 상황이 바뀔 거라는 점과 지금과 같은 방식으로 투자해서는 안 된다는 걸 인식할 거야. 그리고 사람들이 진정할 거야."

"좋아. 나쁜 생각이 아니야. 사실 그 이야기는 해왔어. 해볼게. 그것 말고는 또 뭐가 있을까?"

"나라면 증권회사에서 돈을 빼돌리는 걸 막을 거야. 사실 아무도 골드만이나 모건스탠리의 계좌에서 돈을 빼고 싶지 않아. 다만 그들은 가라앉는 배에 탄 마지막 사람이 되고 싶지 않은 것뿐이야."

"하지만 내게 그렇게 할 권한은 없어." 폴슨이 대답했다.

"재무장관은 금융기관의 CDS를 쓰는 사람들의 능력을 정지시킬 수가 있어. 지금 그게 금융기관들에게는 엄청난 압력이 되고 있으니까." 슈워츠먼이 대안을 제시했다.

"하지만 그걸 할 수 있는 권한도 없어."

자신의 말을 폴슨이 이해하지 못하는 것을 염려하며 슈워츠먼이 대답했다. "들어봐. 당신은 뭔가 큰 구제안을 발표해야 해. 시스템 전체의 문제를 해결할 수 있는 커다란 금액 말이야."

"글쎄. 그건 아직 할 준비가 안 돼 있어. 하지만 아이디어는 있어." 폴슨이 대답했다.

"모든 것이 완전히 준비된 방안이 아니면 쓸모가 없을 거야. 시스템의 붕괴를 막으려면 내일은 발표해야 하고, 일단 한다면 사람들의 관심을 잡아끌 수 있는 큰 거라야 해." 슈워츠먼의 마지막 말이었다.

"무슨 일이야?" 수요일 저녁, CFO 콤 켈러허가 얼굴이 잿빛이 되어 들어오자 맥이 놀란 표정으로 물었다.

"존, 금요일이면 자금이 떨어질 것 같아요." 켈러허가 영국식 영어로 딱딱 끊어 대답했다. 그는 마치 착륙 지시를 기다리는 조종사가 상공에서 돌며 연료 게이지를 보듯이 회사의 탱크, 즉 유동화할 수 있는 자산을 주시해왔다.

"그럴 리가 없어. 부탁이야. 돌아가서 다시 한 번 점검해봐."

매시각마다 문제가 터지고 있었다. 그날 오후 맥이 내보낸 공매도를 비난하는 내부 메모는 외부로 누출되었다. 그 결과 공매도 전략을 쓰던 몇몇 헤지펀드 클라이언트들(그들의 일부는 다른 증권에 대한 헤지로서 한 것이었다)은 항의의 표시로 모건스탠리 계좌를 폐쇄했다.

"불평하는 것과, 클라이언트를 비판하는 문서를 만들어 돌리는 것은 다른 일이야." 짐 케이노스Jim Chanos가 말했다. 케이노스는 엔론 사태를 파헤친 것으로 유명해진 공매도업자다. 그는 지금까지 20년간 모건스탠리의 고객이었는데, 이번 일로 화가 나서 모건스탠리에 가지고 있던 그의 계좌에서 10억 달러를 빼버렸다. 헤지펀드 중에서 가장 선구적이고 성공적인 회사의 하나로 꼽히는 타이거매니지먼트Tiger Management의 설립자인 줄리언 로버트슨Julian Robertson*은 모건스탠리 계좌에서 돈을 빼지는 않았지만 분노하며 전화로 항의했다.

내부 메모에서 공매도를 공격한 것이 클라이언트들의 역린逆鱗을 건드린 것이었다면, 그들을 한층 더 분노하게 할 일이 기다리고 있었다. 다음 날 뉴욕 주 법무장관 쿠오모가 공매도에 대한 조사를 시작할 예정이었고, 그에 관한 성명서의 초안을 맥이 검토하고 있었던 것이다. 이 성명서가 그의 클라이언트들을 분노하게 하고 일부를 떠나보낼 것이라는 것을 맥은 잘 알았지만, 그로서는 검찰을 이용하는 것 이외에 다른 방법이 없다고 생각했다.

> 모건스탠리는 금융주식의 부당한 공매도를 근절하려는 강력한 조치를 취하는 쿠오모 법무장관에게 경의를 표합니다. 시장을 조작하고 사기적인 행동에 대해 광범위한 조사에 착수함으로써, 쿠오모 장관은 금융시장의 안정화를 지향하는 결정적인 지도력을 보여주고 있습니다. 우리는 또한 쿠오모 장관이 증권거래위원회가 금융주식의 공매도를 일시적으로 동결하도록 촉구

---

* 로버트슨이 1980년에 800만 달러를 가지고 만든 타이거펀드는 1996년에 72억 달러로 팽창했다. 이 펀드는 2000년에 폐쇄되었다.

하는 것에 지지를 보냅니다. 작금의 공매도는 각각의 주식의 펀더멘털에 근거해 유지되는 금융시장에서 전례 없이 극단적인 행동입니다.

CFO 켈러허가 회사의 재정 상태를 재차 확인하고 30분 뒤에 맥의 집무실로 돌아왔다. 아까보다는 혈색이 조금 나아지기는 했으나 여전히 사색이었다. 아직 결재되지 않은 거래들을 다시 살펴본 결과 현금 잔고가 다소 늘어나기는 했으나 그의 불안은 여전했다. "아마 다음 주 초까지는 버틸 수 있을 거예요." 켈러허가 새로운 진단을 내놨다.

거대 프로그램의 시동

폴슨은 데스크에서 고개를 숙이고 스피커폰에서 나오는 버냉키와 가이트너의 말을 듣고 있었다. 수요일 저녁이었는데, 재무성의 직원들은 또 한 번의 철야를 준비하고 있었다.

버냉키는 불만을 분명하게 드러냈다. 하나씩 개별적으로 대처하는 것으로는 지금의 경제위기를 해결할 수 없다는 것이었다. "이 짓을 계속할 수는 없어요. 우선 연준에는 그럴 자금이 없어요. 또 한 가지, 우리는 민주주의의 원칙에 근거해 이 사태를 의회가 통제하게 해야 합니다." 버냉키가 주장했다.

폴슨은 버냉키의 말에 이론적으로 동의하면서도 그가 이 사태의 정치적 파장을 과소평가하고 있다는 것이 우려되었다. "이 거대한 화재에 연준이 혼자 대처하는 어려움은 잘 알겠어요. 그런데 무엇보다 내가 걱정하는 것은 의회에 가서 말을 붙였는데 '꺼져'라는 말만 듣고 오는 거야. 그런 사태가 발생하면 결국 정부가 취약하고 금융위기를 극복할 무기가 없다는 걸 보여주는 꼴이 되고 말 거예요."

"참호 속에서 무신론자가 될 수 없듯이 금융위기 속에서 이론가가 될 순 없어요." 버냉키가 전날 연준의 동료들에게 써먹은 표현을 폴슨에게 다시 했다. 그가 하려는 말은 의회 협력을 얻어 정부가 개입해야 한다는 것이었다.

폴슨은 이 말에 동의하면서도 정부가 악성 자산을 사들이는 그의 계획을 계속 추진하고 싶었다. 그가 볼 때 이는 정치가들이 가장 수용하기 쉬운 해결책이었다. 그것이 1980년대 말의 RTCResolution Trust Corporation와 유사했기 때문이다. 1989년에 의회는 RTC라는 정부 소유의 자산관리회사를 설립해, 당시 소규모 저축은행들의 위기savings and loan crisis 속에서 파산한 747개의 금융기관들이 보유하던 4,000억 달러 이상의 융자 및 기타 자산을 관리하게 했다. 이에 따라 RTC는 수많은 소규모 저축은행들이 가지고 있던 융자자산과 부동산, 채권 등을 사들였다.

지금 폴슨이 직면한 어려움과 유사하게, 당시 RTC가 떠안은 자산 중에는 우량도 있었지만 악성이 많았는데, 그중에서도 가장 어려운 것이 거래시장 자체가 존재하지 않는 건설개발 융자금이었다. RTC의 책무는 상상을 초월하게 어려운 것이었다. 당시 회장을 맡았던 윌리엄 시드먼William Seidman은 RTC가 사들인 자산을 하루에 100만 달러씩 판다면 모두 처분하는 데 300년이 걸릴 것이라고 했다. 그러나 결과적으로 RTC는 성공적으로 기능해 당초 예정보다 1년 앞당겨 1995년에 해산했다. 거기에 도입된 예산은 총 2,000억 달러로서 예상보다 훨씬 적은 것이었다.

폴슨은 자신의 아이디어에 가치가 있다고 생각했다. 게다가 그날 아침 《월스트리트저널》에는 유사한 계획을 주장하는 기고문이 있었다. 전 연준 의장 폴 볼커Paul A. Volker, 전 재무장관 니콜라스 브래디Nicholas F. Brady,

그리고 전 통화감독청장 유진 루드위그Eugene A. Ludwig 세 사람이 공동으로 기고한 글에는 이런 내용이 있었다.

"이 새로운 정부기구는 곤란에 처한 자산들을 일반인들이 주택을 유지하고 기업들이 사업을 영위할 수 있는 타당한 가격으로 사들일 수 있다. RTC와 마찬가지로 이 기구는 한시적으로 존재할 것이며, 정파를 초월한 전문적인 경영진에 의해 운영될 것이다. 지금 벌어지고 있는 위기의 무서움은 정부가 강한 힘을 가지고 앞서서 대처하지 않으면 금융 시스템의 가장 약한 부분부터 차례로 집어삼킬 것이라는 데 있다."

목요일 아침, 워싱턴에 살면서 매주 뉴욕으로 올라가 일하는 나이즈는 체류하는 리전시호텔에서 일어나 스포츠클럽으로 내려갔다. 타원형의 기계 위에서 운동을 하며 ≪뉴욕타임스≫를 읽던 그는, "두려움이 커지며 월스트리트 거대 기업의 주가 폭락"이라는 제하의 1면 기사를 보고 너무 놀란 나머지 기계에서 떨어질 뻔했다.

기사 중간쯤에는 모건스탠리와 시티그룹의 합병에 관해 이야기를 들었다는 두 사람의 말이 인용되어 있었다. 즉, 모건스탠리의 존 맥이 시티의 비크람 판디트에게 "우리는 합병해야 해. 그렇지 않으면 둘 다 쓰러질 거야"라고 했다는 것이다.

나이즈는 맥이 그렇게 말했다고는 생각하지 않았다. 맥이 판디트에게 전화할 때 나이즈도 방에 같이 있었는데, 이야기가 그렇게 진행되지는 않았던 것이다. 하지만 나이즈가 볼 때 이런 보도는 사실 여부와 관계없이 모건스탠리에 혼란을 줄 것이었다. 더 많은 사람들이 알수록 더욱더 사실로 받아들여지기 때문이었다.

"≪뉴욕타임스≫에 난 무책임한 기사 봤어요?" 맥이 전화를 받자 나이즈가 물었다. 그런데 맥은 《월스트리트저널》과 《파이낸셜타임스》, 《뉴욕포스트》 세 신문은 구독하는데 《뉴욕타임스》는 구독을 끊어버린 상태였다. 모건스탠리의 한 자산관리자가 《뉴욕타임스》 소유권에 대해 모의 콘테스트를 했다는 이유로 그 신문의 소유주 아서 설즈버거Arthur Sulzberger 가문이 모건스탠리에서 투자금을 철수했고, 이에 대한 반발로 맥은 그 신문의 구독을 끊었던 것이다.

이제 맥은 《뉴욕타임스》에 대해 핏대를 세울 또 다른 이유가 생긴 것이었다. 그리고 그 내용을 누설한 것이 분명한 비크람 판디트에 대해 맥과 그의 중역들은 분노를 느꼈다.

"그런 말 하지 않았지요?" 나이즈가 물었다.

"아냐. 절대 그런 말 안 했어. 그런 단어를 쓴 적이 없다고." 맥이 부인했다.

나이즈는 기사 내용의 진실성에 대해 즉각 이의를 제기해야 한다고 생각했다. 이미 다른 언론사에서도 문의 전화가 오기 시작했다.

"당신 정말 엉터리 기자 아니야? 이 기사 당장 내려!" 그 기사를 작성한 기자 중의 하나인 에릭 대시Eric Dash에게 전화가 연결되자 나이즈가 호통을 쳤다.

한편 맥은 나흘 만에 두 번째로 직원들에게 할 연설을 준비하고 있었다. 특히 《뉴욕타임스》 기사가 나온 뒤라 직원들을 안심시키고 싶었다. 맥은 금융서비스 컨설팅업체인 프로먼토리파이낸셜그룹Promontory Financial Group의 회장이자 며칠 전 《월스트리트저널》에 RTC와 유사한 기구의 설치를 촉구하는 글을 기고하기도 했던 유진 루드위그를 그의 어드바이저로서 이날 아침 함께하도록 초대해놓았다.

감기가 심해지고 안경은 코에서 흘러내리는 가운데 맥은 모건스탠리의 거래장에서 전 세계의 직원을 상대로 연설을 시작했다. 원고 없이 평범하게 하는 그의 연설은 이날따라 노스캐롤라이나 남부 억양이 두드러지는 것 같았다.

"여러분은 우리의 현금 포지션이 어떤지 알고 우리의 수익이 어떤지 압니다. 다른 회사들에 관해 사람들이 말하는 것과는 달리 우리의 수치들은 진정한 것들입니다. 우리에게는 문제가 없고 돈도 벌고 있습니다. 지난 8일간 우리는 많은 돈을 벌었습니다. 하지만 그것은 지금 중요하지 않습니다. 지금 우리가 직면하고 있는 시장에서는 진실한 숫자보다도 궤변, 소문, 중상이 더 큰 힘을 발휘하고 있습니다."

이어서 그는 모건스탠리가 쓰러질까 두려움을 털어놓았던 어느 헤지펀드 설립자이자 '친한 친구'와 나눈 통화 내용에 대해 이야기했다. 맥은 그 친구를 안심시켰는데, 네 시간 뒤에 그 회사의 다른 매니저에게서 같은 내용의 전화를 받았다. "내가 말하고 싶은 것은 우리가 뭐라고 하든지 소문이 저절로 터져 나온다는 겁니다." 맥이 말했다.

맥은 금융시장이 이렇게 큰 혼란을 겪고 있는 것에 대해 당혹감을 표시하며, 회사로서는 모든 대응 방안을 고려하고 있다고 말했다.

"내가 진정 놀란 것은 불과 두 달 전에, 아니 넉 달 전에 사람들이 시티은행 모델이 깨졌다고 말했다는 겁니다. 너무 복잡하고 크고 글로벌해서 경영이 안 된다는 것이었습니다. 그런데 이제는 우리 투자은행 모델이 깨졌다는 거예요. 우리가, 여기에는 골드만삭스도 포함해서, 상업은행이 아니기 때문에 우리 모델이 깨졌다는 겁니까? 지난 세 분기 동안 계속 많은 수익을 냈는데 우리 모델이 깨졌다는 겁니까? 정부의 규제를 받지 않기 때문에 우리의 모델이 깨졌다는 겁니까? 이게 문제예요."

"우리가 신경 써야 할 진정한 문제는 이겁니다. 이 혼란을 어떻게 뚫고 나갈 것인가? 이건 혼란이에요. 거래장에서 여러분의 얼굴을 보면 마음이 아픕니다."

여기서 맥은 직원들에게 가장 민감한 문제를 논했다. 자사주의 판매였다. 증권거래위원회 규정에 따르면 직원들은 특정한 시기에 한해 자사주를 팔 수 있다. 수익 발표 뒤 며칠도 그 시기에 해당했다. 바로 당시였다.

"지금 여러분이 주식을 팔 수 있는 창구가 열려 있다는 것을 알고 있습니다. 여러분 중의 일부는 겁을 내고 있다는 것도 압니다. 우리 모두가 겁을 먹고 있는지도 모르지요. 지금 주를 팔고 싶으면 팔아도 좋습니다. 내가 보지 않을 테니까요. 나는 내 주식을 팔지 않을 겁니다. 어떤 이는 '존, 당신은 많이 가지고 있으니까 걱정하지 않겠지'라고 할지 몰라요. 그래, 나는 주식이 많습니다. 그래서 걱정도 돼요. 하지만 내가 진정으로 염려하는 건 여러분이 마음에 평화를 찾는 것입니다. 그러니 팔고 싶으면 팔아도 좋아요."

이윽고 맥의 연설이 끝나고 질의응답 시간이 되었다. 모건스탠리의 비관적 이코노미스트 스티븐 로치Stephen Roach가 공매도에 관해 질문했다. "많은 공매도자들이 우리의 클라이언트입니다. 이 방에 '클라이언트'가 있다고 합시다. 뭐라고 하시겠습니까?"

맥이 숨을 깊이 들이쉬고 대답했다. "이 문제에 관해서 생각을 많이 해봤는데, 나의 본능적인 반응은 화가 난다는 것이고 그 화를 표현하는 것이었어요. 당신하고 비즈니스하고 싶지 않다고 말하고 싶지. 하지만 다시 생각해보면 그들은 그들의 일을 하는 거니까. 그런 논의에 끌려들어가고 싶지 않다고 생각했어요."

"그리고 이게 내가 말하고 싶은 거예요. 나는 더 이상 분노하지 않아. 우리 모두가 화가 나지만 참아야 해요. 우리는 여기에 클라이언트들을 비난하고 공격하기 위해 모인 것이 아닙니다. 우리의 목표는 비즈니스를 하는 것이고 클라이언트에게 서비스하는 거예요. 우리와 비즈니스를 하기 원하지 않는 고객이 있다면 가라고 그래요. 우리 모두 생산적인 일에 집중하자는 겁니다. 화가 나는 대로 사람들을 비난하고 욕하는 것은 아무런 도움도 안 되니까. 나도 성질대로 사람들 겁주는 거 재미있어요. 하지만 그런 일의 근처에도 가지 말자고요."

골드만삭스에서도 더 이상 패닉을 감출 수가 없었다. 아마도 이들이 느끼는 불안감을 가장 상징적으로 보여준 것은 공동 사장 게리 콘이 임원집무실이 있는 30층에서 글로벌 주식 판매를 담당하는 하비 슈워츠의 사무실로 자리를 직접 옮긴 일일 것이다. 슈워츠의 사무실은 거래장과 같은 층에 있고 벽이 유리로 되어 있어서 거래장의 움직임을 관찰할 수 있었다. 콘은 문을 열어놓고 시장이 돌아가는 상황을 직접 보고 듣고자 했던 것이다.

한편 다른 나라의 중앙은행들과 보조를 맞춰 연준은 1,800억 달러를 금융시장에 풀 계획을 발표했지만, 기대만큼 효과를 거두지 못하고 있었다. 골드만의 주는 전날보다 7.4퍼센트가 빠진 상태에서 장을 시작했다. 골드만의 거래장 벽에 걸린 대형 TV에서는 CNBC 프로그램이 방송되고 있었는데, 화면의 왼쪽 아래로 "당신의 돈은 안전합니까"라는 문구를 내보내고 있었다.

이는 골드만의 고객들이 스스로 하고 있던 질문이었다. 최근 골드만 CDS의 이자율이 전에 없이 높아져 고객들은 이전에는 상상하지도 못했던 것을 생각하게 되었다. 골드만도 쓰러질 수 있다는 것이었다. 이틀 사이에 골드만의 주가는 133달러에서 108달러로 내려앉았다.

5분 간격으로 판매 담당 직원이 슈워츠의 사무실에 들어와 헤지펀드가 돈을 뺀다는 소식을 전하며, 전화번호가 적힌 쪽지를 콘에게 주고 전화를 걸어달라고 했다. 모건스탠리에서의 돈 인출이 줄어들자 어떤 투자가들은 골드만에 1억 달러의 인출을 요구하며 재정 능력을 시험했다. 그러면 콘은 즉시 인출을 허가해 클라이언트가 의심을 품지 않게 했다.

골드만에 한 가지 안심되는 소식은 돈이 나가는 속도가 들어오는 속도보다 느리다는 것이었다. 이는 다른 투자은행에서 빠진 돈이 골드만으로 들어오기 때문이었다. 돈을 가진 헤지펀드들도 어딘가에 돈을 예치하고 거래를 집행해야 했던 것이다. SAC캐피털의 스티브 코헨이 수십억 달러를 골드만으로 이전했을 때 거래장에서는 환호성이 나오기도 했다.

한편 조지 소로스George Soros의 제자인 스탠리 드러켄밀러Stanley Druckenmiller*는 골드만의 지불불능 사태를 염려해 35억 달러를 인출해 가기도 했다. 드러켄밀러 정도의 헤지펀드매니저가 골드만에 대해 신뢰를 잃었다는 소문이 난다면 대량 인출이 발생할 위험도 있었다. 콘은 즉시 드러켄밀러에게 전화해 돈을 다시 돌려놓을 것을 요청했다. 사실 콘은 자신의 아파트에서 드러켄밀러를 주빈으로 자선 칵테일파티를 연 적도 있었다. "나는 기억력이 좋은 사람이야. 이봐, 나는 지금 누가 내 친구고 누가 내 적인지 기억해서 적어두고 있는 중이야."

하지만 드러켄밀러는 꿈쩍도 하지 않았다. "신경 안 써. 내 돈은 내가 굴리는 거야." 드러켄밀러가 운용하는 헤지펀드는 대개 자신의 돈으로서, 이는 상당히 이례적인 것이었다. "이 돈은 내 인생이야. 나 자신을 보

---

* 조지 소로스가 설립한 퀀텀펀드(Quantum Fund)를 운용하기도 했던 드러켄밀러는 1981년 두케슨캐피털(Duquesne Capital)이라는 헤지펀드를 설립했다.

호할 필요가 있고, 자네가 무슨 생각을 하든 나는 개의치 않아."

"좋아, 자네 원하는 대로 해. 하지만 이로써 우리의 관계는 오랫동안 변할 거야." 콘이 조심스럽고 신중한 어조로 말했다.

데이비드 캐럴이 이끄는 와코비아 팀이 모건스탠리에 도착하기 30분 전에 킨들러가 스컬리에게 전화를 걸었다. 킨들러는 자신의 집무실 창문 너머로 카메라맨들이 건물 밖에 모여 있는 것을 보고 있었다.

"그 많은 장소 중에서 왜 하필이면 여기서 만나는 거야? 밖에 기자들이 와 있어."

"걱정 마세요. 괜찮을 거예요." 캐럴을 48가 쪽으로 나 있는 직원용 문으로 몰래 들인 스컬리가 대답했다.

킨들러의 유일한 목적은 와코비아의 모기지 장부를 보고 건별로 자세하게 분석하는 것이었다. 와코비아의 진정한 가치를 평가하는 방법은 이것밖에 없었다. 이는 큰 작업이었다. 장부에는 약 1,250억 달러에 이르는 융자 안건이 들어 있고, 많은 융자들에는 개별적으로 정해진 변동금리가 부여되어 있었다. 변제 방법이 다양할 뿐 아니라 어떤 융자는 우선 이자만을 갚게 되어 있었다.

모건스탠리는 와코비아의 사업계획서도 보자고 했으나 캐럴은 그 요구에 쉽게 응하지 않았다. "우리 수석법률고문이 그건 문제가 있다고 하는군요."

와코비아가 무언가 감추려 한다고 생각한 킨들러는 모건스탠리의 수석법률고문인 게리 린치에게 전화해 와코비아의 상담역인 제인 셔번Jane Sherburne을 압박하라고 화난 목소리로 말했다.

"그건 큰 법적 문제예요. 우리가 딜을 한다면 합병계약서에 그 자료를 공개하겠습니다. 그 전에는 힘들어요." 서번이 대답했다.

이에 린치도 문제를 의식하기 시작했다. 와코비아의 재정 상태가 외부에서 생각하는 것보다 나쁜가? "그렇다면 자료를 보기 전에 딜을 할 수가 없군요." 린치가 서번에게 말했다.

이에 서번은 태도를 바꿨다.

셔츠 단추를 하나 열고 타이를 삐딱하게 푼 채로 로이드 블랭크파인은 컴퓨터 화면을 봤다. 골드만의 주가는 22퍼센트가 떨어져 89.29달러가 되어 있었다. 블랭크파인은 지금까지 공매도자들에게 대항하는 것을 삼갔다. 그런데 지금의 주가 하락은 단순한 우연이 아니었다. 그래서 그는 증권거래위원장 크리스토퍼 콕스와의 통화에서, "이건 너무 의도적이야. 당신이 이에 관해서 뭔가 조치를 좀 취해야 해"라고 말하며 끊었다.

이메일을 열어보니 한 트레이더가 보낸 메일이 있었는데, 그는 JP모건에서 골드만이 무너진다는 소문을 내 헤지펀드 고객들을 빼앗아가고 있다고 전했다. 바야흐로 악순환이 시작된 것이다.

블랭크파인은 지난 24시간 동안 이런 소문을 많이 들어왔다. 하지만 더는 참을 수가 없었다. 이 악소문 퍼뜨리기가 통제 범위를 벗어났다고 느낀 것이었다. 그는 JP모건이 골드만을 흔들어서 고객을 빼 간다는 것을 믿지 않았다. 그제야 모건스탠리의 맥이 전날 전화에서 호소하던 것을 이해할 듯했다.

그는 다이먼에게 전화했다. "얘기 좀 해." 입을 연 블랭크파인은 그 사이 들은 이야기들을 설명했다. "그쪽에서 했다고 말하는 게 아네요. 그런데 여기저기 흔적이 있는 것 같아."

"글쎄요. 나 모르게 우리 직원들이 뭔가 하는지는 모르겠네요. 하지만 그들은 내가 말한 걸 잘 알아요. 즉, 우리는 이런 위기 속에서 경쟁자들에게 해코지하지는 않는다는 거지요." 다이먼이 말했다.

그러나 블랭크파인은 다이먼의 설명이 납득되지 않았다. "제이미, 하지만 그들이 그 짓을 하고 있다면 멈추라고 해야 해." 영화광인 블랭크파인은 영화 〈어퓨굿맨A Few Good Men〉의 장면을 재현하고 있었다. "자네가 코드 레드를 발동했는가? 자네의 부하들이 그런 일을 안 했다고 말하는 건가?" 다이먼은 블랭크파인이 더 흥분하지 않도록 참을성 있게 듣기만 했다.

"제이미, 내 말의 요지는 당신이 부하들에게 그런 지시를 내리지 않았다는 건 알지만, 그들이 멈추기를 바란다면 자네가 강력한 지시를 내려달라는 거야."

아무리 어려운 상태라도 골드만은 골드만이었다. 다이먼은 그들과 싸우기를 원하지 않았다. 그래서 30분 이내에 그는 스티브 블랙과 JP모건의 투자은행 부문의 공동 CEO인 빌 윈터스Bill Winters에게 지시해 이메일을 직원들에게 보내게 했다.

우리는 JP모건의 누구라도 현재 시장에서 미국의 브로커-딜러들을 대상으로 행해지고 있는 비합리적인 행동을 이용하는 것을 원치 않습니다. 우리는 모건스탠리와 골드만삭스를 거래 상대방으로 하여 정상적인 비즈니스를 영위하고 있습니다. 이 두 회사는 우리의 강력한 경쟁자이지만, 그들의 클라이언트나 직원에게 접근해 적대적인 행동을 하는 것을 금지합니다. 우리는 그들의 비즈니스에 도움이 되기를 원하며 부정적인 영향을 미치는 것을 바라지 않습니다.

우리 회사에서 부당한 행동을 한 사람은 없다고 믿지만, 지금과 같은 상황에서 건설적으로 행동하는 것의 중요성을 강조하고자 합니다. 현재 브로커-딜러에게 일어나고 있는 일들은 비이성적인 것이며, 이는 JP모건과 세계의 금융 시스템, 그리고 미국에 해가 되고 있습니다.

정오 무렵에 폴슨은 부하들이 밤새 만든 악성 자산 처리를 위한 기본합의조건서 초안을 보며, 그것이 의회에서 받아들여질 수 있는 수준이기를 바랐다. 그의 심복들이 집무실을 메우고 여기저기 앉아 있었다.

"훨씬 낫네. 아주 간단해." 그는 눈에 피곤이 가득한 얼굴들을 둘러보며 말했다. "나는 의회에서 빨리 통과될 수 있는 안을 원해. 따라서 간단해야 해. 우리의 안은 은행들과 금융기관들의 참여를 조장해야지 그들에게 처벌적인 것이 돼서는 안 돼. 우리의 목적은 자산가격을 타당하게 설정해서 우리의 은행들과 금융기관들의 자본구성을 강화하는 거야."

그런데 더 큰 문제가 하나 남아 있었다. 전체 필요 예산의 규모였다.

악성 자산을 사들인다는 것은 이론적으로는 타당했지만, 그것이 효과적으로 기능하기 위해서는 미국의 거대한 금융기관들로부터 큰 덩어리의 자산을 사들일 수 있어야 했다. 그 예산 규모는 엄청난 것이어서 워싱턴 정계는 물론 전국적으로 또 다른 구제안이라고 인식될 가능성이 있었다.

폴슨이 왼편에 앉아 있는 카시카리를 쳐다보며 그가 말을 하기를 기다렸다.

그 순간에 가장 큰 관심사는 이 프로그램이 요하는 예산을 확보하기 위해서 의회에 정부의 채무상한선을 끌어올리는 승인을 요청할 것인가였다. 미국이 지탱할 수 있는 연방정부의 채무상한선을 끌어올리는 일은 정치적 도화선이 될 수 있었다. 의회는 이미 지난 7월에 그 상한선을 10조 6,150억 달러로 올려놓았던 것이다.

제출할 법안의 개요에 대해 토론하는데 카시카리가 채무상한이라는 문제를 피해가는 것이 어떻겠느냐고 제안했다. "채무상한이라는 걸 아예 언급하지 않고 밀고 나갈 수 있을지 모르겠습니다. 아니면 이것이 채무상한과 관계가 없다고 말하는 건 어떨까요?"

"그렇게 할 수는 없어. 채무상한을 언급하고 나서 실패해서는 안 돼. 이게 바로 문제야. 그러면 사람들은 채무상한에만 초점을 맞출 거야." 폴슨이 말했다.

"제가 분석해봤는데요." 필립 스웨이글이 노트를 보며 나섰다. 그의 분석에 따르면, 지금보다 상황이 나빠지지만 않는다면 5,000억 달러로 가능했다.

자신이 재정적으로 보수주의자라고 믿는 폴슨에게 이제 대답은 분명했다. "좋아. 그렇다면 채무상한을 고려해서 추진하는 것이 책임 있는 행동이 되겠네." 폴슨은 이렇게 말하고 법률문제 담당 국장 케빈 프로머에게 새로운 용어로 제안서를 다시 작성할 것을 지시했다.

"채무상한을 고려해야겠지만 이 문서에서 그 말을 언급할 필요는 없어요." 프로머가 반론했다. "정부 측에서 의회가 채무상한을 수정하게 하는 법안을 제출하지는 않습니다. 일을 하다 보면 거기에 봉착하는 것이고, 이를 그냥 말로 의회에 전해 상한을 수정하게 하는 거예요. 의회에서는 안 할 경우에 일어날 수 있는 사태를 우려해서 하게 됩니다. 결국 모양새의 문제예요."

그들은 결국 문서에는 당분간 채무상한이라는 말을 언급하지 않고 나중에 다루기로 결정했다. 가장 이상적인 것은 의회가 입법안을 받아들이고 나서 바꿀 수 없을 때 다루는 것이었다.

회의를 마무리하기 전에 폴슨이 마지막으로 문제 하나를 더 꺼냈다. 와코비아가 위험하다는 것이었다. 연준의 케빈 워시 이사의 전언에 따르면, 와코비아의 재정 상태는 그들이 생각하는 것보다 훨씬 나빴다. 그 자리에 있는 사람들은 이 말의 의미를 잘 알았다. 그들의 동료 밥 스틸이 CEO로 간 곳이 와코비아였다.

"와코비아가 흔들리면 장관이 또 의회로 가서 부탁을 하고 다녀야 해. 그런 일이 생겨도 정권 교체 후인 내년 1월이나 되면 좋겠어." 이 말에 방 안에서는 폭소가 터졌다.

"제이미가 전화하더니 뭔가 알아내려고 하는 것 같아요. 자기가 무슨 도움이 될 수 있냐는 거예요. 좀 이상한데요." 목요일 정오 무렵 존 맥의 집무실에 들어온 콤 켈러허가 말했다.

맥은 공동 사장 제임스 고먼도 유사한 전화를 받았다는 보고를 했다고 말했다. 또한 가이트너가 전화해 모건스탠리와 JP모건이 합병 상대로서 좋지 않겠느냐고 말했다고 했다.

"제이미가 딜을 원하는 건 분명해요. 제이미는 언제나 농구 골대 밑에서 공이 떨어지기를 기다리는 약은 사람이에요. '내가 널 먹을 때까지는 친구로 지내자'라고 늘 말하고 다니는 거 아시죠?" 켈러허가 말했다.

맥은 이런 말들에 짜증이 났다. 그는 다이먼과 딜을 하고 싶은 생각이 없었다. 두 회사는 중복되는 부분이 너무 많았다. 그래도 다른 이의 말을 듣고 추측하기보다 본인에게 직접 확인해보기로 했다.

"제이미, 가이트너가 내게 당신한테 전화해야 한다고 하던데." 다이먼이 전화를 받자 맥은 다짜고짜 말했다. "분명히 말해보자고. 딜을 원하는 거야?"

"아니야. 내가 딜을 원하는 게 아니야." 다이먼이 분명하게 말했다. 자신의 경쟁자가 화가 나 이런 전화를 한 것이 벌써 두 번째였다.

"그래, 그거 재미있네. 당신이 내 CFO하고 사장한테 전화를 했다는데. 왜 그런 거야?"

"나는 그저 도움이 되려고 한 건데."

"도움이 되려고 한다면 내게 직접 전화해. 내 부하들에게 전화하지 말고." 맥이 소리치고 전화를 끊었다.

목요일 점심, 골드만의 50층에 있는 채권 거래 부문은 거의 녹아내리는 상태였다. 거래는 거의 없었고 트레이더들은 컴퓨터 화면에 들러붙어 기진맥진한 증권시장이 전달하는 골드만삭스의 주가를 보고 있었다. 그날 골드만의 주가는 6년 내 최저인 85.88달러를 기록했다. 다우지수가 150포인트 빠지는 상황에서 벌어진 일이었다. "시장은 모든 금융기관이 파산할 거라는 가정하에 움직이고 있습니다. 완전히 감정적인 시장입니다." 하트랜드어드바이저스Heartland Advisors의 매니저 마이클 페트로프Michael Petroff가 그날 오전 AFP에 한 말이었다.

공동 사장 존 윙클레이드는 거래장을 걸어다니면서 원기를 북돋았다. "우리가 원한다면 한 시간 이내에 50억 달러는 끌어올 수가 있어." 그는 마치 아무 일도 없다는 듯이 말했다.

그런데 오후 1시가 되면서 시장이 그리고 골드만의 주가가 상승세를 타기 시작했다. 골드만의 주가가 87달러로 오르더니 곧 89달러가 되었다. 트레이더들은 컴퓨터로 달려가 이 갑작스러운 변화가 무엇 때문에 일어난 것인지 살펴봤다. 원인은 영국 금융감독청이 골드만을 포함한 29개 금융기관 주식의 공매도를 30일간 금지한 것이었다. 이는 바로 골드만의 블랭크파인과 모건스탠리의 맥이 증권거래위원회 크리스토퍼 콕스에게 요구한 것이었다.

골드만의 거래장에 설치된 스쿼크박스*에서는 곧 방송이 나오기 시작했다. 한 젊은 트레이더는 그 순간을 축하하기 위해 인터넷에서 내려받은 미국 국가를 내보내기도 했다. 미국 국가가 흘러나오자 수십 명의 트레이더들이 일어나서 가슴에 손을 얹고 국가를 따라 부르고 서로 손을 맞추며 환호했다. 시장은 돌아서기 시작했고, '우리의 깃발은 아직도 휘날리고 있었다'.**

그로부터 9분 뒤, 폴슨 장관도 무엇인가 큰일을 꾸미고 있다는 소문이 나돌았다. 블룸버그에서는 '재무성과 연준이 위기에 대처하기 위해 광범위한 계획을 수립 중이라고 슈머 의원이 발언'이라는 제목을 띄웠다. 이에 주식시장은 더 반등했다.

오후 3시 1분, 주식시장은 이륙을 시작했다. 월스트리트의 모든 트레이더들은 CNBC의 찰리 개스패리노 기자의 말에 귀를 기울였다. 그의 정보에 의하면 연방정부는 "일종의 RTC와 같은 계획"을 준비 중이며, 이 계획을 통해 "은행과 증권브로커의 장부에 있는 모든 또는 대부분의 악성자산을 사들일 것"이라는 것이었다. RTC라는 말이 "다 잘될 거야"라는 의미라도 되는 듯이 트레이더들은 즉시 주가를 끌어올리기 시작했다. 개스패리노 기자의 보도가 시작되고 장이 끝나는 짧은 시간에 다우지수는 108포인트 상승했다. 추락이 잠시 멈춘 것이었다.

한편 재무성에서는 폴슨과 카시카리가 한 시간 넘게 가이트너, 버냉키

---

* 스쿼크박스(squawk box)는 투자은행 등 금융기관에서 직원들끼리 거래 현황을 서로 알 수 있도록 중개하는 통신장치다. CNBC에서는 금융계 현황을 중개하고 토론하는 프로그램의 이름으로 〈스쿼크박스〉라는 프로그램을 방영해 인기를 끌었다.

** 원문은 'our flag was still there'로서, 미국 국가에 나오는 가사다.

와 전화회의를 하고 있었다. 그들은 은행을 구제하는 안에 대한 정치적 저항을 최소화하는 방안을 강구하고 있었다. 폴슨의 안에 소극적인 버냉키는 다른 나라에서도 잘 기능했던 개별적인 자금 투입안을 주장했다.

'결정적인 행동'을 취할 필요가 있다고 주장한 가이트너는 갑자기 새로운 가능성을 말했다. 즉, 연준의 융자를 모든 금융기관의 모든 자산을 대상으로 개방하는 것이었다. 그는 이것이 투자가들이 높이 평가할 과감한 조치가 될 것이라고 생각했다.

"이해가 안 돼요. 무슨 말씀이시죠? 만약 연준이 자기 권한을 창조적으로 해석해 행사한다면 입법이 필요 없이 할 수 있다는 건가요?" 카시카리가 물었다.

폴슨이 카시카리를 노려봤다. 폴슨은 버냉키가 가이트너의 안에 찬성하기를 바랐다. 그렇게 되면 자신이 의회에 가서 부탁을 하고 다니지 않아도 될 것이었기 때문이다.

"그건 할 수 없어요." 버냉키가 가이트너의 말을 잘랐다.

여기서 전화회의는 중단되었다. 폴슨과 버냉키가 3시 반에 백악관 서관에서 잠정안에 대해 대통령에게 보고할 예정이었던 것이다. 버냉키는 연준에서 자동차로 이동할 시간이 필요했다.

폴슨과 카시카리가 3분여 동안 재무성에서 백악관으로 이어지는 주차장을 걷는 사이에, 폴슨에게 하원의장 낸시 펠로시의 전화가 왔다.

"장관, 내일 아침에 만났으면 해요. 시장에서 벌어지고 있는 혼란에 대해 이야기를 나눠야겠습니다." 그녀가 근엄하게 말했다.

"의장님, 내일 아침까지 기다릴 수가 없습니다. 오늘은 어떠신가요?" 의회의 지지를 받아야겠다는 필요성을 느끼던 폴슨이 잘됐다는 듯이 말을 받았다.

대통령의 집무실Oval Office에서 재무성의 직원들은 방 가운데에 있는 소파에 자리를 잡았다. 체니 부통령과 비서실장이자 골드만 시절부터 폴슨의 친구인 조시 볼턴을 비롯해 여러 백악관 직원이 동석하고, 연준에서는 버냉키와 케빈 워시가 참석했다.

폴슨은 대통령에게 금융 시스템이 붕괴하고 있다고 분명히 말했다. "각하, 우리가 과감한 조치를 취하지 않으면 대공황 때보다 더 심각한 공황 상태에 빠질 우려가 있습니다." 이 말에는 버냉키도 동의했다.

부시는 사태가 악화되어온 과정을 알고 싶어 했다. "도대체 어떻게 여기까지 온 거지요?"

폴슨은 이 질문을 무시했다. 대답하자면 너무 길고 과거 10년간의 문제들, 즉 부시 자신이 추진한 규제 완화, 과욕을 부린 금융계, 수입에 비해 흥청망청 생활한 주택 소유자 등에 관해 끝도 없이 이야기를 늘어놓아야 하기 때문이었다. 그 대신에 그는 대화를 앞으로 밀고 나가며 악성 자산을 사들일 수 있는 예산 5,000억 달러를 의회에 요구할 계획이라고 말했다. 이로써 금융시장을 안정시킬 수 있기를 희망한다는 것이었다.

그는 악성 자산을 사들이는 것이 금융기관들의 주식을 취득하는 것보다 정치적으로 더 수용하기 쉬운 안이라고 말했다.

대통령은 동의하며 고개를 끄덕였으나 5,000억이라는 금액이 납득되지 않았는지 폴슨에게 물었다. "그걸로 충분할까?"

"큰돈입니다. 그것이면 뭔가 할 수 있어요." 폴슨이 확실하게 말했다. 그리고 폴슨은 자신이 더 원한다 하더라도 더 얻을 수 없을 것이라고 대통령에게 말했다.

참석자들은 모두 이 사안이 정치적으로 민감하다는 것을 알고 있었다. 그러나 폴슨이 주장했다. "의회와 부딪혀봐야 합니다. 재무성에는 그럴 만한 권한이 없습니다."

폴슨은 잠시 뜸을 들였다가 말을 보탰다. "연준의 버냉키 의장은 이론상 할 수는 있습니다만."

폴슨이 아는 한 연준 의장은 마음만 먹으면 무한한 힘을 가질 수 있었다. 뜻하지 않게 스스로 정치를 하게 된 폴슨은 자신이 버냉키를 어디까지 밀어붙일 수 있는지 알아보고자 했던 것이다.

"벤, 이거 할 수 있어?" 대통령이 이때다 싶어 물었다.

하지만 버냉키는 자신이 이 엄청난 논란의 표적이 되는 것을 원치 않아 대답을 회피했다. "지금 논의되는 것은 재정정책이지 금융정책이 아닙니다." 버냉키가 전문가의 어조로 대답했다.

부시는 이해했다. "우리가 해야 하는 거라면 해야겠지." 하지만 자신의 떨어지는 지지도로는 의회에서 큰 도움이 되지 못할 것임을 알았다. "가서 해봐요." 폴슨과 버냉키에게 말했다. 의미는 분명했다. 자신이 돕지 못한다는 것이었다. 다만 그는 가능하다면 빨리 그 안을 의회에 부각하라고 조언했다.

백악관을 나오면서 카시카리가 폴슨에게 말했다. "아까 버냉키에게 압력을 가하시는 거 보고 놀랐어요."

이에 폴슨이 미소를 지으며 대답했다. "이미 벤이 할지도 몰라."

골드만삭스를 은행지주회사로

골드만의 주가가 86.31달러까지 떨어졌다가 108달러로 회복하는 등 시장이 반전했는데도 로이드 블랭크파인은 안심하지 못했다. 그의 집무실에는 게리 콘과 CFO 데이비드 비니어, 공동 사장 존 윙클레이드, 존 로저스, 데이비드 솔로몬 등 간부들이 모여 있었다.

모건스탠리가 쓰러질 때까지 골드만은 쓰러지지 않을 것이었다. 하지만 그런 터무니없는 생각이 위안이 될 리가 없었다.

그날 게리 콘은 연준의 케빈 워시와 지금의 금융 쓰나미에 어떻게 대처할 것인지 전화로 대화를 나눴다. 이때 워시는 골드만이 시티그룹과 합치는 것이 어떻겠느냐고 했다. 두 회사가 합치면 큰 문제들이 해결될 것이라는 이야기였다. 그러면 골드만은 시티의 거대한 예금 기반을 쓸 수 있고, 시티는 투자자들이 지지하는 골드만의 경영진을 얻을 수 있다는 논리였다.

하지만 콘은 이에 회의적인 의견을 내놓았다. "나는 시티그룹의 재정 상태를 믿을 수가 없어. 그 안은 안 될 거야. 그리고 '소셜 이슈social issue'가 너무 커." 소셜 이슈란 자리다툼을 가리키는 월스트리트의 은어였다. 골드만의 경영진은 시티의 CEO 판디트와 그의 경영진을 높이 평가하지 않았다.

"소셜 이슈는 걱정하지 마. 우리가 조정할 테니까." 합병이 이뤄진다면 판디트는 물러날 것임을 암시하는 말이었다.

그러나 블랭크파인은 이런 가능성에 관심이 없었다. 로진 코헨은 골드만이 JP모건이나 시티그룹과 같이 정부의 규제를 받는 지주회사가 되어 연준의 할인융자를 활용하는 방안을 추천했다. 이는 코헨이 지난여름 리먼브러더스가 고려하도록 가이트너에게 압력을 가했지만 이뤄지지 않은 안이었다. 코헨은 비록 그때 가이트너가 거부했지만 지금 시장 상황으로 볼 때 골드만에는 적용될 수 있을 것이라고 믿었다.

은행지주회사가 되는 것은 과거 몇 년 동안 골드만에서 종종 제기된 방안이었다. 가장 최근에는 러시아에서 있었던 이사회에서 예금을 받을 수 있는 은행을 소유하는 방안이 논의되기도 했다. 블랭크파인은 지금처럼 신용경색이 심한 시장에서 얼마 안 되는 단기자금에 의존해야 하는 골드만의 운영 방식이 투자자들을 불안하게 하고 있으며, 따라서 예금을 받을 수 있다면 안정적인 재원이 마련될 것임을 잘 알고 있었다. 하지만 그 대가로 정부의 규제를 받아야 하기 때문에 반대해왔던 것이다.

그러나 전례 없이 어려운 지금의 상황에서 금융계 전체가 그 방향으로 기울고 있다는 것을 블랭크파인도 느끼고 있었다. 골드만도 예외적으로 연준의 할인창구를 쓸 수 있게 되었고, 그 대신에 연준에서 몇 사람이 파견된 정도라는 것을 생각하며, 블랭크파인은 정부규제가 조금 더해진다고 해서 그렇게 귀찮은 일이 아닐 수도 있다는 생각을 하게 되었다.

"이건 의회를 엄청 겁주기 전에는 어려울 것 같은데요." 하원의장 낸시 펠로시를 저녁에 만나기 위해 떠나려던 폴슨과 버냉키에게 짐 윌킨슨이 말했다. 이는 말 그대로 세계가 종말에 다가서고 있다는 확신을 주기 전에는 의회가 월스트리트를 구하라고 5,000억 달러를 지출하는 것을 승인하지는 않을 것이라는 말이었다. 공화당원들은 그것을 사회주의라고 부를 것이고, 민주당원들은 돈 많이 버는 화이트칼라 살찐 고양이들을 구제하는 것이라고 할 것이었나.

펠로시의 집무실 밖에 있는 통나무로 만든 테이블에서 스무 명이 넘는 국회의원들이 폴슨과 버냉키, 콕스 세 사람을 기다리고 있었다.

펠로시는 세 사람이 짧은 통지에도 와준 것에 감사를 표했다.

과장이라고는 전혀 할 줄 모르는 것으로 알려진 버냉키가 심각하게 말했다. "저는 경제공황을 연구했습니다. 역사의 교훈에 비춰볼 때 이번에 확실히 대처하지 않으면 또 다른 대공황이 닥칠 수 있습니다. 이번에는 훨씬 더 무서운 것이 될 겁니다."

테이블 끝에 앉아 있는 찰스 슈머 상원의원이 숨을 크게 들이쉬었다.

폴슨은 곧은 자세로 자신의 제안을 설명해갔다. 정부가 금융기관에서 악성 자산을 사들일 것이다. 이로써 금융기관들은 정상적인 자산의 가치로 평가받을 것이고, 재정이 건전해질 것이다. 이는 경제를 활성화할 것이며, 결국 보통 시민이 사는 '메인스트리트'의 경기가 좋아질 것이다.

버냉키의 옆에 앉아 있던 바니 프랭크 상원의원은 폴슨이 '메인스트리트'라는 표현을 쓰는 것은 월스트리트를 구하기 위한 약은 술수라고 생각했다. 그래서 그는 큰 은행들의 유혹에 넘어가 자신이 감당할 수 없는 모기지 융자를 받은 미국 시민이나 그 은행들이 구제 대상이 될 수 없다고 여겼다. "주택 소유자들을 어쩔 겁니까? 이 계획을 월스트리트 금융기업 이사회에 파는 건 아니죠?" 그는 폴슨을 비웃듯이 물었다. "맞아." 크리스토퍼 다드 의원도 맞장구를 쳤다. 리처드 셸비 의원은 폴슨의 계획을 '백지수표'라고 불렀다.

폴슨은 그들의 걱정을 잘 안다고 말했다. 그러나 그는 그 안이 절대적으로 필요하다고 주장하며 '겁주기 전략'을 이어갔다. "이 안을 실행하지 않았을 때 발생할 사태에 대해서는 생각하기도 싫습니다." 그는 의회가 며칠 내로 법안을 처리해주기를 바란다고 하면서, 몇 시간 이내에 완벽한 법안을 만들어내겠다고 약속했다.

"이 안이 통과되지 않는다면 그 후의 사태는 하늘만이 알 겁니다." 폴슨이 못을 박았다.

버냉키의 맞은편에 앉은 해리 리드 의원은 이렇게 거대한 법안을 신속히 처리해달라고 하는 폴슨을 당혹스러운 얼굴로 쳐다봤다. "당신이 지금 우리한테 뭘 해달라고 하는지 알기나 해요? 의회에서는 지금 공화당원들에게 화장실 물 내리는 것에 동의를 얻는 데도 48시간이 걸려요."

폴슨과 버냉키의 발표를 듣고 심히 걱정스러워진 미치 매코널Mitch McConnell, 켄터키 출신 공화당 의원 의원이 끼어들었다. "해리, 저는 우리가 이걸 해야 할 필요가 있고, 하려고 시도해야 하고, 할 수 있다고 봐요."

존 맥이 자신의 수석보좌관 톰 나이즈에게서 낭보를 들은 것은 타임스퀘어에 있는 집무실에서였다. 증권거래위원회에 있는 자신의 소식통에 의하면, 위원회가 드디어 금융주의 공매도를 금지하려고 하는데 그 영향이 대략 799개 회사에 미친다는 것이었다. 이 조치는 다음 날 아침 발표될 것으로 보였다.

조치가 임박했다는 소식은 이미 인터넷으로 퍼지고 있었다. 존 맥이 공매도 규제를 지지한다는 이유로 모건스탠리에서 돈을 뺀 유명한 공매도자 제임스 채노스James Chanos*는 이미 싸움을 준비하고 있었다. "이것이 규제 당국자들에게는 즐거운 뉴스가 될지 모르지만, 진실은 공매도자들이 헛소문을 퍼뜨려 주가를 내리고 있다는 것을 입증할 만한 증거가 없다는 것이다." 채노스가 말했다.

그날 모건스탠리 주식은 46퍼센트가 떨어졌다가 마지막 시간에 3.6퍼센트, 즉 80센트를 회복했다. 정부가 개입할 것이며 공매도를 규제한다는 소식에 존 맥은 숨통이 조금 트이는 것을 느꼈다.

하지만 겉보기와는 달리 회사는 상처를 입고 있었다. 헤지펀드들은 계속 상환을 요구하고 있었고, 다른 은행들은 모건스탠리가 파산할 것에 대

---

* 제임스 채노스는 헤지펀드매니저로서 키니코스어소시에이츠(Kynikos Associates)라는 회사를 설립했다.

비해 10억 달러 이상의 보험을 구매하고 있었다. 지난 이틀 동안 메릴린치는 모건스탠리에 준 빚에 대해 1억 5,000만 달러의 보험을 들었다. 시티그룹과 도이체방크, UBS, 얼라이언스번스타인, 캐나다로열은행 등도 모건스탠리의 파산에 대비해 유사한 조치를 취했다.

맥은 대형 투자자가 나서서 모건스탠리에 대규모 투자를 하는 것이 필요하다고 생각했다. "누가 이걸 할 수 있을까?" 그가 나이즈에게 한탄했다. 지금까지 모건스탠리는 보수적인 투자은행이라는 이미지를 지켜왔고, 최근 몇 년 동안 회사가 가끔 너무 보수적이라고 불평하기도 했다. 그리고 이제 모건스탠리는 풍랑 속에서 파산 위험을 맞고 있었다.

맥은 모건스탠리를 살릴 수 있는 대규모 투자를 행할 수 있는 존재가 있다면 중국의 국부펀드인 중국투자공사라고 생각했다. 모건스탠리차이나의 CEO 웨이 선 크리스천슨Wei Sun Christianson은 51세로서 중국 정부에 넓은 인맥을 가지고 있었다. 그녀가 중국투자공사의 총재 가오시칭高西慶과 접촉을 시도해 이야기가 시작되었다. 그녀는 마침 콜로라도 애스펀에서 열리는 회의에 가오와 함께 참가하고 있었다. 이 회의는 1980년대 말 RJR나비스코RJR Nabisco 인수전에서 '문 앞의 야만인들Barbarians at the Gate'이라는 말을 지어내 유명해진 바이아웃펀드의 거물 테디 포스트만Teddy Forstmann이 주최하는 회의였다.

중국투자공사는 이미 모건스탠리의 지분 9.9퍼센트를 가지고 있었는데, 가오 총재는 크리스천슨에게 지분을 49퍼센트까지 끌어올리는 데 관심이 있다고 언급했다는 것이다. 가오는 모건스탠리의 존속을 확보해야 할 동기를 가지고 있었다. 2007년 12월에 그는 모건스탠리에 50억 달러를 투자했는데, 이는 이미 반으로 줄어 있었다. 또한 블랙스톤그룹의 상장에도 많은 투자를 했는데, 그 자산도 70퍼센트나 감소해 있었다. 따라서 모건스탠리가 파산한다면 그는 자리를 잃을 것이었다.

맥과 나이즈는 이에 관해서 이야기를 나눴는데, 사실 어느 누구도 반기는 분위기가 아니었다. 하지만 아무런 선택이 없는 지금 중국투자공사의 투자가 유일한 해결책이 될 것이었다. 맥과는 듀크 대학의 이사회에서 알게 된 가오는 금요일 밤 뉴욕으로 날아와 만나게 되어 있었다.

그날 오전 맥은 폴슨과 통화했다. 중국에 방대한 인맥을 가진 폴슨에게 중국 정부에 전화해줄 것을 부탁할 요량이었다. 정부 고관이 투자중개자 역할을 하는 것은 어색했지만, 맥으로서는 필사적일 수밖에 없었다. "중국 사람들에게는 자신들이 초대받는다는 느낌을 줘야 해." 이렇게 말하며 폴슨은 부시 대통령에게 부탁해 후진타오 주석에게 전화할 수 있는지 말해보겠다고 했다. "하지만 모건스탠리가 독립성을 유지하기를 원해." 폴슨이 말했다.

그러나 나이즈는 모건스탠리의 독립성을 언급한 폴슨의 말에 냉소적이었다. "그는 우리를 살려두려 할 거예요. 우리가 쓰러지면 다음 차례는 골드만일 테니까요."

Too Big to Fail

중국 돈이냐 일본 돈이냐

2008년 9월 19일 금요일 오전, 목이 쉬고 피로에 지친 폴슨 장관은 재무성 기자실 연단에 올랐다. 그날 아침에 이름 붙인 '불량 자산 구제 프로그램Troubled Asset Relief Program: TARP'을 정식으로 알리고 설명하기 위해서였다. 이 프로그램은 '미국의 금융 시스템을 짓누르고 미국 경제를 위협하는 유동성이 낮은 자산들'에 대한 일련의 보증 및 구입을 골간으로 하고 있었다.

TARP 공표

폴슨은 또한 향후 4년간 미국 단기금융시장을 보증하는 대규모 계획을 발표했다. 투자가들이 단기금융시장에서 달아나는 것을 막겠다는 것이었다. 그런데 발표를 하기도 전에 그는 FDIC 회장 실라 베어의 반박을 받았었다. 그의 계획들에 대해 미리 상의하지 않은 것에 분노한 베어는 폴슨이 제시하는 보증들이 투자가들로 하여금 은행에서 돈을 빼 안전한 MMF 시장으로 옮기게 할 것이라고 했다. 그 말을 들은 폴슨은 그저 고개를 가로저을 뿐이었다. 말로는 베어에게 승산이 없었던 것이다.

기자단 앞에 서서 그는 자신이 주도해 입안한 TARP의 주요한 특징을 설명하기 시작했다. "오늘날 우리 금융 시스템의 기본적인 취약점은 주택시장의 가격이 조정되면서 가치가 떨어진 비유동적 모기지 자산에 있습니다. 이 비유동적 자산이 우리 경제에 매우 중요한 신용의 흐름을 막고 있습니다." 말을 잇는 폴슨의 넥타이는 조금 비뚤어져 있고 얼굴은 창백하며 피로가 역력했다.

"금융 시스템이 정상으로 작동한다면 돈과 자본이 가계와 기업 사이를 자유로이 흘러 각종 융자금을 갚고 투자가 이뤄져 일자리가 만들어져야 합니다. 하지만 비유동성자산은 금융 시스템을 꽉 막고 시장을 마비시켜 나라의 금융과 경제에 심각한 영향을 줄 수 있습니다……."

"오늘 발표하는 이 대담한 계획은 상당한 비용이 수반되지만, 이는 그 대안, 즉 금융기관들이 계속해서 도산하고 신용시장이 동결돼 금융의 위축이 오는 사태에 비교해볼 때 경미한 것이라고 할 수 있습니다." 폴슨은 원고를 읽어 내려갔다. 그는 텔레프롬프터를 이용해 원고를 읽는 방법을 몰랐다.

폴슨이 발표한 TARP와 콕스가 발표한 공매도 금지 조치로 미국 정부가 마침내 금융위기를 통제하게 되었다는 확신이 퍼져가면서 증권시장은 개장하자마자 300포인트가 올라, 폴슨의 발표가 진행되는 동안에도 계속 상승했다.

폴슨은 의도적으로 TARP가 필요로 하는 금액에 관해 언급하지 않았다. 이날 아침 일찍 카시카리에게서 소요 예산이 전날 대통령에게 말한 5,000억 달러를 훨씬 넘을 것이라는 보고를 받고 걱정이 되었던 것이다. 기자단을 상대로 하는 연설을 마치고 집무실에 돌아온 폴슨은 프로머와 카시카리를 불러 소요 예산이 실제로 얼마가 될지 토론했다.

"1조 달러라면 어떻겠습니까?" 카시카리가 물었다.

"그럼 우리는 살아남지 못할 거야." 폴슨이 단호하게 대답했다.

"말도 안 돼." 믿을 수 없는 금액에 프로머가 나섰다. "그렇게는 되지 않을 거야. 불가능해."

"좋아요. 그럼 7,000억 달러는?"

"모르겠어. 1조보다는 낫네." 프로머가 대답했다.

그것은 기껏해야 어림짐작일 뿐이었다. 세 사람은 이를 알고 있었다. 그 수치는 궁극적으로 그들이 의회에서 너무 많은 질문을 받지 않고 요청할 수 있는 것 중에 가장 큰 것으로 정해질 것이었다. 그리고 그 금액이 얼마가 되든지 간에 카시카리가 수학적 마술을 발휘해 그 내역을 정당화할 것이었다. "현재 주택 모기지 잔고 총액이 약 11조 달러, 상업용 부동산 모기지가 약 3조 달러, 합해서 14조 달러예요. 이것의 5퍼센트가 7,000억 달러입니다." 카시카리는 허공에서 숫자를 뽑아내다가 스스로 기가 막혀 웃음을 터뜨리고 말았다.

금요일 오전, 존 맥이 로이드 블랭크파인의 전화를 받은 것은 CNBC 프로그램을 보고 있을 때였다. 정부의 악성 자산 프로그램에 관한 자신의 특종을 자랑하면서, 찰리 개스패리노 기자는 모건스탠리가 더는 합병 딜을 추구할 필요가 없거나 적어도 서두를 필요가 없어졌다고 말했다.

이 말을 들은 모건스탠리의 CEO인 존 맥은 실소했다. 그가 이번 주말까지 어떤 성과를 내지 못하면, 모건스탠리도 리먼브러더스의 길을 따르게 될 터였다.

"은행지주회사가 되는 것은 어떻게 생각해?" 블랭크파인은 수화기를 들자마자 맥에게 물었다.

"그게 도움이 될까?" 맥은 그 문제를 심각하게 생각해본 적이 없었다.

블랭크파인은 골드만이 그 가능성을 생각해본 적이 있다고 대답하며 그 장점을 열거했다. 즉, 연준의 규제를 받는 대신 할인융자를 무한대로 활용할 수 있으며 자본을 조달하기가 수월하다는 것이었다.

"장기적으로는 도움이 되겠네. 하지만 단기적으로 눈앞에 놓인 문제들을 해결하는 데 도움이 될지 모르겠어." 맥이 대답했다.

"자네 잘 버텨야 해. 골드만이 30초 뒤에서 같은 위기를 겪고 있으니까." 블랭크파인이 나빠진 시장 상황을 의식하며 말했다.

1,200억 달러에 해당하는 와코비아의 모기지 포트폴리오를 분석하라는 지시를 받은 모건스탠리의 존 프루전은 마침내 해답을 발견했다. 뉴욕과 런던, 홍콩의 직원들이 그의 지휘하에 밤새도록 파헤친 결과였다.

"와코비아 인간들이 왜 테이프를 넘기지 않으려 했는지 이제 알았어!" 로펌 왁텔 립턴에서 시작될 와코비아의 실사에 가기 전에 프루전이 한 말이었다. "이 회사에는 19퍼센트의 누적 손실이 있어."

불과 일주일 전에 리먼에서 있었던 공식 발표에서 와코비아의 CEO 스틸은 누적 손실이 12퍼센트가 될 것이라고 평가했다. 공정하게 말해서 그 후로 시장 상황이 더 악화되었고, 누적 손실이라는 것이 해당 은행이 위아래로 조작할 수 있어서 원래 믿기 어려운 것이기는 했다. 그래도 7퍼센트라는 큰 차이는 그것으로 쉽게 설명할 수 없었다. 프루전이 볼 때, 아무리 좋게 받아들인다 해도 와코비아가 어리석을 정도로 낙관적이었던 것이라고 해야 할 뿐이었다.

“웃기고 있네! 우리는 이 딜 못해.” 스컬리가 소리쳤다.

이 상태에서 와코비아와 합병을 추진하려면 모건스탠리가 합병한 회사에 200억 내지 240억 달러를 투입해야 하는데, 그렇게 하기에는 불가능한 상황이었다. 하지만 모건스탠리 측에서는 와코비아와 온종일 벌일 실사를 취소하지 않기로 했다. 잃을 게 없었기 때문이다. 폴슨 장관이 발표한 프로그램을 통해 와코비아의 악성 자산을 처리할 가능성이 생겼다. 실제로 투자가들은 그런 기대감을 가지고 와코비아의 주를 사들이고 있었다.

왁텔 립턴의 52층 사무실에 모건스탠리와 와코비아의 직원이 각각 30명씩 모였다. 와코비아는 골드만삭스가 모건스탠리와 경쟁관계인 것을 감안해, 골드만이 아니라 페렐라 와인버그 파트너스를 어드바이저로 고용했다. 이 회사의 조 페렐라는 전설적인 금융가이며, 피터 와인버그는 골드만 출신으로, 골드만의 기초를 다진 시드니 와인버그Sidney Weinberg의 손자였다. 와인버그가 다가와 킨들러와 악수를 나눌 때 두 사람은 이렇게 어려운 상황에 서로 이야기를 나누게 된 것이 믿어지지 않을 정도였다. “어떻게 된 거야? 도대체 어떻게 여기까지 온 거야?” 와인버그가 큰 소리로 물었다.

"신만이 알겠지. 누가 할 수 있는 일이 아니야." 킨들러가 대답했다.

작업한 지 두 시간이 되기도 전에 모건스탠리 사람들은 무언가 이상하다고 느꼈다. 폴슨의 TARP 발표가 와코비아를 짓누르던 위기감을 완화했던 것이다. 와코비아는 그 정책에 따라 악성 자산을 정부에 팔 수 있어 막대한 수혜를 받을 수 있었다. 이 덕분에 합병 딜을 추진해야 할 긴박성이 사라진 것이다. 킨들러는 와코비아가 시간을 벌면서 골드만과 같은 다른 회사와 딜을 할 수 있는지 가능성을 따져보고 있다고 생각했다. 회의실을 둘러보며 그가 동료들에게 말했다. "둘러봐. 우리는 B팀으로 밀렸어. 이건 안 돼."

한편 와코비아는 나름대로 모건스탠리의 진실성에 의구심을 갖게 되었다. 이 딜이 그렇게 중요하다면 윗사람들이 왜 오지 않는가? 와코비아팀을 이끄는 데이비드 캐럴은 모건의 CFO 콤 켈러허가 왜 오지 않는지 이해할 수 없었다.

오후 2시가 되어 모건스탠리 팀은 로펌에서 철수해 본사로 돌아가 맥에게 보고했다.

"이 친구들은 흥미가 없어요." 킨들러가 말했다. 스컬리는 와코비아의 모기지 장부에 "400억 내지 500억 문제가 있다. 거대한 것이다. 와코비아의 젊은 직원들은 우리의 분석에 이의를 제기하지 않았다"고 했다.

회사의 줄어드는 현금을 예의 주시하고 있던 켈러허는 와코비아의 재정 상태를 보고, "이건 나처럼 입이 싼 사람도 구미가 안 당기는데"라고 했다.

이제 모건스탠리와 와코비아의 합병 딜이 이뤄지려면 정부가 개입해 지원해야 한다는 것이 분명해졌다.

부하들에게서 신통한 보고를 하나도 듣지 못한 맥은 비서를 시켜 밥 스틸을 전화로 부르라고 했다. “당신은 내게 시속 160킬로미터로 일을 진행하자고 하더니, 그쪽 직원들은 전혀 긴박성을 느끼지 않고 있네요.”

“맞아요. 앞으로 한 이틀 동안은 이 일을 안 할 겁니다.” 스틸이 미안해하며 말했다.

두 사람은 다시 이야기를 하기로 했는데, 전화를 끊기 전에 스틸이 한 가지를 부탁했다. “우리가 협상을 중지했다는 말이 외부에 나가는 것은 서로에게 도움이 되지 않을 것 같습니다.”

‘포트레스 골드만FORTRESS GOLDMAN.’* 팀 가이트너가 금요일 오후 로이드 블랭크파인과 통화를 마치고 자리에 앉아 흰 종이에 대문자로 써놓은 말이었다. 블랭크파인은 통화하면서도 이 표현을 열 번 넘게 썼다. 골드만이라는 회사가 외부의 간섭 없이 독자적으로 건재하기를 바라는 심경을 피력한 것이었다.

골드만이 처한 어려운 현실을 블랭크파인이 충분히 이해하지 못한다고 우려한 가이트너는 골드만의 재정 상황에 관해 파고들었다. 이에 대해 블랭크파인은 골드만이 위기를 극복할 것이지만 그것은 “세계가 어떻게 돌아가느냐에 달려 있다”고 대답했다.

가이트너가 블랭크파인에게 은행지주회사 구상에 관해 의견을 물었다. 블랭크파인은 처음에는 이 안에 주저했으나 이제는 받아들여도 좋다는 태도를 취하고 있었다. 이 안을 실현함으로써 골드만이 연준의 지원을 받는다고 시장이 인식한다면 투자가들의 신뢰가 높아질 것이라는 생각이 들었던 것이다. 그의 계산으로는 골드만 자산의 95퍼센트가 이미 연준의

---

* 여기서 포트레스란 은행지주회사로 전환하는 경우를 가리킨다.

할인융자에 담보로 들어가 있으니 나머지 5퍼센트는 커다란 장애가 될 수 없었다. 골드만의 변호사 로진 코헨은 이미 이 안에 관해서 가이트너와 상의했다. 이 안을 성사시키기 위해서는 연준 의장 버냉키를 설득하는 일이 남아 있었다.

가이트너는 이런저런 설명을 늘어놓는 블랭크파인의 목소리에서 그가 거의 패닉 상태에 빠져 있음을 느꼈다. 블랭크파인은 추가적인 자본 조달을 계획하고 있다고 하면서 몇몇 개인투자가가 투자할 것이라고 했다. 어쩌면 워런 버핏도 관심을 보일지 모른다는 것이었다.

도쿄에서 온 전화

레스토랑 블루핀의 웨이터가 커다란 스시 접시들을 가져다 놓고 있을 때 콤 켈러허의 휴대전화가 울렸다. 바닷가재와 참치, 날치 등이 스시로 나왔다. 이 늦은 점심에 같이 온 사람은 모건스탠리의 제임스 고먼과 월리드 샤마, 톰 나이즈 등이었다. 이들은 그날 저녁에 있을 중국투자공사의 가오시칭과의 회의에 관해 이야기하고 있었다. 가오는 자신의 팀을 데리고 뉴욕에 오기로 했다. 이제 와코비아가 그림에서 사라진 이상 남은 협상 상대는 중국인들뿐이었다.

켈러허가 전화의 액정화면을 보니 발신번호는 일본이었다. 그는 구석으로 가서 전화를 받았다.

도쿄에서 모건스탠리 증권업무를 책임지는 조너선 킨드레드Jonathan Kindred가 인사하며 흥분한 어조로 말했다. "이거 재밌는데. 방금 미쓰비시에서 전화를 받았어. 그들이 딜을 하자는 거야." 일본 최대의 금융그룹 미쓰비시UFJ*가 모건스탠리의 지분을 사고 싶다는 것이었다.

이 전화는 전혀 예상치 못한 것이었고, 모건스탠리 쪽에서 접근한 적도 없었다. 사실 모건스탠리는 미쓰비시를 협상 대상에서 일찍이 제외하고 있었다. 리먼이 파산한 직후에 미쓰비시의 회장 다마코시 료스케玉越良介는 미쓰비시가 미국에 투자하는 일은 없을 것이라고 공언했던 것이다.

킨드레드는 미쓰비시가 신속히 움직일 수 있다고 했다. 하지만 이 말을 들은 켈러허는 눈을 굴리며 회의적인 태도를 취했다. 그는 과거에도 일본 은행들과 일을 해본 적이 있는데, 그들은 평판대로 느리고 리스크를 피하며 매우 관료적이었다는 것이다.

켈러허가 식탁으로 돌아와 킨드레드가 한 말을 전하자 제임스 고먼이 눈을 번쩍 떴다. 그것이 바로 그들에게 필요한 것이라고 생각한 것이다.

하지만 켈러허는 코웃음을 치며 "이건 시간낭비야. 그들은 결코 아무것도 안 할 거야"라고 했다.

"콤, 이번에는 일본인들이 뭔가 할 것 같아." 고먼이 주장했다. 고먼은 메릴린치에 근무할 때 프라이빗뱅킹과 부유층 자산관리를 영위하는 합작법인을 미쓰비시와 함께 만든 경험이 있었다. 게다가 미쓰비시 쪽에서 먼저 연락이 온 것은 매우 좋은 징후라고 생각했다. "이는 우연히 생긴 일이 아니야." 고먼이 말했다.

연준의 케빈 워시 이사는 금요일 늦게 뉴욕행 비행기에 몸을 실었다. 주말에 가이트너가 문제를 해결하는 것을 돕기 위해서였다. 그는 뉴욕에

---

* 일본 최대의 금융그룹인 미쓰비시UFJ그룹은 일본 경제의 민영화와 구조 개편의 커다란 흐름 속에서 전통적인 미쓰비시은행과 간사이 지방의 UFJ그룹[산와(三和)은행, 도카이(東海)은행, 도요(東洋)신탁은행이 합병한 것], 원래 외국환 전문은행이던 도쿄은행의 3자가 대규모 합병을 통해 탄생했다.

가서 버냉키 의장 대신에 월스트리트 현장을 관찰하는 역할을 맡았다. 라구아디아 공항에서 뉴욕연방준비은행으로 이동하는 차 안에서 그는 로진 코헨의 전화를 받았다. 코헨은 지금 와코비아가 모건스탠리, 골드만을 상대로 벌이는 은행지주회사 설립 건에 대해 자문을 제공하고 있었다. 코헨은 워시에게 커다란 구상이 하나 있다고 했다. 아직 그의 클라이언트들이 정식으로 허가한 것은 아니지만, 오랜 친구에게서 좋은 제안을 하나 받았다는 것이었다.

그는 정부가 나서서 골드만과 와코비아의 전격적인 결합을 추진해야 한다고 주장했다. 물론 쉬운 일은 아니었다. 특히 '모양새'가 좋지 않을 것이었다. 폴슨이 골드만의 CEO로 1999년에서 2006년까지 일했으며, 또한 골드만 출신에다가 재무성에 있던 밥 스틸이 와코비아의 CEO였기 때문이다. 그러나 이 안은 모든 사람의 문제를 풀 것이었다. 골드만은 예금기반을 갖게 될 것이고, 와코비아는 사망신고를 면하게 될 터였다.

이를 들은 워시는 스스로 무척 좋은 안이라고 생각했다.

중국의 국부펀드

밤 9시, 터들넥과 블레이저 차림의 가오시칭은 팀을 이끌고 모건스탠리에 도착했다. 그는 콜로라도 주 애스펀에서 전용기를 타고 웨이 선 크리스천슨과 함께 뉴욕으로 날아왔다. 가오시칭은 애스펀에서 열린 회의에서 저명한 투자가 테디 포스트만의 모임에 속해 있었는데, 비행기 시간에 늦지 않기 위해 사회자 찰리 로즈Charlie Rose에게 회의가 너무 길어지지 않게 해달라고 부탁하기도 했다. 신문에 난 소문을 보고 참석자들은 가오가 어디로 가는지 알고 있었다.

가오는 심한 허리 통증에 시달리고 있어서 제임스 고먼이 인사를 하러 41층 회의실로 올라갔을 때 바닥에 누워 전화를 하고 있었다. 손님 접대에 남달리 신경을 쓰는 맥은 특별히 임원 식당에서 소파를 가져와 가오가 누울 수 있게 했다.

맥이 좋아하는 레스토랑 산피에트로에서 배달된 저녁을 먹으며 그들은 어떤 거래가 가능한지 논의하기 시작했다. 허리 통증으로 일어섰다 앉았다 하며 가오는 모건스탠리의 지분 49퍼센트를 사고 싶다고 말했다.

애스펀에서 뉴욕으로 오면서 크리스천슨에게 말했듯이, 가오는 500억 달러의 융자 한도와 약 50억 달러의 명목적인 지분 투자를 제공할 의향이 있다고 했다.

맥은 기가 막혔다. 그는 지분의 가격이 낮을 것은 예상했지만 이렇게 말도 안 되게 낮을 것이라고는 생각하지 않았다. 이는 투자라기보다는 융자가 아닌가. 중국 측의 도움이 당장의 어려움을 극복하는 데 도움이 되기는 하겠지만, 가오는 확실히 모건스탠리의 난국을 이용하고 있는 것이었다. 그가 2007년에 취득한 모건스탠리 주의 가치가 10퍼센트 하락했는데, 그는 이번 투자를 통해 가격을 전체적으로 재조정하는 효과를 노리고 있었다.

중국투자공사와 같은 국부펀드들은 투자한 민간기업이 나중에 더 싼 가격으로 주식을 팔 경우에 원래의 투자가격을 재조정할 권리를 주장하고 있었다. 그런데 가오는 2007년 모건스탠리에 투자할 때 그런 주장을 제기한 적이 없었다. 그럼에도 그는 당시의 계약에 그런 조항이 있다고 믿고 있었다. 결국 모건스탠리는 계약서의 사본을 제시해 그 조항이 없음을 입증해야 했다.

가오의 제안이 아무리 모욕적이라 해도 맥의 입장은 절박했다. 주식시장이 상승하고 있는데도 모건스탠리의 현금은 줄어들고 있었다. 켈러허의 보고에 따르면 현금 잔고는 400억 달러에 지나지 않았다. 앞으로 이틀 정도만 사정이 악화되어도 이 돈은 다 없어질 수 있었다.

다른 대안이 없다고 판단한 맥은 모건스탠리의 장부를 가오 측에게 열어 보이겠다고 말했다. 가오는 이미 로펌 설리번 앤드 크롬웰의 로진 코헨과 도이체방크를 어드바이저로 선임해놓았다. 두 회사는 즉시 팀을 보내 중국투자공사를 지원했다. 'CIC'*라고 쓴 종이가 회의실 문 앞에 붙고 저절로 가오의 임시 사무실이 되었다. 맥은 또한 가오의 허리 통증을 치료하도록 의사를 불렀다.

맥이 자신의 집무실에 돌아와 크리스천슨과 심복들을 만났을 때 그들은 모두 망연자실하고 있었다. 크리스천슨이 처음에 조건들을 말했을 때 샤마는 자신이 말을 잘못 들은 것으로 생각했을 정도였다.

"이건 말도 안 돼요. 이 사람들 너무 비합리적이야." 켈러허가 입을 열었다.

이 말에 고먼은 동료들을 진정시키기 위해 희망 섞인 말을 했다. 그것은 협상을 유리하게 끌고 가기 위한 선제공격이라는 것이었다. "처음에 터무니없는 것을 요구해놓고 차차 합리적으로 바꾸지 않을까?"

리먼의 파산 법정

자정이 지난 시각인데도 남부 맨해튼에 있는 볼링그린 1번지에 있는 법원의 601호 법정은 사람들로 꽉 차 서로 어깨를 대고 서 있었다.

---

* 중국투자공사의 영문 이름인 'China Investment Corporation'의 약자다.

재판의 안건은 리먼브러더스가 바클레이스에 팔리는 것에 대한 파산 재판부의 승인 여부였다. 세상의 관심은 이제 모건스탠리와 골드만삭스의 운명에 쏠리고 있었지만, 리먼브러더스 직원 만여 명의 운명은 아직 결정되지 않은 상태였다. 미국 최고의 파산 변호사들을 포함한 150여 명의 변호사들이 채권자들을 대리해 나와 있었다. 클린턴 전 대통령의 딸 첼시 클린턴Chelsea Clinton도 헤지펀드인 애버뉴캐피털Avenue Capital을 대표해 참석했다.

재판은 오후 4시 36분에 시작되었다. 담당 판사 제임스 펙James Peck은 그날 저녁까지는 판결을 내리겠다고 했다. 리먼의 자산가격이 시시각각 떨어지는 상황에서 이 매매를 빨리 승인해야 한다는 긴박성은 누구에게나 명백해 보였다. 자산 6,390억 달러를 보유한 리먼의 파산은 미국 역사상 가장 큰 것일 뿐 아니라 그 복잡성에서도 전례가 없는 것이었다.

늦은 여름날, 법정 안은 더웠다. 창문이 모두 닫혀 있을 뿐 아니라 자리가 부족해 방청객들이 환기통을 막고 앉아 있었던 것이다. 리먼을 대리하는 로펌 웨일 갓샬의 변호사들은 얼음물을 가져와 마시고 있었다.

웨일 갓샬의 하비 밀러 변호사에게 손짓을 하며 펙 판사가 말했다. "원한다면 조금 가까이 오세요, 미스터 밀러. 멀어서 말을 못하겠어요. 솔직히 법정에 사람이 너무 많아 이쪽으로 어떤 움직임이 있으면 신경이 쓰이네요."

오늘처럼 엄중한 상황에서도 회색 양복과 붉은색 타이, 푸른색 셔츠를 말쑥하게 차려입은 밀러 변호사는 협상 결과를 요약했다. 바클레이스가 리먼의 북미 사업 부문을 17억 5,000만 달러에 산다는 것이었다. "재판장님, 이는 비극입니다." 밀러는 리먼브러더스에 일어난 일을 이렇게 표현했다. "어쩌면 우리는 정부가 발표한 RTC 정책에 일주일 늦은 것뿐인지 모릅니다. 정말 비극입니다, 재판장님.” 그는 폴슨이 발표한 TARP를 언급하며 덧붙였다.

“저도 그렇게 생각합니다.” 재판장이 동정적으로 말했다.

하지만 리먼의 채권자 측 변호사들은 그렇게 동정적이지 않았다. 그들은 리먼이 바클레이스에 팔리는 것에 분노했다. 그 매매로 자신들에게 지불될 가격이 매우 낮아질 것이며 그 과정 또한 모호하다는 것이었다. 로펌 애킨 검프 스트라우스 하우어 앤드 펠드Akin Gump Strauss Hauer & Feld의 변호사 대니얼 골든Daniel Golden은 리먼의 채권 약 90억 달러어치를 소유한 투자자들을 대표하고 있었는데, 그는 재판의 연기를 요청했다.

“바클레이스가 리먼 자산에 대해 지불하는 가격이 공정하다는 것을 입증하는 자료가 이 법정에 제출된 적이 없습니다. 바클레이스가 취득하는 다른 자산들에 대한 가격도 공정하다거나 채권자들의 이익을 최대화하는 것이라는 사실을 보여주는 증언이나 증거도 제출된 것이 없습니다.” 골든이 주장했다.

바클레이스 딜이 공정하지 않다는 단순한 주장에 분노를 나타내며 밀러 변호사는 이 거래를 재판부가 즉시 승인해야 한다면서 이렇게 주장했다. “본인은 녹는 얼음덩어리의 비유를 쓰고 싶지 않습니다.” 그의 얼굴에는 감정이 그대로 드러나 있었다. “그러나 이미 반은 녹아내리고 있습니다. 지난 수요일 이래 일어난 일련의 일들은 이 거래가 즉시 승인되어야 한다는 것을 요구하고 있습니다. 골든 변호사의 클라이언트를 포함해 모든 주주들의 이익을 위해서 중요한 것은, 이 거래가 즉시 승인되지 못할 경우 채권자들에게 남는 것은 매우 적을 것이라는 사실입니다.”

심리가 시작된 지 여덟 시간이 지나는 동안 세 번의 휴정과 수십 명에 달하는 변호사의 변론, 몇 차례 마이크 불량으로 인한 재판 중단이 있고 나서, 펙 판사는 과거 와프너 판사의 〈시민의 법정〉* 결정을 인용하며 100년이 넘는 역사를 지닌 기업에 남은 것이 바클레이스에 팔리는 것을 승인하는 판결을 내렸다.

"본 법정은 밀러 변호사가 압력을 가하기 때문에 이 거래를 승인하는 것이 아닙니다. 또한 이 거래가 최선의 것이라고 본인이 판단하기 때문에 승인하는 것도 아닙니다. 본인은 이 거래가 유일한 거래이기 때문에 승인하는 것입니다." 펙 판사가 설명했다.

이어서 그는 무거운 마음으로 소회를 밝혔다. "리먼브러더스는 희생자가 되었습니다. 사실 리먼은 금융시장에 닥친 쓰나미에서 쓰러진 유일한 아이콘이라고 할 수 있습니다. 이는 매우 슬픈 일입니다. 저는 리먼의 주주, 직원, 고객 그리고 여러분에게 책임을 느낍니다."

펙 판사가 재판을 모두 마친 것은 오전 12시 41분이었다. 그가 재판장석에서 일어나 법정을 떠날 때 장내에는 흐느끼는 소리와 박수 소리가 섞여 있었다.

가이트너의 종이장기판

금요일 밤, 연준 12층에 있는 암울한 방에 머물기로 결정한 뒤 가이트너는 제대로 잠을 이루지 못했다. 아침 6시에 일어나 옥스퍼드셔츠와 운동바지 차림으로 집무실에 올라온 그는 양말 차림으로 복도를 어슬렁거

* 〈시민의 법정(The People's Court)〉이란 1981년에 시작된 TV프로그램으로서, 작은 소송사건을 놓고 실제 판사와 소송 당사자가 출연해 토론하고 중재와 합의를 이끌어내는 방식으로 진행되었다. 여기서 언급된 조지프 와프너(Joseph Wapner) 판사는 이 프로그램 방송 초기부터 오랫동안 출연한 인물이다.

렸다.

그는 이미 마음속으로 전투계획을 세우고 있었다. 지난주에는 주말까지 무사히 버텼지만, 이제 모건스탠리와 골드만삭스를 구하는 방안을 마련하지 못할 경우 월요일에 무슨 일이 벌어질지 알 수 없었다.

"존 맥은 희박한 희망을 붙들고 있어." 어젯밤에 폴슨이 전화를 걸어와 모건스탠리의 위험한 상태에 대해 말했다. 모건스탠리에는 300억에서 400억 정도의 현금이 남아 있을 뿐이라고 들었다. 그리고 폴슨은 자신이 일했던 골드만 또한 걱정이었다. "이 두 회사를 위해서 생명선을 찾아내지 않으면 안 될 것 같은데." 폴슨이 말했다. 그리고 두 사람은 가능한 선택지들을 훑어봤다.

그날 아침 가이트너는 흰 종이에 여러 가지 합병의 조합을 써봤다.

모건스탠리 + 시티그룹, 모건스탠리 + JP모건체이스, 모건스탠리 + 미쓰비시, 모건스탠리 + 중국투자공사, 모건스탠리 + 외부 투자가, 골드만삭스 + 시티그룹, 골드만삭스 + 와코비아, 골드만삭스 + 외부 투자가, 포트레스 골드만, 포트레스 모건스탠리

이는 월스트리트의 궁극적인 장기판이나 다름없었다.

토요일 아침 7시, 로이드 블랭크파인은 집무실에 도착했다. 비록 그 자신은 골드만이 스스로 은행지주회사가 되는 포트레스 골드만 계획을 밀고 있었지만, 게리 콘과 상의해 부하들로 하여금 몇 개의 협상 상대를 조사해보도록 지시해놓았다. 거기에는 HSBC, UBS, 웰스파고, 와코비아, 시티그룹, 스미토모住友, 중국공상은행中國工商銀行 등이 들어 있었다.

콘도 별도로 연준의 케빈 워시와 함께 금요일에 대화를 나눴는데, 역시 워시는 합병안, 특히 시티그룹과의 합병안을 추천했다. 외부에 공개되지는 않았지만, 골드만은 과거 18개월 동안 시티그룹과의 합병을 몇 차례나 고려했다. 다만 공식적으로 협상에 들어가 본 적은 없었다. 콘과 워시는 과거 두 차례나 이 일을 상의했다. 그때마다 콘은 흥미를 느끼면서도 뒤로 빼곤 했던 것이다.

콘은 원래 시티가 골드만을 사야 한다고 생각하고 골드만의 판매 가격까지 생각해뒀다. 하지만 워시는 콘에게 방향을 바꿔 골드만이 매수 주체가 되어야 한다고 했다. 콘이 볼 때 덩치가 훨씬 큰 시티를 골드만이 사는 것은 말이 안 되는 것이었다. 하지만 워시는 콘이 모르는 중요한 사실을 알고 있었다. 시티그룹의 대차대조표에는 구멍이 많아서 기업가치가 현재의 주가보다 훨씬 낮다는 것이었다.

그 결과 연준 내부에서는 시티그룹에 대해 세 가지 가능한 결과를 상정해 코드네임을 만들어놓고 있었다. 즉, '새 회사NewCo', '살아남은 골드만 그룹Goldman Survivors', '살아남은 시티그룹Citi Surivivors'이었다.

수석보좌관 존 로저스가 찾아왔을 때 블랭크파인은 이메일을 읽고 있었다. 블랭크파인은 탁자 밑에 있는 비밀단추를 눌러 유리문을 열었다(이 비밀장치는 폴슨이 CEO로 있을 때 만든 것이었다).

로저스와 둘이서 작전계획을 검토하고 있는데 가이트너의 전화가 왔다. 늘 그렇듯이 가이트너는 조급한 어조로 시티그룹의 비크람 판디트에게 전화해 합병협상을 시작하라고 말했다. 블랭크파인은 가이트너의 단도직입적인 말투에 조금 놀랐지만 전화는 하기로 약속했다.

"음, 당신 내가 왜 전화한지 알지?" 몇 분 뒤에 연결된 판디트에게 블랭크파인이 말했다.

"모르겠는데." 판디트는 진정으로 놀라 대답했다.

잠시 어색한 침묵이 흘렀다. 블랭크파인은 연준이 이미 연락을 해놓은 것으로 여겼던 것이다. "글쎄, 우리 두 회사가 합치는 것이 좋을 거라고 생각하는 사람들이 있어서 전화한 거야."

다시 어색한 침묵이 흐른 뒤 이번에는 판디트가 말했다. "이런 전화를 받다니 영광이네요."

블랭크파인은 판디트가 자신을 놀린다고 생각하고 말을 바꿨다. "비크람, 나는 지금 비위를 맞추려고 전화한 게 아니야."

"이사회와 이야기를 좀 해봐야 해요. 나중에 다시 전화할게." 판디트가 급히 통화를 끝내며 말했다.

수화기를 내려놓은 블랭크파인은 로저스를 쳐다보며 말했다. "그것 참 당황스럽네. 내가 왜 전화를 했는지 몰라!" 결국 블랭크파인은 전화하라는 요청을 받고 그대로 해서 자신의 입장만 들킨 꼴이 되었다.

블랭크파인은 즉시 가이트너에게 전화해 짜증을 내며 말했다. "비크람에게 전화했어요. 당신은 그가 내 전화를 기다리는지 여부를 말하지 않았어. 역시 내가 생각했던 대로 그는 전화를 기다리고 있지 않았어요."

가이트너는 자신의 계산이 빗나간 것을 알았다. 판디트가 호박이 넝쿨째 굴러온 것을 알아채지 못한 것이었다. 이해하기 어려운 일이었다. 그러나 지금은 누군가의 상처받은 마음 같은 것을 신경 쓸 때가 아니었다. "알았어요. 나중에 다시 전화할게." 이렇게 말하고 가이트너는 전화를 끊었다. 블랭크파인은 도대체 무슨 일이 벌어지는지 알 수가 없었다.

연준 의장을 지낸 앨런 그린스펀과 그의 아내이자 NBC 뉴스 기자인 앤드리아 미첼Andrea Mitchell은 세인트 레지스 애스펀 리조트St. Regis Aspen

Resort 그랜드볼룸에서 인파 속에 섞여 있었다. 테디 포스트만이 주최하는 주말 회의의 둘째 날인 토요일 아침이었다. 그들은 모두 '월스트리트의 위기: 다음은?Crisis on Wall Street: What's Next?'이라는 제목이 붙은 다음 패널 토론이 시작하기를 기다리고 있었다. 월스트리트 기준으로 보아도 이 행사에는 유명 인사가 상당수 나와 있었다. 토론자로는 전 재무장관 래리 서머스, PIMCO의 CEO로서 『시장의 충돌When Markets Collide』이라는 책을 낸 모하메드 엘에리언Mohamed El-Erian, CNBC의 보수적인 사회자 래리 커들로Larry Kudlow, 그리고 가장 흥미 있는 인물로는 와코비아의 밥 스틸이 들어 있었다. 당초에 스틸은 이 행사에 참석하지 않으려 했으나 아침 4시에 집을 나와 겨우 시간을 맞췄다.

사회를 보는 찰리 로즈가 질의응답 시간으로 이끌고 있을 때 스틸은 걱정스럽게 시계를 보고 있었다. 그린스펀이 시장가격에 맞춰 자산을 회계하는 것에 대해 논쟁을 벌이고 있었는데, 스틸은 빨리 동부로 돌아가야 한다는 초조감에 시달리고 있었다. 패널 토론이 끝나자마다 그는 급히 빠져나왔는데, 나오는 길에 웰스파고의 CEO인 리처드 코바체비치Richard Kovacevich와 마주쳤다. 그는 합병 파트너 후보 중 한 사람이었다.

"다음 주에 전화하려고 했어요." 스틸이 말했다.

"좋아요. 이야기해봅시다."

"제가 지금 공항으로 급히 가야 해서, 나중에 전화할게요." 스틸이 말했다.

공항에서 렌트한 붉은색 지프랭글러에 올라탄 그는 블랙베리를 확인하고 워시가 연락을 달라는 이메일을 여러 번 보낸 것을 알았다.

"당신이 전화할 데가 있는데. 로이드 블랭크파인에게 연락을 좀 해봐요." 스틸이 전화하자 워시가 급하게 말했다.

말의 행간을 읽은 스틸은 놀랐다. 정부가 지금 골드만과 와코비아의 합병을 주선하고 있는 것이 아닌가? 이 딜은 표면적으로 정치적 폭발성이 있는 것이었다. 우선 두 회사가 재무성과 연결이 되어 있다. 폴슨 장관은 논란에 휘말릴 것이었다. 물론 폴슨이 자신에게 연락해서는 안 되었다. 스틸은 이 안이 여러모로 걱정스러웠다. 그는 골드만이 진정으로 와코비아와 합병하기를 원했다면 이미 오래전에 했을 것이라고 생각했다.

또한 이번 주까지도 와코비아와 모건스탠리의 합병안과 관련해 골드만은 와코비아의 어드바이저를 맡아서 내부적인 수치를 잘 알고 있지 않은가? 따라서 합병협상에서 가격을 놓고 실랑이의 대상이 되는 것이 있었다면, 골드만이 그것을 보지 못한 것이 분명했다. 스틸이 보기에 이 딜에는 장점이 많고 연준이 지지한다면 성사될 가능성이 높았다.

"케빈 워시하고 통화했는데 전화를 드려보라고 해서요." 블랭크파인과 연결되자 스틸이 말했다.

블랭크파인이 시티그룹에 한 전화와는 달리 이 통화는 사전에 조정되어 있었다. "알아. 우리가 딜을 한번 해보면 재미있을 것 같은데." 블랭크파인이 말했다.

스틸은 지금 막 회사의 전용기에 타고 있어서 오후 늦게라면 뉴욕에 도착할 것이라고 했다.

동부로 이동하는 비행기 안에서 스틸은 골드만과의 합병협상이 정부의 의견에 따라 이뤄지는 것이라면 일종의 귀향이 아닌가 하고 흥미로워했다. 어쩌면 그는 회장 자리를 꿰찰 수 있을지도 몰랐다.

제이미 다이먼은 2주 만에 처음으로 하루 쉴 수 있기를 기대했다. 그러나 그 희망은 토요일 아침 가이트너의 전화로 깨졌다. 이 뉴욕연방준비은행의 총재가 좀처럼 뭔가를 제안하는 법이 없는데, 이날은 모건스탠리의 인수를 고려해보지 않겠느냐고 물었다.

"농담하지 말아요." 다이먼이 대답했다.

하지만 가이트너는 심각하다고 했다.

"베어스턴스 때는 했지만 이건 못해요." 다이먼이 말했다.

그러나 가이트너는 다이먼의 말을 무시했다. "존 맥이 전화할 거예요." 그리고 그는 전화를 끊었다.

가이트너의 유사한 선제공격 전화를 받은 맥이 5분 뒤 다이먼에게 전화를 걸었다. 다이먼은 지난주에 그랬듯이 모건스탠리를 인수할 의향이 없다고 말했다. 그러나 다이먼은 맥을 도우라는 지시를 받은 터라, 두 경쟁사의 CEO들은 JP모건이 모건스탠리에 융자 한도를 줄 수 있는지 이야기를 나눴다. 다이먼은 생각해보고 전화하겠다고 말하며 통화를 끝냈다.

맥과 통화를 끝낸 다이먼은 가이트너에게 전화를 걸었다.

"존과 이야기했는데 우리가 그쪽에 융자 한도를 주는 걸 상의하고 있어요."

"그걸로 충분할지 모르겠네." 실망스러워하며 가이트너가 말했다. 그의 지시가 분명히 전달되지 못한 것이었다. 그는 두 회사가 합치기를 바란다는 것을 분명히 암시했고, 융자 같은 일시적인 조치에는 전혀 관심이 없었다.

이에 다이먼은 즉시 집행위원회 멤버들에게 이메일을 보내 회사로 불러 모았다. 한 시간 안에 멤버들은 각양각색의 캐주얼 복장으로 48층에 모였다.

다이먼은 찡그린 표정으로 가이트너에게 받은 전화 내용을 설명했다. '모건가家'의 합병은 새로운 이야기가 아니었다. 1973년 6월 20일, 당시 모건스탠리, JP모건, 모건개런티Morgan Guarantee, 영국 모건그렌펠British Morgan Grenfell의 총수들이 '트라이앵글Triangle'이라는 코드네임으로 버뮤다에서 합병을 논한 적이 있었다.

검은색 마커펜을 집어든 다이먼은 화이트보드 위에 그가 생각해온 것을 적었다. "우리가 모건스탠리의 전체 또는 일부를 살 수도 있고, 아니면 융자를 좀 줄 수 있어."

그로부터 두 시간 동안 멤버들은 돌아가며 의견을 나눴다. 모건스탠리의 어느 부분을 살 수 있는가? 어느 자산을 창고에 넣어둘 수 있는가(즉, 부동산을 사놓았다가 가격이 상승하면 파는 것)? 다이먼은 차라리 모건스탠리 전체를 사서 그에 대한 트래킹주식*을 발행하는 것은 어떻겠느냐고 물었다.

그러나 논의는 결국 한 가지 질문으로 귀결되었다. 구체적으로 어떤 자산을 살 것인지였다. 두 회사 간에 중복되는 부분이 너무 많았다. 그리고 모건스탠리의 악성 자산의 가치를 어떻게 평가할 것인가? 이것들은 금방 대답할 수 없는 문제들이었다.

그 전주에 리먼브러더스와의 회의에 참석했던 JP모건의 CRO 존 호건이 회의에서 빠져나와 모건스탠리의 CFO 콤 켈러허와 CRO 켄 데렉Ken DeRegt에게 전화를 걸었다. "여러분이 어떤 생각을 하고 있는지 모르지만, 우리가 도움을 주려면 상당한 정보가 필요합니다. 존 맥 회장과 상의해서 우리에게 무엇을 기대하는지 알려주세요."

호건의 음성에는 약간 무례함이 묻어 있었다. 켈러허와 데렉은 이를

---

* 트래킹주식(tracking stock)이란 모회사가 특정 자회사의 실적을 추적(track)하고자 할 때 발행하는 보통주로서, 디자이너주식(designer stock)이나 타깃주식(target stock)으로도 불린다.

바로 느낄 수 있었다.

잠시 뒤 켈러허는 호건에게 전화해 500억 달러의 융자 한도의 개요를 설명했다. 켈러허는 JP모건이 이 요청을 받아들여도 중국투자공사처럼 가혹하게 굴지는 않을 것이라고 생각했다.

호건은 JP모건의 경영진에게 '긴급 및 기밀 사항'이라는 제목으로 이메일을 보냈다.

> 내일 아침 9시 30분에 7번가 750번지에 있는 모건스탠리 사무실에 모이시기 바랍니다. 층수나 방번호는 미정입니다. 모건스탠리 연락 담당은 데이비드 웡. 회의 목적은 모건스탠리의 양호자산을 담보로 융자를 검토하는 것입니다.

가이트너는 상당히 화가 나 있었다. 아침 8시부터 판디트에게 연락하려고 노력했으나 허사였고, 블랭크파인으로부터 겨우 연락이 있었다는 말을 들었을 뿐이었다. 문제는 판디트가 골드만의 제안을 거절했고 이에 관해 일언반구의 설명도 없었다는 것이었다.

그런데 마침내 판디트와 연락이 되었다.

"지난 네 시간 동안 연락이 안 됐어. 오늘 같은 날 받아들이기 어려운 일인데." 가이트너가 수화기에 대고 소리를 질렀다.

판디트는 사과하며 그의 팀과 골드만의 제안에 관해 상의했는데 결국 거절하기로 결정했다고 했다. "우리는 골드만 같은 큰 회사를 떠안는 게 걱정돼요. 우리 장부에 새로 1조 달러를 추가할 필요가 없다고 생각했어요." 판디트가 말한 거부 사유였다.

"우리는 은행이에요. 은행은 시민들로부터 예금을 받아들이고, 따라서 신중한 문화를 가지고 있어요. 나는 은행이 예금을 받아 그 돈으로 헤지펀드에 투자하는 그림을 생각할 수가 없어요. 물론 골드만이 그렇지 않다는 것을 알지만, 투자은행들이 돈을 받아서 소유주의 의사와 관계없는 거래에 투자한다는 인식이 있는 건 사실이에요. 이는 우리가 철학적으로 받아들일 수 없어요."

골드만과 시티은행의 합병안이 실패하자 가이트너는 다음 안, 즉 모건스탠리와의 합병을 시티에 제시했다. 판디트는 이를 생각해본 적이 있었다. 그러나 그는 이에 관해서도 주저했다. "이 딜도 아직은 우리가 원하는 게 아니에요. 하지만 생각해보겠습니다."

오후 2시가 되자 존 맥은 중국투자공사의 투자 건이 아무런 진척을 보이지 않는 것이 걱정되기 시작했다. 가오는 '공격적인 제안'이라고 맥이 명명한 자세에서 한 발자국도 움직이지 않았다. 게다가 JP모건의 다이먼에게서 연락이 없고 일본의 미쓰비시에서도 아무런 소식이 없었다.

한편 아래층에서는 모건스탠리 투자은행 부문의 책임자 폴 토브먼도 존 맥과 마찬가지로 두려움에 휩싸여 있었다. 48세라고는 믿기지 않을 정도로 젊어 보이고 모건스탠리에서 경력의 전부를 쌓은 토브먼은 미국에서도 알아주는 합병 전문가로 성장했다. 그런데 이번 주말에 그의 모든 것이 결정될 국면이었다.

본사 직원 이지윤과 함께 그는 도쿄에 있는 유키 고헤이結城公平와 통화하고 있었다. 도쿄는 자정이 넘은 시각이었다. 유키는 미쓰비시와의 합병안을 중간에서 조정하고 있었다.

"미쓰비시 사람들 이미 잘 시간이야. 내일 아침에 다시 연락해볼게." 유키가 말했다.

"안 돼. 지금 전화해서 깨워야 해." 토브먼이 요구했다.

도쿄 쪽에서 침묵이 잠시 이어졌다. 일본에서의 관행을 깨야 하는 것이었다.

"알겠어." 유키가 마지못해 대답했다.

"이봐. 자네는 고급 간부야. 그러니 '나는 일본의 높은 사람들을 깨울 수 없어. 내가 알아서 해야 해. 그렇게 해서 일생에 한 번밖에 없는 기회를 날려버린다 해도 그가 안 일어나는데 어쩔 거야'라는 식으로 말해선 안 돼."

20분 뒤에 유키에게서 전화가 왔다. "깨웠어." 미쓰비시의 협상팀 전체가 심야에 일어나 일을 하게 된 것이었다.

모건스탠리에서도 이사회가 소집되었다. 어떤 이사들은 미국 여기저기에서 날아왔고, 하워드 데이비스 경Sir Howard Davies 같은 이는 영국에서 급히 왔다. 이사회에 참석하지 못한 유일한 멤버는 오라클의 사장 찰스 필립스Charles Phillips(과거 모건스탠리의 테크놀로지 애널리스트)였다.

이사회에서 켈러허가 회사의 재정에 관해 보고했다. 내용은 좋지 않았다. AT&T에서 CFO를 역임한 찰스 노스키Charles Noski 이사가 단도직입적으로 물었다. "언제 돈이 없어지는 겁니까?"

켈러허가 잠시 숨을 고르다가 침울하게 말했다. "월요일과 화요일에 무슨 일이 있느냐에 따라 다르겠지만, 주 중반에는 그런 사태가 올 것 같습니다."

이는 위협사격이었다. 이번 주말에 일이 잘 안 풀린다면 이사진 모두는 주주소송의 대상이 될 수 있다는 것이었다. 로버트 키더Robert Kidder를 필두로 한 사외이사들은 독립적인 어드바이저가 필요하다는 데 합의하고, 재무장관을 지냈으며 부티크뱅크인 에버코어파트너스Evercore Partners를 설립한 로저 앨트먼(그는 과거에 리먼에서 딕 펄드와 차를 같이 타고 다니기도 했다)을 고용하기로 했다. 앨트먼은 앞으로 이사회에 제기되는 안건에 대해 조언을 제공하고 일종의 보호막 역할을 할 것이었다. 주주들과 소송이 벌어질 것에 대비해 사외이사들은 적어도 책임 있는 행동을 취했다는 것을 보일 필요가 있었던 것이다.

맥이 이사회에 다시 내려온 뒤 맥의 외부고문인 진 루드위그Gene Ludwig가 현재 고려 중인 은행지주회사안에 관해 설명했다. 루드위그는 폴슨 장관이 모건스탠리가 쓰러지게 내버려두지는 않을 것이라고 했다.

"우리가 쓰러지면 골드만도 쓰러져요." 이는 이미 내부적으로는 누구나 공감하고 있는 것이었다. 여기에 루드위그는 이사회가 아직까지 생각하지 않던 관점을 하나 덧붙였다.

"그리고 GE도 쓰러질 거예요."

한편 골드만삭스에서 최고의 투자은행가로 꼽히는 데이비드 솔로몬과 존 와인버그는 코네티컷 페어필드에서 오전에 있었던 회의에서 돌아왔다. 그들이 만난 사람들은 GE의 CEO 제프리 이멀트와 CFO 키스 샤론Keith Sharon이었다.

솔로몬이 콘에게 회의에 관해 보고했다. 복잡하고도 거의 희극적인 상황이었다. 골드만의 두 사람은 GE의 어드바이저로서 GE가 직면한 재정위기에 대처해 우선 자본을 추가로 조달하는 문제를 상의하기 위해서 페어필드로 갔다. 그런데 정작 클라이언트인 이멀트의 가장 큰 걱정거리는 자신의 어드바이저인 골드만이 파산하지 않을까 하는 것이었다.

GE는 금융공학보다는 제조업을 주로 하는 회사지만 최근에 그룹 전체 수익의 반 이상이 금융전문회사인 GE캐피털에서 발생하고 있었다. 다른 금융회사들과 마찬가지로 GE캐피털도 단기어음과 세계 전체의 투자가들의 신뢰에 의존하는 회사였다. 따라서 이멀트는 골드만과 모건스탠리의 운명이 GE캐피털에 미칠 파장을 우려했던 것이다. 결국 회의는 자본조달의 초기 계획을 세운 것 이외에는 이멀트에게 골드만에 관해 분명한 확신을 주지 못하고 끝났다.

이 보고를 들으면서 콘은 이미 와코비아와의 합병안에 관해 생각하고 있었다. 연준의 케빈 워시와 이야기하며 콘은 그 합병안을 긍정적으로 생각해보겠다고 하면서 연준의 도움이 필요하다는 조건을 달았다. 워시는 콘의 요청을 심각히 고려해보겠다고 했다. 콘은 워시의 말을 믿었다. 폴슨이 이미 블랭크파인에게 전화해 이 안을 심각하게 고려하라고 말했기 때문이다.

"너무 세세히 따지고 들고 정부가 얼마를 지원할지에만 신경을 곤두세운다면 이 안은 실행되지 못할 거야. 어려움을 겪는 건 당신 회사고, 연준은 그걸 돕는 거니까." 워시가 말했다.

워시는 또한 콘에게 이 안과 관련되는 개인들의 관계를 잘 조정하라고 부탁하며 이렇게 말했다. "조건을 너무 따지고 누가 어떤 자리를 차지하는가 하는 소셜 이슈에 매달린다면 성사가 안 될 거예요. 특히 블랭크파인이 인사 문제를 잘 고려해야 할 겁니다."

두 시간 뒤면 스틸이 화이트플레인스의 웨스트체스터카운티 공항에 착륙할 시각이었다. 이때 콘이 블랭크파인의 집무실에 들어오더니 한 가지를 제안했다.

"로이드, 공항으로 마중 나가 직접 스틸을 데려오시는 게 좋을 거 같아요." 합병협상이 부드러워질 수 있는 제스처가 될 것이라는 말이었다.

스틸이 골드만에 있을 때 주식 부문의 공동 대표를 할 때부터 블랭크파인과 스틸은 사이가 별로 좋지 않았다. 그래서 콘의 말을 듣고 블랭크파인은 눈에 띄게 화를 냈다. "내가 그래야 해?"

"네. 저도 같이 갈게요. 하지만 회장이 직접 맞아야 합니다." 콘이 확고하게 말했다.

"자네 혼자 갈 수 없어?" 블랭크파인은 계속 버텼다.

"안 돼요. 저는 이미 스틸과 좋은 사이예요." 스틸을 친구로 여기는 콘이 말했다.

블랭크파인은 할 수 없이 공항으로 발을 옮겼다.

세 쪽에 담은 7,000억 달러

폴슨은 잠시나마 안심하고 숨을 돌릴 수 있었다. 그의 부하들이 TARP 입법안의 초안을 완성하고 의회에 돌리기 위해 백악관 예산관리실Office of Management and Budget의 서명을 받았기 때문이다.

지난 목요일 저녁에 의회 지도자들과 만난 자리에서 '몇 시간 안에' 초안을 내겠다고 약속한 그는 초안을 매우 간단하게 만들었다. 폴슨과 케빈 프로머, 밥 호이트 세 사람이 들러붙어 세 쪽으로 줄였던 것이다.

많은 토론을 거쳐 폴슨의 팀은 전체 예산을 카시카리가 제안했던 대로 7,000억 달러로 결정했다. 이것이 통과된다면 미국 연방정부 역사에서 가장 큰 단일 집행 예산이 될 것이었다. 정치가들이 시비를 걸 것에 대비해 호이트는 몇 군데에 다음과 같이 방어장치를 넣으면서 폴슨이 원하는 것을 할 수 있는 안으로 만들었다.

> 이 법의 권위에 부응해 재무장관이 내리는 결정은 재고되지 않으며 재무성의 재량에 따르게 된다. 그 결정은 또한 법원이나 다른 행정부서에 의해 재

고되지 않는다. 재무장관은 이 법의 권위를 집행하는 데 필요하다고 간주되는 행동을 취할 권한을 가지며, 이는 공공계약과 관련한 법조항에 구속되지 않는다. 이 법의 권위에 따라 실행되는 행정비용의 지불을 포함한 자금의 공여는 그 지출이 타당하다고 여겨지는 시기에 이루어진다.

어떤 반응이 나올지 추측하는 것은 일렀지만 재무성 직원들은 초안을 발송하면서 벌써 흥분하고 있었다.

그런데 반응은 금세 나왔다. 재무성 안에서조차 장관이 너무 광범위한 권한을 추구하는 것이 아닌가 하는 의문이 제기되었다. 이 세 쪽짜리 법안에는 감독에 관한 규정도 없고 권한을 부여하는 주체도 명시되어 있지 않았다. 법안이 너무 짧고 간결하다는 것을 걱정하는 목소리도 있었다.

"법안 봤어?" 댄 제스터가 제레미아 노턴에게 물었다. 두 사람 모두 법안 작성에 참가하지 않았다.

"요약본은 봤는데." 노턴이 대답했다.

"아니야. 그게 법안이야!"

은행지주회사 모건스탠리

토요일 늦은 오후, 모건스탠리의 콤 켈러허, 재무부 부장 데이브 루소 Dave Russo는 어드바이저인 왁텔의 에드 헐리히, 프로먼토리의 진 루드위그와 함께 은행지주회사 자격 취득 신청서를 제출하기 위해 뉴욕연방준비은행으로 향했다.

13층 접수대에 가자 두 명의 연준 직원이 와서 누가 CFO인지 물었다.

"접니다." 켈러허가 대답했다.

"그러면 당신만 따라 오세요."

켈러허는 장난스럽게 동료들에게 작별인사를 고하고 회의실로 안내되었다. 회의실에는 뉴욕연방준비은행의 지도층 네 사람, 즉 윌리엄 러틀리지, 빌 더들리, 테리 체키, 크리스틴 커밍이 기다리고 있었다.

"켈러허 씨, 지금 귀사가 추진하고 있는 모든 일들이 실패로 끝난다면 은행지주회사가 되는 데 동의하겠습니까?" 러틀리지가 물었다.

"그게 무슨 말씀입니까?" 여전히 세부적인 내용에 관해 확신이 서지 않는 켈러허가 물었다.

그러자 연준 측에서는 은행지주회사가 되는 경우 얻는 특전들을 설명했다. 연준의 할인창구를 통해 단기 융자가 제공된다는 것이었다. 물론 이를 위해서는 모건스탠리가 충분한 예금 기반을 확보해야 하며, 여러 가지 규제를 따라야 했다.

"그러면 이사회의 승인을 받아 오겠습니까?" 연준 측의 질문이었다.

그제야 켈러허는 말뜻을 알아들었다. 연준은 지금 그의 회사를 구해주려고 하는 것이었다. 모건스탠리의 금고가 텅 비는 일은 없게 되었다. "물론입니다." 켈러허가 대답했다.

밥 스틸의 비행기가 웨스트체스터카운티 공항에 착륙했을 때 로이드 블랭크파인은 가벼운 차림으로 공항 주차장에서 기다리고 있었다. 터미널에서 걸어 나오는 스틸의 용모는 언제나처럼 말끔했으나 잠이 부족한 것이 역력했다. 일어난 지 벌써 열다섯 시간이 지났지만 그는 여전히 할 일이 많았다.

"이게 웬 생일 선물이야!" 스틸을 본 블랭크파인이 외쳤다. 바로 그날 54세 생일을 맞은 블랭크파인은 저녁에 아내 로라와 포터하우스뉴욕이라는 스테이크 레스토랑에서 생일 축하 만찬을 할 수 있기를 고대하며 농담을 건넸다.

시내로 향하는 차 안에서 두 사람은 조심스럽게 딜의 윤곽을 이야기하기도 하고 옛날이야기를 하기도 했다. 두 사람 모두 이 딜을 어떻게 해야 할지 몰랐고 서로의 생각도 몰랐다.

브로드 가 85번지에 도착한 스틸은 곧바로 30층으로 올라갔다. 예전에 혼자 많은 시간을 보낸 장소였다. 회의실에 들어가자 지난 5개월 동안 어드바이저를 해온 크리스토퍼 콜이 보였다. 그러나 이제 콜은 반대편에 서서 와코비아를 사는 일을 돕고 있었다. 또한 스틸의 고문변호사는 골드만의 고문변호사이기도 했다. 결국 모든 일이 너무 혼란스럽고 갈등으로 가득 찼지만, 그들은 월요일 아침까지 협상을 매듭짓기로 했다.

모건스탠리와 마찬가지로 골드만의 가장 큰 관심사는 와코비아의 재정상 구멍의 크기를 알아내는 것이었다. 와코비아는 지불선택 변동금리형 모기지Adjustable-Rate Mortgage: ARM를 1,220억 달러어치 가지고 있었는데, 골드만은 그 가치를 그대로 인정하려고 하지 않았다. 결국 양쪽은 수치들을 따져보기로 합의했으며, 스틸은 월요일 오전 와코비아 팀을 불러들이기로 했다.

블랭크파인은 합병 뒤의 새로운 골드만에서 게리 콘, 존 윙클레이드와 함께 스틸을 세 명의 공동 사장 중 한 명으로 할 것이며, 소비자 부문을 총괄하게 하겠다고 했다.

이 말에 스틸은 놀라고 자존심이 상했다. 그는 이미 큰 은행의 CEO였다. 과거에는 골드만의 부회장을 지냈으며 재무성 장관보를 하기도 했다. 그런데 이제 세 명의 공동 사장 중의 한 명이 되라는 요구를 받고 있는 것이었다.

"내가 게리나 존과 같은 수준에서 일을 할지 잘 모르겠어. 하지만 두고 봅시다." 스틸은 일단 외교적으로 대답했다.

"제이미 다이먼이 우리를 사려고 하는 거예요?" 모건스탠리의 수석법률고문 게리 린치가 맥의 집무실 밖 복도에서 물었다.

"그렇지 않아." 맥은 부정하며 단순히 JP모건으로부터 융자 한도를 확보하려 하고 있다고 대답했다. "왜 묻는 거야?"

"글쎄요. 그렇다면 돌아가는 게 이상한데요."

린치는 맥에게 모건스탠리 이사회 멤버의 외부변호사이자 크래배스의 파트너인 파이자 사이드Faiza Saeed가 자신에게 말한 내용을 전했다. 사이드는 JP모건에서 모건스탠리 합병 딜에 참가해달라는 요청을 받았다는 것을 전하며, 조금 모호하게 말하기는 했지만, 거기에 이익의 충돌이 있는지 린치에게 확인하려 했다는 것이었다.

"우아!" 맥은 놀랐다.

"맞아요. 이런 식으로 메시지를 보내는 거예요."

어둠이 내릴 때 폴슨은 아직 집무실에 있었다. 그는 방금 가이트너와 통화를 마쳤다. 희망적인 소식은 없었다. 가이트너는 모건스탠리에 '발가벗은' 은행지주회사 계획 이외에는 없다고 말했다. 그는 JP모건이든 시티그룹이든 중국투자공사든 미쓰비시든 모건스탠리를 구할 주체는 없다고 했다. 또한 골드만과 와코비아의 합병 딜에 관해서도 비관적이었다.

"지금 우리 선택지들이 차례로 없어지고 있는 거예요." 가이트너가 폴슨에게 말했다.

지난주 내내 하루 세 시간씩 자고 일해온 폴슨은 갑자기 속이 울렁거리고 구토증이 느껴졌다. 자신의 눈앞에서 미국의 금융계, 자신이 평생을 바쳐 일해온 업계가 무너져 내리고 있었다. 순간적으로 그는 현기증을 느꼈다.

폴슨의 집무실 밖에 있던 직원들은 폴슨 장관이 구토하는 소리를 들을 수 있었다.

토요일 밤, 존 맥은 맨해튼 어퍼이스트사이드에 있는 아파트로 돌아왔다. 감기는 그대로였다. 라이에서 시내로 달려온 아내 크리스티가 기다리고 있었다.

그는 평소보다 조용했다. 앞으로 24시간 이내에 어떻게 수십억 달러를 마련할 수 있을지 마음속으로 고민하고 있었던 것이다. "여보, 어쩌면 내가 회사 문을 닫게 될지도 몰라." 아내에게 말하는 그의 음성에는 절박함이 묻어 있었다.

두 사람은 공기를 쐬기 위해 산책을 나갔다. 매디슨 애비뉴를 걸으면서 존 맥은 자신의 성인기가, 그의 전 경력이 곧 사라질 것이라고 느꼈다. 그는 과거에 많은 전투를 치렀다. CEO 자리를 놓고 필립 퍼셀Philip Purcell과 싸워서 진 것이 그중 하나였다. 하지만 지금 눈앞에서 벌어지는 것처럼 처절한 것은 없었다.

그리고 이번의 전쟁은 자신의 생존만을 위한 것이 아니라 자신을 위해 일하는, 그래서 책임감을 느끼는 전 세계 5만여 직원의 삶이 달린 일이었다. 지난 토요일 파산한 리먼의 직원들이 상자에 사물을 담아 건물을 나오는 이미지가 떠올라 그를 괴롭혔다. '힘을 내야 한다. 어떻게든 모건스탠리를 살려야 한다.'

몇 분 뒤 거실에 돌아왔을 때 그는 아내를 보며 미소를 지었다. "그래도 노스캐롤라이나에서 책이나 읽고 있는 것보다는 이게 낫다."

토요일 저녁, 자동차가 현관 앞에 서기도 전에 행크 폴슨은 휴대전화를 귀에 붙인 채 차 문을 열고 나왔다. 그의 경호원 짐 랭건은 자신이 안내할 때까지 장관이 차 안에서 기다리기를 바랐다. 그러나 폴슨은 경호 규정을 잊어버린 지 오래였다.

폴슨은 중국의 부총리 왕치산王岐山과 통화하기 위해 집 안으로 달려 들어갔다. 지난 하루 내내 그는 중국이 모건스탠리에 투자하도록 전화로 설득하려고 노력했다. 원래 그는 부시 대통령이 중국 주석에게 전화해줄 것을 대통령 수석보좌관 조시 볼턴에게 부탁했다. 그러나 볼턴은 대통령이 특정 기업을 위해 전화하는 것이 타당한지 의문을 나타냈다. 그 대신 대통령이 중국 주석에게 전화해 금융산업 전반을 이야기하며 미국에 대한 투자를 권고하는 것이 어떻겠느냐고 했다. 그렇다면 그런 통화가 이뤄지기 전에 폴슨 자신이 중국 측의 관심사를 파악해놓을 필요가 있었다.

폴슨은 왕치산과의 통화를 9시 반에 예정해놓았다. 골드만의 CEO 시절부터 폴슨은 그를 잘 알고 있었고, 두 사람은 편하고 친한 관계였다. 왕치산은 미국의 재무장관이 외국, 더구나 미국의 국채를 가장 많이 가지고 있는 중국과 민간기업의 거래를 조정하는 것이 얼마나 이례적인 것이지 잘 알고 있었다. 그래서 폴슨은 전화하기 전에 대통령 안보보좌관 스티븐 해들리Stephen Hadley에게 자문을 구했다. 해들리는 조심스럽게 접근하라고 충고했다.

왕치산과 연결되자 폴슨은 바로 모건스탠리에 관한 이야기를 시작했다. "우리는 중국의 투자를 환영할 거야." 폴슨이 말했다. 그는 또한 중국공상은행ICBC과 같은 대형 은행이 참가해 이 투자를 전략적으로 만드는 것이 좋겠다고 했다.

그런데 왕치산은 리먼브러더스의 사례를 언급하면서 중국투자공사가 모건스탠리 딜에 관여하는 것에 대해 우려를 나타냈다. "모건스탠리는 전략적으로 중요해." 폴슨은 자신이 그 딜을 실패하게 내버려두지 않을 것임을 시사하며 말했다.

그러나 왕치산은 여전히 탐탁지 않았다. 오히려 그는 중국의 투자를 미국 정부가 보증할 것을 요구했다. 폴슨은 분명한 약속을 피하면서도 왕치산을 부추기려고 애쓰며 말했다. "모건스탠리에 대한 투자는 미국에서 아주 긍정적으로 받아들여질 거야."

그로부터 몇 시간 뒤인 일요일 아침, 폴슨은 다시 서버번 차량에 올라탔다. 차에는 그의 언론 담당 보좌관 미셸 데이비스가 기다리고 있었다. 미셸은 ≪뉴스위크≫를 꺼내 건네며 말했다. "이거 싫어하실 거예요." 월요일 아침 가판대에 놓일 잡지 표지에는 폴슨의 사진과 함께 '킹 헨리'라고 크게 쓰여 있었다.

그들은 NBC의 〈미트더프레스Meet the Press〉 프로그램에 출연해 TARP에 관해 대담을 나누게 되어 있었다. 프로그램 진행은 NBC의 거물이자 폴슨의 낚시 친구인 톰 브로코Tom Brokaw가 맡을 것이었다. 그는 토크쇼 진행자였던 팀 루서트Tim Russert가 죽자 임시로 진행을 맡게 되었다. NBC 다음에는 ABC의 〈디스위크This Week〉, CBS의 〈페이스더네이션Face the Nation〉이라는 대형 대담 프로그램에 차례로 출연할 예정이었다.

폴슨은 기사를 훑어봤다. 전체적으로 호의를 가지고 쓴 글이었지만 예외가 있다면 골드만삭스에서 일하던 시절부터 천적이었던 존 코진 주지사가 폴슨의 일관성에 대해 의문을 제기한 것이었다. 그러나 더 중요한 것은 잡지 표지에서 국내는 물론 세계적으로 폴슨에게 방대한 힘이 주어졌다는 것을 암묵적으로 인정했다는 점이었다. 표지 그림에는 부시 대통령이 뒷좌석에 앉아 있고 폴슨이 사실상 국가적 리더가 되어 위기에 대처하고 있었다.

폴슨은 내심 기쁘기도 했지만, 권력에는 일장일단이 있다는 것을 알고 있었다. NBC에서 방송 시작을 알리는 붉은색 등이 켜지고 몇 분 안에 그는 그가 지닌 힘이 얼마나 빨리 상처를 낼 수 있는지 알게 되었다. 진행자인 브로코는 재무성 직원들이 걱정했듯이 TARP안에 세부 사항이 결여되어 있음을 곧바로 지적해내며 이렇게 말했다.

"당신이 골드만삭스 회장을 할 때 이 안을 파트너들에게 제시했다면 그들은 당신을 밖으로 쫓아내며 '더 많은 해결책을 찾거든 다시 오라'고 했을 겁니다. 안 그래요?"

모건스탠리의 CRO인 케네스 데렉은 그날 오전에 있을 JP모건과의 회의에 대비해 회사 재정이 가장 긍정적으로 보이도록 애쓰고 있었다. 특히 보유한 담보의 목록을 작성하면서 이것이 융자의 충분한 기반이 되기를 바랐다. 금융기관그룹 부문을 담당하는 루스 포랫과 작업하면서 두 사람은 무언가 점차 깨닫게 되었다. 그것은 모건스탠리의 현황에 관해 JP모건 측에 무제한적으로 정보를 공개하면서 설명할 경우, 나중에 그것이 모건스탠리를 궁지로 몰아넣을 수도 있을 것이라는 점이었다. 일이 잘된다면 모건스탠리는 그날 저녁이라도 은행지주회사가 되어 풍부한 유동성을 활용할 수 있게 될 것이었다. 그런데 이 계획은 JP모건이 모르는 사항이었다. 그래서 두 사람은 발표할 때 정보를 선별해서 제공하기로 하고, 특히 모기지와 관련해서는 연준이 받아들이지 않을 것만 목록에 넣기로 결정했다. 그 결과 남는 것은 모건스탠리의 장부에서 악성에 해당하는 것들이었다. 이는 위험한 결정이었다. 그들은 이로써 회사를 잘 포장해 팔리게 하기보다는 잠재적 파트너를 부지불식간에 불안하게 할 수 있었다.

오전 8시 45분, JP모건의 브론스타인과 호건, 블랙 세 사람이 수석법률고문 스티븐 커틀러Stephen Cutler와 함께 7번가 750번지에 도착했다. 직원 수십 명은 이미 도착해서 회의를 준비하고 있었다. 모건스탠리 본사 옆에 위치하고 외부에 아무런 표식도 없는 그 빌딩은 모건이 비밀회합을 열 때 자주 사용했다.

"이 건은 극비야." 모건스탠리에서 마련해준 회의실에서 호건이 자신의 팀에게 말했다. 커피나 스낵 등 아무런 음식이 제공되지 않는 것에 브론스타인이 놀라며 이것도 일종의 협상 전술인가 하고 생각했다. 결국 근처의 던킨도너츠로 직원이 달려가는 수밖에 없었다.

참가한 이들은 모두 자기 생애에서 가장 기억에 남을 실사를 하기 위해 왔다는 것을 알았다. 호건은 회의의 목적이 융자 한도를 제공하기 위해 실사하는 것이라고 말했지만, 그들은 그것이 정식 합병으로 급선회할 수 있을 것이라고 생각했다. JP모건과 모건스탠리의 합병이 이뤄진다면, 베어스턴스 인수는 야구로 치면 마이너리그 게임처럼 보일 것이었다. 그들은 곧 모건스탠리의 비즈니스 영역별로 자료를 검토할 팀을 조직했다. 프라임브로커리지, 부동산, 자기계정 투자, 상품 투자 등이었다.

JP모건의 변호사들은 너무나 짧은 시간에 이처럼 거대한 딜을 성사시킬 수 있을지에 대해 심각한 우려를 표명했다. 그들이 특히 문제로 삼은 것은 '24시간 이내에 법적 문제를 완벽히 검토하는 것'이었다.

그러나 그런 우려는 곧 부질없는 것이 되고 말았다. 두 시간도 안 되어

JP모건은 팀을 철수하기로 결정했던 것이다. 모건스탠리가 융자에 담보로 제공하고자 하는 자산들이 너무 악성이어서 융자 자체를 고려할 수가 없었다.

"이건 쓰레기야." 호건이 JP모건의 사장 스티브 블랙에게 말했다.

정오 무렵, 골드만삭스와 와코비아는 딜의 완성을 향해 빠르게 전진하고 있었다. 와코비아에서는 여섯 명의 임원들이 와서 밥 스틸을 보좌했다. 스틸의 어드바이저로서 골드만 출신인 피터 와인버그는 합의안의 개요를 만들었다. 그 내용은 골드만이 주당 18.75달러를 지불하고 와코비아의 주식을 골드만의 주식으로 사들인다는 것이었다. 그 가격은 지난 금요일 와코비아의 종가였다.

그런데 큰 장애가 하나 남아 있었다. 골드만이 '제이미 딜', 즉 정부의 보조를 원하는 것이었다. 이를 위해서는 연준의 케빈 워시 이사에게 가서 와코비아의 악성 자산을 연준이 사들인다는 보증을 받아야 했다.

협상이 잠시 소강상태에 접어들었을 때 와인버그는 임원실 층 복도에 나가 잠시 걸었다. 골드만의 역대 CEO들의 초상화를 보다가 그는 조부 시드니 와인버그의 초상에 이르렀다. 1927년에 골드만의 파트너가 된 조부는 옛 월스트리트의 전성기를 대표하는 인물이었다. 당시 투자은행은 인간관계와 신뢰를 바탕으로 했지, 레버리지나 복잡한 금융공학을 바탕으로 한 것이 아니었다. 그 조부가 대표하던 골드만은 지난 10년간 모습이 바뀌었다. 골드만도 상장을 하면서 주식투자를 하는 사람들의 돈을 끌어모아 리스크가 있는 투자를 감행했다.

골드만의 공동 사장 존 윙클레이드가 지나가다가 초상화를 바라보고 있는 와인버그를 보고 한마디 했다.

"세상이 거꾸로 됐지요."

일요일, 오마하의 자택에 머물고 있던 워런 버핏은 골드만의 부회장 바이런 트로트Byron Trott의 전화를 받았다. 버핏은 월스트리트 사람들을 싫어했지만, 미드웨스트 출신의 사나이이자 시카고에 기반을 두고 일하는 이 부드러운 매너의 소유자는 좋아했다. 몇 년 전에 두 사람을 소개해준 것은 폴슨이었는데, 이후 트로트는 버핏이 진정으로 신뢰하는 거의 유일한 투자은행가가 되었다. 버핏은 2003년도 버크셔헤서웨이 연차보고서에 이렇게 썼다. "그는 우리 회사를 우리가 만나본 어떤 투자은행가보다 잘 이해한다." 버핏이 할 수 있는 이보다 더 좋은 찬사는 없었을 것이다.

트로트는 버핏에게 한 가지 제안을 하고자 전화했다. 그는 지난 몇 개월 동안 버핏에게 골드만에 투자하라고 설득해왔으나 헛수고였다. 그런데 이번에는 새로운 안을 가지고 전화한 것이었다. 그는 버핏에게 골드만이 정부의 보조를 받아 와코비아를 인수하게 되었다고 말하고, 새로 탄생할 골드만과 와코비아 합병회사에 투자하지 않겠느냐고 제안했다.

버핏은 처음에 자기가 잘못 들은 것이 아닌가 하고 생각했다. '골드만의 딜을 정부가 보조한다고?'

버핏은 새로운 상황에 대해 숙고하고 나서 소탈하게 말했다. "바이런, 이건 시간낭비야. 오늘 밤이면 정부는 재무장관이 일하던 골드만이 재무부장관이 일하던 와코비아를 인수하는 일에 자금을 보조할 수 없다는 것을 알게 될 거야. 이건 할 수가 없어. 이것이 세상에서 가장 좋은 딜이라 해도 할 수 없다는 걸 모두 알게 될 거야."

존 맥은 일요일 오후에 고무적인 소식을 들었다. 마침내 미쓰비시가 모건스탠리에 많은 투자를 할 것 같다는 것이었다. 그날 저녁에 미쓰비시의 구로야나기 노부오畔柳信雄와 전화회의가 마련되어 있었다.

자세한 것을 상의하고 있는데 폴슨에게서 전화가 왔다.

"존, 뭔가 해줄 일이 있어." 폴슨이 심각하게 말했다.

"제가 뭘 하다니 무슨 말이지요?" 그는 약간 짜증스러워하며 말했다. 그리고 일본 측에서 딜을 할 의향이 있다고 덧붙였다. "장관이 많은 힘이 되었어요. 우리가 해낼 거라고 했잖아요."

"맞아. 그런데 당신이 파트너를 하나 찾아야겠어."

"이미 일본에서 파트너를 찾았다니까요. 미쓰비시가 투자할 거예요." 그는 폴슨이 자기 말을 못 알아들었다는 듯이 반복했다.

"존, 우리 모두 일본 사람들 잘 알잖아. 미쓰비시는 안 할 거야. 그들은 딜을 그렇게 빨리 할 수가 없어." 폴슨은 이렇게 말하며 중국투자공사나 JP모건에 집중하라고 했다.

"저도 일본 사람들 알아요. 장관 의견에 동의할 수 없어요." 맥이 화를 내며 말했다. 그리고 그는 모건스탠리와 미쓰비시가 오랜 관계를 가지고 있다고 설명했다. 그해 초 미쓰비시가 캘리포니아 유니온뱅크에 적대적 인수를 할 때도 모건스탠리를 어드바이저로 고용했던 것이다. "일본인들은 적대적 인수는 잘 안 해요. 그런데도 우리 말을 듣고 해냈어요. 이번에도 우리 말을 들을 거예요."

그래도 폴슨은 회의적이었다. "그들은 안 할 거야." 그가 한숨을 쉬며 말했다.

"우리는 의견이 다르군요." 맥은 진전 상황이 있으면 알리겠다고 서둘러 말하고 나서 전화를 끊었다.

회의를 하고 있는 케빈 워시를 전화에 불러낸 게리 콘은 골드만과 와코비아가 만든 초기적 조건들에 관해 설명했다. 시장가격에 맞춰 골드만이 와코비아의 종가인 주당 18.75달러를 지불하기로 했는데, TARP 소식 덕분에 와코비아의 주가가 29퍼센트 오른 것을 감안한다면 이는 상당한 양보라고 했다.

이어서 그는 중요한 발언을 했다. 이 딜을 타결하려면 골드만으로서는 약 1,200억 달러에 이르는 와코비아의 ARM모기지 옵션 전체를 정부가 구입한다는 보증이 필요하다는 것이었다. 워시는 콘의 말이 끝나기도 전에 끼어들었다. "그건 할 수 없어. 우리가 마치 백지수표를 끊은 듯한 인상을 줄 수는 없어." 워시는 이 합병에 여전히 찬성하지만 '모양새'를 신경 쓸 필요가 있다는 것이었다. 그는 골드만이 우선 손해를 감수하는 구조를 만들 필요가 있다고 말했다. JP모건이 베어스턴스를 인수할 때 처음에 10억의 손해를 본 뒤 연준이 들어서서 나머지 290억을 제공한 것과 같은 형태가 되어야 한다는 것이었다.

와코비아 임원들은 골드만 회의실에서 협상 결과에 대한 밥 스틸의 의견을 기다리며 서성이고 있었다. 아라마크홀딩스ARAMAK Holdings의 회장이자 CEO인 조지프 뉴바우어Joseph Neubauer의 휴대전화가 울린 것은 그때였다. 폴슨에게서 온 전화였다.

뉴바우어는 폴슨을 잘 알았다. 골드만은 아라마크의 자문은행으로서 상장과 비상장을 몇 차례 거듭하며 아라마크에 수백만 달러를 벌게 해줬다. 하지만 지금 온 폴슨의 전화는 위험한 것이라고 생각했다. 그가 생각할 때 폴슨은 골드만이나 와코비아의 일에 개입해서는 안 되는데, 지금 두 회사가 하는 가장 큰 규모의 딜이 진행되는 중에 전화가 온 것이다. 폴슨은 전날에도 전화해 딜이 성사될 것 같은지 물었었다. 그 전화는 순전히 알아보는 전화였다. 그러나 지금은 협상이 정점에 달한 시점이었다. 폴슨은 스틸에게 전화할 입장이 아니어서 뉴바우어에게 전화를 했다고 하지만, 그것은 의미 없는 변명이었다.

"이건 골드만을 걱정해서가 아니야. 나는 와코비아를 걱정하고 있어. 자네도 와코비아를 걱정하고 있잖아?" 폴슨이 말했다.

폴슨은 자신이 골드만과 관련한 윤리각서에 대해 적용 제외를 받았다는 것을 뉴바우어에게 말하지 않았다. 그 대신에 그는 와코비아가 세계경제의 현 상황에서 얼마나 어려운 처지에 놓여 있는지를 잘 모르는 것 같다고 하며, 골드만과의 딜을 성사시키라고 압력을 넣었다. "좀 더 절박감을 가져야 할 거야." 폴슨이 말했다.

전화를 끊은 뉴바우어는 주위의 와코비아 임원들을 보며 말했다.

"믿기 어렵겠지만 행크 폴슨의 전화야."

그는 그 전화가 왜 비현실적으로 느껴지는지 설명하지는 않았다. 와코비아의 임원들은 재무장관이 골드만과 합병할 것을 지시한 것으로 받아들였다.

재무성에서 장관 수석보좌관 짐 윌킨슨은 거의 졸면서 복도를 걷고 있었다. 장관은 방금 전 그에게 골드만과 와코비아의 합병에 관한 최신의 소식을 전하면서 그의 의견을 물었다. 정부가 보조를 줘야 할까? 정신이 몽롱한 윌킨슨은 상당히 타당한 생각이라고 대답했다.

그러나 잠시 뒤에, 커피를 마시고 더 생각해본 윌킨슨은 마음을 바꿨다. 그런 행동은 TARP를 통과시키려고 하는 이 민감한 시점에 엄청난 악몽이 될 수 있다는 데 생각이 미쳤다. 그러면 폴슨은 신뢰성을 잃게 될지도 몰랐다. 폴슨은 골드만 시절 친구들의 주머니를 채워준다는 혐의를 받을 것이고, '거번먼트삭스Goverment Sachs'라는 음모설이 더 기승을 부릴 것이었다.

윌킨슨은 미셸 데이비스와 함께 장관실로 달려갔다.

"행크, 이건 정치적 죽음을 불러올 거예요. 이건 미친 짓이에요." 윌킨슨이 외쳤다.

가이트너의 집무실에서 진행되는 전화회의에 워싱턴에 있는 버냉키가 연결되었다. 재무성의 제스터와 노턴, 뉴욕연준은행의 테리 체키와 멕 매코널, 윌리엄 더들리가 회의에 참가하고 있었다.

연준 이사 워시는 골드만과 와코비아 간 합병안의 새로운 조건들을 검토했다. 워시의 제안에 따라 골드만이 우선 10억의 손해를 계상하는 조건을 포함해 스틸과 콘이 수정안을 마련한 것이었다. 콘과 스틸은 정부가 지원해주기만 한다면 그날 오후라도 딜을 완결하겠다고 했다. 두 회사의 이사회는 대기 중이었다.

가이트너의 집무실에 모인 사람들은 대부분 이 합병이 좋은 거래가 될 것이라는 의견을 밝혔다. 골드만은 안정적인 예금 기반을 확보하고 와코비아는 세계 최고의 투자은행 노하우와 경영진을 얻을 수 있을 것이라는 의견이었다.

그러나 가이트너가 즉시 결점을 지적해냈다. "이 안이 골드만을 실상보다 약하게 보이게 하지 않아?" 이 질문은 골드만의 블랭크파인도 그날 오전에 제기한 것이었다. 가이트너는 또한 연준이 그 자금을 공여하는 것이 타당한지 의문을 나타냈다. 와코비아의 규제기관이 FDIC라면 FDIC가 부담을 져야 하지 않느냐는 것이었다.

체키는 골드만의 엄청난 요구를 믿을 수가 없었다. "마치 자기네가 영향력을 가지고 있는 것처럼 밀어붙이는군!" 하지만 그가 반대하는 진정한 이유는 다른 데 있었다. 양쪽 다 신중한 결론을 내릴 시간이 없었다는 것이다. 그는 이를 '강제결혼증후군'이라고 불렀다.

버냉키는 아무 말 없이 듣고만 있었다.

이어 골드만 출신의 빌 더들리가 반대 의견을 제시했다. 그의 논리는 워런 버핏이 몇 시간 전에 말한 것과 유사했다. 이 건이 언론에 노출된다면 정부 정책을 홍보하는 데 큰 어려움을 겪게 될 것이라는 말이었다.

"도대체 뭐 하는 겁니까? 얼마나 연줄이 얽혀 있는지 한 번 보세요. 재무성, 스틸, 저까지 골드만 출신투성이예요. 조심해야 합니다."

그들은 결국 이 딜을 지지할 수 없다는 데 의견을 모았다.

워시가 전하는 소식을 듣고 스틸과 콘은 어처구니가 없었다. 두 사람은 정부의 요청에 따라 지난 24시간 동안 노력을 기울여 합의안을 만들지 않았던가?

"정말 미안해. 이해해. 나도 여러분과 같이 좌절감을 느껴요. 하지만 우리가 허가를 받아 쓸 돈이 없어요." 워시가 말했다.

특히 심한 모욕감을 느낀 스틸은 자신이 마치 결혼 상대를 찾아 이 신부에서 저 신부로 왔다 갔다 하는 신랑처럼 느껴진다고 말했다. 처음에는 모건스탠리에서 이제는 골드만삭스로.

이야기가 험악해지자 콘이 말했다. "좀 나가봐야겠는데."

"아니야. 남아서 들어야 해." 스틸이 처음으로 언성을 높여 말했다. "앉아서 내가 하는 말 다 들어야 해."

탁자 가운데 놓여 있는 스피커폰을 향해 스틸은 분노의 말을 퍼부었다.

"도대체 내가 뭘 해야 하는 거야. 말해봐. 처음에는 안 된다고 했다가, 다음에는 이걸 하라고 했다가, 다시 저걸 하라고 했다가. 내가 다시 미드타운으로 갈까?" 모건스탠리를 언급하며 말했다. "아니면 시티로 갈까? 내게는 보호해야 할 주주가 있어. 그게 내 일이야. 도대체 뭘 하라는 거야. 빙빙 도는 데 지쳤어."

"사실인지는 모르지만 골드만이 24시간 이내에 와코비아와의 합병안을 발표한다고 하는데." 존 맥이 자신의 집무실에 모인 집행위원회 멤버들에게 말했다. 이사회에 참석했던 한 이사에게서 그 소문을 들은 그는 그 가능성을 생각하며 괴로워했다. 자신들의 협상이 교착상태에 빠진 것이 바로 금요일이 아닌가?

모건스탠리의 투자은행 책임자 토브먼은 매우 놀랐다. 모건스탠리의 천적인 골드만이 와코비아의 악성 자산을 모두 껴안기로 했다는 말인가? 도대체 골드만은 와코비아의 회계장부에 있는 엄청난 구멍을 못 봤다는 말인가? 그제야 그는 깨달았다. "이 나쁜 놈들이 정부의 원조를 받는 거야! 정부가 들어서서 와코비아의 악성 자산을 떠안지 않고서는 이뤄질 수가 없는 일이에요." 토브먼이 외쳤다.

골드만과 와코비아의 딜이 깨졌다는 말에 폴슨은 모건스탠리에 대한 해법을 찾아야 한다는 중압감이 더해졌다. 그가 볼 때 JP모건이 분명한 답이었다. 사실 지난 며칠간 폴슨은 다이먼에게 여러 번 압력을 가했고 그때마다 다이먼은 저항했다. 그러나 이제 심각하게 압력을 가해볼 필요가 있었다.

"제이미, 당신이 모건스탠리 인수를 진지하게 생각해줬으면 해. 모건은 좋은 자산을 가진 대단한 회사잖아." 가이트너와 버냉키가 참가한 전화회의에서 폴슨이 말했다.

다이먼은 조금 전 중국투자공사의 가오와 급조된 회의를 했다. 가오는 중국투자공사가 지분을 사고 JP모건이 신용한도를 제공하는 형태로 모건스탠리의 인수에 참가하지 않겠느냐고 제안했다. 하지만 그 회의에서는 아무런 결론도 나오지 않았다.

다이먼은 정부가 다시 자신에게 이 딜을 떠맡길 것이라고 예상했지만 단호하게 맞섰다.

"제발 그만하세요. 이건 어려워요. 불가능하다니까. 제가 여러분과 이 나라를 위해 할 수 있는 건 뭐든지 하겠어요. 다만 JP모건을 위태롭게 하는 일은 할 수 없습니다."

"모건스탠리를 거저 줘도 할 수가 없어요." 다이먼은 그 합병이 500억 달러 이상의 추가 투자와 수많은 인원 감축을 필요로 한다고 말했다.

"저는 이 딜을 원치 않고 존 맥도 그럴 거예요." 다이먼이 못을 박듯이 말했다.

"하지만 내가 원해." 폴슨이 말했다.

잠시 침묵이 흘렀다. 이윽고 다이먼이 한발 물러서서 말했다. "생각해 볼게요. 하지만 어려울 겁니다."

모건스탠리의 이사회에는 팽팽한 긴장감이 감돌았다. 모건스탠리의 어드바이저로 24시간 전에 고용된 에버코어의 로저 앨트먼은 회사 전체를 파는 것을 심각하게 고려하라고 말했다. 그는 최악의 시나리오를 그렸는데, 이는 몇몇 이사들의 귀에 거슬렸다. 그들은 앨트먼이 거액의 수수료를 챙기기 위해 이 안을 제시하고 있다고 생각했다. 휴식 시간에 로이

보스톡Roy Bostock이 필두이사 로버트 키더Robert Kidder에게 다가와 말했다. "저 녀석 당장 해고하세요. 내보내세요. 아무 도움이 안 돼요."

다른 이사들은 재무성과 앨트먼의 관계를 걱정했다. 그가 과거에 재무부장관을 역임한 적이 있어 회사 정보가 그를 통해 재무성에 누출될 수 있다는 것이었다. 따라서 폴슨 장관이 모건스탠리에 그렇게 압력을 가하는 것이 아닌가 염려스러웠다. 하지만 이들이 모르는 것이 하나 있었다. 앨트먼은 그 전날 가이트너에게 이메일을 보냈는데, 거기서 그는 모건스탠리의 어드바이저를 맡았다고 했지만, 모건에서 지금까지 했던 회의에 관해 언급하지는 않았다.

이사들의 신경질적인 공포증인지 수면 부족인지 그 이유는 알 수 없었지만 이사회에서의 토론은 격렬했다. 앨트먼의 고용에 관해서조차 보고받지 못한 존 맥은 다른 이사들보다 더 분노했다. "나는 저 사람 신뢰하지 않아." 맥은 앨트먼에게 이사회에서 잠시 자리를 비켜달라고 한 뒤 말했다. 회사를 진짜로 팔려고 마음먹는다면 모건스탠리 안에 있는 전문가들에게 자문하는 것이 더 낫겠다고 했다. 그는 또한 앨트먼이 있는 자리에서 미쓰비시와 나눈 협상 내용을 말하는 것에 대해 걱정했다. 앨트먼이 운영하는 에버코어가 일본에서 미쓰비시의 경쟁사인 미즈호금융그룹과 파트너십을 맺고 있었기 때문이다.*

"도대체 이 인간은 여기에 왜 있는 거야?" 맥이 말했다.

다운타운의 집무실에서 일을 하고 있던 가이트너는 월요일 주식시장

---

* 미즈호(瑞穗)금융그룹은 다이이치칸교(第一勸業)은행, 후지(富士)은행, 닛폰코교(日本興業)은행의 대형 합병으로 탄생했다. 미쓰비시UFJ, 미쓰이-스토토모 두 그룹과 함께 일본의 3대 금융그룹을 형성한다.

이 개장할 때까지 모건스탠리가 합병 딜을 이뤄내지 못하면 쓰러질 것이라고 확신했다. 가이트너는 이미 존 맥에게 전화해 상당한 투자를 받아들이거나 합병을 이뤄내지 못한다면 모건스탠리가 금융지주회사가 되는 것을 거부하겠다고 협박해놓은 터였다. "아무것도 없이 벌거숭이 금융지주회사가 되는 것은 있을 수가 없다"고 못을 박았던 것이다. 폴슨과 마찬가지로 가이트너도 미쓰비시가 이번에 모건스탠리에 투자할 것이라는 존 맥의 생각이 틀렸다고 믿었다. "대안이 뭐예요? 대안이 있느냐니까?" 가이트너는 맥에게 거의 소리를 지르다시피 했다.

하지만 연준의 모든 사람이 가이트너가 추진하는 즉각합병전략에 찬성하는 것은 아니었다. 은행합병에 관한 그의 외골수 방식은 너무 인기가 없어서, 어떤 CEO들은 온라인 연애사이트 '이하모니eHarmony'의 이름을 빌려 그를 빈정대기도 했다. 연준의 케빈 워시 이사 같은 이는 "금융회사를 하나만 더 1달러에 팔게 되면 미국의 금융업계는 망한다"고 말할 정도였다.

오후 3시 반쯤 되었을 때, 존 맥의 보좌관 스테이시 크룩Stacey Cruk이 폴슨 장관의 전화가 왔다고 알렸다. 맥은 소파에 앉아 전화를 받았다. 뒤에 있는 TV에서는 뉴욕 자이언츠와 신시내티 벵갈스의 미식축구 중계가 막 시작되고 있었다.

"존, 좀 어때요? 지금 벤 버냉키, 팀 가이트너와 함께 전화하는 거야. 이야기 좀 하자고." 폴슨이 말했다.

"글쎄요. 중요한 전화 같은데 제 변호사를 전화에 참여시킬까요?"

이에 폴슨이 동의하고 맥은 텔레비전의 소리를 죽이고 변호사가 참여한 가운데 다시 전화회의를 시작했다.

"모건스탠리 건이 해결되지 않은 채로 월요일 주식시장이 개장되는 사태가 일어나서는 안 돼." 폴슨은 지금까지와는 달리 엄중하게 말했다. "당신이 해법을 찾아야 해. 우리는 당신이 딜을 하기를 원해."

맥은 아무 말도 못하고 듣기만 했다.

이런 상황에서 대개 거리를 둔 채 가만히 있는 버냉키가 말했다. "맥 회장의 생각이 우리 생각과 다른 것 같습니다. 우리는 금융시장을 지키려고 하는 거예요. 모건스탠리가 딜을 하기를 바랍니다."

"이 일에 관해 우리는 많은 생각을 했는데, 역시 당신이 제이미에게 전화해야 할 것 같아요." 가이트너가 말했다.

"팀, 저는 이미 제이미에게 전화했어요." 몹시 화가 난 맥이 대답했다. "그런데 그는 투자은행을 원하지 않아요."

"아니야. 그는 살 거예요." 가이트너가 주장했다.

"물론이죠. 1달러에 준다면! 이건 말이 안 돼!" 맥이 외쳤다.

"당신 이거 해야 돼요." 가이트너도 물러서지 않았다.

"뭐 하나 물어봅시다. 당신은 정말로 이게 좋은 공공정책이라고 생각합니까? 벌써 AIG, 리먼, 베어스턴스까지 3만 5,000명이 직장을 잃었어요. 게다가 임시 해고까지. 그리고 이제는 4만 5,000에서 5만 명에 이르는 사람들에게 영향을 주고 2만여 개의 직장이 사라지게 하는 게 바른 정책이라고 하는 겁니까?" 맥이 분노해서 말했다.

잠시 전화에 침묵이 흘렀다.

"문제는 건전성이에요." 가이트너가 침착하게 말했다.

"이거 봐요. 저는 세 분이 하는 일을 존경합니다. 당신들은 애국자예요. 미국 시민이라면 모두 감사할 겁니다. 하지만 저는 이거 할 수 없어요. 4만 5,000명이 일하는 모건스탠리를 팔아버리는 짓을 할 수 없다는 말입니다.”

그리고 존 맥은 전화를 끊어버렸다.

골드만 은행지주회사

한편 골드만에서는 긴장이 조금 완화되고 있었다. “우리가 은행지주회사를 갖게 될 거야.” 가이트너와 막 전화를 마친 블랭크파인은 콘이 자신의 집무실로 들어오는 것을 보고 말했다. “곧 이뤄질 거야.”

연준에서 팩스로 보낸 언론보도자료 초안을 보면 골드만 이외에 또 하나의 금융기관이 은행지주회사를 갖게 되어 있었다. 블랭크파인은 그것이 아마도 모건스탠리일 것이라고 생각했다. 그가 금요일 오전에 존 맥에게 했던 전화가 먹혀든 것이 분명하다고 여겼다.

블랭크파인의 소파에 앉은 콘은 오믈렛을 먹기 시작했다. 그는 이날 음식에 전혀 손을 대지 않았다. 그는 마침내 웃을 수 있었다. 그들은 드디어 숲을 빠져나온 것이었다. 이제 남은 일은 모든 이사들이 신청서에 서명하는 것뿐이었다. 5분 뒤에는 모든 이사들을 상대로 전화회의를 하게 되어 있었다.

모든 이들이 진화회의에 모이자 블랭크파인이 말하기 시작했다. “마침내 좋은 소식을 들었습니다…….”

그날 오후 중국투자공사 총재 가오시칭이 모건스탠리에 와서 발견한 것은 미쓰비시와의 합병협상이 진행되고 있다는 것이었다. 그렇지 않아도 맥이 협상 속도를 늦추기에 무엇인가 낌새가 이상하다고 생각하기는 했는데, 일본과 협상을 하다니 믿어지지 않았다. 폴슨 장관과 왕치산 부

주석이 전날 전화로 나눈 대화에 비춰볼 때, 그는 중국투자공사의 투자가 미국 정부의 지지를 받고 있다고 생각했던 것이다. 화가 뻗친 가오는 자신의 팀을 데리고 작별인사도 없이 모건스탠리 빌딩을 빠져나갔다.

모건스탠리에서는 미쓰비시와의 딜이 성사될지 애타게 기다리고 있었다. 연준은 모건스탠리에 은행지주회사 자격을 줄 준비를 해두었다. 다만 가이트너는 모건스탠리에 대한 시장의 신뢰를 증명한다는 의미에서 상당한 투자가 월요일까지 들어와야 한다는 입장을 고수했다. 미쓰비시는 모건스탠리 지분의 20퍼센트를 90억 달러에 사겠다는 '의향서'를 보냈다. 일본 측에서 의사결정을 신속히 할 수 없는 실정이어서 완벽한 계약서 대신에 보낸 것이었다. 모건스탠리에서는 폴슨이나 가이트너보다 시장이 미쓰비시의 말을 더 신뢰하기를 희망했다.

킨들러와 토브먼은 주말에 있었던 합병 딜들에 관한 신문 기사를 읽으며 웃고 있었다. 기사들은 대부분 지나간 일들이나 추측성 소문을 보도했다. 개스패리노는 텔레비전 뉴스에서 모건스탠리가 와코비아나 중국투자공사와 합병하게 될 것이라고 말했다. 킨들러는 그를 '월스트리트에서 가장 위험한 놈'이라고 불렀다.

한편 위층에서는 존 맥이 통역을 대동하고 미쓰비시의 CEO 구로야나기와 의향서의 세부 사항을 조율하고 있었다.

그때 비서가 들어오더니 속삭였다. "가이트너에게서 전화가 왔는데 꼭 통화를 해야겠답니다."

전화기를 손에 감싸고 맥이 말했다. "지금은 통화할 수 없다고 해. 5분 뒤에 전화하겠다고."

5분 뒤에는 폴슨에게서 전화가 왔다. "받을 수 없어. 지금 일본 측과 통화 중이야. 나중에 전화하겠다고 해." 맥이 그의 비서에게 말했다.

2분 뒤에 가이트너가 다시 전화를 걸었다. "가이트너가 통화를 해야겠다고 합니다. 중요한 일이라고요." 비서가 보고했다.

맥은 합의에 이르기 직전이었다.

"귀 막아." 맥이 그의 옆에서 딜을 돕고 있는 젊은 여직원 이지은에게 말했다. 그러고 나서 내뱉었다. "그 개새끼 꺼지라고 해! 나는 지금 회사를 구하는 중이야."

"됐어. 우리가 안 해도 돼!" 제이미 다이먼이 JP모건의 임원실 층을 내달아 제임스 리의 집무실에 들어와서 말했다. 그 방에서는 경영진이 모여 스테이크를 먹으며 라이더컵 골프 경기와 뉴욕 자이언츠의 미식축구 경기를 보고 있었다.

"맥이 방금 전화했어. 일본에서 100억 달러 투자를 받았다는 거야." 다이먼이 안도의 한숨을 쉬면서 말했다.

저녁 9시 30분, 뉴스가 통신사에 흘러나갔다. 골드만삭스와 모건스탠리가 은행지주회사가 된다는 것이었다. 이는 미국 금융사에서 분수령이 되는 일이었다. 미국을 대표하는 두 투자은행이 생존을 위해 지금까지 고수해오던 비즈니스 모델을 바꾸는 것이다. 《뉴욕타임스》에서는 이에 대해 "현대판 도금시대를 규정하던 고급금융의 시대가 근본적으로 바뀌는 움직임"이자 "그들의 금융과 투자 모델이 너무 모험적이었다는 것을 인정하는 것"이라고 적었다.

마침내 집에 온 폴슨은 크리스토퍼 다드 상원의원의 전화를 받았다.

"일요일 밤 9시가 지났어요. 긴 하루였습니다." 폴슨이 말했다.

"압니다. 하지만 금융 시스템이 녹아내리고 있고 내일 아침 질문이 많을 거예요."

"좋아요. 그럼 내일 아침에 전화하겠습니다."

Too Big to Fail

몸부림치는 시장, 그리고 정부

9월 22일 월요일, 골드만삭스가 은행지주회사가 된 다음 날 아침, 로이드 블랭크파인은 여전히 피곤이 가시지 않은 얼굴로 집무실에서 게리 라슨Gary Larson의 만화 '더 파 사이드The Far Side'*를 보고 있었다. 그림에서는 아버지와 아들이 정원에서 담 너머 이웃집을 보고 있었다. 그리고 이

* 신문에 실리는 한 컷짜리 만화로 약 1,900개의 신문에 게재되었던 것으로 알려진다.

웃집 문 안으로는 늑대가 줄지어 들어가고 있었다. 이를 보며 아버지가 말했다. "바비, 네가 이웃집 웨인라이트 씨네 사람들 그리워한다는 거 알아. 그렇지만 그 사람들은 약하고 어리석은 사람들이었어. 그래서 우리가 늑대 같은 큰 육식동물을 키우고 있는 거란다."

워런 버핏의 골드만 투자

블랭크파인이 보기에 이 만화는 현재 월스트리트에서 일어나는 일을 잘 요약해주는 것이었다. 사태가 잘못 진전되었다면 모건스탠리, 나아가 골드만삭스도 만화 속의 웨인라이트 씨 가족처럼 되었을 터였다.

미국의 5대 투자은행 중에서 골드만삭스와 모건스탠리만이 살아남았다. 그러나 골드만삭스의 기반도 무척 취약해졌다. 골드만삭스는 모건스탠리와는 달리 시간이 지날수록 주가가 안정을 찾지 못하고 계속 떨어지더니 6.9퍼센트가 내려갔다. 은행지주회사로 선정되어 연준의 유동성 공급을 거의 무제한 받을 수 있게 되었는데도, 투자자들은 골드만이 더 많은 자본을 필요로 한다고 생각하는 것이 틀림없었다.

지난주에 TARP가 경제를 구할 것이라는 기대감에 주가가 이틀 오르더니 시장 전체가 이제는 다른 방향으로 흐르고 있었다. 투자자들이 TARP를 살펴보고 경제에 대한 국민의 신뢰를 회복하려면 폴슨 장관이 더 잘해야 한다는 것을 깨달은 것이다. 401(k)*에서 상당한 손해를 본 많은 미국 시민들이 볼 때 월스트리트는 구제받을 가치가 없었다. 이를 놓고 바니

* 401(k)란 미국의 퇴직연금을 가리킨다. 이는 확정기여형 연금제도로서, 회사가 매달 일정액의 퇴직금을 적립하고 직원이 그 관리 책임을 지는 방식으로 운용된다.

프랭크 상원의원은 이렇게 말했다. "금융인들의 그릇된 의사결정에서 비롯된 악성 자산을 사들이고 다시 그들이 수백만 달러를 움켜쥐고 나가게 하는 것은 중대한 실수다. 미국 시민들은 그런 일이 있기를 바라지 않고 따라서 있어서는 안 된다."

하지만 은행 구제에 대한 정치적 논란이 블랭크파인의 관심 사항은 아니었다. 우선 자본을 증강해야 하는 더 긴박한 과제가 있었기 때문이다. 그는 이 업무를 공동 사장 존 윙클레이드에게 맡겼다. 이에 따라 윙클레이드는 주말에 팀을 짜서 중국과 일본, 페르시아 만 등에 있는 잠재적인 투자가들과 접촉했다. 하지만 이는 뚜렷한 목표 없이 닥치는 대로 한 것이어서 모든 투자자들은 그의 제안을 정중하게 거절했다.

월요일 저녁, 뉴욕에서 아무런 연락이 없자 바이런 트로트는 골드만의 시카고 사무실에서 윙클레이드에게 전화했다.

"주말부터 아주 조용해요. 어떻게 된 겁니까?" 트로트가 불안해하며 물었다.

윙클레이드는 화요일부터 다시 투자가들에게 골드만의 지분을 파는 제안을 하게 될 것이라고 말했다. 시장이 여전히 동요하는 가운데 단일 투자가에게서 대규모 투자를 얻어내는 것은 기대하기 어려웠다. 따라서 수십 개의 기관투자가들로부터 돈을 모을 계획이었다.

"잠깐만, 지금 조금 서두르는 거 아니에요?" 트로트가 말했다.

골드만에서 워런 버핏과 연결할 수 있는 가장 가까운, 아마도 유일한 인물이라고 할 수 있는 트로트는 버핏과 다시 한 번 접촉해볼 필요가 있다고 말했다. 지난 목요일부터 트로트는 버핏에게 골드만에 투자할 것을 여러 번 요청했지만, 신중한 버핏은 이를 모두 거절했다. 블랭크파인의 권유로 트로트는 표준적인 전환형 우선주를 제안했다. 즉, 버핏이 조금이

나마 이자를 받는 우선주를 취득하고, 이를 시가에 10퍼센트 프리미엄을 더 계산해 보통주로 전환할 수 있는 조건이었다. 그러나 트로트가 예측한 대로 이는 버핏에게 큰 매력을 줄 수 없었다. "지금 같은 시장 상황에서 리스크를 취할 필요가 없다"는 것이 그의 반응이었다.

화요일 아침, 트로트는 블랭크파인을 비롯한 전 임원들과 상의하고 나서 버핏에게 다시 한 번 제안했다. 마침 그때 버핏은 오마하에 온 손자와 함께 데어리퀸Dairy Queen, 버크셔해서웨이가 소유한 아이스크림 체인점을 방문할 예정이어서 이야기는 20분도 안 되어 끝났다. 트로트는 버핏이 제안을 받아들이게 하려면 파격적으로 좋은 조건을 제안해야 한다는 것을 알았다. 그리고 이번에 제시한 조건이 그러했다. 조건인즉, 골드만은 버핏에게 주식 50억 달러어치를 10퍼센트의 배당금이 주어지는 우선주의 형태로 팔겠다는 것이었다. 이로써 골드만은 버핏의 투자에 대해 연간 5,000만 달러를 지급해야 했다. 버핏이 보통주로 전환을 원할 경우에는 주당 115달러의 가격에 양도할 것인데, 이는 현재 시가보다 8퍼센트 싼 것이었다. 이는 버핏이 지난봄에 리먼의 딕 펄드에게 요구해 거절당했던 것보다도 좋은 조건이었다.

늘 본능적 판단을 따르는 버핏은 딜의 윤곽에 동의했다. 이 소식을 전하기 위해 트로트가 윙클레이드에게 전화했을 때, 윙클레이드는 제63차 유엔총회에서 부시 대통령이 연설하는 것을 듣기 위해 맨해튼의 그랜드센트럴 역을 빠져나오고 있었다.

"버핏이 투자할 것 같아요." 트로트가 흥분해서 말했다.

"좋아. 잠깐 그 자리에서 기다려." 윙클레이드가 말했다. 그랜드센트럴 역 밖의 보도는 인파가 많고 시끄러운 탓에, 회사에 전화해 데이비드 비니어, 게리 콘, 데이비드 솔로몬 등의 심복 및 블랭크파인과 함께 전화회의를 마련하고자 했던 것이다. 블랭크파인은 국회의원들과의 회동을 위해 워싱턴에 가 있었다.

몇 분 뒤 전화회의가 연결되어 버핏과의 딜이 논의되기 시작했다. 버핏이 투자한다면 자금이 들어오는 것도 중요하지만 시장의 신뢰를 높이는 데 도움이 될 것이라는 점에 모두 동의했다. 실제로 버핏이 투자한다면 그 정보를 활용해 다른 투자가들을 설득할 수 있을 것이라고 윙클레이드가 말했다.

"그러면 안 할 이유가 없지요." 비니어가 말했다.

"해야 해." 솔로몬도 동의했다.

트로트는 즉시 블랭크파인과 버핏의 통화를 주선했다. 블랭크파인과 버핏이 잠깐 이야기를 나눈 뒤, 버핏은 즉시 서류를 만들어 보내라고 했다. 오후에 주식시장이 끝나기 전에라도 발표를 하겠다는 것이었다.

늘 세부 사항을 점검하기를 좋아하는 블랭크파인이 물었다. "제가 걱정하는 것을 지금 다 말씀드릴까요?"

"아니요, 괜찮습니다. 제가 걱정되는 게 있었다면 이걸 하지 않았겠지요." 이 말을 마치고 그는 손자와 함께 데어리퀸으로 향했다.

한편 브로드 가의 골드만 본사에서는 임원들이 한 가지 조항을 놓고 걱정하고 있었다. 버핏이 제시했던 이 조항은 딜을 깰 수도 있었다. 그것은 골드만의 최고위 임원 네 명이 2011년까지 또는 버핏이 자신의 지분을 팔 때까지 그들이 소유한 골드만 주식의 10퍼센트 이상을 팔 수 없다는 조항이었다. 이를 제시한 이유에 대해 버핏은 "말을 산다면 기수도 함께 사는 것"이라고 블랭크파인에게 말했다.

블랭크파인은 이 조항이 자신 또는 콘이나 비니어에게 문제가 되지 않을 것임을 알았다. 그러나 윙클레이드에게는 문제가 될 수 있었다. 아직

49세밖에 되지 않은 그는 골드만을 떠나겠다고 말하고 다녔다. 그리고 회사에서는 비밀이었지만 그는 개인적으로 유동성 위기를 겪고 있었다. 빚은 없었지만 현금이 거의 바닥난 상태였던 것이다. 그는 2006년에 5,310만 달러, 2007년에 7,150만 달러를 벌었는데, 이는 대개 주식으로 받은 것이었다. 더욱이 그는 씀씀이도 대단했다. 그는 매사추세츠 주 동남부의 낸터킷 섬에 2만 제곱미터가 넘는 규모의 해안 저택을 보유했는데, 이는 5,500만 달러에 매물로 나와 있었다. 그런데 그의 돈을 뭉텅이로 빠져나가게 하는 것은 콜로라도 주 미커Meeker에 있는 마틴 랜치Martin Ranch라는 말 농장이었다. 윙클레이드 자신이 기수여서 과거 3년간 매년 100만 달러 이상의 상금을 벌어들이기는 했지만, 농장을 운영하는 데 드는 돈이 매년 수천만 달러에 달했다.

블랭크파인은 윙클레이드를 개인적으로 불러 회사가 그의 재정적 어려움을 돕겠다는 언질을 주고 버핏이 요구하는 조건에 동의하게 했다. 윙클레이드는 버핏의 조건에 불만이었으나 회사를 위해 버핏이 필요하다는 것을 잘 알고 있었다.

다음 날 아침 골드만은 버핏이 투자한다는 정보를 활용해 추가로 50억 달러어치의 주식을 팔 수 있었다. 이런 움직임 속에서 골드만의 주가는 6퍼센트 상승했다.

블랭크파인은 마침내 긴장을 풀 수 있었다. 문 밖에는 더 이상 늑대가 없다고 생각해도 좋았다.

대통령 선거와 금융시장

"조시, 이런 일이 생기다니 믿을 수가 없어!" 대통령 수석보좌관이자 자신을 재무장관에 추천한 조시 볼턴에게 전화한 폴슨이 외쳤다. "아무도 내게 이런 말 하지 않았잖아. 이런 식으로 나온다면 당신들 재무장관 새로 뽑아야 해!"

폴슨은 오후 내내 의회 청문회에서 TARP에 회의적인 의원들을 설득하느라 진을 빼고 방금 나오는 길이었다. 그런데 그는 나오자마자 공화당 대통령 후보로 나온 존 매케인John McCain 의원이 선거운동을 잠시 멈추고 워싱턴으로 돌아와 금융위기의 해결에 매달리겠다고 선언했다는 소식을 들었다. 금융위기가 깊어지면서 이를 대통령 선거에 전술적으로 쓰려는 경향이 강해지고 있었다.

지치고 좌절한 폴슨에게 법안을 통과시키기 위해 워싱턴에서 벌이는 투쟁이 얼마나 힘든 것인지를 다시 한 번 상기시켜주는 것이었다. 매케인이 돌아온다면 금융 구제를 반대하는 공화당 의원들을 다시 자극할 것이었다. 폴슨은 부시 행정부가 매케인을 제어하지 못한다면 자신이 심각한 어려움에 부딪힐 것임을 알았다.

폴슨이 의회의 레이번하우스 오피스빌딩 대기실에서 서성이고 있을 때, 그와 함께 청문회에 참석한 버냉키는 폴슨이 전화로 볼튼에게 내뱉는 말에 불편해져 잠시 밖으로 나왔다. 그는 정치가들이 서로 소리 지르고 욕하는 것에 익숙하지 않았다. 더구나 특히 선거 해만 되면 막후에서 권력을 놓고 서로 싸우는 정치 관행을 따를 수 없었다.

사실 TARP에 대한 지지는 두 정당 모두에서 급격히 힘을 잃고 있었다. 그레이엄, 피셔Graham, Fisher & Company의 전무 조슈아 로스너Joshua Rosner는 《뉴욕타임스》와 한 인터뷰에서 TARP가 '공중에 대한 책임의 철저한 방기Total Abdication of Responsibility to the Public'의 줄임말이라고 비꼬았다. 민주당원들은 이 정책이 폴슨이 월스트리트 친구들의 주머니를 채워주기 위한 것이라고 했고, 공화당원들은 정부의 무책임한 시장 개입의 또 하나의 예라고 비판했다. 양당의 의원들이 입을 모아 이 정책에 너무 많은 돈이 들어가는 것을 지적하는 가운데, 어떤 이들은 예산집행을 분할로 할 것을 제안했고, 어떤 이들은 임원 보수를 제한하는 규정을 법에 명시해야 한다고 주장했다.

크리스토퍼 다드 의원은 "재무성이 제출한 법안을 받아들일 수 없다"고 선언했다. 또 조지아 출신의 공화당 의원인 잭 킹스턴Jack Kingston은 "이건 잘 안 될 거야"라고 위협하면서, 폴슨을 "형편없는 커뮤니케이터"라고 혹평하고, "평생 가장 중요한 법안 중의 하나에 투표하라고 하면서 제대로 된 법안을 만들어 보내지도 않았다"고 불평했다.

그러나 의원들과 투자가들은 이런 추상적인 토론에서 벗어나 악성 자산의 구입이라는 것이 과연 어떻게 이뤄질 것인지에 관해 구체적인 의문을 제기하기 시작했다. 정부는 어떤 형태로 돈을 줄 것인가? 가격은 어떻게 결정될 것인가? 그 과정에서 특정한 사람들이 세금을 착복하는 일은 없을 것인가?

무엇이 되었든 간에 계획을 하나 발표하라고 폴슨에게 권했던 블랙스톤그룹의 스티븐 슈워츠먼은 마침내 이 계획을 보더니 짐 윌킨슨에게 전화해 자신의 말을 폴슨에게 전해줄 것을 부탁했다.

"잘못된 계획을 발표한 거 아냐!"

"무슨 소리야?" 윌킨슨이 물었다.

"이렇게 짧은 기간에 금융 시스템에 유동성을 공급하기 위해 악성 자산을 사들이기로 한다면, 그건 납세자를 골탕 먹이거나 은행을 골탕 먹이거나 둘 중의 하나가 아니라면 방법을 찾을 수 없어. 그리고 악성 자산을 팔라고 강제할 수도 없어!" 슈워츠먼이 강변했다. 그는 금융회사 CEO라면 낮은 가격에 자산을 매각해 장부에 손실을 계상하느니 그대로 두려고 할 것이라고 설명했다. "그리고 이 악성 자산들의 패키지는 너무나 복잡해서 사채를 파는 것과는 전혀 달라. 이를 평가하려면 몇 주에서 몇 개월은 필요한데, 그동안에는 아무것도 안 하게 될 것이니 결국 다시 위기가 올 거야."

9월 25일 목요일 오후 4시 무렵, 두 정당과 의회의 관련 위원회 지도자들이 백악관 각의실에 모여 타원형의 마호가니 테이블에 자리를 잡고 앉았다. 이 자리에는 대통령 후보인 매케인과 오바마도 참석했다. 부시 대통령과 체니 부통령, 폴슨 장관은 좌석의 한가운데에 자리를 잡았다. 이 자리가 만들어진 목적은 매케인의 행동으로 반대 의사가 더 강해진 공화당 하원의원들을 설득해 금융 구제안에 찬성하게 하는 것이었다.

"이 자리에 참석한 분들이 모두 이 안건을 심각하게 생각하고 있는 것을 압니다. 그리고 우리가 뭔가 신속히 해야 한다는 것도 압니다. 돈이 풀리지 않는다면 이놈이 가라앉을 거예요." 대통령은 국가경제를 가리키며 말했다.

회의는 처음에 쉽게 합의에 이를 것 같았지만, 곧 파벌 간의 논쟁으로 번지고 말았다. 먼저 공화당 하원 지도자인 오하이오 출신의 존 보너John Boehner 의원은 공화당 하원에서 이 금융 구제안을 지지하지 않겠다고 분명히 밝혔다. 그는 그 대신에 월스트리트의 기업들이 참가하는 펀드를 만들어 그 펀드가 모기지를 보증하는 대안을 제시하겠다고 말했다. 그러자 민주당 의원들이 그런 대안으로는 현재의 위기를 다스릴 수 없다고 반박했고, 이어 서로 손가락질하고 소리 지르는 아수라장으로 변해버렸다. 이 광경을 체니 부통령은 미소를 지으며 지켜봤다.

타협을 이끌어내기 위해 오바마가 말했다. "이렇게 처음부터 다시 이야기를 시작할 겁니까, 아니면 중간에서 조정할 수 있을까요?" 그러나 타협하기에는 너무 늦은 상태였다. 참석자들은 서로 말도 하지 않은 채 여러 명씩 나뉘어 회의실을 떠났다.

실망한 재무성 팀이 대통령 집무실 쪽으로 향하는데, 한 백악관 직원이 폴슨에게 와서 민주당 의원들이 복도 건너편의 루스벨트룸에서 회합을 한다고 귀띔해줬다.

"이 사람들이 뭘 하는지 알아야겠어." 폴슨은 이렇게 중얼거리고는 몇몇 재무성 직원들이 그가 없어졌다는 것을 깨닫기도 전에 사라졌다.

폴슨은 금융 구제안을 죽이려는 공화당 의원들을 성토하는 민주당 의원들 사이로 파고들었다. 그는 이때가 자신의 계획을 실패에서 건져낼 유일한 기회라는 것을 알았다.

폴슨은 긴장을 풀기 위해 하원의장 낸시 펠로시 앞에 한쪽 무릎을 꿇고 말했다.

"이걸 깨지 말아주세요. 제가 공화당 의원들을 불러올 테니 한 번만 기회를 더 주세요." 의원들의 웃음소리를 뒤로하고 폴슨은 진심으로 호소했다.

펠로시는 자신 앞에서 큰 키의 재무장관이 성당에서 하듯이 한쪽 무릎을 꿇고 있는 것을 보고 웃음을 참으며 재치 있게 말했다. "장관이 가톨릭 신자인 줄은 몰랐네요."

워싱턴뮤추얼의 파산과 정치가 겁주기

금요일 새벽 4시, 시티그룹의 CEO 비크람 판디트는 어퍼이스트사이드의 아파트에서 이메일을 정리하고 있었다. 전날에는 필라델피아에 있는 와튼스쿨에서 강연을 하고 오는 바람에 두 시간밖에 잠을 자지 못했다. 그는 강연에서 MBA 과정을 시작하는 학생들에게 "정말로 좋은 시기에 과정을 시작하는 것을 축하한다"고 말했다.

잘 아는 동료들이나 친구들이 보낸 메일로 그의 이메일 수신함은 꽉 차 있었다. 몇 시간 전에 FDIC가 3,000억 달러 이상의 자산을 보유한 워싱턴뮤추얼Washington Mutual을 차압하는 일이 발생했다. 미국 역사상 가장 큰 은행 파산이었다. FDIC는 이 조치를 취하기에 앞서 워싱턴뮤추얼의 자산에 대한 소규모 경매를 실시해 높은 입찰가를 확보하려고 했다. 곤란에 처한 은행에 대해 차압에 들어갈 경우, FDIC는 보통 금요일에 이를 실시함으로써 이어지는 주말에 정책 당국이 대안을 모색하고 월요일을 맞을 수 있게 했다. 그러나 이번에는 10일 동안 170억 달러의 예금이 인출될 정도로 사태가 급격히 악화되어 그것을 목요일에 단행한 것이다.

시티그룹도 이 경매에 응찰했으나 경쟁사인 JP모건이 19억 달러에 낙찰받았다는 것을 알았다.

판디트가 이메일을 훑어보는데 와코비아의 밥 스틸에게서 온 메일이 눈에 띄었다. 스틸은 주초에 판디트의 사무실로 전화했었지만, 판디트는 스틸이 와코비아를 사라고 요청할 것이라 생각하고 응대하지 않았다. 판디트가 볼 때 와코비아는 매력적인 인수 대상이었다. 시티와 달리 예금 기반이 컸기 때문이다. 하지만 그는 와코비아를 산다면 가격이 떨어졌을 때 사야 한다고 본능적으로 느꼈다.

"미안해. 출장을 가 있었어. 언제라도 전화해." 4시 27분에 판디트가 메일을 보냈다.

그런데 몇 분 뒤 스틸에게서 전화가 왔다.

지난 주말에 와코비아가 골드만과 모건스탠리로부터 버림받은 뒤, 케빈 워시의 합병 압력이 지속되는 가운데 스틸은 되도록 많은 대안을 준비하기 위해 부심하고 있었다. 이번 주말이면 또 한 번의 합병 회오리바람이 불지도 몰랐다. 그래서 그는 지난 주말에 애스펀에서 우연히 만난 웰스파고의 딕 코바체비치에게 전화해 일요일 아침에 아침식사를 함께하기로 해두었다.

스틸은 모든 것이 자기가 구상한 대로 돌아간다면 와코비아가 경매판을 만들어볼 수 있을 것이라고 생각했다.

목요일에 백악관에서 소동이 있고 나서 폴슨과 백악관은 구제안을 재협상하기 위해 모든 노력을 기울이기로 했다. 폴슨은 조시 볼턴에게 "더는 시간이 없다"고 호소했다.

9월 27일 토요일 오후 3시 15분, 폴슨의 재무성 팀은 의사당 캐논하우스 빌딩 H-230호실로 향했다. 의회 지도자들과 다시 만나 타협을 이뤄낼 수 있기를 기대했다.

이 회의에 임하기 전에 재무성 팀이 모였을 때, 카시카리는 의회 지도자들이 지금 경제 사정의 심각성을 실감하지 못하는 것이야말로 가장 큰 장애물이라고 말했다. 주초에 윌킨슨이 폴슨에게 조언한 것처럼 카시카리도 "정치가들에게 겁을 줘야 한다"고 말하면서, 하나의 전술로서 법안 그 자체를 논하지 말고 이 법안이 통과되지 못했을 경우에 일어날 엄청난 어려움을 부각시켜야 한다고 제안했다.

폴슨 장관이 펠로시 하원의장 집무실 건너편에 있는 회의실에 도착하니 래리 리드, 바니 프랭크, 램 이매뉴얼, 크리스토퍼 다드, 찰스 슈머 등 핵심 의원들과 그들의 보좌관들이 와 있었다. 그런데 낸시 펠로시의 모습은 보이지 않았다.

이 회의의 심각성과 민감성을 강조하기 위해 폴슨은 정보가 누설되지 않도록 참석자들의 휴대전화와 스마트폰을 거둘 것을 제안했다. 이어 각자의 이름을 써 붙인 전화기를 거둬들였다.

회의가 시작되자 폴슨은 카시카리의 조언을 받아들여 어두운 표정으로 말을 시작했다. "이미 이번 주에 워싱턴뮤추얼에 벌어진 사태를 보셨을 겁니다." 이어 그는 그가 연출할 수 있는 가장 불길한 분위기로 말을 이었다. "대형 금융회사를 포함해 곧 곤란에 처할 회사들이 많습니다. 이 사태의 중대성을 더 강조할 말이 없어요."

심각한 얼굴로 폴슨의 말을 들은 의원들은 곧 정부안에 네 가지 문제가 있다고 말했다. 첫째는 민주당 의원들이 강조한 것으로, 이 프로그램을 감독할 장치가 없다는 것이었다. 둘째로 이 프로그램으로 혜택을 보게 될 금융기관 임원들의 보수 삭감 문제였다. 이 문제는 폴슨도 장애가 될 것이라고 이미 예상했다. 셋째는 금융기관의 악성 자산을 사들이는 것보다 그 회사에 직접 투자하는 것이 낫지 않겠느냐는 것이었다. 넷째는 이 구제자금을 한꺼번에 푸는 것보다 여러 차례 나눠서 집행하는 것이 낫지 않겠느냐는 것이었다.

"이런 제기랄!" 대납이 시원하게 나오지 않자 슈머 의원이 소리를 질렀다. "당신들이 7,000억 달러라는 어마어마한 돈을 원한다면 설명을 제대로 해야 할 거 아니오."

"이 일은 나뿐만 아니라 당신을 위해서도 하는 겁니다." 폴슨은 슈머 의원의 호전적인 말투에 안색을 바꿔 대꾸했다. "우리가 이걸 못하면 그 파편이 우리 모두의 머리 위로 쏟아질 겁니다."

대화의 주제는 곧 임원 보수 문제로 바뀌었다. 세금으로 구제를 받는 기업의 임원이 막대한 보수를 받을 경우 정치적으로 문제가 될 것이라는 사실은 모두가 인식하고 있었지만, 이를 구체적으로 제기한 사람은 상원 재정위원회 위원장 맥스 보커스Max Baucus였다. 그는 이 법안의 혜택을 받을 금융기관 임원의 보수를 제한하는 데 소홀히 한 폴슨 장관에게 분노하고 있다는 것을 분명히 밝혔다. 그는 적어도 거액의 퇴직금과 봉급 이외의 특전은 제한해야 한다고 말했다.

보커스 의원이 재무성 직원들에게 거의 소리를 지르며 말을 이어가는데, 폴슨이 말을 잘랐다. "감정적으로 대응할 필요는 없습니다." 그는 임원 보수 제한에 관한 규정을 법안에 넣지 않은 것이 금융계 동료들을 보호하기 위해서가 아니라 그런 조치가 현실성이 없기 때문이라고 설명했다. 그런 조치를 취한다면 해당되는 모든 금융기관들이 임원 보수계약을 개별적으로 갱신해야 하는데, 이는 수개월이 걸리는 작업이고, 결과적으로 구제 프로그램이 작동하지 않게 될 것이라는 설명이었다.

현실적인 관점에서 참석자들의 곤두선 신경을 가라앉히려는 폴슨의 노력은 큰 효과를 보지 못했다. 다른 의원들도 분노를 거두지 않고 감독과 책임에 관한 규정이 없음을 질타했다. 원래 세 쪽이던 초안은 상당한 분량으로 늘어났지만, 구제 프로그램이 정당하게 집행되는 데 필요한 감독 규정은 여전히 빈약했다. 그 사이 폴슨은 프로그램을 감독하는 위원회를 설치하거나 정치가에게 구제 프로그램의 운영과 의사결정에 참여할 권한을 부여하자는 민주당 측의 요구를 거부해왔던 것이다. 그는 그것을 받아들이면 구제 프로그램의 운영이 정치화될 것이라고 생각했다. "그런 일은 막스브러더스의 그루초와 하포, 치코가 제포를 감독하는 것과 마찬가지예요." 폴슨이 이렇게 대답하자 프랭크 의원은 웃음을 터뜨렸다.

논쟁이 밤까지 계속되면서 재무성 직원들과 국회의원 보좌관들은 절충안을 찾으려 노력했지만 같은 부분이 반복해서 언급될 뿐이었다.

"미국 전역에 있는 수백 개의 은행에 찾아가서 고용계약을 협상하라고 하는 것은 불가능해요. 너무 많은 시간이 걸립니다. 은행에서 퇴직하는 사람에게 황금낙하산을 주겠다고 하면 우리가 그걸 막을 방도는 없어요." 카시카리가 말했다.

그때 슈머 의원의 한 보좌관이 새로운 시각을 제시했다. "그렇다면 앞으로 새로운 황금낙하산은 금지할 수 있는 게 아닙니까?"

"그건 생각해보지 않았네요." 카시카리가 멋쩍어하며 대답했다.

이 작은 안이 교착상태에 머물러 있던 현상에 돌파구를 마련해주었다. 이로써 며칠 만에 처음으로 몇몇 절충안을 바탕으로 법안에 대한 합의가 가까워졌다. 민주당 측에서는 프로그램의 감독에 관해 양보해야 했지만, 임원 보수에 관해서는 어느 정도 승리했다고 위안을 삼을 수 있었다.

재무성과 의회 양쪽 직원들이 함께 법안의 문안을 다듬고 있을 때, 폴슨이 펠로시의 집무실로 들어왔다. 그의 얼굴은 죽은 듯 창백해 보였다.

"의사당에 있는 의사라도 부를까요?" 해리 리드 의원이 걱정스러워하며 물었다.

"아녜요. 괜찮아요." 폴슨이 기진맥진한 표정으로 대답했다.

폴슨은 급히 쓰레기통을 붙들더니 그곳에 대고 헛구역질을 했다.

웰스파고로 간 와코비아

일요일 오전 8시, 와코비아의 CEO 밥 스틸과 그의 심복 데이비드 캐럴이 예술적으로 장식된 칼라일호텔의 로비에 들어섰다. 두 사람은 웰스파고의 CEO 딕 코바체비치가 묵는 스위트룸으로 올라가는 엘리베이터를 탔다.

TARP 법안이 아직 결론이 나지 않은 상황에서 스틸과 캐럴은 와코비아를 인수하도록 코바체비치를 설득할 작정이었다. 스틸에게 이는 괴로운 경험이었다. 재무성을 그만두고 CEO를 맡은 것이 불과 두 달 전인데, 이제 그 회사를 팔아야 하는 상황인 것이다. AIG의 밥 윌럼스태드와 마찬가지로 그에게 쓸 수 있는 대안이 별로 없었다. 와코비아가 보유한 서브프라임 융자 자산의 가치가 매일 떨어지는 상황에서 은행을 회생시킨다는 것은 거의 불가능했다. 따라서 은행의 가치가 완전히 바닥에 떨어지기 전에 인수자를 찾아야 한다는 책임감을 강하게 느꼈던 것이다.

게다가 S&P와 무디스 양대 신용평가회사가 다음 날이면 와코비아의 등급을 더 낮추겠다고 하는 상황이어서 스틸이 느끼는 압박은 더해가고 있었다. 지난 금요일에 주가가 27퍼센트 내려간 상황에서 신용등급이 더 떨어진다면, 금요일 하루에 50억 달러를 인출해 간 고객들의 심리는 더 악화될 것이었다.

와코비아의 인수를 경매로 만들기 위해 스틸은 금요일과 토요일 연이틀 시티그룹의 판디트와 만나 협상했다. 그런데 간밤에 판디트가 연락해 실망스러운 소식을 전했다. 지난주 주말 골드만이 제시한 것과 마찬가지로 정부의 보조가 있어야 와코비아를 인수할 것이며, 와코비아의 주식을 주당 1달러로 평가하겠다는 것이었다.

코바체비치와의 조찬을 위해 자리에 앉으며 스틸은 상대에게서 좀 더 나은 대응이 있기만을 바랄 뿐이었다.

귓밑머리에 은색이 돌기 시작한 64세의 미남 코바체비치는 웰스파고를 미국에서 성공적인 은행의 하나로 키워냈다. 그의 경영 아래 웰스파고는 미국 서안에서 거대한 프랜차이즈를 형성했으며, 워런버핏의 버크셔해서웨이를 필두주주로 두고 있었다.

웨이터가 커피를 따르고 난 뒤, 이 회의를 위해 샌프란시코에서 뉴욕으로 날아온 코바체비치는 정부의 보조가 없이도 인수에 관심이 있으며 오늘 중이라도 협상을 마칠 수 있기를 바란다고 했다. 하지만 매사에 솔직하다고 평이 난 그가 말했다. "이건 앞에 투 핸들(20이라는 숫자 - 옮긴이)이 붙지는 않을 겁니다."

이에 스틸은 미소를 지으며 말했다. "딕, 가격은 나중에 걱정합시다." 그로서는 코바체비치가 와코비아의 주가를 20달러대에 평가하지 않더라도 협상이 10달러 후반에서 이뤄지면 성공이라고 판단했다. "우선 이 딜이 어떤 모양으로 이뤄지는지를 보고, 그에 따라 적정한 가격을 산정할 수 있다고 봐요."

이에 코바체비치는 그의 팀이 오늘 실사를 하고 있으며, 오늘 늦게라도 그 결과를 알 수 있기를 희망한다고 말했다.

회동을 마치고 미소를 띤 채 호텔을 나선 스틸은 그의 고문 피터 와인버그에게 전화를 걸어 소감을 말했다. "좋은 만남이었어요."

일요일 오전, 사무실에 나온 팀 가이트너는 습관적으로 손가락으로 머리카락을 빗으며 대안을 생각하고 있었다.

그는 전날 시티그룹과 의견을 나눴는데, 그때 시티는 정부의 보조를 얻어 와코비아를 인수하겠다는 의향을 밝혔다. 구체적으로, 시티는 와코비아의 후순위채 530억 달러를 인수할 것이며 총 3,120억에 이르는 장부에서 420억 달러의 손실을 보전하겠다는 것이었다. 그 이상의 손실은 정부가 떠안아야 한다는 것이었다. 그 대신에 시티는 우량주 및 전환주의 형태로 120억 달러를 정부에 지불하겠다고 밝혔다.

가이트너는 언제나 시티와 와코비아의 합병을 지지해왔다. 이는 양측이 지닌 문제들을 해결해줄 것이기 때문이었다. 시티그룹은 더 큰 예금 기반을 확보할 수 있고, 와코비아는 더 큰 금융기관이 될 수 있었다. 그러면서도 그는 웰스파고가 정부의 보조 없이 딜을 성사시키기를 희망했다.

그런데 와코비아를 관할하는 리치먼드연방준비은행의 케빈 워시, 제프 랙커Jeff Lacker와 전화회의를 끝내고 나서 그는 새로운 문제에 봉착했다. 코바체비치는 오늘 아침에 독자적으로 와코비아와 딜을 추진하겠다고 했는데, 나중에 다시 전화해서는 그 딜을 월요일 이전에 성사시켜야 한다면 정부의 지원 없이 추진하는 것이 수월하지 않을 것이라고 말했다. 그는 와코비아의 자산평가를 확신할 수 없으며, 따라서 무모하게 위험을 감수할 수는 없다는 것이었다.

결국 연방준비은행의 리치먼드 측과 뉴욕 측이 와코비아의 딜과 관련해 정부 내에 일종의 관할권 갈등이 생기는 형국이 되었다. 게다가 FDIC까지 가세할 가능성이 있었다. 상업은행인 와코비아가 파산한다면 이는 FDIC의 관할 사항이 될 것이기 때문이었다.

가이트너와 워시는 그들의 활동을 FDIC와 조정하기 위해 회장 실라 베어와 전화회의를 하기로 했다. 54세의 여성인 FDIC 회장 베어는 정부 내에서 인기가 없는 인물 중의 하나였다. 그녀는 눈에 띄기를 좋아하고 언론플레이를 하며 금융 시스템 전체보다는 FDIC의 보호만을 생각하는, 행정가보다 정치가에 가까운 이미지를 가진 사람이었다. 베어에 관해 비슷하게 생각한 가이트너와 폴슨은 종종 그녀의 이야기를 했다. 가끔 폴슨은 베어를 높이 평가하기도 했다. 그는 직원들에게 종종 "그 여자 참 잘해"라고 말하기도 했다. 그런데 거기에는 이런 말이 덧붙었다. "다만 주위에 사람이 있거나, 다른 사람들을 위해 허세를 부리거나, 언론에 신경을 쓰게 되면 그녀는 한심해진다"는 것이었다.

웰스파고의 사장 존 스텀프John Stumpf의 연락처를 묻기 위해 워런 버핏과 막 통화를 마친 베어는 일요일 오후 가이트너와 워시, 재무성의 데이비드 네이슨과의 전화회의에 참가했다. 골드만 출신의 스틸과 접촉할 수 없는 폴슨은 TARP의 입법안에 시간을 쏟으며 네이슨에게서 중요한 내용을 보고받기로 했다.

와코비아의 딜을 FDIC가 보조할 것을 가이트너가 제안하자 그녀는 완강하게 반대했다. 베어는 장광설을 늘어놓았다. 요는 FDIC가 관여한다면 와코비아 전체를 인수해 다시 파는 형태가 되어야 한다는 것이었다.

베어의 말이 끝나자 어색한 침묵이 흘렀다. 그러자 가이트너가 "맞아, 맞아, 맞아" 하며 베어를 비꼬는 투로 말했다.

이어 가이트너는 반론을 제기했다. FDIC가 와코비아를 인수해버린다면 이는 와코비아의 주식이나 채권을 소유하는 사람들의 권리를 말살하는 것이며, 이는 시장 전체에 악영향을 끼칠 것이라는 주장이었다. 그는 FDIC가 워싱턴뮤추얼을 너무 조급하게 인수함으로써 투자자들의 심리에 찬물을 끼얹은 베어의 행동에 여전히 분노하고 있었다. 폴슨 장관이 금융 시스템 전체를 살리기 위해 애쓰고 있는 상황에서 나온 그 행동이 처음부터 잘못된 것이라고 가이트너는 지적했다.

또 다른 자금원을 모색하던 가이트너는 이어서 네이슨에게 물었다. 재무성이 와코비아의 구제에 참여해 최대 1,000억 달러에 이르는 융자를 해줄 수 있느냐는 것이었다.

"우리는 아직도 TARP의 통과를 위해 싸우고 있어요. 지금 돈을 쓸 수는 없어요." 네이슨이 거리낌 없이 대답했다.

저녁 7시, 로펌 설리번 앤드 크롬웰의 회의실에서 대기하던 밥 스틸은 코바체비치로부터 실망스러운 내용의 전화를 받았다. 코바체비치는 지난 두 시간 동안 연락이 되지 않았고, 그전에 한 통화에서도 왠지 거리를 두는 듯했다.

코바체비치는 정부의 지원 없이는 합병안을 추진할 수 없다고 말했다. "우리는 귀사가 하는 것과 같은 융자를 주지 않기 때문에 내용을 파악하는 데 어려움이 있어요." 코바체비치는 이렇게 설명했다. 상대방의 태도가 바뀐 것에 놀란 스틸은 고맙다는 말과 함께 전화를 끊고 의자에 털썩 주저앉았다. 도대체 어떻게 또 거절당한다는 말인가? 시티그룹이 아직 남아 있었지만 이제 경쟁자가 없는 상태에서 시티가 인수 가격을 올릴 리는 없었다. 스틸은 몇몇 심복들에게 코바체비치의 전화 내용을 알리면서 "정떨어지는 일"이라고 말했다.

그로부터 한 시간 뒤인 8시 무렵, 로진 코헨은 시티그룹이 FDIC와 협상하고 있다는 소문을 들었다. 이는 JP모건이 워싱턴뮤추얼 인수 협상 때 그랬듯이 와코비아를 인수하기 위해서 FDIC와 조정하고 있는 것으로밖에 볼 수가 없었다. 화가 난 코헨은 시티의 CEO 판디트가 전략 문제에 관해 의존하는 네드 켈리Ned Kelly에게 전화를 걸었다. 켈리는 며칠 전에 시티의 기관투자가 상대 글로벌 금융 부문의 책임자로 지명되었다. 이 인사 조치는 월스트리트에서 가장 막강한 여성의 하나로 꼽히던 샐리 크로체크Sallie Krawchek를 밀어내기 위한 것으로 풀이되었다.

"우리 얘기 좀 할까." 코헨이 시비조로 말을 걸었다.

"로진, 들어봐. 내가 FDIC에 전화한 거 아니야. 그쪽에서 전화했어. 와코비아 딜에 관한 우리의 입장은 그대로야." 켈리가 서둘러 설명했다.

코헨이 켈리와 나눈 대화를 전해 들은 스틸은 이제 남은 길이 없다고 생각했다. 합병 딜이 없는 한 와코비아가 월요일 아침에 문을 열 수 없다고 연준의 워시가 분명히 말한 터였다. 독자적으로 해보겠다는 마지막 노력으로 스틸은 새벽 12시 30분에 실라 베어에게 전화해 한 가지를 제안했다. FDIC가 와코비아의 전환사채를 확보하는 조건으로 그 액수의 악성 자산의 인수를 보증해줄 수 있겠느냐는 것이었다.

새벽 4시, 베어가 연락해 전한 소식은 스틸이 두려워하던 바로 그것이었다. FDIC의 결정으로 와코비아가 시티에 주당 1달러의 가격으로 팔리게 되었다. 그러면서 FDIC는 주주의 이익을 완전히 무시하지 않을 것이라고 덧붙였다. 베어는 가이트너가 가한 압력을 받아들여, 시티그룹이 최초의 손실 420억 달러를 감수하면 악성 자산에 대해서는 FDIC가 인수를 보증하겠다고 약속했다. 그러면서 그녀는 와코비아가 금융계에서 "시스템적으로 중요하다"고 말했다.

의회 부결 그리고 폴슨의 재도전

폴슨은 홀로 자신의 집무실에 앉아 자신의 금융 구제 법안이 의회에서 논의되는 것을 C-SPAN으로 보고 있었다. 일요일에 타협이 조금 더 이뤄진 뒤에 법안은 모든 당사자들이 수용할 수 있는 형태로 수정되어 오늘 표결에 붙여질 것이었다.

하원의장 펠로시는 이 법안이 통과되어야 한다는 내용의 감동적인 연설을 했다. 동시에 그녀는 연설을 통해 부시 행정부와 폴슨, 월스트리트를 이렇게 비난했다. "그들은 자유시장의 옹호자라고 주장하지만 실은 그때그때 필요한 일을 하면 된다는 정신의 소유자들입니다. 따라서 규제도 없고 감독도 없고 규율도 없습니다. 금융회사에서는 실패하면 엄청난 퇴직금을 받고 물러나고 뒤처리는 세금으로 합니다. 그런 파티는 이제 끝났습니다. 민주당 사람들도 자유시장을 신봉합니다. 우리도 자유시장이 일자리를 늘리고 부를 창출하며 경제에 많은 좋은 것들을 가져온다는 것을 압니다. 그러나 공화당 사람들이 권장하고 지탱해온 이 고삐 풀린 형태의 자유시장은 일자리도 자본도 만들지 못했으며 오직 혼란만 불러왔습니다."

재무성 직원들이 감히 폴슨 장관의 집무실에 들어오지 못하고 밖에서 서성이는데, 공보 담당 미셸 데이비스는 거리낌 없이 들어와서 같이 방송을 봤다. 두 사람은 화면 아래에 나오는 찬성표과 반대표의 집계를 유심히 살폈다. 폴슨은 시장이 이미 그 법안을 평가해 주가가 오르고 있는 터라 의회를 통과하는 데 문제가 없을 것이라고 생각했다. 그런데 15분 사이에 이루어지는 표결의 최초 5분 동안에 반대표의 수가 꾸준히 늘어났다. 폴슨은 이 법안이 정치가들에게 인기가 없다는 것을 알고 있었다. 공화당원은 물론이고 상당수의 민주당원들도 반대했다. 게다가 선거가 다섯 주 남은 시점에서 정적에게 공격 무기가 될 수 있는 이 법안에 찬성표를 던지기란 쉽지 않은 일이었다. 하지만 펠로시 하원의장과 민주당 지도부가 표결의 물꼬를 바꿀 시간은 아직 남아 있었다.

"의회 지도부는 찬성표가 충분히 확보될 거라는 확신이 없으면 법안을 표결까지 가지고 가지 않았을 거예요." 데이비스가 용기를 북돋았다. 하지만 폴슨은 아무 말 없이 반대표의 숫자가 점차 많아지는 화면만을 노려봤다.

재무성의 입법부 연락 담당인 케빈 프로머가 의회에서 급히 전화를 걸었다. "부결될 것 같아요!"

"알아. 보고 있어." 폴슨이 넋이 나간 듯이 중얼거렸다.

드디어 오후 2시 10분에 이례적으로 40분이라는 집계시간을 거쳐 결과가 나왔다. 반대 228표에 찬성 205표였다. 공화당 의원의 3분의 2가 반대표를 던졌고 민주당에서도 상당한 반대표가 나온 결과였다. 증권시장에서도 중개자들이나 투자가들이 이 방송을 보다가 서둘러 매물을 내놓기 시작했다. 이로써 주가가 떨어지기 시작해 다우지수가 7퍼센트, 777.68포인트가 떨어졌는데 이는 하루 만에 이뤄진 최대의 낙폭이었다.

폴슨은 잠시 입을 열 수가 없었다. 그가 제안할 수 있는 가장 중요한 입법안이라고 믿었던 것이 실패했다. 그의 부하들이 사무실에 모여들어 위로의 말을 건네자 그는 조용히 말했다. "다시 해보자고."

그로부터 한 시간 뒤 폴슨과 그의 팀은 백악관 루스벨트룸에서 만나 이 법안을 어떻게 다시 살릴 것인지를 논의하기 시작했다.

한편 재무성에 있던 댄 제스터는 폴슨이 직면한 문제에 대해 나름의 생각을 하고 있었다. 그는 악성 자산을 사들이는 방법은 해결책이 아니라고 믿었다. 정부가 나서서 무엇인가 하려고 한다면 금융기관에 직접 돈을 투입해야 한다고 생각했다. "이건 웃기는 얘기야." 데이비드 네이슨의 사무실로 걸어 들어가면서 그가 TARP에 관해 한 말이었다. "이게 정말 맞는 접근방법이라고 생각하세요?" 제스터는 폴슨에게도 이런 질문을 한 적이 있었다. 하지만 세금을 민간기업에 투입한다는 것에 대한 정치적 저항이 끼어들면서 그의 생각은 빛을 보지 못한 것이었다. 그리고 폴슨이 일단 자신의 생각을 공공연하게 표출해버린 이상 다른 접근방법으로 방향을 바꿀 수는 없게 되었다.

"확신이 있다면 장관에게 진언하는 게 어때? 당신이 권한다면 나도 같은 배를 탈 테니까." 네이슨이 말했다.

다음 날 제스터와 제레미아 노턴은 폴슨을 찾아가서 자신들의 의견을 제시했다. 우선 악성 자산을 사들이는 것이 너무 어렵다. 프로그램을 실행하는 방법론을 수립한다 하더라도 그것이 제대로 작동하는지 알 수가 없다. 하지만 은행에 직접 투자한다면 취약한 은행의 재정 상황을 즉시 강화할 수 있다고 제스터는 강조했다. 따라서 어느 자산의 가치가 얼마인지 추측하는 불확실성을 제거할 수 있다. 더 중요한 것은 곤란에 처한 은행들이 자본 투입을 받게 되면 대개 원래의 가치를 회복할 것이고, 결국 도입 자본의 주인인 납세자들의 이익으로 환원될 것이라는 점이라고 강조했다. 또한 이번에 제안한 TARP도 재무성의 자본 투입을 가능하게 한 것인데, 다만 그 측면이 부각되지 않았을 뿐이라고 했다.

TARP의 고안과 법안 작업에 엄청난 시간을 들이고도 실패한 것에 괴로워하던 폴슨은 제스터의 제안에 흥미를 느꼈다. 그는 자본 투입이라는 안을 미국 시민들에게 어떻게 납득시킬 수 있을지 판단이 서지 않았고, 더구나 이 안이 부시 정권에게는 독약이 될 것이라고 생각했다. 그러나 쓸모없는 선택지들로 가득한 바닷속에서 이것이 가장 현실적인 해결책이라는 생각도 들었다.

"좋아. 그러면 한번 안을 만들어봐. 어떤지 한번 보자고." 폴슨이 한숨을 쉬며 말했다.

어둠이 내리는 가운데 밥 스틸은 뉴저지 티터보로 공항에서 샬럿으로 돌아가는 회사 전용기에 올라탔다. 그는 그 주 내내 시티그룹과의 합병안 세부 사항을 논의하기 위해 끊임없이 회의를 했다. 그 결과 금요일 신문 전면에 광고를 낼 계획을 세웠다. 그 내용은 "시티뱅크는 이번에 와코비아은행과 파트너십을 맺게 되었습니다. 와코비아는 시티뱅크의 완벽한 파트너가 될 것입니다"로 시작될 것이었다. 스틸은 시티가 제시한 모욕적인 가격에 좌절감을 느꼈으나, 한편으로는 은행을 파산에서 구했다는 자부심을 느끼기도 했다. 그로서는 가능한 모든 방안을 강구했던 것이다.

정부가 주선한 시티와 와코비아의 합병안은 월요일 오전에 발표되었으나 문서작업이 필요했다. 그 사이에 시티는 와코비아에 49억 달러의 융자를 제공해 와코비아가 버틸 수 있게 했다. 아직 세부적으로 결정해야 할 사항이 많았지만, 다음 날이면 두 은행이 합의서에 서명하게 될 것으로 기대했다. 스틸은 그날 오후 시티에서 합병 후의 와코비아 임원 인사에 관해 의견을 나눴다. 회의를 모두 마치고 일어설 때 판디트는 "대충 다 끝난 것 같네요"라고 인사를 건넸다.

스틸이 탄 비행기가 이륙하기 위해 지상에서 이동하는데 그의 스마트폰이 울렸다. 전화를 건 사람은 실라 베어였다. "딕 코바체비치에게서 전화 왔어요?" 그녀가 다짜고짜 물었다.

"아니요. 월요일 오전 이후로 연락이 없는데요." 스틸은 의아하게 생각하며 대답했다. 그때 코바체비치는 스틸에게 시티와의 딜이 성공한 것을 축하하기도 했다. "왜요?"

"웰스파고가 주당 7달러의 가격으로 귀사 주식 전체를 인수하는 제안을 할 거예요. 정부의 보조 없이."

"와!" 스틸이 놀라 대답하며 머릿속으로 부지런히 그 의미를 파악했다. 웰스파고가 시티보다 훨씬 좋은 제안을 한 것이 아닌가? 시티와의 합병을 밀던 정부가 입장을 바꿨단 말인가?

"실라, 저는 곧 이륙할 겁니다. 그러니 제인 셔번에게 전화로 말씀 좀 해주세요." 스틸이 양해를 구하며 부탁했다. 제인 셔번은 와코비아의 수석법률고문이었다.

밤 9시가 넘어 스틸의 비행기가 샬럿에 착륙한 직후 코바체비치가 전화해 베어가 말한 내용을 직접 이야기했다. 스틸은 셔번 그리고 외부고문인 로진 코헨과 나눈 통화에서 코바체비치의 전화가 올 경우 제안에 긍정도 부정도 하지 말라는 충고를 이미 들은 상태였다.

"제안서를 기다리겠습니다." 스틸이 대답했다. 그로부터 1분도 지나지 않아 그는 웰스파고의 이사회가 이미 승인한 합병계약서를 이메일로 받았다.

마치 크리스마스가 앞당겨 온 기분이었다. 스틸은 이 행운이 믿기지 않았다. 주당 1달러에서 7달러로 오르고 게다가 정부의 보조도 없는 것이었다.

그는 즉시 회사에 전화해 밤 11시에 전화회의로 이사회를 소집할 것을 지시했다. 이 회의에 앞서 스틸은 코헨과 전략을 협의했다. 스틸은 CEO로서 가장 높은 판매 가격을 모색해야 하는 의무를 와코비아 주주에 대해 지고 있었으나, 문제는 시티그룹과 이미 딜을 마친 상태라는 것이었다. 와코비아와 시티그룹이 이미 서명한 기본합의서에는 제삼자의 제안을 받아들여서는 안 된다는 조항이 들어 있었다.

"누군가 나를 고소할 거야." 스틸이 말했다.

"마실 독약을 고르세요." 코헨이 농담조로 대답했다.

그러나 웰스파고의 제안을 받아들이는 수밖에 없다는 것이 두 사람의 같은 생각이었다. 와코비아의 이사회로서는 더 높은 제안을 받아들이고 시티그룹의 고소 가능성에 대비하는 수밖에 없었다.

웰스파고가 새삼스럽게 제안해 온 것은 시티와 와코비아의 딜이 끝난 다음 날인 화요일에 세법이 갑자기 수정되었기 때문이었다. 이 수정으로 합병 시에 와코비아가 행한 자산가치 평가절하를 웰스파고의 수익에서 공제하는 것이 가능해져, 합병 후에 수십억의 세금을 절약할 수 있게 되었다.

와코비아의 이사회는 자정이 갓 넘은 시각에 웰스파고의 제안을 수락했다. 웰스파고의 제안은 와코비아그룹 전체를 대상으로 한 것이었다. 이 제안은 주주들에게 더 높은 가격을 주는 것이고 정부 또한 선호하는 것이었다(그에 비해 시티그룹의 안은 주당 1달러의 투자로서 총투자액을 넘어서는 가치를 보유한 와코비아의 자회사들을 합병에서 제외할 공산이 컸다).

새벽 2시가 넘은 시각에 와코비아 이사회는 골드만삭스와 페렐라와인버그에서 공정성보증의견fairness opinion을 받았는데, 이들은 지난주까지만 해도 와코비아의 매수 주체로서 협상한 상대였다.

스틸은 코바체비치에게 전화해 이사회의 승인에 대해서 알리고, 이어 베어의 블랙베리로 전화를 걸었다. 그녀는 자녀들이 깨지 않도록 유선전화로 걸지 말아달라고 부탁해두었던 것이다.

"이사회들이 모두 승인했습니다." 스틸이 보고했다.

"좋아요. 그러면 아침에 우선 시티의 비크람에게 전화하기로 해요." 베어가 안심하는 어조로 제안했다.

"실라, 아침까지 기다릴 수가 없어요. 우리는 이미 강을 건넌 거예요. 시티에 지금 당장 알려야 할 것 같아요. 시티가 내일 아침에 다른 사람한테서 이 소식을 들어서는 안 된다고 생각해요." 스틸이 결연하게 말했다.

"그러면 그렇게 합시다." 베어도 단호한 어투로 말했다.

"웰스파고와 와코비아를 결혼시킨 것은 베어 회장이니 전화회의에 참가하셔야 합니다." 스틸이 요청했다.

스틸은 베어와 제인 셔번을 전화회의에 연결한 다음 판디트에게 전화를 걸었다. 판디트는 잠을 자다가 전화를 받았다.

"밥, 무슨 일이야?" 잠에서 덜 깬 채로 판디트가 물었다.

"중요한 이야기가 있어서. 지금 실라와 제인도 함께 있는데, 잠시 준비할 시간을 줄까?"

"아냐, 괜찮아. 무슨 일이야?"

"우리가 웰스파고에서 일방적인 제안을 받았어. 주당 7달러의 가격으로 우리 회사주 전체를 인수하겠다는 거야. 정부의 보조는 없어. 웰스파고의 이사회도 승인했고. 우리는 이게 회사를 위해서 옳은 길이라고 생각하고 있어."

"그것 참 재미있는데." 판디트는 놀라면서도 아무렇지도 않은 듯 말했다. "우리보다 나은 가격이라고? 그럼 내가 켈리하고 상의해볼게. 우리가 좀 더 나은 제안을 할 수 있을지 생각해서 문제를 풀어보자고."

"아냐. 그게 아니야." 스틸이 잠시 뜸을 들이더니 말했다. "우리도 이미 서명했어."

이 말을 듣고 판디트는 잠시 침묵했다. 그 전까지 잠이 덜 깬 채로 말을 했었다면 그는 이제 확실히 정신이 들었을 것이다. 다시 말을 이었을 때 판디트는 화가 나 있었다. 그는 스틸이 전한 소식을 그제야 제대로 이해한 것이다.

"우리는 이미 계약을 맺었잖아? 이미 제삼자를 제외하는 규정이 들어 있어서 당신이 그렇게 할 수 없어. 다른 합병안에 서명할 수 없다니까!" 판디트는 이렇게 말하고 베어에게 호소했다. "베어 회장?"

"글쎄요. 이 문제에 대해 제가 뭐라 말할 수는 없어요." 베어는 사무적인 어투로 대답했다.

"이는 시티그룹에 국한되는 문제가 아니에요. 다른 문제들도 있어요. 베어 회장과 둘이서 통화하고 싶습니다." 판디트가 말했다.

스틸이 전화회의에서 잠시 벗어나기로 동의하고 나가자 판디트가 베어에게 호소했다. "이건 옳은 일이 아니에요. 이는 국가경제에도 도움이 되지 않아요."

그러나 베어는 이 결정이 최종적이라는 것을 분명히 했다.

TARP의 탄생

10월 3일 금요일, 의회에서 금융 구제안에 대한 두 번째 표결이 시작되기 전, 주가는 오르고 있었다. 이날 표결에서는 법안이 쉽게 통과될 것으로 예상되었다. 만기되어 효력을 상실하는 몇 개의 세금우대안이 상원의 수정 법안에 추가되었기 때문이었다. 또 하나 인기 있는 추가 사항은 개별 은행에 대해 FDIC가 보증하는 예금 한도액이 10만 달러에서 25만 달러로 상향 조정된 것이었다. 처음에 세 쪽으로 시작한 법안은 이제 450쪽이 되어 수요일 저녁에 상원을 통과했다.

지난 월요일 이 법안에 반대했던 민주당과 공화당의 하원의원들은 매케인과 오바마 두 대통령 후보나 부시 대통령이 찬성하도록 설득하기도 했고, 법안에 새로 추가된 규정에 마음을 바꾸기도 했으며, 금융위기가 국가경제를 깊은 침체 속으로 밀어 넣고 있다는 판단에 따라 찬성표를 던지기도 했다. 한 보고에 따르면, 9월 한 달 동안 15만 9,000개의 일자리가 사라졌는데, 이는 최근 5년간 일어난 월간 일자리 감소세로서는 가장 빠른 것이었다. 그 주에 주가는 급격이 떨어졌으며, 워싱턴뮤추얼의 인수와 와코비아의 합병 상대를 찾는 일은 월스트리트만 어려움에 빠진 것이 아님을 드러내 보여주었다.

하원 표결에서 지난번에 반대표를 던진 의원들 중 33명의 민주당 의원과 24명의 공화당 의원이 찬성으로 돌아서면서 법안이 통과되었다. 그날 오후 부시 대통령이 「긴급경제안정법 2008Emergency Economic Stabilization Act of 2008」에 서명함으로써, 예산 규모가 7,000억 달러에 이르는 TARP가 공식적으로 탄생했다. "우리는 미국의 금융시장을 안정시키고 세계경제에서의 지도적 역할을 계속 수행할 것임을 보여줄 것입니다." 부시 대통령이 선언했다.

물론 이때 국회의원들이나 시민들은 재무성에서 TARP에 대해 내부적으로 다른 생각을 하고 있다는 것을 알지 못했다. 재무성에서는 제스터와 노턴, 네이슨 등의 주도로 7,000억 달러 가운데 상당액을 은행에 대한 직접 자본 투입에 쓸 계획을 마련하고 있었다.

제스터는 텍사스 주 오스틴에 있는 자택에 잠시 쉬러 왔으나 노턴과 스마트폰으로 수시로 연락하며 다양한 방안을 모색하고 있었다. 자본 투입 방안에서는 이익의 갈등이 있으므로 금융기관을 자문역으로 임명할 수 없다는 말을 수석법률보좌관 밥 호이트로부터 들은 터라 노턴과 네이슨은 많은 투자은행가들에게 전화해 비공식적으로 의견을 청취했다. 그 대상에는 최근 연이은 딜 협상에 참가한 인물도 있었다. JP모건의 팀 메인과 스티브 커틀러, 모건스탠리의 루스 포랫, 메릴린치의 피터 크라우스, 시티그룹의 네드 켈리 등이었다. 다만 골드만삭스의 인사들에게는 의도적으로 연락을 하지 않았는데, 혹시라도 골드만에 관한 음모설에 빌미를 주고 싶지 않았기 때문이다.

노턴과 네이슨은 모두에게 이런 질문을 했다. 당신이라면 이 프로그램을 어떻게 설계하겠는가? 정부가 자본을 투입하는 대가로 보통주와 우선주에서 어느 쪽을 받아야 하는가? 어떤 조치들이 이 프로그램을 매력적으로 만들거나 인기 없는 것으로 만들 것인가?

다만 제스터와 노턴, 네이슨 세 사람은 시간과 싸우고 있었다. TARP가 승인되었는데도 시장은 즉각 안정을 찾지 못하고 있었다. 의회에서 표결이 시작될 때 300포인트가 상승했던 다우지수는 결국 157.47포인트, 즉 1.5퍼센트가 하락한 채 마감했다. 웰스파고가 와코비아를 인수한다는 것이 발표되자 시티그룹의 주가는 18퍼센트가 떨어졌는데, 이는 1988년 이래 가장 큰 폭의 하락이었다. 그리고 그 주에 S&P500지수는 9.4퍼센트가 내려갔다.

미국에서 가장 추악한 사나이

"나는 미국에서 가장 추악한 인간이야." 10월 6일 월요일, 리먼브러더스 파산을 조사하기 위해 소집된 의회 청문회에 참석하기 위해 고문들과 함께 워싱턴에 온 딕 펄드가 슬픔과 분노 속에서 내뱉은 말이다. TARP 법안이 의회에서 통과되었는데도 주가가 3.5퍼센트 더 떨어지는 등 시장의 혼란은 지속되었다. 투자가들은 그 안이 제대로 작동할지 의문을 풀지 않았다.

펄드가 의회에 들어서는 길에는 사람들이 손으로 쓴 '구제 대신 감옥으로', '사기꾼' 같은 문구가 적힌 종이를 들고 서 있었다. 그래도 펄드가 못 알아들을까 봐 청문회에서 공화당의 존 마이카 의원이 비꼬았다. "당신이 아직 역할을 잘 모르겠다면 그건 악한이에요. 그러니 오늘 악한처럼 행동하세요."

지난 몇 주간 펄드는 과거 경험해보지 못한 절망의 늪에 빠져 있었다. 그는 그리니치에 있는 자택에서 서성이기도 하고 리먼 사원들의 전화를 받기도 했다. 그에게 전화한 사람들은 소리를 지르거나 울부짖었다. 회사에 가기도 했으나 뭘 해야 할지 몰랐다. 그러나 무슨 일이 벌어졌고 사람들이 자신에게 어떤 저주를 퍼붓는지는 분명히 알았다. 그는 반발하고 싶었으나 그럴 수가 없었다. 그의 마음속에는 슬픔과 분노가 교차했다. 그는 자신에게 그리고 정부에, 특히 리먼만 빼놓고 다른 회사는 구제한 폴슨에게 분노했다. 펄드 자신이 보는 앞에서 자신이 그토록 사랑하던 리먼브러더스는 죽었다.

청문회에서 그는 의원들에게 자신의 심경을 밝혔다. "분명히 말씀드리겠습니다. 저는 제가 내린 결정과 취한 행동에 책임을 질 것입니다. 여기에 있는 누구도 시계를 거꾸로 돌릴 수는 없습니다. 하지만 지금 돌이켜볼 때 제가 그때 다르게 할 수 있었는가 묻는다면 대답은 그럴 수 있었다는 것입니다."

그러나 청중은 펄드의 회한 따위에는 관심이 없었다. 질문은 그의 보수에 집중되었다. 헨리 왁스먼Henry Waxman 의원은 이렇게 물었다. "당신의 회사는 파산했습니다. 그런데 당신은 지금 4억 8,000만 달러의 재산을 가지고 있습니다. 기본적인 질문을 하나 하겠습니다. 이게 공정합니까?"

"제 보수는 대부분 자사주입니다. 그 주식의 대부분을 저는 파산 신청 시에 그대로 가지고 있었습니다." 이는 사실이었다. 그가 재직 시에 2억 6,000만 달러어치의 주를 매각하기는 했지만, 그의 재산 대부분은 끝까지 자사주에 묶여 있었다. 그가 보유했던 주의 가치는 한때 10억 달러에 이르기도 했으나, 지금은 6만 5,486달러 72센트였다. 그래서 그는 이미 아파트와 아내가 아끼는 소장 예술품을 팔려고 하고 있었다. 펄드는 자신의 부를 회사의 주에 장기적으로 묶어놓고 위험을 감수한 CEO였다.

그는 청중의 이해와 공감을 얻고자 했다. "리먼브러더스에 관계되거나 영향을 받은 모든 사람들에게는 아픈 일이었지만, 이번 쓰나미는 특정한 기업이나 시장을 초월하는 것이었습니다." 그는 또한 헤지펀드들이 그릇된 소문을 퍼뜨리고 지난여름 리먼이 은행지주회사가 되려고 했을 때 연준이 허용하지 않은 것 등에 대해, 그리고 궁극적으로는 자기 자신에 대해 엄청난 좌절감을 표시했다.

증언이 진행되면서 그는 때로 무너질 것 같았지만 다시 살아났다. 이는 청문회가 있기 전 자택에서도 매일 경험한 일이었다. 의원들은 침묵 속에서 펄드가 말하기를 기다렸다.

펄드는 준비한 메모를 옆으로 밀어놓고 동석한 고문변호사들이 놀라는 가운데 즉흥적으로 발언을 시작했다. "이 자리에 계신 분들은 관심이 없으시겠지만, 저는 매일 밤 궁금해서 일어났습니다. 무엇을 달리할 수 있었을까?" 이 대목에서 펄드는 눈물을 흘릴 듯했다. "어떤 대화에서 내가 어떤 말을 해야 했을까? 내가 무엇을 해야 했을까? 저는 매일 이런 질문을 하고 있습니다."

"이번 일은 제가 평생 안고 가야 할 아픔입니다." 이 말에 이어 그는 미국 정부가 금융 시스템을 구하기 위해 전례 없는 조치들을 취하면서 왜 리먼브러더스에는 그런 기회를 주지 않았는지 물었다.

"제가 땅에 묻힐 때까지 이 의문을 품고 살 겁니다." 방 안에 있는 모든 사람들이 그의 말에 귀를 기울이고 있었다.

월요일 오후, 행크 폴슨은 그의 친구 워런 버핏에게서 타이프로 친 네 쪽짜리 편지를 받았다. 두 사람은 주말에 통화하며 폴슨이 현재 처해 있는 어려움에 관해 의견을 나눴다. 즉, TARP가 의회에서 승인을 받았는데도 월스트리트에서는 합격점을 받지 못하고 투자가들이 이 정책의 효과를 의심하는 것에 대해서였다. 폴슨은 TARP 예산으로 은행들에 직접 자금을 투여하는 것을 고려하고 있다고 고백했다. 이 말을 들은 버핏은 폴슨이 생각하는 계획을 추진하기 전에 악성 자산 구입에 관한 프로그램을 어떻게 운영할 것인지에 관한 자신의 생각을 정리해 편지로 보내겠다고 했던 것이다. 거기에는 현재 계획의 문제점과 해결책을 밝히겠다고 했다.

금융에 관해 가장 또렷하고 정확히 말할 수 있는 사람 중의 하나인 버핏은 우선 폴슨이 세운 계획의 단점들을 지적했다.

"어떤 비평가들은 재무성이 악성 자산을 구입할 때 시장가격으로 하지 않고 더 높은 '이론적인 가격'을 적용함으로써 매각하는 금융기관에 이익을 줄 것이라고 합니다. 비평가들은 또한 재무성이 구입한 모기지를 어떻게 운용할 것인지에 대해 의문을 품고 있습니다. 여기서 재무성이 진정한 투자자와 같은 태도를 취할 것인지, 아니면 의회나 언론의 압력에 영향을 받을 것인지, 예를 들어 재무성이 담보권 행사에서 느리거나 융자에 대한 지불유예를 결정하는 데 너무 관료적이지 않을까 하는 것입니다."

버핏은 이런 문제에 대응하는 방안으로서 '관민파트너펀드Public-Private Partnership Fund: PPPF'를 제안했다. 이는 미국 정부가 참가하고 지원하는 준민간투자펀드로 기능하며, 유일한 목적은 융자 및 주택용 모기지담보증권MBS을 사들이는 것이다. 다만 고도의 악성 CDO는 대상에서 제외한다. 이 펀드는 정부가 일방적으로 부담하는 것이 아니라 민간 부문이 100억 달러를 투자하면 거기에 맞춰 정부가 400억 달러를 투자한다는 것이다. 이렇게 함으로써 정부는 공적자금을 정책 지렛대로 활용할 수 있다. 자금을 투자해 발생하는 수익은 우선적으로 정부에 원금과 이자를 변제하는 데 사용된다. 그리고 남은 잔액이 민간투자금의 원금과 정부가 변제받은 것과 동일한 비율의 이자를 갚는 데 쓰인다. 그리고 남은 이익금은 민간이 75퍼센트, 정부가 25퍼센트의 비율로 분배한다. 이렇게 함으로써 정부

자금, 즉 국민의 세금이 손해를 보는 것을 막을 수 있다. 다른 말로 하자면, 손해를 볼 경우 민간이 먼저 보게 된다는 것이다.

버핏은 이 구조가 마음에 들어 이미 PIMCO의 빌 그로스와 모하메드 엘에리언에게 연락했는데, 그들이 보수 없이 운용에 참가하겠다는 제안을 했다고 말했다. 그는 골드만의 로이드 블랭크파인과도 상의했는데, 그도 보수를 받지 않고 민간의 투자를 끌어오는 일을 맡겠다는 의사를 밝혔다고 했다. 그리고 버핏은 덧붙였다. "저도 개인적으로 1억 달러를 투자할 의향이 있는데, 이는 버크셔홀딩스에 가지고 있는 주식을 제외한 재산의 20퍼센트입니다."

폴슨은 편지 내용에 큰 흥미를 느꼈다. 그는 여전히 금융회사에 직접 자금을 투입하는 안을 원했지만, 버핏이 제안하는 모델을 일부 반영하는 것도 한 방법이라고 생각하게 되었다. 즉시 카시카리를 불렀다. 폴슨은 그날 아침 카시카리를 금융안정 담당 잠정 차관보로 임명해 TARP를 담당하게 했다. 이 임명으로 이미 재무성 내에서는 폴슨이 골드만 부하들을 편애한다는 비난이 일어 소란스러웠다(한편 골드만에서는 임원 중에서 정작 카시카리가 누구인지 아는 사람이 없어 비서에게 컴퓨터로 자료를 검색해볼 것을 지시하는 사람도 있었다).

폴슨은 카시카리에게 버핏의 편지를 건넸다. "전화해봐."

"패닉이야. 전 세계가 패닉이야." 런던으로 날아온 존 맥이 10월 8일 수요일 아침, 카나리워프에 있는 본부에서 직원들을 모아놓고 말했다. "정부가 뭘 했는지, 어떻게 했는지 잘 생각해봐. 그 사람들이 앞을 볼 수 있는지. 그건 매우 어려운 일이야. 사람은 사태가 더 악화된 다음에야 비로소 나빠졌다는 것을 알게 되니까."

금융 시스템이 더 큰 곤란을 겪을 것이라는 패닉이 다시 시작되면서 주식시장은 요동치고 있었다. 최근 투자자로 부상한 미쓰비시 측과 만찬을 갖기 위해 런던에 온 맥이 아마도 가장 큰 압력을 느끼고 있을 터였다. 지난주 내내 비행기 안에 있던 그는 지쳐 있었다. 중국투자공사의 가오시칭이 모건스탠리가 일본 투자자를 접촉하고 있다는 것을 알고 분기탱천해 박차고 나간 뒤, 맥은 관계를 회복하기 위해 서둘러 베이징으로 날아갔던 것이다. 이는 상대의 상한 기분을 달래고 작은 국제적 논란이 일어나는 것을 방지하기 위한 외교적 행동이었다. 특히 모건스탠리를 위해 폴슨 장관이 중국 정부와 조용히 말을 나눈 것을 감안할 때 무시할 수 없는 일이었다. 그리고 더 중요하게는 중국투자공사가 여전히 모건스탠리의 큰 투자자인 한, 파트너의 분노를 가라앉히는 것은 맥에게 중요했다.

그러나 지금 당장은 다른 사람의 상한 기분에 신경을 쓸 때가 아니었다. 미쓰비시가 모건스탠리와의 딜을 깰지 모른다는 생각이 투자가들에게 번지면서 전날 하루 동안 주가는 17퍼센트가 내려갔다. 지난 10여 일간 실사가 이뤄지고 정부가 승인했는데도 투자가 최종적으로 이뤄지지 않고 모건스탠리의 주가가 계속 떨어지자 미쓰비시가 딜을 취소할지도 모른다는 관측이 대두했다. 현재 문서로 가지고 있는 것은 기본합의서인데, 이는 시티그룹이 와코비아와 체결했으므로 무용지물이 된 기본합의서와 다를 바 없는 것이었다. 한편 연준의 규정에 따라 월요일까지는 완전한 합병이 이뤄지는 것이 불가능했는데, 모건스탠리는 그때까지 주가 하락과 미쓰비시의 철회 가능성이라는 소용돌이에 휩싸여 있을 터였다.

그날 오전 미쓰비시그룹은 도쿄에서 성명을 발표했다. "우리는 미쓰비시UFJ금융그룹이 모건스탠리를 상대로 하는 투자 또는 전략적 동맹을 실행하지 않을지 모른다는 소문이 있다는 것을 알고 있습니다. 우리의 방침은 소문에 대해 논평하지 않는 것입니다. 하지만 우리는 그런 소문이 근거가 없다는 것을 밝히고자 합니다."

맥으로서는 그 말이 중요했다. 그는 일본인을 신뢰했고, 그들이 딜을 철회하지 않을 것이라 확신하고 싶었다. 하지만 마음속에서 걱정은 떠나지 않았다.

행크 폴슨은 공식적으로 의도를 바꿀 작정이었다.

10월 8일 수요일, 그는 오전 10시 15분으로 예정된 회의에 벤 버냉키와 실라 베어가 도착하기를 기다리고 있었다.

그는 공적자금을 금융기관에 직접 투입하는 안을 채택하기로 거의 마음을 굳혔다. 재무성 안팎에서 이를 요구하는 목소리가 커졌던 것이다.

"우리는 공적자금으로 기업의 우선주를 살 수 있습니다. 그 기업이 성장하면 배당도 받을 수 있지요." 바니 프랭크 의원은 납세자들이 주주가 될 수 있음을 강조했다. 찰스 슈머 의원도 이 의견에 찬성했다. "시장이 회복된다면 연방정부가 이익을 실현하게 될 것입니다."

그런데 이 정책안이 쓸 만하다는 가장 큰 암시는 다른 나라에서 나왔다. 영국이 리먼 사태와 유사한 위기를 겪고 나서 시장의 신뢰성을 고취하기 위해 바클레이스와 스코틀랜드로열은행그룹을 포함한 여덟 개 금융회사에 870억 달러를 투입하기로 결정한 것이었다. 이 공적자금에 대해 납세자들은 해당 금융회사의 우선주를 소유하게 되었다. 이 우선주는 원금에 대한 이자가 따르고 나중에 보통주로 전환할 수 있었다. 그리고 해당 기업의 실적이 좋다면 배당과 주가 상승의 이익을 볼 수가 있었다. 물론 반대의 경우에는 손실을 감수해야 했다.

화요일 아침 7시 40분에 부시 대통령과 폴슨 장관은 대통령 집무실에서 전화로 영국의 고든 브라운 재무장관의 설명을 들었다. 영국 정부의 계획이 공식적으로 발표된 뒤 브라운은 신속하고 단호한 결정으로 칭송을 받으며 폴슨과 대조되기도 했다. "영국 정부는 금융위기에 대해 분명한 생각과 신속한 행동을 보여줬다. 영국 정부가 보인 이 명료함과 결단성은 다른 나라에서, 특히 미국에서 보이지 않는 것이었다." 저명한 경제학자이자 ≪뉴욕타임스≫의 칼럼니스트인 폴 크루그먼은 며칠 뒤 이렇게 썼다.

10월의 두 번째 월요일에 찾아오는 콜럼버스데이를 포함한 긴 휴일에 일정이 잡힌 G7 재무장관회의를 앞두고, 폴슨은 이를 이용해 금융 시스템을 안정시킬 과감한 행동을 취해야겠다고 생각했다. 여전히 그는 그것이 정치적으로 인기가 없을 것이라는 점을 알고 있었다. 며칠 전에 자신의 생각을 공보 담당관 미셸 데이비스에게 털어놓자, 그녀는 폴슨을 어이없다는 듯이 바라보며 말했다. "그런 말씀을 공공연하게 하면 안 돼요."

폴슨은 자신의 동요하는 견해에 관해 버냉키와 의논했다. 버냉키는 처음부터 자금의 직접적인 투입을 주장했던 사람이어서, 두 사람의 생각은 한 곳으로 모아지고 있었다. 두 사람은 자금 도입과 함께 또 다른 정책 수단을 곁들이는 것을 구상했다. 이는 모든 예금취급기관의 예금을 보호하는 것이었다. 이 정책이 발표된다면 은행에서 돈을 찾아가려는 이용자들의 불안을 해소할 수 있을 것이라고 판단했다. 버냉키의 계산으로는 자본 투입과 예금 보호라는 두 개의 정책으로 금융위기를 잡을 수 있었다.

그런데 그런 대규모 예금 보호를 실행하려면 재원이 필요한데, 이 부분에서는 FDIC 회장인 베어의 도움이 절실했다. 우선 FDIC는 그런 재원을 가진 유일한 정부기관이었고, 예금 보호라는 기능 자체가 FDIC의 관할 사항이었다.

폴슨과 버냉키는 베어를 재무장관실로 불러들여 그들의 계획을 설명했다. FDIC가 은행예금에 대해 보험을 제공하는 대신 해당 은행과 산정한 보험료를 받는다는 것이었다. 따라서 거둬들이는 보험료가 실제로 지불하는 예금보험액보다 많을 경우 FDIC에 수입이 발생할 수도 있다고 폴슨은 주장했다.

그러나 그렇게 방대한 보호 프로그램이 FDIC에 줄 부담을 머릿속으로 계산해본 베어는 한발 물러섰다.

"그런 일은 할 수 없어요." 베어가 대답했다.

미쓰비시가 보낸 최대의 수표

토요일 아침, 잠에서 깬 모건스탠리의 월리드 샤마는 그의 회사가 망할지도 모른다는 생각에 겁을 먹었다. 회사의 주가는 계속 내려가서 지난 금요일의 종가는 9.68달러였는데, 이는 1996년 이래 최저치였다. 헤지펀드를 비롯한 클라이언트들은 모건스탠리에서 돈을 빼기 시작했다. 투자은행 라덴버그탈만Ladenburg Thalmann의 영향력 있는 애널리스트인 딕 보브Dick Bove는 모건스탠리를 리먼브러더스나 베어스턴스처럼 취급하면서 클라이언트에게 보내는 문서에 이렇게 썼다. "모건스탠리에 대해 주목할 것은 결말이 바뀔 것인가 하는 점입니다. 요컨대 지금부터 숨을 죽이고 이것이 조금 다른 영화가 되기를 기대해야 합니다."

샤마는 지난 금요일 듀크 대학 경영대학원에서 하기로 되어 있던 강연을 취소하고 회사를 지키면서 사원들의 사기를 북돋기로 했다. 그는 모건스탠리 본부의 모든 층을 돌며 직원들을 안심시키고, 거래장에서 연설을 하며 이렇게 말했다. "우리 회사는 이제까지 75년간 건재해왔고 앞으로도 75년간 건재할 것입니다." 14층에서 2층까지 돌며 대화를 나누는 데 세 시간 반이 걸렸다. 자신의 집무실에 돌아왔을 때 샤마는 감정적으로 탈진해 거의 눈물이 흐를 지경이었다.

금요일은 또 다른 이유로 힘든 날이었다. 미쓰비시가 모건스탠리와의 합병안을 철회할 것이라는 소문이 무성하게 퍼지고 있었기 때문이다. 실제로는 모건스탠리의 누구도 미쓰비시가 그런 생각을 하고 있다는 연락을 받은 적이 없었다. 오히려 미쓰비시는 이미 한 약속을 지키겠다고 분명히 밝힌 터였다. 그러나 불편한 진실은 미쓰비시가 철회하는 것이 사업상 타당한 결정이라는 것이었다.

"그들은 다시 협상하자고 할 거야. 그들로서는 그래야 해." 그날 오후에 로버트 킨들러가 폴 토브먼에게 말했다. "그들이 언제 전화할까? 그들로서는 간단한 문제잖아."

미쓰비시가 철회한다면 모건스탠리에 어떤 일이 생길지 모르는 이는 없었다. 투자가들이 모두 돈을 회수할 것이고 결국 모건스탠리는 종말을 맞을 것이었다.

CEO 맥이 런던에서 돌아오지 않아 샤마는 무성한 소문 속에서 회사를 지키는 역할을 떠안았다. TV에서 금융에 관한 뉴스를 본 샤마의 아내가 전화해서 잘 있느냐고 걱정하며 물었다.

"괜찮아." 그는 근심을 감추려 노력하며 아무렇지 않은 듯 대답했다.

"당신 너무 침착해. 신경안정제나 무슨 약 먹은 거 아네요?" 그의 아내가 물었다.

샤마는 원래 토요일 일찍 워싱턴으로 가 G7회의에 맥과 함께 참가할 예정이었다. 하지만 도쿄에서 연락이 올까 싶은 생각에 오전에는 뉴욕에 있기로 했다. 정오가 되자 그는 미쓰비시가 협상안을 철회하기로 했다면 이미 연락이 왔어야 한다고 판단하고 라구아디아 공항으로 향했다. 비행기를 막 타려고 하는데 휴대전화가 울렸다. '세상에! 이제 오는군.'

전화는 역시 미쓰비시에서 온 것이었다. 그런데 놀랍게도 내용은 합병안을 원래대로 추진한다는 확인 전화였다. 다만 자신들의 투자분이 보통주가 아니라 우선주가 되도록 조건을 수정하는 재협상을 원한다는 것이었다.

"월요일에 딜을 마칠 생각입니까?" 샤마가 물었다.

대답은 긍정이었다. 샤마의 얼굴에 미소가 번졌다. 그리고 협상가의 본능이 작동한 그가 물었다. "90억에 국한될 이유가 있나요? 좀 더 투자를 확대할 수 없습니까?" 어차피 재협상한다면 모건스탠리의 지분을 더 사지 않겠느냐고 제안한 것이다. 물론 자신이 좀 앞서간다는 것을 알고 있었다.

한편 매사추세츠 주에 있는 휴양지 케이프코드에 가 있던 로버트 킨들러는 사무실에 있는 이지윤에게 이메일을 보냈다. "이상 없는가?"

2분 뒤 회신이 왔다. "한 시간 전까지는 그랬지만, 즉시 전화 주세요."

이에 즉시 킨들러는 뉴욕으로 날아와 샤마, 토브먼과 합류했다. 이제 월요일까지 딜을 끝내야 했다.

일요일에 그들은 조건을 수정했다. 모건스탠리로서는 대가가 커졌지만 그래도 투자자를 확보했다는 사실에 기뻤다. 조건은 미쓰비시가 78억 달러를 투자해 10퍼센트의 배당을 가지는 전환우선주, 그리고 12억 달러를 투자해 10퍼센트의 배당을 가지는 비전환우선주를 취득한다는 것이었다.

단 한 가지 미묘한 요소가 있었다. 마침 월요일이 콜럼버스데이였고 미국과 일본의 은행들이 모두 문을 닫기 때문에 전신 송금이 불가능하다는 것이었다.

"도대체 이를 어떻게 처리해야 하지?" 본부에 돌아온 킨들러가 큰 소리로 물었다.

이때 토브먼이 말했다. "미쓰비시가 수표를 쓰면 돼." 스스로도 90억 달러짜리 수표를 썼다는 이야기를 들어본 적이 없었지만, 지금과 같은 비상시에는 어떤 일도 일어날 수 있다고 생각했다.

10월 12일 일요일 아침 10시, 가벼운 복장을 한 폴슨 장관은 자신의 집무실 건너편에 있는 커다란 회의실에 자리를 잡았다. 회의실 안은 고위 관료들과 기관장들로 가득 차 있었다. 벤 버냉키와 실라 베어도 자리를 잡았다. 팀 가이트너는 전날 뉴욕에서 날아왔고, 통화감사원장Comptroller of the Currency 존 듀건John Dugan도 자리했다. 백악관에서는 정책 담당 보좌관 조엘 캐플런Joel Kaplan이 참가했다. 폴슨 쪽에서는 네이슨과 제스터, 카시카리, 데이비스, 윌킨슨, 라이언, 프로머, 노턴, 윌슨, 호이트 등이 가세했는데 어떤 이들은 테이블에 좌석이 없어 뒷줄에 앉기도 했다.

폴슨이 금융시장의 안정을 기하기 위한 일련의 조치들을 최종적으로 매듭짓기 위해 소집한 회의였다. 그는 이 자리를 통해 그가 마련한 계획들을 공개하고 싶었다. 이미 전날 3시 반에 첫 번째 회의를 열어 계획의 윤곽을 제시했고, 일요일에 두 번째 회의를 열게 된 것이었다.

재무성과 연준, FDIC가 참여하는 계획은 이날까지도 폴슨이 그렇게 표현했듯이 "상상할 수도 없는" 것이었다. 제스터와 노턴, 제이슨 등이 작업한 것을 바탕으로 그는 TARP 예산에서 2,500억 달러를 은행업계에 투입할 작정이었다. 재무성 팀이 결정한 기본적인 조건은 자금을 받아들이는 은행이 연 5퍼센트의 이자를 지불해야 한다는 것이었다. 버핏이 골드만에 요구했던 것과 같은 연 10퍼센트 수준의 높은 이자라면 은행들이 참가하지 않을 것이라고 폴슨은 판단했다. 그래도 이 이자율은 나중에 상승해 최초 5년간에 대해서는 9퍼센트가 될 것이었다.

일요일 오전에 있었던 회의에서 논의의 대상이 되었던 것은 수치가 아니라 접근방법이었다. "미국 금융위기의 역사를 돌이켜봤을 때 우리가 할 수 있는 일은 세 가지입니다. 부채를 안정화하거나 자본을 투입하거나 불량 채권을 사는 것입니다. 이번 정책은 두 번째를 하자는 것입니다." 가이트너가 자본 투입의 필요성을 강조하며 말했다.

가이트너는 이 구제 계획이 수용될 수 있는 유일한 방법은 가장 형편이 좋은 은행도 자금을 받아들이게 하여 이 계획에 참가하는 자체가 부끄럽다거나 자신의 약점을 드러내는 것이 아님을 부각하는 것이라고 말했다. 그러나 이 부분에 모두가 동의한 것은 아니었다. "약한 자가 약한 것이 아니라고 세상에 말하기 위해서 강한 자를 해쳐서는 안 됩니다." 버냉키가 지적했다. 또 다른 문제는 자금 사용의 효율성이었다. 구제금융자금이 건전한 은행에 흘러들어 간다면 원래의 목표인 취약한 은행이 혜택을 받지 못할 수도 있다는 것이었다. 회의 전에 가이트너는 케빈 워시와 이 부분에 대해 대화를 나눴다. 케빈 워시는 그런 논쟁은 본질에서 벗어나 주의를 분산시키는 것이라고 말했다. "시장을 바보 취급하면 안 됩니다. 시장이 금융계의 모든 기업을 좋다거나 나쁘다거나 그저 그렇다고 생각하도록 기만해서는 안 돼요."

그래도 가이트너는 폴슨과 보조를 맞춰 골드만삭스나 시티그룹 같은 일류 회사가 이 자금을 받아들이도록 설득하는 것이 이 프로그램이 효과를 발휘할 수 있는 유일한 길이 될 것이라고 말했다. 이어서 프로그램 실행 초기에 참여시킬 기업을 선정해 월요일에 워싱턴으로 초청해서 설명하는 일로 논의가 진행되었다. 이때 보험회사도 대상에 포함시킬 것인가 하는 질문이 나왔다. 이에 대해 데이비드 네이슨이 메트라이프MetLife*를 대표적인 TARP 참가자로 초청하자고 했다.

"그걸 어떻게 해?" 가이트너가 물었다.

"글쎄, 그건 뉴욕을 규제하는 당신이 잘 알 텐데." 네이슨이 미소를 지으며 말했다.

자본 투입에 관한 논의가 진행되는 동안에도 폴슨은 모건스탠리에 대한 걱정이 끊이지 않았다. 폴슨은 맥과 수시로 통화해 모건스탠리가 미쓰비시와 재협상을 종결하기 위해 노력하고 있다는 것을 잘 알고 있었다. 동시에 그는 일본 측이 연준과 접촉한 것도 알고 있었다. 일본 측에서는 미국 정부가 모건스탠리에 투자하는지, 공적자금이 투입되면 주주로서 미쓰비시의 권리가 침해되지는 않는지 여부를 확인하고자 했던 것이다. 워시가 이 소식을 가이트너에게 전했을 때 가이트너의 반응은 "빌어먹을" 단 한마디였다. 그 전화 문의가 있었던 날 오후에 연준은 일본 정부를 상대로 미국 정부가 장래에 어떤 시장 개입을 하더라도 미쓰비시가 모건스탠리에 투자한 부분이 부정적인 영향을 받지 않을 것이라는 내용의 서신을 작성해서 보냈다. 물론 이때 모건스탠리는 재무성이 구상하고 있던 사항이나 미·일 두 정부 사이에 있었던 막후 대화에 관해 전혀 알지 못했다.

그런데 금융 구제 프로그램에서 그 주말 가장 큰 불꽃놀이는 폴슨이 발표할 수 있기를 계속해서 희망하던, 모든 예금에 대한 FDIC의 보증이었

---

* MetLife는 Metropolitan Life Insurance Corporation의 줄임말이다. 뉴욕 시에 본사를 둔 메트라이프는 1868년에 만들어져 2000년에 기업공개를 한 회사로 약 3조 3,000억 달러의 자산을 보유한 미국에서 가장 큰 보험회사다.

다. 이에 관해 폴슨과 버냉키는 베어와 긴 대화를 나눴다. 처음에 베어는 절충안을 제시했다. FDIC는 오직 상업은행의 예금에 대해 보증을 제공하겠다는 것이었다. 즉, 골드만이나 모건스탠리 같은 투자은행은 대상에서 제외할 것이라는 이야기였다. 그래도 베어의 태도가 변화할 가능성이 보이자 폴슨은 압력을 가했다. 심지어 폴슨은 그녀를 따로 불러 이 일이 성공하면 "공적을 다 돌리겠다"고까지 했다. 그녀가 볼 때 폴슨은 이 프로그램을 추진하라는 엄청난 정치적 압력을 받고 있었는데, 이는 어느 정도 유럽 정부들이 이미 비슷한 조치들을 취하고 있기 때문이었다. 폴슨이 구상하는 금융 구제안에서 예금 보호 부분이 지금까지는 주목을 받지 않았지만, 앞으로는 가장 중요한 부분이 될 것이었다. 이는 금융 시스템에는 궁극적인 보호조치가 되겠지만, 정부로서는 수천억 달러의 부담을 떠안을 수 있었다.

네이슨과 폴슨은 이 예금 보호 사안을 놓고 지난주 내내 토의했다. 네이슨은 이것이 "미국 금융사상 가장 큰 정책 전환"이 될 것이라고 하면서 폴슨에게 이렇게 말했다. "이건 거대한 결정이에요. 따라서 모든 사람을 모아놓고 모든 사람이 동의할 때까지 토의해야 할 거예요."

그리고 그 주말에 있었던 일련의 회의에서 예금 보호 정책을 지지하는 가이트너는 네이슨과 격론을 벌였다. 네이슨은 토론을 위해 방법론적으로 반대 입장을 취한 면도 있었지만, 정부가 금융산업 전체에 안전망을 제공한다는 개념에 대해 개인적인 의구심도 있었다.

결국 베어는 폴슨의 설득에 따르기로 했다.

이로써 마지막 남은 작업은 금융회사들의 대표자들을 워싱턴에 불러 모아 TARP 자금을 받아들이게 하는 효과적인 방법을 강구하는 것이었다. 폴슨을 비롯한 정부 인사들은 금융회사 대표들이 모두 한자리에 모인다면 동료 집단의 압력이 작용해 함부로 거부하지 못할 것이라는 데 생각이 일치했다.

일단 대상으로 선정된 은행들의 목록이 만들어지자 전화로 연락하는 것은 폴슨의 몫이 되었다(리먼 사태 때 전화를 돌리는 일에서 그는 제외되었는데 이번에는 그의 차례였다).

저녁 6시 25분, 폴슨은 자신의 집무실로 돌아와 전화를 돌리기 시작했다. 용건은 간단했다. CEO들에게 워싱턴으로 와달라는 것인데, 그 목적에 대해서는 되도록 언급하기를 피했다.

IMF 행사에 참석한 클라이언트들을 위해 워싱턴 리츠칼튼호텔에 마련된 만찬에 참석하고 있던 로이드 블랭크파인은 게리 콘에게 눈짓해 자리를 구석으로 옮겼다.

"행크가 방금 전화했어. 내일 3시에 재무성으로 와달라는 거야."

"왜요?" 콘이 물었다.

"몰라."

"뭐래요?" 콘이 복잡한 표정으로 물었다,

"이유를 물었는데, 그냥 와주면 좋겠다는 거야."

"겁나네요."

"자네 그렇게 말하면서도 내심 기쁜 거 알아." 블랭크파인이 웃으며 말했다.

일요일 저녁, 켄 루이스는 샬럿의 자택에서 식사를 하려던 차에 폴슨의 전화를 받았다.

"켄, 내일 3시에 재무성 회의에 와줬으면 좋겠어." 폴슨이 아무런 설명도 없이 말했다.

"알았어요. 갈게요. 무슨 일인데요?"

"당신이 좋아하는 일일 거야." 폴슨은 루이스가 알아듣지 못하도록 애매하게 말했다.

2008년 10월 13일 월요일 아침 7시 30분, 로버트 킨들러는 로펌 왁텔 립턴의 회의실에 앉아 있었다. 수염도 깎지 않은 채 주말에 입었던 카키색 옷에 슬리퍼를 신은 그는 무척 피곤해 보였다. 지난 하루 동안 한숨도 자지 못한 상태였다. 그는 미쓰비시가 직접 인도할 예정인 수표를 받으러 이곳에 와 있었다. 존 맥이 아직 워싱턴에 있어 미쓰비시 투자 딜을 종결하는 것은 그의 몫이었다. 미쓰비시와 모든 사항에 합의했지만, 지금껏 아홉 개의 0이 붙은 수표를 본 적이 없는 그로서는 걱정이 되었다. 그런 일이 가능할지도 몰랐다. 혹시 여러 장의 수표일까?

그는 수표를 가져올 사람이 하급 직원일 것이라 생각했다. 그런데 로펌 왁텔의 안내인은 검은 양복을 입고 중역으로 보이는 미쓰비시 사람이 도착해 올라간다고 연락해 왔다.

이 말을 듣고 킨들러는 당황했다. 자신의 모습은 해변의 건달 같았다. 그는 급히 내려가 로펌 왁텔의 한 변호사에게서 양복을 빌렸다. 상의 단추를 채우는데 무엇인가 터지는 소리가 나서 보니 상의 뒷부분이 터져버렸다. 왁텔의 변호사들은 웃음을 터뜨렸다.

당도한 것은 미쓰비시도쿄UFJ 미주 법인장 나카지마 다카아키中島孝明와 대여섯 명의 직원들이었다. 그들은 딜을 종결하는 그럴듯한 의식을 기대하고 있었다.

"오시는 줄 몰랐습니다. 알았다면 존 맥을 불러 같이 맞았을 텐데요."

킨들러가 당황한 일본인들에게 사과했다.

나카지마가 봉투를 열더니 킨들러에게 수표를 건넸다. 수표에는 이렇게 쓰여 있었다.

"모건스탠리의 요구에 부응하여 지불할 것. 금 구십억 달러정 Pay Against this Check to the Order of Morgan Stanley. $ 9,000,000,000.00."

킨들러는 놀라며 손을 내밀어 한 개인이 만져본 가장 큰 금액일 그 수표를 받아들었다. 그렇게 모건스탠리는 구제되었다.

몇몇 일본인들은 수표가 잘 나오게 하여 사진을 찍기 시작했다.

"이건 커다란 명예이고, 여러분이 미국과 모건스탠리에 보인 믿음과 확신의 징표입니다. 그리고 이는 훌륭한 투자가 될 것입니다." 킨들러가 우스운 복장을 하고 정치가처럼 급조된 연설을 했다.

일본인들이 방을 나가자 킨들러는 함박웃음을 머금고 블랙베리를 들어 모건스탠리의 경영진에게 메시지를 보냈다. 정확히 오전 7시 53분이었다.

제목은 "수표 받음!!!!!!", 내용은 단 두 단어 "딜 종결!!!!!!!!"이었다.

Too Big to Fail

다시 모인 거물들

“폴슨 장관 집무실입니다. 잠깐만 기다리세요.” 비서 크리스탈 웨스트가 폴슨의 집무실 밖에서 헤드세트에 대고 말했다.

아침 8시인데 벌써 그녀는 전화의 홍수에 빠져 있었다. 사전에 내용 설명 없이 월스트리트의 ‘빅 9’을 부르겠다는 폴슨의 계획은 잘 진행되지 않았다.

빅 9의 소집

“닉 칼리오Nick Calio가 전화했어요.” 웨스트가 폴슨의 보좌관들에게 이메일을 썼다. 칼리오는 메릴린치의 수석로비스트였다. “칼리오에게는 테인 회장에게 말한 내용, 그러니까 사전에 정보를 줄 수 없지만 그가 재무성에 와야 한다는 것, 다른 CEO들도 장관에게 참석하겠다고 약속했다는 것을 이야기했어요.”

시티그룹의 로비스트인 헤더 윈게이트Heather Wingate 역시 회의 내용을 알고 싶어 전화를 걸었다. 윈게이트는 그녀의 보스인 시티그룹 부회장 루이스 케이든Lewis Kaden에게서 다음과 같은 내용의 이메일을 받았다. “폴슨 장관이 판디트 회장을 오늘 오후에 워싱턴으로 호출한 목적이 무엇인지 조속히 파악할 것. 만약 그것이 금융업체에 대한 브리핑이라면 판디트 회장은 갈 수 없음. 다른 일이라면 내용을 알아야 함.”

아, 판디트! 웨스트는 상관인 폴슨 장관이 그를 어떻게 생각하는지 잘 알았다. 이 건은 조금 어려울 것이었다.

재무성의 시니어 어드바이저인 제프리 스톨츠푸스Jeffrey Stoltzfoos도 윈게이트의 전화를 받고 즉시 동료들에게 이메일을 보냈다. “판디트가 자신이 워싱턴에 와야 할지 다른 사람을 보낼지 고민 중임. 나는 윈게이트에게 아무 말도 안 했지만 나나 재무성의 다른 사람이 시티에 전화해주겠다고 약속했음.”

폴슨의 초대를 받고 혼란스러운 것은 월스트리트 경영진만이 아니었다. 백악관도 소상한 사항에 관해서는 전혀 알지 못했다. 그래서 정책 담당 보좌관 조엘 캐플런은 “도대체 모임이 하나야, 아니면 아홉 개야”라고 묻는 이메일을 짐 윌킨슨에게 보냈다. 몇 분 뒤에 보낸 이메일에서 윌킨슨은 그 모임이 "다 모여서 하는 큰 회의이지만 일을 성사시키기 위해 나눠서 할 수도 있다"고 했다.

모든 일이 순조롭게 진행되는 것을 관리하는 것은 보좌관 웨스트의 역할이었다. 재무성에서 이뤄진 것 중에서 가장 중요한 것이 될지 모를 모임에서 조정 역할을 맡은 것이었다. 그녀는 재무성 시니어 어드바이저의 한 사람인 스태퍼드 비아Stafford Via에게 이메일을 보내 협조를 구했다. "상세한 실행 계획이 필요해요. 우선 정문의 바깥쪽과 안쪽에 사람을 배치해 참석자들을 3층으로 안내해야 해요. 그리고 작은 회의실들과 응접실을 확보해놓아야 합니다."

웨스트는 또한 비밀경호대에 연락해 사진기자들이 모이는 지점인 해밀턴플레이스를 폐쇄해달라고 했다. 사진기자들이 냄새를 맡고 온다면 이 행사는 실패로 돌아갈지도 몰랐다. 하지만 불가능하다는 응답이 돌아왔다.

오전 9시 19분, 웨스트는 아홉 CEO들의 보좌관들에게 이메일을 보냈다. 참석자들이 15번가와 해밀턴플레이스의 교차점에서 차에서 내린 다음의 절차를 설명한 내용이었다. "해밀턴플레이스를 걸어서 출입구로 들어와야 하며, 사진이 있는 신분증(운전면허증도 가능)을 보여야 합니다." 메일을 보내고 웨스트는 한 가지 빠뜨린 것이 있음을 깨달았다. 모든 참석자들의 생년월일과 사회보장번호social security number를 파악했는데 켄 루이스의 것만 빼놓았던 것이다. 이를 비밀경호대에 통보해야 했기 때문에 웨스트는 루이스의 사무실에 세 번이나 전화했으나 그는 자리에 없었다. 결국 자택에 전화해 그의 아내에게서 파악한 다음 그런 사실을 루이스의 비서에게 통보했다.

그런데 재무성 비밀회의의 정보가 새기 시작했다. "제 초대장은 분실한 모양이지요." 독립공동체은행협회Independent Community Bankers of America 회장인 캠 파인Cam Fine이 재무성 직원 젭 메이슨Jeb Mason에게 이메일을 보냈다. "우리는 약 5,000개 은행을 대표하는 자산 총계 1조 달러가 넘는 조직입니다." 그는 이렇게 쓰고 웃는 모양의 이모티콘을 넣었다. "젭, 좀 웃으라고 한 이야기야."

웨스트의 노력에도 불구하고 혼란은 계속되었다. 가이트너의 공보 담당 보좌관 캘빈 미첼은 윌킨슨에게 이메일을 보냈다. "3시 회합에 참가하는 사람들 목록 있어? 아직도 누가 참석하는지 확정되지 않았어?"

회의가 시작되기 한 시간 전까지도 참가 예정인 CEO들은 회합의 목적을 알고 싶어 했다. "3시 모임에서 무슨 주제가 다뤄지는지 알아? 테인이 물어. 그리고 회의실 번호는? 15분 뒤에 테인에게 보고해야 해." 메릴린치의 정부 관계 담당자 스티븐 베리Steven Berry가 윌킨슨에게 보낸 이메일 내용이었다.

두 시가 조금 지나 버냉키와 가이트너, 베어 세 사람이 폴슨의 집무실에 모였다. 회의가 시작되기 전에 네 사람이 생각을 맞춰볼 마지막 기회였다. 폴슨은 셔츠 소매를 말아 올리고 늘 그렇듯이 구석에 놓인 의자에 다리를 뻗을 수 있는 공간을 차지하고 앉아 있었다. 가이트너는 폴슨 곁에 앉고, 베어는 파란색 벨벳 소파에 앉았다. 그리고 버냉키는 폴슨의 맞은편 의자에 앉았다. 이 네 사람은 이제 폴슨 자신이 "상상할 수도 없는" 일이라고 말했던 것을 하고자 했다. 모두의 얼굴에는 긴장감이 감돌고, 폴슨은 고통스러운 표정을 짓고 있었다.

"좋아. 모두 요약문 봤지요? 하나하나 짚어봅시다." 폴슨이 흔드는 종이에는 몇 개의 항목이 나열되어 있었다.

우선 폴슨은 참석자들을 모두 소개하고, 그다음으로 프로그램의 세 구성 요소, 즉 기업어음, FDIC, TARP에 관해 개요를 설명할 예정이었다. 이 중에서 TARP에는 '구제'라는, 폴슨이 싫어하는 딱지가 조만간 붙을 것이었다.

"그러고 나서 두 사람에게 넘길 겁니다." 폴슨이 버냉키와 가이트너를 보며 말했다. 두 사람은 기업어음에 관한 부분에 대해 하게 될 말을 연습했다. "그러면 이어서 실라가 말할 겁니다." 이렇게 말하면서도 폴슨은 융자 보호 프로그램에 관해 어젯밤까지도 불평했던 실라 베어가 못마땅했다.

마침내 그들은 핵심적인 조항에 이르렀다. 그것은 마치 일반 시민들에게 후생보조금을 주는 것과 유사하게 미국의 큰 은행들에게 자금을 공여하는 것이었다. 폴슨은 중요한 부분의 문장을 소리 내서 읽었다. "이 프로그램은 금융계에서의 광범위한 참가를 권유하기 위해서 모든 자격이 있는 금융기관에 동동한 조건으로 정부가 자금을 공여하고자 하는 것입니다. 우리는 내일 이 프로그램을 공포할 것인데, 여기에 참가한 아홉 개 회사가 일차적으로 참가해주기를 바랍니다. 우리는 이 자리에 참석한 아홉 개 은행이 건전한 상태인데도 국가경제를 위해 참가하는 것이라는 점을 분명히 말할 것입니다."

네 사람은 모두 이 마지막 문장이 현실이 아니라 희망을 말하는 것임을 알았다. 사실 버냉키와 가이트너는 그날 아침 TARP 자금으로 그중 하나인 시티그룹만이라도 제대로 구제할 수 있을지 모르겠다는 말을 했었다. 가이트너는 지난 몇 주간 시티가 그다음으로 쓰러질 것이라고 생각해왔던 것이다.

이어 그들은 가이트너와 폴슨이 하루 내내 논의하던 질문에 도달했다. TARP 프로그램에 대한 참여를 얼마나 강하게 요구할 것인가 하는 문제였다. 이 논의에서 가이트너는 폴슨을 설득해 참가를 거의 필수로 하는 것으로 방향을 잡았다. "더 강한 언어를 써야 합니다. 참가를 선택이 아닌 필수로 만들어야 해요." 가이트너가 주장했고 폴슨도 동의했다.

결국 새로운 연설문 표현에는 가이트너의 요구가 반영되었다. "이 프로그램은 은행 부채의 정부 보증과 공적자금 투입을 결합한 복합적인 것입니다. 여러분은 이 두 부분 모두를 받아들여야 합니다. 그리고 우리는 이 프로그램에 대한 참가 여부가 선택적이라고 생각하지 않습니다. 여기에 참가하지 않는 은행은 취약해지고 위험에 노출될 수 있습니다."

그리고 마지막으로 못을 박는 문장이 있었다. "여러분이 이 자본 투입에 매력을 느끼지 못하고 참가하지 않더라도 규제 당국은 결국 그것을 요구할 것입니다."

네 사람은 어느 CEO가 저항할 것인지 따져봤다. 시티의 판디트가 조금 어려울지 모르나 결국 받아들일 것이라 생각했다. JP모건의 다이먼은 문제가 없었다. 골드만의 블랭크파인은 조금 불만스러워 하겠지만 방해가 되지는 않을 것이었다. 모건스탠리의 맥은 돈이 필요하니 쉬울 것으로 보였다. 뱅크오브아메리카의 루이스가 조금 저항할지 몰랐다. 그런데 판단이 서지 않는 와일드카드가 웰스파고의 딕 코바체비치였다. 그가 장애물이 될 것인가?

폴슨은 우선 그를 회의에 부르는 것이 얼마나 어려웠는지 털어놓았다. "그 인간 비행기에 태우느라 힘들었어." 폴슨이 말하자 다른 세 사람이 웃음과 놀라움이 섞인 반응을 보였다. "이거 봐요. 재무장관과 연준 의장, FDIC 의장이 당신을 보고 싶어 하니 와야 해요." 폴슨이 자신이 했던 말을 반복하자 모두 웃음을 터뜨렸다. 그러고는 바로 하던 일로 다시 돌아왔다.

"그리고 데이비드가 자세한 수치를 발표할 겁니다." 폴슨이 데이비드 네이슨을 가리키며 말했다. "그러고 나서 밥 호이트가 컴프 이슈를 다룰 거예요." 컴프 이슈란 금융계에서 쓰는 말로, 말이 많은 보수compensation 문제를 가리킨다.

그 이후에 CEO들은 분리된 방으로 각자 흩어질 것이었다. 폴슨이 설명을 이어갔다. "그들에게 생각할 시간을 줄 겁니다. 그들은 회사의 이사진과 상의할 수도 있고 우리에게 질문할 수도 있어요. 그러고 나서 6시 반에 다시 모이게 됩니다."

"잘되기를 바랍시다." 방에 모인 사람들이 회의실로 가기 위해 일어설 때 폴슨이 말했다. 이 시간은 그들의 경력에서 역사적인 회의 중 하나로 기억될 것이었다.

한편 재무성 밖에서는 회의를 강력하게 통제하는 것이 점점 더 어려워지고 있었다. 제이미 다이먼이 45분이나 미리 와서 해밀턴플레이스를 유유자적 걷자 사진기자들이 카메라 셔터를 눌러댔다. 밖에서 행사 정리를 돕던 한 직원은 "다이먼이 불시에 잡혔다"며 스마트폰으로 메시지를 보냈다. 다이먼이 도착하고 10분 뒤에 론 벨러가 도착했고 맥과 판디트가 몇 분 뒤 들어섰다. 2시 53분이 되어도 루이스의 모습은 보이지 않았다. 결국 그가 5분 전에 도착했을 때 걱정에 차 있던 웨스트는 그를 장관 전용 문으로 안내할 수밖에 없었다.

2시 59분, 크리스털 웨스트는 폴슨 장관에게 메시지를 보냈다. "다 모였습니다."

재무장관 회의실의 중심에는 번쩍이는 7미터짜리 마호가니 테이블이 자리 잡고 있었다. 테이블의 한쪽 벽에는 길버트 스튜어트가 그린 조지 워싱턴의 초상화가 걸려 있고, 다른 편에는 링컨 시절의 재무장관으로서 미국 화폐에 '우리는 신을 믿는다In God We Trust'라는 문구를 넣은 것으로 유명한 새먼 체이스Salmon Chase의 초상화가 걸려 있었다. 장미와 수목을 그린 천정에는 가스등이 달린 다섯 개의 샹들리에가 빛났다. 가죽과 마호가니로 된 스무 개의 의자등에는 달러 모양을 한 문양이 새겨져 있었다.

이미 아홉 명의 CEO들은 알파벳순으로 정렬된 이름표 뒤에 앉아 있었다. 이윽고 폴슨과 가이트너, 버냉키, 베어가 들어왔다. 미국을 대표하는 9개 금융기관의 CEO들과 그들을 규제하는 최고 관리들이 한자리에 모인 것은 처음 있는 일이었다.

루비콘을 건너 국유화로

"짧은 통지에도 워싱턴까지 와주셔서 감사합니다." 폴슨은 지금껏 몇 주 동안 그들과 개인적으로 많은 말을 나눴지만, 이번에는 공식적이고 심각한 어조로 입을 열었다. "벤, 실라, 팀 그리고 제가 오늘 오후 여러분을 모신 것은 미국 금융 시스템이 받고 있는 압박을 제거하기 위해 결정적인 행동을 취할 필요가 있다는 데 모두 공감했기 때문입니다."

폴슨의 건너편에 앉아 있던 블랭크파인의 표정은 심각해졌고, 루이스는 이야기를 더 잘 듣기 위해 몸을 앞으로 숙였다.

"지난 며칠 동안 우리는 이 혼란을 없애기 위해 세 부분으로 구성된 정책 프로그램을 만드는 데 온 힘을 기울였습니다."

폴슨의 말에 이어 가이트너와 버냉키가 기업어음에 관한 새로운 정책을 이야기하고, 이어서 베어가 은행 부채를 보증하는 FDIC의 계획을 설명했다. 그리고 폴슨이 TARP 계획을 공개했다.

"이 새로운 프로그램에 따라 재무성은 연말까지 2,500억 달러어치의 은행 또는 저축금융기관의 우선주를 사들일 계획입니다. 현재 금융 시스템은 돈을 필요로 하므로 이 공적자금 투입이 도움이 될 것입니다. 그래서 우리는 여기에 모인 9개 금융회사가 참여해주기를 바랍니다." 폴슨의 어조는 엄숙했다.

자금은 동일한 조건으로 공여될 것이며, 큰 은행들이 그 돈을 다시 작은 은행들에 융통해달라는 것이 폴슨의 설명이었다. "이 일은 금융 시스템에 대한 신뢰를 회복시키는 것이 목적입니다. 여러분이 그 신뢰의 열쇠입니다."

"우리는 이런 조치를 취하게 된 것을 유감으로 생각합니다." 폴슨은 이렇게 말하고 그 자리에 참석한 금융회사들이 원하든 원하지 않든 프로그램에 참가해달라고 했다. "하지만 한 가지만 분명하게 말하겠습니다. 만약에 이 프로그램을 원하지 않거나 시장에서 자금을 동원할 수 있다는 이유로 참가하지 않는다면, 다음에 곤란에 빠질 때 돕기는 하겠지만 그 조건은 매우 엄격할 것입니다."

모인 사람들은 놀라서 말을 하지 못했다. 그들에게 충격과 두려움을 주는 것을 노렸다면, 그 전술은 제대로 먹혀들었다고 볼 수 있었다.

"이는 우리가 국가를 위해서 하는 옳은 일입니다." 폴슨이 마침표를 찍었다.

이어 가이트너가 각 은행이 받아들일 액수를 알파벳순으로 발표했다. 뱅크오브아메리카 250억, 시티그룹 250억, 골드만삭스 100억, JP모건 250억, 모건스탠리 100억, 스테이트스트리트 100억, 웰스파고 250억.

"그래서 어디에 서명할까요?" 다이먼이 실내의 긴장을 풀려고 농담 삼아 말하자 웃음이 번졌다. 그래도 긴장은 풀리지 않았다. 자신들을 그 자리에 불러 모은 목적의 중대성을 알았기 때문이다.

오후 3시 19분, 윌킨슨의 블랙베리로 백악관의 조엘 캐플런의 이메일이 도착했다. "빨리 알려줘. 반응은 어때?" 캐플런은 대통령에게 무엇인가 보고해야 할 입장이었다.

그러나 그 시점에서 윌킨슨은 반응의 향방을 아직 알 수 없었다.

웰스파고의 딕 코바체비치는 그런 최후통첩을 받은 것이 못마땅했다. 그는 우선 일반 비행기를 타고 그가 경멸하는 워싱턴으로 날아와 자신이 원하지도 않는 정부의 돈을 받으라는 것이 불쾌했다. 더구나 이 월스트리트의 카우보이 놈들을 돕기 위해서라니 말이다.

"저는 뉴욕에 계신 여러분처럼 멋진 금융상품도 팔지 않았어요. 제가 왜 여기 앉아 금융 구제에 관한 이야기를 들어야 합니까?" 그가 비웃듯이 말했다.

이 말에 잠시 침묵이 흐르더니 갑자기 벌집을 쑤신 듯이 사람들이 서로 이야기하며 떠들어댔다. 그러자 폴슨이 이를 제지하고 코바체비치를 노려보며 말했다.

"당신의 규제 담당자가 바로 건너편에 앉아 있어요." 실제로 코바체비치의 맞은편에는 통화감사원장 존 듀건과 FDIC 총재 실라 베어가 앉아 있었다. "당신이 그렇게 나온다면 내일 전화가 올 겁니다. 그래서 웰스파고가 자본준비가 부족함을 지적하고 결국 시장에서 자본을 조달하지 못하게 될 겁니다."

이때 존 테인이 다른 질문을 했다. "임원들의 보수에 변화가 생긴다면 정부는 어떤 보호를 해줄 겁니까?"

메릴린치를 인수함으로써 테인의 보스가 된 뱅크오브아메리카의 켄 루이스는 테인의 뻔뻔한 질문에 내심 놀랐다. 하지만 이는 참석한 모든 이들이 알고 싶어 한 것이었다. 정부가 소급해서 임원들의 보수를 조정하지는 않을까? 시민들로부터 격렬한 저항이 일어난다면 어떤 일이 일어날까? 결국 정부는 그 회사들의 우선주를 소유하는 주주가 될 것이었다.

재무성의 수석법률고문인 밥 호이트가 질문에 대답했다. "재무성으로서는 일방적으로 보수에 관한 정책을 바꿀 생각이 없습니다. 하지만 의회가 법을 바꾼다면 그에 대해서는 보호를 할 수가 없습니다."

대화를 지켜보던 켄 루이스가 방향을 잡아야겠다고 생각했다. "제가 세 가지만 말하겠습니다. 첫째, 이 프로그램에는 당연히 좋은 면도 있고 나쁜 면도 있어요. 하지만 현재의 시장 상황에 비춰볼 때 불확실성에 대한 건전한 우려를 하지 않는다면 우리는 정상이 아닙니다. 둘째, 우리가 보수에 관해서 이야기하느라 1초라도 허비한다면 우리는 정신이 나간 거예요. 셋째, 이에 대해 더 왈가왈부할 필요가 없다고 봅니다. 우리가 결국 서명할 거라는 건 다 알고 있어요."

코바체비치는 여전히 동요하는 마음으로 앉아 있었다. '이건 사실상 사회주의가 아닌가?'

이때 버냉키가 입을 열자 실내가 조용해졌다. "이 문제에 왜 이런 긴장이 있어야 하는지 이해가 안 됩니다." 그는 대학교수 같은 어투로 미국이 대공황 이후 최대의 위기를 맞고 있으며 따라서 '공동의 선'을 위해 행동할 때라고 호소했다. "우리가 압력을 가하거나 밀어붙이는 게 아닙니다."

버냉키가 이 말을 할 때 폴슨은 속으로 생각했다. '아니 맞아. 나는 지금 밀어붙이는 거야.'

내내 조용하던 존 맥이 갑자기 가이트너를 향해 말했다. "종이 주세요." 이 말과 함께 그는 펜을 꺼내 들어 문서에 서명하고 가이트너 쪽으로 휙 던지며 말했다. "끝!" 폴슨이 구제라고 부르기 꺼리는 그것에 아무 생각 없이 서명한 것이었다.

"그런데 이름을 안 썼네요." 가이트너가 지적했다. "당신이 써넣어요." 맥이 되받자 가이트너가 대문자로 'MORGAN STANLEY'라고 썼다. "금액도 안 썼어요." 가이트너가 불만스러워하며 말했다.

"100억이에요." 맥이 시큰둥하게 대답했다.

이를 보던 테인이 어리둥절해 맥을 보더니 입을 열었다. "당신 이사회 의견도 듣지 않고 그렇게 해도 돼?"

"왜 안 돼? 우리 이사회는 지금 24시간 비상대기하고 있어. 이사회는 내 의사를 따를 거야. 그렇지 않으면 나는 잘리는 거고."

블랭크파인도 이사회와 논의해 봐야겠다고 했다. "이사회 동의 없이 내가 이걸 서명할 권한이 없다고 생각해요." 그러자 다른 이들도 같은 생각이라고 했다.

이에 다이먼은 자리에서 일어나 창가로 갔다. 거기서 전화로 이사회를 소집할 심산이었다. 비서를 부른 그는 이사들에게 연락해서 전화회의로 이사회를 모으라고 지시했다. 다른 CEO들도 각자에게 배정된 방으로 가서 회사에 연락하기 시작했다.

오후 4시 1분에 윌킨슨은 마침내 백악관의 캐플런에게 연락했다. "하나만 빼고 다 동의했어. 이 일은 성공할 거야." 그 하나는 웰스파고였다.

복도에서는 시티의 판디트가 미소가 가득한 얼굴로 전화에 대고 말을 하고 있었다. "우리 문제 해결됐어. 재무성이 250억을 준대. 이건 보증된 거야." 그는 마치 복권에 당첨된 것 같은 분위기였다.

이미 서명을 해버린 맥은 모건스탠리 이사 로이 보스톡Roy Bostock에게 전화했다. 자신이 즉흥적으로 서명해버린 것을 그에게 설명하고 다른 이사들의 이해를 구해달라고 부탁하려는 것이었다.

"자네한테 먼저 알릴 게 있어. 한 20분 이내에 전화로 이사회를 열 거야. 안건은 TARP에서 100억을 받는 건데. 문제는 내가 이미 서명했다는 거야."

보스톡은 맥이 원하는 것이 무엇인지 알았다. "이해해. 이사회가 굴러가는 바퀴에 도끼를 던지는 일은 없을 거야."

전화로 모건스탠리의 이사회가 시작되자 보스톡이 대뜸 서두를 끊었다. "존, 말을 들어보니 우리로서는 당신이 서명하는 것 외에는 다른 대안이 없는 것 같아요. 옳은 일을 한 겁니다." 그리고 그는 전화로 투표가 시작될 즈음에 이렇게 선언했다. "저는 찬성입니다."

한편 전화로 소집된 이사회에서 자신의 의견을 말하는 다이먼의 표정은 어두웠다. "이것이 JP모건에 득이 되는 일은 아닙니다." 그 돈이 JP모건보다 약한 은행들이 따라오는 데 도움이 될 것이라는 말이었다. "그래도 지금은 우리가 이기적인 생각을 할 때가 아닙니다. 재무성이 하는 일을 방해할 수는 없어요."

오후 5시 38분, 서명된 문서들을 모으던 밥 호이트가 팀원들에게 이메일을 보냈다. "다섯 개 확보. 나머지 네 개."

폴슨과 가이트너, 버냉키, 베어 네 사람은 폴슨의 집무실에서 기다리고 있었다. 코바체비치의 불평을 제외하면 회의는 생각보다 순조롭게 진행되었다. 이로써 그들은 미국의 금융 시스템을 국유화한 것이고, 그 대신에 누군가 구급차로 실려 나갈 일은 없어졌다. 깊은 생각을 할 때면 늘 그렇듯이 손가락을 배 위에서 굴리던 폴슨은 자신이 한 일이 여전히 믿기지 않았다.

그는 방금 대통령 후보 버락 오바마와 통화를 마쳤다. 오하이오 주 톨레도에서 경제와 관련된 내용의 유세를 마친 오바마에게 현안을 설명했다. 존 매케인에게도 전화했으나 연결되지 않았다.

6시 23분, 윌킨슨이 팀원들에게 이메일을 보냈다. "아홉 개 중 여덟 개 확보. 스테이트스트리트는 현재 이사회 대기 중. 기본적으로 성공."

그리고 2분 뒤인 6시 25분, 윌킨슨이 최후의 승전보를 보냈다. "아홉 개 모두 확보."

백악관에 있던 캐플런이 답신을 보냈다. "굉장하다."

데이비드 네이슨이 서명된 문서들을 들고 폴슨에게 왔다.

장관과 여러 명의 보좌진이 그 중요한 순간을 축하하는 동안 네이슨은 장관 집무실 입구에 서 있었다.

"우리는 막 루비콘 강을 건넜습니다." 네이슨이 말했다.

에필로그

약 2개월 정도의 기간에 월스트리트와 세계 금융 시스템은 몰라볼 정도로 변화했다. 미국의 5대 투자은행은 파산하거나 팔리거나 은행지주회사로 변모했다. 두 개의 거대한 모기지 융자기관과 세계 최대 보험회사는 연방정부의 통제를 받게 되었다. 2008년 10월 상순, 미국 대통령의 만년필이 한 번 움직임으로써 미국이 자랑하던 금융회사들이 재무성, 즉 납세자들을 주주로 받아들였다. 과거에는 생각할 수도 없던 금융 구제였다.

그러나 워싱턴에서 월스트리트로 수백억 달러의 돈을 보내는 것으로는 금융시장의 혼란을 막지 못했다. 금융 구제책은 시장에서 신뢰를 회복시키지 못하고 그 반대의 효과를 냈다. 존 메이너드 케인스John Maynard Keynes가 '동물적 정신'이라고 불렀던 투자자들의 감정과 상상력은 거칠게 반응했다. 대통령이 TARP법안에 서명하고 나서도 다우존스지수는 37퍼센트까지 줄어들었다.

그러나 이것보다 더 큰 파장이 남아 있었다. 이는 월스트리트에서 매일같이 벌어지는 드라마의 구체적인 결과보다도 더 큰 것으로서 미국인의 정신에 심대한 영향을 끼쳤다. 구제안에 따라 첫 번째로 공적자금이 금융기관에 투입되고 며칠 또는 몇 주 지나지 않아 미국 사회에는 커다란 논쟁이 시작되었다. 즉, 금융시장에서의 이 큰 파국이 자본주의의 미래에 시사하는 것은 무엇이며, 경제 부문에서 정부의 역할은 무엇이고, 그것이 영구적으로 바뀌어버린 것인가 하는 문제에 대한 논쟁이었다.

이로부터 약 1년 뒤에 이 질문들은 국가적 논쟁의 화두가 되었다. 이 책이 출판될 즈음에는 미국 사회에 사회주의가 침투하고 있다는 주장이 섞인 요란한 논쟁이 벌어지고, 정부의 역할에 대한 논란이 월스트리트에 국한되지 않고 미국 사회를 떠받치는 큰 부분들인 디트로이트의 자동차 산업과 의료보장제도로까지 번졌다(은행 구제에 이어 연방정부는 양대 자동차회사인 제너럴모터스와 크라이슬러의 파산에 따른 구조조정에 수십억 달러를 투입했다). 워싱턴은 또 공적자금을 받은 기업의 보수를 감독하는 관리를 파견하기도 했는데, 사람들은 그를 '봉급황제pay zar'라고 부르기도 했다.

연방정부가 이렇게 시장에 개입하고, 더구나 공화당 출신 대통령이 시장에 직접 손을 대는 사태가 벌어지자 전통적인 정치적 신념들은 거꾸로 뒤집히고 말았다. "정부의 개입은 정부에 의한 점령이 아닙니다. 그 목적은 자유시장을 약화하는 것이 아닙니다. 오히려 자유시장을 지켜내기 위한 것입니다." 2008년 10월 17일, 부시 대통령이 비판에 대응해 한 말이었다.

부시의 말은 자신의 행정부 그리고 그다음 정권에서 행해진 금융 구제의 패러독스를 잘 요약하는 말이었다. 즉, 자유시장도 때로는 덜 자유로워야 한다는 것이었다.

행크 폴슨이 주도한 TARP는 어쩌면 그가 너무 적극적으로 추진해 역작용이 있었는지 모른다. 그 프로그램은 기본적으로 금융 시스템을 안정시키고 더 악화되는 것을 막는 것이 목적이었지만, 정치가들과 투표권자들에게 소개하는 과정에서 경제 회생 프로그램처럼 포장되어버렸다.

일반 소비자나 중소기업 경영자의 시각에서 보면 신용시장의 기능은 전혀 회복되지 않았다. 은행들을 구제하느라 수백억 달러의 세금이 쓰였는데도 많은 미국인은 주택담보융자나 신용거래를 확보할 수 없었다. 그들이 볼 때 약속된 경제의 회생은 일어나지 않았다.

한편 수백억 달러가 투입되었는데도 미국을 대표하는 은행들은 계속 휘청거렸다. 금융위기 전에 미국에서 가장 큰 은행이었던 시티그룹은 재무성 직원들의 표현대로 '죽은 별'이 되어버렸다. 원래의 TARP 자금 250억을 공급한 뒤에도 재무성은 다음 달인 11월에 추가로 200억 달러를 공급하고 수천억 달러에 이르는 시티의 자산에 보증을 서야 했다. 이어 2009년 2월에 정부는 시티의 지분을 8퍼센트에서 36퍼센트로 늘렸다. 10년 전에 시장 민영화의 선봉에 서 있던 이 은행에 이제는 국민이 3분의 1 이상의 지분을 갖게 된 것이다.

또한 은행 구제안을 지지하던 사람들마저 정부가 책임을 온전히 다했는지 의구심을 품게 한 합병안이 있었는데, 이에 대해서는 엄청난 논쟁이 벌어졌다.

그것은 바로 뱅크오브아메리카와 메릴린치의 합병으로서, 이는 2009년 초에 들어 국가적 논쟁의 소용돌이에 휩싸였다. 이미 TARP 자금을 받았는데도 추가로 200억 달러를 정부에 요구한 것이 계기가 되었다. 폴슨 장관은 이를 "펀치볼 그릇에 든 똥"이라고 표현했다. 합병이 이뤄지기 직전에 메릴린치가 직원들에게 보너스로 수십억 달러를 써버린 사실이 그 이후 드러났다. 시민들이 격노하는 가운데 수차례 조사와 청문회가 이뤄지고, 그 과정에서 정부와 금융기관들 사이에 있었던 은밀한 협상들이 밝혀졌다.

2008년 9월의 메릴린치와 뱅크오브아메리카의 합병은 메릴린치를 구하기 위한 것이었다. 그러나 협상안이 종결되기까지 몇 개월이 걸리면서 메릴린치의 사정은 악화되었다. 증권 거래 손실이 부풀어 오르고, 자산관리 비즈니스가 약화되었으며, 보유 자산 가치를 평가절하해야 했다. 그러나 이런 어려운 사정은 외부에 알려지지 않았고, 12월 5일에 두 회사의 이사회는 각각 합병안을 승인했다.

뱅크오브아메리카의 루이스는 막후에서 합병안을 취소하려고 했지만, 폴슨과 버냉키가 계속 밀고 나가도록 압력을 가했다.

이런 드라마의 자세한 내막이 흘러나오자 존 테인은 금세 희생자가 되었다. 루이스가 테인을 자리에서 내쫓았던 것이다. 테인은 곧 메릴린치를 구한 영웅에서 문제의 근원으로 전락했다. 뱅크오브아메리카는 사정을 알면서도 외부에 공개하지 않았다.

테인에게 쏠리는 비판이 더 거세진 것은 그가 물러나는 메릴린치 이사회에 무려 4,000만 달러의 보너스를 요구한 것이 알려지면서였다. 당시 회사의 인사 책임자이자 이사회의 보수 담당 위원장이던 존 피네건은 이 요구를 듣고 "정신 나간 일"이라고 치부해버렸다. 테인은 나중에 이 일에 관해 전혀 모른다고 잡아뗐으나, 조사가 이 문제에 미치자 보너스에 대한 일체의 요구를 철회했다.

하지만 시민들의 반발이 더욱 몰린 것은 AIG였다. AIG는 모두의 예상을 넘어서는 거대한 짐이 되었다. 납세자들 주머니에서 나온 첫 구제자금 850억 달러로 문제가 해결되지 않더니, 결국 정부 구제는 1,800억 달러에 이르렀다. 가이트너는 AIG에 준 초기의 융자가 완전히 담보되어 있다고 했으나, 이는 신용이 나쁘고 갚을 돈이 없는 가계에 모기지 업자가 준 융자보다도 더 허술한 투자임이 드러났다.

AIG의 주인이 납세자들이 된 이상, AIG가 캘리포니아에서 개최한 보험 에이전트들의 휴양교육 행사에 쓴 44만 달러, 영국에서 메추라기 사냥에 8만 6,000달러를 쓴 일 등을 놓고 국회의원들이 맹공격할 수밖에 없었다. 그러나 가장 뜨거운 분노의 표적은 AIG 임원들의 보너스에 수백만 달러가 쓰였다는 보고였다. 시위대가 AIG 사옥과 임원들 자택으로 몰려갔다. 대통령에 당선된 오바마는 "자신들의 회사를 구제해준 납세자들에게 그들은 뭐라고 그 부정행위를 변명할 것인가" 하며 개탄했다. 짐 크레이머는 자신의 프로그램에서 "우리는 그들을 슈퍼마켓이든 야구장이든 어디에서라도 찾아내야 한다"고 큰 소리로 외쳤다.

비판이 광범위하게 퍼지면서 AIG는 회사를 어떻게 운영해야 할지 딜레마에 빠지게 되었다. 자금 집행에서 여론을 따를 것인가, 아니면 본래대로 수익을 추구할 것인가? AIG의 새 CEO로 선임된 에드워드 리디는 이 두 가지 목표 사이에서 좌절해 11개월 만에 스스로 물러났다.

한편으로 구제자금을 어떻게 쓸 것인가 하는 문제도 제기되었다. AIG에 들어간 구제자금의 4분의 1은 즉시 AIG를 떠나 골드만삭스와 메릴린치, 도이체방크로 이체되었다. 이들이 AIG가 판 CDS를 보유하고 증권 대여 프로그램에 관여하고 있어 AIG로부터 즉시 받을 돈이 있었기 때문이다. 이런 돈의 흐름은 폴슨의 구제안이 월스트리트가 월스트리트를 구하는 데 쓰인다고 주장한 비평가들의 공격에 좋은 근거가 되었다(외국 정부가 구제안에 참여하지 않았는데도 구제자금의 일부가 도이체방크와 같은 외국 금융기관에 흘러들어 간 것이 비판의 강도를 줄이는 데 도움이 되지 않았다).

특히 AIG에서 가장 많은 돈을 받은 것은 골드만삭스로서, 그 액수가 129억 달러에 이르렀다. 이는 폴슨을 비롯한 '골드만 동창생'들이 AIG라는 인형을 뒤에서 조종한 것이라는 음모설을 키웠고, 일반인들의 분노는 더욱 커져갔다. 특히 이 일에서 골드만과 AIG의 관계는 일부 사람들(그들은 재무성을 '거번먼트삭스'라고 불렀다)이 주장하는 음모설, 즉 재무성이 리먼을 구하지 않고 AIG를 구한 이유가 바로 여기에 있다는 주장을 그럴듯하게 만들었다.

자신들이 AIG의 구제금융에서 혜택을 받았다는 주장에 대해 골드만은, 자신들은 보험회사와의 거래에서 늘 '완전한 담보와 헤지'를 유지해온 덕분이라고 주장했다(공정하게 말해 골드만은 사실 그랬다. 그리고 129억 달러라는 수치도 오해의 소지가 있는 것으로서, 그중 48억 달러는 골드만이 보유하던 증권 대금이었다). 그렇다고 골드만은 AIG 구제에서 실현한 기득권이 없다고 말할 수 없었다. 하지만 실상은 언론이 전한 것보다 더 복잡했다.

이런 오보는 계속해서 확대재생산되며 진실을 가렸다. 사실 폴슨은 AIG 구제와는 거리가 멀었다. 이는 가이트너가 지휘한 것이고 재무성의 댄 제스터가 실행에 일부 참여했다. 잘 알려져 있지 않지만, 가이트너는 폴슨 못지않게 딜메이킹에 적극적이었다.

골드만에 대한 음모설과 이야기는 점차 무성해졌다. 주간지 《뉴욕》은 "골드만은 악인가Is Goldman Evil?"라는 표지기사를 실었다. 맷 테이비Matt Taibbi라는 작가는 《롤링스톤스》에 기고한 글에서 "인류의 얼굴에 들러붙어 돈 냄새가 나는 것이라면 무자비하게 흡착판으로 빨아들이는 거대한 흡혈귀 문어"라고 골드만을 묘사해 이 표현이 유행하기도 했다.

TARP 자금이 투입되고 수개월 뒤 골드만삭스는 2009년 상반기 수익을 52억 달러로 발표했다. 6월에는 TARP 자금 100억 달러를 상환했으며, 7월에는 11억 달러어치의 전환사채를 다시 사들였다. 골드만은 위기를 통해 은행지주회사로 바뀌었지만, 이제 비즈니스는 정상으로 돌아왔다.

골드만의 성공이 던지는 질문은 다른 금융회사들에도 적용될 수 있다.

그것은 정부와 시민들이 암묵적으로 금융회사들의 비즈니스를 보증하는 상황에서 그 회사들이 리스크를 취하며 엄청난 수익을 낸다면 규제 당국은 이에 어떻게 대응할 것인가이다. 실제로 2009년 2사분기에 골드만의 상정 가능한 최대손실가능액Value-at-Risk: VaR은 2억 4,500만 달러라는 기록적인 액수에 이르렀다(전년 동기에는 1억 8,400만 달러였다). 골드만의 증권 거래는 아직 수익을 보이고 있지만, 이것이 잘못된다면 어떻게 하겠는가? 좋든 싫든 골드만과 같은 큰 금융회사들은 쓰러지도록 내버려두기에 너무나 크지 않은가too big to fail?

금융위기는 피할 수 있었는가? 이는 1조 1,000억 달러짜리 질문이다. 이 위기에서 금융회사들을 구제하는 데 그 액수가 들어갔기 때문이다.

질문에 대한 대답은 '어쩌면'일 것이다. 금융위기를 막기 위한 선제공격이 2006년 봄 헨리 폴슨이 재무장관으로 취임하기 훨씬 이전에 시작되었다면 피할 수 있었을지도 모른다. 하지만 재앙의 씨앗은 훨씬 이전에 심어졌다. 1990년대 말의 은행 규제 완화, 주택 소유를 권장하는 정책과 이에 따른 담보대출 완화, 역사적으로 낮은 이자율과 이것이 초래한 유동성 버블, 단기적인 리스크성 사업을 부추기는 월스트리트의 보수체계 등이 바로 그 씨앗들이다. 이들이 한꺼번에 꽃을 피우면서 거대한 위기로 발전했던 것이다.

신용위기의 조짐이 처음 나타났을 때는 이미 충돌을 피하기에 늦었던 것인지 모른다. 대규모 시장 교정 조치가 불가피한 것으로 보였기 때문이다. 그 단계에서 폐해를 최소화할 수 있는 조치들이 취해질 수 있었는지는 생각해볼 수 있다. 폴슨은 부시 행정부의 재무장관으로 취임하던 2006년 여름에 이미 금융시장의 문제를 예견했다. 마찬가지로 뉴욕연방준비은행 총재 팀 가이트너도 금융시장이 세계적 차원에서 서로 연결되어 있어서 패닉에 취약하다고 이미 몇 년 전부터 경고해왔다. 이런 사람들이 위기에 더 잘 대비할 수 있었을까?

폴슨 장관의 경우 문제가 있는 투자은행들을 제어할 수 있는 권한을 정부가 가져야 한다는 주장을 수개월간 제기했다. 그는 이를 의회에 직접적으로 주장하지는 않았지만, 했다 하더라도 정책이 될 가능성은 낮았다. 슬프게도 워싱턴이라는 곳은 위기가 눈앞에 닥치기 전에는 이를 무시하는 것이 현실이다.

이는 더 예민한 질문으로 이어진다. 일단 위기가 불가피해진 상태에서 정부는 이를 완화했는가, 아니면 악화시켰는가?

물론 정부가 팔짱을 끼고 거대 금융회사들이 차례로 파산하는 것을 보고만 있었다면, 그 결과는 실제로 발생한 사태를 넘어선 대파국이었을 것이다. 그러나 동시에 폴슨과 버냉키, 가이트너를 포함한 연방정부 관리들이 일관성이 결여된 의사결정을 함으로써 시장의 동요에 일조한 면이 있다는 것도 부정할 수 없다. 그들은 베어스턴스에 안전망을 제공하고 패니메니와 프레디맥의 붕괴를 막았다. 하지만 AIG를 구하겠다는 일념에 리먼브러더스의 파산을 막지 않았다. 여기에 어떤 패턴이 있었던가? 어떤 원칙이 작동했던가? 사실 거기에는 아무런 원칙도 없었고, 따라서 투자자들은 어떤 은행이 파산할지 구제될지 또는 국유화될지 예측할 수 없는 가운데 결국 패닉에 빠졌다.

팀 가이트너는 2009년 2월에 다음과 같이 인정했다. "시장에 신뢰와 확신을 주고자 취한 긴급 조치들이 시민의 불안과 투자자들의 불확실성을 부추긴 면도 있었다."

물론 월스트리트를 비롯한 도처에는 여전히 리먼브러더스가 파산하도록 내버려둔 정부의 결정이 치명적인 실수였다고 생각하는 사람들이 많다. 연방준비은행의 부의장을 역임한 경제학자 앨런 블라인더Allan Blinder는 "리먼이 파산 신청을 한 그날 모든 것이 무너지기 시작했다"고 말하기도 했다.

리먼이 파산한 것은 어떻게 보든 비극이다. 리먼이 구제받을 자격이 있어서가 아니라 그 파산이 미국 시장과 세계경제에 엄청난 폐해를 끼쳤기 때문이다. 미국 경제의 악화는 피할 수 없는 일이었는지 모르지만, 리먼의 파산은 이를 재촉했다.

그리고 리먼의 CEO 딕 펄드가 실수를 저질렀다는 것도 분명한 사실이다. 그 실수는 회사에 대한 충성심, 오만, 순진성 등의 산물일 것이다. 그러나 이 책에 등장하는 많은 인물들이 자신을 구하려고 노력했던 것과 달리, 딕 펄드의 기본적인 동기에는 개인적 탐욕이 아니라 자신이 너무나도 사랑했던 회사를 지키겠다는 압도적인 욕망이 있었다. 증권 거래의 일선에서 잔뼈가 굵어졌으며 죽음에 가까운 위기와 회생을 수없이 경험했던 펄드는 그 위기도 극복할 수 있다고 믿었다.

폴슨은 아니라고 하겠지만, 당시 월스트리트의 구제에 대한 대중의 반대가 리먼의 운명을 결정하는 데 한 요소가 되었음은 부정할 수 없다. 당시 리먼 문제를 다루던 주말에 정부의 회의에 참가한 어느 인사는 놀라운 사실을 전해주었다. 마침 그때 영국 정부는 바클레이스의 합병 딜을 허용한다면 큰 저항에 직면할 것이라고 말했는데, "이것이 이상하게 시기적으로 맞아떨어져 우리가 리먼을 구하면 탄핵을 면치 못할 것"이라는 생각으로 이어졌다는 것이다.

지금에 와서 보면 당시 금융산업을 위해 원조할 용의가 있었던 연방정부는 리먼을 구하기 위해 무엇인가 했어야 했다. 다만 당시 연방정부는 파산을 향해 걸어가던 투자은행들을 제어할 수 있는 시스템을 갖추지 못한 상태였던 것도 사실이다. 그런 상황에서 폴슨과 가이트너, 버냉키 등의 정부 지도자들은 MIT 경영대학원의 사이먼 존슨Simon Johnson 교수가 지적했듯이 은행들과 '거래에 따른 제각각의 정책policy by deal'에 의존할 수밖에 없었다.

그리고 거래란 본연적으로 그때그때 상황에 따라 결정되고, 성급하게 결정될수록 그만큼 더 불완전할 수밖에 없다. 뉴욕연방준비은행이나 재무성에서 잠을 설쳐가면서 결정한 사항들도 예외가 아니었다. 그것들은 당시 상황의 산물이었다.

잘 알려지지 않은 하나의 진실은 세계로 급속히 확산된 리먼브러더스 패닉의 원인이 미국 내 업무에서 발생한 것이 아니라는 점이다. 사실 리먼의 모기업이 파산을 신청한 뒤에도 미국에서 브로커-딜러 업무를 계속하도록 허용한 연준의 결정은 현명했다. 이로써 미국에서는 거래 결재가 질서 있게 이뤄질 수 있었다.

문제는 리먼의 해외 부문에서 아수라장이 벌어졌다는 사실이다. 영국과 일본의 규제 아래에서는 리먼의 브로커리지 업무가 즉각 완전하게 폐쇄되어야 했고, 해외 그리고 더 중요하게는 미국에 소재한 투자자들의 수십억 달러의 자산이 동결되었다. 그러자 많은 헤지펀드들은 현금 부족에 봉착해 추가증거금 청구에 대응하기 위해서는 자산을 팔아댈 수밖에 없었다. 이는 자연히 각종 금융자산의 가격을 떨어뜨렸고, 이 때문에 다시 자산을 더 팔아야 하는 악순환이 발생했다.

워싱턴은 이처럼 해외에서 벌어진 이차적인 효과에 아무런 준비가 되어 있지 않았다. 정책입안가들이 그들의 행동이 가져올 국제적인 파급효과에 신경을 쓰지 않은 탓이었다. 이는 나중에 금융 규제에서 국제적인 협조와 조정의 필요성을 강조하는 한 논거가 되었다.

폴슨은 자신의 결정을 정당화하기 위해 리먼을 구하지 않은 이유를 수시로 바꿈으로서 사태를 더 혼란스럽게 했다. «뉴욕타임스» 2009년 7월 4일 자에 실린 기고문에서 마이클 루이스Michael Lewis와 데이비드 아인혼은 이를 이렇게 지적했다. "처음에 재무성과 연준은 리먼이 파산하도록 방치한 이유가 무모하게 경영된 월스트리트 기업을 정부가 보증하지 않는다는 메시지를 보내기 위한 것이라고 했다. 그러나 사람들이 리먼을 파산하도록 내버려둔 것은 어리석은 판단이었다고 지적하자 그들은 리먼을 구할 법적 권한이 없었다고 말을 바꿨다."

바클레이스와의 합병안이 실패하자 미국 정부에는 리먼을 구할 정책 수단이 정말로 없는 것으로 나타났다. 베어스턴스에는 JP모건이 긴급 자금을 투입하는 통로의 역할을 했다. 하지만 리먼의 경우, 정부자금을 투입할 수 있는 통로의 역할을 할 기업이 없었다. 리먼이 융자에 대한 담보를 독자적으로 제공할 능력이 없다고 연준이 이미 결정한 상태에서 남은 대안이란 없었던 것이다.

하지만 이런 설명은 또 다른 질문에 답을 주지 못한다. 당시 폴슨과 미국 정부는 왜 바클레이스를 리먼과의 협상 테이블에 더 오래 앉혀놓지 못했는가? 2008년 9월 14일 오전에 있었던 영국 당국자들과의 통화에서 폴슨과 가이트너는 바클레이스의 인수 제안에 미국 정부가 보조하겠다고 함으로써 리스크를 줄이고 걱정투성이의 영국 정치가들을 안심시키는 일을 하지 않았다.

폴슨은 그가 합병이 성사되기 위해 남았다고 본 열두 시간 안에 바클레이스를 관할하는 영국의 규제 당국이 리먼 딜을 결코 허가하지 않을 것이라고 판단했는지도 모른다. 그런 시각에서 본다면 더 이상의 협상은 시간 낭비였을 것이다. 따라서 폴슨의 결론이 타당했는지 모르지만, 그가 너무 빨리 전원 플러그를 뽑아버린 것은 아니었는지 의문이 남는다.

금융위기 속에서 폴슨이 내린 결정이 긍정적인 효과가 있었는지 여부에 관한 논쟁은 끝이 없을 것이다. 그러나 한 가지 확실히 말할 수 있는 것은 그 누구라도 폴슨의 입장, 즉 레임덕 상태의 행정부에서 그런 상황을 맞았다면 아무것도 하지 않고 있을 수도 있다는 것이다. 그가 최선을 다하지 않았다고 비난하는 것은 옳지 않다. 실제로 위기의 와중에서 그가 내린 결정들은 1년 뒤 금융시장이 안정되는 데 기반이 되었다. 그 덕택에 오바마 정권 들어 가이트너와 버냉키가 상황을 역전시킨 공적을 인정받을 수 있었던 것이다.

현재까지 TARP 자금을 받아들인 은행은 대부분 그것을 상환했으며, 납세자의 돈에는 40억 달러의 이자가 붙었다. 그러나 AIG, 시티그룹 같은 곳에 도입된 돈 중 수억 달러가 회수할 수 없게 된 것도 사실이다.

앞으로 역사가들이 폴슨의 업적을 평가하고자 할 때 직면하게 될 딜레마를 바니 프랭크 의원은 멋지게 요약했다. "정치의 문제란 바로 이런 것이다. 재앙에서 회복시키는 것은 공적으로 인정받지 못한다. 선거 유세에 나가서 유권자들에게 '그것 참 힘들었어요. 그런데 내가 그걸 해냈잖아요. 내가 아니었으면 더 어려웠을 거예요'라는 식으로 말해서 당선된 사람은 미국 역사에 없다."

2008년 9월에 이 거대한 사건들이 어떻게 일어났는지를 이해하는 것은 중요한 지적 작업이다. 하지만 그 교훈은 금융 시스템을 강화하고 미래의 위기를 예방하는 데 쓰일 수 있어야 한다. 미국 정부는 지금 금융 규제 시스템에 적용할 수 있는 개혁을 강구하고 실행할 절호의 기회를 맞고 있다. 그런데 한 세대에 올까 말까 한 기회를 날려버릴 위험이 있다.

지금까지의 규제에 근본적인 개혁이 이뤄져 대규모 금융기관의 레버리지를 엄격하게 제한하고, 무책임한 리스크를 부추기는 보수체계를 바꾸며, 주식시장과 파생시장에서 일어나는 소문 유포와 조작을 막지 못한다면, '대마불사'를 악용한 기업은 계속해서 생겨날 것이다. 그리고 다음에 또 거품이 꺼진다면, 그때 또 그런 악순환은 반복될 것이다.

금융산업은 오랫동안 경제 전체의 뒤를 받쳐주는 존재로서 새로운 기업이 탄생하고 성숙한 기업이 확장해가는 것을 도와주는 역할을 해온 것으로 인식되었다. 그런데 금융위기로 이어진 몇 년 동안에는 금융산업이 그 전면에 부각되었다. 월스트리트에서 목표는 클라이언트를 위한 것이 아니라 스스로를 위해 돈을 버는 것이 되었다. 이 책이 출판되는 시기에 발표된 몇 개의 제안은 금융 시스템을 제자리로 돌리기에 미지근하고 어정쩡해 보인다. 최악의 상태는 지났다는 안도감 속에서 오바마 행정부는 다른 정책 사안들로 눈을 돌린 듯하다.

그리고 월스트리트는 휘어졌지만 깨지지는 않은 덕분에 다시 수익을 찾아 나선 것으로 보인다. 금융시장에는 다시 리스크가 도입되고 있고 벌처투자가 다시 유행이다. 상업용 부동산이 폭락하면 일생에 한 번 있을까 말까 한 구입 기회가 올 것이라는 생각에 모두들 투자자금을 모으고 있다. 그리고 무엇보다 곤란한 것은 이기주의가 월스트리트라는 엔진을 움직이는 핵심 부품이라는 것이다. 금융위기 속에서 많은 사람들이 직장과 평판을 잃었고 상처와 타격을 입었다. 한편 그 아수라장을 빠져나온 사람들은 자신을 불가침의 존재라고 생각하게 되었을 수도 있다. 지금 월스트리트에 필요한 것은 진정한 겸양의 정신이다.

이 무대 뒤의 이야기가 말해주듯이, 어떤 기관 또는 전체 시스템이 너무 커서 쓰러질 수 없을 것인지는 그 기업을 경영하는 사람들, 그리고 그들을 규제하는 사람들과 관련된다. 이 시기에 일어난 일들은 앞으로 두고두고 연구될 것이다. 어쩌면 유사한 도전에 직면하는 다음 세대의 금융인들과 규제자들도 이를 연구하게 될지 모른다.

구제금융으로 논쟁이 한창일 때 제이미 다이먼은 행크 폴슨에게 편지를 보냈는데, 거기에는 시어도어 루스벨트 대통령이 1910년 4월에 파리 소르본 대학에서 발표한 '공화국의 시민'이라는 제목의 연설문 일부가 인용되어 있었다.

> 중요한 것은 비평가가 아닙니다. 강한 사람이 어떻게 쓰러졌는지, 또는 용기 있는 실천가가 어디에서 더 잘할 수 있었는지 평론하는 사람들은 중요하지 않습니다. 우리가 칭송해야 하는 사람들은 경기장 안에 있는 이들입니다. 얼굴이 먼지와 땀과 피로 범벅되고, 용감하게 도전하며, 실수해도 다시 일어서는 이들입니다. 실수와 결점이 없다면 인간은 노력하지 않습니다. 위대한 정열과 위대한 희생을 아는 사람, 가치 있는 이상을 위해 자신을 희생하는 사람, 설혹 실패한다 해도 과감히 도전해 승리와 패배가 무엇인지도 모르는 차갑고 용기 없는 이들에게 자신의 자리를 내주지 않는 사람, 바로 그들입니다.

다이먼이 고른 인용은 실로 멋있는 것이다. 루스벨트는 영웅을 묘사했지만, 그 영웅이 성공했는지 실패했는지는 명확하지 않다. 이 책에 등장한 폴슨과 가이트너, 버냉키 그리고 그들을 보좌한 사람들도 마찬가지다. 그들이 '경기장' 안에서 싸운 성과가 어떤 것인지는 역사가 판단할 몫으로 남아 있다.

참고문헌

Auletta, Ken. 1986. *Greed and Glory on Wall Street: The Fall of the House of Lehman*. New York: Random House.

Bagehot, Walter. 1897. *Lombard Street: A Description of the Money Market*. New York: Charles Scribner & Sons.

Chernow, Ron. 2004. *Alexander Hamilton*. New York: Penguin Press.

_____. 2001. *The House of Morgan: An American Banking Dynasty and the Rise of Modern Finance*. New York: Grove Press.

Cohan, William D. 2009. *House of Cards: A Tale of Hubris and Wretched Excess*. New York: Random House.

_____. 2007. *The Last Tycoons: The Secret History of Lazard Freres & Co*. New York: Doubleday.

Crisafulli, Patricia. 2009. *The House of Dimon. How Jamie Dimon Rose to the Top of the Financial World*. New York: Wiley.

Eddy, Mary Baker. 2000. *Science and Health with Key to the Scriptures*. Boston: The Christian Science Board of Directors.

Einhorn, David. 2008. *Fooling Some of the People All of the Time: A Long Short Story*. New York: Wiley.

Ellis, Charles D. 2008. *The Partnership: The Making of Goldman Sachs*. New York: Penguin Press.

Endlich, Lisa. 1999. *Goldman Sachs: The Culture of Success*. New York: Touchstone.

Faber, David. 2009. *And Then the Roof Caved In: How Wall Street's Greed and Stupidity Brought Capitalism to Its Knees*. New York: Wiley.

Friedman, Milton and Anna Jacobson Schwartz. 1963. *A Monetary History of the United States, 1867~1960*. Princeton: Princeton University Press.

Greenspan, Alan. 2007. *The Age of Turbulence: Adventures in a New World*. New York:

Penguin Press.

Kelly, Kate. 2009. *Street Fighters: The Last 72 Hours of Bear Stearns, the Toughest Firm on Wall Street*. New York: Portfolio.

Langley, Monica. 2003. *Tearing Down the Walls: How Sandy Weill Fought His Way to the Top of the Financial World... and Then Nearly Lost It All*. New York: Simon & Schuster.

Lowenstein, Roger. 2000. *When Genius Failed: The Rise and Fall of Long-Term Capital Management.* New York: Random House Trade Publishing.

McDonald, Lawrence G. and patrick Robinson. 2009. *A Colossal Failure of Common Sense: The Inside Story of the Collapse of Lehman Brothers*. New York: Crown Business.

Partnoy, Frank. 1999. *Fiasco: The Inside Story of a Wall Street Trader*. New York: Penguin.

Schroeder, Alice. *The Snowball: Warren Burffett and the Business of Life*. New York: Bantam Books.

Shelp, Ronald. 2006. *Fallen Giant: The Amazing Story of Hank Greenberg and the History of AIG*. New York: Wiley.

Strauss, Barry. 2004. *The Battle of Salamis: The Naval Encounter That Saved Greece — and Western Civilization*. New York: Simon and Schuster.

Tett, Gillian. 2009. *Fool's Gold: How the Bold Dream of a Small Tribe at J.P. Morgan Was Corrupted by Wall Street Greed and Unleashed a Catastrophe*. New York: Free Press.

Wessel, David. 2009. *In FED We Trust: Ben Bernanke's War on the Great Panic*. New York: Crown Business.

Whitehead, John C. 2005. *A Life in Leadership: From D-Day to Groud Zero: An Autobiography*. New York: Basic Books.

Woodward, Bob. 2001. *Maestro: Greenspan's Fed and the American Boom*. New York: Simon & Schuster.

찾아보기

지은이 **앤드루 로스 소킨** Andrew Ross Sorkin
1977년 미국에서 태어나 코넬 대학교를 졸업했다. 대학을 졸업하기 전부터 영국의 ≪더 타임스≫에 글을 기고했으며, ≪뉴스위크≫를 거쳐 미국을 대표하는 일간지 ≪뉴욕타임스≫에서 금융 분야 기자 및 칼럼니스트로 활약했다. 『대마불사』의 출판으로 금융 저널리즘 분야에서 권위 있는 제럴드 로브(Gerald Loeb) 상을 수상했다. 이 책은 무려 6개월 동안 ≪뉴욕타임스≫의 경영서 부문 베스트셀러로 선정되었다. 스위스 다보스포럼에서는 그를 '젊은 글로벌 리더'의 한 사람으로 선정했고, 미국의 대기업 중역의 모임인 '더 디렉터십 100(The Directorship 100)'에서는 그를 미국의 중역들에게 가장 영향력 있는 인물로 꼽았다.

옮긴이 **노 다니엘**
서울에서 태어나 서강대학교를 졸업하고 MIT에서 정치경제학 분야를 연구해 박사학위를 받았다. 홍콩과학기술대학교와 중국인민은행대학원에서 강의했으며, 미국과 일본의 컨설팅회사에서 일했다. 금융 분야의 실무 경험을 바탕으로 『아라비아 경제금융지도』(2009)를 저술했다.

대마불사
금융위기의 순간 그들은 무엇을 선택했나

ⓒ 노 다니엘, 2010

지은이 앤드루 로스 소킨
옮긴이 노 다니엘
펴낸이 김종수
펴낸곳 도서출판 한울
편집책임 이교혜
편집 최규선

초판 1쇄 인쇄 2010년 11월 17일
초판 1쇄 발행 2010년 12월 10일

주소 413-756 파주시 교하읍 문발리 535-7 302 (본사)
121-801 서울시 마포구 공덕동 105-90 서울빌딩 3층 (서울 사무소)
전화 영업 02-326-0095, 편집 02-336-6183
팩스 02-333-7543
홈페이지 www.hanulbooks.co.kr
등록 1980년 3월 13일, 제406-2003-051호

Printed in Korea.
ISBN 978-89-460-4366-4 03320

* 책값은 겉표지에 표시되어 있습니다.